Gegenwärtige und zukünftige Herausforderungen an die medizinische Rehabilitation

Europäische Hochschulschriften

Publications Universitaires Européennes
European University Studies

Reihe V
Volks- und Betriebswirtschaft

Série V Series V
Sciences économiques, gestion d'entreprise
Economics and Management

Bd./Vol. 3320

PETER LANG
Frankfurt am Main · Berlin · Bern · Bruxelles · New York · Oxford · Wien

Philip Lewis

Gegenwärtige und zukünftige Herausforderungen an die medizinische Rehabilitation

Eine Analyse unter Berücksichtigung von demographischem Wandel, medizinisch-technischem Fortschritt sowie Lebensstilveränderungen

PETER LANG
Internationaler Verlag der Wissenschaften

Bibliografische Information der Deutschen Nationalbibliothek
Die Deutsche Nationalbibliothek verzeichnet diese Publikation in der Deutschen Nationalbibliografie; detaillierte bibliografische Daten sind im Internet über <http://www.d-nb.de> abrufbar.

Zugl.: München, Univ. der Bundeswehr, Diss., 2008

Layout:
www.kumpernatz-bromann.de

Gedruckt auf alterungsbeständigem,
säurefreiem Papier.

D 706
ISSN 0531-7339
ISBN 978-3-631-58231-2

Printed in Germany 1 2 3 4 5 7

www.peterlang.de

„Das schönste Glück
des denkenden Menschen ist,
das Erforschliche erforscht zu haben
und das Unerforschliche
ruhig zu verehren“

Johann Wolfgang von Goethe

Danksagung

Ich möchte an dieser Stelle die Gelegenheit nutzen, um einer ganzen Reihe von Leuten zu danken, ohne die die Fertigstellung dieser Arbeit nicht möglich gewesen wäre.

Als Erstes möchte ich meiner Frau Tanja danken, die über all die Jahre viel Verständnis und eine enorme Geduld aufgebracht und mich auf dem oft steinigen Weg zur Promotion stets begleitet hat.

Ich möchte auch meinen Eltern danken, die mir den entscheidenden Hinweis einer Promotionsmöglichkeit an der Universität der Bundeswehr München gegeben haben.

Ganz besonders danke ich in erster Linie meinem Doktorvater, Herrn Prof. Günter Neubauer, mit dem ich in vielen Gesprächen die Struktur der vorliegenden Doktorarbeit entwickelt und auch die Ideen zum empirischen Teil dieser Arbeit konzipiert habe. Insbesondere das beeindruckende Netzwerk an Personenkontakten von Prof. Neubauer innerhalb des deutschen Gesundheitswesens sowie die langjährige Projekterfahrung am Institut für Gesundheitsökonomik (IfG) München haben es mir ermöglicht, das Thema medizinische Rehabilitation in der vorliegenden Tiefe zu behandeln.

Auch Herr Prof. Rainer Pelka hat dem Promotionsthema in seiner Rolle als Zweitprüfer sehr viel Interesse und Zeit entgegengebracht und die Arbeit durch diverse inhaltliche Vorschläge und Anregungen entscheidend mitgestaltet. Ihm gebührt daher ebenfalls ein ganz besonderer Dank.

Eine ganze Reihe weiterer Danksagungen geht an mehrere Personen seitens der Rehabilitationsträger, die mir die entscheidenden Daten zur Fertigstellung der vorliegenden Arbeit zur Verfügung gestellt haben. Dies sind insbesondere Herr Hermann Laubsch und Herr Thomas Knipping von der AOK Bayern, die mir mit Hilfe von Daten des AOK-Bundesverbands eine Schätzung von Krankenkassendaten überhaupt erst ermöglicht haben. Ohne Herrn Laubsch und Herrn Knipping wären die gesundheitspolitischen Schlussfolgerungen zu dieser Arbeit undenkbar gewesen. Gleichzeitig geht mein ganz besonderer Dank auch an die Deutsche Rentenversicherung Bund und hier ganz besonders an Herrn Hans-Günter Haaf (aus Berlin) und Herrn Ralf Sigl (aus Würzburg) für die Zusendung von Rehabilitationsdaten der Rentenversicherungsträger.

Ein großer Dank geht zudem auch an den Bundesverband Deutscher Privatkliniken, insbesondere an Herrn Thomas Bublitz für seine Informationen zu der Rolle der Rehabilitation im Rahmen von Disease-Management-Programmen sowie an Herrn Frank Schmalfuß für weiterführende Informationen. Weitere Interviewpartner waren Herr Dr. Lüttje (Bundesarbeitsgemeinschaft Klinisch-Geriatrischer Einrichtungen, BAG) sowie Frau Lüke (AOK Hessen). Auch an sie beide geht mein ganz herzlicher Dank.

Insgesamt habe ich zu dieser Arbeit in den letzten Jahren unzählige Telefonate geführt – eine Auflistung einzelner Namen würde den Rahmen dieser Danksagung sicherlich sprengen. Daher geht mein Dank noch einmal an all diejenigen, die sich in den Telefongesprächen die Zeit genommen haben, das hier behandelte, vielschichtige Thema zu diskutieren. Es würde mich freuen, falls auch aus diesem Personenkreis der eine oder andere Zugang zu diesem Buch finden sollte.

Abschließend widme ich diese Arbeit meiner Frau Tanja, der ich nun nach Fertigstellung der Promotion wieder verstärkt meine Zeit und Aufmerksamkeit schenken kann, sowie meinem kleinen Sohn Tim, der nächsten großen Herausforderung meines Lebens.

München, Dezember 2008 *Philip Lewis*

Inhaltsübersicht

Inhaltsverzeichnis

Anhangsverzeichnis

Abbildungsverzeichnis

Tabellenverzeichnis

Abkürzungsverzeichnis

ADHS	Aufmerksamkeitsdefizit- und Hyperaktivitätsstörung
ADL	activities of daily living; deutsch: Aktivitäten des täglichen Lebens
AEV	Arbeiter-Ersatzkassen-Verband e.V.
AGR	ambulante geriatrische Rehabilitation
AHB	Anschlussheilbehandlung
AIR	Aktivierende Integrative Rehabilitation
ALS	Amyotrophe Lateralsklerose
AOK	Allgemeine Ortskrankenkasse
AOTR	Ambulante orthopädisch-traumatologische Rehabilitation
AR-DRG	Australian Refined Diagnosis Related Groups
ARGE	Arbeitsgemeinschaft der Krankenkassenverbände in Bayern
AQMS	Abteilung Qualitätsmanagement und Sozialmedizin, Universitätsklinikum Freiburg
AU	Arbeitsunfähigkeit
AWO	Arbeiterwohlfahrt
BAG	Bundesarbeitsgemeinschaft Klinisch-Geriatrischer Einrichtungen e.V.
BAR	Bundesarbeitsgemeinschaft für Rehabilitation
BDPK	Bundesverband Deutscher Privatkliniken e.V. (vor Juni 2006: Bundesverband Deutscher Privatkrankenanstalten e.V.)
BeitrEntlG	Beitragsentlastungsgesetz
BfA	Bundesversicherungsanstalt für Angestellte
BGB	Bürgerliches Gesetzbuch
BGBl	Bundesgesetzblatt
BGSW	Berufsgenossenschaftliche Stationäre Weiterbehandlung
BiP	Bruttoinlandsprodukt
BiTh	Besonders indizierte Therapie
BKG	Bayerische Krankenhausgesellschaft
BKK	Betriebskrankenkasse
BMBF	Bundesministerium für Bildung und Forschung
BQS	Bundesgeschäftsstelle für Qualitätssicherung
BSG	Bundessozialgericht
BU	Berufsunfähigkeit
BUK	Bundesverband der Unfallkassen
BVA	Bundesversicherungsamt
BWKG	Baden-Württembergische Krankenhausgesellschaft
CC	Complications and Comorbidities; deutsch: Komplikationen und Komorbiditäten
COPD	chronic obstructive pulmonary disease; deutsch: chronisch obstruktive Lungenerkrankung
CRC	Community Rehabilitation Centre
DACK	Disease Management, Aktivierende Integrative Rehabilitation und Case Management der Krankenkassen

DAK	Deutsche Angestellten Krankenkasse
DEGEMED	Deutsche Gesellschaft für Medizinische Rehabilitation e.V.
DFG	Deutsche Forchungsgemeinschaft
DGPR	Deutsche Gesellschaft für Prävention und Rehabilitation von Herz-Kreislauferkrankungen
DGRW	Deutsche Gesellschaft für Rehabilitationswissenschaften
DGUV	Deutsche Gesetzliche Unfallversicherung
DIMDI	Deutsches Institut für Medizinische Dokumentation und Information
DKG	Deutsche Krankenhausgesellschaft
DMP	Disease-Management-Programm
DRG	Diagnosis Related Group
DRK	Deutsches Rotes Kreuz
DRV	Deutsche Rentenversicherung
DVfR	Deutsche Vereinigung für Rehabilitation e.V.
EAP	erweiterte ambulante Physiotherapie
EFQM	European Foundation for Quality Management
EQR	Exzellente Qualität in der Rehabilitation
ETM	evidenzbasierte Therapiemodule
EU	Erwerbsunfähigkeit
EuGH	Europäischer Gerichtshof
EVARS	Empfehlungsvereinbarung ambulante Rehabilitation Sucht
FIM	Functional Independence Measure
FPV	Fallpauschalen-Verordnung
FRG	Functional Related Groups
FVS	Fachverband Sucht
G-BA	Gemeinsamer Bundesausschuss
G-DRG	German Diagnosis Related Groups
GKV	Gesetzliche Krankenversicherung
GKV-WSG	GKV-Wettbewerbsstärkungsgesetz
GMG	GKV-Modernisierungsgesetz
GRV	Gesetzliche Rentenversicherung
GSG	Gesundheitsstrukturgesetz
GUV	Gesetzliche Unfallversicherung
GVG	Gesellschaft für Versicherungswissenschaften und -gestaltung
HADS	Hospital Anxiety and Depression Scale
HCFA	Health Care Financing Administration (Name des Leistungsträgers der US-Seniorenversicherung Medicare)
HLM	Hierarchische Lineare Modelle
HVBG	Hauptverband der gewerblichen Berufsgenossenschaften
ICD-10	International Classification of Diseases – 10. Revision
ICF	International Classification of Functioning, Disability and Health; deutsch: Internationale Klassifikation der Funktionsfähigkeit, Behinderung und Gesundheit
ICIDH	International Classification of Impairments, Disabilities and Handicaps; deutsch: Internationale Klassifikation der Schädigungen, Fähigkeitsstörungen und Beeinträchtigungen

IfG	Institut für Gesundheitsökonomik, München
IGES	Institut für Gesundheits- und Sozialforschung GmbH
IGT	impaired glucose tolerance; deutsch: gestörte Glukosetoleranz
IKK	Innungskrankenkasse
IKM	Institut für Krankenhausmanagement, Universität Münster
INA	Intensivierte Nachsorge
InEK	Institut für das Entgeltsystem im Krankenhaus
IQMG	Institut für Qualitätsmanagement im Gesundheitswesen GmbH
IQMP	Integriertes Qualitätsmanagement-Programm
IRENA	intensivierte Rehabilitationsnachsorge (der Deutschen Rentenversicherung Bund)
IRES	Indikatoren des Reha-Status
ISM	Indikations-Spezifische Module
ITZ	Interdisziplinäres Therapiezentrum
IV	integrierte Versorgung
KHEntG	Krankenhaus-Entgeltgesetz
KHK	koronare Herzkrankheit
KTL	Klassifikation Therapeutischer Leistungen
KTQ	Kooperation für Transparenz und Qualität im Gesundheitswesen
KV	Kassenärztliche Vereinigung
LBK	Landesbetriebs-Krankenhäuser
LVA	Landesversicherungsanstalt
LWS	Lendenwirbelsäule
MCO	Managed Care Organisation
MDK	Medizinischer Dienst der Krankenkassen
MDS	Medizinischer Dienst der Spitzenverbände der Krankenkassen
MiZu-Reha	Fragebogen zur Mitarbeiterzufriedenheit an Rehabilitationseinrichtungen
MRSA	Methicillin-resistant Staphylococcus aureus
MS	Multiple Sklerose
MVZ	Medizinisches Versorgungszentrum
NHS	National Health Service
OPS	Operationen-und Prozedurenschlüssel
PCCL	Patient Clinical Complexity Level
PDCA	Plan-Do-Check-Act
PRM	Physikalische und Rehabilitative Medizin
PVG	Präventive Verhaltenstherapeutische Gesundheitspädagogik
QM	Qualitätsmanagement
QS	Qualitätssicherung
RBG	Rehabilitationsbehandlungsgruppe
REDIA	Rehabilitation und Diagnosis Related Groups (Forschungsauftrag des Verbands Deutscher Rentenversicherungsträger (VDR) und der Landesversicherungsanstalt (LVA) Westfalen)
RMK	Rehabilitanden-Management-Kategorien
RSA	Risikostrukturausgleich
RSAV	Risikostrukturausgleichsverordnung

RV	Rentenversicherung
RVO	Reichsversicherungsordnung
SGB	Sozialgesetzbuch
SG-RBG	Schweregrad-Rehabilitationsbehandlungsgruppe
STW	stufenweise Wiedereingliederung
SVR	Sachverständigenrat
TCM	Traditionelle Chinesische Medizin
TEP	Totalendoprothese
VÄndG	Vertragsarztrechtsänderungsgesetz
VdAK	Verband der Angestellten-Krankenkassen e.V.
VDR	Verband Deutscher Rentenversicherungsträger
VPK	Verband der Privatkliniken
VPKA	Verband der Privatkrankenanstalten
WFG	Wachstums- und Beschäftigungsförderungsgesetz
WHO	World Health Organisation; deutsch: Weltgesundheitsorganisation
WKA	Wittgensteiner Kliniken Allianz
ZNS	Zentrales Nervensystem
ZOE	Zielorientierte Ergebnismessung

Neben den soeben genannten Begriffen sei an dieser Stelle auf Einzeldefinitionen im Bereich der medizinischen Rehabilitation hingewiesen.

Die stationäre Rehabilitation im Allgemeinen umfasst Leistungen an *Vorsorge- und Rehabilitationseinrichtungen.* Nachfolgend wird dieser Begriff jedoch in erster Linie im Zusammenhang mit einzelnen Statistiken verwendet. Außerhalb der statistischen Definition wird hingegen meistens von Rehabilitationseinrichtungen bzw. Rehabilitationskliniken gesprochen. In Fällen, wo diese Definition verwendet wird, sind Vorsorgeleistungen bereits impliziert.

Für postakute Rehabilitationsmaßnahmen nach akutstationärer Versorgung wird im Rahmen dieser Arbeit in den Abschnitten 1 bis 6 allgemein die verfahrenstechnische Bezeichnung *Anschlussheilbehandlung (AHB)* verwendet. Diese Terminologie wurde durch die Rentenversicherung geprägt, während der Begriff *Anschlussrehabilitation (AR)* von den gesetzlichen Krankenkassen synonym verwendet wird. Sofern in Abschnitt 8 konkret von GKV-finanzierten postakuten Maßnahmen, also der Anschlussrehabilitation die Rede ist, lautet die Bezeichnung entsprechend.

Im Fall einer Behandlung chronisch kranker und risikogefährdeter Patienten, welche aus dem Sektor der niedergelassenen Ärzte rekrutiert werden, wird nachfolgend von einer *Antragsrehabilitation* gesprochen[1]. Der Begriff „Kur“ ist (mit Ausnahme der Behandlung krebskranker Patienten) hier mittlerweile ebenso wenig gebräuchlich wie die Begriffe „Heilverfahren“ bzw. „Heilbehandlungen“[2]. Die Ausnahme im nachfolgenden Text, insbesondere in Abschnitt 8, bildet die Bezeichnung „Mutter-Kind-Kuren“.

1 Typische Beispiele solcher Krankheitsbilder sind u.a. Koronare Herzkrankheit (KHK) sowie degenerative Gelenkerkrankungen, z.B. Arthrose (vgl. Ranneberg (2006), S. 24).

2 Vgl. hierzu Schwing (2003[1]), S. 67.

1. Einleitung

In der nachfolgenden Arbeit wird das Thema der medizinischen Rehabilitation in Deutschland mit Blick auf dessen gegenwärtige und zukünftige Herausforderungen behandelt.

Im einleitenden Abschnitt wird zu Beginn auf wesentliche, allgemeine Zusammenhänge eingegangen. Abschnitt 1.1 diskutiert hierzu Aspekte der medizinischen Rehabilitation im gesundheitspolitischen Kontext. Der Stellenwert der Rehabilitation in Deutschland ergibt sich in erster Linie aus deren geschichtlicher Entwicklung, welche in Abschnitt 1.2 dargestellt wird. Die Einleitung endet in Abschnitt 1.3 mit einem Ausblick auf die Themenschwerpunkte dieser Arbeit sowie einer kurzen inhaltlichen Darstellung der darauf folgenden Abschnitte.

1.1 Die Bedeutung der medizinischen Rehabilitation im gesundheitspolitischen Kontext

Eine Gegenüberstellung der Rehabilitation mit dem akutstationären Bereich dient dem besseren Verständnis von Aufgabe und Zielsetzung medizinischer Rehabilitationsbehandlungsleistungen innerhalb des deutschen Gesundheitssystems[1]. Demnach resultiert die Sonderstellung der Rehabilitation gegenüber der Akutversorgung neben der Durchführung post-akuter Anschlussheilbehandlungen aus der Behandlung degenerativer chronischer Krankheiten. Hierbei beschränkt sich die Rehabilitation anders als die Akutmedizin nicht auf rein kurative Maßnahmen, sondern basiert vielmehr auf einem umfassenden bio-psycho-sozialen Ansatz. Zum Ausdruck kam dies erstmals 1980 in der *International Classification of Impairments, Disabilities and Handicaps (ICIDH)* der Weltgesundheitsorganisation (WHO). Während der Aspekt geschädigter Körperstrukturen und Körperfunktionen („impairment“) hierbei der klassischen Domäne der Akutkrankenhausversorgung entspricht, wurde gleichzeitig explizit auf die beiden Aspekte der Funktionalität im täglichen Leben sowie der sozialen Integration und somit auf eigenständige Bereiche der Rehabilitation hingewiesen.

Noch deutlicher wird die Rolle der medizinischen Rehabilitation in der Neufassung des WHO-Modells aus dem Jahr 2001, der *International Classification of Functioning, Disability and Health (ICF)*[2]. Durch Benennung der zentralen Zielgrößen ‚*activities*‘ (Aktivitäten) und ‚*participation*‘ (Teilhabe) wird die Sonderrolle der Rehabilitation noch einmal klar herausgestellt. Die gleichzeitige Modellierung persönlicher und umweltbezogener Kontextfaktoren macht zudem deutlich, dass in der Rehabilitation anders als in der Akutversorgung der Patient und dessen „persönliches, ganz und gar subjektiv geprägtes Bewusstsein“ im Mittelpunkt der Behandlung stehen. Demnach ist es Aufgabe des individuellen Patienten, durch subjektive Selbsteinschätzung, Einsicht und Willensanstrengung den Rehabilitationsverlauf aktiv mitzugestalten. Die hierzu

1 Vgl. Best, Gerdes (2005), S. 294 f., für die Ausführungen in diesem Abschnitt.

2 Deutsch: Internationale Klassifikation der Funktionsfähigkeit, Behinderung und Gesundheit. Nähere Beschreibungen der ICF finden sich u.a. auf den Internetseiten des Deutschen Instituts für Medizinische Dokumentation und Information (DIMDI) unter: www.dimdi.de/static/de/klassi/icf (Stand: 18.12.2006). Vgl. zudem Ranneberg (2006), S. 15 f. sowie S. 123-138.

erforderliche Anpassung an die veränderten Lebensumstände beinhaltet nicht nur rein physiotherapeutische Maßnahmen wie z.B. selbständige Körperübungen, sondern auch grundlegende Änderungen eines risikoreichen Lebensstils. Hieraus resultiert der eigenständige interdisziplinäre, multidimensionale Ansatz von Rehabilitationsmaßnahmen, welcher sich grundlegend von der rein kurativen Akutversorgung unterscheidet.

Bei einer Darstellung des allgemeinen gesundheitspolitischen Kontexts ist die institutionelle Sonderstellung der medizinischen Rehabilitation in Deutschland zu beachten. So stellt die stationäre Rehabilitation neben Haus- und Fachärzten, Gutachtern, betriebsärztlichen Diensten, Akutkrankenhäusern, ambulanten bzw. teilstationären Rehabilitationseinrichtungen, krankengymnastischen Praxen, Pflegeheimen, Beratungsstellen und Laienorganisationen wie Selbsthilfegruppen nur ein Element in einer langen Behandlungskette dar.

Aufgrund von Schnittstellen zu den vor- und nachbehandelnden Institutionen wird die Kontinuität und inhaltliche Integration des Rehabilitationsprozesses durch das in Deutschland vorherrschende „gegliederte" System der sozialen Sicherung nachhaltig erschwert. Abschnitt 2 wird zeigen, dass Rehabilitationsmaßnahmen von einer Vielzahl unterschiedlicher Leistungsträger, hauptsächlich jedoch von der gesetzlichen Rentenversicherung und den gesetzlichen Krankenkassen finanziert werden. Mit Ausnahme GKV-finanzierter Rehabilitationsleistungen existiert für den größten Teil der Patienten keine einheitliche Verantwortlichkeit *eines* Leistungsträgers für den gesamten Behandlungsprozess. Selbst für die GKV-finanzierte Rehabilitation ergeben sich zudem Schnittstellenprobleme mit dem Bereich Pflege. Abstimmungsschwierigkeiten, welche hieraus resultieren, bilden einen zentralen Themenschwerpunkt der nachfolgenden Arbeit.

1.2 Ausgangslage: die Geschichte der medizinischen Rehabilitation in Deutschland

Die Rehabilitation in Deutschland blickt auf eine lange Tradition zurück. So wurde bereits im Jahr 1816 die erste Rehabilitationsstätte in Würzburg durch König Ludwig I. begründet, welche eine orthopädietechnische Versorgung von „Deformierten und Amputierten" sicherstellte. Ähnliche Anstalten folgten 1841 in Ludwigsburg und 1855 in Stuttgart. Bereits im Verlauf des 19. Jahrhunderts waren zudem Bemühungen erkennbar, die medizinische Rehabilitation mit beruflichen Rehabilitationsmaßnahmen durch Ausbildungsmöglichkeiten zu verbinden. Beispiele finden sich u.a. mit der Gründung des Oberlinhauses in Potsdam (1886), dem St. Anna Stift in Hannover 1897 sowie den Pfeiffer'schen Stiftungen in Magdeburg-Cracau 1898.

In der Literatur wurde der Begriff Rehabilitation bereits Mitte des 19. Jahrhunderts zum ersten Mal verwendet. Der badische Hofrat und Staatsrechtler Franz Josef Ritter von Buß formulierte die Notwendigkeit in seinem Buch „System der gesamten Armenpflege" im Jahr 1844 wie folgt[3]:

> „Vielmehr soll der heilbar Kranke vollkommen rehabilitiert werden, er soll sich zu der Stellung wieder erheben, von welcher er herabgestiegen ist, er soll das Gefühl seiner persönlichen Würde wiedergewinnen und mit ihm ein neues Leben."

Definitionsgemäß ist es demnach Aufgabe und Ziel der Rehabilitation, den ursprünglichen Zustand des Patienten so weit wie möglich wiederherzustellen, wobei auch die

3 Siehe von Buß (1844).

sozialen (und gegebenenfalls beruflichen) Aspekte des Rehabilitationsprozesses zu berücksichtigen sind. Somit hat die inhaltliche Aussage des gewählten Zitats auch in der modernen Definition des Begriffs „Rehabilitation" Bestand[4]. Eine wesentliche Grundlage für die weitere Entwicklung der Rehabilitationsversorgung bildete die Umsetzung der eben genannten sozialpolitischen Forderungen mit Einführung der Bismarck'schen Sozialgesetzgebung gegen Ende des 19. Jahrhunderts. Die 1883 eingeführte Krankenversicherung, die 1884 eingeführte Unfallversicherung sowie die Invaliditäts- und Alterssicherung aus dem Jahr 1889 (letztere die gesetzliche Grundlage der modernen Rentenversicherung), wurden 1911 zur Reichsversicherungsordnung (RVO) zusammengefasst[5].

Vereinigungen im Bereich Rehabilitation bildeten sich bereits zu Beginn des 20. Jahrhunderts. Auf die erste „Krüppelzählung" Preußens im Jahr 1906 folgte 1908 ein Kongress der Deutschen Orthopädischen Gesellschaft, der sich speziell mit der Problematik auseinandersetzte.

1909 wurde die „Deutsche Vereinigung für Krüppelvorsorge" gegründet, welche sich mit dem Thema Rehabilitation beschäftigte und als Vorläufer heutiger Gesellschaften und Vereine gesehen werden kann. Ziel der Vereinigung war das Erreichen einer stetigen Verbesserung der Körperbehindertenfürsorge, unterstützt durch Ärzte, Pfarrer, Erzieher und Ausbilder in Zusammenarbeit mit Vertretern aus Anstalten und Kliniken. Hieraus resultierte 1920 die Verabschiedung des „Preußischen Krüppelfürsorgegesetzes".

Nach Beendigung des 2. Weltkriegs wurde das 1920 verabschiedete Körperbehindertengesetz am 31.5.1950 durch die Deutsche Vereinigung für Krüppelfürsorge aktualisiert. Zudem wurde der Ausdruck „Krüppel", welcher von vielen Betroffenen als diffamierend angesehen wurde, durch den Ausdruck „Körperbehinderte" ersetzt. Die „Deutsche Vereinigung für Krüppelfürsorge" wurde 1962 in „Deutsche Vereinigung für die Rehabilitation Behinderter e.V." umbenannt und heißt seit 2005 „Deutsche Vereinigung für Rehabilitation e.V.", kurz: DVfR[6].

Historisch bedingt waren die beiden Weltkriege entscheidende Gründe für den frühzeitigen Ausbau des deutschen Rehabilitationsversorgungssystems. Im Laufe des Ersten Weltkriegs entstanden erste orthopädische Versorgungseinrichtungen, die neben Amputationen, Stumpfkorrekturen und plastischen Eingriffen auch die gezielte Wiedereingliederung Kriegsverletzter in den beruflichen Alltag zur Aufgabe hatten. Zu Zeiten des Zweiten Weltkriegs sei beispielhaft das Lazarett in Neustrelitz genannt, welches als individuelle Elemente der Behandlung eine ärztliche Behandlung, eine spezielle Krankengymnastik inklusive Kranken- und Versehrtensport sowie eine schadensorientierte Arbeitstherapie enthielt[7].

Auch das Modell der neurologischen und neurochirurgischen Frührehabilitation wurde erstmals während des Zweiten Weltkriegs zur Frühversorgung von Kriegsverletzten angewandt. Das Programm, zurückzuführen auf Wilhelm Tönnis (1898-1978), wurde

---

4 Vgl. Stein, Greitemann (2005), S. 5, für die vorangegangene Darstellung.

5 Siehe Ranneberg (2006), S. 21 f. sowie www.wikipedia.org/Sozialgesetzgebung (aufgerufen am 13.11.2006).

6 Vgl. Stein, Greitemann (2005), S. 5 sowie www.dvfr.de/pages/static/1768.aspx (Stand: 24.9.2007).

7 Zur handwerklichen Neuorientierung standen u.a. eine Tischlerei, eine Schlosserei, orthopädische Werkstätten, eine Spielzeugherstellung sowie die Möglichkeit zur Leder- und Holzschnittarbeit zur Verfügung (vgl. Stein, Greitemann (2005), S. 4 f.).

in Sonderlazaretten von einem multidisziplinären Team aus Psychologen, Pädagogen und Sprachlehrern durchgeführt und diente letztlich sowohl den Alliierten als auch der deutschen Nachkriegsgeneration als Vorbild. Der Grundgedanke einer umfassenden medizinischen und beruflichen Rehabilitation wurde somit bereits in der ersten Hälfte des 20. Jahrhunderts nachhaltig geprägt und zu einem Großteil auch verwirklicht. Die rasante Entwicklung in der deutschen Neurochirurgie ist vor allem vor dem Hintergrund bemerkenswert, dass Diagnose und Therapie bis Anfang der 30er Jahre bei einer Sterblichkeit von 60% sowohl von den Ärzten als auch den Patienten mit großem Misstrauen betrachtet wurden[8].

Waren es während und nach den beiden Weltkriegen in erster Linie hirnverletzte Kriegsopfer, die zu behandeln waren, so sind es heute Patienten mit zentralen peripheren Schäden nach erfolgreich verlaufenem neurochirurgischem Eingriff sowie Unfallopfer, die einer umfassenden Frührehabilitation bedürfen[9].

Während die gesetzlichen Krankenkassen erst im Jahr 1974 mit Einführung des Reha-Angleichungsgesetzes als Träger medizinischer Rehabilitationsleistungen anerkannt wurden[10], feierte die Rehabilitation der Bundesversicherungsanstalt für Angestellte (BfA) im Jahr 2003 bereits ihr 50-jähriges Jubiläum. In den 50er Jahren war die stationäre Rehabilitation der BfA vorwiegend auf mehrmonatige Liegekuren von Tuberkulosekranken aus Sanatorien und Lungenheilstätten ausgerichtet. Neben 27.600 Tuberkuloserehabilitationen wurden 1954 44.300 weitere allgemeine Gesundheitsleistungen, vor allem zur Behandlung von Herz-Kreislauferkrankungen sowie Erkrankungen der Bewegungsorgane erbracht. Anfänglich erfolgte noch keine spezifische Verzahnung von Akut- und Rehabilitationsleistungen. Erst 1977 wurde das Verfahren der Anschlussheilbehandlung (AHB) – bedingt durch eine Diskussion in Bezug auf die aktivierende Behandlung von Patienten mit Herzinfarkt Mitte der 70er Jahre – in Deutschland flächendeckend eingeführt. Bis zu diesem Zeitpunkt war es dem Patienten vorgeschrieben, zum Zweck der Schonung und Rekonvaleszenz eine Frist von mindestens sechs Monaten zwischen der Akutbehandlung und der Formulierung eines Rehabilitationsantrags einzuhalten. Somit erfolgte ab 1977 eine Abwendung vom klassischen passiven, auf Erholung ausgerichteten Kurgedanken, hin zu einer motivierenden und aktivierenden Form der Rehabilitation[11].

Die herausragende Stellung der Rentenversicherung bei der Planung und Durchführung von Rehabilitationsmaßnahmen ist auch anhand ihrer zentralen koordinierenden Funktion beim Ausbau von Rehabilitationsversorgungsstrukturen im Zuge der deutschen Wiedervereinigung erkennbar. Obwohl in der ehemaligen DDR kein modernes System mit Antrags- und Bewilligungsverfahren existierte, ließ sich die westdeutsche Situation dank einer verlässlichen Bedarfsschätzung sowie Investitionen von Rehabilitationsbetreibern aus den alten Bundesländern innerhalb relativ kurzer Zeit auf die neuen Bundesländer übertragen. Hierbei stellten sich in erster Linie Herausforderungen an die Weiterentwicklung technischer und baulicher Standards. Hochqualifiziertes Fachpersonal hingegen war in Ostdeutschland bereits in ausreichendem Umfang vor-

8 Vgl. Frowein, Dietz, Rosenow, Vitzthum (2001), S. 79-80 sowie S. 86-87.
9 Vgl. u.a. Stier-Jarmer, Koenig, Stucki (2002), S. 261, Frowein, Dietz, Rosenow, Vitzthum (2001), S. 89-90 sowie von Wild (2001), S. 424.
10 Vgl. Ranneberg (2006), S. 30, Stier-Jarmer, Stucki (2001), S. 130 f.
11 Siehe Groß, Ritter (2003), S. 526.

handen[12]. In den neuen Bundesländern (ohne Berlin) stieg die Bettenzahl zwischen 1993 und 2003 um über 22.000, bzw. +168,2%. Über denselben Zeitraum wurde im früheren Bundesgebiet (einschließlich Berlin) ein Anstieg von lediglich +1,3% bzw. 2.000 Betten verzeichnet. Befand sich 1993 nur jedes zwölfte Bett in den neuen Bundesländern (ohne Berlin), so war es 2003 bereits jedes fünfte[13]. Während das neu geschaffene Rehabilitationsangebot in Ostdeutschland verstärkt an einzelnen Standorten gebündelt wurde, ergibt sich eine stärkere regionale Streuung des westdeutschen Rehabilitationsangebots aufgrund dessen historischer Wurzeln im Bereich des Kur- und Bäderwesens. Als direkte Konsequenz ist die durchschnittliche Bettenzahl an einzelnen ostdeutschen Einrichtungen mit 183 Betten merklich höher als in Westdeutschland mit 129 Betten[14].

Abb. 1: Entwicklung von Fallzahlen und Pflegetagen in Vorsorge- und Rehabilitationseinrichtungen, 1993-2004

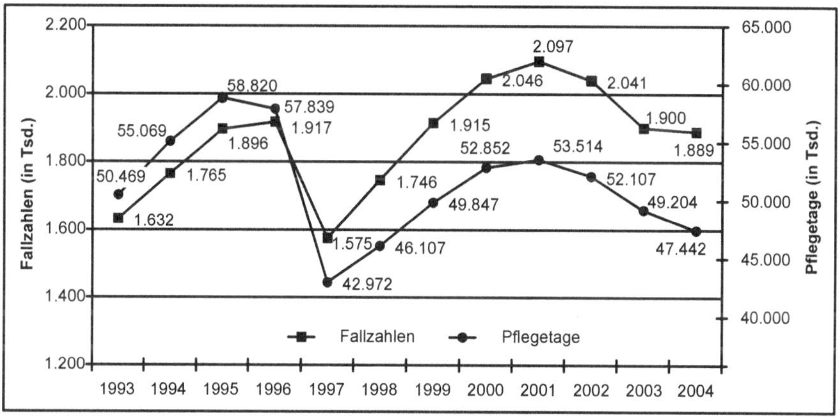

Quelle: Statistisches Bundesamt (2005[1])

Abbildung 1 dokumentiert zwischen 1996 und 1997 einen Rückgang der Rehabilitationsfallzahlen um knapp 18% sowie einen noch stärkeren Rückgang der Pflegetage um ca. 26%. Diese Trends sind das Ergebnis zweier Gesetze, welche 1997 in Kraft traten: das Wachstums- und Beschäftigungsförderungsgesetz (WFG) mit nachhaltigen Auswirkungen auf die Erbringung von Rehabilitationsleistungen durch die gesetzliche Rentenversicherung[15] sowie das Beitragsentlastungsgesetz (BeitrEntlG) mit Auswirkungen auf GKV-finanzierte Rehabilitationsbehandlungsleistungen[16].

12 Vgl. Groß, Ritter (2003), S. 526 f. sowie Müller-Fahrnow, Spyra (1991[2]), S. 399-415.

13 Siehe Rolland (2005), S. 973, Schaubild 1.

14 Der bundesdeutsche Durchschnitt der Daten aus dem Jahr 2003 ergab einen Wert von 137 Betten je Einrichtung (vgl. Rolland (2005), S. 973).

15 Gesetz zur Umsetzung des Programms für mehr Wachstum und Beschäftigung in den Bereichen der Rentenversicherung und Arbeitsförderung (Wachstums- und Beschäftigungsförderungsgesetz – WFG) vom 25.9.1996 (BGBl. I S. 1461 ff.).

16 Gesetz zur Entlastung der Beiträge in der gesetzlichen Krankenversicherung (Beitragsentlastungsgesetz – BeitrEntlG) vom 1.11.1996 (BGBl. I S. 1631 ff.).

Die beiden Gesetze resultierten u.a. in[17]

- einer Verkürzung der regulären Dauer einer Rehabilitationsmaßnahme von vier auf drei Wochen,
- einer Erhöhung des vorgeschriebenen Zeitintervalls zwischen zwei Antragsverfahren von drei auf vier Jahre,
- einer Erhöhung der Zuzahlungen in der Rehabilitation
- sowie einer Kürzung von Übergangsgeldern.

Die gravierenden Auswirkungen dieser Gesetzgebungsverfahren lassen sich u.a. anhand des Leistungsvolumens der ehemaligen Bundesversicherungsanstalt für Angestellte (BfA) belegen, welches zwischen 1996 und 1997 um 29% bzw. 1,2 Mrd. DM auf 2,9 Mrd. DM gekürzt wurde[18].

Seit diesem Zeitpunkt sind auch Fragestellungen wie die Flexibilisierung von Rehabilitationsbehandlungsleistungen, der Ausbau der (ambulant-)teilstationären Rehabilitation, der Ausbau von Qualitätssicherungsmaßnahmen, die Entwicklung evidenzbasierter Leitlinien sowie das Thema Rehabilitationsfallmanagement verstärkt in den Blickpunkt der Aufmerksamkeit gerückt. Dies sind nur einige der Themenbereiche, welche im weiteren Verlauf dieser Arbeit eingehender behandelt werden.

Abb. 2: Entwicklung der Bettenauslastung an Vorsorge- und Rehabilitationseinrichtungen, 1993-2004

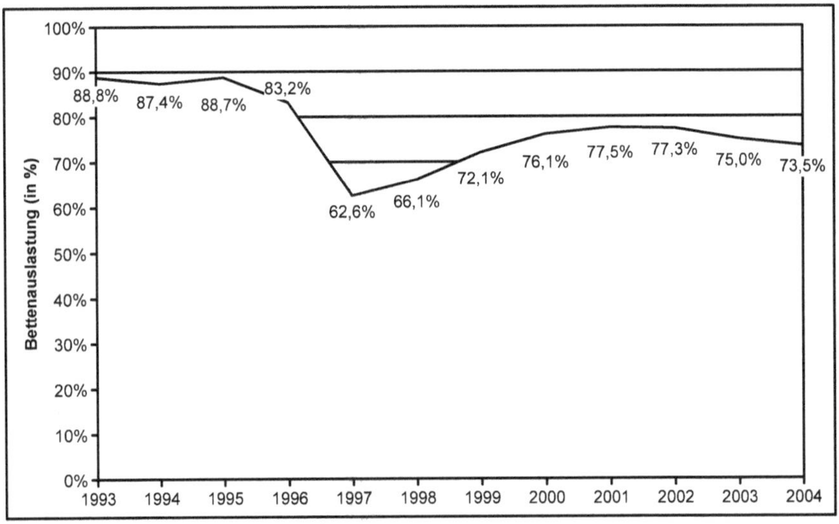

Quelle: Statistisches Bundesamt (2005[1])

Die Auswirkung der beschriebenen Gesetzgebungsverfahren auf die durchschnittliche Bettenauslastung an Vorsorge- und Rehabilitationseinrichtungen wird aus Abbildung 2 ersichtlich. Demzufolge ist auch die durchschnittliche Kapazitätsauslastung zwischen 1996 und 1997 deutlich von 83,2% auf 62,6% zurückgegangen. Auch seit 2001 lässt

17 Vgl. Rolland (2005), S. 972, Bothe, Dürr, Hahn, Margreiter, Messemer (2003), S. 66.

18 Vgl. Groß, Ritter (2003), S. 526.

sich gegenüber dem jeweiligen Vorjahr ein Rückgang in der Fallzahl, der Anzahl der Pflegetage sowie der Bettenauslastung dokumentieren. Dieser Rückgang war jedoch deutlich geringer ausgeprägt als zwischen den Jahren 1996 und 1997. Auch ist dieser zweite geringere Rückgang nicht wie 1997 auf ein bestimmtes Gesetzgebungsverfahren zurückzuführen, sondern vielmehr mit wirtschaftlichen Einflüssen zu erklären. So dürfte der konjunkturelle Einbruch in Deutschland 2001 zum einen einen Rückgang der Antragsstellungen bei den Versicherten und zum anderen einen Rückgang der Antragsbewilligungen bei den Rehabilitationsträgern zur Folge gehabt haben.

Abbildung 3 lässt erkennen, dass auch die Anzahl der Kliniken sowie die Gesamtbettenzahl an Vorsorge- und Rehabilitationseinrichtungen seit den Jahren 1999 und 2000 leicht zurückgegangen ist. Da die Zuwächse an Einrichtungen und Bettenzahlen aus den 90er Jahren in erster Linie auf den Ausbau ostdeutscher Versorgungsstrukturen zurückzuführen sind, können die in Abbildung 3 dargestellten Zeitreihen zudem nicht über die seit Mitte der 90er Jahre fortdauernde Krise am Rehabilitationsmarkt hinwegtäuschen.

Abb. 3: Entwicklung der Anzahl Einrichtungen sowie der Bettenzahl an Vorsorge- und Rehabilitationseinrichtungen, 1993-2004

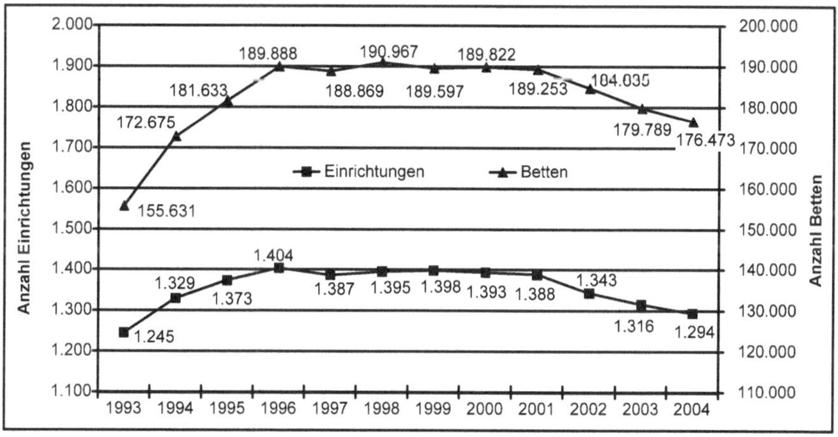

Quelle: Statistisches Bundesamt (2005[1])

Abschließend sei auf die Einführung des Neunten Sozialgesetzbuchs (SGB IX) hingewiesen, welches am 1. Juli 2001 in Kraft getreten ist[19] und gemäß § 9 SGB IX u.a. das Wunsch- und Wahlrecht des Patienten in den Vordergrund stellt. Mit dem SGB IX existiert für die Rehabilitation und Teilhabe behinderter Menschen nun ein eigenständiger Gesetzestext. In Kapitel 4, insbesonders § 26 SGB IX, erfolgt hierbei eine trägerübergreifende, inhaltliche Beschreibung der medizinischen Rehabilitation. Leistungen zur Teilhabe am Arbeitsleben (Kapitel 5), Unterhaltssichernde und ergänzende Leistungen (Kapitel 6) sowie Leistungen zur Teilhabe am Leben in der Gesellschaft (Kapitel 7) werden im SGB IX noch einmal separat behandelt.

19 Vgl. SGB Sozialgesetzbuch (2006), S. 1095 ff. sowie Ranneberg (2006), S. 22 f., für die nachfolgenden Ausführungen.

Bei dem Neunten Sozialgesetzbuch handelt es sich nicht um ein neues Leistungsrecht, sondern vielmehr um eine trägerübergreifende Zusammenfassung, Vereinheitlichung und Fortschreibung einzelner Vorgängergesetze. Leistungen zur Teilhabe gelten gemäß § 4 Abs. 1 SGB IX in einem ersten Schritt „*unabhängig von der Ursache der Behinderung*". Für trägerspezifische Bestimmungen sind jedoch weiterhin die jeweils zuständigen Sozialgesetzbücher, vor allem SGB V, VI und VII, maßgeblich[20].

§§ 10-14 und § 20 SGB IX formulieren einzelne träger*übergreifende* Zuständigkeiten. Der Umsetzung dieser Vorgaben wurde durch die Rehabilitationsträger in den vergangenen Jahren bereits in vollem Verantwortungsbewusstsein nachgegangen. So wurde 2003 u.a. sowohl ein beschleunigtes Verfahren der Zuständigkeitsklärung gemäß § 14 SGB IX beschlossen als auch eine gemeinsame Empfehlung zu Maßnahmen der Qualitätssicherung nach § 20 Abs. 1 SGB IX vereinbart[21].

1.3 Zielsetzung und Vorgehensweise der vorliegenden Arbeit

Ziel der vorliegenden Arbeit ist es, wesentliche Herausforderungen an die medizinische Rehabilitation aufzuzeigen und hieraus – im Rahmen eines Fünf-Punkte-Programms in Abschnitt 9 – konkrete gesundheitspolitische Handlungsempfehlungen zu formulieren. Die Arbeit beginnt mit einer Bestandsaufnahme der Situation, in der sich die deutsche medizinische Rehabilitation gegenwärtig befindet. Zur Komplettierung des Gesamtbilds wird durch Hochrechnung der möglichen Entwicklungen von Rehabilitationsfallzahlen und Rehabilitationsausgaben bis 2050 zudem eine mittel- bis langfristige Perspektive eingenommen, die für die abschließende Formulierung gesundheitspolitischer Handlungsempfehlungen weitere, entscheidende Erkenntnisse liefert.

In den Abschnitten 2 bis 6 wird in Form einer ganzheitlichen Betrachtung auf einzelne Merkmale der deutschen medizinischen Rehabilitation eingegangen. Abschnitt 2 beginnt mit einer Übersicht über die Nachfrageseite am Rehabilitationsmarkt. Nach einer ersten Bestandsaufnahme des deutschen Rehabilitationsangebots in Abschnitt 3, diskutiert Abschnitt 4 dieses vor dem Hintergrund komplementärer Angebotsformen. In Abschnitt 5 wird zudem die gegenwärtige und zukünftige Rolle der medizinischen Rehabilitation im Rahmen der Integrierten Versorgung thematisiert. Abschnitt 6 führt die beiden Marktseiten von Nachfrage und Angebot zusammen und diskutiert einzelne Aspekte wie Vertragsverhandlungen, Vergütungsformen, Steuerungsmechanismen der Kostenträger sowie die Bedeutung des Qualitätsmanagements für die medizinische Rehabilitation. Zusammenfassend ermöglicht die Analyse der Abschnitte 2 bis 6 in einem ersten Schritt, zentrale gegenwärtige Herausforderungen an die medizinische Rehabilitation herauszuarbeiten.

Einen weiteren, wesentlichen Bestandteil der vorliegenden Arbeit bildet eine Diskussion der mittel- bis langfristigen Perspektive am Rehabilitationsmarkt. Abschnitt 7 liefert die wichtigsten Grundlagen für die Hochrechnung von Rehabilitationsleistungen. Der Abschnitt beginnt mit einer methodischen Einführung, welche den aktuellen wissenschaftlichen Stand in Bezug auf eine Hochrechnung von GKV-Ausgaben und GKV-Bei-

20 Bei der Darstellung der Verantwortungsbereiche einzelner Sozialversicherungsträger wird in Abschnitt 2 dieser Arbeit daher teils auf die Gesetzesbücher des jeweiligen Trägers, teils auf das Neunte Sozialgesetzbuch Bezug genommen.

21 Vgl. Vömel (2004), S. 43-48, mit einem ersten positiven Zwischenfazit zur Umsetzung des SGB IX. Das Thema Qualitätssicherung wird in Abschnitt 6.5 eingehender behandelt.

tragssatzentwicklungen wiedergibt (vgl. Abschnitt 7.1). Publizierte Hochrechnungen künftiger Entwicklungen im GKV-Bereich liefern hierbei wichtige Erkenntnisse für die spezifische Hochrechnung von Rehabilitationsfallzahlen und Rehabilitationsausgaben. Einen weiteren, zentralen Bestandteil der letztgenannten Hochrechnung bildet die 11. koordinierte Bevölkerungsvorausberechnung des Statistischen Bundesamts, welche in Abschnitt 7.2 vorgestellt wird.

Letztendlich werden in Abschnitt 8 die Ergebnisse durchgeführter Hochrechnungen sowohl GKV-finanzierter als auch RV-finanzierter Rehabilitationsfallzahlen und Rehabilitationsausgaben präsentiert. Hierzu werden einzelne Bevölkerungszeitreihen der 11. koordinierten Bevölkerungsvorausberechnung mit altersgruppenspezifischen Rehabilitationsinanspruchnahmeraten der Deutschen Rentenversicherung Bund sowie des AOK-Bundesverbands kombiniert. Letztere Statistik wird stellvertretend für alle gesetzlichen Krankenkassen angenommen und auf die gesamte GKV-Bevölkerung hochgerechnet[22]. Bei der Hochrechnung medizinischer Rehabilitationsfallzahlen und Rehabilitationsausgaben werden neben bevorstehenden demographischen Veränderungen letztendlich zudem der medizinisch-technische Fortschritt, zunehmende Morbidität und Chronizität sowie die Ausweitung des (ambulant-)teilstationären Rehabilitationsangebots mit berücksichtigt. Mittels einer Analyse möglicher Änderungen in der Kapazitätsauslastung an deutschen Vorsorge- und Rehabilitationseinrichtungen wird neben der Perspektive der Kostenträger hierbei auch die Sichtweise der Leistungserbringer eingenommen.

Nur nach einer Hochrechnung künftiger Marktentwicklungen lassen sich die heute bereits erkennbaren Herausforderungen an die medizinische Rehabilitation auch mittelfristig in einem vorausblickenden Kontext sinnvoll diskutieren. Dies ist Aufgabe des abschließenden Abschnitts 9, in dem ein Fünf-Punkte-Programm für die medizinische Rehabilitation vorgestellt wird.

---

22 Neben der Tatsache, dass außerhalb des AOK-Bundesverbandes keine weiteren altersgruppenspezifischen Krankenkassendaten für eine Hochrechnung zur Verfügung standen, spricht eine ganze Reihe weiterer Gründe für eine solche Vorgehensweise. Auf diese Diskussion wird in Abschnitt 8.1.1 näher eingegangen.

2. Direkte und indirekte Nachfragestruktur am deutschen Rehabilitationsmarkt

Im nachfolgenden Abschnitt wird die direkte und indirekte Nachfragestruktur am deutschen Rehabilitationsmarkt, bestehend aus einzelnen Leistungsträgern sowie individuellen Selbstzahlern, dargestellt.

Abschnitt 2.1 beginnt mit einer Dokumentation der einzelnen Rehabilitationsträger innerhalb der deutschen Sozialversicherung sowie deren Aufgaben und Ziele, welche sich zum Teil ganz wesentlich voneinander unterscheiden. Während beispielsweise für die gesetzliche Rentenversicherung und die gesetzliche Unfallversicherung der Grundsatz *Rehabilitation vor Rente* zu beachten ist, gilt für die gesetzlichen Krankenkassen der Grundsatz *Rehabilitation vor Pflege*[1].

In Anlehnung an eine grafische Darstellung in Abschnitt 2.6 wird in den Abschnitten 2.2 und 2.3 zudem auf die Rolle der öffentlichen Haushalte sowie der Arbeitgeber als Finanzierer von Vorsorge- und Rehabilitationsleistungen hingewiesen. In Abschnitt 2.4 wird schließlich auf die Rolle der privaten Krankenversicherung sowie in Abschnitt 2.5 auf die Rolle der individuellen Selbstzahler eingegangen. Abschnitt 2.6 rundet die Diskussion der Nachfrageseite mit einer Gesamtübersicht über die Nachfragestruktur am deutschen Rehabilitationsmarkt ab. Hierbei wird sowohl die Sichtweise der Rehabilitationsträger als auch die Sichtweise der Patienten eingenommen, um einen wissenschaftlichen, möglichst umfassenden und somit auch unparteiischen Gesamtüberblick zu gewährleisten.

2.1 Die deutsche Sozialversicherung

In § 5 SGB IX wird bezüglich der Rehabilitation und Teilhabe behinderter Menschen zwischen insgesamt vier Leistungsgruppen unterschieden[2]:

- Leistungen zur medizinischen Rehabilitation,
- Leistungen zur Teilhabe am Arbeitsleben (berufliche Rehabilitation),
- Leistungen zur Teilhabe am Leben in der Gemeinschaft (soziale Rehabilitation)
- sowie unterhaltssichernde und andere ergänzende Leistungen.

Diese Arbeit beschäftigt sich ausdrücklich mit der ersten Leistungsgruppe, den medizinischen Rehabilitationsbehandlungsleistungen.

Laut Tabelle 1 sind für die Finanzierung medizinischer Rehabilitationsbehandlungsleistungen gemäß § 6 SGB IX insgesamt sechs Rehabilitationsträger verantwortlich. Die nachfolgenden Abschnitte 2.1.1 bis 2.1.4 werden sich auf eine nähere Analyse der gesetzlichen Krankenkassen, der gesetzlichen Rentenversicherung, der Sozialhilfe sowie der gesetzlichen Unfallversicherung konzentrieren[3]. Weitere Rehabilitationsträger bilden die Träger der Kriegsopferversorgung und Kriegsopferfürsorge sowie die öffentliche Jugendhilfe (vgl. Tabelle 1)[4].

1 Vgl. § 8 Abs. 2 und 3 SGB IX, in SGB Sozialgesetzbuch (2006), S. 1101.

2 Vgl. SGB Sozialgesetzbuch (2006), S. 1100.

3 Auch Stein (2005), S. 330-341, beschränkt sich in seiner Analyse auf diese vier Rehabilitationsträger.

4 Siehe SGB Sozialgesetzbuch (2006), S. 1100. Zusätzlich ist die Bundesanstalt für Arbeit für Leistungen zur beruflichen Rehabilitation sowie für ergänzende Leistungen, nicht jedoch für medizinische Rehabilitationsleistungen verantwortlich (vgl. Stein (2005), S. 337).

Eine besondere Rolle für die medizinische Rehabilitation spielt zudem die soziale Pflegeversicherung, wenngleich diese nicht als Rehabilitationsträger definiert ist. Auf die besondere Situation der Pflegeversicherung als indirekter Nachfrager von medizinischen Rehabilitationsleistungen wird in Abschnitt 2.1.5 näher eingegangen.

Tab. 1: Übersicht über einzelne Rehabilitationsträger und deren Zuständigkeit für individuelle Leistungsgruppen

	medizinische Rehabilitation	**Teilhabe am Arbeitsleben**	**unterhaltssichernde und andere ergänzende Leistungen**	**Teilhabe am Leben in der Gemeinschaft**
gesetzliche Rentenversicherung	x	x	x	
gesetzliche Krankenkassen	x		x	
gesetzliche Unfallversicherung	x	x	x	x
Sozialhilfe	x	x		x
Bundesanstalt für Arbeit		x	x	
öffentliche Jugendhilfe	x	x		x
Träger der Kriegsopferversorgung/Kriegsopferfürsorge	x	x	x	x

Quelle: Stein (2005), S. 337, eigene Darstellung

2.1.1 Die gesetzliche Rentenversicherung

Die gesetzlichen Regelungen von Aufgaben der Rentenversicherung finden sich im Sechsten Sozialgesetzbuch (SGB VI). Ziele und Aufgaben medizinischer Rehabilitationsbehandlungsleistungen, welche durch die gesetzliche Rentenversicherung finanziert werden, sind in § 9 Abs.1 Satz 1 SGB VI dargestellt.

Demnach ist es das Ziel solcher Leistungen

> „1. den Auswirkungen einer Krankheit oder einer körperlichen, geistigen oder seelischen Behinderung auf die Erwerbsfähigkeit der Versicherten entgegenzuwirken oder sie zu überwinden und
> 2. dadurch Beeinträchtigungen der Erwerbsfähigkeit der Versicherten oder ihr vorzeitiges Ausscheiden aus dem Erwerbsleben zu verhindern oder sie möglichst dauerhaft in das Erwerbsleben wiedereinzugliedern."

In § 9 Abs. 2 Satz 2 SGB VI wird explizit darauf hingewiesen, dass Leistungen zur Teilhabe „Vorrang vor Rentenleistungen" besitzen und somit die Aufgabe beinhalten, einer vorzeitigen Verrentung entgegenzuwirken. Es gilt somit der Grundsatz „Rehabilitation vor Rente"[5].

Um geeignete Rehabilitationsbehandlungsleistungen durchführen zu können, müssen bestimmte persönliche sowie versicherungsrechtliche Voraussetzungen erfüllt sein. Mit Blick auf die persönlichen Voraussetzungen muss der Versicherte rehabilitationsbedürftig sein, indem eine Gefährdung oder Minderung der Erwerbsfähigkeit vorliegt

5 Siehe SGB Sozialgesetzbuch (2006), S. 631.

(vgl. § 10 Abs. 1 Satz 1 Nr. 1 SGB VI). Hinsichtlich der Rehabilitationsfähigkeit (§ 10 Abs. 1 Satz 1 Nr. 2 SGB VI) wird zwischen drei Versichertengruppen unterschieden und auf die jeweils erforderliche Rehabilitationsprognose hingewiesen. Demzufolge ist bei
(a) erheblicher Gefährdung der Erwerbsfähigkeit eine Minderung dieser abzuwenden,
(b) bereits geminderter Erwerbsfähigkeit diese zu verbessern, wiederherzustellen oder zumindest eine wesentliche Verschlechterung abzuwenden,
(c) teilweiser Erwerbsminderung ohne Aussicht auf eine wesentliche Besserung der Erwerbsfähigkeit der Arbeitsplatz zu erhalten.

In den ersten beiden Fällen sind entweder medizinische Rehabilitationsleistungen oder Leistungen zur Teilhabe am Arbeitsleben, in letzterem Fall ausschließlich berufliche Rehabilitationsmaßnahmen zu erbringen[6].

Die versicherungsrechtlichen Voraussetzungen für medizinische Rehabilitationsleistungen sind in § 11 SGB VI geregelt[7]. Ein Recht auf Rehabilitationsleistungen haben demnach Versicherte mit einer Wartezeit von mindestens 15 Jahren[8] sowie Bezieher einer Rente wegen verminderter Erwerbsfähigkeit (§ 11 Abs. 1 SGB VI). Die versicherungsrechtlichen Voraussetzungen erfüllen zudem

- Personen mit Pflichtbeiträgen von mindestens sechs Kalendermonaten für eine versicherte Beschäftigung oder Tätigkeit innerhalb der letzten zwei Jahre vor Antragstellung,
- Personen, die innerhalb von zwei Jahren nach Beendigung einer Ausbildung einer versicherten Beschäftigung oder selbstständigen Tätigkeit nachgegangen sind[9]
- sowie Personen mit verminderter oder zu erwartender verminderter Erwerbsfähigkeit, sofern die soeben genannte allgemeine Wartezeit von 15 Jahren erfüllt ist.

Ausschlusskriterien aus Sicht der Rentenversicherung gelten gemäß § 12 Abs. 1 SGB VI vor allem für Rehabilitationsleistungen

1. wegen eines Arbeitsunfalls, einer Berufskrankheit oder einer Schädigung im Sinne des sozialen Entschädigungsrechts,
2. von Rentenbeziehern, die mindestens zwei Drittel der Vollrente beziehen oder beantragt haben,
3. von erwerbstätigen Beamten mit Anrecht auf staatliche Beihilfe bzw. Pensionäre mit Bezügen von außerhalb der gesetzlichen Rentenversicherung.

Die gesetzliche Rentenversicherung ist somit vor allem nicht für die Erbringung von Rehabilitationsleistungen für Rentner zuständig, wobei eine indikationsspezifische Ausnahme in § 31 SGB VI unter der Rubrik „Sonstige Leistungen“ vermerkt ist. Demnach sind gemäß Punkt 3 auch „Nach- und Festigungskuren wegen Geschwulst-

6 Vgl. SGB Sozialgesetzbuch (2006), S. 631 f.

7 Siehe SGB Sozialgesetzbuch (2006), S. 632 f. für die nachfolgenden Ausführungen.

8 Mit 15 Jahren Wartezeit ist eine Mindestanzahl von 12x15 = 180 Monaten gemeint, in denen eine Person Beiträge in die Rentenversicherung eingezahlt haben muss. Theoretisch ist für die Berücksichtigung eines individuellen Monats auch eine Zahlung von nur einem einzigen Tag ausreichend (telefonische Auskunft von Herrn Trautmann, Reha-Servicestelle der Deutschen Rentenversicherung Bayern Süd, vom 25.9.2007).

9 Dies gilt unabhängig davon, ob diese zum Zeitpunkt der Antragstellung noch ausgeübt wurde oder ob die Person seitdem arbeitsunfähig oder arbeitslos geworden ist. Laut telefonischer Auskunft von Frau Rademacher, Deutsche Rentenversicherung Bund, gilt diese Zweijahresregelung in erster Linie zum Schutz jüngerer Versicherter.

erkrankungen für Versicherte, Bezieher einer Rente sowie ihre Angehörigen" durch die gesetzliche Rentenversicherung zu erbringen[10].

Laut Sechstem Sozialgesetzbuch werden stationäre Leistungen zur medizinischen Rehabilitation für maximal drei Wochen erbracht, wobei eine Verlängerung des Rehabilitationsaufenthalts in besonderen Fällen möglich ist (siehe § 15 SGB VI Abs. 3). Zu diesen „besonderen Fällen" zählen in erster Linie Patienten der Neurologie sowie Patienten mit psychischen Erkrankungen. So wiesen neurologische Patienten der Rentenversicherung laut VDR-Statistiken im Jahr 2003 durchschnittlich ca. 32 Verweildauertage auf, Patienten mit psychischen Erkrankungen rund 55 Verweildauertage. Die Daten aus Abbildung 1 (47.442.000 Behandlungstage / 1.889.000 Fälle = 25,1 Verweildauertage im Jahr 2004, stationäre Rehabilitation insgesamt) lassen hier bereits erahnen, dass einer Behandlungsdauer von über drei Wochen nach wie vor weitaus öfter zugestimmt wird, als es der Gesetzestext vermuten lässt[11]. Gemäß § 15 SGB VI Abs. 2 Satz 1 kann die Rehabilitationsbehandlung entweder in einer Klinik erbracht werden, die durch den Rentenversicherungsträger selbst betrieben wird oder aber in einer Klinik, mit der ein Vertrag nach § 21 SGB IX vereinbart ist[12]. § 20 SGB VI regelt den Anspruch auf Übergangsgeld, welches vom Rentenversicherungsträger für die Zeit während des Rehabilitationsaufenthalts an den Versicherten zu entrichten ist[13].

In ihrer neuen Organisationsstruktur wurden alle Rentenversicherungsträger – die Bundesversicherungsanstalt für Angestellte (BfA), die Landesversicherungsanstalten (LVAen), die Bundesknappschaft, die Bahnversicherungsanstalt sowie die Seekasse – unter einem Dach zusammengefasst. Seit dem 1. Oktober 2005 treten diese gemeinschaftlich unter dem Namen „Deutsche Rentenversicherung" auf (vgl. Abbildung 4).

Aus der neuen Struktur ergibt sich auch eine neue Aufgabenteilung in der gesetzlichen Rentenversicherung[14]. Durch die Organisationsreform soll die Zusammenarbeit zwischen den Rentenversicherungsträgern verbessert werden.

Zum einen besteht diese Reform aus der Gründung der *Deutschen Rentenversicherung Bund*, einem Zusammenschluss der Bundesversicherungsanstalt für Angestellte (BfA) und dem Verband Deutscher Rentenversicherungsträger (VDR). Seit dem 1. Oktober 2005 werden hier Grundsatz- und Querschnittsaufgaben gebündelt und die gesetzliche Rentenversicherung als Gesamtheit – u.a. in fachlichen und rechtlichen Grundsatzangelegenheiten sowie in grundsätzlichen organisatorischen und finanziellen Fragestellungen – vertreten. Aus der Bundesknappschaft, der Bahnversicherungsanstalt und der Seekasse wurde mit der *Deutschen Rentenversicherung Knappschaft-Bahn-See* ein zweiter Bundesträger gebildet (siehe Abbildung 4).

---

10 Siehe SGB Sozialgesetzbuch (2006), S. 636.

11 Aufgrund oben genannter neurologischer und psychischer Rehabilitationsbehandlungen lag die durchschnittliche Behandlungsdauer bei Rehabilitationspatienten der Rentenversicherung deutlich über dem genannten Gesamtwert der Rehabilitation, bei rund 30 Tagen. Allerdings wiesen auch RV-Patienten aus der Kardiologie, Orthopädie sowie der Onkologie im Jahr 2003 durchschnittliche Behandlungsdauern von über 24 Tagen auf. Gerade im Bereich der Rentenversicherung (d.h. dem oben zitierten SGB VI) ist demnach zu hinterfragen, ob bei Patienten mit einer Verweildauer von über 21 Tagen tatsächlich ohne Weiteres von Ausnahmefällen gesprochen werden kann.

12 Vgl. SGB Sozialgesetzbuch (2006), S. 634 und S. 1109.

13 Siehe SGB Sozialgesetzbuch (2006), S. 635.

14 Vgl. Deutsche Rentenversicherung (2006) sowie http://kapow.deutsche-rentenversicherung.de/themen/die_neue_aufgabenverteilung.htm (Stand: 12.12.2006), für die nachfolgenden Ausführungen.

Abb. 4: Aktuelle und ehemalige Struktur der Deutschen Rentenversicherung

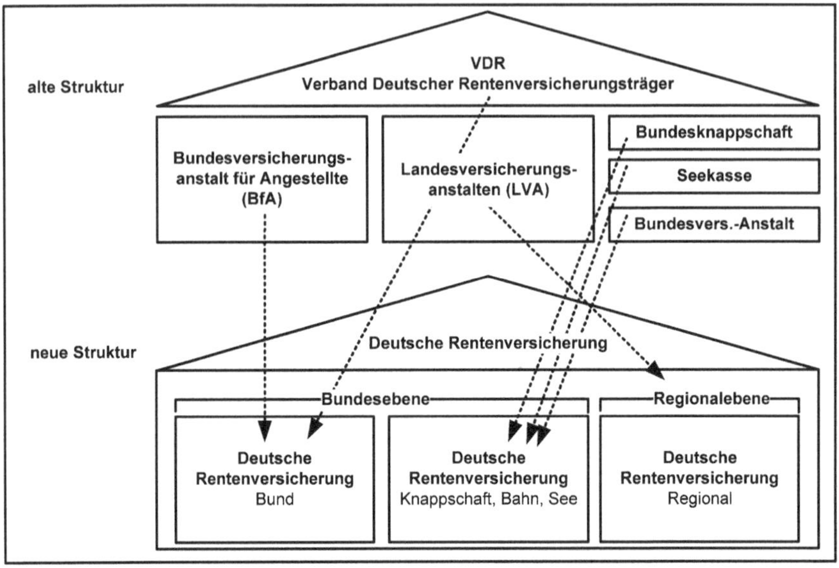

Quelle: Deutsche Rentenversicherung (2006), aufgerufen unter http://kapow.deutsche-rentenversicherung.de/themen/die_neue_struktur.htm (Stand: 12.12.2006)

Im Zuge der Umstrukturierung werden zudem einige Landesversicherungsanstalten (LVAen) zu größeren Regionalträgern verschmolzen. Die Gesamtzahl der Rentenversicherungsträger wurde auf diese Weise von ursprünglich 26 (Angabe vom 1.10.2005) bis 1.1.2007 auf die Zahl 19 verringert. Weitere regionale Zusammenschlüsse sind angedacht.

Einige Landesversicherungsanstalten (LVAen) fusionieren hierbei zu deutlich größeren Regionalträgern und werden teilweise zugleich mit neuen Namen versehen (z.B. „Deutsche Rentenversicherung Baden-Württemberg" oder „Deutsche Rentenversicherung Nord"). Grundsätzlich werden die lokalen Auskunfts- und Beratungsstellen durch die Regionalträger verwaltet (vgl. „Deutsche Rentenversicherung Regional" in Abbildung 4).

Ziel der Reorganisation ist es letztendlich, die Verwaltungsausgaben in einem Zeitraum von fünf Jahren um 10% zu reduzieren, Doppelstrukturen abzubauen, Verwaltungsverfahren zu verbessern und Zahlungsströme zu verringern[15]. Während die soeben beschriebene Reorganisation, auch im Hinblick auf eine weitere Reduktion der Anzahl Rentenversicherungsträger, aus finanziellen Gründen sicherlich geboten erscheint, so birgt eine zu starke Zentralisierung gleichzeitig jedoch auch gewisse Nachteile. Im Bereich der Innovationsfähigkeit ist gerade das lokale Engagement einzelner Entscheidungsträger von großer Bedeutung. So sind innovative Rehabilitationskonzepte in der Vergangenheit vor allem von kleineren Kostenträgern, gerade auch von Krankenkassen mit wenigen Versicherten, auf den Weg gebracht worden. Die Rentenversicherung steht demnach vor der Herausforderung effizientere Strukturen zu eta-

15 Vgl. Deutsche Rentenversicherung (2006), S. 4.

blieren, ohne hierbei von ihrem Innovationspotential einzubüßen, welches im Bereich Rehabilitation künftig mehr denn je gefragt sein wird[16].

2.1.2 *Die gesetzliche Krankenversicherung*

Seit 1974 ist mit dem Reha-Angleichungsgesetz eine gesetzliche Regelung für die Zuständigkeit der gesetzlichen Krankenversicherung im Hinblick auf Leistungen zur medizinischen Rehabilitation in Kraft[17]. Die Details zu den Leistungen der gesetzlichen Krankenversicherung (GKV) sind im Fünften Sozialgesetzbuch geregelt sowie in § 6 Abs. 1 Nr. 1 SGB IX gesetzlich festgehalten.

Gemäß § 11 Abs. 2 Satz 1 SGB V besteht ein Versichertenanspruch auf GKV-finanzierte Rehabilitationsleistungen, sofern diese

> „notwendig sind, um eine Behinderung oder Pflegebedürftigkeit abzuwenden, zu beseitigen, zu mindern, auszugleichen, ihre Verschlimmerung zu verhüten oder ihre Folgen zu mildern".

Für Rehabilitationsleistungen der GKV gilt somit der Grundsatz *Rehabilitation vor Pflege*. Zum größten Teil handelt es sich hierbei um AHB-Maßnahmen, die GKV-finanzierte Rehabilitation beinhaltet jedoch nach wie vor auch klassische Antragsverfahren[18]. In letzterem Fall sind von den niedergelassenen Ärzten die seit dem 1.4.2004 gültigen Rehabilitations-Richtlinien für Vertragsärzte zu beachten[19]. Auf Grundlage dieser Richtlinien können gemäß § 73 Abs. 2 Nr. 5 und 7 SGB V Rehabilitationsleistungen zulasten der Krankenkassen verordnet werden[20].

Die Rehabilitations-Richtlinien des Gemeinsamen Bundesausschusses (G-BA) enthalten Angaben zum kompletten Rehabilitationsverlauf im Bereich Antragsrehabilitation. Sie thematisieren unter anderem:

- das Beratungsgespräch zwischen Patient und Vertragsarzt,
- die Mitteilung an die Krankenkasse und deren Unterstützung des Patienten bei der Antragstellung,
- die medizinische Indikationsstellung durch den Vertragsarzt nach den Aspekten der Rehabilitationsbedürftigkeit, Rehabilitationsfähigkeit und Rehabilitationsprognose,
- den Erhalt eines Entlassungsberichts durch die Rehabilitationsklinik
- sowie die Umsetzung von Empfehlungen zur rehabilitativen Nachsorge.

Gleichzeitig ist mit Blick auf die Rehabilitations-Richtlinien jedoch zu befürchten, dass die Rolle des Vertragsarztes als Einweiser in die Rehabilitation aufgrund strengerer Auflagen bezüglich der Qualifikation im Fachbereich Rehabilitation künftig weiter eingeschränkt werden könnte. Gemäß § 11 Abs. 3 dürfen „Vertragsärzte, die nicht über eine … (der ausgewiesenen) Zusatzqualifikationen verfügen, Leistungen zur medizinischen Rehabilitation zulasten der Gesetzlichen Krankenversicherung bis zum 31. März 2007" und zu einem späteren Zeitpunkt demnach nicht mehr verordnen[21].

---

16 Siehe hierzu auch die Diskussion im nachfolgenden Abschnitt 3.3.4.3.

17 Vgl. u.a. Stier-Jarmer, Stucki (2002), S. 130 f.

18 Zudem werden Mutter-Kind-Kuren in einzelnen Analysen, z.B. beim AOK-Bundesverband, oftmals noch einmal getrennt von den klassischen Antragsverfahren ausgewiesen.

19 Siehe G-BA (2006).

20 Vgl. SGB Sozialgesetzbuch (2006), S. 410.

21 Vgl. G-BA (2006), S. 8.

In diesem Kontext werden die nachfolgenden Abschnitte 4.2 und 4.3 Ansätze diskutieren, wie die Zusammenarbeit zwischen niedergelassenen Ärzten und Rehabilitationseinrichtungen verbessert und auch die Bedeutung der Rehabilitationsnachsorge künftig gestärkt werden kann. Hierbei handelt es sich um Themenbereiche, die in den Rehabilitations-Richtlinien bisher augenscheinlich unzureichend thematisiert sind.

GKV-finanzierte medizinische Rehabilitationsleistungen werden explizit von Leistungen der aktivierenden Pflege nach Eintritt von Pflegebedürftigkeit abgegrenzt, welche von den Pflegekassen zu erbringen sind[22]. Ebenfalls ausgeklammert sind Leistungen infolge eines Arbeitsunfalls oder einer Berufskrankheit (vgl. § 11 Abs. 2 Satz 2 sowie Abs. 4 SGB V)[23].

In § 40 SGB V sind die Leistungen zur medizinischen Rehabilitation näher definiert, wobei der Grundsatz „ambulant vor stationär" deutlich herausgestellt ist[24]. Hierzu heißt es gemäß Absätzen 1 und 2:

> „Reicht bei Versicherten eine ambulante Krankenbehandlung nicht aus, um die in § 11 Abs. 2 beschriebenen Ziele zu erreichen, erbringt die Krankenkasse aus medizinischen Gründen erforderliche ambulante Rehabilitationsleistungen in Rehabilitationseinrichtungen, für die ein Versorgungsvertrag nach § 111 besteht oder, soweit dies für eine bedarfsgerechte, leistungsfähige und wirtschaftliche Versorgung der Versicherten mit medizinischen Leistungen erforderlich ist, durch wohnortnahe Einrichtungen. Leistungen nach Satz 1 sind auch in stationären Pflegeeinrichtungen nach § 72 Abs. 1 des Elften Buches zu erbringen.
> Reicht die Leistung nach Absatz 1 nicht aus, erbringt die Krankenkasse stationäre Rehabilitation mit Unterkunft und Verpflegung in einer nach § 20 Abs. 2a zertifizierten Rehabilitationseinrichtung."

Zu oben stehendem Gesetzestext lassen sich diverse Anmerkungen machen. Erstens ist auffällig, dass Rehabilitationsleistungen mit Einführung des GKV-Wettbewerbsstärkungsgesetzes nun auch in stationären Pflegeeinrichtungen erbracht werden können, was einem ersten wichtigen Schritt zur verbesserten Verzahnung von Rehabilitation und Pflege gleichkommt[25]. In Bezug auf eine Zuweisungsentscheidung zwischen ambulant-teilstationären und stationären Rehabilitationsbehandlungen scheinen Ergebnisse im nachfolgenden Abschnitt 3.3.4.2 auf die primäre Bedeutung der Entfernung vom Wohnort als Zuweisungskriterium hinzudeuten. Weitere eindeutige, vor allem medizinische Kriterien sind für eine differentielle Zuweisungsentscheidung bisher hingegen nicht entwickelt worden. Wie die nachfolgende Diskussion in Abschnitt 3.3 zeigen wird, ist dies in erster Linie auf eine bislang unzureichende Abgrenzung der Begriffe „stationär", „teilstationär" und „ambulant" im Zusammenhang mit Rehabilitationsbehandlungsleistungen zurückzuführen.

Letztendlich hat sich die Aufgabe der Krankenkassen als Erbringer von Rehabilitationsleistungen gemäß § 40 SGB V mit der Beschlussempfehlung des Ausschusses für Gesundheit (14. Ausschuss) von einer Kann- in eine Soll-Bestimmung umgekehrt. Gleichzeitig ist mit Einführung des GKV-Wettbewerbsstärkungsgesetzes auch die Rolle von

22 Vgl. hierzu auch die Definition des Begriffs „aktivierende Pflege" im nachfolgenden Abschnitt 2.1.5.

23 Siehe SGB Sozialgesetzbuch (2006), S. 359 sowie Stein (2005), S. 331-333, für die nachfolgenden Angaben.

24 Siehe SGB Sozialgesetzbuch (2006), S. 385 sowie Änderungen gemäß GKV-WSG (2007).

25 Vgl. Abschnitt 4.4 für eine weiterführende Diskussion zu diesem Thema.

Mutter-Kind-Kuren in ähnlicher Weise gestärkt worden[26]. In § 41 Abs. 1 Satz 1 SGB V heißt es hierzu:

> „Versicherte haben unter den in § 27 Abs. 1 genannten Voraussetzungen Anspruch auf aus medizinischen Gründen erforderliche Rehabilitationsleistungen in einer Einrichtung des Müttergenesungswerks oder einer gleichartigen Einrichtung."

Auch hier war in der alten Fassung des Sozialgesetzbuchs lediglich eine Kann-Bestimmung vorgesehen[27].

Art, Dauer, Umfang, Beginn und Durchführung der Rehabilitationsleistungen sowie der Behandlungsort sind im jeweiligen Einzelfall durch die Krankenkasse zu bestimmen (vgl. § 40 Abs. 3 Satz 1 SGB V). Hierbei gelten maximale Behandlungszeiten von 20 Tagen für ambulante Rehabilitationsbehandlungen sowie drei Wochen für stationäre Rehabilitationsleistungen. Der maximale Behandlungszeitraum kann jedoch in beiden Fällen überschritten werden, falls medizinisch erforderlich.

In § 107 Abs. 2 SGB V wird der multidisziplinäre Ansatz eines Rehabilitationsteams unter ständiger ärztlicher Verantwortung und unter Einbeziehung der Bereiche „Krankengymnastik, Bewegungstherapie, Sprachtherapie oder Arbeits- und Beschäftigungstherapie, ferner durch andere geeignete Hilfen" herausgestellt[28]. Auch sollten hierbei „geistige und seelische Einwirkungen" auf den Patienten erfolgen. Die Notwendigkeit der Einbeziehung des Bereichs Psychologie wird hiermit indirekt angedeutet. Sie hätte im Zusammenhang mit medizinischen Rehabilitationsleistungen jedoch durchaus noch deutlicher herausgestellt werden können und wird gerade im Kontext der Gerontopsychologie künftig zweifellos noch weiter an Bedeutung hinzugewinnen[29].

Im Allgemeinen beschränken sich die Bemühungen der gesetzlichen Krankenkassen für das Erreichen der gesetzten Rehabilitationsziele nicht auf die Durchführung ambulanter und stationärer Rehabilitationsbehandlungen. Vielmehr verfolgt auch die Einbeziehung von medizinischen Sachleistungen wie Arznei- und Verbandmitteln sowie Heil- und Hilfsmitteln letztendlich ähnliche Ziele, nämlich die Beseitigung einer gesundheitlichen Schwächung, die Verhütung bzw. Vermeidung einer Verschlimmerung von Krankheiten sowie die Vermeidung von Pflegebedürftigkeit (vgl. § 23 und §§ 31-33 SGB V)[30]. Zu den zusätzlichen Leistungen sind auch wirksame und effiziente Patientenschulungsmaßnahmen für chronisch Kranke hinzuzuzählen[31]. Zudem haben Versicherte im Fall einer stationären Behandlung laut § 44 SGB V gegenüber der Krankenkasse Anspruch auf Krankengeld[32].

---

26 Inwiefern hieraus ohne weitere geeignete Maßnahmen jedoch tatsächlich eine Stärkung der medizinischen Rehabilitation erfolgen wird, ist in der Tat fraglich und soll in den nachfolgenden Abschnitten noch eingehender diskutiert werden.

27 Vgl. GKV-WSG (2007), S. 26, SGB Sozialgesetzbuch (2006), S. 385.

28 Eine weitere wichtige Komponente, die im Gesetzestext nicht direkt angesprochen wird, ist in der medizinischen Rehabilitation die Ernährungsberatung, welche gerade aus präventiven Gesichtspunkten nicht zu vernachlässigen ist (vgl. hierzu auch die Diskussion in Abschnitt 4.6).

29 Vgl. hierzu auch die Diskussion im nachfolgenden Abschnitt 4.5.

30 Siehe SGB Sozialgesetzbuch (2006), S. 365 f. sowie S. 372-375. Zudem ist die Rolle der gesetzlichen Krankenversicherung im Bereich Prävention und Selbsthilfe in § 20 SGB V gesetzlich festgeschrieben. Das Thema Rehabilitation und Prävention wird in Abschnitt 4.6 ausführlicher behandelt.

31 Vgl. auch Abschnitt 5.2 zum Thema Disease-Management-Programme.

32 Vgl. SGB Sozialgesetzbuch (2006), S. 388.

Letztendlich bestehen während eines Rehabilitationsaufenthalts seitens der Krankenkasse weitere mögliche Verpflichtungen hinsichtlich der Reisekostenerstattung sowie der Unterstützung durch eine Haushalts- oder Betriebshilfe. Diese Vorschriften sind im Neunten Sozialgesetzbuch jedoch trägerübergreifend geregelt (vgl. §§ 53 und 54 SGB IX)[33].

2.1.3 Die gesetzliche Unfallversicherung

Leistungen der gesetzlichen Unfallversicherung sind im Siebten Sozialgesetzbuch (SGB VII) festgelegt[34]. Aufgabe und Ziel von Rehabilitationsleistungen finden sich in § 1 SGB VII. Demzufolge besteht die Aufgabe der Unfallversicherung darin[35],

> „... mit allen geeigneten Mitteln Arbeitsunfälle und Berufskrankheiten sowie arbeitsbedingte Gesundheitsgefahren zu verhüten ... (bzw.) nach Eintritt von Arbeitsunfällen oder Berufskrankheiten die Gesundheit und die Leistungsfähigkeit der Versicherten mit allen geeigneten Mitteln wiederherzustellen ...".

Arbeitsunfälle werden gemäß § 8 SGB VII als Unfälle von Versicherten infolge „einer den Versicherungsschutz ... begründenden Tätigkeit (versicherten Tätigkeit)" definiert. Gemäß § 8 Abs. 1 Satz 2 sind Unfälle hierbei Ereignisse, die von außen auf den Körper einwirken und zu einer Gesundheitsschädigung (bzw. zum Tod) führen. Berufskrankheiten werden laut § 9 SGB VII durch besondere Einwirkungen verursacht, denen bestimmte Personengruppen durch ihre versicherte Tätigkeit in erheblich höherem Maße ausgesetzt sind als die übrige Bevölkerung.

§ 2 SGB VII definiert den versicherten Personenkreis, welcher primär aus Berufstätigen, gemäß Abs. 1 Nr. 8 jedoch auch aus Schülern und Studenten besteht. In letzterem Fall gilt der Versicherungsschutz für Arbeitsunfälle während des Unterrichts oder auf dem Weg zwischen der Arbeitsstelle und dem eigenen zu Hause[36].

Aus § 26 Abs. 3 SGB VII lässt sich für die gesetzliche Unfallversicherung ähnlich wie für die gesetzliche Rentenversicherung der Grundsatz *Rehabilitation vor Rente* ableiten, wobei auch hier sowohl Anschlussheilbehandlungen als auch die klassische Antragsrehabilitation in Betracht kommen[37].

Gemäß § 33 SGB VII wird im Fall von Rehabilitationsbehandlungen durch die Unfallkassen nicht explizit zwischen Krankenhäusern und Rehabilitationseinrichtungen unterschieden. In beiden Fällen sind Leistungen entweder voll- oder teilstationär zu erbringen. § 33 Abs. 3 SGB VII weist im Fall besonders schwerwiegender Gesundheitsschäden auf die Notwendigkeit einer unfallmedizinischen stationären Behandlung in besonderen Einrichtungen hin[38].

Laut Rücksprache mit Verantwortlichen der gesetzlichen Unfallversicherung enthalten deren statistische Daten alle Ausgaben ab dem Zeitpunkt eines Unfalls. Eine Abgrenzung medizinischer Rehabilitationsleistungen ist nicht ohne Weiteres möglich[39]. Den-

---

33 Vgl. SGB Sozialgesetzbuch (2006), S. 1126-1128.

34 Siehe Stein (2005), S. 335-336.

35 Vgl. SGB Sozialgesetzbuch (2006), S. 923, 924 und 928 f. für die nachfolgenden Ausführungen.

36 Vgl. auch Ranneberg (2006), S. 31.

37 Siehe SGB Sozialgesetzbuch (2006), S. 938.

38 Siehe SGB Sozialgesetzbuch (2006), S. 940 f.

39 Telefonat mit Prof. Rothe vom Hauptverband der Berufsgenossenschaften (HVBG) am 15.6.2006.

noch werden zur Komplettierung von Daten des Statistischen Bundesamtes von anonymer Stelle jährliche Schätzungen abgegeben, welche sich für das Jahr 2004 auf € 110 Mio. belaufen[40].

Die gesetzliche Unfallversicherung besteht aus

- den gewerblichen Berufsgenossenschaften (für Unternehmen der deutschen Privatwirtschaft und deren Beschäftigte),
- den Unfallkassen und Feuerwehr-Unfallkassen (Unfallversicherungsträger für Angestellte und Arbeiter des öffentlichen Dienstes, gegliedert nach Bund, Ländern und Gemeinden)
- sowie den landwirtschaftlichen Berufsgenossenschaften.

Repräsentiert werden diese im Wesentlichen von zwei Dachverbänden, dem Hauptverband der gewerblichen Berufsgenossenschaften (HVBG) und dem Bundesverband der Unfallkassen (BUK). Beide Verbände fusionieren am 1. Juli 2007 zu einem gemeinsamen Verband Deutsche Gesetzliche Unfallversicherung (DGUV)[41]. Somit findet, ähnlich wie in der gesetzlichen Rentenversicherung, ein Konzentrationsprozess auf Verbandsebene statt.

2.1.4 Die Sozialhilfe

Die Sozialhilfe ist für diejenigen Personen zuständig, welche nicht in den Zuständigkeitsbereich einer der übrigen Rehabilitationsträger fallen. Nach § 264 SGB V sind dies vor allem all diejenigen Personen, die keinen Krankenversicherungsschutz besitzen. Diese Personen werden im Fall von Hilfsbedürftigkeit zwar von einer Krankenkasse temporär betreut, die entsprechenden Leistungen jedoch von der Sozialhilfe finanziert[42]. Nicht zu verwechseln ist der Zuständigkeitsbereich der Sozialhilfe hingegen mit der Finanzierung von Leistungen für Empfänger des Arbeitslosengeldes II, welche über die Sozialversicherung bereits anderweitig abgesichert sind[43]. Schätzungsweise leben ca. 200.000 bis 300.000 Personen in Deutschland ohne Krankenversicherungsschutz, welche primär für Maßnahmen der Sozialhilfe infrage kommen[44]. Laut § 2 SGB XII erhält Sozialhilfe jedoch

> „nicht, wer sich durch Einsatz seiner Arbeitskraft, seines Einkommens und seines Vermögens selbst helfen kann oder wer die erforderliche Leistung von anderen, insbesondere von Angehörigen oder von Trägern anderer Sozialleistungen, erhält.“[45]

Angaben zu ambulanten, teilstationären und stationären Leistungen finden sich in § 13 SGB XII. Explizit wird zudem in § 14 auf den Vorrang von Prävention und Rehabilitation hingewiesen. Hierzu heißt es in Absatz 1: „Leistungen zur Prävention oder Rehabilitation sind zum Erreichen der nach dem Neunten Buch mit diesen Leistungen ver-

---

40 Laut Angaben von Herrn Michael Müller, Statistisches Bundesamt, November 2006.

41 Vgl. http://de.wikipedia.org/wiki/Gesetzliche_Unfallversicherung_(Deutschland) (Stand: 12.12.2006).

42 Siehe SGB Sozialgesetzbuch (2006), S. 558.

43 Telefonischer Hinweis von Frau Wollnik, Sozialreferat Nürnberg, vom 1.3.2007.

44 Nach Aussage von Herrn Hoffmann, Bundesministerium für Arbeit und Soziales, Referat Sozialhilfe, vom 9.5.2007.

45 Gemäß § 3 SGB XII wird die Sozialhilfe von örtlichen und überörtlichen Trägern geleistet. Örtliche Träger der Sozialhilfe sind die kreisfreien Städte und die Landkreise (vgl. SGB Sozialgesetzbuch (2006), S. 1336 f.).

bundenen Ziele vorrangig zu erbringen."[46] Unter individuelle Präventionsleistungen fallen neben heilpädagogischen Maßnahmen für Kleinkinder und Kinder im Vorschulalter mit Eltern ohne Krankenversicherungsschutz auch medizinische Hilfestellungen, welche beide auch als „Leistungen zur Eingliederungshilfe" bezeichnet werden[47]. Ein weiterer wichtiger Schwerpunkt liegt zudem im Bereich der Suchtprävention. Der gesetzliche Auftrag an Vorsorge- und Rehabilitationsleistungen der Sozialhilfe ist im Sechsten Kapitel des SGB XII („Eingliederungshilfe für behinderte Menschen") in § 53 festgelegt. Hierzu heißt es in den Absätzen 1 bis 4:

> „Personen, die durch eine Behinderung im Sinne von § 2 Abs. 1 Satz 1 des Neunten Buches wesentlich in ihrer Fähigkeit, an der Gesellschaft teilzuhaben, eingeschränkt oder von einer solchen wesentlichen Behinderung bedroht sind, erhalten Leistungen der Eingliederungshilfe, wenn und solange nach der Besonderheit des Einzelfalls, insbesondere nach Art oder Schwere der Behinderung, Aussicht besteht, dass die Aufgabe der Eingliederungshilfe erfüllt werden kann ...
>
> ... Von einer Behinderung bedroht sind Menschen, bei denen der Eintritt der Behinderung nach fachlicher Erkenntnis mit hoher Wahrscheinlichkeit zu erwarten ist ...
>
> ... Besondere Aufgabe der Eingliederungshilfe ist es, eine drohende Behinderung zu verhüten oder eine Behinderung oder deren Folgen zu beseitigen oder zu mildern und die behinderten Menschen in die Gesellschaft einzugliedern ...
>
> ... Für die Leistungen zur Teilhabe gelten die Vorschriften des Neunten Buches, soweit sich aus diesem Buch (d.h. SGB XII) und dem aufgrund dieses Buches erlassenen Rechtsverordnungen nichts Abweichendes ergibt." [48]

Konkret entsprechen die „Leistungen zur medizinischen Rehabilitation ... jeweils den Rehabilitationsleistungen der gesetzlichen Krankenversicherung"[49].

2.1.5 *Die soziale Pflegeversicherung*

Gemäß den Statuten des SGB IX ist die Pflegeversicherung nicht zu den Trägern medizinischer Rehabilitationsleistungen hinzuzuzählen. Explizit erwähnt werden in diesem Zusammenhang lediglich die gesetzliche Kranken-, Renten- und Unfallversicherung, die Sozialhilfeträger, die Träger der Jugendhilfe sowie die Kriegsopferversorgung und -fürsorge[50].

Die Pflegeversicherung kann gemäß § 5 Abs. 1 SGB XI auf geeignete Maßnahmen der Rehabilitation hinwirken. Leistungen per se, um „Pflegebedürftigkeit zu überwinden, zu mindern oder eine Verschlimmerung zu verhindern" dürfen jedoch nur von einem ausgewiesenen Rehabilitationsträger erbracht werden (vgl. § 5 Abs. 2 SGB XI). Dies gilt auch bereits nach Eintritt der Pflegebedürftigkeit. Gerade bei drohender Pflegebedürftigkeit

---

46 Vgl. SGB Sozialgesetzbuch (2006), S. 1340 sowie Stein (2005), S. 341 für die nachfolgenden Ausführungen.

47 Telefonische Auskunft von Herrn Roth, Behindertenbeauftragter der Stadt Nürnberg, vom 9.5.2007. Hierzu heißt es in § 52 Abs. 1 Nr. 1 SGB XII, dass „Hilfen zu einer angemessenen Schulbildung, insbesondere im Rahmen der allgemeinen Schulpflicht und zum Besuch weiterführender Schulen einschließlich der Vorbereitung hierzu" den Leistungen der Eingliederungshilfe hinzuzuzählen sind (vgl. SGB Sozialgesetzbuch (2006), S. 1356).

48 Siehe SGB Sozialgesetzbuch (2006), S. 1355 f.

49 Siehe SGB Sozialgesetzbuch (2006), SGB XII § 54 Abs. 2 auf S. 1356.

50 Vgl. SGB Sozialgesetzbuch (2006), S. 1100 sowie den Beginn des Abschnitts 2.1.

sind die Leistungsvoraussetzungen der Pflegeversicherung ohnehin (noch) nicht erfüllt, da diese gemäß § 14 SGB XI eine erhebliche Pflegebedürftigkeit erfordern. Rehabilitationsmaßnahmen fallen für diesen Personenkreis stattdessen in den Zuständigkeitsbereich der Krankenkassen[51]. § 32 SGB XI Abs. 2 weist im Fall einer Eilbedürftigkeit auf die notwendige Verpflichtung zur vorläufigen Erbringung medizinischer Rehabilitationsleistungen durch die gesetzlichen und privaten Pflegekassen hin, falls der zuständige Rehabilitationsträger einer Antragsstellung innerhalb einer Frist von spätestens vier Wochen nicht nachgekommen ist[52]. Praktisch wird von dieser Möglichkeit jedoch so gut wie kein Gebrauch gemacht. Überhaupt wird der nachfolgende Abschnitt 8.4 zeigen, dass rehabilitative Konzepte wie Patientenaktivierung und Patientenbefähigung im deutschen Pflegebereich bisher quasi nicht vorhanden sind, die Pflege älterer Menschen mit anderen Worten auch nicht auf die Behandlung chronischer Erkrankungen, schon gar nicht in Kooperation mit Rehabilitationseinrichtungen ausgerichtet ist. Dies wiederum ist auf eine gegenwärtige Schwachstelle im deutschen Pflegesystem zurückzuführen. Während sich Pflegeeinrichtungen auf den Standpunkt zurückziehen, dass aktivierende Pflegeleistungen nicht durch das Pflegebudget finanziert werden, argumentieren wiederum die Pflegekassen, dass die aktivierende Pflege durchaus ein vorrangiges Ziel der Patientenpflege darstellt und dementsprechend auch realisiert werden sollte[53].

Dass eine Form der aktivierenden Pflege möglicherweise tatsächlich langfristige Erfolge erzielen kann, wird hierbei anhand folgender internetbasierter Definition des Begriffs der aktivierenden Pflege deutlich. Demnach ist

> „Aktivierende Pflege ... die Art so zu pflegen, dass dem Bewohner nicht alles aus der Hand genommen wird, und dass aus der pflegerischen Versorgung keine Abhängigkeit wird, nur weil es z.B. schneller geht, oder ... (der Pflegepatient seine Tätigkeiten) nicht nach den Vorstellungen des Pflegenden verrichtet. Zur aktivierenden Pflege gehört es den ... (zu Pflegenden) zur Selbständigkeit anzuregen und zur Ausführung zu ermutigen. Hierfür ist für das Pflegepersonal ein erhöhtes Zeitpotential erforderlich. Doch bei kontinuierlicher Durchführung wird die Zeitersparnis für das Pflegepersonal spürbar – ... bald schon kann bei konsequenter Durchführung des gesamten Pflegeteams Zeit eingespart werden, da der Bewohner eigenständiger wird und weniger Unterstützung in Anspruch nimmt."[54]

Aus oben genannter Konstellation ergibt sich insofern ein systemischer Fehlanreiz, als dass es eigentlich im vorrangigen Interesse der Pflegeversicherung selbst sein müsste, Pflegebedürftigkeit oder das Erreichen einer höheren Pflegestufe zu verhindern bzw. den Pflegeaufwand bereits pflegebedürftiger Versicherter zu reduzieren. Somit wird der im Rehabilitationssystem geltende Grundsatz der finanziellen Zuständigkeit desjenigen Rehabilitationsträgers, der die Konsequenzen eines möglichen Scheiterns der Rehabilitationsmaßnahme zu tragen hat, mit Blick auf das Prinzip Rehabilitation vor Pflege verletzt. Diese Thematik wird in Abschnitt 4.4: Rehabilitation und Pflege noch eingehender zu diskutieren sein. Mit Blick auf die zukünftige Entwicklung von Rehabilitationsleistungen in Abschnitt 8 sollte zudem über Wege und Möglichkeiten nach-

---

51 Vgl. u.a. SVR (2003), S. 103 f. und S. 117 sowie Meinck, Freigang, John, Keitel, Puls, Robra (2002), S. 464.

52 Siehe SGB Sozialgesetzbuch (2006), S. 1270.

53 Laut Aussage von Herrn Dr. Wingenfeld, Fakultät für Gesundheitswissenschaften an der Universität Bielefeld, vom 10.5.2007.

54 Siehe www.altenpflegeschueler.de/pflege/aktivierende-pflege.php (Stand: 6.5.2007).

gedacht werden, wie sich möglicherweise auch die Pflegekassen künftig an der Finanzierung von Rehabilitationsbehandlungsleistungen beteiligen könnten. Gleichzeitig sollten vor allem auch die Rehabilitationseinrichtungen stärker in das Konzept „Rehabilitation vor Pflege“ eingebunden werden.

2.2 Öffentliche Haushalte

Alle übrigen Rehabilitationsträger, welche gemäß SGB XI ausgewiesen sind, lassen sich unter der Rubrik der öffentlichen Haushalte zusammenfassen. Hierbei handelt es sich neben der in Abschnitt 2.1.4 bereits beschriebenen Sozialhilfe um die öffentliche Jugendhilfe sowie die Kriegsopferversorgung und Kriegsopferfürsorge[55]. Insgesamt wurden im Jahr 2004 Rehabilitationsausgaben der öffentlichen Hand in Höhe von knapp über € 1 Mrd. getätigt. Dies entspricht über 14% der gesamten Ausgaben für medizinische Rehabilitationsleistungen (vgl. Abschnitt 2.6).

2.3 Arbeitgeber

Rehabilitationsausgaben der Arbeitgeber machten im Jahr 2004 in der Summe ca. € 700 Mio. aus. Zu einem Großteil besteht dieser Ausgabenposten aus Beihilfezahlungen von Bund, Ländern und Gemeinden, d.h. Sozialversicherungsleistungen für Beamte und Versorgungsempfänger der öffentlichen Hand. Zu den Arbeitgeberleistungen sind auch die Ausgaben für Beamte und Versorgungsempfänger der ehemaligen Staatsbetriebe Bahn, Post und Telekommunikation hinzuzuzählen.

In einem Gesundheitsbericht für Deutschland aus dem Jahr 1998 ist u.a. die Anzahl der Rehabilitationsmaßnahmen von 1995 dargestellt. Gemäß den damaligen Daten aus der Gesundheitsberichterstattung des Bundes entfielen in der Summe über 95% der Fälle in den Zuständigkeitsbereich der gesetzlichen Krankenkassen, der gesetzlichen Rentenversicherung bzw. der gesetzlichen Unfallversicherung[56]. Wichtig ist, dass Rehabilitationsmaßnahmen der öffentlichen Hand, der Arbeitgeber sowie der PKV in dieser alten Statistik *nicht* enthalten waren. Als statistische Grundlage für die Gesundheitsausgabenrechnung sind diese Statistiken somit auch nicht verwertbar. Die damalige Datenerhebung gemäß Fachserie 13 Reihe 5.2, ist im Berichtsjahr 1995 zudem eingestellt worden.

2.4 Private Krankenversicherung

In Abschnitt 2.1 wurden die einzelnen Sozialversicherungsträger vorgestellt, welche als direkte (bzw. im Fall der sozialen Pflegeversicherung als indirekte) Nachfrager am Rehabilitationsmarkt agieren.

Einen weiteren Nachfrager stellt die private Krankenversicherung (PKV) dar, welche im Jahr 2004 mit ca. € 70 Mio. jedoch lediglich einen Bruchteil der medizinischen Vorsorge- und Rehabilitationsleistungen in Höhe von ca. € 7,3 Mrd. finanzierte[57].

Eine erste Erklärung für diese vergleichsweise geringe Finanzierung findet sich im Online-Lexikon der Privaten Krankenversicherung unter dem Stichwort Rehabilita-

---

55 Angaben zu den Abschnitten 2.2 und 2.3 erfolgten durch Herrn Michael Müller, Statistisches Bundesamt Wiesbaden, am 13.12.2006.

56 Vgl. Ranneberg (2006), S. 29, Abbildung 9 (GRV: 61,8%, GKV: 30,8% und GUV: 5,6%).

57 Vgl. Statistisches Bundesamt (2006[1]), Tabelle A5, S. 61.

tion[58]. Hierin heißt es: „Reha-Maßnahmen dienen der Wiederherstellung der Arbeitskraft. Deshalb sind grundsätzlich die Rentenversicherungsträger zuständig."

Indirekt kommt hier die Sichtweise der privaten Krankenversicherungen zum Ausdruck, dass Rehabilitationsmaßnahmen in erster Linie der Wiedereingliederung in das Berufsleben vorbehalten sein sollten. In der Regel ist hierfür – unabhängig vom Krankenversicherungsstatus – die Rentenversicherung zuständig.

Die klassische Antragsrehabilitation ist grundsätzlich von der PKV-Erstattung ausgeschlossen – entsprechende Leistungen müssen über einen gesonderten „Kurtarif" abgesichert werden[59]. Entfällt bei einer AHB-Maßnahme die Zuständigkeit des gesetzlichen Renten- bzw. Unfallversicherungsträgers, werden durch die privaten Krankenkassen zwar grundsätzlich Leistungen zur Verfügung gestellt, doch gilt hierbei eine weitaus restriktivere Handhabung als im Fall der gesetzlichen Krankenkassen. Der wesentliche Unterschied ist im geltenden Recht zu finden. In einem Informationsschreiben der Deutschen Gesellschaft für Muskelkranke e.V. heißt es hierzu:

> „Während für gesetzliche Krankenversicherungen das Sozialrecht maßgeblich ist, unterliegen private Krankenversicherungen dem Vertragsrecht, d.h. der im SGB gesetzlich verankerte Anspruch auf medizinische Rehabilitation kann nicht auf die vertragsrechtlichen Vereinbarungen der PKV übertragen werden"[60].

Auch Schwartz weist darauf hin, dass die große Mehrzahl der Versichertenvertreter der PKV keinen formellen Anspruch auf Rehabilitation vorsieht. Ihre Erstattung setzt zudem eine Zustimmung der Versicherung voraus[61] – eine Tatsache, auf die auch im Online-Lexikon der privaten Krankenversicherung ausdrücklich hingewiesen wird. Dort heißt es gegenüber dem Versicherten:

> „Zu beachten ist ... dass die Anschlussheilbehandlung in der Regel in so genannten „gemischten Krankenanstalten" stattfindet, also Einrichtungen, in denen neben medizinisch notwendigen stationären Heilbehandlungen auch Kur- bzw. Sanatoriumsbehandlungen durchgeführt werden, für die keineswegs eine Leistungspflicht besteht. Bei einem Aufenthalt in einem „gemischten" Krankenhaus müssen Sie daher unbedingt eine vorherige schriftliche Leistungszusage bei Ihrer Versicherung einholen. Sonst haben Sie keinen Anspruch auf Versicherungsleistungen"[62].

2.5 Individuelle Selbstzahler

Bei einer Quantifizierung der Bedeutung individueller Selbstzahler ist entscheidend, welche Bezugsgröße herangezogen wird.

Nimmt man die Inanspruchnahme von Vorsorge- und Rehabilitationsleistungen als Bezugsgröße, wie sie auch von den Sozialversicherungsträgern gemäß Abschnitt 2.1

---

58 Vgl. www.private-krankenversicherung-krankenkasse.de, Keyword Rehabilitation (zuletzt aufgerufen am 12.12.2006).

59 Vgl. u.a. www.1a-krankenversicherung.org/versicherungslexikon/kuren-pkv.html (aufgerufen am 12.12.2006).

60 Vgl. Deutsche Gesellschaft für Muskelkranke e.V. DGM, Punkt 7.3, aufgerufen unter www.dgm.org/files/ medizinische-rehabilitation.pdf (Stand: 12.12.2006).

61 Vgl. Schwartz (2002), in einem Vortrag bei der Deutschen Gesellschaft für Verhaltenstherapie, www.dgvt.de/Beitrag_der_Medizinischen_Reha.462.0.html, aufgerufen am 17.6.2006.

62 Vgl. www.private-krankenversicherung-krankenkasse.de, Keyword Rehabilitation (zuletzt aufgerufen am 12.12.2006).

finanziert werden, so ist die Bedeutung der Selbstzahler vergleichsweise gering. Gemäß Ergebnissen der Gesundheitsberichterstattung des Bundes trugen diese im Jahr 2004 ca. € 150 Mio. zu der Finanzierung von Vorsorge- und Rehabilitationsleistungen in Höhe von rund € 7,3 Mrd. bei. Dies entspricht einem Anteil von lediglich 2%[63].

Eine gänzlich andere Bedeutung erhalten individuelle Selbstzahler hingegen, wenn man den deutschen Markt für Heilbäder und Kurorte in seiner Gesamtheit betrachtet. Demnach machten die ‚klassischen' stationären/teilstationären Behandlungen in Vorsorge- und Rehabilitationseinrichtungen, um „eine Schwächung der Gesundheit zu beseitigen oder eine Krankheit zu heilen, ihre Verschlimmerung zu verhüten oder einer drohenden Behinderung bzw. Pflegebedürftigkeit vorzubeugen", 2004 lediglich ein Fünftel der Betten und nur rund 28% der Beschäftigten in Kurorten und Heilbädern aus. Übernachtungsumsätze und Umsätze durch Tagesgäste werden tatsächlich zu einem Großteil durch individuelle Selbstzahler, den so genannten Gesundheitstourismus, generiert.

Da diese Messgröße jedoch eher dem Bereich „Wellness, Fitness, Freizeit" und nicht den medizinischen Rehabilitationsleistungen im hier angesprochenen Sinne zuzuordnen ist, soll dieser erweiterte Begriff im Rahmen dieses Abschnitts nicht näher thematisiert werden. Die Thematik wird jedoch in Abschnitt 4.7: Medical Wellness noch einmal eingehender behandelt.

2.6 Übersicht der Nachfragestruktur für deutsche Rehabilitationsleistungen und Ergebniszusammenfassung

In der nachfolgenden Abbildung 5 sind die Ausgaben für Vorsorge- und Rehabilitationsleistungen noch einmal zusammenfassend dargestellt.

Abb. 5: Nachfragestruktur am deutschen Markt für medizinische Vorsorge- und Rehabilitationsleistungen 2004 (gesamt: € 7,3 Mrd.)

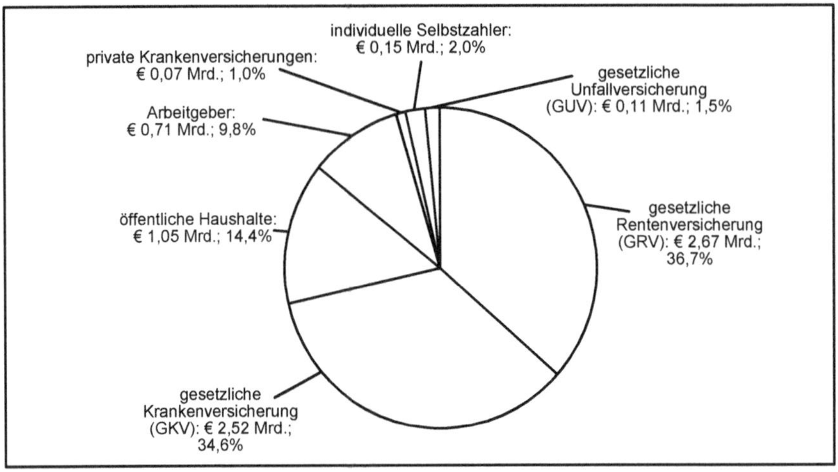

Quelle: Statistisches Bundesamt (2006[1]), Tabelle A5, S. 61, eigene Darstellung

63 Vgl. Statistisches Bundesamt (2006[1]), S. 61, Tabelle A5.

Von den Ausgaben für Vorsorge- und Rehabilitationsleistungen aus dem Jahr 2004 in Höhe von knapp € 7,3 Mrd. entfielen[64]

- € 2,67 Mrd. auf die gesetzliche Rentenversicherung (GRV),
- € 2,52 Mrd. auf die gesetzliche Krankenversicherung (GKV),
- € 1,05 Mrd. auf die öffentlichen Haushalte,
- € 710 Mio. auf die Arbeitgeber,
- ca. € 110 Mio. auf die gesetzliche Unfallversicherung (GUV),
- ca. € 70 Mio. auf die privaten Krankenversicherungen und
- ca. € 150 Mio. auf individuelle Selbstzahler.

Aus der alternativen Sicht des Patienten lässt sich die Nachfrage nach stationären Vorsorge- und Rehabilitationsleistungen – unterteilt nach Alters- und Geschlechtsgruppen – auch in Form der Zusammensetzung des Krankheitsspektrums darstellen. Eine entsprechende Auswertung ist möglich, da seit 2003 im Rahmen von Erhebungen zur Diagnosestatistik für Vorsorge- und Rehabilitationseinrichtungen Angaben zu Hauptdiagnose, Geschlecht und Alter einzelner Patienten verpflichtend sind. Um den Dokumentationsaufwand in Grenzen zu halten, wurden kleine Einrichtungen mit unter 100 Betten von dieser Erhebung ausgenommen. Bei letztgenannter Klinikgruppe handelt es sich um etwa die Hälfte der stationären Einrichtungen. Trotz der eingeschränkten Repräsentativität der Daten ließen sich über die Diagnosestatistik im Jahr 2003 jedoch 78,2% – das sind 1,5 Millionen der 1,9 Millionen Behandlungsfälle – erfassen[65].

Abbildung 6 dokumentiert, dass sich die Hauptdiagnosen deutlich zwischen einzelnen Altersgruppen, aber auch zwischen Männern und Frauen unterscheiden. Die Gründe einer stationären Vorsorge- und Rehabilitationsbehandlung im Kindes- und Jugendalter sind vor allem Asthma bronchiale, Neurodermitis und Übergewicht (Adipositas). Im Alter zwischen 15 und 65 Jahren überwiegen muskuloskeletale Krankheitsbilder, vor allem die Hauptdiagnose Rückenschmerzen. Für Frauen zwischen 15 und 45 Jahren spielen neurotische Störungen, für Frauen zwischen 45 und 65 Jahren Brustkrebserkrankungen ebenfalls eine entscheidende Rolle.

In höheren Altersgruppen stehen Arthrosen am Hüft- und Kniegelenk im Vordergrund. Für Männer und Frauen im höchsten Lebensabschnitt verschiebt sich das Behandlungsspektrum jedoch zunehmend in Richtung von Verletzungen, vor allem überwiegen hierbei Fälle von Oberschenkelhalsbrüchen (mehr als jeder fünfte Patient der über 85-Jährigen, d.h. 21,4%, im Jahr 2003). Kritisch zu hinterfragen ist an den hier vorgestellten Ergebnissen, ob die Krankheitsbilder der mittleren Altersgruppen – insbesondere Knie-Arthrosen und Rückenschmerzen – in den höheren Altersgruppen zurückgehen oder ob sich die Behandlungsansätze hier nicht lediglich auf das Notwendigste (vornehmlich Oberschenkelhalsbrüche) konzentrieren. Die in Abbildung 6 ebenfalls dokumentierten Veränderungen in den Bevölkerungsanteilen einzelner Altersgruppen zwischen den Jahren 2006 und 2050 machen deutlich, dass hier mutmaßlich ein Umdenken und eine Erweiterung des Behandlungsspektrums auch für ältere Patientengruppen geboten sein könnten.

Insgesamt ist anhand der Übersicht die Dominanz orthopädischer Erkrankungen im Bereich stationärer Vorsorge- und Rehabilitationsbehandlungen erkennbar. Für Männer zwischen 45 und 85 Jahren treten zudem Herz-Kreislauferkrankungen, insbesondere chronische ischämische Herzkrankheiten, gehäuft auf. Abschnitt 3.2 wird eine entsprechende Diagnoseverteilung auch auf der Angebotsseite dokumentieren.

64 Vgl. Dresdner Bank (2005), Branchen-Report.

65 Vgl. Rolland (2005), S. 978-981, für die nachfolgenden Angaben.

Abb. 6: Hauptdiagnosen für stationäre medizinische Vorsorge- und Rehabilitationsleistungen 2003, unterteilt nach Alter und Geschlecht, gemäß ICD-10

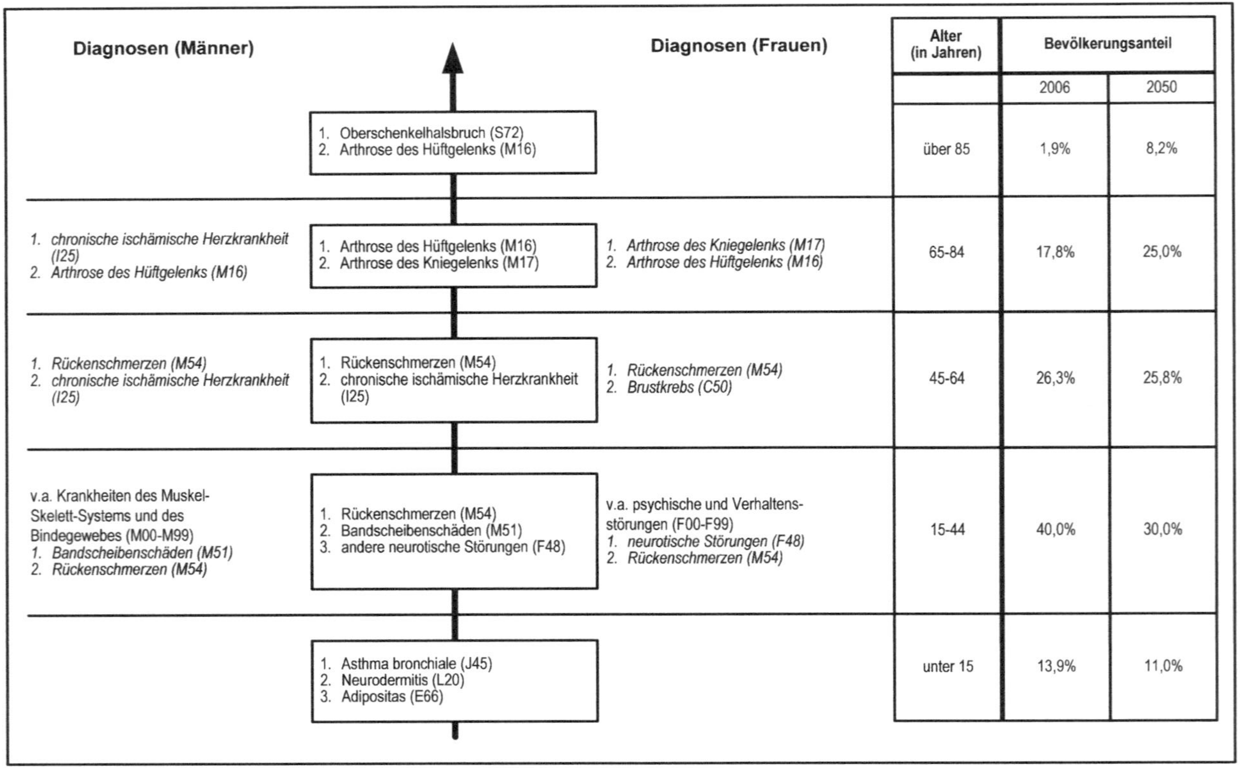

Quelle: Rolland (2005), S. 978-981, vor allem Tabelle 4 auf S. 980, 11. koordinierte Bevölkerungsvorausberechnung des Statistischen Bundesamtes, Variante 1-W1, eigene Darstellung

Insgesamt unterzogen sich Frauen 2003 häufiger einer stationären Rehabilitationsbehandlung als Männer (1.823 vs. 1.765 je 100.000 Einwohner). In erster Linie liegt dies an der höheren Lebenserwartung der Frauen, was auch daran erkennbar ist, dass das durchschnittliche Patientenalter der Frauen mit 55 Jahren um zwei Jahre höher ist als das männlicher Rehabilitanden. Betrachtet man einzelne Altersgruppen, so lag die Behandlungshäufigkeit der Frauen jedoch nur in der Altersgruppe zwischen 15 und 45 Jahren über der der Männer (vgl. Abbildung 7)[66]. Zudem sind in der Altersstatistik drei Höhepunkte erkennbar – in der Kindheit, kurz vor dem Ruhestand sowie im hohen Alter von 70 bis 80 Jahren[67].

Abb. 7: PatientInnen in Vorsorge- und Rehabilitationseinrichtungen mit über 100 Betten im Jahr 2003, nach einzelnen Altersgruppen

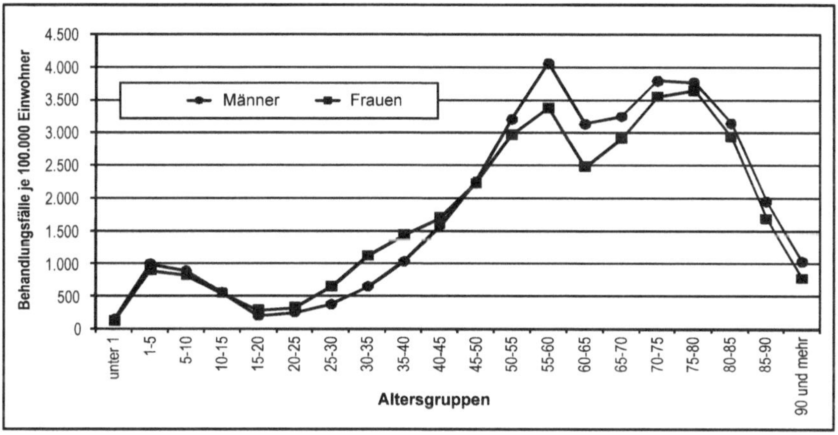

Quelle: Rolland (2005), S. 979, Schaubild 5, eigene Darstellung

Im vorangegangenen Abschnitt wurde die Nachfrage nach medizinischen Rehabilitationsbehandlungsleistungen vorgestellt. Diese hat sich in der Vergangenheit bereits deutlich erhöht, wobei zwischen Anschlussheilbehandlungen und klassischen Antragsverfahren zu unterscheiden ist. Während das klassische Antragsverfahren in der Vergangenheit an Bedeutung verloren hat[68], hat sich das Gewicht deutlich in Richtung Anschlussheilbehandlungen verschoben. So hat sich die Anzahl der AHB-Fälle gemäß VDR-Statistik im Bereich der Rentenversicherung zwischen 1993 und 2003 von 101.734 auf 208.929 Fälle erhöht[69]. Auch die AHB-Fallzahlen bei den gesetzlichen Krankenkassen sind in den letzten Jahren deutlich gestiegen. So betrug die Anzahl der

66 In höheren Altersgruppen dreht sich dieses Bild hingegen „zu Ungunsten" der Männer. Die Häufigkeit der Behandlungsfälle von über 85-jährigen Männern betrug 2003 beispielsweise 1.592 je 100.000 Einwohner, bei den Frauen hingegen nur 1.302 (vgl. Rolland (2005), S. 981).

67 Die einzelnen Häufigkeiten stationärer Rehabilitationsbehandlungen nach Altersgruppen werden in den nachfolgenden Berechnungen des Abschnitts 8 erneut aufgegriffen.

68 Beispielsweise hat sich die Anzahl der Kuren bzw. genehmigten Antragsverfahren von Versicherten des AOK-Bundesverbandes zwischen 2000 und 2004 von ca. 87.000 auf 35.000 Fälle reduziert, gemäß VDR-Statistik unter den RV-Patienten zwischen 1993 und 2003 von 755.882 auf 636.689 Fälle.

69 Vgl. Ranneberg (2006), S. 25, Abbildung 8.

AHB-Fälle des AOK-Bundesverbands im Jahr 2000 beispielsweise 208.039, im Jahr 2005 hingegen bereits 239.921.

Trotz detaillierter gesetzlicher Regelungen für einzelne Rehabilitationsträger scheint es in Teilbereichen für die medizinische Rehabilitation doch deutlichen Handlungsbedarf zu geben. Zum einen ergeben sich, wie in Abschnitt 1 bereits angedeutet, aus der Trägervielfalt gewisse Abstimmungsprobleme mit direkten Auswirkungen für die medizinische Rehabilitation. Gleichzeitig wurden in diesem Abschnitt erste mögliche Schnittstellenprobleme, beispielsweise zum niedergelassenen Bereich bzw. zum Pflegebereich angesprochen. Auch der Krankenhaussektor wird aufgrund der zunehmenden Bedeutung von Anschlussheilbehandlungen als komplementäre Angebotsform eine immer stärkere Rolle spielen. Ein weiteres wichtiges Themengebiet wurde letztendlich auch mit dem Bereich ambulant-teilstationärer Rehabilitationsleistungen identifiziert. Zentrales Thema der nachfolgenden Arbeit wird es aus oben genannten Gründen unter anderem sein, im Rahmen von Abschnitt 4 einzelne Herausforderungen an die medizinische Rehabilitation auf der Angebotsseite im Kontext komplementärer Angebotsformen näher zu thematisieren.

3. Einleitende Übersicht der Angebotsstruktur am deutschen Rehabilitationsmarkt

Auf die Dokumentation der Nachfragestruktur am deutschen Rehabilitationsmarkt folgt in den nachfolgenden Abschnitten 3 bis 5 eine Analyse der Angebotsseite, wobei der vorliegende Abschnitt 3 mit einer einleitenden Übersicht über die Angebotsstruktur beginnt.

Abschnitt 3 betrachtet die Angebotsstruktur am deutschen Rehabilitationsmarkt sowohl nach einzelnen Trägerstrukturen (Abschnitt 3.1) als auch auf einzelnen Indikationsgebieten (Abschnitt 3.2). Ein weiterer zentraler Themenbestandteil auf der Angebotsseite ist das (ambulant-)teilstationäre Versorgungsangebot.

Fast die Hälfte aller Vorsorge- und Rehabilitationseinrichtungen (47,2% im Jahr 2003) verfügten über weniger als 100 Betten. Mit 18,2% der Betten und 14,7% der Patienten machten diese jedoch gleichzeitig das geringste Rehabilitationsangebot aus. 200 und mehr Betten besaßen im Jahr 2003 knapp ein Viertel aller Rehabilitationskliniken. Dies entsprach 50,6% des deutschen Bettenangebots, also knapp über der Hälfte.

Abb. 8: Entwicklung von Vorsorge- und Rehabilitationseinrichtungen nach der Anzahl Betten, 1993 bis 2004

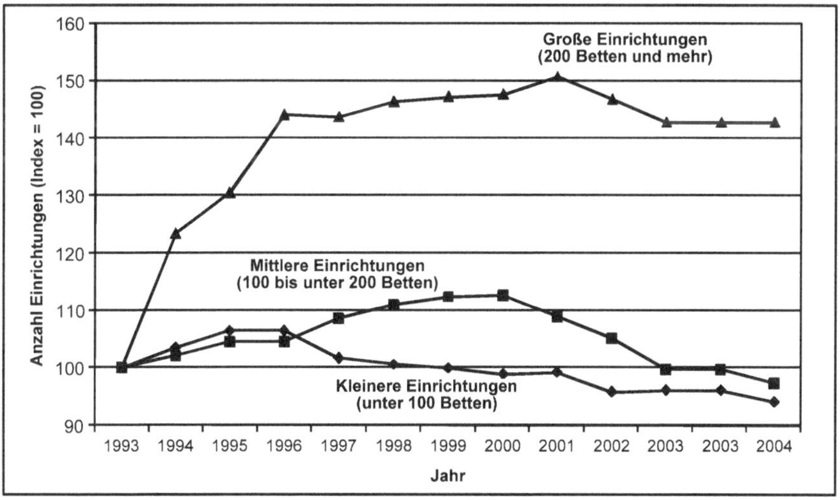

Quelle: Daten des Statistischen Bundesamts in Anlehnung an Rolland (2005), S. 974, Schaubild 2, erweiterte Zeitreihe mit Werten für 2004, eigene Darstellung

Eine interessante Entwicklung des Rehabilitationsangebots zeichnet sich hinsichtlich der Anzahl einzelner Kliniken kategorisiert nach der Bettenzahl ab. Hierzu wird in Abbildung 8 die Anzahl der Einrichtungen im Jahr 1993 mit einem Indexwert von 100 Punkten versehen.

Demzufolge ist die Anzahl der Einrichtungen mit 200 und mehr Betten seit 1993 deutlich um knapp 43 Indexpunkte gestiegen. Zweifellos ist dieser Anstieg zu einem Großteil auf die Errichtung größerer Kliniken in den ostdeutschen Bundesländern zurückzuführen (vgl. hierzu die Ausführungen in Abschnitt 1). Dass am Markt für Vorsorge- und Rehabilitationseinrichtungen jedoch auch ein Konsolidierungsprozess in Gang gesetzt wurde, ist anhand der Zahlen kleinerer Einrichtungen erkennbar. So lässt sich der Rückgang von kleinen Einrichtungen unter 100 Betten ab 1996 und der Rückgang mittlerer Einrichtungen zwischen 100 und 200 Betten ab dem Jahr 2000 sowohl durch Schließungen als auch durch Fusionen einzelner Kliniken erklären[1].

3.1 Rehabilitationskliniken und Trägerstrukturen

Der nachfolgende Abschnitt beginnt mit einer Übersicht der ca. 1.300 Rehabilitations- und Vorsorgeeinrichtungen in Deutschland, von denen der weitaus größte Anteil (41,2% bzw. 34,8% der Betten im Jahr 2003) in Bayern und Baden-Württemberg zu finden ist[2].

Abbildung 9 dokumentiert die Verteilung von Vorsorge- und Rehabilitationseinrichtungen im Jahr 2004 nach Trägerschaft. Demzufolge entfielen von insgesamt 1.294 Vorsorge- und Rehabilitationseinrichtungen 733 und somit 56,6% auf Kliniken privater Trägerschaft. Die zweitgrößte Gruppe stellen die Kliniken in freigemeinnütziger Trägerschaft (327 bzw. 25,3%), die drittgrößte Gruppe die Kliniken öffentlicher Trägerschaft dar (234 bzw. 18,1%).

Abb. 9: Verteilung deutscher Vorsorge- und Rehabilitationseinrichtungen 2004, nach Trägerschaft

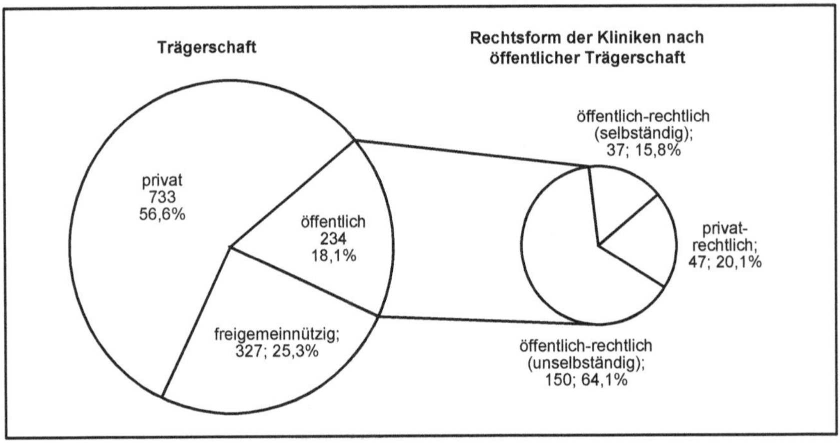

Quelle: Statistisches Bundesamt (2005[1]), eigene Darstellung

1 Demnach führen Zusammenschlüsse mehrerer kleiner Einrichtungen zu einer größeren Einrichtung auch zu einer Verschiebung zwischen einzelnen Größenklassen, wie anhand von Abbildung 8 erkennbar (vgl. Rolland (2005), S. 973 f., vor allem Schaubild 2 auf S. 974).

2 Der Umstand, dass sich stationäre Vorsorge- und Rehabilitationseinrichtungen vorwiegend in ländlichen Regionen befinden, wird zudem anhand der Tatsache deutlich, dass in den drei Stadtstaaten Berlin, Hamburg und Bremen lediglich vier Kliniken mit insgesamt 400 Betten errichtet wurden (vgl. Rolland (2005), S. 973).

Vergleicht man private, freigemeinnützige und öffentliche Vorsorge- und Rehabilitationskliniken miteinander, so sind die privaten Einrichtungen mit durchschnittlich 161 Betten je Einrichtung deutlich am größten. Dies spiegelt sich auch in dem Bettenanteil dieser Klinikgruppe wider. Dieser lag 2003 bei etwa zwei Drittel, gegenüber einem jeweiligen Anteil von einem Sechstel für freigemeinnützige sowie öffentliche Einrichtungen (vgl. Tabelle 2)[3].

Tab. 2: Durchschnittliche Bettenzahl je Vorsorge- und Rehabilitationseinrichtung sowie Bettenanteile 2004, unterteilt nach Trägerschaft

	durchschnittliche Bettenzahl 2004	**Bettenanteil (zu gesamt)**
private Einrichtungen	161	2/3
öffentliche Einrichtungen	129	1/6
freigemeinnützige Einrichtungen	87	1/6

Quelle: Statistisches Bundesamt (2005[1]), eigene Darstellung

3.1.1 Private Vorsorge- und Rehabilitationseinrichtungen

Gemäß Abbildung 9 bildeten private Vorsorge- und Rehabilitationseinrichtungen im Jahr 2004 mit über 56% den weitaus größten prozentualen Anteil am Rehabilitationsmarkt. Laut Tabelle 3 gehören hiervon über 20% einem der elf größten privaten Klinikbetreiber an. Die MEDIAN Klinikgruppe führt diese Liste mit einer Anzahl von 32 Kliniken deutlich an. Es folgen die Unternehmensgruppe MediClin mit 21 Einrichtungen, die AHG Allgemeine Hospital Gesellschaft mit 17 Einrichtungen sowie die Asklepios Kliniken und die Wittgensteiner Kliniken AG mit jeweils 14 Einrichtungen.

Tab. 3: Die elf größten Unternehmensgruppen deutscher Vorsorge- und Rehabilitationseinrichtungen in privater Trägerschaft (Stand: Dezember 2006)

	Anzahl Vorsorge- und Rehabilitationseinrichtungen	**Quelle**
MEDIAN Kliniken	32	www.median-kliniken.de
MediClin	21	www.mediclin.de
AHG Allgemeine Hospital Gesellschaft	17	www.ahg.de
Asklepios Kliniken	14	www.asklepios.com
Wittgensteiner Kliniken AG	14	www.wka.de
Wicker-Gruppe	12	www.wicker.de
Waldburg-Zeil-Kliniken	11	www.wzk-portal.de
Paracelsus Kliniken	11	www.paracelus-kliniken.de
Lielje Gruppe	9	www.lielje-gruppe.de
Karlsruher Sanatorium AG	9	www.kasanag.de
RHM Kliniken	9	http://rhm-kliniken.de
Gesamt	**159**	

Quelle: Webseiten der Unternehmensgruppen in Anlehnung an Statistische Ämter des Bundes und der Länder (2005), Stand: 31.12.2006, eigene Darstellung

3 Daten des Statistischen Bundesamts unter Berufung auf ausgewiesene Zahlen in Rolland (2005), S. 974.

3.1.2 Öffentliche Vorsorge- und Rehabilitationseinrichtungen

Im Jahr 2004 gab es 234 öffentliche Vorsorge- und Rehabilitationskliniken. Mit durchschnittlich 129 Betten je Einrichtung waren diese gemäß der vorangegangenen Tabelle 2 im Durchschnitt kleiner als die Kliniken privater Trägerschaft, gleichzeitig jedoch deutlich größer als der Durchschnitt aller freigemeinnützigen Einrichtungen. Anzumerken ist außerdem, dass es 2003 in den neuen Bundesländern (ohne Berlin) mit 8,8% anteilig deutlich weniger öffentliche Einrichtungen gab als im früheren Bundesgebiet (18,9%)[4].

Bei den öffentlichen Rehabilitationseinrichtungen ist im Wesentlichen zwischen Kliniken der Rentenversicherung und einer Restgruppe zu unterscheiden. Nachfolgend wird eine entsprechende Unterteilung vorgenommen.

3.1.2.1 Kliniken der Rentenversicherung

Bei über 40% aller öffentlichen Vorsorge- und Rehabilitationseinrichtungen handelt es sich um Kliniken der Rentenversicherung. Tabelle 4 dokumentiert die einzelnen Kliniken nach individueller Trägerschaft[5]. Demzufolge waren mit Stand Juni 2006 insgesamt 98 Kliniken in Trägerschaft der Rentenversicherung.

Die Mehrzahl dieser Kliniken, mit Stand Juni 2006 nämlich 65, wird von der Deutschen Rentenversicherung (den ehemaligen Landesversicherungsanstalten LVAen) betrieben. Zuständig sind somit die einzelnen regionalen Rentenversicherungsträger, wobei regionale Trägerschaft und Ort der Leistungserbringung nicht zwangsläufig zusammenfallen. Beispielsweise ist die DRV Berlin (ehemals LVA Berlin) für zwei bayerische Rehabilitationskliniken – die Reha-Klinik Lautergrund in Bad Staffelstein und die Reha-Klinik Rudolf Wissell in Bad Kissingen – zuständig.

Die Kliniken der Rentenversicherungsträger befinden sich allesamt in öffentlicher Hand und sind zum Großteil rechtlich unselbständig[6].

Tab. 4: Einzelne Vorsorge- und Rehabilitationseinrichtungen der Rentenversicherung, nach individueller Trägerschaft (Stand: Juni 2006)

Rehabilitationsträger	**Anzahl Einrichtungen**
Deutsche Rentenversicherung (ehemals LVA)	65
Deutsche Rentenversicherung Bund (ehemals BfA)	25
DRV Knappschaft-Bahn-See (ehemals Bundesknappschaft, Seekasse bzw. Bahnversicherungsanstalt)	8
Gesamt	**98**

Quelle: Datenauswertung der Deutschen Rentenversicherung Bund vom 14.6.2006

Angesichts der Ergebnisse dieses Abschnitts sowie der Ausführungen in Abschnitt 2, sei an dieser Stelle kurz auf die Besonderheit von Kliniken der Rentenversicherung

4 Eigene Berechnungen in Anlehnung an Zahlen des Statistischen Bundesamts sowie Angaben von Rolland (2005), S. 974.

5 Auf die Umstrukturierung der Rentenversicherung wurde in Abschnitt 2.1.1 bereits hingewiesen, so dass in Tabelle 4 sowohl die aktuellen als auch die ehemaligen Trägerbezeichnungen vermerkt sind.

6 Rechtlich selbständig waren 2003 lediglich 9 von 26 BfA-Kliniken, 8 von 68 LVA-Kliniken und eine Klinik der Bundesversicherungsanstalt (vgl. Statistische Ämter des Bundes und der Länder (2005), mit Daten vom 31.12.2003).

hingewiesen. Als Rehabilitationsträger kann die Rentenversicherung gemäß § 15 Abs. 2 Nr. 1 SGB VI entweder klinikeigene oder fremde Einrichtungen belegen[7]. Hierbei gilt als unstrittig, gleichzeitig jedoch auch als allgemein nachvollziehbar, dass durch die Deutsche Rentenversicherung eine bevorzugte Belegung der eigenen Kliniken stattfindet. Private Rehabilitationskliniken berichten hier von konkreten Benachteiligungen in Belegungsfragen durch den Rentenversicherungsträger. Vereinzelt hat es auch Klagen vor dem Bundeskartellamt gegeben, allerdings ohne Erfolg.

Letztendlich lässt sich nicht eindeutig argumentieren, ob und inwiefern es sich bei klinikeigenen Belegungen durch die Deutsche Rentenversicherung überhaupt um eine Verletzung geltenden Wettbewerbsrechts handelt. Betrachtet man die vollzogenen Eigenbelegungen nämlich als einen konzerninternen Vorgang, wie er bei einer vertikalen Integration vieler Unternehmen ebenfalls üblich ist, entziehen sich die Belegungsstrategien der Rentenversicherung gänzlich dem Wettbewerbsrecht. Demnach ist das Bundeskartellamt vermutlich sogar der falsche Ansprechpartner. Selbiges gilt jedoch auch für die Missbrauchsaufsicht, da bei der Vergabepraxis der Rentenversicherung angesichts der hochwertigen Qualität der eigenen Einrichtungen nicht ernsthaft von einem missbräuchlichen Verfahren die Rede sein kann. Falls dies erwünscht wäre, so müsste eine Trennung zwischen Belegungsentscheidung und Klinikbetrieb entweder auf gesundheitspolitischer Ebene geklärt oder aber sozialversicherungsrechtlich durch eine Neudefinition der Trägerzuständigkeiten entschieden werden. Beides ist gegenwärtig und auch auf absehbare Zeit jedoch nicht beabsichtigt[8].

3.1.2.2 Weitere öffentliche Vorsorge- und Rehabilitationseinrichtungen

Tab. 5: Vorsorge- und Rehabilitationseinrichtungen einzelner Krankenkassen (Stand: 31.12.2003)

Krankenkasse	**Anzahl Kliniken**	**Namen der Kliniken**
AOK	6	AOK-Klinik-GmbH: Korbmattfelsenhof (Baden-Baden), Schlossberg (Bad Liebenzell), Stöckenhöfe (Wittnau), AOK-Kinderkurheim GmbH (Wyk auf Föhr), Hirschpark-Klinik der AOK Hessen (Alsbach-Hähnlein), Klinik Bad Sachsa der AOK Niedersachsen
BARMER Ersatzkasse	1	Klinik Bad Hermannsborn (Bad Driburg)
Deutsche Angestellten Krankenkasse	2	DAK-Fachklinik Haus Weserland (Bad Pyrmont); Stoffwechsel-Kurzentrum Haus Schwaben (Bad Mergentheim)
Bundesbahn-Betriebskrankenkasse	1	Vital-Kliniken GmbH, Klinik Buchenholm (Bad Malente)

Quelle: Statistische Ämter des Bundes und der Länder (2005), mit Daten vom 31.12.2003

Außer den Kliniken der Rentenversicherung befanden sich die übrigen öffentlichen, rechtlich selbständigen bzw. unselbständigen Vorsorge- und Rehabilitationseinrichtungen im Jahr 2003 zu über 70% in Händen von Landkreisen bzw. Landratsämtern (13 bzw. 4), Bezirken (11), einzelnen Städten (10), Freistaaten/Bundesländern (10) sowie dem Landschaftsverband Westfalen-Lippe (ebenfalls 10). Des Weiteren existierten 2003

7 Vgl. SGB Sozialgesetzbuch (2006), S. 632.

8 Vgl. Goslich (2004), S. 41 f.

41 (ein Jahr später insgesamt 47) öffentliche Vorsorge- und Rehabilitationseinrichtungen mit privater Rechtsform[9].

Es existieren auch einige wenige Vorsorge- und Rehabilitationseinrichtungen einzelner Krankenkassen, welche zu einem Großteil ebenfalls unter öffentlich-rechtlicher Trägerschaft geführt werden. Gemäß Tabelle 5 handelte es sich 2003 bei vier von sechs Einrichtungen der AOK sowie bei den beiden Einrichtungen der Deutschen Angestellten Krankenkasse um öffentliche, rechtlich unselbständige Kliniken.

3.1.3 Freigemeinnützige Vorsorge- und Rehabilitationseinrichtungen

Gemäß Abbildung 9 wurde im Jahr 2004 mit 327 freigemeinnützigen Vorsorge- und Rehabilitationseinrichtungen ein Anteil am deutschen Rehabilitationsmarkt von ca. 25% ausgewiesen[10].

Über 50% dieser Einrichtungen (178 Einrichtungen, davon 80 Mutter-Kind-Einrichtungen und 9 Müttereinrichtungen) gehören den fünf großen Wohlfahrtsverbänden, allesamt auch Mitglieder des Deutschen Müttergenesungswerks der Elly Heuss-Knapp-Stiftung an. Diese sind:

- die Arbeiterwohlfahrt (AWO),
- der Paritätische Wohlfahrtsverband,
- das Deutsche Rote Kreuz (DRK),
- die Diakonie (mit der Evangelischen Arbeitsgemeinschaft für Müttergenesung e.V. als Unterorganisation)
- sowie die Caritas (mit der Katholischen Arbeitsgemeinschaft für Müttergenesung e.V. als Unterorganisation).

Tab. 6: Die fünf wichtigsten Träger freigemeinnütziger Vorsorge- und Rehabilitationseinrichtungen (Stand: 1.1.2007)

	Mutter-Kind-Einrichtungen	**Mütter-Einrichtungen**	**andere**	**Gesamt**
Caritas	20	4	62	86
Diakonie	10	4	20	34
Arbeiterwohlfahrt (AWO)	22	1	6	29
Paritätischer Wohlfahrtsverband	15	0	0	15
Deutsches Rotes Kreuz	13	0	1	14
Gesamt	**80**	**9**	**89**	**178**

Quelle: telefonische Anfrage an die einzelnen Wohlfahrtsverbände, eigene Darstellung

Tabelle 6 dokumentiert die fünf Wohlfahrtsverbände sowie deren Anzahl Kliniken. Neben den Mutter-Kind-Einrichtungen und den Mütter-Einrichtungen ist auch die Anzahl Rehabilitationskliniken für andere Indikationen dargestellt. Insgesamt deutlich führend ist die Caritas mit 86 Einrichtungen, gefolgt von der Diakonie mit 34 Kliniken und der Arbeiterwohlfahrt (AWO) mit 29 Vorsorge- und Rehabilitationseinrichtungen.

Medizinische Vorsorgeleistungen für Mütter und Väter haben mit dem neuen GKV-Wettbewerbsstärkungsgesetz eine formale Aufwertung erfahren. Bisher hieß es hierzu in § 24 SGB V Abs. 1[11]:

---

9 Siehe Statistisches Bundesamt (2005[1]).

10 Vgl. Statistisches Bundesamt (2005[1]); Rolland (2005), S. 974.

„Die Krankenkasse kann unter den in § 23 Abs. 1 genannten Voraussetzungen aus medizinischen Gründen erforderliche Vorsorgeleistungen in einer Einrichtung des Müttergenesungswerks oder einer gleichartigen Einrichtung erbringen; die Leistung kann in Form einer Mutter-Kind-Maßnahme erbracht werden. Satz 1 gilt auch für Vater-Kind-Maßnahmen."

Im neuen Gesetzestext wird den Versicherten nun ein expliziter „Anspruch auf aus medizinischen Gründen erforderliche Vorsorgeleistungen" eingeräumt. Diese Änderung ist gleichbedeutend mit einer Überführung von Mutter-Vater-Kind-Maßnahmen von einer Ermessens- in eine Pflichtleistung[12]. Somit erhöht sich auch der rechtliche Stellenwert dieser Leistungen. Abzuwarten bleibt, inwieweit die Gesetzesänderung letztendlich tatsächlich zu einer Erhöhung der Anzahl an Antragsgenehmigungen durch die Krankenkassen führen wird.

3.2 Angebote der Rehabilitation auf Indikationsebene

Die nachfolgenden Abbildungen dokumentieren die stationären Rehabilitationsangebote in Deutschland auf Indikationsebene, sowohl unter Ausweisung der Bettenzahl (Abbildung 10) als auch der Anzahl stationärer Fälle (vgl. Abbildung 11).

Abb. 10: Bettenzahlen an Vorsorge- und Rehabilitationseinrichtungen 2004, nach einzelnen Fachabteilungen

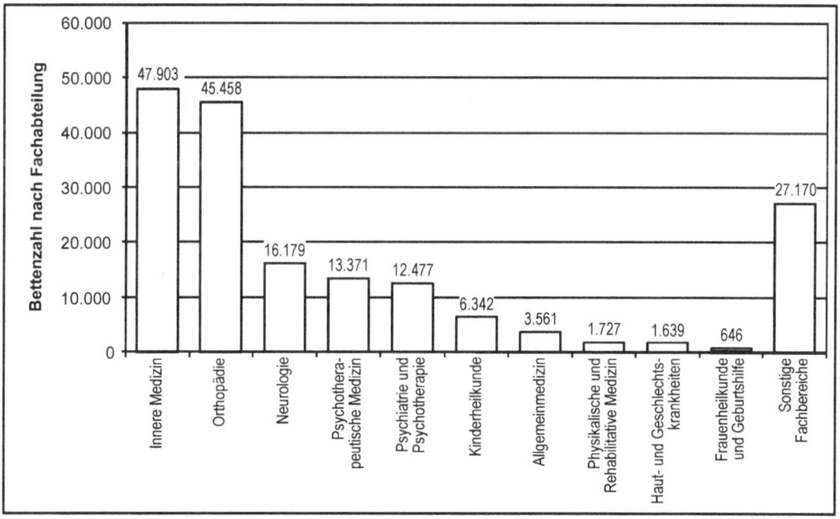

Quelle: Statistisches Bundesamt (2005[1]), eigene Darstellung

11 Vgl. SGB Sozialgesetzbuch (2006), S. 366 f.

12 Vgl. GKV-WSG (2006[1]), S. 18 und GKV-WSG (2006[3]), S. 281. Ähnliche Änderungen gelten gemäß § 41 SGB V auch im Hinblick auf medizinische Rehabilitationsleistungen für Mütter und Väter (vgl. GKV-WSG (2006[1]), S. 26 und GKV-WSG (2006[3]), S. 296).

Abb. 11: Stationäre Fallzahlen an Vorsorge- und Rehabilitationseinrichtungen 2004, nach einzelnen Fachabteilungen

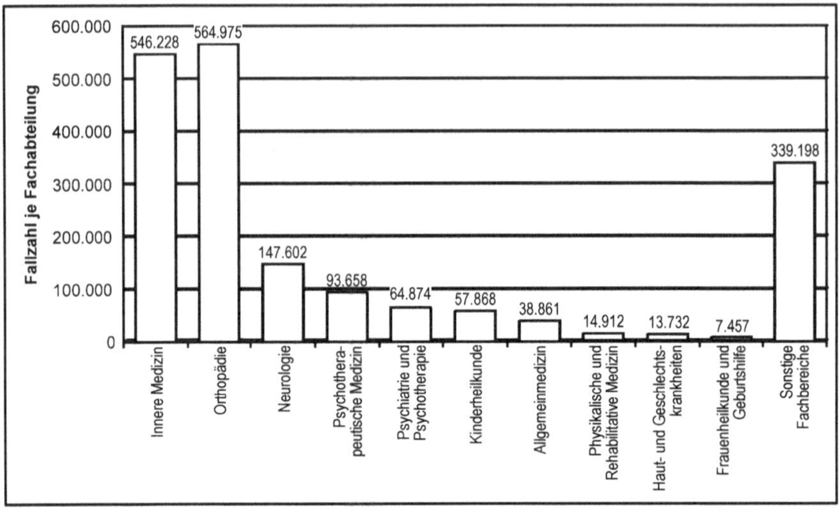

Quelle: Statistisches Bundesamt (2005[1]), eigene Darstellung

Abb. 12: Prozentuale Verteilung stationärer Fälle an Vorsorge- und Rehabilitationseinrichtungen 2004, nach einzelnen Fachabteilungen

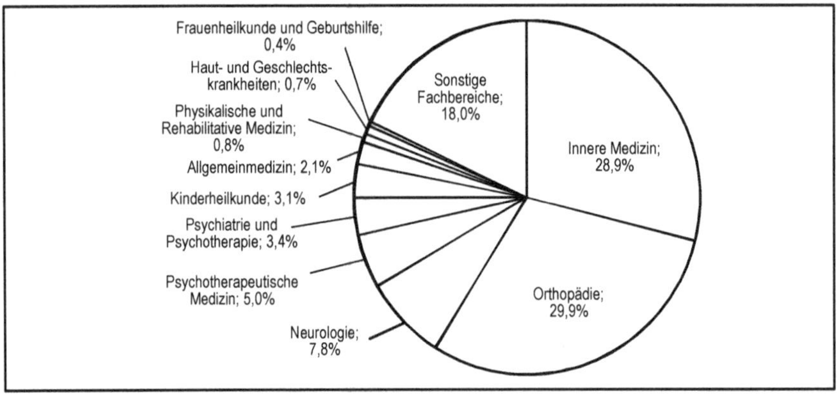

Quelle: Statistisches Bundesamt (2005[1]), eigene Darstellung

Da das Fachgebiet Innere Medizin eine ganze Reihe von Spezialgebieten umfasst, sind die wichtigsten Fachrichtungen, gemessen an dem jeweiligen Anteil Patienten, noch einmal in Tabelle 7 wiedergegeben.

Demnach entfällt mit knapp einem Viertel der weitaus größte Anteil auf den Bereich Kardiologie, ca. 13% entfallen auf den Bereich Hämatologie und internistische Onkologie, 11% auf den Bereich klinische Geriatrie. Es folgen hierauf die Bereiche Rheumatologie, Pneumologie, Gastroenterologie, Endokrinologie, Nephrologie und Angiologie.

Tab. 7: Fachrichtungen innerhalb des Fachgebiets Innere Medizin, 2004

Fachgebiet der Inneren Medizin	Anteil Patienten
Kardiologie	23,3%
Hämatologie und internistische Onkologie	12,6%
Klinische Geriatrie	11,0%
Rheumatologie	7,4%
Pneumologie	6,5%
Gastroenterologie	4,1%
Endokrinologie	0,7%
Nephrologie	0,7%
Angiologie	0,6%
Sonstige (Fachbereich Innere Medizin)	33,1%

Quelle: Statistisches Bundesamt (2005[1]), eigene Darstellung

3.3 (Ambulant-)teilstationäre Rehabilitation

Der nachfolgende Abschnitt beschäftigt sich mit der Zukunft der (ambulant-)teilstationären Rehabilitation in Deutschland. Bei möglicherweise vergleichbarer Wirksamkeit gegenüber der stationären Behandlungsform wird die demographische Entwicklung in Deutschland aufgrund gedeckelter Rehabilitationsbudgets über kommende Jahre zwangsläufig zu einer Zunahme ambulanter und teilstationärer Rehabilitationsbehandlungen führen. Die (ambulant-)teilstationäre Rehabilitation stellt für die Zukunft der gesamten Rehabilitation somit ein zentrales Thema dar.

Zu Beginn des Abschnitts erscheint es sinnvoll, im Vorfeld einzelne Begrifflichkeiten zu klären. Im Akutbereich trifft man auf diverse Bemühungen, den Begriff „teilstationär" als festen Bestandteil zur Beschreibung von Krankenhausleistungen in der Fachsprache zu etablieren und näher zu definieren[13]. Kontroverser wird dieser Begriff im Gegensatz zu dem weitaus gängigeren Begriff „ambulant" hingegen in der Rehabilitation diskutiert. Prinzipiell lassen sich die Begriffe vollstationär, teilstationär und ambulant mittels einer Definition des Lebensmittelpunkts eines Patienten gemäß Tabelle 8 wie folgt unterscheiden:

Tab. 8: Unterscheidung der Terminologien „ambulant", „(voll-)stationär" und „teilstationär" im Kontext von Rehabilitationsmaßnahmen

Begriff	Begriffsdefinition
ambulant	Patient behält seinen Lebensmittelpunkt während der Rehabilitationsbehandlung im **häuslichen Milieu** bei.
(voll-)stationär	Patient wird während der Dauer der Rehabilitationsmaßnahme komplett in das **klinisch-therapeutische Milieu** der stationären Einrichtung aufgenommen.
teilstationär	Patient hält sich untertags im **klinisch-therapeutischen Milieu** auf und kehrt abends sowie an Wochenenden voll ins häusliche Milieu zurück.

Quelle: Linden, Lind, Fuhrmann, Irle (2005), S. 86, eigene Darstellung

13 Siehe Bundesverband Deutscher Privatkrankenanstalten (2003), Abschnitt III, S. 6 sowie Anlage 2, S. 10, mit Kommentaren zu Änderungen des § 39 Abs. 1 SGB V.

Diverse Fachleute sind bemüht, außerhalb der vollstationären Leistungserbringung weniger von teilstationärer Rehabilitation, als vielmehr von ambulanter Rehabilitation zu sprechen[14], u.a. erkennbar an der Terminologie „ambulant“ in den BAR-Richtlinien[15]. Andere wiederum fordern, dass „Verwaltungssprachungetüme wie „ambulant-ambulant“ oder missverständliche Begriffe wie „ambulant“ für „teilstationär“ auf den verwaltungsinternen Gebrauch beschränkt bleiben und nicht in die klinische Diktion übertragen werden“[16]. Kritische Stimmen weisen insbesondere darauf hin, dass stationäre und so genannte ambulante Rehabilitationsleistungen in Umfang und Qualität derzeit stark miteinander vergleichbar sind. Auch aus diesem Grund könne und solle vielmehr von einer teilstationären Erbringung von Rehabilitationsleistungen gesprochen werden. Um all diesen Einwänden Rechnung zu tragen, ist in der folgenden Diskussion von (ambulant-) teilstationären Rehabilitationsleistungen die Rede, da diese in Deutschland tatsächlich eher dem teilstationären als einem ambulanten Behandlungsansatz zuzuordnen sind.

Die weiterführende Erörterung in Abschnitt 3.3 wird zeigen, dass diese Diskussion für die mögliche, künftige Ausgestaltung des deutschen Rehabilitationsangebots ganz wesentlich ist. Derzeit ist eine Diskrepanz zwischen dem umfassenden und spezialisierten stationären Versorgungsangebot einerseits und dem bisher lediglich in Ansätzen vorhandenen (ambulant-)teilstationären Rehabilitationsangebot andererseits auffällig. Offenkundig sind zudem Unterschiede gegenüber dem Ausland, wo die ambulante Rehabilitation einen weitaus größeren Stellenwert besitzt[17].

In den Sozialgesetzbüchern ist die Rolle der (ambulant-)teilstationären Rehabilitation in den letzten Jahren deutlich gestärkt worden. So gilt der Vorrang von ambulanten und teilstationären gegenüber stationären Rehabilitationsleistungen mit Einführung des SGB IX übergreifend für alle Rehabilitationsträger. In § 19 Abs. 2 SGB IX heißt es hierzu[18]:

> „Soweit die Ziele nach Prüfung des Einzelfalls mit vergleichbarer Wirksamkeit erreichbar sind, werden Leistungen unter Berücksichtigung der persönlichen Umstände in ambulanter, teilstationärer oder betrieblicher Form und gegebenenfalls unter Einbeziehung familienentlastender und -unterstützender Dienste erbracht“.

Einschränkend ist zu sagen, dass mit § 19 Abs. 2 SGB IX kein Automatismus im Sinne einer Entscheidung „ambulant vor stationär“ verbunden ist. Vielmehr ist die Eignung alternativer Formen der Rehabilitation im Individualfall abzuwägen. Somit wird es immer Rehabilitanden geben, welche lediglich für eine stationäre Rehabilitationsmaßnahme infrage kommen[19]. Der Sachverständigenrat für die Konzertierte Aktion im Gesundheitswesen kritisiert diesbezüglich, dass mit der Gesetzesgebung keineswegs eine befriedigende Regelung für die Erbringung ambulanter Rehabilitationsleistungen geschaffen wurde. Er weist für die GKV gleichzeitig auf den laut § 40 SGB V lediglich allgemein formulierten Grundsatz „ambulant vor stationär“ hin, welcher u.a. auch für die Rehabilitation einer näheren Definition bedarf[20].

14 Information in einem telefonischen Gespräch mit Herrn Giraud, Bundesarbeitsgemeinschaft für Rehabilitation (BAR) in Frankfurt vom 20.10.2006 sowie Maier-Riehle, Schliehe (2002), S. 78.

15 Vgl. die nachfolgende Diskussion in Abschnitt 3.3.1.

16 Siehe Linden, Lind, Fuhrmann, Irle (2005), S. 88.

17 Vgl. Koch (2002), S. 73 sowie die nachfolgenden Ausführungen in Abschnitt 3.3.3.

18 Siehe u.a. SGB Sozialgesetzbuch (2006), S. 385 und S. 1108, Klingelhöfer, Lätzsch (2002), S. 202.

19 Vgl. Maier-Riehle, Schliehe (2002), S. 77 sowie S. 80.

20 Siehe SVR (2003), S. 104 f. sowie SGB Sozialgesetzbuch (2006), S. 385. In Abschnitt 3.3.4.2 wird diese Fragestellung eingehender thematisiert.

Durch eine Ausweitung des (ambulant-)teilstationären Rehabilitationspotentials erhofft sich die Gesundheitspolitik neben finanziellen Einsparungen vor allem

(1) eine stärkere Flexibilisierung der Leistungserbringung,
(2) verbesserte Kompatibilität mit einer phasenweise Wiederaufnahme des Berufs unter optimaler Berücksichtigung der durch eine stationäre Rehabilitation wiedererlangten Fähigkeiten,
(3) eine Vernetzung von Familie, Arbeitsplatz und lokalen Gesundheitseinrichtungen
(4) sowie eine Einbettung in die Versorgungskette unter Ermöglichung einer kontinuierlichen Behandlung.

Schließlich würde sich eine Ausweitung des (ambulant-)teilstationären Rehabilitationsangebots vor allem auch auf Zielgruppen richten, die für eine stationäre Behandlung bisher nicht infrage kommen[21].

Abschnitt 3.3 beginnt in der Einführung (Abschnitt 3.3.1) mit einem Überblick über die Entwicklung der (ambulant-)teilstationären Rehabilitation seit den 90er Jahren. Hierbei sprechen vor allem diverse Qualitäts- und Kostenvergleiche mit stationären Rehabilitationsbehandlungen für eine Ausweitung (ambulant-)teilstationärer Rehabilitationsangebote. Die Ergebnisse einzelner Studien werden in Abschnitt 3.3.2 vorgestellt.

Abschnitt 3.3.3 vergleicht den Stellenwert der ambulanten Rehabilitation in Deutschland mit dem anderer Industrieländer.

Letztendlich skizziert Abschnitt 3.3.4 die wichtigsten zukünftigen Herausforderungen an die (ambulant-)teilstationäre Rehabilitation. Eine Ausweitung des (ambulant-)teilstationären Rehabilitationsangebots ist hierbei ebenso notwendig wie eine Festlegung entsprechender Zuweisungskriterien (vgl. Abschnitte 3.3.4.1 und 3.3.4.2). Mit der Kombi-Rehabilitation, dem Modell der stufenweisen Wiedereingliederung in das Berufsleben (STW-Modell) sowie der sequenziellen Rehabilitation werden in Abschnitt 3.3.4.3 zudem drei innovative Ansätze der flexiblen Erbringung von Rehabilitationsleistungen vorgestellt. Abschließend wird beispielhaft dargestellt, wie (ambulant-)teilstationäre Rehabilitationsmaßnahmen in mehr ländlich geprägten Regionen künftig unter Anleitung eines Haus- oder Facharztes koordiniert werden könnten.

3.3.1 Geschichtliche Entwicklung der (ambulant-)teilstationären Rehabilitation

Bis Mitte der 90er Jahre spielten (ambulant-)teilstationäre Rehabilitationsbehandlungen in der Bundesrepublik Deutschland gegenüber der stationären Rehabilitation eine stark untergeordnete Rolle. Eine Ausnahme bildete bereits zum damaligen Zeitpunkt die ambulante Behandlung suchtkranker Patienten, gemäß der Empfehlungsvereinbarung ambulante Rehabilitation Sucht (EVARS)[22]. Der Ursprung von EVARS ist auf Vorschläge der Psychiatrie-Enquete aus der Mitte der 70er Jahre zurückzuführen, in denen u.a. eine bedarfsgerechte Versorgung von Alkohol- und Drogenabhängigen unter Einbeziehung von Fachambulanzen gefordert wurde[23]. Entwöhnungsbehandlungen

---

21 Vgl. u.a. Linden, Lind, Fuhrmann, Irle (2005), S. 86, Krauth, Hessel, Klingelhöfer, Schweikert, Hansmeier, Wasem (2005), S. 306, Koch (2002), S. 73, Bürger, Dietsche, Morfeld, Koch (2002), S. 93 sowie vom Orde, Schott, Iseringhausen (2002), S. 120, für die vorangegangenen Angaben.

22 Vgl. Lotz-Ramboldi, Buhk, Busche, Fischer, Bloemeke, Koch (2002), S. 193 sowie Empfehlungsvereinbarung ambulante Rehabilitation Sucht EVARS (1998), S. 7-9 und S. 12 f. Es handelt sich bei diesem Dokument um die Aktualisierung einer älteren Empfehlungsvereinbarung aus dem Jahr 1978 (vgl. entsprechende Angaben auf S. 2).

23 Vgl. Deutscher Bundestag (1975), S. 274-277.

nehmen gegenüber anderen Formen der Rehabilitationsbehandlung insofern eine Sonderstellung ein, als dass der Begriff der ambulanten Versorgung konzeptionell deutlicher von dem der stationären Rehabilitationsversorgung getrennt wird. Dem Begriff „teilstationär“ kommt bei der Rehabilitation suchtkranker Patienten demnach eine weitaus geringere Bedeutung zu als bei anderen Formen der Rehabilitation[24].

Im Rahmen eines umfassenden Angebots fanden sich mit der so genannten Dispensaire-Versorgung lediglich in der ehemaligen DDR Ansätze einer ambulanten Rehabilitationsbehandlung chronischer Erkrankungen. Im Hinblick auf Aspekte wie Patientenschulungen, die Wiedereingliederung in den Arbeitsprozess sowie die ambulante Integration ärztlicher und nicht-ärztlicher Leistungen enthielt diese Form der Versorgung zentrale Elemente ambulanter Rehabilitationsleistungen, welche im Zuge der Wiedervereinigung jedoch jegliche gesundheitspolitische Unterstützung entzogen bekamen[25].

In den darauf folgenden Jahren haben sich auf dem Gebiet der (ambulant-)teilstationären Rehabilitation jedoch einige Änderungen ergeben. 1993 wurde von den gesetzlichen Krankenkassen das Konzept der ambulanten, orthopädisch-traumatologischen Rehabilitation (AOTR) entwickelt. Die AOTR entstand in Fortführung der durch die Berufsgenossenschaften angebotenen „Besonders indizierten Therapie“ (BiTh) und der daraus weiterentwickelten „Erweiterten ambulanten Physiotherapie (EAP)“. Die vom VdAK/AEV formulierten Rahmenempfehlungen führten zu bundesweiten Verträgen mit rund 240 Rehabilitationseinrichtungen. AOTR-Maßnahmen konzentrierten sich auf die funktionale Rehabilitation und deren physiotherapeutische und physikalische Verfahren. Psychosoziale, sozialmedizinische sowie sekundär- und tertiärpräventive Angebote spielten hingegen keine Rolle, weswegen das Konzept angesichts des fehlenden ganzheitlichen Ansatzes in erster Linie von der Rentenversicherung kritisiert wurde[26].

Parallel zu der Initiative der gesetzlichen Krankenversicherung entwickelte die gesetzliche Rentenversicherung zum damaligen Zeitpunkt daher ein weitaus umfassenderes Konzept der (ambulant-)teilstationären Rehabilitation, welches zwischenzeitlich in bis zu 60 Modellvorhaben realisiert wurde. Anders als in der gesetzlichen Krankenversicherung wurde hierbei der Aspekt der ganzheitlichen, interdisziplinären Rehabilitationsversorgung in den Vordergrund gestellt. Die Modellvorhaben waren zu ca. 50% auf den Bereich Orthopädie und zu jeweils 15-20% auf die Bereiche Kardiologie und Neurologie ausgerichtet. Zu weiteren 15% bestanden sie aus einer Restgruppe der Indikationen Psychosomatik, Nephrologie, Stoffwechselerkrankungen und Atemwegserkrankungen.

Schließlich erfolgte Mitte bis Ende der 90er Jahre eine Annäherung zwischen den gesetzlichen Krankenkassen und der gesetzlichen Rentenversicherung unter Koordination der Bundesarbeitsgemeinschaft für Rehabilitation (BAR). Anfänglich zeichnete sich diese Annäherung durch eine 1996 geschlossene Empfehlungsvereinbarung zwischen den Spitzenverbänden von Kranken- und Rentenversicherung zum Ausbau ambulanter Angebotsstrukturen aus, der sich mehrere wissenschaftliche Modellvorhaben anschlossen[27]. Im Mai 2000 folgte die „Gemeinsame Erklärung der Spitzenverbände der Krankenkassen und der

---

24 Gemäß Stähler (2001), S. 14 f.

25 Vgl. Koch, Morfeld (2004), S. 285 f.

26 Siehe u.a. Koch, Morfeld (2004), S. 286, Bührlen, Jäckel (1999), S. S62 sowie Wolf, von Törne, Weber-Falkensammer (1999), S. S44 f., für diese und nachfolgende Ausführungen. Vgl. auch Abschnitt 4.6 für eine genauere Definition der Begriffe Sekundär- und Tertiärprävention.

27 Vgl. Haaf, Badura, Bürger, Koch, Schliehe, Schott (2002), S. 86, Bürger, Dietsche, Morfeld, Koch (2002), S. 93, Koch (2002), S. 73 sowie nachfolgende Ausführungen in Abschnitt 3.3.2.

Rentenversicherungsträger über eine Zusammenarbeit beim bedarfsgerechten Ausbau der ambulanten medizinischen Rehabilitation“[28]. In Form von BAR-Richtlinien wurden gemeinsame, träger- und funktionsübergreifende Rahmenempfehlungen für die ambulante Rehabilitation festgelegt. Indikationsübergreifende Elemente waren bereits im Jahr 1995 beschlossen worden und wurden 2000 für die Kardiologie, Orthopädie und Neurologie[29] sowie 2004 für den onkologischen, dermatologischen, psychischen und psychosomatischen Bereich noch einmal auf Indikationsebene konkretisiert[30]. Ein aktuelleres Ergebnis dieser bis heute fortdauernden, engen Kooperation zwischen Krankenkassen und Rentenversicherung ist die Entwicklung eines gemeinsamen Qualitätssicherungsprogramms in der ambulanten Rehabilitation aus dem Jahr 2004[31].

Abb. 13: Entwicklung der (ambulant-)teilstationären Rehabilitation zwischen 1975 und 2004

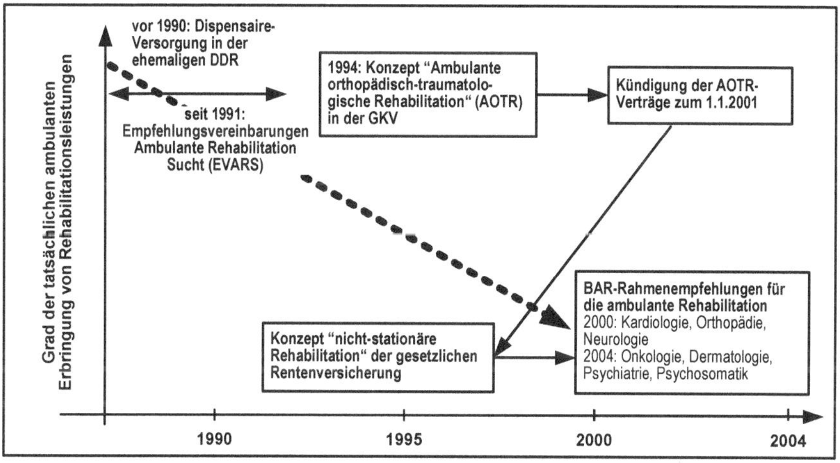

Quelle: Koch, Morfeld (2004), S. 285-287, eigene Darstellung

Abbildung 13 zeigt, dass die Bedeutung der tatsächlich ambulant durchgeführten Leistungserbringung im Zuge der dargestellten Entwicklungen über die letzten Jahre sukzessive abgenommen hat.

Hintergrund ist zum einen, dass die von den Ersatzkassen ausgehandelten Verträge im Rahmen der AOTR zum 1.1.2001 im Anschluss an die Festlegung der Rahmenemp-

28 Vgl. u.a. Koch (2002), S. 73, Maier-Riehle, Schliehe (2002), S. 76 und 78.

29 Eine aktuellere Version für die ambulante orthopädische, kardiologische sowie neurologische Rehabilitation liegt für das Jahr 2005 vor, um der seit 2000 erfolgten Ablösung des ICIDH (Internationale Klassifikation der Schädigungen, Fähigkeitsstörungen und Beeinträchtigungen) durch die ICF (Internationale Klassifikation der Funktionsfähigkeit, Behinderung und Gesundheit) Rechnung zu tragen (vgl. Bundesarbeitsgemeinschaft für Rehabilitation (BAR 2005^1-2005^3, S. 7) unter www.bar-frankfurt.de/Empfehlungen.BAR?ActiveID=1083 (Stand: 16.12.2006).

30 Siehe Koch, Morfeld (2004), S. 287, Maier-Riehle, Schliehe, S. 77 sowie Bundesarbeitsgemeinschaft für Rehabilitation BAR (2004^1-2004^3), abrufbar unter www.bar-frankfurt.de/Empfehlungen.BAR?ActiveID=1083 (Stand: 16.12.2006).

31 Vgl. hierzu Abschnitt 6.5.1: Externe Qualitätsmessungen.

fehlungen des BAR gekündigt wurden[32]. Mit den BAR-Rahmenempfehlungen hat sich vielmehr das ganzheitliche, interdisziplinäre Rehabilitationskonzept der gesetzlichen Rentenversicherung durchgesetzt. Das dort vorgeschriebene Leistungsangebot der (ambulant-)teilstationären Rehabilitation ist mit der stationären Rehabilitation sowohl unter qualitativen als auch unter quantitativen Gesichtspunkten vergleichbar. Die vorgeschriebene Therapiezeit des Rehabilitanden besteht in der Regel aus vier bis maximal sechs Stunden pro Tag, an fünf bis sechs Tagen in der Woche[33].

Zusammenfassend kann festgestellt werden, dass die gegenwärtigen Formen der stationären sowie der (ambulant-)teilstationären Rehabilitation eher durch Gemeinsamkeiten als durch Unterschiede gekennzeichnet sind. Im Rahmen einer (ambulant-)teilstationären Rehabilitationsmaßnahme fehlt oftmals lediglich die Hotelkomponente gegenüber der stationären Rehabilitation[34]. Diese Tatsache ist von entscheidender Bedeutung für die Interpretation der Ergebnisse nachfolgender Abschnitte.

3.3.2 *Qualitäts- und Kostenvergleiche: stationäre versus (ambulant-)teilstationäre Rehabilitation*

Im nachfolgenden Abschnitt werden die Ergebnisse diverser Kosten-Effektivitätsstudien vorgestellt, bei denen direkte Vergleiche zwischen stationären und (ambulant-)teilstationären Rehabilitationsbehandlungen durchgeführt wurden.

3.3.2.1 Bewertung der (ambulant-)teilstationären Rehabilitation durch den „Förderschwerpunkt Rehabilitationswissenschaften“

Nachfolgend werden zum Thema (ambulant-)teilstationäre Rehabilitation einzelne Studien des „Förderschwerpunkts Rehabilitationswissenschaften“ vorgestellt, welcher gemeinsam vom Bundesministerium für Bildung und Forschung (BMBF) und der Rentenversicherung ins Leben gerufen wurde.

Unter anderem wurde vom Reha-Forschungsverbund Sachsen-Anhalt/Mecklenburg-Vorpommern eine Wirtschaftlichkeitsuntersuchung (ambulant-)teilstationärer, orthopädischer Rehabilitationsbehandlungen unter Versicherten der *Landesversicherungsanstalt (LVA) Mecklenburg-Vorpommern* vorgenommen. Mit Hilfe eines Kriterienkatalogs wurde hierbei eine randomisierte, kontrollierte Zuweisung in eine stationäre Behandlungsgruppe mit 33 Patienten sowie eine (ambulant-)teilstationäre Behandlungsgruppe mit 60 Patienten durchgeführt[35]. In der Studie wurden jeweils zu Rehabilitationsbeginn (Zeitpunkt t_0), bei Rehabilitationsentlassung (Zeitpunkt t_1) sowie ein Jahr nach Rehabilitationsende (Zeitpunkt t_2) Patientenbefragungen, u.a. im Hinblick auf den allgemeinen Gesund-

---

32 In Verbindung mit diesen Vertragskündigungen wurden Übergangsregelungen für (ehemalige) AOTR-Einrichtungen geschaffen, um diesen eine konzeptionelle Umorientierung hin zu den neuen BAR-Mindestanforderungen zu ermöglichen (vgl. Maier-Riehle, Schliehe (2002), S. 78 sowie Koch, Morfeld (2004), S. 287).

33 Vgl. BAR (2005[1]), S. 44, BAR (2005[2]), S. 47, BAR (2005[3]), S. 45 sowie BAR (2004[1]), S. 45 und BAR (2004[2] und 2004[3]), jeweils S. 44.

34 Vgl. u.a. Koch, Morfeld (2004), S.286, 288 und 291 f., Koch (2002), S. 73, Haaf, Badura, Bürger, Koch, Schliehe, Schott (2002), S. 86.

35 Vgl. Krauth, Hessel, Klingelhöfer, Schweikert, Hansmeier, Wasem (2005), S. 303 f., Klingelhöfer, Timm (2005), S. 4-8 und S. 10 sowie Klingelhöfer, Lätzsch (2002), S. 201 und S. 204-207 für eine genauere Beschreibung der einzelnen Erhebungsinstrumente und die nachfolgende Dokumentation einzelner Ergebnisse.

heitszustand, den Reha-Status sowie die körperliche Funktionsfähigkeit der Patienten vorgenommen. Ergänzt wurden die Patientenbefragungen durch Fragen zur sozialen Unterstützung, zur reha-bezogenen Erwartung und Motivation (Zeitpunkt t_0) sowie durch Messungen zur Patientenzufriedenheit (zu den Zeitpunkten t_1 und t_2). Ärztliche Gutachten lieferten dem sozialmedizinischen Dienst der LVA weitere Anhaltspunkte hinsichtlich funktionaler, somatischer und psychischer Veränderungen, Veränderungen im Leistungsvermögen sowie der Belastbarkeit des einzelnen Patienten. Kosten sowie Parameter für den mittel- und langfristigen Rehabilitationserfolg, vor allem in Bezug auf vorzeitige Verrentungen, wurden aus administrativen Daten der LVA Mecklenburg-Vorpommern erhoben. Zusammenfassend erwies sich die (ambulant-)teilstationäre Rehabilitationsmaßnahme durchschnittlich um knapp 25% kostengünstiger, bei vergleichbaren gesundheitlichen und sozialmedizinischen Ergebnissen. Bei der (ambulant-)teilstationären Behandlung wurde ein leicht besseres funktionales und somatisches Ergebnis, bei der stationären Behandlung hingegen ein etwas besseres psychisches Ergebnis erzielt.

Ein weiteres Ziel der Mecklenburger Studie war es, die Eignung der (ambulant-)teilstationären Rehabilitation in einem Flächenland zu untersuchen. Hinsichtlich Fahrtzeit und Fahrtkosten stellte sich das (ambulant-)teilstationäre Behandlungspotential zwar als vergleichsweise gering, aber dennoch als ausbaufähig heraus[36].

Für Mütter mit Kindern stellen Doppelbelastungen in Familie und Beruf sowie Einschränkungen in der beruflichen Weiterentwicklung ein bedeutendes gesellschaftliches Problem dar. Als typische Symptome treten hierbei u.a. somatische Störungen (z.B. akute Muskelverspannungen, Kopfschmerzen oder Magenbeschwerden), Nervosität und Angststörungen, Burn-Out-Prozesse wie Schwäche und Erschöpfung sowie Depressionen auf[37]. Oftmals werden diese Symptome medikamentös behandelt – mit einem erheblichen Risiko für Nebenwirkungen bis hin zur Abhängigkeit[38]. Hinweise auf psychosomatische Erkrankungen liefern u.a. Besuchsstatistiken von Erziehungs- und Familienberatungsstellen mit 5% aller deutschen Mütter[39].

Zwecks besserer Vereinbarkeit von Familie und Beruf wurde durch den *Reha-Forschungsverbund Niedersachsen-Bremen* (ebenfalls im Rahmen des „Förderschwerpunkts Rehabilitationswissenschaften") ein spezifisches (ambulant-)teilstationäres Rehabilitationsbehandlungsangebot für Mütter mit Kindern im Vorschulalter entwickelt[40]. Dieses ist in seiner Intensität mit einer alternativen stationären Rehabilitationsbehandlung vergleichbar und besteht aus

- einer vierwöchigen Vorbereitungsphase,
- einem achtwöchigen Intensivprogramm (mit Gruppentherapiesitzungen, Kunst- und Körpertherapie, Einzel- und Familiengesprächen)
- sowie (bei einer von zwei ambulant-teilstationären Behandlungsgruppen), einer neunmonatigen Nachbetreuung mit wöchentlichen Gruppentherapiesitzungen.

36 Vgl. u.a. Krauth, Hessel, Klingelhöfer, Schweikert, Hansmeier, Wasem (2005), S. 303 f., Klingelhöfer, Lätzsch (2002), S. 203.

37 Vgl. Collatz, Borchert, Brandt, Titze (1993), S. 4-7, mit allgemeinen Hinweisen auf die spezifische Belastungssituation von Frauen – und vor allem Müttern – in der postmodernen Gesellschaft sowie einer Unterscheidung der Belastungen bei Müttern mit und ohne Erwerbstätigkeit (S. 12), siehe auch Borchert, Collatz (1994), S. 113.

38 Vgl. Collatz, Borchert, Brandt, Titze (1993), S. 19 f., Collatz, Borchert (1994), S. 117.

39 Siehe Collatz, Borchert, Brandt, Titze (1993), S. 171.

40 Vgl. Krauth, Hessel, Klingelhöfer, Schweikert, Hansmeier, Wasem (2005), S. 304 f., für die nachfolgenden Ausführungen.

Bei der gesundheitsökonomischen Evaluation der beiden Rehabilitationsprogramme handelte es sich um eine kontrollierte Vergleichsstudie von 71 (ambulant-)teilstationär und 55 stationär behandelten Patientinnen. Der Erhebungszeitraum erstreckte sich von Beginn bis zwölf Monate nach Ende der Rehabilitationsmaßnahme[41]. Neben einer Gegenüberstellung der direkten und indirekten medizinischen Kosten (Programmkosten und Folgekosten durch Arzt- und Psychotherapeutenkontakte sowie aufgrund von Arbeitsunfähigkeit) wurden auch Kosten für die Kinderbetreuung sowie mögliche Fahrtkosten in den Kalkulationen berücksichtigt. Erhebungen zu Veränderungen in der Lebensqualität und der psychischen Symptomatik rundeten die Studie ab.

Auch hier waren die Ergebnisse zwischen der (ambulant-)teilstationären und stationären Rehabilitationsbehandlung in Bezug auf die beiden letztgenannten Parameter vergleichbar. Gleichzeitig ließen sich im (ambulant-)teilstationären Behandlungsprogramm gegenüber der stationären Rehabilitation Einsparungen von ca. 31% im Fall einer Nachbetreuung bzw. 44% ohne entsprechende Nachbetreuung dokumentieren. Mit erheblich geringerem Kostenaufwand ließen sich auf diese Weise vergleichbare Behandlungsergebnisse erzielen.

Einschränkend ist zu sagen, dass keine randomisierte Patientenzuweisung in die beiden Vergleichsgruppen durchgeführt wurde, da bei Patientinnen mit besonders schweren psychosomatischen Störungen die (ambulant-)teilstationäre Behandlung die stationäre Rehabilitation nicht ersetzen kann. Dennoch empfiehlt es sich, das hier vorgestellte (ambulant-)teilstationäre Behandlungsangebot in der Psychosomatik weiter auszubauen, da eine Rehabilitationsbehandlung von Müttern oftmals nur in dieser Form realisierbar ist.

3.3.2.2 Bewertung der (ambulant-)teilstationären Rehabilitation im Rahmen der Empfehlungsvereinbarung von GKV und GRV

Im Rahmen der gemeinsamen Empfehlungsvereinbarung zwischen der gesetzlichen Kranken- und Rentenversicherung wurden zwei Arbeitsgruppen (die Arbeitsgruppe Bielefeld für den Bereich Kardiologie und die Arbeitsgruppe Hamburg für den Bereich Orthopädie) mit gesundheitsökonomischen Evaluationen (ambulant-)teilstationärer Rehabilitationsbehandlungen beauftragt. Aufgrund der Einbeziehung von RV- *und* GKV-finanzierten Rehabilitationsbehandlungen boten die hiermit verbundenen Forschungsprojekte den Vorteil, die Versorgungswirklichkeit in der Rehabilitation möglichst umfassend abbilden zu können. Interessant hierbei ist, dass in der orthopädischen Teilstudie Rehabilitanden ausgeschlossen wurden, welche im Rahmen der Erweiterten Ambulanten Physiotherapie (EAP) bzw. der Ambulanten Orthopädisch-Traumatologischen Rehabilitation (AOTR) behandelt wurden[42].

In der kardiologischen Studie der *Universität Bielefeld* wurden Patientendaten aus insgesamt acht Rehabilitationskliniken ausgewertet. Die Patientenbehandlungen ließen sich wie folgt in insgesamt vier Gruppen unterteilen:

- stationäre Rehabilitation in einer Rehabilitationsklinik (stat)
- ambulante Rehabilitation in einer Rehabilitationsklinik (amb in)
- ambulante Rehabilitation in einem Rehabilitationszentrum *mit* Anbindung an eine Rehabilitationsklinik (amb+)
- ambulante Rehabilitation in einem Rehabilitationszentrum *ohne* Anbindung an eine Rehabilitationsklinik (amb-).

41 Alternativ bedeutete dies im Fall der ambulant-teilstationären Rehabilitation entweder zwölf Monate nach Ende des Intensivprogramms oder zwölf Monate nach Ende der Nachbetreuung.

42 Vgl. Haaf, Badura, Bürger, Koch, Schliehe, Schott (2002), S. 86-89.

Die Vergleichbarkeit der Patientengruppen wurde über statistische Kontrollen der Unterschiede einzelner Parameter gewährleistet[43].

Auch in dieser Studie ließen sich zwischen Rehabilitationsbeginn und einem Jahr nach Beendigung der Rehabilitation keine statistisch signifikanten Unterschiede in den Behandlungsergebnissen der einzelnen Vergleichsgruppen feststellen. Gemessen wurden bei 665 Patienten Symptomatik und kardiale Beschwerden, körperliche Leistungsfähigkeit, Veränderungen des Risikofaktorenprofils sowie die psychische Befindlichkeit. Auch die durchschnittliche Erwerbsquote ein Jahr nach Beendigung der Rehabilitationsmaßnahme war zwischen den Vergleichsgruppen ähnlich hoch. Bei (ambulant-)teilstationär behandelten Patienten vollzog sich die Rückkehr ins Berufsleben insgesamt sogar schneller als bei stationär behandelten Patienten[44].

Bei einem direkten Vergleich der Rehabilitationsbehandlungs- inklusive Fahrtkosten ließen sich hingegen erhebliche Kostenunterschiede, vor allem zwischen der stationären Behandlung in einer Rehabilitationsklinik (stat, 5.514 DM) und der ambulanten Rehabilitationsbehandlung in einem Rehabilitationszentrum *ohne* Anbindung an eine Rehabilitationsklinik feststellen (amb-, 2.729 DM). Bei einer Betrachtung der weiteren sozialmedizinischen Verläufe der Patientenbehandlung ergaben sich zudem keine auffälligen Unterschiede zwischen den einzelnen Versorgungssettings, so dass auf eine monetäre Bewertung der Krankheitsfolgekosten verzichtet wurde[45].

Eine analoge Unterteilung in die vier beschriebenen Vergleichsgruppen wurde auch im Rahmen eines Vergleichs der Kosten-Wirksamkeit durch das *Universitätsklinikum Hamburg-Eppendorf* für den Bereich Orthopädie über einen Erhebungszeitraum von August 1998 bis Dezember 2000 gewählt[46]. Auch in dieser Studie wurden signifikante Einflussparameter auf das Behandlungsergebnis identifiziert und deren Effekte mit Hilfe von Parallelisierungs- und Matchingverfahren sowie einer statistischen Kontrolle einzelner Kovariaten neutralisiert. Bestimmte gängige Vorstellungen in Bezug auf das behandelte Patientenspektrum in den einzelnen Versorgungseinrichtungen (z.B. eine erhöhte Multimorbidität bei stationär behandelten, bzw. eine höhere Motivation bei ambulant behandelten Patienten) ließen sich indessen nicht bestätigen[47].

Bei einem Vergleich der Ergebnisqualität ergaben sich auch im Rahmen dieses Forschungsprojekts weder im funktionalen, somatischen, psychosozialen oder sozialmedizinischen Bereich noch bei der Patientenbewertung erkennbare Unterschiede zwischen den Vergleichsgruppen. Im Fall einzelner Erfolgsparameter (Beweglichkeit der Lendenwirbelsäule (LWS) und verminderter Bewegungsschmerz sowie kurzfristige Wiederaufnahme der Berufstätigkeit) zeigten sich allenfalls sogar leichte Vorteile in der (ambulant-)teilstationären Behandlung.

---

43 Siehe vom Orde, Schott, Iseringhausen (2002), S. 120.

44 Vgl. vom Orde, Schott, Iseringhausen (2002), S. 120-126, Abbildungen 1 bis 10.

45 Verglichen wurden, jeweils bis zu einem Jahr nach Beendigung der Rehabilitationsmaßnahme, die durchschnittliche Anzahl Hausarzt- und Krankenhausbesuche, die Inanspruchnahme weiterer Rehabilitationsmaßnahmen, die durchschnittliche Anzahl Arbeitsunfähigkeits(AU-)Tage sowie der Anteil an Frühverrentungen wegen Berufs- oder Erwerbsunfähigkeit (BU/EU) (siehe vom Orde, Schott, Iseringhausen (2002), S. 126 f., insbesondere Tabelle 2, S. 126).

46 Vgl. Bürger, Dietsche, Morfeld, Koch (2002), S. 93 f. sowie Tabelle 2 auf S. 95 mit einer Übersicht der analysierten Patientenstichprobe.

47 Vgl. Bürger, Dietsche, Morfeld, Koch (2002), S. 95 und 101.

Auch in dieser Studie ließen sich für die stationäre Rehabilitation vor allem aufgrund der höheren Tagessätze gegenüber einer ansonsten vergleichbaren, (ambulant-)teilstationären Versorgung deutlich höhere Kosten nachweisen. Berücksichtigt wurden neben den direkten medizinischen Kosten zudem Fahrtkosten, Kosten für Arztbesuche und Zahlungen von Kranken- bzw. Übergangsgeldern[48].

Bei einer Gegenüberstellung der Patientenzufriedenheit ergaben sich für die Orthopädie weitestgehende Übereinstimmungen hinsichtlich der „globalen Zufriedenheitsbewertung" sowie der Bedarfseignung der jeweiligen Rehabilitationseinrichtungen. Auch bei der Beurteilung einzelner Maßnahmen ergaben sich in den meisten Fällen keine signifikanten Unterschiede zwischen den einzelnen Versorgungstypen. Die Organisation der Abläufe, die Leistung der Verwaltung sowie der Kontakt zu den Ärzten wurde an den (ambulant-)teilstationären Rehabilitationszentren, trotz des ungünstigeren Stellenschlüssels, sogar statistisch signifikant besser bewertet – ein Umstand, der auf spezifische Vorteile kleiner Einrichtungen hindeutet[49].

3.3.2.3 Weitere gesundheitsökonomische Bewertungen (ambulant-)teilstationärer Rehabilitation

Eine weitere Bewertung im Bereich *Orthopädie* wurde anhand von 1.245 Fällen und 833 letztendlich auswertbaren Patientendaten von Versicherten der *LVA Rheinland-Pfalz* durchgeführt. Im Rahmen der Datenerhebung zwischen 1997 und der im März 2000 abgeschlossenen 12-Monats-Katamnese wurden Ergebnisse aus vier teilstationären Zentren mit den Ergebnissen aus drei stationären Einrichtungen verglichen. Für die Studie wurde ein parallelisiertes Design gewählt, bei der alle stationären Patienten nach Geschlecht und Hauptdiagnose in einzelne Altersklassen kategorisiert und in ihrer Häufigkeit der Referenzverteilung der (ambulant-)teilstationären Stichprobe angepasst wurden[50].

Hinsichtlich Art und Häufigkeit therapeutischer Leistungen ließen sich weder gemäß Angaben der Rehabilitanden noch anhand von Angaben der Rehabilitationskliniken und Behandlungszentren systematische Unterschiede im Behandlungsangebot feststellen. In einzelnen Teilbereichen wurden in der (ambulant-)teilstationären Rehabilitation sogar intensivere Leistungen angeboten, zudem war die mittlere Behandlungsdauer (gemessen in Stunden pro Woche) im (ambulant-)teilstationären Setting mit ca. 28 Stunden sogar statistisch signifikant höher als in der stationären Rehabilitation mit durchschnittlich 22 Stunden.

In Bezug auf die Ergebnisqualität ließen sich weder auf der Grundlage von Patientenselbsteinschätzungen noch bei der Auswertung klinischer Parameter eines angewandten Arztfragebogens systematische Unterschiede zwischen den stationären und (ambulant-)teilstationären Behandlungen dokumentieren[51]. Auch eine Auswertung sozialmedizinischer Daten (Rentenantragsverhalten bzw. Erwerbsstatus zwölf Monate nach der Rehabilitation sowie die Reduktion von Krankheits- und Arbeitsunfähigkeitstagen) ergab keine statistisch signifikanten Unterschiede zwischen den beiden Angebotsformen[52].

---

48 Vgl. Bürger, Dietsche, Morfeld, Koch (2002), S. 96-98 sowie S. 100 f.

49 Siehe Morfeld, Bürger, Dietsche, Koch (2002), S. 114-117.

50 Vgl. Bührlen, Jäckel (2002), S. 148, 150 und 158.

51 In puncto „Mobilität" und „körperliche Aktivität" fielen die Ergebnisse tendenziell sogar leicht zugunsten des (ambulant-)teilstationären Rehabilitationsangebots aus (vgl. Bührlen, Jäckel (2002), S. 152-156 und S. 157 f. für die vorangegangenen Angaben).

52 Siehe Bührlen, Jäckel (2002), S. 156 und 158.

Kostendaten aus Leistungsträgersicht dokumentierten zudem um ca. 1/3 geringere Kosten der (ambulant-)teilstationären Behandlung gegenüber der stationären Rehabilitationsbehandlung[53]. Zusammenfassend zeichnet sich die (ambulant-)teilstationäre Rehabilitation daher auch in diesem Fall durch eine höhere Kosten-Wirksamkeit aus.

Eine weitere Studie von *LVA-Versicherten am Gesundheitszentrum Hannover* im Bereich *Orthopädie* konzentriert sich speziell auf die Behandlungskosten von Dorsopathien (Rückenleiden). Im Fokus der Studie zwischen September 1997 und September 1999 standen nicht die Kosten der eigentlichen stationären bzw. (ambulant-)teilstationären Rehabilitationsbehandlung, sondern – aus der gesellschaftlichen Kostenperspektive – die direkten sonstigen medizinischen Kosten sowie die indirekten Produktivitätskosten durch Produktivitätsausfälle im Erwerbsleben. Die Erhebung wurde jeweils über den Zeitraum von einem Jahr vor, bis ein Jahr nach der Interventionsmaßnahme durchgeführt. Auch in dieser Studie ließen sich keine statistisch signifikanten Unterschiede zwischen den alternativen Behandlungsformen feststellen[54].

Auch ein katamnestischer Vergleich stationärer und (ambulant-)teilstationärer Rehabilitationsbehandlungen in der *Neurologie* unter Einbeziehung eines *(ambulant-)teilstationären Rehabilitationszentrums in Stuttgart* dokumentiert ähnlich positive Ergebnisse der beiden Versorgungssettings in Bezug auf Änderungen in der körperlichen und psychischen Verfassung sowie der Leistungsfähigkeit. Auch hinsichtlich der Wiedereingliederung in die Erwerbstätigkeit scheinen sich einzelne Vor- und Nachteile zwischen den beiden Versorgungsformen die Waage zu halten. Allerdings scheint sich die stationäre Rehabilitation in der Neurologie gemäß dem spezifischen Versorgungsansatz primär auf die Schwerpunkte Mobilität und Alltagsversorgung, die (ambulant-)teilstationäre Versorgung hingegen verstärkt auf kognitive Aspekte zu konzentrieren[55].

Einen Vergleich des (ambulant-)teilstationären und stationären Versorgungssettings innerhalb derselben Einrichtung liefert eine Analyse von Phase D Patienten nach Schlaganfall am *Neurologischen Rehabilitationszentrum Magdeburg*. Gemessen an der Veränderungsstärke war keiner der analysierten Parameter – neurologische Defizite, Alltagsfähigkeiten sowie die allgemeine Gesundheitswahrnehmung als Kenngröße für die Lebensqualität – statistisch signifikant vom Versorgungssetting abhängig. Einschränkend ist jedoch auch zu dieser Studie zu sagen, dass das (ambulant-)teilstationäre Behandlungsangebot der stationären Behandlung in der Intensität der Behandlungsmaßnahmen ebenbürtig ist und durchschnittlich sogar etwa acht Tage länger dauerte. Die Durchschnittskosten der (ambulant-)teilstationären Behandlung waren in der analysierten Stichprobe sogar höher als für die stationäre Behandlung[56].

Auch im Bereich Suchterkrankungen ließen sich in einer Studie am *Sozialtherapeutischen Zentrum für Suchtkranke (STZ) in Hamburg* signifikante Einsparungen einer (ambulant-)teilstationären Rehabilitationsbehandlung von durchschnittlich ca. € 5.000,

---

53 Aus Sicht des Rentenversicherungsträgers wurden hierbei Tagespauschalen, Fahrtkosten, Übergangsgelder sowie Kosten für Haushaltshilfen rechnerisch berücksichtigt. Folgekosten aus anderen Sektoren der Gesundheitsversorgung, z.B. in Form von ambulanten Folgeuntersuchungen, welche von der GKV finanziert werden, wurden hingegen außer Acht gelassen (vgl. Bührlen, Jäckel (2002), S. 157-159).

54 Siehe Merkesdal, Bernitt, Busche, Bauer, Mau (2004), S. 85-87, insbesondere Tabelle 2 auf S. 87, für genauere Erläuterungen zu der gewählten Vorgehensweise. Vgl. zudem Mau, Merkesdal, Busche, Bauer (2002), S. 163-165, hinsichtlich der ähnlich guten Entwicklung im sozialmedizinischen Verlauf zwischen den beiden Behandlungsformen.

55 Siehe Schönle (2002), S. 185-188.

56 Vgl. Bölsche, Hasenbein, Reißberg, Lotz-Ramboldi, Wallesch (2002), S. 76-80.

d.h. der Hälfte der stationären Behandlungskosten, bei vergleichbarer Ergebnisqualität nachweisen. Die Erhebung von Patientendaten nach stationärer Behandlung in der Fachklinik bzw. teilstationärer Behandlung in der Tagesklinik fand zu einem Katamnesezeitpunkt zwischen 6 und 42 Monaten (durchschnittlich 22,6 Monate) nach der Behandlung statt. Vergleichbare Ergebnisse ließen sich u.a. in der Verringerung der Belastung im familiären Umfeld, der Verringerung des psychischen Beschwerdedrucks, der Reduzierung des Alkoholkonsums nach der Therapie, in Bezug auf Alkoholabstinenz sowie hinsichtlich der Integration in das Arbeitsleben dokumentieren[57].

3.3.2.4 Gesamtbewertung der Ergebnisse von Kosten-Wirksamkeits-Studien (ambulant-)teilstationärer Rehabilitationsleistungen

Die in den Abschnitten 3.3.2.1 bis 3.3.2.3 vorgestellten Forschungsergebnisse kommen mehrheitlich zu dem Schluss, dass (ambulant-)teilstationäre Rehabilitationsbehandlungen gegenüber stationären Rehabilitationsbehandlungsleistungen bei vergleichbarer Ergebnisqualität zu teilweise deutlich geringeren Kosten durchgeführt werden können[58].

Die Tatsache, dass sich in der Ergebnisqualität gegenüber der stationären Rehabilitation geringfügige bis gar keine Unterschiede ergeben, ist indessen vor dem Hintergrund der stringenten Kriterien für (ambulant-)teilstationäre Rehabilitationsangebote nicht verwunderlich. Hinter der Erstellung der in Abschnitt 3.3.1 bereits erwähnten strikten BAR-Rahmenempfehlungen standen Bemühungen, bei einer Ausweitung (ambulant-)teilstationärer Rehabilitationsangebote der Entwicklung einer „zweitklassigen Rehabilitation" vorzubeugen. Tatsächlich deckt sich die vergleichbare Effektivität stationärer und (ambulant-)teilstationärer Rehabilitationsbehandlungen daher mit der Erkenntnis, dass die beiden Versorgungsformen einen weitestgehend identischen Leistungsumfang sowie eine weitestgehend identische Organisation aufweisen[59]. U.a. deutet ein Vergleich stationärer und (ambulant-)teilstationärer kardiologischer Leistungsangebote im Rahmen des Forschungsprojekts der Universität Bielefeld auf eine hohe Standardisierung einzelner Komponenten der Rehabilitationsbehandlung hin[60]. Im Bereich Orthopädie ergibt sich ein komplexes Bild, welches jedoch in analoger Weise nicht auf eine höhere Struktur- und Prozessqualität im Fall einer der beiden Versorgungsformen schließen lässt[61].

---

57 Siehe Lotz-Ramboldi, Buhk, Busche, Fischer, Bloemeke, Koch (2002), mit Angaben zum Kostenvergleich auf den S. 194 und 199, zum Katamnesezeitpunkt auf S. 195 sowie den Resultaten eines Vergleichs der Ergebnisqualität auf den Seiten 197 bis 199.

58 Ähnliche Ergebnisse, rein in Bezug auf stationäre versus ambulante *Kuren*, liefert auch die Ergebniszusammenfassung einer Studie von Pelka, Leuchtgens, Albus (1999). Hierbei ließ sich die Ausgangshypothese einer Äquivalenz beider Kurformen, d.h. stationär und ambulant, auf Basis von Entwicklungen einzelner Gesamtindizes des Gesundheitsstatus bestätigen. Der Nettoertrag aus Nutzen minus Kosten fiel bei den ambulanten berufstätigen Rehabilitationspatienten am Günstigsten aus, gefolgt von den ambulanten nicht-berufstätigen Patienten und den stationären Berufstätigen. Der einzige Nettoverlust wurde bei nicht-berufstätigen stationären Kurpatienten ausgewiesen.

59 Vgl. u.a. Krauth, Hessel, Kingelhöfer, Schweikert, Hansmeier, Wasem (2005), S. 306, Koch, Morfeld (2004), S. 290, Bürger, Dietsche, Morfeld, Koch (2002), S. 101.

60 Siehe Iseringhausen, Schott, vom Orde (2002), vor allem S. 131-133 und S. 136 f.

61 Stationäre Einrichtungen verfügen demnach u.a. über eine umfangreichere apparative Ausstattung und einen höheren Personalschlüssel im Ärztebereich. Demgegenüber werden im ambulanten Bereich mehr funktionsorientierte Maßnahmen und vor allem auch weitaus mehr Einzelanwendungen in der Krankengymnastik durchgeführt, ohne dass andere Behandlungsangebote hierbei vernachlässigt würden (vgl. Dietsche, Bürger, Morfeld, Koch (2002), S. 103 und 110, mit detaillierten Erläuterungen auf den Seiten 105-109).

Letztendlich ist zu hinterfragen, ob die gegenwärtigen, stringenten Kriterien in der (ambulant-)teilstationären Rehabilitation für jeden Patienten gleichermaßen erforderlich sind, oder ob sich eine Patientenzuweisung nicht vielmehr verstärkt am individuellen Rehabilitationsbedarf orientieren sollte. Hierzu ist jedoch eine weitaus stärkere Abgrenzung unterschiedlicher Behandlungsansätze, und somit eine weitaus stärkere *Individualisierung* und *Flexibilisierung* des Rehabilitationsangebots erforderlich, als dies bisher der Fall ist[62]. Der nachfolgende Abschnitt wird zeigen, dass sich der Begriff „ambulanter Rehabilitationsleistungen" in Deutschland ganz erheblich von entsprechenden Definitionen anderer Länder unterscheidet.

3.3.3 Ambulante Rehabilitationsangebote in anderen Industrieländern

In den vorangegangenen Abschnitten wurde Deutschlands starke inhaltliche Ausrichtung (ambulant-)teilstationärer Rehabilitationsangebote auf die stationäre Rehabilitation hervorgehoben. Dieser Umstand kam für ausländische Gäste eines internationalen Symposiums in Hamburg im Jahr 2001 durchaus überraschend[63]. Ein wesentliches Ergebnis dieser Tagung war, dass die ambulante Rehabilitation in anderen Ländern im Gegensatz zu Deutschland weitaus weniger kontrovers diskutiert wird, bzw. gänzlich andere Assoziationen hervorruft. Außerhalb Deutschlands wird oftmals ein deutlich weniger umfangreiches individuelles ambulantes Leistungsangebot bereitgestellt, welches eine wohnortnahe Erbringung von Rehabilitationsleistungen, eine verbesserte zeitliche und räumliche Vereinbarkeit von Rehabilitation und Wiederaufnahme der Berufstätigkeit sowie eine erhöhte Flexibilität in der Abfolge der Behandlungen ermöglicht.

Durch die deutschen BAR-Richtlinien, insbesondere die vorgegebene Leistungserbringung von mindestens vier bis maximal sechs Stunden pro Tag, werden die Möglichkeiten der ambulanten Rehabilitation in Deutschland hingegen stark eingeschränkt und die potenziellen Vorteile nicht bzw. nur in begrenztem Umfang realisiert. Daher sind es internationale Ansätze durchaus wert, ebenfalls in die Diskussion um ein erweitertes Rehabilitationsangebot mit eingebracht zu werden[64].

Deutliche Unterschiede zeigten sich in diesem Zusammenhang u.a. 2002 in einem vom Institut für Gesundheitsökonomik (IfG) München durchgeführten Vergleich zwischen Deutschland und Australien. Aufgrund der damals bedingten Vergleichbarkeit des australischen und deutschen Systems der Diagnosis Related Groups (DRGs) im Akutbereich wurden einzelne australische DRGs für die Behandlung von Patienten mit Schlaganfall, Bypass-Operationen, Myokardinfarkt, koronarer Herzkrankheit (KHK) sowie Hüft-TEP Operationen auf ihre Entlassungsarten untersucht (vgl. Abbildung 14).

Vor allem die Statistik der Entlassungen nach Hause lässt auf eine weiterführende ambulante Form der Rehabilitationsbehandlung schließen. Tatsächlich werden 80-90% der kardiologischen Bypass- und KHK-Patienten in Australien gemäß Abbildung 14 aus dem Krankenhaus nach Hause entlassen. Eine ambulante Rehabilitation wird in Australien vor allem bei kardiologischen Patientengruppen durchgeführt, da diese in

62 Siehe u.a. Koch, Morfeld (2004), S. 290, Bürger, Dietsche, Morfeld, Koch (2002), S. 100 f. sowie Bürger, Koch (1999^2), S. S35.

63 Es handelte sich um das am 12. und 13.12.2001 durchgeführte Symposium „Perspektiven für die ambulante Rehabilitation in Deutschland" (vgl. Koch, Kluth, Mehnert (2002), S. 83 f.).

64 Vgl. Koch, Morfeld (2004), S. 285, 290 sowie 291 f.

ihrer Mobilität vergleichsweise wenig stark eingeschränkt sind[65]. Als ambulante Form der Rehabilitationsversorgung werden in Australien in erster Linie die Angebote so genannter Community Rehabilitation Centres (CRCs) wahrgenommen[66].

Abb. 14: Entlassungsarten von 5 Behandlungsgruppen australischer Patienten aus dem Akutkrankenhaus, 1998/'99*

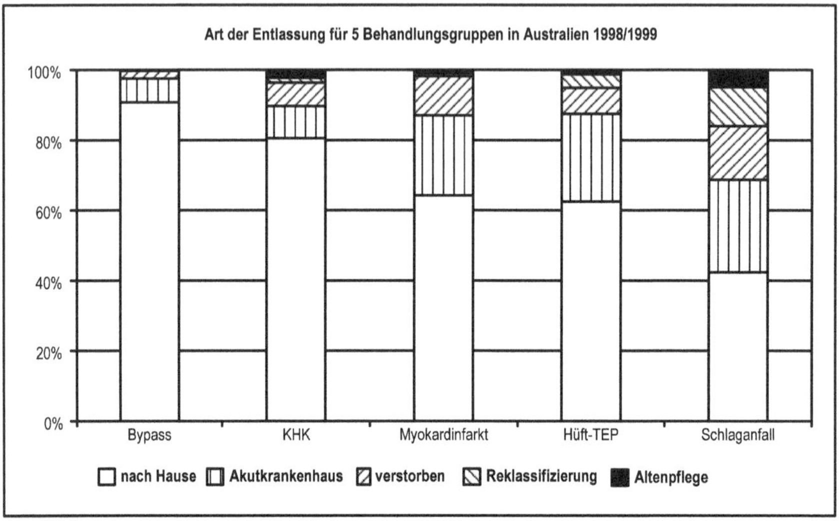

* Reklassifizierung bedeutet einen Verbleib im Krankenhaus zur weiterführenden Rehabilitation

Quelle: Neubauer, Egner (2003), S. 93, Abbildung 1; Neubauer, Lewis (2002), Anhang B, eigene Darstellung

Der weitaus höhere Stellenwert der ambulanten Rehabilitation gegenüber Deutschland wird jedoch nicht nur anhand eines australischen Vergleichs, sondern auch bei einer Gegenüberstellung mit anderen europäischen Ländern deutlich. In Belgien beispielsweise waren im Jahr 1996 116 von 244 Rehabilitationszentren ambulant ausgerichtet. Auch in Dänemark finden sich nach einer stationären Rehabilitationsbehandlung Möglichkeiten der ambulanten Weiterbehandlung in Tageseinrichtungen oder Physiotherapie-Kliniken. In den Niederlanden wurden 1995 an 23 Rehabilitationszentren ca. 5.600 Patienten stationär und 13.600 Patienten in der Rehabilitationsambulanz behandelt. Spanien stellt neben Frührehabilitationsabteilungen im Krankenhaus lediglich ein stationäres Angebot in 18 spezialisierten Rehabilitationszentren mit 1.462 Betten, verfügte 1996 jedoch gleichzeitig über 63 ambulante Rehabilitationszentren (Centros Base) der

---

65 Demnach findet gemäß Abbildung 14 vor allem bei Bypass-, Myokardinfarkt- und KHK-Patienten eine Entlassung nach Hause statt. Schlaganfall- und Hüft-TEP-Patienten werden hingegen häufiger in andere Akutkrankenhäuser verlegt, in denen Maßnahmen zur Frührehabilitation durchgeführt werden (Information aus einem Telefongespräch vom März 2002 mit Terese Barton vom Gesundheitsministerium in Victoria, Australien, im Rahmen der Erstellung eines Gutachtens im Auftrag der Bundesversicherungsanstalt für Angestellte, BfA. Vgl. Neubauer, Lewis (2002)).

66 Vgl. Neubauer, Egner (2003), S. 93 sowie Neubauer, Lewis (2002), S. 16 und 55.

autonomen Gemeinschaften[67]. In Frankreich wird hingegen, ähnlich wie in der Bundesrepublik Deutschland, in erster Linie ein stationäres Rehabilitationsangebot bereitgestellt. 1994 wurden im westlichen Nachbarland nur 9% von insgesamt 29.602 Bettenplätzen im Bereich *Réadaption fonctionnelle* an Tageskliniken angeboten[68].

Eine mögliche Form der flächendeckenden Versorgung bietet vor allem die ambulante Rehabilitationsversorgung in Krankenhäusern oder daran angeschlossenen Einrichtungen. In Deutschland existieren hierzu gegenwärtig erhebliche Vorbehalte. Die gängigsten Argumente gegen eine ambulante Rehabilitation im bzw. am Krankenhaus sind fehlende Differenzierungen zwischen Akut- und Rehabilitationsleistungen, fehlende personelle, räumliche und gerätetechnische Voraussetzungen sowie das bereits bestehende (Über-)angebot an stationären Rehabilitationskliniken[69]. Dennoch gelten diese Formen der Behandlung in anderen europäischen Ländern als selbstverständlich. Über Erfahrungen ambulanter Rehabilitationsmaßnahmen am Krankenhaus wurde 2001 im Rahmen des eingangs bereits erwähnten internationalen Symposiums beispielsweise aus Großbritannien und Belgien berichtet[70]. Durch das Zusammenrücken von Akut- und Rehabilitationsleistungen mit Einführung von DRGs dürfte diese Thematik mittelfristig auch in Deutschland verstärkt diskutiert werden, wenngleich sich die Argumente derzeit noch auf den Bereich der stationären Rehabilitationsbehandlung beschränken[71].

3.3.4 *Zukünftige Herausforderungen an die (ambulant-)teilstationäre Rehabilitation in Deutschland*

3.3.4.1 Ausweitung des (ambulant-)teilstationären Rehabilitationsangebots

Für die (ambulant-)teilstationäre Rehabilitation ergeben sich unterschiedliche Herausforderungen, die über die nächsten Jahre parallel zueinander angenommen werden sollten. In erster Linie geht es hierbei um einen Ausbau ambulanter und teilstationärer Rehabilitationsangebote.

Abbildung 15 zeigt, dass die Anzahl der durch die Bundesversicherungsanstalt für Angestellte (BfA) zugelassenen, (ambulant-)teilstationären Rehabilitationszentren und Rehabilitationsabteilungen zwischen 1996 und dem Jahr 2004 bereits stark zugenommen hat. Dennoch machten die (ambulant-)teilstationären Rehabilitationsausgaben, gemessen an den Behandlungen insgesamt, 2004 lediglich einen Anteil von ca. 5% aus[72].

Abschnitt 8.2 wird sich eingehender mit den Möglichkeiten einer Ausweitung des (ambulant-)teilstationären Rehabilitationsangebots beschäftigen. Schätzungen sowohl der gesetzlichen Krankenkassen als auch der Deutschen Rentenversicherung Bund beziffern das mittelfristig ausbaufähige Potential auf insgesamt ca. 20% aller Rehabilitationsleistungen[73].

---

67 Siehe Hohmann (1998), S. 54, 84, 286, 342 f. sowie Anhang: Europa im Tabellenüberblick. Tabelle IX: Medizinische Rehabilitation, S. 474-477.

68 Vgl. Hohmann (1998), S. 120.

69 Vgl. Koch, Morfeld (2004), S. 291 und 294. Die Kritikpunkte sind somit zu einem Großteil mit den Vorbehalten gegenüber *stationären* Rehabilitationsmaßnahmen am Krankenhaus vergleichbar (vgl. hierzu die Diskussion in Abschnitt 4.1).

70 Vgl. Koch, Kluth, Mehnert (2002), S. 81 f.

71 Vgl. Koch, Morfeld (2004), S. 294.

72 Siehe Koch, Morfeld (2004), S. 291.

73 Vgl. nähere Angaben in Abschnitt 8.2.

Abb. 15: Entwicklung der Anzahl (ambulant-)teilstationärer, von der BfA zugelassener Rehabilitationseinrichtungen (ohne Sucht), 1996-2004

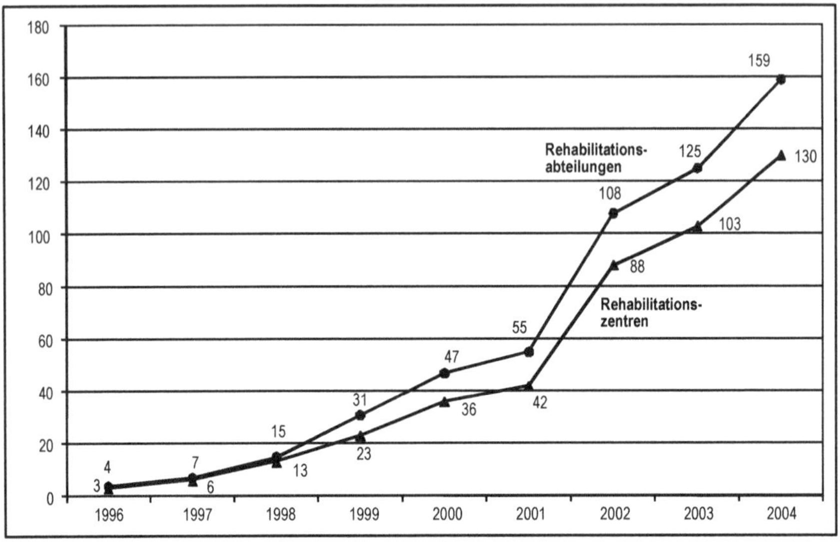

Quelle: Gesundheitswirtschaftskongress 2005 – Dr. Thomas Keck (BfA), eigene Darstellung

Angesichts des bereits existierenden, umfassenden stationären Rehabilitationsangebots stellt sich letztendlich die Frage, inwieweit (ambulant-)teilstationäre Formen der Rehabilitationsbehandlung hierin sinnvoll eingebunden werden können. In der nachfolgenden Tabelle 9 werden die Möglichkeiten

- einer institutionellen Einbindung in existierende stationäre Rehabilitationseinrichtungen,
- einer Schaffung (ambulant-)teilstationärer Satellitenzentren in loser Anbindung an eine Rehabilitationsklinik
- sowie einer Schaffung eigenständiger, (ambulant-)teilstationärer Rehabilitationseinrichtungen

nach individuellen Kriterien auf einer Punkteskala von 5 (sehr gute Ausgangsvoraussetzungen) bis 1 (sehr schlechte Ausgangsvoraussetzungen) bewertet.

Bei einer institutionellen Einbindung in eine stationäre Rehabilitationsklinik (Alternative I) stellen sich sowohl hinsichtlich der gemeinsamen Ressourcennutzung und der Möglichkeit einer Verzahnung des stationären und (ambulant-)teilstationären Rehabilitationsangebots als auch in Bezug auf den geringen zusätzlichen Investitionsbedarf sinnvolle Synergieeffekte ein. Die Einbindung in lokale Unterstützungsangebote sowie das Kriterium der Wohnortnähe ist bei einer Angliederung an stationäre Rehabilitationseinrichtungen hingegen nur bedingt gegeben, da letztere zu einem Großteil in weniger dicht besiedelten Gegenden lokalisiert sind. Fast spiegelbildlich hierzu ist die Situation einer eigenständigen (ambulant-)teilstationären Rehabilitationseinrichtung zu sehen (vgl. Alternative III). Die Errichtung rehabilitationsklinikgebundener Satellitenzentren in Ballungsräumen (Alternative II) stellt gewissermaßen einen Kompromiss zwischen den beiden erstgenannten Alternativen dar.

Tab. 9: Alternative Ansätze sowie Vor- und Nachteile eines Ausbaus (ambulant-) teilstationärer Rehabilitationsleistungen

		Synergieeffekte in der Ressourcennutzung	Möglichkeiten der weiterführenden ambulanten/teilstationären Behandlung	Investitionsbedarf	Einbindung in lokale Unterstützungsangebote	Flexibilität im Hinblick auf den Ort der Leistungserbringung	Wohnortnähe	Gesamtpunktzahl
I	**institutionelle Einbindung in stationäre Rehabilitationseinrichtungen**	5	5	4	1	1	1	**17**
II	**rehabilitationsklinikgebundene Satellitenzentren in Ballungsräumen**	3	4	3	5	3	5	**23**
III	**eigenständige (ambulant-)teilstationäre Rehabilitationseinrichtungen**	1	3	2	5	5	5	**21**

Quelle: eigene Berechnung/Darstellung in Anlehnung an Koch, Morfeld (2004), S. 289

Abb. 16: Anteil der BfA-Bewilligungen für die (ambulant-)teilstationäre Rehabilitation (Orthopädie 2003)

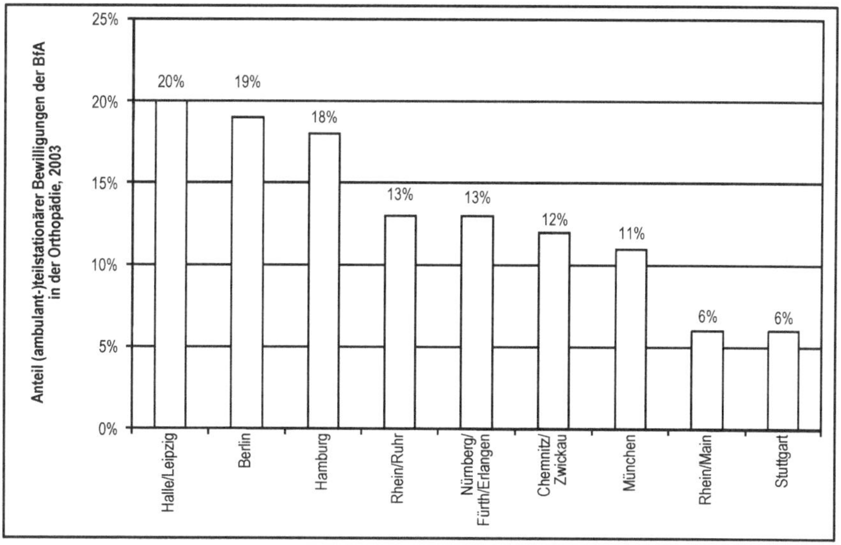

Quelle: Gesundheitswirtschaftskongress 2005 – Dr. Thomas Keck (BfA), eigene Darstellung

Da sich die Vor- und Nachteile der dargestellten Alternativen in etwa ausgleichen, sollten die einzelnen Punktzahlbewertungen nicht allzu kritisch betrachtet werden. Während beim Ausbau (ambulant-)teilstationärer Rehabilitationsangebote eine Kombination der dargestellten Alternativen zu erwarten ist, dürften sich künftige Leistungsangebote vornehmlich auf große und mittelgroße Ballungsräume konzentrieren – ein Trend, der sich gemäß Abbildung 16 bereits heute abzeichnet. Dies ist auf den Umstand zurückzuführen, dass es sich hierbei trotz geringerer Synergieeffekte mit stationären Rehabilitationskliniken und trotz anfänglich höherer Investitionskosten aufgrund des leichteren Patientenzugangs mittelfristig um ökonomisch tragfähigere Strukturen handelt[74]. Somit wird ein (ambulant-)teilstationäres Rehabilitationsangebot auch längerfristig nur bedingt umsetzbar sein.

Abbildung 17 weist abschließend auf wesentliche Vorteile hin, die sich aus einer wohnortnahen Rehabilitation ergeben. Da es sich hierbei durchgehend um Aspekte handelt, welche auch für die (ambulant-)teilstationäre Rehabilitation von Relevanz sind, sprechen auch diese Vorteile für eine Weiterentwicklung des (ambulant-)teilstationären Rehabilitationsangebots in großen und mittelgroßen Ballungsräumen[75].

Abb. 17: Vorteile einer wohnortnahen Rehabilitation

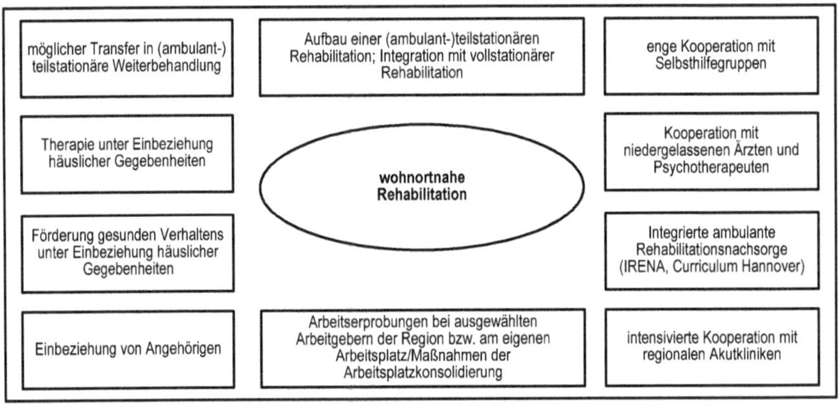

Quelle: Linden, Lind, Fuhrmann, Irle (2005), S. 84-88, eigene Darstellung

Letztendlich lassen sich die hier dargestellten Vorteile einer wohnortnahen Rehabilitation sowohl mittels Alternative II als auch mittels Alternative III in Tabelle 9 realisieren. Mit Blick auf Alternative II sollte vor allem geklärt werden, inwieweit durch Rehabilitationskliniken mit größerer Entfernung zum Patientenwohnort ein stärkerer, wohnortnaher Arbeitsschwerpunkt aufgebaut werden kann[76].

3.3.4.2 Entwicklung von Zuweisungskriterien für unterschiedliche Formen der Rehabilitation

Aufgrund der in den Abschnitten 3.3.1 und 3.3.2.4 beschriebenen, geringfügigen Abgrenzung einzelner Leistungsangebote in ambulante, teilstationäre und stationäre Rehabilitationsversorgung ist es in der Folge auch schwer möglich, einzelne Differenzie-

74 Siehe Koch, Morfeld (2004), S. 289 und 291.

75 Entsprechende Angebote sind in erster Linie auch für die Erbringung teilstationärer und ambulanter Nachsorgeleistungen von Bedeutung (vgl. hierzu auch Abschnitt 4.3 für eine Beschreibung der Nachsorgeprogramme IRENA und Curriculum Hannover).

76 Vgl. Linden, Lind, Fuhrmann, Irle (2005), S. 88.

rungskriterien weiterzuentwickeln und auf ihre Praktikabilität und Diagnostizierbarkeit hin empirisch zu untersuchen[77].

Abbildung 18 präsentiert in diesem Zusammenhang mögliche Kriterien für eine differenzielle Zuweisungsentscheidung zwischen ambulanten, teilstationären und stationären Rehabilitationsbehandlungen. Die Auflistung wird in der Reihenfolge vorgenommen, wie sie im Rahmen einer Expertenbefragung gemäß Delphi-Methodik im Bereich Orthopädie festgelegt wurde[78]. Einschränkend ist jedoch festzuhalten, dass es sich bei der erstellten Reihenfolge um eine Durchschnittsbewertung handelte. Ein Grundkonsens hinsichtlich der einzeln aufgeführten Kriterien konnte hingegen *nicht* erzielt werden[79]. Ein wesentlicher Grund hierfür dürfte sein, dass schon allein die indikative Abgrenzung ambulanter und teilstationärer Rehabilitationsleistungen vielen der befragten Experten Schwierigkeiten bereitete[80].

Ohne ein bedarfsorientiertes, reduziertes ambulantes Rehabilitationsprogramm (vgl. Abschnitt 3.3.2.4) ist es letztendlich auch schwer möglich, differenzierte Zuweisungskriterien für ein abgestuftes Rehabilitationsangebot zu entwickeln. Folglich ist das Thema einer differenzierten Patientenzuweisung seit Veröffentlichung der hier vorgestellten Delphi-Studie aus dem Jahr 1999 in den Rehabilitationswissenschaften auch nicht weiter aufgegriffen worden[81].

Abb. 18: Bedeutung einzelner Kriterien für die differenzielle Zuweisungsentscheidung in die stationäre, teilstationäre bzw. ambulante orthopädische Rehabilitation

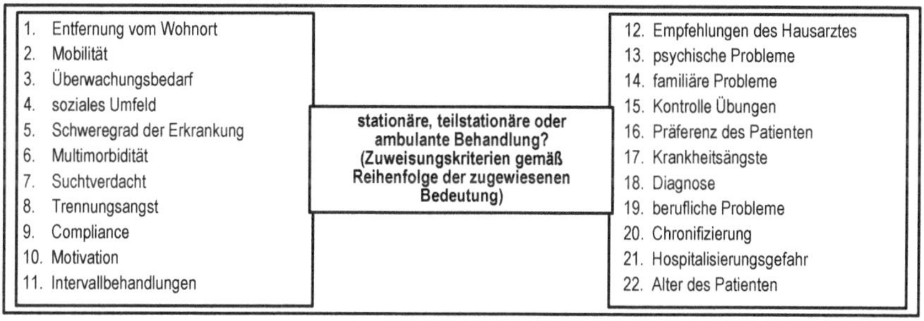

Quelle: Bürger, Koch (1999[2]), S. S29, Abbildung 2, eigene Darstellung

3.3.4.3 Entwicklung eines flexiblen Leistungsangebots unter Einbeziehung (ambulant-) teilstationärer Rehabilitationsbehandlungen

Angesichts der BAR-Richtlinien für die ambulante Rehabilitation scheint eine Bereitstellung reduzierter Rehabilitationsbehandlungsangebote für bestimmte Patientengruppen

77 Vgl. Koch, Morfeld (2004), S. 291 sowie Bürger, Koch (1999[2]), S. S32 und S35.

78 Befragt wurden 50 Experten aus stationären Rehabilitationskliniken, ambulanten Rehabilitationszentren, medizinischen Diensten der Rentenversicherung und Krankenkassen sowie der Wissenschaft (vgl. Bürger, Koch (1999[2]), S. S24).

79 Hinsichtlich der Bedeutung der gemäß Abbildung 18 vorgegebenen Kriterien streuten die Antworten für 20 der 22 Variablen vielmehr auf einer Skala zwischen den vorgegebenen Minimal- und Maximalwerten 1 und 10 (vgl. Bürger, Koch (1999[2]), S. S28 f., vor allem Abbildung 2 auf S. S29 sowie S. S30-S35 für eine detaillierte Ergebnisdarstellung).

80 Siehe Bürger, Koch (1999[2]), S. S35.

81 Telefonische Auskunft von Prof. Uwe Koch vom 23.9.2006.

gesundheitspolitisch nicht erwünscht zu sein. Dies ist insofern zu bedauern, als dass die Möglichkeit einer stärkeren Bedarfsorientierung auf diese Weise nicht realisiert wird.

Dennoch gibt es diverse Ansätze einer stärkeren Flexibilisierung und Bedarfsorientierung in der medizinischen Rehabilitation, welche teilweise bereits erprobt, im Hinblick auf eine verstärkte Anwendung derzeit jedoch vor allem auch in diversen Gremien diskutiert werden. Es gilt hierbei die Vorgabe, das Rehabilitationsangebot zu flexibilisieren, ohne jedoch von geltenden BAR-Vorschriften abzuweichen[82].

Nachfolgend werden mit dem Modell Kombi-Rehabilitation, Programmen zur stufenweisen Wiedereingliederung in das Berufsleben und der sequenziellen Rehabilitation drei Ansätze einer solchen bedarfsgerechten Flexibilisierung vorgestellt. Die Möglichkeit einer verstärkten Vernetzung diverser Behandlungsangebote unter Koordination eines Haus- oder Facharztes ist abschließend in Abschnitt 3.3.4.3.4 beschrieben.

3.3.4.3.1 Das Modell der Kombi-Rehabilitation

Bereits seit 1.1.2003 existiert zwischen der AOK Rheinland-Pfalz und der Elfenmaar-Klinik, einer Rehabilitationsklinik für Orthopädie und Rheumatologie in Bad Bertrich, das Projekt „Kombi-Rehabilitation". Die Projektdurchführung erfolgt in enger Abstimmung mit drei ambulanten Rehabilitationszentren auf Grundlage eines Kooperationsvertrags.

Merkmal des Projekts „Kombi-Rehabilitation" ist die Verknüpfung einer stationären mit einer nachfolgenden (ambulant-)teilstationären Anschlussheilbehandlung. Alle Patienten innerhalb des Versorgungsvertrags werden zu Beginn in die Elfenmaar-Klinik aufgenommen. Spätestens nach acht Behandlungstagen wird über einen weiteren Verbleib in der stationären Einrichtung bzw. den Übergang in eine (ambulant-)teilstationäre Anschlussheilbehandlung entschieden. Hierbei sind sowohl formale Kontraindikationen (zu große Entfernung zum Wohnort des Patienten) als auch medizinische und soziale Kontraindikationen zu berücksichtigen. Kommt ein Patient für eine (ambulant-)teilstationäre Anschlussheilbehandlung in Frage, so darf die Verweildauer in der stationären Einrichtung nicht mehr als 14 Tage betragen. Zudem darf das Intervall zwischen Entlassung aus der stationären Anschlussheilbehandlung und der Aufnahme in die (ambulant-)teilstationäre Weiterbehandlung zwei Werktage nicht überschreiten. Zwischen der Elfenmaar-Klinik und den (ambulant-)teilstationären Rehabilitationszentren werden die Übergabe des Patienten in enger Abstimmung gemeinsam organisiert sowie Therapiepläne und Therapieinhalte aufeinander abgestimmt. Zwischen 1.1.2003 und 20.11.2004 kamen über 28% der 801 stationär behandelten AOK-Patienten für eine Kombi-Rehabilitation infrage. Dies entsprach immerhin knapp 50% all derjenigen Patienten, deren Wohnort in ausreichender Nähe zu einem ambulanten Rehabilitationszentrum lag. Aus dieser Gruppe von Patienten wurde vor allem die frühe Integration in das familiäre Umfeld weitestgehend positiv bewertet.

Mittlerweile wird die Kombi-Rehabilitation auch in den Nachbehandlungskonzepten anderer Kostenträger und Leistungserbringer angeboten. Aufgrund der höheren Wirtschaftlichkeit bei gleich bleibender Qualität, wird dieses integrative Versorgungskonzept über kommende Jahre zweifellos noch weiter an Bedeutung gewinnen[83].

---

82 Telefonischer Hinweis von Herrn Giraud, Bundesarbeitsgemeinschaft für Rehabilitation, BAR Frankfurt, vom 20.9.2006.

83 Vgl. Binz (2006), S. 181-183. Siehe auch Linden, Lind, Fuhrmann, Irle (2005), S. 86, mit Hinweisen auf die Vorteile von Modellen der Kombi-Rehabilitation.

3.3.4.3.2 Integrierte Behandlungskonzepte zur stufenweise Wiedereingliederung in das Berufsleben

Im vorangegangenen Abschnitt stand mit der AOK Rheinland-Pfalz als Vertragspartner die Wiedereingliederung von älteren Patienten in das familiäre und soziale Umfeld im Vordergrund. Bei Fällen der gesetzlichen Rentenversicherung ist hingegen verstärkt über Modelle zur optimalen Wiedereingliederung des Rehabilitanden in das Berufsleben nachzudenken.

Erste Modelle einer stufenweisen Wiedereingliederung (STW) – u.a. von Herzinfarktpatienten in das berufliche Umfeld unter Anleitung eines Hausarztes – hat es in Form des so genannten „Hamburger Modells“ unter Mitwirkung der Techniker Krankenkasse bereits Mitte der 70er Jahre gegeben[84].

Intensiver diskutiert wird das STW-Modell jedoch erst seit wenigen Jahren, nicht zuletzt aufgrund von Änderungen in der damit verbundenen Rechtsprechung. Vor Einführung des SGB IX waren demnach lediglich die Unfallkassen bzw. die Krankenkassen bei einer Wiedereingliederung in das Berufsleben für die Finanzierung einer erwerbslosen Übergangsphase zuständig. Mit Einführung von § 28 SGB IX wurde die Verantwortung nunmehr an alle Rehabilitationsträger, so auch an die Rentenversicherung übertragen. Konkret heißt es hierzu[85]:

> „Können arbeitsunfähige Leistungsberechtigte nach ärztlicher Feststellung ihre bisherige Tätigkeit teilweise verrichten und können sie durch eine stufenweise Wiederaufnahme ihrer Tätigkeit voraussichtlich besser wieder in das Erwerbsleben eingegliedert werden, sollen die medizinischen und die sie ergänzenden Leistungen entsprechend dieser Zielsetzung erbracht werden“.

Zudem heißt es in § 51 Abs. 5 SGB IX: „Ist in unmittelbaren Anschluss an Leistungen zur Rehabilitation eine stufenweise Wiedereingliederung (§ 28) erforderlich, wird das Übergangsgeld bis zu deren Ende weitergezahlt.“ Der seit 1.4.2004 bestehende Paragraph rückt die STW somit näher an die Rehabilitationsmaßnahme heran[86].

Ob und inwiefern die neuen Gesetzesbestimmungen automatisch eine Ausweitung des Modells der stufenweisen Wiedereingliederung ins Berufsleben mit sich führen werden, ist derzeit schwer einzuschätzen. Tatsächlich existieren in diesem Bereich jedoch erste viel versprechende Ansätze.

Erste Forschungsergebnisse zur stufenweisen Wiedereingliederung (STW) von LVA-Patienten mit orthopädischen Erkrankungen aus Schleswig-Holstein dokumentieren diverse Möglichkeiten einer stundenweisen Erhöhung der Arbeitszeit, meist in Form von einer, zwei oder drei Belastungsstufen[87].

Insgesamt wurde dieses Modell der STW sehr positiv aufgenommen: 98% der Befragten kehrten entweder sofort (86%) oder mit Verzögerung (12%) an den Arbeitsplatz zurück. Auch nach durchschnittlich 2,5 Jahren blieb die Wiedereingliederungsquote mit ca. 85% zudem auf einem sehr hohen Niveau. Da die STW auch hinsichtlich der

---

84 Vgl. Koch, Morfeld (2004), S. 293, Krasemann (1974), S. 9 f., mit weiteren Beispielen bei Rehabilitationspatienten der Orthopädie sowie nach onkologischer Erkrankung, auf S. 11.

85 Vgl. SGB Sozialgesetzbuch (2006), S. 1112, Koch, Morfeld (2004), S. 293.

86 Siehe SGB Sozialgesetzbuch (2006), S. 1125, Bürger (2004), S. 153.

87 Siehe Bürger (2004), S. 156-160, insbesondere Abbildungen 7 und 8 auf den Seiten 157 f., für die nachfolgenden Ausführungen.

Fehlzeitenentwicklung erfolgreich ist, dürfte die Maßnahme trotz erforderlicher Übergangsgelder insgesamt dazu beitragen, Kosten einzusparen.

Insgesamt wird aber auch deutlich, dass die Vorteile einer stufenweisen Wiedereingliederung bisher nur sehr wenigen Patienten offen standen. In den Jahren 1999, 2000 und 2001 befanden sich im Fall der LVA Schleswig-Holstein beispielsweise nur bei 4,5% der Versicherten nach orthopädischer Rehabilitation entsprechende Empfehlungen in den Entlassungsberichten. Wiederum nur 57% sind der Empfehlung letztendlich auch gefolgt.

Eine Stärkung des STW-Modells könnte sich u.a. durch verbesserte Information und Motivierung der Patienten bereits zu Beginn einer stationären Rehabilitation erzielen lassen. Vor allem ist Rehabilitanden der Rentenversicherung auch bewusst zu machen, dass neben einer stundenweise Belastungssteigerung auch eine tageweise Steigerung der Arbeitsbelastung möglich ist. Der Rehabilitand sollte mit anderen Worten zwischen alternativen Behandlungsformen der stufenweisen Wiedereingliederung die für ihn am besten geeignete Variante selbst wählen können.

Ein Beispiel für eine tageweise Wiedereingliederung seiner Patienten liefert das Reha-Zentrum Berliner Tor in Hamburg. Hier werden Patienten nach Komplettierung eines stationären Rehabilitationsaufenthalts über einen Zeitraum von sechs Wochen (ambulant-)teilstationär behandelt. Im selben Zeitraum findet jedoch bereits eine Wiederaufnahme der Berufstätigkeit statt, welche, gemessen an der Anzahl Tage pro Woche, mit Fortlauf der (ambulant-)teilstationären Rehabilitation sukzessive von drei Tagen in den ersten drei Behandlungswochen, auf vier Tage im zweiten Behandlungsabschnitt gesteigert wird[88].

Bei der Planung und Organisation der STW scheint laut Umfrageergebnissen derzeit noch ein erheblicher Abstimmungsbedarf zu bestehen. Dies gilt für alle notwendigen Formen der Betreuung, sei es die Krankengymnastik und Sporttherapie, die Unterstützung am Arbeitsplatz, die Unterstützung durch die Krankenkasse sowie die Betreuung durch den zuständigen Arzt. Hier sollten verstärkt sowohl medizinische als auch berufliche Hilfestellungen angeboten werden. Vor allem der niedergelassene Arzt kann hierbei eine zentrale Rolle übernehmen (vgl. Abschnitt 3.3.4.3.4)[89].

In direktem Zusammenhang mit dem erwähnten Optimierungsbedarf des STW-Modells steht die Notwendigkeit einer stärkeren beruflichen Orientierung der medizinischen Rehabilitation. Aktuell läst sich feststellen, dass hier einzelne Aspekte bereits verstärkt Einzug in die Rehabilitationswissenschaften gehalten haben. Erkennbar ist dies u.a. anhand von jeweils sieben Forschungsprojekten in der ersten und zweiten Phase des „Förderschwerpunkts Rehabilitationswissenschaften" sowie eines im Zeitablauf zunehmenden inhaltlichen Schwerpunkts im Rahmen einzelner Rehabilitationswissenschaftlicher Kolloquien. Dennoch hat dieser Forschungsbereich – auch im Sinne einer praxisbezogenen Umsetzung – laut Meinung von Rehabilitationsexperten noch nicht den ihm notwendigen Stellenwert erreicht[90].

88 Vgl. Koch, Morfeld (2004), S. 293 f., Danner (2004), S. 94-97.

89 Vgl. Bürger (2004), S. 157 und 160.

90 Vgl. Müller-Fahrnow, Greitemann, Radoschewski, Gerwinn, Hansmeier (2005), S. 290, S. 292, Tabelle 1 sowie S. 295.

Konkret wäre für eine stärkere berufliche Orientierung der medizinischen Rehabilitation ein entsprechend ausgerichtetes Case-Management erforderlich. Von direkter Relevanz für die Weiterentwicklung des STW-Modells ist in diesem Zusammenhang[91]:

a) eine Bedarfserkennung bezüglich beruflicher Orientierung unter den Rehabilitanden, bereits zu Beginn der medizinischen Rehabilitation,
b) eine Durchführung von Assessments zur Leistungsfähigkeit und Belastungserprobungen während der Rehabilitationsbehandlung,
c) eine Stärkung berufsbezogener Elemente innerhalb des vorhandenen Leistungsrepertoires der medizinischen Rehabilitation (z.B. Schulung/Verhaltenstraining/Sozialberatung/Berufsberatung),
d) eine Integration von Elementen der beruflichen Rehabilitation in die Phase der medizinischen Rehabilitation (z.B. betriebliche Erprobung, berufsbezogenes Training, Bewerbungstraining)
e) sowie eine Optimierung von (post- aber auch prästationären) Schnittstellen zwischen der medizinischen und beruflichen Rehabilitation (in Abstimmung zwischen Rehabilitationskliniken und Berufsförderungswerken).

3.3.4.3.3 Modelle der sequenziellen Rehabilitation

Abschließend wird mit der sequenziellen Therapie eine weitere Form der Rehabilitation vorgestellt. Diese kennzeichnet sich durch mehrere Phasen einer stationären Blockrehabilitation, welche durch längere Intervalle zeitlich voneinander getrennt sind. Zwischen diesen Phasen der Rehabilitation wird der Patient ambulantärztlich behandelt. Während dieses Zeitraums ist es ihm zudem möglich, das in der Rehabilitation Erlernte im Alltag umzusetzen.

Erprobt wurde das Modell der sequenziellen Rehabilitation bei Kindern und Jugendlichen mit Aufmerksamkeitsdefizit- und Hyperaktivitätsstörungen (ADHS) am Interdisziplinären Therapiezentrum (ITZ) Caritas-Haus Feldberg. In den vergangenen zehn Jahren (Stand: Dezember 2006) haben 1.600 Familien mit einem oder mehreren betroffenen Kindern an dem Programmangebot teilgenommen[92]. ADHS bei Kindern und Jugendlichen bleibt in 30% der Fälle auch im frühen Erwachsenenalter bestehen und führt oftmals zu gravierenden Folgeproblemen wie Beziehungsschwierigkeiten, aggressiv-dissozialem Verhalten, Delinquenz, Drogen- oder Alkoholmissbrauch. Insgesamt betrachtet charakterisiert sich ADHS durch ein hohes Chronifizierungsrisiko und erhebliche gesundheitliche sowie gesellschaftlichen Folgekosten (z.B. Kosten im Bereich der Jugendhilfe, des Strafvollzugs oder der Sonderbeschulung)[93].

Im Rahmen eines wissenschaftlichen Projekts am ITZ Caritas-Haus Feldberg in Zusammenarbeit mit der BARMER Ersatzkasse wurden Überlegungen angestellt, ob existierende Behandlungen von ADHS in der stationären Kinder- und Jugendpsychiatrie nicht zumindest teilweise durch „niederschwellige Angebote oberhalb der ambulanten Regelversorgung“ ersetzt werden könnten[94]. Infrage kommt hierbei das am ITZ Caritas-Haus Feldberg erarbeitete und seit 1997 angewandte Konzept der sequenziellen Rehabilitation, welches in Abbildung 19 dargestellt ist.

---

91 Siehe Müller-Fahrnow, Greitemann, Radoschewski, Gerwinn, Hansmeier (2005), S. 290 und S. 295.
92 Siehe Neubauer, Richter, Lentes, Reiland, Ruder (2006), S. 483.
93 Vgl. Hampel, Desman, Petermann, Roos, Siekmann (2006), S. 53.
94 Siehe Neubauer, Ruder, Ujlaky, Richter (2003), S. 275.

Abb. 19: Konzept der sequenziellen Rehabilitation bei Kindern und Jugendlichen mit Aufmerksamkeitsdefizit- und Hyperaktivitätsstörung (ADHS)

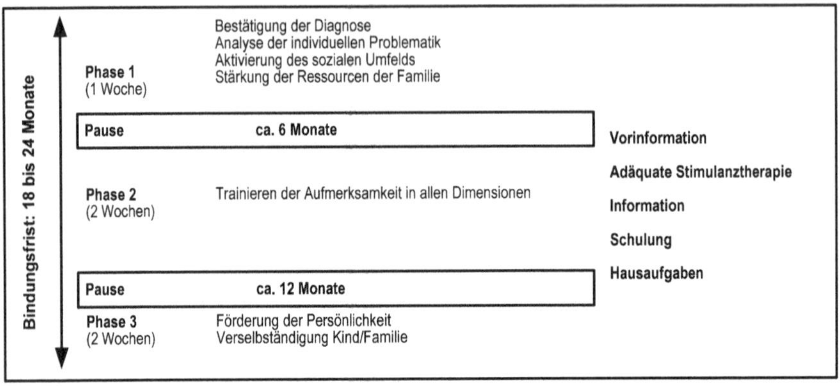

Quelle: Neubauer, Ruder, Ujlaky, Richter (2003), S. 275, Abbildung 2, eigene Darstellung

In einer wissenschaftlichen Begleituntersuchung durch das Institut für Gesundheitsökonomik (IfG) München wurden mit Hilfe von Daten der BARMER Ersatzkasse die durchschnittlichen Ausgaben bei Durchführung einer sequenziellen Rehabilitationsbehandlung (81 Patienten) den Ausgaben von Behandlungen in der stationären Kinder- und Jugendpsychiatrie (insgesamt 201 Patienten) gegenübergestellt. Als Selektionskriterium der Ersteinweisung diente die ICD-10-Diagnose *F90.-: Hyperkinetische Störung*, in der Gruppe *F90-F98: Verhaltens- und emotionale Störungen mit Beginn in der Kindheit und Jugend*. Ermittelte Ausgaben beinhalteten sowohl die Ausgaben für die Erstbehandlung im Jahr 1999 als auch alle Folgeausgaben bis einschließlich 2001 aufgrund komorbider Störungen gemäß Diagnosen F90 bis F98. Auch die Therapieversager der sequenziellen Rehabilitation wurden in der Kalkulation mit erfasst.

Durchschnittlich entfielen auf einen ADHS-Patienten bei einer sequenziellen Rehabilitationsbehandlung Ausgaben in Höhe von € 5.410, gegenüber € 14.961 in der stationären Kinder- und Jugendpsychiatrie. Unter der Annahme, dass nur 20% der ADHS-Patienten aus der Kinder- und Jugendpsychiatrie für eine sequenzielle Rehabilitation infrage kommen, kalkulieren die Autoren bei einer durchschnittlichen Einsparung von € 10.000 und 201 ADHS-Patienten der BARMER Ersatzkasse im Jahr 1999 ein Einsparpotential von ca. 20% x €10.000 x 200 = € 400.000 über einen Zeitraum von drei Jahren[95]. Dass die sequenzielle Rehabilitation ein positives Kosten-Nutzen-Verhältnis aufweist, wird auch anhand einer direkten Gegenüberstellung von Wiedereinweisungsquoten deutlich. In der stationären Kinder- und Jugendpsychiatrie betrug diese demnach 24%, bei der sequenziellen Rehabilitation hingegen nur 3,6%[96].

95 Aufgrund von Unterschieden im Patientenschweregrad ist jedoch vorstellbar, dass der Einspareffekt tendenziell eher überschätzt wurde. Denkbar wäre demzufolge, dass diejenigen 20% der Patienten, die für eine sequenzielle Rehabilitation in Frage kommen, auch deutlich geringere als die berechneten € 14.961 an Kosten in der Kinder- und Jugendpsychiatrie verursachen.

96 Siehe Neubauer, Ruder, Ujlaky, Richter (2003), S. 274-277. Wiederum könnte jedoch auch ein Teil der zuletzt genannten Differenz auf Unterschiede im durchschnittlichen Patientenschweregrad zurückzuführen sein.

Die Durchführung von Maßnahmen der sequenziellen Rehabilitation erscheint auch für andere Indikationen viel versprechend. So plant das ITZ Caritas-Haus Feldberg einen ähnlichen Modellversuch auch für die Rehabilitationsbehandlung von Kindern und Jugendlichen mit Adipositas. Gegenüber den Erfahrungen bei der Behandlung von ADHS soll dieses neuere Modell flexibler gestaltet werden. Zwar sind auch hier in der Regel drei stationäre Behandlungsphasen vorgesehen, in Ausnahmefällen sind aber je nach Bedarf auch zwei bzw. vier Phasen der Rehabilitationsbehandlung möglich. Das Rehabilitationskonzept zielt auf Änderungen im Lebensstil des Patienten hinsichtlich Nahrungszusammensetzung und Essgewohnheiten. Diese Umstellung soll vor allem durch die Wiedereinführung einer Esskultur sowie durch die Integration von mehr Bewegung in den Alltag und die Vermittlung von Freude an sportlichen Aktivitäten erreicht werden. Während die Rehabilitationseinrichtung quasi als zentraler Ansprechpartner und Servicecenter agiert, spielt der behandelnde Kinder- und Jugend- oder Hausarzt auch in diesem Fall eine wichtige Rolle. Dieser überwacht Motivation und Behandlungserfolg des Patienten und entscheidet nach Rücksprache mit der Rehabilitationsklinik über eine Intensivierung der Behandlung bzw. eine Gewährung von mehr Freiräumen.

Die Behandlung von Kindern und Jugendlichen mit Adipositas richtet sich an eine Zielgruppe mit einer geschätzten Prävalenz von 7,5 Prozent bei Mädchen und 7 Prozent bei Jungen. Sie macht sich zu Nutze, dass sich bei jüngeren Patienten der Lebensstil noch nicht verfestigt hat und somit noch dauerhafte Veränderungen im Lebensstil erreicht werden können. Somit wird ein Beitrag geleistet, einen Teil der deutschlandweit geschätzten direkten und indirekten durch Adipositas bedingten Kosten in Höhe von € 7,7 bzw. € 13,5 Mrd. zu vermindern. Nicht einkalkuliert sind zudem Langzeitfolgen wie Herz-Kreislauferkrankungen, Gelenkschäden und Stoffwechselstörungen bis hin zu Diabetes, so dass eine sequenzielle Rehabilitationsbehandlung von Kindern und Jugendlichen mit Adipositas als primärpräventiver Ansatz und „Investition in die Volksgesundheit“ gesehen werden kann[97].

Was eine breitere Anwendung des soeben vorgestellten Behandlungskonzepts anbelangt, so haben Befragungen im Rahmen einer Studie ergeben, dass eine Etappen- bzw. Wiederholungsrehabilitation als Form der Nachsorge im Fall von Adipositas bei Kindern und Jugendlichen sowohl unter Ärzten als auch unter Eltern durchaus erwünscht wäre[98].

3.3.4.3.4 (Ambulant-)teilstationäre Rehabilitationsbehandlungen unter Anleitung eines niedergelassenen Haus- oder Facharztes

Im Laufe dieses Abschnittes wurde deutlich, dass eine Ausweitung des (ambulant-)teilstationären Rehabilitationsangebots vor allem in Ballungsräumen zu erwarten sein dürfte. In mehr ländlich geprägten Regionen wäre demnach über alternative Formen der (ambulant-)teilstationären Rehabilitationsbehandlung mit Unterstützung existierender Behandlungsangebote nachzudenken.

Denkbar wäre hier insbesondere die Stärkung der Rolle des niedergelassenen Haus- oder Facharztes[99]. Dessen Aufgabe könnte darin bestehen, einen Therapieplan zu erstellen, Rehabilitationsziele festzulegen, den Rehabilitationsprozess z.B. im Auftrag der Kran-

97 Vgl. Neubauer, Richter, Lentes, Reiland, Ruder (2006), S. 484 f. sowie Lück (2005), S. 39.

98 Vgl. van Egmond-Fröhlich, Bräuer, Goldschmidt, Hoff-Emden, Oepen, Zimmermann (2006), S. 48 und 50.

99 Der Rolle des niedergelassenen Arztes in der medizinischen Rehabilitation ist im nachfolgenden Abschnitt 4.2 noch ein umfassenderer Text gewidmet.

kenkassen zu koordinieren und Rehabilitationsleistungen zum Teil selbst zu erbringen. Für die Koordination des Gesamtprozesses ist gemäß Abbildung 20 eine Kooperation mit diversen anderen, freiberuflich tätigen Berufsgruppen notwendig. Über das in Abbildung 20 dargestellte Konzept hinaus wäre auch eine gemeinschaftliche Koordination durch einen niedergelassenen Arzt und eine Rehabilitationsklinik denkbar[100]. Zum gegenwärtigen Zeitpunkt sind die Potentiale einer Vernetzung individueller (ambulant-)teilstationärer Rehabilitationsbehandlungsleistungen bei Weitem noch nicht ausgeschöpft[101]. Hausarztzentrierte Modelle gewinnen jedoch vor allem unter den integrierten Versorgungsverträgen zunehmend an Bedeutung. Diese Thematik soll in Abschnitt 5.1 näher diskutiert werden.

Abb. 20: (Ambulant-)teilstationäre Rehabilitation durch Koordination eines niedergelassenen Haus- oder Facharztes

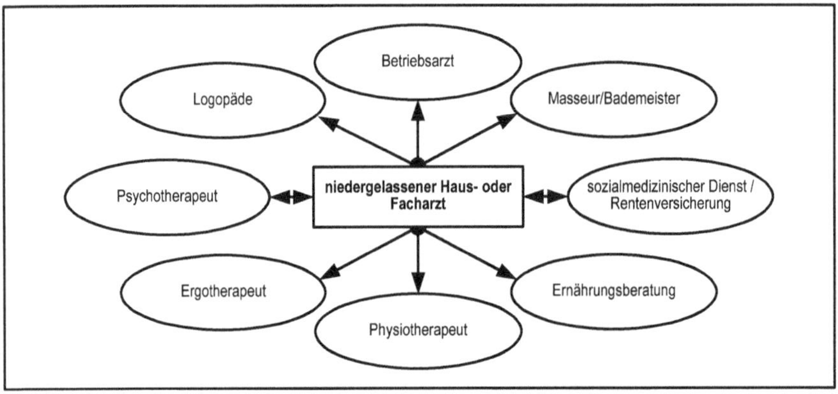

Quelle: Koch, Morfeld (2004), S. 294, Abbildung 1, eigene Darstellung

100 Siehe Koch, Morfeld (2004), S. 294.
101 Vgl. Bürger, Dietsche, Morfeld, Koch (2002), S. 93 sowie Dietsche, Bürger, Morfeld, Koch (2002), S. 106 und 110.

4. Rehabilitation im Kontext komplementärer Angebotsformen

4.1 Akut- und Rehabilitationsbehandlungen

Bei der Beschreibung komplementärer Angebotsformen zur Rehabilitation kommt vor allem der Akutversorgung ein zentraler Stellenwert zu. In den vergangenen Jahren hat der Anteil der Anschlussheilbehandlungen an den Ausgaben für medizinische Rehabilitationsleistungen deutlich an Gewicht hinzugewonnen. Im Jahr 1993 stellten diese lediglich 16% der Rehabilitationsausgaben dar, im Jahr 2001 waren es bereits 35%[1]. Gemäß den in Abschnitt 8 vorgestellten Rehabilitationsdaten betrug der Anteil der Anschlussheilbehandlungen unter den GKV- und RV-finanzierten Rehabilitationsfällen im Jahr 2005 bereits über 52%[2].

Aufgrund der aus wirtschaftlichen Zwängen resultierenden rückläufigen Zahl an Rehabilitationsanträgen, steigenden Ablehnungsquoten seitens der Kostenträger sowie dem vor allem in der Antragsrehabilitation angewandten Prinzip „ambulant vor stationär“, sind stationäre Rehabilitationskliniken heute mehr denn je auf die Zuweisung von AHB-Patienten angewiesen[3]. Aufgrund demographisch bedingter Veränderungen in den Krankenhausfallzahlen wird die Zahl der Anschlussheilbehandlungen auch künftig weiter zunehmen[4] – ein Zusammenhang, der in Abschnitt 8.1 noch ausführlicher zu diskutieren sein wird.

4.1.1 Diagnosis Related Groups (DRGs) und deren Auswirkungen auf die Rehabilitation

Mit Beginn des Jahres 2003 wurde das Fallpauschalensystem der German Diagnosis Related Groups (G-DRGs) zuerst optional, im Folgejahr dann letztendlich verpflichtend an deutschen Akutkrankenhäusern eingeführt[5]. Vorteile des neuen DRG-Vergütungssystems bestehen vor allem in der verstärkten Kosten- und Leistungstransparenz, welche ein präziseres Verständnis medizinischer und wirtschaftlicher Zusammenhänge, u.a. durch ein entsprechendes Krankenhausbenchmarking, ermöglicht. Die konzeptionelle Ausgestaltung des DRG-Systems liefert zudem direkte wettbewerbliche Anreize für eine wirtschaftlichere Leistungserbringung durch Prozessoptimierung, Reorganisation und Spezialisierung[6]. Während die verbesserte Vergleichbarkeit als eindeutiger Vorteil von DRG-Systemen zu werten ist, hat sich die Hoffnung in Bezug auf Ausgabensenkungen im Krankenhaus nicht erfüllt. Dies liegt jedoch nicht zuletzt an der demographischen

---

1 Laut Aussage von Günter Neubauer gemäß Schwing (2003[5]), S. 65.

2 RV-finanzierte Rehabilitationsfälle stammen aus einer Statistik der Deutschen Rentenversicherung Bund (2007). GKV-finanzierte Rehabilitationsfälle basieren in erster Linie auf einer Hochrechnung stationärer AOK-Fallzahlen (vgl. Abschnitt 8.1 für eine detaillierte Beschreibung der angewandten Rechenmethodik).

3 Vgl. Rothemund (2003[2]), S. 600.

4 Siehe Kuge (2003), S. 277.

5 Lediglich die Bereiche Psychiatrie und Psychosomatik waren von Beginn an von der Fallpauschalenregelung ausgenommen (vgl. u.a. Knorr, Kraemer (2006), S. 275, Wilke (2004), S. 26-28 sowie Haaf (2003), S. 621 f.).

6 Siehe u.a. Haaf (2002), S. 22 f., Haaf (2003), S.621, Schmidt (2001), S.108, Möws, Seidel (2001), S.44-46, Schulte-Sasse (2001), S. 78, Bachleitner (2001), S. 54 sowie Braithwaite (2000), S. 16.

Entwicklung und dem medizinisch-technischen Fortschritt als den wesentlichen Kostentreibern im Akutbereich[7].

Die in Deutschland eingeführte Fallpauschalenvergütung liefert effizienzorientierten Kliniken den ökonomischen Anreiz, durch Standardisierung von Behandlungsabläufen die durchschnittliche Patientenverweildauer zu senken[8]. Verweildauerreduktionen durch DRGs werden für Deutschland in einer Größenordnung von bis zu 25% geschätzt[9]. Gleichzeitig ist ein Bestreben seitens der Krankenhäuser zu erwarten, den Verlust an Pflegetagen soweit möglich über eine Erhöhung der Fallzahlen auszugleichen. Dies wird voraussichtlich jedoch nicht gelingen und zu zusätzlichen freien Bettenkapazitäten an deutschen Krankenhäusern führen. Der hieraus resultierende Abbau von Krankenhausbetten bzw. die Schließung von unwirtschaftlichen Krankenhäusern ist von der Gesundheitspolitik durchaus beabsichtigt und auch ein weiterer wesentlicher Grund für die Einführung von DRGs[10].

Mit Einführung von DRGs besteht für AHB-Kliniken nicht nur die allgemeine Herausforderung Patienten früher zu verlegen. Bei größerer Varianz der Kosten innerhalb einzelner Fallgruppen erscheint es für Krankenhäuser bei gleicher Vergütung zudem attraktiv, vergleichsweise unkomplizierte Fälle länger zu behandeln, Patienten mit aufwendigerer Behandlung hingegen frühzeitig weiterzuverlegen (so genanntes „Rosinenpicken“)[11].

Eine Verweildauerverkürzung führt in denjenigen Fällen zu Effizienzsteigerungen, bei denen durch eine optimierte Verzahnung diagnostischer und interventioneller Verfahren Wirtschaftlichkeitsreserven erschlossen werden. Wird allerdings unter ökonomischen Gesichtspunkten insbesondere auf notwendige Operationen bzw. auf hiermit zusammenhängende Nachbehandlungen verzichtet, ist die Versorgungsqualität gefährdet. In diesem Fall besteht die reelle Gefahr, dass durch Einsparungen im Akutbereich im Rahmen der Nachversorgung, und somit auch für die medizinische Rehabilitation, Mehrkosten entstehen. Statt ‚cost saving' entsteht auf diese Weise lediglich ein ‚cost shifting'[12]. Ein konkretes Beispiel findet sich am Querschnittsgelähmtenzentrum des Berufsgenossenschaftlichen Unfallkrankenhauses Hamburg. Bereits 2003 war geplant, mit Einführung von DRGs etliche Zusatzbehandlungen und aufwendige Therapien für GKV-finanzierte Patienten einzustellen. Für jenes Drittel der Patienten, welches vom berufsgenossenschaftlichen Kostenträger finanziert wird, konnte aufgrund der Vergütung nach Tagespflegesätzen hingegen nach wie vor die volle Behandlungsleistung erbracht werden[13].

---

7 Dies gilt sowohl für Australien und die USA als auch für Deutschland, wo angekündigte Beitragssatzsteigerungen im Jahr 2006 von den Krankenkassen primär mittels Ausgabensteigerungen im Krankenhaus begründet wurden (vgl. u.a. Knorr, Kraemer (2006), S. 276 f., Schnack (2001), S. 29 sowie Eversmeyer (2001), S. 230 und 232).

8 Siehe u.a. Mansky, Glier, List (2004), S. 558, Klein-Lange, Schwartz, Sperling (2003), S. 296.

9 Vgl. Lüngen, Lauterbach (2001), S. 588.

10 Siehe u.a. Haaf, Volke, Schliehe (2004), S. 314, Haaf (2003), S. 621 und 625, Haaf (2002), S. 22 sowie Neubauer, Nowy (2002), S. 179.

11 Vgl. u.a. Haaf (2003), S. 621, 623 und 629 sowie Haaf (2002), S. 23.

12 Vgl. u.a. Knorr, Kraemer (2006), S. 277, Haaf, Volke, Schliehe (2004), S. 313, Haaf (2003), S. 621, Clade (2003[2]), S. B923 sowie Neubauer, Nowy (2002), S. 179 hinsichtlich möglicher qualitätsmindernder Effekte und Leistungsverschiebungen durch DRG-Fallpauschalen.

13 Siehe Schwing (2003[4]), S. 82.

In anderen Ländern mit DRG-Erfahrung, u.a. den Vereinigten Staaten sowie Australien, ist das Phänomen der Leistungsverlagerung bereits mehrfach beobachtet und dokumentiert worden[14].

Unter anderem wurde in den Vereinigten Staaten mit Einführung des HCFA-DRG-Systems[15] für die staatliche Seniorenkrankenversicherung Medicare ein erkennbarer Anstieg desjenigen Anteils an Patienten verzeichnet, welcher mit instabilem Zustand aus dem Krankenhaus entlassen wurde[16]. Obgleich keine statistisch signifikanten Verringerungen in der Versorgungsqualität erkennbar waren, so wurde dennoch ein signifikant geringerer Anteil an Patienten direkt nach Hause entlassen[17]. Zudem ließ sich eine zunehmende Verlagerung von Leistungen aus dem Krankenhausbereich in den Heimpflegebereich dokumentieren. Während 1990 noch 1,9 Mio. Fälle in den Heimpflegebereich verlagert wurden, waren es im Jahr 1995 bereits 3,4 Mio. Fälle. Als direkte Konsequenz der DRG-Einführung ließ sich an US-Krankenhäusern eine verstärkte Kooperation mit nachgelagerten Versorgungseinrichtungen beobachten[18].

Auch das Beispiel des Staates New South Wales in Australien zeigt die Schnittstellenproblematik zwischen der Akutversorgung und Anschlussheilbehandlung auf. Bei den Auswirkungen der Einführung von DRGs ist hier vor allem auf den Patientenstatus „subacute“ hinzuweisen, welcher zwar das Ausscheiden des Patienten aus der DRG-Vergütung bedeutet, gleichzeitig jedoch einen weiteren Verbleib im Akutkrankenhaus garantiert. Hier besteht durch das DRG-System der ökonomische Druck auf den behandelnden Arzt, eine Rehabilitationsbedürftigkeit auch dann festzustellen, wenn hierfür gar keine medizinische Indikation gegeben ist[19]. Im australischen Melbourne stellte man fest, dass der Anteil an Entlassungspatienten mit instabilem Zustand aufgrund von DRGs um 40% und auch die 30-Tage-Mortalitätsrate leicht angestiegen war. Gleichzeitig hat die Bedeutung stationärer und ambulanter Pflegebehandlungen stark zugenommen[20].

Auf eine Verschiebung medizinischer Leistungen vom Krankenhaus in nachgelagerte Behandlungsbereiche scheint auch ein Vergleich der Entwicklung von Gesundheitsausgaben in Ländern mit und ohne DRG-Abrechnung hinzudeuten. Demnach ging der Anteil der Krankenhausausgaben am Bruttoinlandsprodukt in Ländern ohne DRG-Abrechnung zwischen 1995 und 1997 von 3,67% auf 3,63%, d.h. um -0,04%, in DRG-Anwenderländern hingegen von 3,58% auf 3,42%, also um -0,16%[21] zurück. Gleichzeitig blieben die Anteile der Gesamtgesundheitsausgaben am Bruttoinlandsprodukt in den beiden Vergleichsgruppen mit 8,8% bzw. 8,5% über den dokumentierten Zeitraum hinweg konstant[22].

---

14 Vgl. allgemeine Angaben in Knorr, Kraemer (2006), S. 277, Haaf, Volke, Schliehe (2004), S. 313 sowie Klein-Lange, Schwartz, Sperling (2003), S. 296.

15 Die Abkürzung HCFA steht für Health Care Financing Administration, den Namen des Leistungsträgers der US-Seniorenversicherung Medicare.

16 Siehe Rogers, Draper, Kahn, Keeler, Rubenstein, Kosecoff, Brook (1990), S. 1993 sowie Kosecoff, Kahn, Rogers, Reinisch, Sherwood, Rubenstein, Draper, Roth, Chew, Brook (1990), S. 1982 f., vor allem Tabelle 4 auf S. 1983.

17 Siehe Kahn, Keeler, Sherwood, Rogers, Draper, Bentow, Reinisch, Rubenstein, Kosecoff, Brook (1990), S. 1985 f.

18 Vgl. Rochell, Roeder (2002), S. 3 sowie Tabelle 1 auf S. 4.

19 Siehe Köhler (2002), S. 12.

20 Siehe Schwing (2003[4]), S.80.

21 Einschränkend ist jedoch zu erwähnen, dass die Autoren keinerlei Aussage über die statistische Signifikanz dieser Unterschiede treffen.

22 Siehe Rochell, Roeder (2002), S. 3 f., vor allem Abbildung 3 auf S. 4, mit OECD-Health Data 1998.

Aufgrund der Beobachtungen aus anderen Ländern mit DRG-Erfahrung ist es letztendlich nicht verwunderlich, dass auch in Deutschland die Abgrenzungsfrage zwischen Akut- und Anschlussheilbehandlung verstärkt in das öffentliche Bewusstsein gerückt ist.

In der Fachliteratur wurde bereits vor Einführung von DRGs auf den erhöhten Pflegeaufwand der Rehabilitation, gerade zu Beginn einer Behandlung hingewiesen[23]. Untersuchungen an onkologisch ausgerichteten Rehabilitationskliniken haben beispielsweise ergeben, dass eine Wundversorgung nach viszeralchirurgischem Eingriff bei jedem fünften Patienten mittlerweile erst in der Rehabilitation durchgeführt wird[24]. Krankenhäuser übernehmen demnach immer mehr den Charakter von Intensiveinheiten, während die Verantwortung der „Zuwendungsmedizin" zunehmend den Rehabilitationskliniken übertragen wird[25]. Gleichzeitig ist schon immer ein gewisses Abhängigkeitsverhältnis der Rehabilitationsklinik gegenüber dem Akutkrankenhaus zu beobachten gewesen. Eine AHB-Klinik könne es sich demnach nicht ohne Weiteres erlauben, einen nicht rehabilitationsfähigen teuren Patienten ins Akutkrankenhaus zurückzuschicken, bzw. dessen Aufnahme zu verweigern, ohne hiermit eine künftige Kooperation mit dem jeweiligen Akutkrankenhaus zu gefährden[26]. Als direkte Konsequenz sind AHB-Kliniken künftig gefordert, ihre interne Organisation grundlegend zu ändern sowie Räumlichkeiten, medizinisch-technische Ausstattung, aber auch die Anzahl, Zusammensetzung und Kompetenz des Personals den neuen Gegebenheiten anzupassen. Dieser Umwandlungsprozess wird für viele Einrichtungen jedoch schlichtweg nicht finanzierbar sein[27]. Bislang (Stand: 2007) sind größere Bereinigungen am Rehabilitationsmarkt, in Form von Schließungen einer Vielzahl an Rehabilitationskliniken, jedoch ausgeblieben.

Angesichts begrenzter Rehabilitationsbudgets stellt sich letztendlich die Frage, ob Rehabilitationseinrichtungen ihrer gemäß SGB IX formulierten Kernaufgabe, nämlich der Versorgung von chronisch Kranken bzw. Kranken mit drohenden Funktionseinschränkungen oder Behinderungen, überhaupt noch angemessen nachkommen können. Die anteilige Leistungsverschiebung zwischen Antragsrehabilitation und Anschlussheilbehandlungen stellt vor allem für die Rentenversicherung ein Problem dar. Grund hierfür ist, dass Antragsverfahren für die RV-finanzierte Rehabilitation insgesamt eine vergleichsweise große Rolle spielen[28], diesen aufgrund von Budgetrestriktionen und steigender AHB-Fallzahlen jedoch zahlenmäßig nicht mehr derselbe Stellenwert wie noch vor einigen Jahren eingeräumt werden kann.

Im Bereich Anschlussheilbehandlungen sind die Schnittstelle zwischen Akutversorgung und Rehabilitation sowie eine trägerübergreifende Klärung von Zuständigkeiten gerade für den Rentenversicherungsträger von besonderem Interesse, der zwar für die

---

23 Siehe u.a. Haaf (2003), S. 626, Clade (2003[1]), S. B2652, Clade (2003[2]), S. B923, Kuge (2003), S. 279 f., insbesondere Abbildung 2 auf S. 279, SVR (2003), S. 73 sowie Rothemund (2002), S. 596 f.

24 Vgl. Schwing (2005[1]), S. 47.

25 Vgl. u.a. Müller, Schommer, Kutschker (2003), S. 594, Clade (2003[2]), S. B922, Kuge (2003), S. 279 f., Klein-Lange, Schwartz, Sperling (2003), S. 296 sowie Rochell, Roeder (2002), S. 8 f.

26 Vgl. u.a. Rothemund (2003[2]), S. 600, Haaf (2003), S. 627, Heine (2003[2]), S. 6, Jeschke (2003), S. 370 sowie Rothemund (2002), S. 597.

27 Vgl. Jeschke (2003), S. 368 und 370, SVR (2003), S. 73, Rothemund (2003[2]), S. 600 sowie Rothemund (2002), S. 596 f.

28 Siehe u.a. Haaf, Volke, Schliehe (2004), S. 314, Haaf (2003), S. 626, SVR (2003), S. 73-75 sowie Goslich (2003), S. 71.

Finanzierung von AHB-Maßnahmen, nicht jedoch für die vorangegangene Akutbehandlung (inkl. Phase B-Behandlung) verantwortlich ist[29].

In diesem Zusammenhang wird durch die Rentenversicherung explizit auf die gemäß § 39 SGB V Abs. 1 gesetzlich festgelegte Verpflichtung der Akutkrankenhäuser hingewiesen, Maßnahmen der Frührehabilitation sicherzustellen[30]. An der Schnittstelle zwischen Akut- und Anschlussheilbehandlung werden eine verstärkte Operationalisierung des Begriffs Rehabilitationsfähigkeit sowie eine systematische Verwendung geeigneter Rehabilitationsassessments gefordert[31]. Aktuell sind zwischen Krankenkassen und Rentenversicherung zudem vertragliche Vereinbarungen geschlossen worden[32]. Auch der Bundesverband Deutscher Privatkliniken e.V. plädiert für eine eindeutige, qualitätsgesicherte Organisation der Versorgungsschnittstelle, besonders bei der Behandlung chronisch kranker Patienten[33].

Im Jahr 2002 wurde vom Institut für Gesundheitsökonomik (IfG) München die Studie „Mögliche Auswirkung der DRG-Einführung auf die medizinische Rehabilitation der Bundesversicherungsanstalt für Angestellte (BfA)“ erstellt[34]. Zur Modellierung eines DRG-Verweildauereffekts wurde eine logarithmische Krankenhausverweildauerverkürzung angenommen. Diese setzt mit Ende der budgetneutralen Phase im Jahr 2005 aufgrund des erhöhten ökonomischen Drucks der Krankenhäuser ein, hauseigene Behandlungsprozesse zu optimieren[35]. Letztendlich wurde die Annahme getroffen, dass durch die Verkürzung der Akutverweildauer ein bestimmter Anteil der eingesparten Leistungstage in den AHB-Bereich der BfA verschoben wird. Neben dem soeben beschriebenen Verweildauereffekt wird von dem Effekt einer steigenden Anzahl an AHB-Fällen ausgegangen, da ökonomische Anreize zu erwarten sein dürften, die Krankenhausfallzahlen zu erhöhen[36]. Die Berechnungen des IfG kamen letztendlich zu dem Ergebnis, dass die Auswirkung der DRG-Einführung auf das AHB-Leistungsvolumen der Bundesversicherungsanstalt für Angestellte (BfA) als eher gering einzustufen ist. Der allgemeine Anstieg der Anschlussheilbehandlungen, bedingt durch die demographische Entwicklung und den medizinisch-technischen Fortschritt, dürfte hingegen weitaus stärker ins Gewicht fallen[37].

Die vom IfG getroffenen Aussagen eines vergleichsweise geringfügigen DRG-Effekts ließen sich auch anhand von aktuelleren Datenauswertungen weitestgehend bestätigen. Eine Zeitreihenanalyse der Bundesversicherungsanstalt für Angestellte (BfA) zwischen dem Jahr 2000 und dem 1. Halbjahr 2004 zeigte mit Einführung von DRGs weder eine

---

29 Vgl. u.a. Clade (2003²), S. B922, Kuge (2003), S. 279, Neubauer, Egner (2003), S. 98 sowie Gadomski (2000), S. 132.

30 Vgl. Haaf (2003), S. 625 f. sowie die nachfolgende ausführlichere Diskussion in Abschnitt 4.1.2.

31 Siehe u.a. Neubauer, Egner (2003), S. 98, Heine (2003²), S. 7, Haaf (2003), S. 628 f. sowie Rothemund (2002), S. 597.

32 Vgl. den nachfolgenden Abschnitt 5.1.4 mit Hinweisen auf IV-Vereinbarungen der Deutschen Rentenversicherung Bund mit der DAK, der BARMER Ersatzkasse, der Techniker Krankenkasse, allen übrigen Ersatzkassen über den VdAK/AEV sowie einzelnen AOKen.

33 Siehe Rehfeld (2004), S. 227.

34 Vgl. Neubauer, Lewis (2002). Eine Zusammenfassung der wichtigsten Ergebnisse findet sich in Neubauer, Egner (2003), S. 92-99.

35 Vor allem gegen Ende einer Krankenhausbehandlung lassen sich entsprechende Rationalisierungspotentiale erschließen, weitere Effizienzreserven sind hingegen schwieriger zu realisieren.

36 Vgl. Neubauer, Egner (2003), S. 96 f.

37 Berechnungen erfolgten für die Behandlungsgruppen Schlaganfall, koronare Herzkrankheit (KHK), akuter Myokardinfarkt, Bypass sowie Hüfttotalendoprothese (vgl. Neubauer, Egner (2003), S. 96 f., vor allem Abbildung 5 auf S. 97, mit Berechnungen von Lewis, gemäß Angaben auf S. 92).

verstärkte Verweildauerverkürzung im Akutbereich noch eine deutliche Erhöhung in der Dauer der Anschlussheilbehandlung. Stationäre AHB-Fallzahlen der BfA haben sich zwischen 2003 und 2004 zudem nicht stärker erhöht als in den Vorjahren und waren in der Kardiologie und Orthopädie sogar rückläufig. Gleichzeitig haben sich jedoch die Verlegungszeiten zwischen Krankenhaus- und Anschlussheilbehandlungen mit Beginn der fakultativen DRG-Einführung 2003 sowohl in der Kardiologie als auch in der Orthopädie sowie insgesamt deutlich verkürzt. Zusammenfassend kommt die BfA zu dem Ergebnis, dass die befürchtete frühzeitige Verlegung von Patienten zulasten BfA-finanzierter Anschlussheilbehandlungen bisher ausgeblieben ist, dass jedoch die mittel- und langfristigen Trends über die nächsten Jahre abgewartet werden müssten[38].

Auch der Forschungsauftrag Rehabilitation und Diagnosis Related Groups des Verbands Deutscher Rentenversicherungsträger (VDR) und der Landesversicherungsanstalt (LVA) Westfalen (kurz: REDIA), welcher sowohl Krankenkassendaten, als auch Daten der Rentenversicherung analysiert, kommt hier zu ähnlichen Ergebnissen. Als Teil der REDIA-Studie wurden in Untersuchungen des Instituts für Krankenhausmanagement (IKM) der Universität Münster mit Stand Juli 2006 lediglich Daten aus dem Jahr 2003 veröffentlicht. Da eine Zeitreihenanalyse möglicher DRG-Effekte mit dem bis dato zur Verfügung stehenden Datenmaterial nicht möglich war, wurden Patientenfälle aus Krankenhäusern mit und ohne frühzeitiger DRG-Option im ersten bzw. zweiten Halbjahr 2003 miteinander verglichen. In der REDIA-Studie ließen sich lediglich bei Hüft-TEP Patienten statistisch signifikante Unterschiede in der Akutverweildauer zwischen früh-optierten und nicht-optierten Krankenhäusern feststellen. Keine statistisch signifikanten Unterschiede fanden sich in den Bereichen Knie-TEP, Bandscheiben-OP und Myokardinfarkt. Finanzielle Abschläge bei Patientenverlegungen vor Erreichen der mittleren Verweildauer führten bei Bypass-Patienten an früh-optierten Krankenhäusern sogar zu einer durchschnittlich längeren Verweildauer. In Bezug auf die Anschlussheilbehandlung war in keinem Untersuchungsbereich eine Tendenz hin zu längeren Behandlungsdauern bei Patienten aus früh-optierten Krankenhäusern erkennbar. Auffällig an den Studienergebnissen war lediglich eine statistisch signifikant kürzere Übergangszeit bzw. höhere Direktverlegungsquote zwischen Akut- und Rehabilitationsklinik, zumindest im Vergleich zwischen früh-optierten und nicht-optierten Krankenhäusern. Dieses Ergebnis kann als Hinweis auf das verstärkte Zusammenrücken der beiden Leistungsbereiche gewertet werden. Weitere Auswertungen auf Basis von Funktionsscores, des Barthel-Index, Angst- und Depressionswerten sowie einzelner Laborwerte ließen zum Teil zwar leichte Tendenzen hin zu einem schlechteren Gesundheitszustand erkennen, doch waren auch diese nicht statistisch signifikant.

Zusammenfassend kommt die wissenschaftliche Forschung mit Stand Januar 2007 zu dem Ergebnis, dass aufgrund einer tendenziell kürzeren Akutkrankenhausverweildauer und einer häufigeren Direktverlegung die Patienten tatsächlich in einem gesundheitlich schlechteren Zustand in die AHB verlegt werden. Ein signifikanter DRG-Effekt auf die medizinische Rehabilitation ist hierbei allerdings nicht erkennbar[39]. Ein Vergleich zwischen Krankenhäusern mit und ohne DRG-Frühoption sollte tendenziell jedoch mit Vorsicht interpretiert werden, da es sich in letzterem Fall gegebenenfalls um eine ad-

38 Vgl. Ordon, Verbarg, Winnefeld (2005), S. 33-35 und S. 38.

39 Vgl. Ordon, Verbarg, Winnefeld (2005), S. 33-35, von Eiff, Klemann, Middendorf (2005), S. 439-441 sowie Schwing (2005[1]), S. 48.

verse Selektion von Krankenhäusern handeln könnte, die sich aufgrund erhöhter Effizienz bereits frühzeitig für den DRG-Wettbewerb gerüstet sahen.

Laut Ergebnissen der BfA hat sich auch der Anteil der Wiedereinweisungen von AHB-Patienten in ein Akutkrankenhaus mit Einführung von DRGs nicht erhöht[40]. Hier kommt eine vom Institut für Gesundheitsökonomik (IfG) München durchgeführte Zeitreihenanalyse von Patienten der AOK Bayern, d.h. von älteren GKV-finanzierten AHB-Patienten gemäß Abbildung 21 vor allem für den Bereich Orthopädie, aber auch für die Rehabilitation insgesamt, jedoch zu gegenteiligen Ergebnissen.

Abb. 21: Entwicklung des Anteils an Wiedereinweisungen von Rehabilitationspatienten der AOK Bayern in ein Akutkrankenhaus

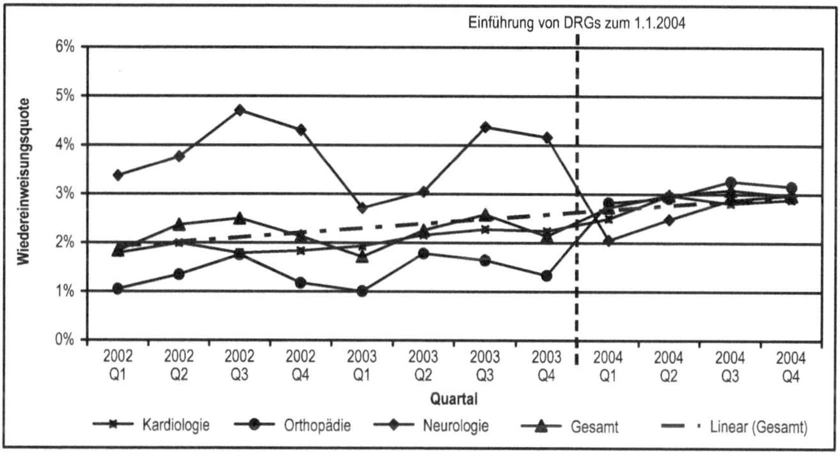

Quelle: Neubauer, Lewis (2005[1]), S. 47, erweiterte Darstellung

Bei der in Abbildung 21 dargestellten Analyse einer Zeitreihe des Anteils an Wiedereinweisungen in ein Akutkrankenhaus handelte es sich ursprünglich um ein Beurteilungskriterium für das Rehabilitationsfallmanagement der bayerischen Krankenkasse. Die Ergebnisse scheinen jedoch weniger auf Effekte des Fallmanagements, welches bereits zu Beginn der dokumentierten Zeitreihe weitestgehend etabliert war, stattdessen aber auf einen DRG-Effekt hinzuweisen[41]. Die Ergebnisse stützen die Hypothese eines möglichen „Drehtüreffekts", bei dem Patienten aufgrund einer unzureichenden Stabilisierung ihres Gesundheitszustands häufiger auf eine Akutstation rückverlegt werden müssen[42]. Die dargestellten Ergebnisse sind vor allem vor dem Hintergrund bemerkenswert, dass bei

40 Siehe Ordon, Verbarg, Winnefeld (2005), S. 34.

41 Vgl. Neubauer, Lewis (2005[1]), S. 47 sowie nachfolgende Ausführungen in Abschnitt 6.3: Steuerungsmechanismen der Kostenträger.

42 Vgl. u.a. Klein-Lange, Schwartz, Sperling (2003), S. 296 sowie SVR (2003), S. 70. Für die Definition von Wiedereinweisungen in ein Akutkrankenhaus wurden Patienten berücksichtigt, bei denen (a) mindestens zwei AHB-Aufenthalte innerhalb eines Jahres dokumentiert waren und (b) höchstens zwei Tage zwischen dem Datum der ersten AHB-Entlassung und der darauf folgenden Wiederaufnahme in ein Akutkrankenhaus lagen. Durch die beschriebene Vorgehensweise wurde somit tatsächlich nur die Wiedereinweisung von Krankenhauspatienten aus der medizinischen Rehabilitation berücksichtigt (vgl. Neubauer, Lewis (2005[1]), S. 46).

einer Rückverlegung durch das beteiligte Akutkrankenhaus in der Regel nur einmalig eine Fallpauschale abgerechnet werden kann[43]. Frühzeitige Verlegungen in die AHB sind angesichts möglicher Wiedereinweisungen somit durchaus auch mit einem gewissen wirtschaftlichen Risiko verbunden.

Abschließend lässt sich festhalten, dass der Arbeitsaufwand in den Rehabilitationskliniken über die letzten Jahre erheblich zugenommen hat, dies jedoch nicht ausschließlich auf DRGs zurückzuführen ist. Hierfür spricht zum einen, dass erhöhte Anforderungen aus den AHB-Kliniken bereits vor Einführung von DRGs vermeldet wurden. Auch die Krankenhausverweildauer hat sich vor DRG-Einführung bereits erheblich reduziert[44]. Da Krankenhausleistungen zum damaligen Zeitpunkt teilweise schon über Fallpauschalen vergütet wurden, wurde ein möglicher Verweildauereffekt hier bereits vorweggenommen. Dr. Heine, Geschäftsführer der Deutschen Gesellschaft für Medizinische Rehabilitation (DEGEMED), spricht von einem „strukturellen Verschiebungsprozess von der kurativen in die rehabilitative Versorgung“, welcher durch DRGs lediglich beschleunigt wurde, jedoch bereits zu einem früheren Zeitpunkt eingesetzt hat[45].

4.1.2 Definition und bisherige Entwicklung der Frührehabilitation an deutschen Krankenhäusern

Der Begriff Frührehabilitation beinhaltet sowohl akutmedizinische, d.h. kurative, als auch rehabilitative Behandlungselemente. Neben der üblichen diagnostischen und therapeutischen Infrastruktur eines Krankenhauses stehen somit auch rehabilitationsmedizinische Angebote zur Verfügung[46].

Historisch gesehen stellten die akutstationäre und die rehabilitative Behandlung bis in die 80er Jahre zwei völlig getrennte Bereiche der medizinischen Versorgung dar[47]. Erst im Laufe der 80er Jahre wurde allgemein erkannt, dass der Rehabilitationsprozess nicht gänzlich von der vorangegangenen Akutbehandlung abgekoppelt sein darf, sondern für eine optimale Nutzung der Rehabilitationschancen eines Patienten schon während der kurativen Phase einsetzen sollte[48].

Durch Maßnahmen der Frührehabilitation wird eine Basisrehabilitation gewährleistet, um das bereits während der Krankenhausbehandlung bestehende Rehabilitationspotential des Patienten auszuschöpfen. Hierbei gilt es, die Basisfähigkeiten Mobilität, Unabhängigkeit in den einfachen Aktivitäten des täglichen Lebens sowie Kommunikation

---

43 In der Fallpauschalenverordnung 2007 (FPV 2007) heißt es hierzu in Abschnitt 3: Sonstige Vorschriften, § 8: Fallzählung: „Bei einer Wiederaufnahme nach § 2 und einer Rückverlegung nach § 3 Abs. 3 ist jeweils nur die Fallpauschale zu zählen, die nach der Neueinstufung für die zusammengefassten Krankenhausaufenthalte abgerechnet wird“ (siehe AOK-Bundesverband Bonn u.a. (2006), S. 11).

44 Vgl. u.a. Haaf (2003), S. 627.

45 Siehe Schwing (2003[5]), S. 65 sowie Haaf (2002), S. 23.

46 Vgl. u.a. Leistner, Stier-Jarmer, Berleth, Braun, Koenig, Liman, Lüttje, Meindl, Pientka, Weber, Stucki (2005), S. 162, Fußnote 3 sowie Stucki, Stier-Jarmer, Gadomski, Berleth, Smolenski (2002), S. 134 f.

47 Siehe Stier-Jarmer, Berleth, Braun, Koenig, Liman, Lüttje, Meindl, Pientka, Weber, Stucki (2005), S. 158 sowie Schönle, Ritter, Diesener, Ebert, Hagel, Hauf, Herb, Hülser, Lipinski, Manzl, Maurer, Schmalohr, Schneck, Schumm (2001), S. 124, bezüglich neurologischer Strukturen der Frührehabilitation in Baden-Württemberg.

48 Siehe u.a. Stier-Jarmer, Koenig, Stucki (2002), S. 261 sowie Stucki, Stier-Jarmer, Berleth, Gadomski (2002), S. 148.

mit und Orientierung in der Umwelt in Anlehnung an die International Classification of Functioning, Disability and Health (ICF) zu verbessern und durch ein frühes Eingreifen die Gefahr von Komplikationen bzw. Sekundärschäden zu vermindern[49].

Bei den Vorteilen von Frührehabilitationsmaßnahmen am Akutkrankenhaus dürfen auch die Auswirkungen auf die psychosoziale Verfassung eines Patienten nicht außer Acht gelassen werden. Das „Überleben um jeden Preis", d.h. auch unter Hinnahme eines Verlusts an Lebensqualität durch Behinderung, kann und darf nicht vorrangiges Ziel einer Krankenhausbehandlung sein. Vielmehr sollten neben dem operativen Eingriff auch die Folgen einer Erkrankung und die Gefahr einer Behinderung ernst genommen werden. Da das behandelnde Krankenhaus für gewöhnlich in Wohnortnähe gelegen ist, können Angehörige und Freunde, d.h. das soziale Umfeld, dem Patienten bei der Entwicklung einer positiven Grundeinstellung zur Überwindung von Krankheitsfolgen durch Rehabilitation eine zentrale Hilfestellung geben[50].

4.1.2.1 Unterschiedliche Formen der Frührehabilitation

Aufgrund erheblicher Defizite im Bereich therapeutisch notwendiger Rehabilitationsleistungen am Krankenhaus wurde die Frührehabilitation Ende der 80er und vor allem während der 90er Jahre verstärkt vom Bundesministerium für Arbeit und Sozialordnung gefördert. Die Etablierung der akutstationären Frührehabilitation erfolgte hierbei in erster Linie für neurologische und geriatrische Patienten[51]. So ließen sich beispielsweise bei Patienten mit schweren erlittenen Hirnschäden durch den Ausbau spezieller Einrichtungen der Frührehabilitation sowie die Etablierung von Stroke-Units deutliche Verbesserungen in der frührehabilitativen neurologischen Behandlung erzielen[52].

Gemäß Abbildung 22 war die fachübergreifende Frührehabilitation im Jahr 2001 gegenüber der Akutgeriatrie bzw. geriatrischen Rehabilitation, aber auch gegenüber der neurologischen Frührehabilitation in Deutschland nur geringfügig ausgeprägt[53]. Zum damaligen Zeitpunkt existierten lediglich 16 Betten führende Abteilungen der fachübergreifenden Frührehabilitation mit 535 Betten, drei weitere Einrichtungen waren geplant bzw. bereits im Aufbau. Von den 16 Abteilungen findet sich in Bayern, mit drei Einrichtungen in München und jeweils einer Einrichtung in Nürnberg und Ingolstadt, ein regionaler Schwerpunkt[54].

---

49 Siehe Gadomski, Holzner (2002), S. 65 f.

50 Umgekehrt besteht ohne Frührehabilitation das Risiko der Entwicklung einer „resignativen Grundeinstellung", welche den späteren Rehabilitationserfolg zusätzlich gefährdet (vgl. Gadomski (2000), S. 129).

51 Vgl. Leistner, Stier-Jarmer, Berleth, Braun, Koenig, Liman, Lüttje, Meindl, Pientka, Weber, Stucki (2005), S. 158 sowie Stier-Jarmer, Koenig, Stucki (2002), S. 261.

52 Siehe Gadomski (2000), S. 128.

53 Nähere Angaben zur Bettenstruktur in der Geriatrie finden sich in Abschnitt 4.5.1, Abbildung 29.

54 Vgl. Stucki, Stier-Jarmer, Berleth, Gadomski (2002), S. 149.

Abb. 22: Anzahl Betten der Frührehabilitation in den Bereichen Geriatrie, Neurologie sowie für fachübergreifende Behandlungen, 2001

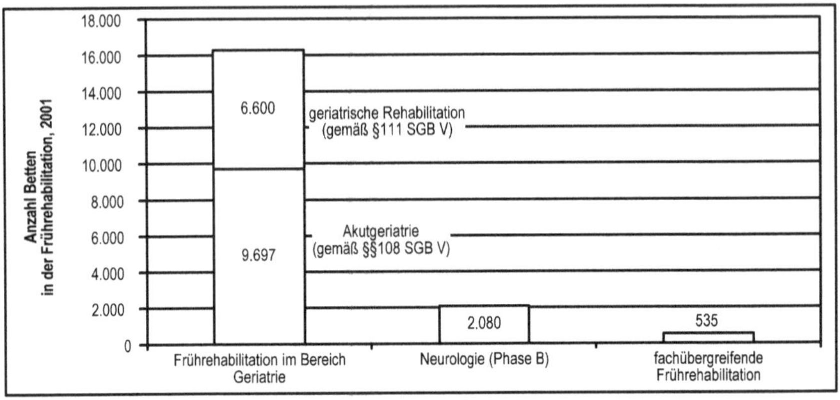

Quelle: Stier-Jarmer, Pientka, Stucki (2002), S. 195, Tabelle 2, Stier-Jarmer, Koenig, Stucki (2002), S. 268, Tabelle 6 sowie Stucki, Stier-Jarmer, Berleth, Gadomski (2002), S. 149, eigene Darstellung

Da die Frührehabilitation mit Ausnahme der Bereiche Geriatrie und Neurologie schwer in eine akutmedizinisch ausgerichtete Fachabteilung im Krankenhaus integriert werden kann, ist es nicht sinnvoll, einzelnen Krankenhausabteilungen Betten der Frührehabilitation zuzuordnen. Vielmehr sollte die Versorgung in fachübergreifend ausgelegten, Betten führenden Abteilungen der Frührehabilitation sichergestellt werden[55]. In der nachfolgenden Diskussion ist daher von fachübergreifender Frührehabilitation die Rede, synonym wird in der Literatur oftmals der Begriff der indikationsübergreifenden Frührehabilitation verwendet. Während die DRGs der Frührehabilitation für das Jahr 2007 in *Anhang 1* wiedergegeben sind, wird die neurologische Frührehabilitation in *Anhang 2*, die Akutgeriatrie und geriatrische Rehabilitation in Abschnitt 4.5 näher thematisiert. Im nachfolgenden Abschnitt wird hingegen näher auf Aspekte der fachübergreifenden Frührehabilitation eingegangen.

Mit der *ergänzenden* sowie der *umfassenden* Frührehabilitation lassen sich zwei alternative Angebotsformen unterscheiden[56].

Im Rahmen der *ergänzenden Frührehabilitation* erfolgt die Leistungserbringung auf der Intensiv-, Intermediate-Care- bzw. den Fachstationen eines Krankenhauses durch mobile Rehabilitationsteams. Die Behandlung findet unter fachärztlicher Leitung und Einbindung eines Physiotherapeuten oder Ergotherapeuten, meist in Zusammenarbeit mit einem Sprachtherapeuten oder Psychologen statt. Das interdisziplinäre Rehabilitationsteam arbeitet eng mit den Pflegekräften und Ärzten der Fachstationen zusammen und berät diese in Bezug auf eine optimierte Planung der weiteren Versorgung bzw. Rehabilitation.

Die Organisation von mehr als 2-3 Therapieeinheiten pro Patient und pro Tag gestaltet sich durch mobile Rehabilitationsteams als schwierig, da mehrere Fachabteilungen von einem mobilen Reha-Team versorgt, dazu noch lange Wegezeiten in Kauf genommen

55 Vgl. Gadomski (2000), S. 130.

56 Vgl. Stucki, Stier-Jarmer, Berleth, Gadomski (2002), S. 149 f. und 153, Gadomski, Holzner (2002), S. 66 sowie Stucki, Stier-Jarmer, Gadomski, Berleth, Smolenski (2002), S. 140-142, vor allem Tabelle 4, für die nachfolgenden Ausführungen.

und einzelne Behandlungsabläufe zudem mit jeder der Fachstationen koordiniert werden müssen. Aufgrund fehlender, da zeitaufwendiger Rehabilitationspflege sind die Möglichkeiten eines mobilen Reha-Teams zudem stark eingeschränkt. Letztendlich ist für eine ergänzende Frührehabilitation somit sowohl eine qualitative als auch eine quantitative Reorganisation medizinisch-therapeutischer Versorgungsstrukturen erforderlich. Wichtig sind neben entsprechenden Behandlungsräumlichkeiten auf den Fachstationen vor allem zentrale Therapieräumlichkeiten mit möglichst kurzen Zugangswegen.

Die ergänzende Frührehabilitation ist von Maßnahmen der *Frühmobilisation* zu unterscheiden, welche lediglich aus einer funktionsorientierten Physiotherapie mit 1 bis 2 Therapieeinheiten pro Tag besteht. Sie ist sekundärpräventiv und weniger rehabilitativ ausgerichtet und bereits bei geringeren, vorübergehenden Beeinträchtigungen der Körperfunktionen und -strukturen indiziert[57].

Bei einer *umfassenden Frührehabilitation* wird der Patient unter fachärztlicher Leitung meist in Betten führenden Abteilungen von Krankenhäusern mit Schwerpunktcharakter behandelt. Eine Zuweisung erfolgt aus den Fachabteilungen des eigenen Krankenhauses, unter regionalen Gesichtspunkten aber auch aus umliegenden Krankenhäusern. Abteilungen zur Frührehabilitation in Krankenhäusern der Grundversorgung beziehen ihre Patienten aus einem Krankenhausverbund, oftmals unter Einbeziehung weiterer umliegender Krankenhäuser. Bei Verlegungen zwischen Krankenhäusern ist ein mobiler Konsiliardienst erforderlich, um Frührehabilitationsbedürftigkeit und Frührehabilitationsfähigkeit fachgerecht beurteilen zu können und eine zügige Patientenübernahme zu gewährleisten. Anders als bei der ergänzenden Frührehabilitation ist der Patient bei einer umfassenden Frührehabilitation auf die diagnostische und therapeutische Infrastruktur lediglich im Sinne eines Stand-by angewiesen. Eine theoretische Rückverlegung auf eine Intensiv-, Intermediate-Care- oder andere Fachstation muss jedoch jederzeit zeitnah möglich sein[58].

Während Maßnahmen der umfassenden Frührehabilitation sowohl in der ersten als auch in der zweiten Akutphase durchgeführt werden können, beschränkt sich die ergänzende Frührehabilitation vornehmlich auf die erste Akutphase[59]. In beiden Fällen sollte die Supervision, Koordination und Qualitätssicherung im Idealfall durch einen Facharzt für Physikalische und Rehabilitative Medizin (PRM) erfolgen, da es sich bei dieser Facharztrichtung im Sinne der Frührehabilitation um eine fachübergreifende Form der Weiterbildung handelt[60].

4.1.2.2 Kosten-Effektivität von Maßnahmen der Frührehabilitation

Im nachfolgenden Abschnitt soll auf Fragen der Kosten-Effektivität von Maßnahmen der Frührehabilitation näher eingegangen werden. Entsprechende Berechnungen hierzu wurden Ende der 90er Jahre am Klinikum Ingolstadt durchgeführt.

Im Jahr 1995 wurde in Ingolstadt eine Station der fachübergreifenden Frührehabilitation eröffnet und einem eigens gegründeten Institut für Physikalische und Rehabilitative Medizin zugeordnet. Durch die eigenständige Fachabteilung werden die einzelnen Rehabili-

57 Vgl. Stucki, Stier-Jarmer, Gadomski, Berleth, Smolenski (2002), S. 140 f.

58 Siehe Stucki, Stier-Jarmer, Berleth, Gadomski (2002), S. 150 sowie Stucki, Stier-Jarmer, Gadomski, Berleth, Smolenski (2002), S. 142.

59 Möglichkeiten der Unterscheidung zwischen erster und zweiter Akutphase liefert Abschnitt 4.1.3.1.2.

60 Vgl. Stucki, Stier-Jarmer, Gadomski, Berleth, Smolenski (2002), S. 141, Tabelle 4 sowie Gadomski, Holzner (2002), S. 66.

tationsangebote wie Ärztlicher Dienst, Ergotherapie, Klinische Psychologie einschließlich Neuropsychologie, Krankengymnastik, Physikalische Therapie, Ergotherapie, Bewegungstherapie und Logopädie im Fall schwererer Patientenfälle auf der Station selbst, bei leichteren Patientenfällen hingegen auf den einzelnen Fachstationen erbracht.

In einer wissenschaftlichen, kontrollierten Begleitstudie wurden den Patienten zweier Untersuchungsgruppen – der einen mit schwereren und der anderen mit leichteren Patientenfällen – Maßnahmen der Frührehabilitation am Krankenhaus zugeführt. Pro Patient und pro Tag wurden gegenüber einer Kontrollgruppe[61] in der Untersuchungsgruppe mit den schwereren Fällen im Durchschnitt doppelt so viele, in der Untersuchungsgruppe mit leichteren Patientenfällen anderthalb mal so viele Rehabilitationsleistungen erbracht. Die Studie ermittelte für die Gruppen der Patienten mit fachübergreifender Frührehabilitation gegenüber der Kontrollgruppe jedoch eine deutlich kürzere Gesamtbehandlungsdauer, gemessen als Summe aus stationärer und ambulanter Behandlung. Bei den schwereren Patientenfällen erfolgte hierbei zwar eine längere Behandlung im Akutkrankenhaus, welche jedoch durch eine deutlich kürzere Rehabilitationsbehandlungsdauer, vor allem im ambulanten Bereich, mehr als ausgeglichen wurde.

Insgesamt ließ sich die Behandlungsdauer gegenüber 356 Tagen in der Kontrollgruppe in den Untersuchungsgruppen auf durchschnittlich 240 bzw. 168 Tage reduzieren. Als direkte Folge der kürzeren Gesamtbehandlungsdauer war auch die durchschnittliche Zahl der Arbeitsunfähigkeitstage (d.h. die Dauer der Krankschreibung) in den Untersuchungsgruppen mit 115 bzw. 107 Tagen deutlich kürzer als in der Kontrollgruppe (234 Tage)[62]. Abschließend wurden in der wissenschaftlichen Studie die Gesamtkosten der Vergleichsgruppen als Summe aus

(a) den direkten Kosten der Gesamtbehandlung inkl. ambulanter ärztlicher und Rehabilitationsbehandlung,
(b) den indirekten Kosten in Form des krankheitsbedingten Verlusts an Wertschöpfung aufgrund von Arbeitsunfähigkeit,
(c) den Kosten für Lohnfortzahlung
(d) sowie den Beitragsausfällen in der Kranken- bzw. Rentenversicherung

berechnet. Aus volkswirtschaftlicher Sicht ergaben sich hierbei pro Patient in der Kontrollgruppe Mehrkosten in Höhe von durchschnittlich 40.600 DM gegenüber der Untersuchungsgruppe mit den schweren Patientenfällen, bzw. 48.600 DM gegenüber der Gruppe mit den leichteren Patientenfällen. Insgesamt ließen sich die Kosten von Patienten, welche von Maßnahmen der Frührehabilitation am Klinikum Ingolstadt profitierten, gegenüber der Kontrollgruppe in etwa halbieren[63].

---

61 Diese bestand aus einem breiten Spektrum von leichten bis schweren Patientenfällen, welche vor Einführung der fachübergreifenden Frührehabilitationsstation am Klinikum Ingolstadt behandelt wurden.

62 Siehe Fuhrmann, Liebig (1999), S. 66-69, vor allem Abbildungen 1 und 2 auf S. 69. Auch eine getrennte Betrachtung der einzelnen Fachgebiete „Neurologie“, „Neurochirurgie“, „Chirurgie“ und „Orthopädie“ bestätigte die dokumentierten Ergebnisse. Diese sind vor allem auch insofern bemerkenswert, als dass es sich bei den schweren Patientenfällen um eine Gruppe mit erheblich höherem Rehabilitationsbedarf handelte als in der Kontrollgruppe.

63 Neben dem Kostenaspekt sei abschließend auch auf Verbesserungen in der Lebensqualität eines Patienten hingewiesen. So trägt die kürzere Gesamtbehandlungsdauer und Reduktion der Arbeitsunfähigkeitstage maßgeblich dazu bei, dass sich dieser wieder leichter im Arbeitsleben, im Alltag sowie in seinem sozialen Umfeld zurechtfindet (vgl. Fuhrmann, Liebig (1999), S. 70 f., vor allem Abbildung 3 sowie Gadomski (2000), S. 130, mit allgemeinen Angaben zum Erfolg von Maßnahmen der Frührehabilitation).

Sicherlich nicht zuletzt aufgrund der positiven Erfahrungen am Klinikum Ingolstadt besitzt die fachübergreifende Frührehabilitation mittlerweile auch einen sozialrechtlichen Hintergrund. Ausschlaggebend waren hierbei das Inkrafttreten des SGB IX sowie Ergänzungen zu § 39 Abs. 1 SGB V vom 1.7.2001[64]. Demzufolge hat die akutstationäre Behandlung auch „die im Einzelfall erforderlichen und zum frühest möglichen Zeitpunkt einsetzenden Leistungen der Frührehabilitation“ zu erbringen[65]. In der Erklärung zu der Gesetzesänderung wird gleichzeitig explizit darauf hingewiesen, dass die Frührehabilitation *nicht* darauf abzielt, eine Konkurrenzsituation gegenüber stationären und ambulanten Rehabilitationseinrichtungen zu schaffen. Vielmehr ist die Frührehabilitation über die für die Akutbehandlung vorgesehene Verweildauer angelegt, während die bereits existierenden, fachspezifischen Rehabilitationskliniken für weitergehende Rehabilitationsziele zur Verfügung stehen sollen[66].

Insgesamt wurde die oben genannte Gesetzesänderung von diversen Gesellschaften und Vereinigungen ausdrücklich als „Meilenstein zur Optimierung der akutmedizinischen Versorgung in Deutschland“ begrüßt[67] und die Notwendigkeit der Frührehabilitation von verschiedenster Seite bestätigt[68]. Interessanterweise lagen auch vor Inkrafttreten des SGB IX keine juristischen Hürden hinsichtlich einer Frührehabilitation am Krankenhaus vor, da bereits mit dem Reha-Angleichungsgesetz von 1974 auf die Notwendigkeit einer frühzeitigen Einleitung von Rehabilitationsmaßnahmen hingewiesen worden war. Dennoch hat es der Gesetzgeber jedoch anscheinend für nötig gehalten, noch einmal explizit auf die besondere Rolle des Krankenhauses im Rahmen der Frührehabilitation hinzuweisen[69].

4.1.2.3 Vergütung der Frührehabilitation über Frühreha-DRGs

Die Motivation hinter der Entwicklung von Frühreha-DRGs war es, die Rolle der Frührehabilitation an deutschen Krankenhäusern zu stärken (vgl. Zusammenstellung in *Anhang 1*). Tatsächlich wurde diese Entwicklung aus dem Jahr 2004 seit Veröffentlichung des Fallpauschalenkatalogs 2005 jedoch teilweise wieder rückgängig gemacht, indem nur noch neurologische Frühreha-DRGs mit konkreten Bewertungsrelationen hinterlegt wurden. Orthopädische und kardiologische Frühreha-DRGs wurden hingegen nicht mehr mit Bewertungsrelationen versehen, sondern in Anlage 3 des Katalogs verschoben. Nach § 6 Abs. 1 Satz 1 Nr. 1 Krankenhausentgeltgesetz (KHEntgG) sind alle Leistungen aus Anlage 3 als krankenhausindividuelle Entgelte zwischen Krankenhaus und Krankenkasse frei verhandelbar. Im Jahr 2006 wurden auch die neurologischen DRGs teilweise aus dem Fallpauschalenkatalog ausgegliedert und in Anlage 3 aufgenommen. Bei

---

64 Vgl. u.a. SGB Sozialgesetzbuch (2006), S. 383.

65 Siehe u.a. Leistner, Stier-Jarmer, Berleth, Braun, Koenig, Liman, Lüttje, Meindl, Pientka, Weber, Stucki (2005), S. 158, Stier-Jarmer, Stucki (2002), S. 129-133 sowie Stucki, Stier-Jarmer, Berleth, Gadomski (2002), S. 147.

66 Vgl. Stier-Jarmer, Stucki (2002), S. 132, Tabelle 3, Gadomski, Holzner (2002), S. 66 sowie Gadomski (2000), S. 130.

67 Vgl. Stucki, Stier-Jarmer, Gadomski, Berleth, Smolenski (2002), S. 135.

68 Eine eindrucksvolle Zusammenstellung einzelner Zitate von der ehemaligen Bundesregierung, Gewerkschaften, den Sozialleistungsträgern, Ärzteverbänden, Expertenkommissionen, weiteren Verbänden und Patientenorganisationen findet sich in Stucki, Stier-Jarmer, Gadomski, Berleth, Smolenski (2002) auf S. 136 f., Tabelle 1. Siehe hierzu auch Gadomski (2000), Tabelle 1 auf S. 131.

69 Siehe Stier-Jarmer, Stucki (2002), S. 130 f.

den verbleibenden 15 DRGs im Fallpauschalenkatalog 2007 handelte es sich mit drei Ausnahmen um geriatrische frührehabilitative Komplexbehandlungen[70].

Die Änderungen in den Fallpauschalenkatalogen der Jahre 2005 und 2006 gegenüber dem jeweiligen Vorjahr lassen entweder eine permanente Ausgliederung von Frühreha-DRGs aus der DRG-Fallpauschalenvergütung aufgrund zu geringer Fallzahlen oder aber eine abwartende Haltung mit der Möglichkeit einer späteren Wiederaufnahme in den DRG-Katalog vermuten[71]. Eines steht mit Weiterentwicklung des DRG-Systems jedoch zweifellos fest: während es mit Einführung des DRG-Systems in Deutschland anhand der reinen ICD-Kodierung noch nicht möglich war, Akutfälle von Fällen der Frührehabilitation zu unterscheiden[72], existieren mittlerweile sehr spezifische Anforderungen an die Frührehabilitation, welche gemäß *Anhang 1* in den OPS-Kodierungen entsprechend hinterlegt sind[73].

4.1.3 Akutkrankenhäuser und Rehabilitationskliniken im Spannungsfeld zwischen Kooperation und Wettbewerb

4.1.3.1 Wettbewerb um Leistungen zur Frührehabilitation

Im vorliegenden Abschnitt 4.1.3 wird der Frage nachgegangen, inwieweit derzeit an deutschen Krankenhäusern Strategien zum Ausbau von Angeboten der Frührehabilitation verfolgt werden. Zugleich wird die Schnittstelle zwischen Frührehabilitation und Beginn der Anschlussheilbehandlung angesprochen, welche zum momentanen Zeitpunkt nicht vollständig geklärt ist. Aus Sicht der Rehabilitationskliniken würde eine Schnittstellendefinition den Wettbewerbsdruck im Rehabilitationsmarkt vermutlich weiter intensivieren. Betrachtet man die Klärung der Schnittstellendefinition als notwendige Bedingung für die Bedarfsplanung von Rehabilitationsbetten an Akutkrankenhäusern, würde dieser Schritt das Überangebot am Rehabilitationsmarkt weiter vergrößern.

Seitens der Rehabilitationskliniken wird der Aufbau von Rehabilitationsangeboten am Krankenhaus daher verständlicherweise mit Skepsis betrachtet. Kritisch wird die Gefahr des Aufbaus von Doppelstrukturen auf einem Qualitätsniveau gesehen, welches nicht mit demjenigen spezialisierter Einrichtungen der Frührehabilitation vergleichbar ist. Wie in Abschnitt 4.1.1 bereits erwähnt, besteht für Krankenhäuser zudem die Möglichkeit einer Risikoselektion, bei der Leistungen zur Frührehabilitation am Krankenhaus nur bei Patienten mit günstiger Fallschwere erbracht, schwere Patientenfälle hingegen in die AHB verlegt werden. Vor allem im Bereich der geriatrischen Frührehabilitation ist hier eine Verschiebung vom Akut- in den Rehabilitationssektor zu erwarten[74].

In diesem Zusammenhang sei auch auf Anmerkungen des Sachverständigenrats für die Konzertierte Aktion im Gesundheitswesen aus dem Jahr 2003 hingewiesen. Dieser betrachtet den möglichen Trend hin zu einer Umwandlung frei gewordener Krankenhausbetten in Rehabilitationsbetten ebenfalls überwiegend kritisch und weist auf die

---

70 Vgl. von Eiff, Klemann, Henke (2006), S. 880, Institut für das Entgeltsystem im Krankenhaus gGmbH (InEK) (2006[1]), aufgerufen unter: www.g-drg.de, Downloads sowie nähere Angaben in Anhang 1.

71 Siehe von Eiff, Klemann, Freese, Lewers (2005), S. 823.

72 Vgl. hierzu Rochell, Roeder (2002), S. 7 f.

73 Vgl. Leistner, Stier-Jarmer, Berleth, Braun, Koenig, Liman, Lüttje, Meindl, Pientka, Weber, Stucki (2005), S. 159.

74 Vgl. u.a. Leistner, Stier-Jarmer, Berleth, Braun, Koenig, Liman, Lüttje, Meindl, Pientka, Weber, Stucki (2005), S. 160, Haaf, Volke, Schliehe (2004), S. 316, Kuge (2003), S. 277 sowie Stucki, Stier-Jarmer, Gadomski, Berleth, Smolenski (2002), S.144.

Notwendigkeit einer stringenten Struktur- und Prozessqualitätsprüfung des Rehabilitationsangebots am Akutkrankenhaus hin. Um die Überkapazitäten im Rehabilitationssektor nicht noch zusätzlich zu verstärken, sollten bei einem Abschluss neuer Versorgungsverträge zudem Verträge gemäß § 111 SGB V, § 15 Abs. 2 SGB VI und § 21 SGB IX mit bereits zugelassenen Rehabilitationseinrichtungen gekündigt werden, welche den fachlichen Anforderungen nicht bzw. nur in unzureichendem Maße entsprechen[75].

4.1.3.1.1 Realisierung von Angeboten zur Frührehabilitation an deutschen Krankenhäusern

Der deutsche Krankenhausmarkt ist durch erhebliche Überkapazitäten gekennzeichnet. Demzufolge entfielen beispielsweise im Jahr 2002 durchschnittlich etwa sieben Krankenhausbetten auf 1.000 Einwohner, gegenüber vier Akutbetten je 1.000 Einwohner im internationalen Vergleich[76]. Aus Sicht des Krankenhauses stellt sich aufgrund kontinuierlicher Verkürzungen in der Verweildauer, eines prognostizierten Bettenabbaus, dem steigenden Bedarf an Anschlussheilbehandlungen sowie angesichts des gesetzlichen Auftrags zur Frührehabilitation automatisch auch die Frage nach einer möglichen Organisation von Rehabilitationsmaßnahmen[77].

Die systematische Ausweitung des frührehabilitativen geriatrischen Versorgungsangebots in Deutschland von ca. 7.200 auf 16.100 Betten zwischen den Jahren 1993 und 2000 war im Wesentlichen sowohl auf eine Neuerrichtung geriatrischer Abteilungen als auch auf eine Umwidmung nicht mehr bedarfsnotwendiger Krankenhausbetten in geriatrische Betten zurückzuführen. U.a. soll gemäß Vorgaben des Bayerischen Staatsministeriums für Arbeit und Sozialordnung, Familie und Frauen zukünftig einer Umwidmung im Krankenhausbereich Vorrang vor der Errichtung neuer geriatrischer Rehabilitationskliniken gegeben werden[78].

Im Zeitalter von DRGs wird in Zukunft jedoch auch die Chance gesehen, Kapazitäten der Frührehabilitation in Form fachübergreifender Abteilungen aufzubauen. Aufgrund von Wachstumspotentialen am Rehabilitationsmarkt werden additive Rehabilitationsleistungen im Krankenhaussektor hierbei zum Teil offen angestrebt und in Fachdiskussionen als ein „Muss in der Behandlung“ bezeichnet[79].

Die bisherige Ausprägung interdisziplinärer Maßnahmen der Frührehabilitation an Krankenhäusern lässt sich u.a. anhand bundesweiter Zahlen aus dem Jahr 2002 dokumentieren. Zu diesem Zeitpunkt war die Berufsgruppe des Physiotherapeuten zwar an ca. 80% aller Krankenhäuser Deutschlands vertreten, allerdings fanden entsprechende Behandlungen in den wenigsten Fällen unter ärztlicher Leitung statt. Sozialarbeiter, Masseure bzw. medizinische Bademeister und Diätassistenten waren in etwas mehr als 50% der Krankenhäuser beschäftigt, Psychologen und Ergotherapeuten sogar nur in etwa einem Drittel aller Krankenhäuser. Tatsächlich beschränkt sich die Leistungserbringung am Krankenhaus oftmals lediglich auf berufsspezifische Einzelmaßnahmen der Frühmobilisation, eine Versorgung mit Heil- und Hilfsmitteln sowie die Sozialberatung[80].

---

75 Vgl. SGB Sozialgesetzbuch (2006), S. 470, 634 und 1109 sowie SVR (2003), S. 74 und 113.

76 Siehe Rothemund (2002), S. 596.

77 Vgl. u.a. Schneider (2005), S. 295, Schwing (2003^2), S.62.

78 Vgl. Stier-Jarmer, Pientka, Stucki (2002), S. 192 und 194 sowie nähere Erläuterungen in Abschnitt 4.5.

79 Siehe u.a. Haaf, Volke, Schliehe (2004), S. 316 sowie Schäfer (2004), S. 226.

80 Vgl. Stucki, Stier-Jarmer, Berleth, Gadomski (2002), S. 147 ff. und S. 154 f., Stucki, Stier-Jarmer, Gadomski, Berleth, Smolenski (2002), S. 137 sowie Gadomski, Holzner (2002), S. 65.

Aktuellere Ergebnisse zum Thema Frührehabilitation an Krankenhäusern in Nordrhein-Westfalen und Niedersachsen finden sich in einer Studie des Instituts für Krankenhausmanagement (IKM) der Westfälischen Wilhelms-Universität Münster aus dem Jahr 2004, mit aktualisierten Ergebnissen von Anfang 2006[81]. Die beiden Studien kommen zu folgenden Ergebnissen:

1. Konzepte der Frührehabilitation werden verstärkt in Erwägung gezogen, auch im Jahr 2006 jedoch nach wie vor von weniger als 50% der befragten Krankenhäuser.
2. Frührehabilitationsmaßnahmen konzentrieren sich hauptsächlich auf die Bereiche Geriatrie bzw. Neurologie/Neurochirurgie. Nur an einem der 30 Krankenhäuser in der Studie von 2006 existierte ein Konzept zur Frührehabilitation im Bereich Innere Medizin, an einem Krankenhaus bestehen Planungen im Bereich Orthopädie.
3. Die Entwicklung entsprechender Konzepte ist in erster Linie auf den vorhandenen Patientenbedarf bzw. Erwägungen finanzieller Vorteile, weniger hingegen auf Entwicklungen im Bereich Frühreha-DRGs zurückzuführen.
4. Konzepte zur Frührehabilitation werden zum Teil deshalb nicht verfolgt, weil entsprechende Forderungen nicht bei den Krankenkassen durchgesetzt werden konnten, die notwendigen Strukturen nicht vorhanden waren bzw. bereits Kooperationen mit Rehabilitationskliniken existieren.

Inwieweit eine Ausweitung von Maßnahmen zur Frührehabilitation letztendlich zu einer Substitution von Rehabilitationsleistungen durch die Krankenhäuser führen wird, ist somit letztendlich von individuellen strategischen Entscheidungen abhängig.

4.1.3.1.2 Notwendigkeit einer Schnittstellendefinition zwischen Frührehabilitation und Anschlussheilbehandlung

Angesichts des Themas Frührehabilitation und Frühreha-DRGs ist in den letzten Jahren vor allem eines deutlich geworden: Um eine Diskussion über einzelne Zuständigkeiten überhaupt erst sachgerecht führen zu können, ist eine saubere und praktikable Abgrenzung zwischen akutstationärer Krankenhausbehandlung, Frühmobilisation, Frührehabilitation sowie medizinischer Rehabilitation erforderlich[82].

Vor dem Hintergrund eines verbesserten Schnittstellenmanagements ist auf den langjährigen Mangel an definierten Leistungsinhalten sowie anerkannten Abgrenzungskriterien hinzuweisen. Dies hat sich in den letzten Jahren mit der Methodengruppe „Frührehabilitation im Krankenhaus“ jedoch zum Teil geändert. Die Methodengruppe hat sich zum Ziel gesetzt, einen fachübergreifenden, konzeptionellen und begrifflichen Grundkonsens für alle Bereiche der Frührehabilitation im Krankenhaus zu erarbeiten. Um alle relevanten Leistungsbereiche gleichermaßen zu erfassen, setzte sich die Gruppe aus klinisch und wissenschaftlich tätigen Angestellten der Bereiche Geriatrie, fachübergreifende Frührehabilitation, neurologische Frührehabilitation, Rheumatologie sowie der Paraplegiologie zusammen. Ein zentrales Anliegen der Methodengruppe war die Operationalisierung der Begriffe Frührehabilitationsbedürftigkeit, Frührehabilitationsfähigkeit und Frührehabilitationsziel in Anlehnung an die Rehabilitations-Richtlinien nach § 92 SGB V vom 1.1.2004 sowie die Rahmenempfehlungen der Bun-

81 Siehe von Eiff, Klemann, Freese, Lewers (2005), S. 820-822 sowie von Eiff, Klemann, Henke (2006), S. 880-884, mit Befragungsergebnissen an 13 bzw. 30 Krankenhäusern.

82 Siehe u.a. von Eiff, Klemann, Freese, Lewers (2005), S. 823, Heine (2003[1]), S. 63 sowie Gadomski, Holzner (2002), S. 65.

desarbeitsgemeinschaft für Rehabilitation (BAR) zur ambulanten medizinischen Rehabilitation vom 22.1.2004[83].

Für die Einleitung von Maßnahmen der Frührehabilitation gelten demnach folgende Schädigungskonstellationen als maßgeblich[84]:

1. Schädigungen bei geriatrietypischer Multimorbidität und höherem Lebensalter,
2. ZNS-Schädigungen (multiple strukturelle und funktionelle Schädigungen durch Krankheiten oder Traumata),
3. generalistische schwere Schädigungen des zentralen Nervensystems,
4. Polytraumata,
5. chronisch-entzündliche rheumatische Erkrankungen mit multipler struktureller oder funktioneller viszeraler Schädigung /Kollagenosen,
6. Zustand nach Operation bei Multimorbidität
7. sowie komplexe internistische Erkrankungen.

Unter Beachtung sozialer Kontextfaktoren gilt ein Patient dann als frührehabilitations-*bedürftig*, wenn ihm alltagsrelevante Beeinträchtigungen drohen und seine Selbständigkeit als direkte Konsequenz hieraus nicht nur vorübergehend beeinträchtigt ist. Die entsprechende Definition erfolgt in Anlehnung an die ICF für die Bereiche Körperstrukturen, Körperfunktionen sowie Aktivität und Partizipation.

Der Patient gilt bei Überwindung der ersten Akutphase zudem als frührehabilitations-*fähig*, wenn keine apparative Überwachung der Vitalparameter mehr notwendig ist, wenn keine Erhöhung des intrakraniellen Drucks gemessen wird und keine schwerwiegende Infektion (Sepsis) vorliegt. In diesem Fall können bestehende Grund- und Begleiterkrankungen, Schädigungen und typische Komplikationen durch das ärztliche, pflegerische bzw. therapeutische Personal behandelt werden. Hierzu muss es dem Patienten möglich und er auch dazu bereit sein, mehrmals täglich an entsprechenden therapeutischen Maßnahmen teilzunehmen[85]. Im Kontext ergänzender Maßnahmen der Frührehabilitation gilt ein Patient im Rahmen der ersten Akutphase unter Umständen zudem bereits dann als rehabilitationsfähig, wenn die Stabilität des Kreislaufs sowie physische und psychische Belastbarkeit noch stark eingeschränkt sind[86].

Letztendlich ist eine Frührehabilitationsmaßnahme dann indiziert, wenn sie im Sinne einer Frührehabilitationsbedürftigkeit medizinisch notwendig ist und aufgrund der Frührehabilitationsfähigkeit sowie einer positiven Rehabilitationsprognose des Patienten auch zweckmäßig erscheint[87].

Zusammenfassend lässt sich festhalten, dass die Ergebnisse der Methodengruppe „Frührehabilitation im Krankenhaus“ den Eintritt in die Phase der Frührehabilitation definieren.

---

83 Siehe u.a. Leistner, Stier-Jarmer, Berleth, Braun, Koenig, Liman, Lüttje, Meindl, Pientka, Weber, Stucki (2005), S. 157-160.

84 Vgl. Leistner, Stier-Jarmer, Berleth, Braun, Koenig, Liman, Lüttje, Meindl, Pientka, Weber, Stucki (2005), S. 159 und 162-165, Tabellen 1 bis 7, für eine genauere Fallbeschreibung bezüglich Schädigungskonstellationen, relevanten Kontextfaktoren sowie Behandlungsbedarf während der Frührehabilitation.

85 Vgl. Leistner, Stier-Jarmer, Berleth, Braun, Koenig, Liman, Lüttje, Meindl, Pientka, Weber, Stucki (2005), S. 162 und 166 sowie Stucki, Stier-Jarmer, Gadomski, Berleth, Smolenski (2002), S. 135 und 142 f.

86 Siehe Stier-Jarmer, Koenig, Stucki (2002), S. 262 sowie Stucki, Stier-Jarmer, Gadomski, Berleth, Smolenski (2002), S. 143.

87 Vgl. Stucki, Stier-Jarmer, Gadomski, Berleth, Smolenski (2002), S. 143.

Ein Konsens über die Schnittstellendefinition für den Übergang von der Frührehabilitation in die Rehabilitation liegt zum gegenwärtigen Zeitpunkt hingegen nicht vor[88], wenngleich in Einzelfällen, so u.a. nach Implantation einer Hüft- bzw. Knietotalendoprothese, bereits Möglichkeiten der Abgrenzung gegeben sind[89].

Abb. 23: Phasenmodell nach Hüft- oder Knie-TEP

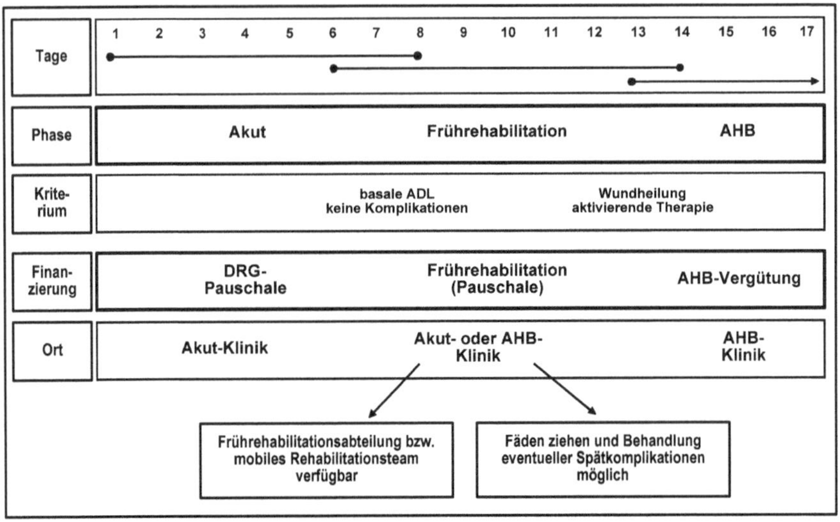

Quelle: Gerdes, Best, Jäckel (2004), Abbildung 8, S. 185, bzw. Best, Gerdes (2005), S. 299, Abbildung 6-2, eigene Darstellung

Gemäß Abbildung 23 beinhaltet die *Akutphase* dort in der Regel 6 bis 8 postoperative Tage. Notwendige Bedingungen für den Eintritt in die Phase der *Frührehabilitation* sind ein komplikationsloser medizinischer Verlauf sowie eine selbständige Verrichtung der basalen Alltagstätigkeiten (activities of daily living, ADL)[90]. Eine abgeschlossene Wundheilung ist hingegen *keine* notwendige Bedingung für den Eintritt in die Frührehabilitation. Die Phase der Frührehabilitation dauert in der Regel ca. 7 Tage und kann optional entweder in der Akutklinik oder in einer Rehabilitationsklinik stattfinden. Denkbar wäre entweder eine Übernahme durch die Rehabilitationseinrichtung im Stadium der Frührehabilitation oder aber die Durchführung der Frührehabilitation am Krankenhaus im organisatorischen Verbund und unter Organisationshoheit der Rehabilitationsklinik[91]. Voraussetzung für die Frührehabilitation an einer Akutklinik ist eine entsprechend ausgestattete Abteilung für Frührehabilitation bzw. die Verfügbarkeit eines mo-

88 Laut Telefonat mit Frau Dr. Stier-Jarmer, Klinik und Poliklinik für Physikalische Medizin und Rehabilitation der LMU München, vom 25.7.2006.

89 Vgl. Gerdes, Best, Jäckel (2004), S. 184-186 sowie Best, Gerdes (2005), S. 298, für die nachfolgenden Ausführungen.

90 Es fällt auf, dass die Eingangsvoraussetzungen für die Frührehabilitation hier sehr viel großzügiger ausgelegt sind als in den allgemeinen Angaben der „Methodengruppe Frührehabilitation“, da letztere vor allem auf neurologische sowie multimorbide, geriatrische Patienten abzielen.

91 Vgl. Kuge (2003), S. 279 und 280.

bilen Rehabilitationsteams. Im Fall einer Rehabilitationseinrichtung muss wiederum gewährleistet sein, dass eine Ziehung der Fäden nach abgeschlossener Wundheilung sowie eine Behandlung eventueller Spätkomplikationen möglich sind[92].

Für einen Eintritt von der Frührehabilitation in die Anschlussheilbehandlung gelten letztendlich die bereits heute formulierten Voraussetzungen für die individuelle Rehabilitationsfähigkeit. Die Wundheilung muss abgeschlossen sein, der Patient darf nicht mehr pflegebedürftig sein und er muss zudem die Fähigkeit zur aktiven Mitarbeit in der Therapie besitzen. Nach komplikationslosem Verlauf ist ein Beginn der Anschlussheilbehandlung etwa am 14. postoperativen Tag denkbar. Erfahrungsgemäß dauert diese ca. 21 Tage. Im Fall einer intensiven Frührehabilitation ist es jedoch möglich, dass sich die Dauer der nachfolgenden Anschlussheilbehandlung verkürzen lässt.

Das in Abbildung 23 beschriebene 3-Phasen-Modell ist nicht zwangsläufig auf den Bereich Orthopädie beschränkt, sondern lässt sich auch auf andere Versorgungsbereiche wie Herzinfarkt, Bypassoperation oder Bandscheibenoperation übertragen[93]. Auch Studien im Bereich Kardiologie kommen bei einer Diskussion über Möglichkeiten der Frührehabilitation sowie der Verzahnung zwischen Akutversorgung, Frührehabilitation und Maßnahmen zur Anschlussheilbehandlung zu dem Ergebnis, dass Leistungen zur Frührehabilitation gemäß § 108 SGB V zum einen im Akutkrankenhaus, genauso gut jedoch auch in Schwerpunkteinrichtungen einzelner Rehabilitationskliniken erbracht werden können[94].

4.1.3.1.3 Möglichkeit der Bedarfsplanung von Leistungen der Frührehabilitation an deutschen Krankenhäusern

Auf den vorangegangenen Seiten wurden erste Anhaltspunkte für eine Schnittstellendefinition zwischen Frührehabilitation und weiterführender Anschlussheilbehandlung diskutiert. Eine umfassende Klärung der Schnittstellenproblematik ist letztendlich notwendige Voraussetzung für eine potentielle Bedarfsschätzung von Rehabilitationsbetten an deutschen Akutkrankenhäusern. Für den Fall einer Ausweitung der fachübergreifenden Frührehabilitation sollte auf bereits vorhandene Ressourcen, Strukturen und Prozesse der geriatrischen und neurologischen Frührehabilitation zurückgegriffen werden[95].

Im Fall eines mittelfristigen Ausbaus der Frührehabilitation im Krankenhaus sollten die Ängste im Rehabilitationssektor durchaus ernst genommen werden. Welche konträren Auswirkungen eine solche Ausweitung des Krankenhausangebots auf Deutschlands Rehabilitationseinrichtungen haben würde, lässt sich jedoch nur durch eine mittel- bis langfristige Hochrechnung der Marktentwicklungen innerhalb der beiden Sektoren feststellen. Während bereits Vorhersagen zu den künftigen Krankenhausfallzahlen existieren, ist eine Schätzung der Entwicklungen am Rehabilitationsmarkt bisher nicht vorgenommen worden. Unter anderem ist es daher Ziel von Abschnitt 8 der vorliegenden Arbeit, in der Modellierung zukünftiger Entwicklungen am Rehabilitationsmarkt auch mögliche Szenarien einer zusätzlichen Erbringung von Rehabilitationsbehandlungsleistungen am Krankenhaus in die Überlegungen miteinzubeziehen.

92 Siehe auch SVR (2003), S. 75-77.

93 Vgl. Gerdes, Best, Jäckel (2004), S. 186.

94 Siehe Grundüberlegungen und Resümee in Mayer-Berger (2001), S. 104-107.

95 Vgl. Stucki, Stier-Jarmer, Gadomski, Berleth, Smolenski (2002), S. 137 sowie Stier-Jarmer, Pientka, Stucki (2002), S. 202.

4.1.3.2 Kooperationsvereinbarungen zwischen Akutkrankenhäusern und AHB-Kliniken

Aufgrund mangelnder Expertise wird der Ausbau von Maßnahmen zur Frührehabilitation am Krankenhaus in der Regel in Kooperation mit bestehenden Rehabilitationseinrichtungen vollzogen.

Am Universitätsklinikum Heidelberg beispielsweise findet im Sinne einer vertrauensbildenden Maßnahme bereits im Vorfeld eines elektiven Eingriffs bzw. in der früh-postoperativen Phase eine Zusammenarbeit zwischen der Akutklinik, Mitgliedern des späteren Rehabilitationsteams sowie dem Patienten statt. Tatsächlich wird über die Rehabilitationsfähigkeit bereits bei Aufnahme des Patienten in die Akutklinik entschieden[96].

Rehabilitationsteams werden u.a. auch an den Universitätsklinika Großhadern und Innenstadt der Ludwig-Maximilians-Universität München eingesetzt. Im Jahr 2002 verfügten diese über insgesamt fünf ärztlich geleitete, multidisziplinäre mobile Rehabilitationsteams. Allein am Klinikum Großhadern gab es zu diesem Zeitpunkt vier Rehabilitationsteams in den Bereichen „operativ", „Chirurgie", „Neurologie/Neurochirurgie" sowie „Innere/Gynäkologie/Pädiatrie"[97].

Das Berliner Klinikunternehmen Vivantes ist sogar noch einen Schritt weitergegangen und hat mit der „Vivantes Rehabilitations GmbH" eine eigene Tochtergesellschaft gegründet[98]. In das Kooperationskonzept sind sechs Brandenburger Reha-Kliniken eingebunden, für alle neun Vivantes-Akutkrankenhäuser wurde zudem ein ambulantes Rehabilitationszentrum etabliert. 880 Physiotherapeuten fungieren hierbei als Schnittstellenmanager und rotieren zwischen den Sektoren der Akut- und Rehabilitationsbehandlung. Im Sinne der Qualitätssicherung wurde im Bereich elektiver Hüft-Operationen zudem die erste sektorenübergreifende Leitlinie zwischen Akut- und Rehabilitationsbehandlung etabliert.

Tatsächlich sind diverse Möglichkeiten vorstellbar, wie eine Rehabilitationseinrichtung dem kooperierenden Krankenhaus bereits in der prästationären Behandlungsphase zur Seite stehen kann. Bei Implantation einer Hüft-Totalendoprothese ist es z.B. möglich, dem Patienten schon im Vorfeld präoperativ das Laufen mit Gehhilfen beizubringen. Auch wäre es für Rehabilitationskliniken denkbar, verstärkt die Organisation von Therapieabteilungen an Akutkliniken zu übernehmen, um so Maßnahmen mit der Anschlussheilbehandlung abzustimmen[99].

Oftmals gestaltet es sich für ein Krankenhaus nicht zuletzt aus wirtschaftlicher Sicht schwierig, frei gewordene Bettenkapazitäten in weiterführende Rehabilitationsabteilungen umzuwandeln. Hierbei ist zu beachten, dass die Zulassungsvoraussetzungen für Rehabilitationseinrichtungen in Krankenhausstationen in der Regel nicht erfüllt sind. Da die Rehabilitation zudem nicht unter das Krankenhausförderrecht fällt, ist neben notwendigen Baukosten bei einer Umwandlung von Krankenhausbetten auch die mög-

---

96 Siehe Schwing (2005[3]), S. 817 f., Schwing (2003[4]), S. 80.

97 Siehe Stucki, Stier-Jarmer, Berleth, Gadomski (2002), S. 147 und 149 f., vor allem Tabelle 2 auf S. 150 sowie weitere Beispiele des Klinikums Ingolstadt auf S. 151, Tabelle 3.

98 Das Klinikunternehmen Vivantes hält 51% der Geschäftsanteile, jeweils 24,5% gehören den beiden großen Rehabilitationsketten Median-Kliniken und Michels-Kliniken (vgl. Schwing (2003[8]), S. 1083-1085, für die nachfolgenden Ausführungen).

99 Vgl. Kuge (2003), S. 280, Clade (2003[2]), S. B923.

liche Rückzahlung von Krankenhausfördermitteln in die strategische Entscheidung eines Krankenhauses miteinzubeziehen[100].

Vor dieses Problem gestellt, hat sich beispielsweise das Klinikum Ingolstadt für das Konzept eines regionalen Versorgungszentrums entschieden, bei dem der Patient vom niedergelassenen Arzt über die akutstationäre Krankenhausversorgung bis hin zur stationären und ambulanten Rehabilitation in der näheren Umgebung versorgt werden kann. Im Zeitalter von DRGs ist es nicht nur aus ethischer, sondern letztendlich auch aus ökonomischer Sicht besonders wichtig „Drehtüreffekte" zu vermeiden, da für jeden Patienten bei erneuter Wiedereinweisung innerhalb des vorgegebenen Verweildauerkorridors keine zusätzlichen DRG-Erlöse gezahlt werden (vgl. hierzu Abschnitt 4.1.1).

Seit August 2004 wurde am Klinikum Ingolstadt mit dem Bau eines Rehabilitationszentrums begonnen, das im Mai 2005 eröffnet wurde. Der Neubau besteht aus einem indikationsspezifischen orthopädischen, neurologischen sowie kardiologischen Rehabilitationszentrum mit 36 Betten, einem Geriatriezentrum mit 32 Betten sowie Therapie- und Technikräumen in Anbindung an das Klinikum. Es werden sowohl stationäre als auch ambulante Rehabilitationsleistungen angeboten. Betrieben wird das Rehabilitationszentrum Ingolstadt durch die Kurklinik Margaritha GmbH & Co. KG, die geriatrische Fachklinik durch das Geriatriezentrum Neuburg GmbH. Die Rehabilitationsbetreiber sind Mieter des Gebäudes und haben einen Teil ihrer Betten nach Ingolstadt verlegt. Sie stellen eigenes Personal und profitieren im Gegenzug sowohl von der Logistik als auch von einer gewissen Belegungssicherheit seitens des Krankenhauses[101].

Ein ähnliches Konzept wurde auch am Klinikum Offenbach mit der Errichtung eines Kompetenzzentrums für Schlaganfallpatienten realisiert, bei der die Bereiche der stationären Phase C, der ambulanten Phase E sowie eine Kurzzeitpflegestation durch das Reha-Zentrum Bad Orb betrieben werden[102].

Enge Kooperationsvereinbarungen zwischen Krankenhaus und Rehabilitationsklinik ermöglichen es letztendlich beiden Parteien, sich das jeweilige Know-how sowie Kompetenz und Qualität der Leistungserbringung des Kooperationspartners zu Nutze zu machen. Zweifellos ist dies am besten dann realisierbar, wenn die akutmedizinische und rehabilitative Behandlung von der gleichen Einrichtung bzw. vom gleichen Einrichtungsträger erbracht wird[103].

Zu den gegenseitigen Vorteilen einer Kooperationsvereinbarung gehören[104]:

- Austausch bzw. „Einkauf" gemeinsamer Ressourcen
  - z.B. gemeinsamer Einkauf, gemeinsame Speise- und Wäscheversorgung,
  - wechselseitige Nutzung von Personal und Infrastruktur (mobiles Rehabilitationsteam für die Frührehabilitation am Krankenhaus, Nutzung der Intensivabteilung durch die AHB-Klinik, Aufbau einer gemeinsamen IT-Struktur),
  - Zuständigkeit für die medizinisch-technische Diagnostik sowie die Arzneimittelversorgung durch das Akutkrankenhaus,
  - ärztliche Konsiliardienste des Akutkrankenhauses an die Rehabilitationsklinik,

100 Vgl. Schneider (2005), S. 295, Schwing (2005^3), S. 818 sowie Schwing (2003^3), S. 64.

101 Siehe Schneider (2005), S. 295 f., sowie Schwing (2005^3), S. 818.

102 Vgl. Wandschneider, Schmidt, Müller, Schote, Geilfuß (2005), S. 41-43 bzw. Wandschneider, Schmidt (2005), S. 52 f.

103 Siehe Haaf, Volke, Schliehe (2004), S. 318, Kuge (2003), S. 280.

104 Siehe Fuchs (2004), S. 333, Müller, Schommer, Kutschker (2003), S. 596.

- intensiver Austausch medizinischer Informationen, wenn möglich schon vor Beginn der Anschlussheilbehandlung,
- eventuell teilhabeorientierte stationäre oder ambulante Reha-Intervalle während der stationären/ambulanten Akutkrankenhausbehandlung
- sowie frühzeitiger Einsatz von Reha-Assessmentinstrumenten bei bestimmten Indikationen zur Feststellung des Verlegungszeitpunkts.

Engere Abstimmungsprozesse und privilegierte Beziehungen zu einzelnen Rehabilitationseinrichtungen haben mit Einführung von DRGs und steigender Patientenfallschwere bei frühzeitigen Verlegungen in die Anschlussheilbehandlung aus Sicht der Krankenhäuser maßgeblich an Bedeutung hinzugewonnen[105]. Am Universitätsklinikum Heidelberg beispielsweise werden für die Verlegung der Patienten künftig anstatt mit vormals 74 nur noch mit etwa einem Dutzend AHB-Kliniken Vertragsvereinbarungen getroffen, welche strenge Qualitätsvorgaben sowie regelmäßig durchgeführte Patientenbefragungen beinhalten. Auch am Klinikum Hannover konzentriert man sich weiterhin auf seine Kernkompetenzen und setzt auf privilegierte Partnerschaften mit einzelnen Rehabilitationskliniken[106].

Die vorangegangenen Ergebnisse haben gezeigt, dass Krankenhäuser bei der Verlegung in erster Linie auf Kooperationen mit Rehabilitationskliniken setzen bzw. am eigenen Standort mit Rehabilitationsbetreibern kooperieren. Durch den verstärkten Verlegungsdruck auf Deutschlands Akutkrankenhäuser ergeben sich somit vielfältige Chancen und Kooperationsmöglichkeiten für einzelne AHB-Kliniken. Trotz der Überkapazitäten am Rehabilitationsmarkt gilt dies zumindest für die wettbewerblich am stärksten positionierten Einrichtungen großer privater Klinikbetreiber. Wirtschaftliche Erfolge aus dem Vorjahreszeitraum wurden Mitte bzw. Anfang 2006 u.a. seitens der Unternehmensgruppe MediClin sowie der DAMP Holding AG vermeldet. Vor allem kleinere Marktteilnehmer vermögen von diesem Boom hingegen nicht zu profitieren und sind vielfach von der Insolvenz bedroht. Eine mögliche Ausweitung von Angeboten der Frührehabilitation im Krankenhaus, die bisher eher verhalten ausgefallen ist, könnte diese Wettbewerbssituation in der Rehabilitation in Zukunft möglicherweise weiter verschärfen[107].

4.1.4 Positionierung von Rehabilitationseinrichtungen im verschärften Wettbewerb

Gemäß den Ausführungen in Abschnitt 4.1.3.2 sind Kooperationsverträge mit qualifizierten Rehabilitationseinrichtungen in den letzten Jahren in erster Linie auf Initiative der Akutkrankenhäuser entstanden. Hierbei wird ein verstärktes Interesse signalisiert, auf Basis entsprechender Kooperationen eine adäquate Nachbehandlung früh verlegter Patienten sicherzustellen[108]. Vor diesem Hintergrund wird es für AHB-Einrichtungen zunehmend wichtig, sich gegenüber den Akutkrankenhäusern als kompetenter Kooperationspartner zu präsentieren[109].

Privaten Klinikketten, welche sowohl über Akutkrankenhäuser als auch Rehabilitationseinrichtungen verfügen, bietet sich hier ein gewisser „Integrationsvorsprung", sofern sich beide Versorgungsformen in regionaler Nähe zueinander befinden. Am

---

105 Vgl. u.a. Schwing (2005[3]), S. 817, Lüngen, Lauterbach (2001), S. 588.
106 Vgl. Schwing (2003[4]), S. 82 sowie allgemeine Angaben in Goslich (2003), S. 71.
107 Siehe Volk (2006), S. 870 f.
108 Vgl. Bothe, Dürr, Hahn, Margreiter, Messemer (2003), S. 71 f., Clade (2003[2]), S. B922.
109 Siehe Bothe, Dürr, Hahn, Margreiter, Messemer (2003), S. 67 f.

Beispiel der Paracelsus Kliniken zeigt sich, dass dies in manchen Regionen der Fall ist, in anderen wiederum nicht. Während durch bestimmte Klinikketten Zukäufe im Bereich Rehabilitation bereits realisiert wurden, ist in anderen Fällen noch eine gewisse Zurückhaltung spürbar[110].

Ein ähnliches Integrationskonzept wie die Paracelsus Kliniken verfolgt die Unternehmensgruppe Schön, welche z.B. die Patienten ihres Münchener Krankenhauses in unternehmenseigene Rehabilitationskliniken verlegt. In der Orthopädischen Klinik Neustadt wiederum wird die akutstationäre und rehabilitative Patientenbehandlung sogar unter einem Dach angeboten[111].

In Abschnitt 4.1.1 wurde darauf hingewiesen, dass die Anforderungen an Rehabilitationskliniken zunehmend mit den früheren Anforderungsprofilen von Krankenhäusern vergleichbar sind. Die Vorhaltung von Liegendtransport, Notfallzimmer sowie einer behindertengerechten Ausstattung ist für eine AHB-Klinik demzufolge zur conditio sine qua non geworden[112]. Aufgrund der erhöhten Anforderungen an AHB-Kliniken werden Mindestmengen künftig eine zunehmend wichtige Rolle spielen. Größere „Intermediate-Care-Abteilungen“, d.h. interdisziplinär aufgestellte Rehabilitationszentren, sind demnach am besten aufgestellt, über eine bestimmte Mindestanzahl an Patienten Qualitätsvorteile und Kostendegressionseffekte zu erzielen[113].

Will eine AHB-Klinik den Existenzkampf am Rehabilitationsmarkt überstehen, so ist diese gefordert, gegenüber ihren Mitbewerbern gewisse Alleinstellungsmerkmale herauszuarbeiten. Passivität und Ignoranz gegenüber veränderten Rahmenbedingungen werden hingegen zwangsläufig zu einem Verlust an Marktanteilen und einer mittelfristigen Verdrängung vom Rehabilitationsmarkt führen. Dabei kann eine Marktpositionierung durch entsprechende Investitionen – beispielsweise in qualifiziertes Personal, im diagnostischen Bereich oder in das klinikeigene Labor – gelingen. Neben gegebenen Standortvorteilen wie der Nähe zu einem Akutkrankenhaus oder dem Wohnort der Patienten gilt das Erfüllen struktureller Anforderungen als entscheidend für den Erfolg einer AHB-Klinik. Hierbei gilt es jedoch nicht nur Akutkrankenhäuser, sondern auch qualifizierte Mitarbeiter von der Attraktivität der eigenen Einrichtung zu überzeugen. Eine rückläufige Anzahl an Studienabsolventen im Fachbereich Medizin sowie das EuGH-Urteil zur Überstundenregelung für Ärzte in Deutschland führen hier zu einer zunehmenden Personalknappheit am Arbeitsmarkt und einem verschärften Wettbewerb um geeignete Mitarbeiter[114].

Eine weitere gute Möglichkeit sich gegenüber seinen Wettbewerbern hervorzuheben, liegt in der Verbesserung der Versorgungsqualität. Die Breisgau-Klinik Bad Krozingen beispielsweise, hat mit dem Ziel der Zertifizierung „Servicequalität Baden-Württemberg“ einen eigenständigen Bottom-Up Ansatz gewählt, bei dem die Mitarbei-

110 Vgl. Hempel (2003), S. 904 und 906, Krukemeyer, Clausing (2004), S. 534. Die DAMP Holding AG wiederum steht für das umgekehrte Beispiel einer Unternehmensgruppe, die als ursprünglicher Rehabilitationsbetreiber in den letzten Jahren auf dem Krankenhausmarkt expandiert hat (vgl. Glatzer (2003), S. 20 und 22).

111 Einen alternativen Ansatz verfolgt beispielsweise die Kirchberg-Klinik in Bad Lauterberg im Harz, wo Patienten aus Braunschweig und Göttingen post-operativ in eine kombinierte Akut-Rehabilitationsklinik übernommen werden (vgl. Schwing (2003[3]), S. 62-64).

112 Vgl. Rothemund (2003[3]), S. 601 sowie Bothe, Dürr, Hahn, Margreiter, Messemer (2003), S. 70.

113 Siehe Kuge (2003), S. 280, sowie Clade (2003[2]), S. B923.

114 Siehe Lüders (2004), S. 604 sowie Bothe, Dürr, Hahn, Margreiter, Messemer (2003), S. 69-71 für die vorangegangenen Ausführungen.

ter explizit aufgefordert wurden, Verbesserungsvorschläge der Klinikpatienten im Prozessablauf einzubringen. Durch die Erarbeitung von Prozessplänen, so genannten Serviceketten, konnte sich das Personal besser mit den Erwartungen der Patienten auseinandersetzen und mögliche Behandlungsdefizite aufdecken. Durch erhöhte Transparenz in der Qualität ließen sich vor allem dreierlei Formen der Verbesserung erzielen:

- verbesserte Patienteninformationen
  - Abbau von Schnittstellen zwischen der Behandlungsabteilung, dem ärztlichen Dienst und dem Pflegedienst; verbesserter Informationsfluss zwischen den Abteilungen,
  - Entwicklung eines Leitfadens für die Klinikmitarbeiter mit Definition des Informationsbedarfs des Patienten in jeder Abteilung,
  - schnellere Integration des Patienten in den Klinikablauf und reduziertes Unsicherheitsgefühl;
- Perfektionierung von Zusatzleistungen
  - Verbesserung des kulinarischen Essensangebots mit regelmäßigen „Ländertagen" und spezieller Dekoration,
  - verbesserte Motivation für eine an die medizinischen Erfordernisse angepasste Ernährung;
- Integration einzelner Therapiebereiche
  - sukzessive Zusammenführung von Physiotherapie, Bäderabteilung, Ergotherapie und Psychologie mit verstärkter Patientenorientierung,
  - Aufdeckung von Rationalisierungspotentialen in der Therapieabteilung,
  - Errichtung einer Koordinierungsstelle zwischen einzelnen Abteilungen,
  - Berufung einer Bezugsperson, zuständig für Verbesserungsvorschläge sowie das Beschwerdemanagement.

Die Zertifizierung „Servicequalität Baden-Württemberg" war letztlich nicht nur mit einer weitaus aktiveren Mitarbeitereinbindung in den Veränderungsprozess, einer verbesserten Ablauforganisation und höherer Patientenzufriedenheit verbunden, sondern erhielt auch Aufmerksamkeit in den örtlichen Medien sowie eine positive Resonanz in der regionalen Bevölkerung. Die Breisgau-Klinik Bad Krozingen hat somit entscheidende Schritte unternommen, potentielle Patienten von der Qualität ihres Behandlungsprogramms zu überzeugen[115].

Im Bereich Anschlussheilbehandlungen sollte eine Kooperation in erster Linie auf die einweisenden Ärzte in den Akutkrankenhäusern ausgerichtet sein, um das Unternehmensziel „Belegungssicherung" zu erreichen. Durch aktives Zuweisermarketing gilt es, sich als attraktiver Kooperationspartner gegenüber dem Krankenhaus zu positionieren. Besonders wichtig ist dies im Fall eines Abschlusses integrierter Versorgungsverträge, z.B. in Form von Komplexpauschalen[116].

In Abbildung 24 sind einzelne Aspekte aufgeführt, welche es aus Sicht einer Rehabilitationsklinik vor Abschluss eines integrierten Versorgungsvertrags mit einem Akutkrankenhaus zu klären gilt. Die einzelnen Diskussionspunkte sollten vor Abschluss eines entsprechenden Vertrags zur Integrierten Versorgung nicht nur mit den Krankenkassen thematisiert, sondern im Idealfall in einem weiteren Vertrag zwischen den Leistungserbringern verbindlich geregelt werden.

---

115 Siehe Lüders (2004), S. 605 f.

116 Vgl. Rothemund (2002), S. 598, Bergler (2000), S. 50 sowie nachfolgende Ausführungen in Abschnitt 6.2.3.1.

Abb. 24: Checkliste einer Rehabilitationseinrichtung vor Abschluss eines integrierten Versorgungsvertrags mit einem Akutkrankenhaus als Kooperationspartner

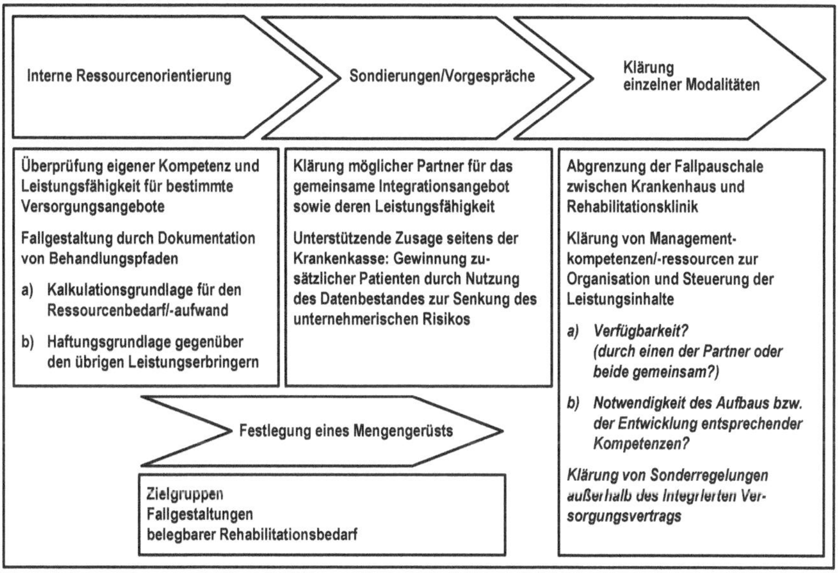

Quelle: Fuchs (2004), S. 333f., Müller, Schommer, Kutschker (2003), S. 596, eigene Darstellung

Gemäß der Abbildung sollte im Vorfeld einer IV-Vereinbarung zuerst eine Bewertung der eigenen Ressourcen vorgenommen werden. Im Anschluss an Sondierungen und Vorgespräche – sowohl mit Kostenträgern als auch möglichen Kooperationspartnern auf Leistungserbringerseite – gilt es in einem weiteren Schritt, einzelne Modalitäten und hier vor allem Abgrenzungsfragen zwischen Krankenhaus und Rehabilitationsklinik zu klären. Während des Vorbereitungsprozesses ist zudem das Mengengerüst (d.h. Zielgruppen, Fallgestaltung und belegbarer Rehabilitationsbedarf) festzulegen. Zu klärende Grundsatzfragen im Vertrag mit den Krankenkassen beinhalten in erster Linie Finanzierungsmodalitäten wie Abrechnungsverfahren, Abschlagszahlungen und Fälligkeiten, Dokumentations- und Evaluationspflichten sowie deren Finanzierung, Datenschutzbestimmungen und Grundsätze der Budgetverhandlung (z.B. Offenlegungspflichten)[117].

Im Rahmen der oben genannten Schritte ist auch über ein aktives Zuweisermarketing nachzudenken. Zuweiserbindung durch aktive institutionalisierte Zusammenarbeit lässt sich realisieren, indem das Interesse der infrage kommenden Krankenhäuser geweckt und auf die Möglichkeiten einer Win-win Situation durch Kooperationen mit der eigenen Einrichtung aufmerksam gemacht wird. Entscheidend ist aus Sicht der Rehabilitationsklinik, sich über die genauen Wünsche und Vorstellungen des Verhandlungspartners zu informieren, um so konkrete Kooperationsangebote unterbreiten zu können. Im Mittelpunkt steht die Frage, wie dem Einweiser als gleichzeitigem Kunden die tägliche Arbeit erleichtert werden kann und was dieser an konkreten Informationen benötigt. Das interne Vertriebsmanagement wird somit gezielt den tatsächlichen He-

117 Siehe Fuchs (2004), S. 333 f. sowie Müller, Schommer, Kutschker (2003), S. 596.

rausforderungen auf Krankenhausseite angepasst, die Unternehmensstrategie orientiert sich an langfristiger Kundenbindung, Kundentreue und Kundenloyalität[118]. Ein aktives Zuweisermarketing kann auch dazu dienen, Animositäten von Akut- gegenüber Rehabilitationsmedizinern abzubauen. Die oftmals vorrangige Einstellung „Ich habe doch nicht Medizin studiert, um in der Reha zu landen!" muss hier in eine Bewusstseinsbildung hinsichtlich der Bedeutung der Rehabilitation umgekehrt werden[119].

Abb. 25: Vorteile und Elemente des Zuweisermarketings von AHB-Kliniken

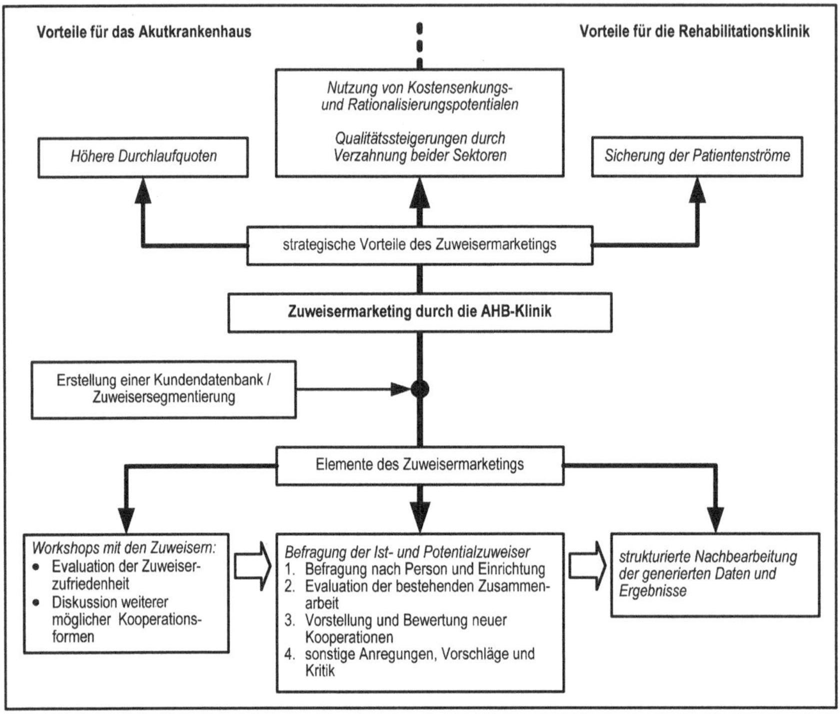

Quelle: Müller, Schommer, Kutschker (2003), S. 594-599, eigene Darstellung

Abbildung 25 dokumentiert Vorteile sowie notwendige Elemente eines Zuweisermarketings gegenüber den Akutkrankenhäusern. Zu empfehlen ist eine Vorabbefragung der Ist- und Potentialzuweiser, welche möglichst getrennt unter Ärzten, Managern und gegebenenfalls dem Sozialdienst durchgeführt werden sollte, um Unterschiede in der Bewertung im Nachhinein besser nachvollziehen zu können. Erfahrungsgemäß wird beispielsweise die Frührehabilitation im Krankenhaus, etwa durch mobile Rehabilitationstams, vom Management höher bewertet als durch die Ärzte[120]. Andererseits sahen bei einer Befragung von MediClin-Einrichtungen wiederum 95% des Krankenhaus-

118 Vgl. Müller, Schommer, Kutschker (2003), S. 599 sowie Bergler (2000), S. 50.
119 Vgl. Beispiele in Schwing (2003[3]), S. 63 sowie Schwing (2003[8]), S. 1085.
120 Siehe Müller, Schommer, Kutschker (2003), S. 599.

managements, allerdings nur 85% der Ärzte den klinikinternen Sozialdienst in der Lage, Rehabilitationsanträge zeitnah zu bearbeiten. Neue Kooperationsangebote zur Antragsvorbereitung und Antragsbearbeitung bzw. zur Schaffung eines gemeinsamen Sozialdiensts wurden von den Ärzten demnach auch als interessanter eingestuft als vom Klinikmanagement. Da sich die Ärzte näher am tatsächlichen Leistungsgeschehen befinden, ist es generell zu empfehlen, neue Kooperationsangebote zu Beginn den Chefärzten der jeweiligen Kliniken zu unterbreiten[121].

Nach der Selektion geeigneter Zuweiser ist seitens der AHB-Kliniken über gezielte Serviceleistungen gegenüber einzelnen Kooperationspartnern nachzudenken. An einer neurologischen Rehabilitationseinrichtung in Bayern beispielsweise wurden diesbezüglich konkrete Besuchspläne erstellt, welche nach der individuellen Bedeutung einzelner Chef- und Oberärzte als „Opinion leader" bzw. der Bedeutung einzelner Krankenhäuser in Bezug auf deren Patientenpotential ausgerichtet waren. Im Anschluss wurden den einweisenden Krankenhäusern folgende konkrete Dienstleistungen angeboten:

- gemeinsame Erarbeitung von Rehabilitationsmaßnahmen bei besonders schwierigen Verlegungsfällen zwecks reibungsloser und effizienter Übernahme in die Anschlussheilbehandlung,
- Erstellung eines Entlassungsstatusberichts für die einweisenden Ärzte durch die AHB-Klinik
- sowie Inhouse-Schulungen für die Stationsärzte und -pfleger/innen an den Krankenhäusern zur korrekten Anwendung des Barthel-Index[122].

Obgleich einweisende Krankenhäuser Vorschläge im Hinblick auf präferierte Kooperationspartner unterbreiten können, obliegt die letztendliche Entscheidung bei der Einweisung in eine AHB-Klinik dem jeweiligen Kostenträger. Somit ist auch hier eine enge Kooperation unerlässlich[123].

Im Fall der neurologischen Rehabilitationseinrichtung in Bayern wurde beispielsweise dafür gesorgt, dass der Barthel-Index zwei Tage die Woche anstatt nur einmal wöchentlich gemessen wurde. Auf diese Weise wurden zeitnähere Übergänge in eine niedrigere Pflegestufe ermöglicht. Der Erlösrückgang für die AHB-Klinik stellte sich als verhältnismäßig gering heraus, während die verstärkte Vertrauensbasis sowie die verbesserten Kommunikationsprozesse mit Verwaltungserleichterungen in der Klinik und kürzeren Bearbeitungszeiten bei den Krankenkassen weitaus stärker ins Gewicht fielen[124].

4.1.5 Zusammenfassung der wesentlichen Herausforderungen an der Schnittstelle zwischen Akut- und Rehabilitationsbehandlung

Die Diskussion bezüglich des Zusammenwirkens von Akut- und Rehabilitationsleistungen lässt sich noch einmal anhand folgender Punkte zusammenfassen:

1. Nach Einführung der Fallpauschalenvergütung im Krankenhausbereich ist gemäß Erfahrungsberichten aus anderen DRG-Ländern mit einer eindeutigen Leistungsverschiebung vom Akut- in den nachgelagerten Rehabilitationsbereich zu rechnen.
   Erste Erhebungen für die Bundesrepublik Deutschland liefern hierzu keine eindeutigen Erkenntnisse, wobei jedoch auf den seit 2003 noch vergleichsweise kurzen Beo-

---

121 Vgl. Müller, Schommer, Kutschker (2003), S. 597 und 599.

122 Siehe Bergler (2000), S. 50 f. sowie Schwing (2003^3), S. 63 f. bezüglich der Bedeutung regelmäßiger Treffen zwischen Rehabilitations- und Akutmedizinern.

123 Vgl. Jeschke (2003), S. 370.

124 Vgl. Bergler (2000), S. 51.

bachtungszeitraumm hinzuweisen ist. Einzelne Kennzahlen, vor allem der Anteil der Wiedereinweisungen von GKV-finanzierten AHB-Patienten in das Akutkrankenhaus sowie qualitative Aussagen aus den AHB-Kliniken, scheinen jedoch in eine ähnliche Richtung zu deuten wie die Erfahrungen aus dem Ausland.

2. Die Angebotsstrukturen der Frührehabilitation an Krankenhäusern wurden seit den 80er Jahren in erster Linie für die Bereiche Geriatrie und Neurologie entwickelt, während die fachübergreifende Frührehabilitation noch vergleichsweise gering ausgeprägt ist. Im Fall eines Ausbaus fachübergreifender Maßnahmen der Frührehabilitation sollten akkurate Bedarfsschätzungen durchgeführt und Synergien mit bereits bestehenden geriatrischen und neurologischen Einrichtungen genutzt werden.
3. Um Schnittstellenprobleme zwischen Krankenhäusern und Rehabilitationskliniken zu vermeiden, müssen die Übergänge zwischen den Sektoren genau definiert werden. Dies ist für manche Krankheitsbilder, vor allem in der Kardiologie und Orthopädie, mittlerweile relativ problemlos, in anderen Fällen wiederum nicht so leicht möglich. In den letzten Jahren sind allgemeingültige, vor allem auf die Bereiche Geriatrie und Neurologie anwendbare Kriterien entwickelt worden, die zwar den Eintritt in die Phase der Frührehabilitation, nicht aber den Zeitpunkt der Beendigung von Maßnahmen der Frührehabilitation definieren. Hier besteht weiterer Forschungs- und Entwicklungsbedarf.
4. In den letzten Jahren sind die Möglichkeiten eines erweiterten Rehabilitationsangebots an den Krankenhäusern nur verhalten genutzt worden. Ob sich dies in der nächsten Zeit ändern wird, ist derzeit schwer abzusehen. Aus diesem Grund wird in Abschnitt 8 im Rahmen einer Hochrechnung von Rehabilitationsfällen und -ausgaben auch das Szenario einer möglichen zusätzlichen Erbringung von Rehabilitationsbehandlungsleistungen durch den Krankenhaussektor modelliert.
5. Aufgrund der Verlegung schwerer Patientenfälle aus dem Akutsektor und des damit einhergehenden, erhöhten Wettbewerbsdrucks, dürfte im Laufe der kommenden Jahre eine Marktbereinigung unter den deutschen Rehabilitationskliniken stattfinden. Es werden nur diejenigen Einrichtungen überleben, welche sich auch im Sinne einer akutmedizinischen Versorgung auf die steigenden Anforderungen im AHB-Bereich einstellen können. Größeren Rehabilitationseinrichtungen dürfte es hierbei am ehesten möglich sein, Akutkrankenhäuser und Kostenträger in puncto Qualität und durch ein aktives Zuweisermarketing vom eigenen Versorgungsangebot zu überzeugen. Aufgrund ihres „integrativen Vorsprungs“ befinden sich hier vor allem Rehabilitationskliniken großer Privatunternehmen im Vorteil.

4.2 Rehabilitation und niedergelassene Ärzte

Im Hinblick auf den Patientenzugang zur Rehabilitation kommt dem niedergelassenen Arzt im Bereich Antragsverfahren eine Schlüsselfunktion zu. Erwiesenermaßen ist die Inanspruchnahme solcher Behandlungsleistungen durch den Patienten stark von der Rolle des niedergelassenen Arztes abhängig. Letzterer ist Informations- und Motivationsquelle zugleich und kann mittels einer positiven Einstellung zur Rehabilitation einen entscheidenden Einfluss auf die Entscheidungsfindung des Patienten ausüben[125].

Zwar muss der Antrag auf eine Rehabilitationsmaßnahme vom Versicherten persönlich gestellt werden, zusätzlich wird vom Kostenträger jedoch für gewöhnlich ein ärztlicher

125 Vgl. u.a. Vogel, Petermann, Schillegger, Schmidt, Seger (1997), S. 96.

Befundbericht bzw. ein Hausarztgutachten als Orientierungshilfe für die Antragsbearbeitung mit angefordert. In diesem ärztlichen Begleitschreiben gilt es, alle wesentlichen medizinischen und sozialen Beurteilungskriterien für eine Rehabilitationsmaßnahme zu erfassen, um den Versicherungsträger bei der Entscheidung über die Antragsvergabe bestmöglich zu unterstützen[126]. Laut Ergebnissen einer empirischen Umfrage ging die Initiative eines Rehabilitationsantrags in 45% der Fälle vom zuständigen oder einem mitbehandelnden Arzt aus. In nur 42% der Fälle erfolgte der Antrag auf Initiative des Patienten selbst[127].

Letztlich kann das ärztliche Überweisungsverhalten zu einer Überinanspruchnahme von Rehabilitationsleistungen, andererseits aber auch zu einer Unterinanspruchnahme führen. Eine zu starke Unterstützung von Rehabilitationsanträgen limitiert zwar die Anzahl der „Under-User", führt aber gleichzeitig zu einem erhöhten Anteil an nicht rehabilitationsbedürftigen Patienten. Gleichzeitig kann eine zu ablehnende Haltung mancher Ärzte zwar die Anzahl der „Over-User" verringern, tatsächlich rehabilitationsbedürftigen Patienten jedoch den Zugang zu Rehabilitationsmaßnahmen verwehren[128].

4.2.1 Beurteilung der medizinischen Rehabilitation durch niedergelassene Ärzte

Hinsichtlich der Meinung von Hausärzten zur medizinischen Rehabilitation sei auf zwei relevante Datenerhebungen hingewiesen.

Im Rahmen einer ersten Erhebung wurden Rehabilitationsleistungen von den Ärzten je nach Indikationsgebiet in 40-60% der Fälle als „äußerst wichtig" oder „meist wichtig", in 10-15% der Fälle hingegen als „äußerst unwichtig" oder „meist unwichtig" bezeichnet. Ähnliche Ergebnisse resultierten aus der Erfolgsbewertung von Rehabilitationsmaßnahmen[129].

In einer zweiten Befragung wurden die Ergebnisse von Rehabilitationsleistungen durch über 60% der befragten Hausärzte positiv bzw. sehr positiv beurteilt. Ergebnisse der medizinischen Rehabilitation wurden hingegen nur in 5% der Fälle mit „mangelhaft" bzw. „ungenügend" bewertet. Ein ähnliches Bild ergab sich auch bezüglich der Frage nach der allgemeinen Einstellung zu Rehabilitationsmaßnahmen[130].

Allgemein wurden Anschlussheilbehandlungen positiver bewertet als Maßnahmen der Antragsrehabilitation. Demnach wurde in erster Linie dafür plädiert, Anschlussheilbehandlungen sowie wohnortnahe Physiotherapie beizubehalten bzw. auszuweiten. Kardiologische und orthopädische Antragsverfahren hingegen wurden in etwa 30-40% der Fälle skeptisch beurteilt. Etwa 50% der Allgemeinärzte sprachen sich für eine Verrin-

---

126 Vgl. Best, Gerdes (2005), S. 295 sowie Petermann, Schmidt, Krischke, Seger, Vogel, Lampe (1999), S. 2.

127 Siehe Vogel, Petermann, Schillegger, Schmidt, Seger (1997), S. 101.

128 Vgl. Vogel, Petermann, Schillegger, Schmidt, Seger (1997), S. 96 und S. 104. Gemeint sind somit die alleinigen Auswirkungen durch das Überweisungsverhalten des niedergelassenen Arztes. Allgemeine Trends wie ein verstärkter, in erster Linie arbeitsmarktbedingter Rückgang an Anträgen seitens der Versicherten sowie eine steigende Ablehnungsquote von Maßnahmen der Antragsrehabilitation auf Kostenträgerseite werden im Rahmen einer solchen Analyse ausgeblendet (vgl. u.a. Rothemund (2003^2), S. 600 mit Hinweisen auf entsprechende Trends in den Rehabilitationsfallzahlen).

129 Siehe Vogel, Petermann, Schillegger, Schmidt, Seger (1997), S. 100 und S. 103 f.

130 Vgl. Deck, Heinrichs, Koch, Kohlmann, Mittag, Peschel, Ratschko, Welk, Zimmermann (2000), S. 433 f.

gerung von Rehabilitationsangeboten für chronische Rückenschmerzen, offene Badekuren oder Kompaktkuren aus[131].

Interessanterweise bestanden auch regionale Unterschiede in der Einstellung von Hausärzten gegenüber der medizinischen Rehabilitation. In den neuen Bundesländern genießt die Rehabilitation demnach sowohl insgesamt als auch im Hinblick auf einzelne Rehabilitationsformen eine signifikant höhere Wertschätzung als in den alten Bundesländern. Zudem wurde die Überinanspruchnahmerate von Rehabilitationsmaßnahmen zum Zeitpunkt der Erhebung dort als weitaus geringer eingeschätzt. Eventuell steht die positivere Einstellung gegenüber der Rehabilitation in den neuen Bundesländern mit einer bewusst wahrgenommenen Verbesserung der Rehabilitationsversorgung gegenüber DDR-Zeiten in direktem Zusammenhang[132].

4.2.2 Schnittstellenprobleme zwischen niedergelassenen Ärzten und medizinischen Rehabilitationseinrichtungen

Selbst bei einer weitestgehend positiven Beurteilung der medizinischen Rehabilitation lassen sich an der Schnittstelle zwischen niedergelassenen Ärzten und Rehabilitationskliniken bzw. dem Rehabilitationsträger erhebliche Verbesserungspotentiale ausmachen. Bemerkenswert ist, dass gemäß Umfrageergebnissen bei 43% der befragten Ärzte keinerlei Kooperation in Zusammenhang mit der Rehabilitationsmaßnahme erfolgte. Konkret wurden zudem folgende Defizite von den niedergelassenen Ärzten angesprochen:

- eine mangelhafte Bereitstellung von Informationen der Rehabilitationskliniken hinsichtlich des angebotenen Leistungsspektrums,
- eine geringe Nachvollziehbarkeit von Entscheidungen seitens der Kostenträger,
- eine bestehende Intransparenz hinsichtlich der Rehabilitationskriterien zur Feststellung von Rehabilitationsbedarf und Rehabilitationsfähigkeit
- sowie ein zu geringes wechselseitiges Wissen über die jeweiligen Behandlungsverläufe.

Insbesondere wünschten sich daher viele niedergelassene Ärzte persönlichen und telefonischen Kontakt mit den beteiligten Ärzten der Rehabilitationseinrichtungen sowie die Möglichkeit einer Teilnahme an Kontaktforen und Workshops, um rehabilitationsspezifische Fragestellungen diskutieren zu können. Kritisch beurteilt wurde vor allem auch die hohe Diskrepanz zwischen Empfehlungen der niedergelassenen Ärzte und der letztendlichen Entscheidung seitens der Sozialversicherungsträger. Hiermit war gemäß einem Befragungsergebnis der explizite Wunsch verbunden, mehr über Entscheidungsverfahren und Bewilligungskriterien zu erfahren[133].

Die mangelhafte Bereitstellung von Informationen ist letztendlich kein einseitiges Problem, sondern lässt sich auch seitens der niedergelassenen Ärzte dokumentieren. So ergab eine Studie von 206 Befundberichten fehlende Angaben über maßgebliche klinische, technische oder pathologische Befunde in ca. 50% der Fälle. Bei ca. einem Drittel wurden den Befundbögen keine Begleitunterlagen (z.B. in Bezug auf gesund-

---

131 Siehe Best, Gerdes (2005), S. 296 sowie Lachmann, van den Bussche, Dunkelberg, Ehrhardt (1999), S. S149 f., Abbildung 1. Ähnliche Unterschiede finden sich in Dunkelberg, Lachmann, van den Bussche, Müller (2002), S. 372, Abbildung 3.

132 Vgl. Dunkelberg, Lachmann, van den Bussche, Müller (2002), S. 371-373. Siehe auch Lachmann, van den Bussche, Dunkelberg, Ehrhardt (1999), S. S150 und S152.

133 Vgl. Deck, Heinrichs, Koch, Kohlmann, Mittag, Peschel, Ratschko, Welk, Zimmermann (2000), S. 432-434.

heitlich relevante Beeinträchtigungen und Funktionseinschränkungen) beigefügt. Angaben zur vorangegangenen Behandlung fehlten ebenfalls zu etwa einem Drittel, Fragen nach Dauer und Erfolg der Vorbehandlung blieben gar in 80-90% der Fälle unbeantwortet. Tatsächlich machten fehlende individuelle Angaben in mehr als der Hälfte der Fälle weiterführende ärztliche Untersuchungen und Begutachtungen notwendig, eine direkte Zuweisung nach Aktenlage war in diesen Fällen nicht möglich[134].

4.2.3 Möglichkeiten der verbesserten Kooperation zwischen niedergelassenen Ärzten und medizinischen Rehabilitationseinrichtungen

Die Bedeutung des niedergelassenen Arztes im Bereich der medizinischen Rehabilitation kommt u.a. in § 73 SGB V an mehreren Stellen zum Ausdruck. So wird in § 73 Abs. 1 Nr. 4 SGB V auf die formale Zuständigkeit der hausärztlichen Versorgung in Bezug auf „die Einleitung oder Durchführung (...) rehabilitativer Maßnahmen sowie die Integration nichtärztlicher Hilfen und flankierender Dienste" und zudem in § 73 Abs. 2 Nr. 5 und 7 SGB V auf die vertragsärztlichen Verordnungsrechte hingewiesen. Bereits vor Jahrzehnten wurde der Selbstverwaltung von Krankenkassen und Ärzten der gesetzliche Auftrag erteilt, im Rahmen so genannter ‚Gesamtverträge' gemeinsam die Erbringung ambulanter Rehabilitationsmaßnahmen sicherzustellen (vgl. § 73 Abs. 3 SGB V). Diesem Auftrag wurde jedoch bislang – mit Ausnahme der ‚Kurarztverträge' von 1975 – nicht nachgekommen[135].

Mit Inkrafttreten des SGB IX wurde die Rolle des niedergelassenen Arztes als Reha-Lotse noch einmal hervorgehoben[136]. Demzufolge ist es dessen Aufgabe, Rehabilitationsmaßnahmen im Auftrag der Kostenträger zu koordinieren, Therapieziele sowie einen Therapieplan mit dem Versicherten auszuarbeiten und Rehabilitationsleistungen zum Teil selbst zu erbringen. Da durch den niedergelassenen Arzt auch der Gesamtprozess zu koordinieren ist, erscheint hier die Ausarbeitung integrierter Versorgungsmodelle gemäß SGB V §140 d besonders viel versprechend, bei denen ein persönliches Budget durch den niedergelassenen Hausarzt verwaltet und zum Teil für Rehabilitationsleistungen verwendet wird[137]. In der Tat lässt sich Rehabilitationskompetenz verstärkt vor allem dann transportieren, wenn der behandelnde Arzt als Lotse in das Gesundheitssystem in seiner Rolle ernst genommen wird, Entscheidungsprozesse durch die sozialmedizinischen Dienste moderiert und Behandlungsprozesse mit den Betriebsärzten, den Hausärzten und dem Krankenhaus fallbezogen abgestimmt werden[138].

Die im Rahmen von Abschnitt 4.2.2 dokumentierte mangelhafte Qualität hausärztlicher Befundberichte kann letztendlich als Indiz für die oftmals geringe Kooperationsbereitschaft der niedergelassenen Ärzte gedeutet werden, mit Rehabilitationseinrichtungen und Rehabilitationsträgern zusammenzuarbeiten[139]. Gleichzeitig machen die

---

134 Vgl. Petermann, Schmidt, Krischke, Seger, Vogel, Lampe (1999), S. 2 f. sowie S. 5.

135 Vgl. SGB Sozialgesetzbuch (2006), S. 409 f., Fuchs (2004), S. 331, SVR (2003), S. 105.

136 Siehe insbesondere SGB Sozialgesetzbuch (2006), § 26 SGB IX auf S. 1111 f.

137 Vgl. SGB Sozialgesetzbuch (2006), S. 1106 f.: „§ 17 Ausführung von Leistungen, Persönliches Budget".

138 Vgl. Koch, Morfeld (2004), S. 294, Seiter (2003), S. 68.

139 Vgl. auch Anmerkungen in Deck, Heinrichs, Koch, Kohlmann, Mittag, Peschel, Ratschko, Welk, Zimmermann (2000), S. 432.

Ergebnisse der genannten Befragungen deutlich, dass sich die niedergelassenen Ärzte in der Regel nur unzureichend in Entscheidungsprozesse eingebunden fühlen[140].

Ein wesentliches Ziel sollte es daher sein, die niedergelassenen Ärzte künftig aktiver am Rehabilitationsprozess zu beteiligen, um eine möglichst positive Grundeinstellung zu gewährleisten, ärztliche Kenntnisse im Bereich Rehabilitation zu erweitern sowie ein möglichst bedarfsgerechtes Antragsverhalten sicherzustellen. In Anlehnung an die Punkte in Abschnitt 4.2.2 dokumentiert Abbildung 26 mehrere Möglichkeiten, wie der niedergelassene Arzt verstärkt in den Rehabilitationsprozess eingebunden werden könnte.

In einem ersten Schritt sollte der niedergelassene Arzt durch den Rehabilitationsträger über die Entscheidung hinsichtlich der Antragsbewilligung informiert und so über den Behandlungsprozess auf dem Laufenden gehalten werden. Allein die Nennung einer Kontaktperson auf Seiten des Kostenträgers könnte die Kooperationswilligkeit der Ärzte im Rahmen der Antragstellung bedeutend fördern.

Abb. 26: Möglichkeiten einer verstärkten Einbindung des niedergelassenen Arztes in das Rehabilitationsgeschehen

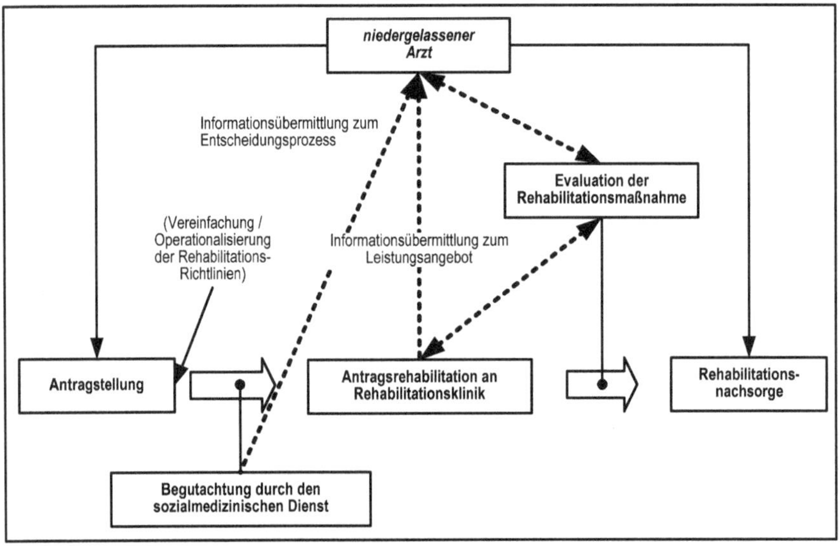

Quelle: Vogel, Petermann, Schillegger, Schmidt, Seger (1997), S. 104, van den Bussche, Dunkelberg (2003), S. 351 und 353, eigene Darstellung

Gleichzeitig sind die derzeitigen Kenntnisse eines niedergelassenen Arztes bezüglich der – in der Regel weiter entfernt gelegenen – Rehabilitationseinrichtungen oftmals mangelhaft und für gewöhnlich nicht mit dem Wissensstand über einzelne Krankenhäuser vergleichbar. Auch der Einsatz benutzerfreundlicher Datenbanken mit Informationen über Art, Ort und Qualitätsstandards der Maßnahmen einzelner Rehabilitations-

140 Am Rande sei jedoch erwähnt, dass hierbei auch die Honorarpraxis der Ärzte für die Begutachtung der Rehabilitationsbedürftigkeit sicherlich diskussionswürdig ist (siehe Petermann, Schmidt, Krischke, Seger, Vogel, Lampe (1999), S. 5).

einrichtungen könnte daher dazu beitragen, die Beratungs- und gegebenenfalls Entscheidungskompetenz des niedergelassenen Arztes zu erhöhen und so seine Kooperationsbereitschaft zu steigern[141]. Bei Bedarf sollte dem niedergelassenen Arzt zudem der Kontakt mit einem Rehabilitationsarzt ermöglicht werden[142]. Es wäre zudem wünschenswert, den niedergelassenen Arzt über mögliche Evaluationen des Rehabilitationserfolgs seiner Patienten zu informieren, bzw. ihn im Idealfall sogar direkt am Bewertungsprozess zu beteiligen. Zwei aktuelle Entwicklungen an der Schnittstelle zwischen Rehabilitation und niedergelassenen Ärzten könnten die Integration der beiden Sektoren bedeutend fördern. Zum einen sind dies die kürzlich verbesserten Fort- und Weiterbildungsmöglichkeiten niedergelassener Ärzte im Bereich Rehabilitation, zum anderen die Aufhebung von Zugangsbarrieren niedergelassener Ärzte an Rehabilitationseinrichtungen gemäß dem Vertragsarztrechtsänderungsgesetz (VÄndG)[143].

Neben den dargestellten Verbesserungsmöglichkeiten könnte auch darüber nachgedacht werden, das Verfahren der Rehabilitationsantragsstellung zu vereinfachen. Die vom Gemeinsamen Bundesausschuss (G-BA) erlassenen Rehabilitations-Richtlinien gemäß § 92 Abs. 1 Satz 2 Nr. 8 SGB V bringen dem niedergelassenen Arzt keine wirkliche Entlastung, da für die Einleitung und Verordnung von Rehabilitationsmaßnahmen sehr umfangreiche Formulare auszufüllen sind[144]. Im Idealfall wären notwendige Kriterien der Rehabilitationsbedürftigkeit so zu verdeutlichen bzw. zu operationalisieren, dass diese durch den niedergelassenen Arzt als eine tatsächliche transparente Hilfestellung empfunden werden[145].

Abschließend dokumentiert Abbildung 26 die Möglichkeit der Rehabilitationsnachsorge. Ähnlich der Rollenzuweisung im Bereich (ambulant-)teilstationärer Rehabilitation kann der niedergelassene Arzt auch im Spezialfall der Rehabilitationsnachsorge eine zentrale Koordinationsrolle übernehmen. Da er in diesem Fall als eine Art Case Manager am gesamten Rehabilitationsprozess beteiligt wäre, fällt die in Abbildung 26 dargestellte Behandlung in den Bereich der Integrierten Versorgung[146], deren künftige Ausrichtung in Abschnitt 5.1 näher diskutiert wird.

Konkret widmet sich der nachfolgende Abschnitt 4.3 dem Thema Nachsorge als komplementäre Behandlungsform zur Rehabilitation.

4.3 Rehabilitation und Nachsorge

In Bezug auf die Rehabilitationsnachsorge ergeben sich einige Überschneidungen mit dem Thema der (ambulant-)teilstationären Rehabilitation aus Abschnitt 3.3. Wenngleich die Konzepte in bestimmten Punkten miteinander vergleichbar sind, handelt es sich bei (ambulant-)teilstationären Rehabilitationsleistungen nicht zwangsläufig um Rehabilitationsnachsorge. Vielmehr haben die Ausführungen in Abschnitt 3.3 gezeigt,

141 Vgl. van den Bussche, Dunkelberg (2003), S. 351 und 353. Gemäß einer Umfrage schätzten nur 40% der Hausärzte ihre Kenntnisse über einzelne Rehabilitationsformen und das Bewilligungsverfahren als gut oder sehr gut ein. Empfehlungen, vor allem auch für neue Angebotsformen, können auf diese Weise nur sehr schwer auf die individuellen Bedürfnisse des Patienten abgestimmt werden.

142 Vgl. Vogel, Petermann, Schillegger, Schmidt, Seger (1997), S. 104.

143 Vgl. die nachfolgenden Diskussionen in Abschnitt 4.3.4 sowie Abschnitt 5.3.

144 Vgl. Plate, Meinck (2005), S. 219, in Bezugnahme auf G-BA (2004).

145 Siehe u.a. Vogel, Petermann, Schillegger, Schmidt, Seger (1997), S. 105.

146 Siehe van den Bussche, Dunkelberg (2003), S. 353.

dass (ambulant-)teilstationäre Rehabilitationsmaßnahmen auch im direkten Anschluss an eine Krankenhausbehandlung erbracht werden können. Umgekehrt bedeutet aber auch eine „Flexibilisierung der Rehabilitation ... mehr als Reha ambulant zu erbringen“[147]. Vor allem die Rehabilitationsnachsorge erfordert die Abstimmung unterschiedlichster Leistungen, wie der nachfolgende Abschnitt zeigen wird.

Im Anschluss an eine medizinische Rehabilitationsmaßnahme können weiterführende Leistungen helfen, den Erfolg der Rehabilitationsbehandlung auch längerfristig sicherzustellen. Vor allem gehören zur Aufgabe der Rehabilitationsnachsorge für den Patienten[148]:

- die weitere Verbesserung der Funktionsfähigkeit,
- eine Aufrechterhaltung von Lebensstilveränderungen,
- der Transfer des in der Rehabilitation Erlernten in den Alltag
- sowie eine Stärkung und Förderung der persönlichen und sozialen Kompetenz.

Entscheidungen über den individuellen Nachsorgebedarf werden in erster Linie von der behandelnden Rehabilitationseinrichtung getroffen, da diese bei Entlassung den besten Überblick über den Gesundheitszustand ihrer Patienten hat. Die Rehabilitationsnachsorge sollte mit den Behandlungselementen der stationären Rehabilitation therapeutisch abgestimmt sein und möglichst zeitnah im Anschluss daran beginnen. Es gibt jedoch auch einzelne Formen der Nachsorge wie Auffrischungskurse, Nachschulungen oder Trainingswochenenden, welche einen bestimmten zeitlichen Abstand zur stationären Rehabilitation erforderlich machen.

In Abschnitt 4.3.1 wird auf die konkreten Vorteile der Rehabilitationsnachsorge hingewiesen, Abschnitt 4.3.2 dokumentiert im Anschluss einzelne Aspekte der Rehabilitationsnachsorge anhand des Programms der Intensivierten Rehabilitationsnachsorge (IRENA) der Deutschen Rentenversicherung Bund. Letztendlich kommt Abschnitt 4.3.3 zu dem Schluss, dass die Inanspruchnahme von Nachsorgeleistungen derzeit noch weit hinter den gegebenen Möglichkeiten zurückbleibt.

Abschließend skizziert Abschnitt 4.3.4 die mögliche Ausgestaltung der Rehabilitationsnachsorge im Rahmen künftiger integrierter Versorgungsstrukturen.

4.3.1 Stabilisierung des Behandlungserfolgs durch Rehabilitationsnachsorge

Die kurzfristige Wirksamkeit medizinischer Rehabilitationsleistungen unmittelbar nach Beendigung einer Rehabilitationsmaßnahme gilt innerhalb der Rehabilitationswissenschaften mittlerweile als unumstritten. Gleichzeitig finden sich jedoch Hinweise, dass die positiven Rehabilitationseffekte mittel- bis langfristig (meistens mit Messungen 6 bzw. 12 Monate nach Rehabilitationsende) oftmals rückläufig sind und zum Teil keine statistisch signifikanten Veränderungen mehr gegenüber den gemessenen Anfangswerten aufweisen[149]. Das Problem einer mangelnden Nachhaltigkeit von Rehabilitationseffekten gilt vor allem für den Bereich Kardiologie sowie die Behandlung chronischer Rückenschmerzen[150], wie einer Übersicht von 38 Studien aus dem „Förderschwerpunkt Rehabilitationswissenschaften“ zu entnehmen ist. Als Variablen wurden in diesen Studien Wiedereingliederungsquoten, Indikatoren zur Leistungs- und Erwerbsfähigkeit,

147 Siehe Egelkraut (2004), S. 34.

148 Vgl. Egelkraut (2004), S. 29-33 für die nachfolgenden Ausführungen.

149 Siehe Köpke (2005), S. 345.

150 Vgl. Hüppe, Raspe (2005), S. 25, S. 28 f. und S. 31, mit Ergebnissen einer Literaturübersicht von Studien aus den Jahren 1980 bis 2003.

gesundheitsbezogene Lebensqualität, Indikatoren zur psychischen Befindlichkeit sowie Risikofaktoren berücksichtigt[151].

Aufgrund immer enger werdender finanzieller Spielräume gerät die medizinische Rehabilitation zugleich unter einen immer stärkeren Legitimationsdruck. Daher sind dringend Überlegungen erforderlich, wie auch die längerfristige Wirksamkeit von Rehabilitationsmaßnahmen verbessert werden kann. Die Ausweitung von Programmen der Rehabilitationsnachsorge erscheint hier nahe liegend[152].

In den vergangenen Jahren lieferten zahlreiche wissenschaftliche Untersuchungen einen Wirksamkeitsnachweis entsprechender Nachsorgeprogramme. Dies zeigt u.a. eine Längsschnittstudie mittels eines Vergleichs von Ergebnisdaten bei orthopädischen, onkologischen und psychosomatischen Patienten mit und ohne Rehabilitationsnachsorge. In der Studie wurden Vergleiche in Bezug auf die Leistungsfähigkeit in Alltag, Freizeit und Beruf, die subjektive Erwerbsprognose sowie weitere, gesundheitsbezogene Variablen im somatischen, funktionalen und psychosomatischen Bereich angestellt. Es ließen sich hierbei statistisch signifikant bessere Ergebnisse bei denjenigen Rehabilitanden feststellen, die sich auf die Zeit nach der Rehabilitation gut vorbereitet fühlten und somit auch entsprechende Nachsorgemaßnahmen in Anspruch genommen hatten[153].

Weitere Nachweise für die Wirksamkeit der Rehabilitationsnachsorge existieren auch in der Kardiologie. Dies gilt sowohl bei intensiveren Nachsorgeprogrammen, z.B. von zwei Tagen pro Woche über einen durchschnittlichen Zeitraum von sechs Wochen[154] als auch bei einer Intervallbehandlung in Form von drei dreieinhalbstündigen Auffrischungskursen über einen längerfristig angelegten Zeitraum nach durchschnittlich sechs Wochen sowie vier und neun Monaten. Bei einem Vergleich zweier Patientengruppen mit und ohne Auffrischungskurs ließ sich in der Interventionsgruppe langfristig eine höhere Teilnahmebereitschaft (Compliance) bei der Umstellung von Lebensgewohnheiten erreichen und somit auch eine Stabilisierung der günstigen Veränderung im Risikoprofil der Patienten erzielen[155].

Alternativ können Nachsorgeprogramme auch ganz gezielt auf einzelne Verhaltensänderungen ausgerichtet sein. Ein gutes Beispiel bilden Nachsorgeprogramme zur Raucherentwöhnung. Hierbei haben sich sowohl Vor-Ort-Behandlungen[156] als auch tele-

---

151 Aufgrund des großen Studienumfangs ist eine detaillierte Analyse im Rahmen dieser Arbeit nicht möglich. Vgl. Haaf (2005), S. 259 f. sowie S. 261-273, Tabellen 1 bis 7, mit Studienübersichten in den Bereichen chronischer Rückenschmerzen, psychosomatischer Erkrankungen, kardiologischer Erkrankungen, Krebserkrankungen, neurologischer Rehabilitationsbehandlungen, Rehabilitation bei Erkrankung des Verdauungssystems sowie Rehabilitationsbehandlungen von Kindern und Jugendlichen.

152 Vgl. Raetzell (2004), S. 13 f.

153 Siehe Deck, Raspe (2004), S. 57 und S. 64-67.

154 Das Intensivierte Nachsorgeprogramm (INA) ist im Wesentlichen mit Maßnahmen der beruflichen Wiedereingliederung vergleichbar, wie sie schon in Abschnitt 3.3.4.3.2 vorgestellt wurden. Statistisch signifikante Unterschiede gegenüber einer Kontrollgruppe ergaben sich hinsichtlich Berentungen, beruflicher Wiedereingliederung und körperlicher Leistungsfähigkeit (vgl. Hoberg (2004), S. 72).

155 Vgl. Hoberg (2004), S. 75-77, vor allem Tabelle 2 sowie Hoberg, Stockinger, Bestehorn, Wegscheider (2002), S. V/28.

156 Vgl. Barth, Bengel (2003), S. 48-50, insbesondere Tabelle 2 auf S. 49 f. Drei von acht randomisierten Studien aus dem angelsächsischen Raum weisen hier eine eindeutige Erhöhung der Abstinenzraten unter Rauchern von über 10% aus.

fonisch gestützte Nachsorgeprogramme[157] in wissenschaftlichen Untersuchungen als effektiv erwiesen. Bei der Nachsorge per Telefon handelt es sich aufgrund der geringeren Kosten für Gebäude und Mieten um eine kostengünstigere Form der Rehabilitationsnachsorge. Gleichzeitig bietet diese den Vorteil, unabhängig von räumlichen Entfernungen erbracht werden zu können[158]. Erfolgreiche Ansätze der telefonischen Nachsorge finden sich u.a. im kardiologischen Bereich[159] sowie speziell bei der Weiterbetreuung von Typ 2 Diabetikern[160].

Neuartige Nachsorgekonzepte werden sich in Zukunft auch dank des medizinisch-technischen Fortschritts stärker verwirklichen lassen. Ein Beispiel hierfür ist die Tele-EKG-Heimüberwachung bei kardiologischen Patienten. Für bestimmte Indikationen könnte eine Rehabilitationseinrichtung bereits während des Patientenaufenthalts für diese Schulungen zum Thema Heimüberwachung durchführen sowie die Einstellung auf das System übernehmen. Betreut wird der Patient im Anschluss durch den zuständigen Hausarzt sowie einem Servicecenter im Einzugsbereich seines Wohnorts. Denkbar wäre auch der Aufbau klinikeigener kardiologischer Teleservicecenter in Kooperation mit Akutkrankenhäusern und niedergelassenen Ärzten[161].

Beispielhaft ist auch ein computergestützter Ansatz zur Rehabilitationsnachsorge bei chirurgisch-orthopädischer oder kardiologischer Indikation an der Fachklinik Herzogenaurach zu nennen, bei dem der Patient durch universelle Trainingsassistenten bzw. Kardioassistenten unterstützt wird[162].

Einschränkend ist auf wissenschaftliche Erkenntnisse hinzuweisen, denen zufolge Nachsorgekonzepte nicht für alle Patienten gleichermaßen geeignet sind. Erste Ergebnisse unter RV-finanzierten Rehabilitationspatienten eines Projekts „Rehabilitationsnachsorge" zeigen u.a., dass die Erfolgsaussichten von Nachsorgeempfehlungen zwar von einem Großteil der Patienten positiv, von einer kleineren Patientengruppe hingegen deutlich negativ bewertet wurden. Die Unterschiede sind zum einen auf progrediente Krankheitsverläufe bei gleich bleibender beruflicher Belastung ohne Aussicht auf langfristige Besserung, zum anderen auf mangelnde Motivierbarkeit einzelner Patienten (so genanntes „Rentenbegehren") zurückzuführen. Nachsorgeempfehlungen sollten daher wohl überlegt und auf Situation und Bedürfnis des einzelnen Patienten abgestimmt sein. Im Fall von beruflichen Belastungen wären berufliche Rehabilitationsmaßnahmen beispielsweise eher indiziert als eine Rehabilitationsnachsorge[163].

---

157 Mit Hilfe der telefonischen Nachsorge ließen sich gemäß Studienergebnissen nicht nur eine höhere Abstinenzrate, sondern auch positive externe Effekte in Bezug auf eine allgemein gesündere Lebensweise erzielen (vgl. Hansen (2004), S. 110-112, vor allem Abbildung 1 auf S. 111).

158 Siehe Mittag, China (2004), S. 120.

159 Vgl. die „Lübecker Nachsorgestudie" mit dem umfassenden Ziel einer Modifikation der verhaltensbezogenen Risikofaktoren Rauchen, Fehlernährung und Bewegungsmangel sowie der Medikamentencompliance nach kardiologischer Rehabilitation (Mittag, China (2004), S. 125-131).

160 Siehe Schmidt (2004), S. 148-152.

161 Nach ersten Erkenntnissen würden vor allem Patienten mit ausgeprägter Herzmuskelschwäche bzw. bei einer besonderen Form von Herzrhythmusstörungen von einer solchen Überwachung profitieren (vgl. Karoff (2003), S. 70).

162 Vgl. Köpke (2005), S. 348.

163 Siehe Gerdes (2004), S. 47 und 53.

4.3.2 *Die Intensivierte Rehabilitationsnachsorge (IRENA) der gesetzlichen Rentenversicherung*

Die Bedeutung der Rehabilitationsnachsorge in der gesetzlichen Rentenversicherung hat über vergangene Jahre erheblich zugenommen. Hierbei spielen vor allem Nachsorgeverordnungen im Bereich Funktionstraining, aber auch geschlossene Nachsorgegruppen eine zentrale Rolle. Letztere zielen, vor allem durch Elemente des individuellen Coaching, auf eine Förderung der Selbstbeobachtung und Selbstwahrnehmung sowie eine letztendliche Stärkung der Selbstverantwortung. Gleichzeitig wird oftmals der positive Effekt erzielt, dass die Mitglieder einer Nachsorgegruppe als Selbsthilfegruppen noch Jahre später in Kontakt bleiben[164]. Tatsächlich gibt es durch individuelle Rentenversicherungsträger, beispielsweise bei zahlreichen ehemaligen LVAen, eine Vielzahl von Ansätzen der rehabilitativen Nachsorge[165].

Besondere Aufmerksamkeit verdient in diesem Zusammenhang das Intensivierte Rehabilitationsnachsorgeprogramm (IRENA) der Deutschen Rentenversicherung Bund[166] gemäß § 31 SGB VI. IRENA wird für Patienten mit Herz-Kreislauferkrankungen, Erkrankungen des Bewegungsapparats, neurologischen Erkrankungen, Stoffwechselerkrankungen sowie psychischen Erkrankungen (mit Ausnahme von stoffgebundenen Abhängigkeitserkrankungen) angeboten. Im Rahmen des Programms wird der Patient dabei unterstützt, die während des Rehabilitationsaufenthalts erlernten Kompensationsstrategien und Verhaltensänderungen im Alltag zu stabilisieren und fortzuentwickeln. IRENA kann im Anschluss an eine stationäre oder ambulante Rehabilitationsleistung auf Empfehlung des Ärzteteams erfolgen. Indikationsspezifische Gruppentherapien werden berufsbegleitend (am Spätnachmittag, in den Abendstunden oder am Samstag), pro Termin über eine Dauer von 90-120 Minuten in Rehabilitations- bzw. Nachsorgeeinrichtungen mit Zulassung durch die Deutsche Rentenversicherung Bund durchgeführt. Je nach Indikation können bei Herz-Kreislauf- oder muskuloskelettalen Erkrankungen höchstens 24, bei psychischen Erkrankungen maximal 26 und bei neurologischen Erkrankungen höchstens 36 Termine durch den Rehabilitanden in Anspruch genommen werden. Innerhalb eines Zeitraums von maximal einem Jahr gewährleistet das IRENA-Programm dem Patienten gemäß Ende 2006 vorgenommenen Neuerungen eine erhöhte Flexibilität der Leistungserbringung[167]. Mit dem „Curriculum Hannover“ existiert ein alternatives Nachsorgeprojekt für die Indikation Psychosomatik mit 27 wöchentlichen Terminen.

Mittlerweile wird IRENA in über 330 Einrichtungen angeboten. Angesichts von 20.029 Maßnahmen im Jahr 2004 ist der Umfang der Rehabilitationsnachsorge jedoch auch hier hinter dem mutmaßlichen Bedarf zurückgeblieben.

In Anlehnung an das IRENA-Programm erscheinen Nachsorgekonzepte in erster Linie vor Ort an stationären Rehabilitationseinrichtungen, ambulanten Rehabilitationszentren oder durch mobile Rehabilitationsteams an nahe liegenden Standorten sinnvoll. Gemäß der nachfolgenden Diskussion in Abschnitt 4.3.4 ist auch eine Koordination der Reha-

---

164 Siehe Grosch (2004), S. 22-25, für die vorangegangenen Ausführungen.

165 Köpke (2005), S. 348, liefert hierzu eine entsprechende Übersicht.

166 Vgl. Deutsche Rentenversicherung Bund (2006), unter www.deutsche-rentenversicherung-bund.de/nn_7130/DRVB/de/Inhalt/Zielgruppen/Infos__f_C3_BCr__Rehaeinrichtungen/dateianh_C3_A4nge/irena__nachsorge/irena__rahmenkonzeption__inkl_curriculum,property=publicationFile.pdf/irena_rahmenkonzeption_inkl_curriculum (Stand: 20.12.2006) sowie Köpke (2005), S. 347, für die nachfolgenden Angaben.

167 Vgl. Hibbeler (2006), S. B2758.

bilitationsnachsorge durch einen niedergelassenen Arzt vorstellbar[168]. Aufgrund der vorhandenen Expertise sollte die Kernkompetenz jedoch, wo möglich, Rehabilitationseinrichtungen übertragen werden.

4.3.3 Inanspruchnahme von Nachsorgeleistungen – Wunsch und Wirklichkeit

Angesichts der Ergebnisse in Abschnitt 4.3.1 scheinen Nachsorgeleistungen insgesamt gut geeignet, den Effekt stationärer Rehabilitationsmaßnahmen zu stabilisieren.

Denkbar sind hierbei vielfältige Möglichkeiten der Rehabilitationsnachsorge. Aus Sicht der Rehabilitationsklinik reichen diese von Information und Motivation der PatientInnen und Anbahnung von Kontakten zu Selbsthilfegruppen, Sportgruppen und der direkten Kontaktaufnahme mit Haus- und Fachärzten, über die Einleitung berufsfördernder Maßnahmen bis hin zu konkreten Nachsorgeempfehlungen[169].

Tatsächlich ist jedoch sowohl die Inanspruchnahmerate der Patienten als auch die Verordnung durch die Rehabilitationskliniken verglichen mit den durchgeführten stationären Rehabilitationsbehandlungen bisher eher gering ausgefallen. Gemäß den Ergebnissen einer wissenschaftlichen Studie war an den dort untersuchten Kliniken weniger als ein Drittel aller Patienten mit Kontakthilfen ausgestattet, welche die Fortführung bestimmter Therapiemaßnahmen erleichterten. Während nur knapp 50% aller Rehabilitanden allgemeine schriftliche Informationen über eine weiterführende Behandlung erhielten, wurden lediglich 23% über die Existenz von Nachsorgeprogrammen wie IRENA in Kenntnis gesetzt[170]. Das Bewusstsein für die Notwendigkeit der Rehabilitationsnachsorge schien hierbei auch an Kliniken mit einem (ambulant-)teilstationären Rehabilitationsangebot nicht höher zu sein als an Kliniken mit einem rein stationären Rehabilitationsangebot[171].

Die geringe Ausprägung der Rehabilitationsnachsorge lässt sich jedoch nicht nur aus Sicht der Leistungserbringer, sondern auch aus Sicht der Rentenversicherung als Rehabilitationsträger dokumentieren. Gemäß § 31 SGB VI Satz 1 zählen zu den sonstigen Leistungen der Rentenversicherung „Leistungen zur Eingliederung von Versicherten in das Erwerbsleben, insbesondere nachgehende Leistungen zur Sicherung des Erfolgs der Leistungen zur Teilhabe“[172].

Tatsächlich bleibt es im Rahmen einer stationären Rehabilitationsbehandlung jedoch in erster Linie bei Vorschlägen für nachfolgende Maßnahmen im Rahmen eines Abschlussgesprächs. Ernüchternde Ergebnisse liefert u.a. die Datenauswertung des Qualitätssicherungsprogramms der Rentenversicherung hinsichtlich der Frage nach einer Teilnahme an Nachsorgeaktivitäten. Demnach antwortete zwischen Oktober 2002 und März 2004 insgesamt nur knapp ein Fünftel aller Rehabilitanden, an entsprechenden Aktivitäten teilgenommen zu haben. Knapp drei Viertel hingegen verneinten dies. Vorschläge zur Nachsorge durch Funktionstraining bzw. Rehabilitationssport wurden 2003 nur in knapp 10% bzw. knapp 6% aller stationären Behandlungsfälle ausgesprochen[173].

---

168 Vgl. Egelkraut (2004), S. 32 und 37 f.

169 Siehe Gerdes (2004), S. 41 .

170 Vgl. Deck, Raspe (2004), S. 59-62 mit entsprechenden Ergebnissen von Kliniken in Schleswig-Holstein sowie die Beschreibung der Intensivierten Rehabilitationsnachsorge (IRENA) in Abschnitt 4.3.2.

171 Siehe auch Egelkraut (2004), S. 32 f.

172 Vgl. SGB Sozialgesetzbuch (2006), S. 636.

173 Vgl. Köpke (2005), S. 345-347, insbesondere Tabellen 2 und 3 auf S. 346.

Gesundheitsökonomische Analysen aus den 90er Jahren weisen auch bei Selbsthilfegruppen auf Kosteneinsparungspotentiale hin[174]. Das Kosten-Nutzen-Verhältnis von Selbsthilfegruppen ließ sich hierbei zwar nicht berechnen, sondern nur in Teilen schätzen. Es ergaben sich jedoch positive Schätzungen bezüglich der Kosten-Effektivität Münchener Selbsthilfe-Initiativen in den Bereichen Multiple Sklerose, bei Kehlkopflosen sowie Patienten im Bereich Psychosomatik. Diese führen vor allem zu einer frühzeitigen Vermeidung von Fehldiagnosen und Fehlbehandlungen (in den Bereichen MS und Psychosomatik), zu einer durchschnittlichen Reduktion des Krankenhausaufenthalts, einer verbesserten Wiedereingliederung in das Berufsleben, verminderter Arbeits-/Berufsunfähigkeit sowie – im Bereich Psychosomatik – zu einer Reduktion von Arztbesuchen und Notarzteinsätzen und einer verminderten Suizid- und Suchtgefährdung[175]. Dennoch erreichen Selbsthilfe-Initiativen nur einen geschätzten Anteil von 1-4% der erwachsenen Bevölkerung, bzw. 6-9% der jeweils von bestimmten Krankheiten betroffenen Personen[176].

Patienten sind oftmals unzureichend über Nachsorgeangebote informiert, wären im Prinzip jedoch durchaus bereit, entsprechende Angebote in Anspruch zu nehmen. Daher ist eine künftig stärkere Assistenz und Hinführung an Leistungen zur Rehabilitationsnachsorge wünschenswert. Verbesserungsmöglichkeiten könnten sich u.a. durch eine Überarbeitung der Empfehlungen des Rehabilitationsentlassungsberichts mit direkter Übermittlung an den Versicherten, eine direkte Aushändigung von Empfehlungen an den Rehabilitanden sowie eine Zusendung schriftlicher Erinnerungen bzw. Ermunterungen ins Haus des Versicherten erzielen lassen. Insgesamt wäre es hilfreich, Klinik- und Verwaltungspersonal eigens für die Nachsorge bereitzustellen. Auch ein strukturiertes Nachsorgegespräch mit dem Rehabilitationsarzt wäre sinnvoll, um die Rehabilitationsnachsorge künftig zu stärken[177].

4.3.4 Rehabilitationsnachsorge im Rahmen der integrierten Versorgung

Die Rehabilitationsnachsorge tangiert zu einem erheblichen Teil auch Aspekte der integrierten Versorgung, welche in Abschnitt 5 detaillierter behandelt werden.

Im derzeitigen Versorgungssystem ist es Aufgabe der stationären Rehabilitationsklinik, die Nachsorgebehandlung in Zusammenarbeit mit dem weiterbehandelnden Arzt zu organisieren. Auf Basis der Rehabilitationsergebnisse ist letzterer dafür verantwortlich, die professionelle Nachsorge mit anderen beteiligten Berufsgruppen (u.a. Physiotherapeuten, Logopäden und Psychologen) zu koordinieren[178]. Schließlich könnte gemäß der Diskussion in Abschnitt 3.3.4.3.4 jedoch gerade der Hausarzt noch weitaus stärker mit der Koordination der Rehabilitationsnachsorge seiner Patienten betraut werden. Dieser steht dem Patienten in ärztlicher Hinsicht am nächsten und ist auch am längsten mit dessen Erkrankung vertraut[179].

Der Gesetzgeber hat sich mit einer konkreten Zuweisung von Rehabilitationsaufgaben an niedergelassene Ärzte bis heute zurückgehalten. Dies dürfte u.a. mit den bis vor kurzem fehlenden Möglichkeiten der ärztlichen Aus- und Weiterbildung auf dem Ge-

174 Vgl. Borgetto (2002), S. 26.

175 Vgl. Bertel, Kandler, Simeth, Stark, Süßmeier (1995), S. 91-103.

176 Siehe Borgetto (2003), S. 157 und S. 159 f.

177 Siehe Köpke (2005), S. 350 f.

178 Vgl. Klein-Lange, Schwartz, Sperling (2003), S. 294 f.

179 Siehe Grosch (2004), S. 32.

biet der Rehabilitation in direktem Zusammenhang stehen[180]. Hier haben sich mit der am 1.10.2003 in Kraft getretenen 9. Revision der Approbationsordnung für Ärzte und der Einführung des Querschnittfachs „Rehabilitation, Physikalische Medizin und Naturheilverfahren" aktuell jedoch bedeutende Änderungen ergeben[181].

Letztendlich besteht ein erheblicher Bedarf an dem Ausbau regionaler, vernetzter Strukturen für die Nachsorgebehandlung, in die auch Pflegeeinrichtungen, Berufsbildungswerke und niedergelassene Ärzte eingebettet sind[182]. Die Idee steht in direktem Zusammenhang mit dem am Ende von Abschnitt 3.3 vorgestellten Ansatz, bei dem ein niedergelassener Haus- oder Facharzt, eventuell in Zusammenarbeit mit einem Rehabilitationszentrum, eine koordinierende Funktion übernimmt.

Ein Ausbau von Behandlungsleistungen sowie eine verstärkte Vernetzung im Rahmen der Rehabilitationsnachsorge beinhaltet letztendlich auch den positiven Effekt, die Bedeutung der Rehabilitation – im Rahmen von Disease-Management-Programmen, aber auch für die Integrierte Versorgung im Allgemeinen – weiter zu erhöhen. Ein gutes Beispiel hierfür ist ein Programm zur telefonischen Beratung und Nachbetreuung von Typ 2 Diabetikern, welches am 1.7.2001 erstmals durch 25 Betriebskrankenkassen (BKKen) ins Leben gerufen wurde. Mittlerweile ist die telefonische Nachsorge integrierter Bestandteil des BKK Disease-Management-Programms Diabetes mellitus Typ 2, BKK MedPlus, und nimmt somit einen zentralen Stellenwert in der gesundheitlichen Versorgungskette ein[183].

4.4 Rehabilitation und Pflege

Die in Abschnitt 4.1 beschriebene Verkürzung der Krankenhausverweildauern, die älter werdende Bevölkerung in Deutschland sowie die schwindende Unterstützung älterer Personen aufgrund sich wandelnder Familienstrukturen werden künftig vor allem den Bedarf an geriatrischen Rehabilitationsleistungen stark ansteigen lassen. Gleichzeitig rückt die Diskussion um den Grundsatz „Rehabilitation vor Pflege" immer stärker in den Mittelpunkt[184]. Dies ist u.a. anhand der letzten beiden Gutachten des Sachverständigenrats erkennbar, in denen wiederholt auf die Brisanz des Themas hingewiesen wurde[185]. In direktem Zusammenhang hiermit steht die Frage der finanziellen Ausgestaltung entsprechender Rehabilitationsbehandlungen.

Der nachfolgende Abschnitt thematisiert die rechtlichen Rahmenbedingungen und die zentralen Herausforderungen der Rehabilitation an der Schnittstelle zwischen Kranken- und Pflegeversicherung. Empirische Analysen kommen unweigerlich zu dem Schluss, dass das Konzept „Rehabilitation vor Pflege", aber auch „Rehabilitation in der Pflege" in der Praxis nur unzureichend realisiert wird. Dieser Umstand wurde u.a. anlässlich einer Reha-Tagung im Jahr 2002 von einem Mitglied des Sachverständigenrats als

180 Vgl. u.a. van den Bussche, Dunkelberg (2003), S. 353, Klein-Lange, Schwartz, Sperling (2003), S. 294 f. sowie Deck, Heinrichs, Koch (2000), S. 432 mit entsprechenden Hinweisen.

181 Siehe Mau, Kusak (2005), S. 131 f. zu spezifischen Lehrinhalten, Mau, Gülich, Gutenbrunner, Lampe, Morfeld, Schwarzkopf, Smolenski (2005), S. 341-346 mit der Präsentation eines Lernzielkatalogs sowie die vorangegangenen Hinweise in Abschnitt 4.2.

182 Vgl. Kuge (2003), S. 279.

183 Vgl. Schmidt (2004), S. 139 sowie die nachfolgende Diskussion in Abschnitt 5.2.

184 Siehe Neubauer (1997), S. 441 f.

185 Vgl. SVR (2003), Abschnitt 5.2.2, S. 100-111 sowie S. 116-119 und SVR (2006^2), Abschnitt 5.7.7, S. 89-93 und 133 f.

„stiller Skandal“ gewertet[186]. Nachfolgend werden die Gründe für die unzureichende Realisierung des Konzepts „Rehabilitation vor Pflege“ identifiziert und mögliche Lösungsansätze aufgezeigt. Zudem soll in Abschnitt 8.4 diskutiert werden, wie durch die Aufnahme der sozialen Pflegeversicherung in den Kreis der Rehabilitationsträger Rehabilitation zur Vermeidung von Pflegebedürftigkeit künftig eine stärkere Rolle zugedacht werden könnte.

Der Sachverständigenrat für die Konzertierte Aktion im Gesundheitswesen kritisiert in seinem Gutachten aus dem Jahr 2003, dass mit dem Begriff ‚Pflegebedürftigkeit' in der Regel ein irreversibler Zustand sowie eine Hilflosigkeit alter Menschen mit progredientem Krankheitsverlauf assoziiert wird. Hieraus erfolgt in der Konsequenz eine intuitive Geringschätzung sowie eine unzureichende Ausschöpfung medizinischer Rehabilitationspotentiale[187]. Der Umstand einer durchgehenden Unterschätzung des Rehabilitationspotentials älterer Menschen gilt mittlerweile als empirisch erwiesen[188]. Dies ist nicht nur im Hinblick auf die Rehabilitation vor Eintritt in den Pflegezustand der Fall, sondern gilt auch für die Rehabilitation in der Pflege selbst[189].

4.4.1 „Rehabilitation vor Pflege“, „Rehabilitation in der Pflege“ und die gesetzlichen Hintergründe

Zu Beginn dieses Abschnitts erscheint eine kurze Zusammenfassung einzelner Gesetzesvorgaben des SGB XI hilfreich[190]. Wesentlicher Ausgangspunkt ist § 5 des SGB XI, in dem Maßnahmen der Prävention und Rehabilitation Vorrang vor Pflegemaßnahmen eingeräumt werden. Zuständig hierfür sind jedoch nicht etwa die Pflegekassen selbst, da diese gemäß den Ausführungen in Abschnitt 2.1.5 nicht zum Kreis der Rehabilitationsträger gehören. Vielmehr heißt es in Absatz 1:

> „Die Pflegekassen wirken bei den zuständigen Leistungsträgern darauf hin, dass frühzeitig alle geeigneten Leistungen der Prävention, der Krankenbehandlung und zur medizinischen Rehabilitation eingeleitet werden, um den Eintritt von Pflegebedürftigkeit zu vermeiden.“

Dieser Grundsatz gilt nicht nur vor Eintritt in die Pflegebedürftigkeit, sondern auch bei bereits eingetretener Pflegebedürftigkeit. Auch in diesem Fall haben die zuständigen Leistungsträger

> „im Rahmen ihres Leistungsrechts auch nach Eintritt der Pflegebedürftigkeit ihre Leistungen zur medizinischen Rehabilitation in vollem Umfang einzusetzen und darauf hinzuwirken, die Pflegebedürftigkeit zu überwinden, zu mindern, sowie eine Verschlimmerung zu verhindern.“[191]

Die Kernaussage von § 5 SGB XI lautet somit sowohl „Rehabilitation vor Pflege“ als auch „Rehabilitation auch in der Pflege“[192].

---

186 Siehe Müller (2002[1]), S. 15, mit einem Zitat von Gisela Fischer, Mitglied des Sachverständigenrats für die Konzertierte Aktion im Gesundheitswesen. Auch Neubauer (1997), S. 441, nennt die Rehabilitation Pflegebedürftiger ein „ausgesprochen trübes Kapitel der deutschen Sozialpolitik“.

187 Vgl. SVR (2003), S. 100 sowie SVR (2006[2]), S. 89.

188 Vgl. u.a. Jeschke, Zeilberger (2004), S. 790-798 sowie Martin, Zimprich, Oster, Wahl, Minnemann, Baethe, Grün, Martin (2000).

189 Siehe Meier-Baumgartner (2001), S. I/7.

190 Siehe Lürken (2001), S. I/50-I/51, für die nachfolgenden Angaben.

191 Vgl. u.a. SVR (2003), S. 103 f. sowie SGB Sozialgesetzbuch (2006), S. 1254.

192 Siehe Lürken (2001), S. I/50.

§ 31 SGB XI konkretisiert den Auftrag an die Pflegeversicherung zudem näher. Demnach ist es Aufgabe der Pflegekassen, eng mit den Rehabilitationsträgern zusammenzuarbeiten und diesen sowie dem Versicherten mitzuteilen, welche Rehabilitationsmaßnahmen angezeigt sind. Bei der Inanspruchnahme von Rehabilitationsleistungen ist der Versicherte, insbesondere bei der Antragsstellung, zu unterstützen[193].

Das Vorliegen von Pflegebedürftigkeit wird gemäß § 18 Abs. 1 SGB XI auf Anordnung der Pflegekassen durch den Medizinischen Dienst der Krankenkassen (MDK) ebenso geprüft wie Notwendigkeit, Umfang und Zumutbarkeit möglicher Rehabilitationsmaßnahmen. Entsprechende Empfehlungen sind der Pflegekasse gemäß § 18 Abs. 6 SGB XI durch den MDK mitzuteilen. Die Aufgaben des MDK werden „durch Ärzte in enger Zusammenarbeit mit Pflegefachkräften und anderen geeigneten Fachkräften wahrgenommen" (vgl. § 18 Abs. 7 SGB XI)[194].

Versicherten, die wegen Krankheit oder Behinderung Pflegeleistungen beantragt haben oder bereits erhalten, legt § 63 SGB I im Sinne einer Soll-Bestimmung nahe, sich auf Verlangen des Leistungsträgers einer Heilbehandlung zu unterziehen, wenn zu erwarten ist, dass hierdurch eine Verbesserung des Gesundheitszustands herbeigeführt bzw. eine Verschlechterung verhindert werden kann[195]. Der Rehabilitationsträger hat jedoch die Möglichkeit, eine Rehabilitationsmaßnahme abzulehnen – er kann von der Pflegeversicherung hierzu nicht verpflichtet werden. Die letztendliche Entscheidung über die Durchführung einer Rehabilitationsmaßnahme obliegt somit dem zuständigen Rehabilitationsträger[196].

Im Rahmen einer empirischen Datenanalyse kommt eine aktuelle Studie zu dem Ergebnis, dass in der Vergangenheit von den ausgesprochenen Empfehlungen zur Durchführung von Rehabilitationsmaßnahmen letztendlich nur etwa die Hälfte auch umgesetzt wurde[197]. So wurden aus einer ausgewerteten Stichprobe von 7.840 Pflegegutachten in 15% der Fälle Empfehlungen für Rehabilitationsmaßnahmen ausgesprochen, wobei es sich zu 90% um krankengymnastische Übungen handelte. Letztendlich wurden jedoch nur 55% der Empfehlungen zur Krankengymnastik sowie nur etwa ein Drittel der Empfehlungen in den Bereichen Ergotherapie und Logopädie auch realisiert. Dies lässt darauf schließen, dass nicht allen rehabilitationsfähigen und rehabilitationsbedürftigen Personen auch die notwendigen Rehabilitationsmaßnahmen zugeführt werden, und dass das Präventions- und Rehabilitationspotential somit nicht vollständig ausgeschöpft wird[198].

Auch von einer Regelung gemäß § 32 SGB XI, in der die Verantwortung einer vorläufigen Erbringung von Rehabilitationsleistungen im Fall einer „Eilbedürftigkeit der Leistungsgewährung" auf die Pflegekassen übertragen wird, ist in der Praxis bisher so gut wie kein Gebrauch gemacht worden[199].

---

193 Siehe SGB Sozialgesetzbuch (2006), S. 1269 f.

194 Siehe SGB Sozialgesetzbuch (2006), S. 1261 f.

195 Vgl. SGB Sozialgesetzbuch (2006), S. 21.

196 Siehe Plute (2002), S. 87 und 90.

197 Für die Ergebnisanalyse wurden Daten einer 18,75%igen Zufallsstichprobe von Versicherten der AOK Hessen/KV Hessen in Verbindung mit entsprechenden Pflegegutachten der Jahre 2001 und 2002 des MDK Hessen ausgewertet. Gewählt wurde ein Messzeitraum von drei Monaten nach Aussprechen der Empfehlung (vgl. Küpper-Nybelen, Ihle, Deetjen, Schubert (2006), S. 100-102).

198 Siehe u.a. Küpper-Nybelen, Ihle, Deetjen, Schubert (2006), S. 100 und 106 f. sowie Meier-Baumgartner (2001), S. I/4.

199 Siehe SGB Sozialgesetzbuch (2006), S. 1270, Igl, Wasem (2001), S. 58.

Abbildung 27 stellt die Entwicklung von Rehabilitationsausgaben der GKV (ohne AHBen) der Entwicklung der Pflegeausgaben zwischen den Jahren 1995 und 2004 gegenüber[200]. Auch diese Darstellung scheint darauf hinzudeuten, dass den Vorgaben „Rehabilitation vor Pflege“ und „Rehabilitation auch in der Pflege“ bislang nur in unzureichendem Maße nachgekommen wurde. Während die GKV-Ausgaben für Rehabilitationsleistungen (ohne AHBen) über den Zeitraum reduziert wurden, sind die Ausgaben im Bereich Pflege stark angestiegen.

Der Bundesverband Deutscher Privatkrankenanstalten weist in diesem Zusammenhang darauf hin, dass eine Situation, in der die medizinische Rehabilitation zur Vermeidung von Pflegeleistungen nicht vollständig genutzt wird, sowohl unter ethischen als auch unter ökonomischen Gesichtspunkten nicht akzeptabel ist. U.a. wird dokumentiert, dass die durchschnittlichen Ausgaben pro Fall je Rehabilitationsleistung im Jahr 2004 in der gesetzlichen Krankenversicherung € 2.500,–, die durchschnittlichen Ausgaben in der sozialen Pflegeversicherung hingegen € 8.950,– betrugen. Somit ließen sich die Kosten medizinischer Rehabilitationsleistungen bereits nach durchschnittlich dreieinhalb Monaten vermiedener Pflegebedürftigkeit refinanzieren[201]. Weitere Analysen weisen auf das langfristige Potential hin, durch Rehabilitationsmaßnahmen das beinahe Zwanzigfache an Pflegekosten einzusparen[202].

Abb. 27: Ausgabenentwicklung medizinischer Rehabilitationsleistungen der GKV sowie gesetzlicher Pflegeleistungen, 1995 bis 2004

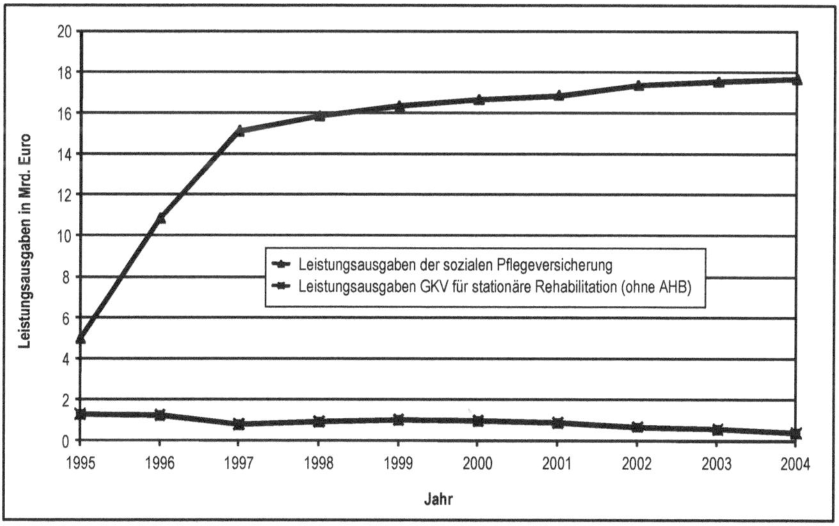

Quelle: Bundesverband Deutscher Privatkrankenanstalten (2006), S. 2 sowie Abbildung 3 auf S. 3, in Anlehnung an Zahlen des Bundesministeriums für Gesundheit

200 Siehe Bundesverband Deutscher Privatkrankenanstalten (2006), Anlage 2, Abbildung 1, aufgerufen unter www.bdpk.de/bdpk.php/cat/98/aid/219/title/Gesundheitsreform:_durch_Rehabilitation_Pflege_vermeiden.

201 Siehe Bundesverband der Privatkrankenanstalten (2006), S. 1 sowie S. 4-5.

202 Vgl. Schulz-Nieswandt (2000), S. I/55 f.

4.4.2 Unzureichende Realisierung von Rehabilitation zur Vermeidung von Pflegebedürftigkeit und mögliche Lösungsansätze

Die bislang unzureichende Realisierung von medizinischen Rehabilitationsleistungen zur Vermeidung von Pflegebedürftigkeit ist im Wesentlichen auf zwei Gründe zurückzuführen. Neben ökonomischen Fehlanreizen im deutschen Gesundheitssystem ist auch die bisher unzureichende Ausbildung niedergelassener Ärzte und Pflegekräfte auf dem Gebiet der Rehabilitation zu bemängeln.

4.4.2.1 Ökonomische Fehlanreize für die Durchführung von „Rehabilitation vor und in der Pflege“

Bei der Realisierung des Konzepts „Rehabilitation vor und in der Pflege“ haben ökonomische Fehlanreize diverser Beteiligter in der Vergangenheit eine erhebliche Rolle gespielt. Hierbei lassen sich die Sichtweisen der *niedergelassenen Ärzte*, der *Versicherten*, der Pflegeeinrichtungen auf *Leistungserbringer*seite sowie der Krankenkassen auf *Kostenträger*seite dokumentieren.

Aus Sicht der *niedergelassenen Ärzte* ergeben sich bei der Verschreibung geriatrischer Rehabilitationsmaßnahmen aufgrund der Budgetierung ärztlicher Leistungen Schwierigkeiten, da Einzelverordnungen von Krankengymnastik und anderen Heilmitteln das Hausarztbudget nicht unerheblich belasten[203]. Bei einer oftmals mangelhaften Zusammenarbeit mit Rehabilitationskliniken und Krankenkassen gemäß Abschnitt 4.2 sowie geringem Wissen über die Chancen und Möglichkeiten der geriatrischen Rehabilitation, ist auf diesem Gebiet seitens der Ärzte demnach auch keine Priorisierung zu erwarten.

Neben der fehlenden Motivation der Hausärzte sind auch die Anreize der *Versicherten* oftmals nicht in ausreichendem Umfang vorhanden. Einwände wie „Ich war doch gerade erst ...“ oder „Lassen Sie uns doch erst in unserer heimischen Umgebung zur Ruhe kommen“ sind vor allem in ländlichen Regionen zu erwarten, wo weniger geriatrische Behandlungsangebote bestehen als im städtischen Umfeld. Eng verbunden ist dieser Aspekt vor allem auch mit einer notwendigen Ausweitung des (ambulant-)teilstationären Rehabilitationsangebots. Diese Thematik wurde in Abschnitt 3.3 bereits allgemein beschrieben und soll in Abschnitt 4.5.3 noch einmal speziell für den Bereich geriatrische Rehabilitation diskutiert werden[204].

Gemäß Abschnitt 3.3.4.3.4 ist vor allem in ländlicheren Regionen eine stärkere Rollenzuweisung an niedergelassene Haus- oder Fachärzte denkbar. Eine stärkere Einbindung niedergelassener Ärzte in die Rehabilitation kann sowohl deren Motivation als auch die Motivation der Versicherten zur Teilnahme an geriatrischen Rehabilitationsmaßnahmen stärken. Bei der Ausarbeitung künftiger IV-Projekte gemäß Abschnitt 5.1 sollten im geriatrischen Bereich daher unbedingt Schwerpunkte gesetzt werden.

Aus Sicht der Versicherten sowie deren Angehörigen kommt möglicherweise der systemische finanzielle Fehlanreiz hinzu, nach Durchführung einer erfolgreichen Rehabilita-

---

203 Vgl. Lürken (2001), S. I/54. Gleichzeitig existieren mit der Entwicklung der „Begutachtungshilfe für die Geriatrische Rehabilitation“ mittlerweile zumindest für den Medizinischen Dienst der Krankenversicherung fachlich begründete Leitlinien, um Entscheidungen im Sinne einer Rehabilitationsmaßnahme vor den zuständigen Ärzten rechtfertigen zu können. Dieser Schritt ist als eindeutiger Erfolg zu werten (siehe Lürken (2001), S. I/55).

204 Siehe u.a. SVR (2003), S. 104 f. und S. 110, Lürken (2001), S. I/54 sowie Schulz-Nieswandt (2000), S. I/54 f.

tionsmaßnahme aufgrund der stark abgestuften Differenzierung nach Pflegestufen geringere Sachleistungen bzw. ein geringeres Pflegegeld zu erhalten[205]. Während diese Hypothese jedoch sicherlich nicht unumstritten ist[206], erscheint die Sachlage aus Sicht stationärer und häuslicher Pflegeeinrichtungen auf *Leistungserbringer*seite eindeutiger. Diese laufen gewissermaßen ‚Gefahr', durch erfolgreiche Rehabilitationsmaßnahmen und Reduzierung der Pflegebedürftigkeit Finanzmittel entzogen zu bekommen. Eine gesonderte Vergütung von Rehabilitationsleistungen in den Pflegeeinrichtungen, finanziert aus einem gemeinsamen Budget von Pflegeversicherung und Krankenkassen, könnte diesem ökonomischen Fehlanreiz entgegenwirken[207].

In Tabelle 10 sind die positiven und negativen Anreize der aktivierenden und rehabilitativen Pflege in einer Übersicht vergleichend dargestellt.

Tab. 10: Positive und negative Anreize der aktivierenden und rehabilitativen Pflege

positive Anreize	**negative Anreize**
Gesteigerte Selbsthilfefähigkeit und Selbständigkeit / Gewinn an Lebensqualität des Pflegebedürftigen	‚Gefahr' einer Kürzung bzw. Streichung von Leistungen der Pflegeversicherung durch Minderung der Pflegebedürftigkeit (Leistungsempfänger)
Entlastung der pflegenden Angehörigen	finanzielle Einbußen der Leistungserbringer durch Absenkung der Pflegestufe
Entlastung des Pflegepersonals in Pflegeeinrichtungen	

Quelle: SVR (2003), S. 105 f. und S. 117, eigene Darstellung

Fehlanreize ließen sich etwa durch eine Flexibilisierung der zeitlichen Festsetzung der Pflegebedürftigkeit vermindern. Pflegebedürftigkeit ließe sich demnach als vorläufiger gesundheitlicher Status definieren, welcher beispielsweise nach weniger als sechs Monaten, dem ungefähren Zeitraum für eine (ambulant-)teilstationäre wohnortnahe Rehabilitationsbehandlung, erneut überprüft werden könnte. Neben der Sicherstellung der pflegerischen Versorgung hätte diese Maßnahme sowohl eine Stärkung der Rolle aktivierender Rehabilitationsmaßnahmen als auch eine erhöhte Motivation des Leistungsempfängers zur Folge. Gleichzeitig sollte im Fall eines Rehabilitationserfolgs bei einer Neu-Begutachtung der Pflegeeinstufung nicht automatisch eine Absenkung der Pflegestufe und somit eine Kürzung von Pflegeleistungen erfolgen, um monetäre Fehlanreize auf Seiten des Leistungserbringers zu vermeiden. Vielmehr sollte über einen längeren Zeitraum die Nachhaltigkeit der Rehabilitationsmaßnahme beobachtet werden[208].

Als zentrales Problem bei der Verordnung geriatrischer Rehabilitationsleistungen haben sich in der Vergangenheit seitens der Kostenträger jedoch vor allem die Schnittstelle sowie ein Interessenskonflikt zwischen den gesetzlichen Krankenkassen und der Pflegeversicherung erwiesen. Zum einen wird die Kooperation der teilnehmenden Entscheidungsträger dadurch erschwert, dass Begutachtungen und Besprechungen von Pflegeleistungen von einem Gutachter vor Ort durchgeführt, Entscheidungen über Rehabilitationsmaßnahmen hingegen andernorts durch die GKV-Geschäftsstelle getroffen

205 Siehe Küpper-Nybelen, Ihle, Deetjen, Schubert (2006), S. 107, SVR (2003), S. 106 sowie Lürken (2001), S. I/54.

206 Vgl. Neubauer (1997), S. 441.

207 Vgl. SVR (2003), S. 106, 109 und 118.

208 Vgl. SVR (2003), S. 110 und S. 119 sowie Kukla (2002), S. 339.

werden[209]. Zum anderen wird oftmals argumentiert, dass gesetzliche Krankenkassen in der Vergangenheit für gewöhnlich kein Interesse hatten, Rehabilitationsleistungen zur Vermeidung von Pflegebedürftigkeit zu erbringen. Aufgrund der Ausgestaltung des Versicherungssystems in Kranken- und Pflegekassen führt die Finanzierung von Rehabilitationsmaßnahmen zu einer Belastung des Krankenkassenbudgets, während sich die Erfolge lediglich in der Pflegeversicherung niederschlagen[210].

Je geringer das Potential, die Selbständigkeit eines Pflegebedürftigen aus Sicht der Krankenkassen zu erhöhen, desto schwerer lassen sich Einsparungen in GKV-Bereichen wie der häuslichen Krankenpflege, bei Heil- und Hilfsmitteln, Krankenhausbehandlungen sowie Fahrtkosten realisieren[211]. Das geringe Interesse der Krankenkassen an einer Erbringung geriatrischer Rehabilitationsmaßnahmen ist u.a. auch anhand einer Studie über die Empfehlungen von Rehabilitationsmaßnahmen durch den Medizinischen Dienst der Krankenversicherung in Berlin und Brandenburg erkennbar. Demnach bekamen Personen mit zunehmendem Alter trotz des durchschnittlich höheren Bedarfs seltener rehabilitative Maßnahmen empfohlen[212].

Ein Hauptgrund für die bislang geringen finanziellen Anreize zur Durchführung von Rehabilitationsleistungen durch die gesetzlichen Krankenkassen lag laut Meinungsbildnern an der Tatsache, dass im Risikostrukturausgleich (RSA) bislang keine Aufwendungen für Rehabilitationsleistungen vorgesehen waren, sofern es sich hierbei um Ermessensleistungen handelte. Vor Einführung des GKV-Wettbewerbsstärkungsgesetzes wurden die stationäre Antragsrehabilitation sowie ambulante Rehabilitationsleistungen zur Gruppe der Ermessensleistungen gezählt, für die gemäß § 266 Abs. 4 SGB V kein Rechtsanspruch des Versicherten bestand. Stationäre Anschlussheilbehandlungen der gesetzlichen Krankenversicherung gehörten hingegen zur ausgleichsfähigen Gruppe der Pflichtleistungen[213]. Demnach war bisher aus Sicht der Krankenkassen zu berücksichtigen, dass die mit der Erbringung geriatrischer Rehabilitationsleistungen verbundenen Mehrausgaben oftmals nicht über den RSA ausgeglichen wurden und somit indirekt negative Effekte auf die eigene Position im Krankenkassenwettbewerb ausübten. Der negative Anreiz wurde zudem durch das potentielle Risiko verstärkt, mit einer Erbringung geriatrischer Rehabilitationsleistungen die eigene Kassenattraktivität für schlechte Risiken innerhalb der Versichertenpopulation zusätzlich zu erhöhen[214].

Mit Inkrafttreten des GKV-Wettbewerbsstärkungsgesetzes (GKV-WSG) hat die Rehabilitation als Kassenleistung nun eine gewisse Aufwertung erfahren. In dem ursprünglichen Gesetzesentwurf des GKV-WSG sollte hier lediglich die geriatrische Rehabilitation als Pflichtleistung definiert werden[215]. Gemäß den Ausführungen in Abschnitt 2.1.2 ist diese Entscheidung in der Beschlussempfehlung des Ausschusses Gesundheit jedoch noch einmal weiter gefasst worden, so dass Vorsorge- und Rehabilita-

---

209 Vgl. Lürken (2001), S. I/54.

210 Vgl. Neubauer (1997), S. 441.

211 Siehe u.a. Küpper-Nybelen, Ihle, Deetjen, Schubert (2006), S. 107, Bundesverband Deutscher Privatkrankenanstalten (2006), S. 4, Stewens (2005), SVR (2003), S. 102, Igl, Wasem (2001), S. 15, 58 f. und 77 sowie Schulz-Nieswandt (2000), S. I/50.

212 Siehe Plute (2002), S. 302 sowie Wolf, Matthesius (1998), S. 7.

213 Vgl. SGB Sozialgesetzbuch (2006), S. 560.

214 Vgl. u.a. SVR (2006[1]), S. 90, SVR (2003), S. 102 f. sowie Plute (2002), S. 112-115. Auch Igl und Wasem (2001), S.9, weisen auf die zentrale Bedeutung der Beitragssatzhöhe im Krankenkassenwettbewerb hin.

215 Vgl. GKV-WSG (2006[1]), S.26 f. sowie Erläuterungen in GKV-WSG (2006[3]), S. 296.

tionsleistungen der Krankenkassen nunmehr im Allgemeinen als Pflichtleistungen definiert sind und als Konsequenz in den Risikostrukturausgleich (RSA) mit einbezogen werden[216]. Im GKV-Wettbewerbsstärkungsgesetz wird somit u.a. Forderungen des Sachverständigenrats aus dem Jahr 2003 stattgegeben[217].

Mit dem GKV-Wettbewerbsstärkungsgesetz hat sich auch in Bezug auf MDK-Prüfungen gemäß § 275 SGB V eine Änderung ergeben. Demnach hat der MDK künftig keine *generelle* Überprüfung von Erstanträgen zu medizinischen Vorsorgeleistungen und Leistungen zur medizinischen Rehabilitation, sondern lediglich *stichprobenartige* Überprüfungen vorzunehmen. Lediglich bei beantragten Verlängerungen bleibt es nach wie vor bei einer *regelmäßigen* Überprüfung der medizinischen Notwendigkeit von Vorsorge- und Rehabilitationsleistungen durch den Medizinischen Dienst[218]. Gemäß der Beschlussempfehlung des Ausschusses Gesundheit sind laut Änderungen in den §§ 23, 24 und 40 SGB V künftig zudem statistische Erhebungen über Anträge und Antragsbewilligungen einzelner Krankenkassen gesetzlich vorgeschrieben[219]. Dies könnte prinzipiell vor allem bei denjenigen Krankenkassen zu einer Erhöhung von Antragsbewilligungen führen, die aufgrund der schlechten finanziellen Lage in der Vergangenheit eine restriktivere Politik bei der Bewilligung von Anträgen verfolgt haben. Es ist jedoch zu beachten, dass im Gesetz bisher keine Sanktionen, etwa bei einer besonders hohen Ablehnungsquote von Rehabilitationsanträgen, vorgesehen sind. Gleichzeitig sei zudem darauf hingewiesen, dass die Ausgleichsfähigkeit von Rehabilitationsleistungen über den RSA noch lange keine Gewähr für eine vollständige Kostendeckung von Rehabilitationsfallausgaben darstellt. Dies ist auf die Tatsache zurückzuführen, dass im Risikostrukturausgleich normierte Durchschnittsausgaben für bestimmte definierte Versichertengruppen, nicht jedoch die tatsächlichen Ausgaben des individuellen Rehabilitationsfalls als Referenzwert herangezogen werden. Daher sind die Anreize der neuen Gesetzgebung (RSA-Ausgleichsfähigkeit aller Rehabilitationsleistungen) aufgrund bestehender Unsicherheiten vermutlich nicht ausreichend, gerade bei Krankenkassen mit schlechter Finanzlage eine merkliche Erhöhung in der Anzahl an Antragsbewilligungen, vor allem im Bereich Antragsrehabilitation, herbeizuführen[220]. Dies gilt in besonderem Maße unter verschärften Wettbewerbsbedingungen nach Einführung eines Gesundheitsfonds mit einheitlichem Beitragssatz plus möglichen zu erhebenden Zusatzprämien. Ein möglicher weiterer Effekt, nämlich eine erhöhte Bereitschaft zur Verordnung von Rehabilitationsleistungen seitens der niedergelassenen Ärzteschaft aufgrund häufigerer Antragsgenehmigungen durch die Krankenkassen[221], würde in diesem Fall ebenfalls ausbleiben.

---

216 Siehe GKV-WSG (2007), S. 25 f.

217 Siehe SVR (2003), S. 107. Analoge Vorschläge finden sich auch in Bundesverband Deutscher Privatkrankenanstalten (2006), S. 12. Das Konzept des Risikostrukturausgleichs wird im Rahmen von Abschnitt 5.2: Rehabilitation und Disease-Management-Programme noch eingehender behandelt.

218 Vgl. GKV-WSG (2006[1]), S. 134 f. sowie GKV-WSG (2006[3]), S. 465. Auch diese Gesetzesänderungen entsprechen u.a. vorangegangenen Forderungen des Bundesverbands Deutscher Privatkrankenanstalten (vgl. Bundesverband Deutscher Privatkrankenanstalten (2006), S. 1, 7-8 sowie S. 10).

219 Siehe GKV-WSG (2007), S. 16 f. und S. 25 f.

220 Laut Aussage von Herrn Arnold, RSA-Beauftragter bei der AOK Bayern, liegt die Ausgleichshöhe ohnehin lediglich zwischen € 1 und € 7-8 je Versicherten. Hier sei zudem eher der Anreiz gegeben, die zusätzlichen Geldbeträge als finanziellen Puffer und weniger für zusätzliche Maßnahmen der Antragsrehabilitation zu investieren (telefonische Auskunft vom 27.2.2007).

221 Telefonischer Hinweis von Herrn Gert Strandt, Techniker Krankenkasse, vom 7.2.2007.

In Bezug auf die Rehabilitation älterer Menschen ist positiv zu werten, dass sich auch Pflegeeinrichtungen künftig an Projekten zur Integrierten Versorgung beteiligen dürfen. Demnach heißt es im neuen Gesetzesentwurf gemäß § 40 Abs. 1 Satz 2 SGB V, dass Leistungen nach Satz 1 künftig auch in stationären Pflegeeinrichtungen gemäß SGB XI § 72 Abs. 1 zu erbringen sind[222]. Konkret wird durch das GKV-Wettbewerbsstärkungsgesetz im SGB XI ein neuer § 92b: „Integrierte Versorgung" mit folgendem Wortlaut eingefügt[223]:

> „(1) Die Pflegekassen können mit zugelassenen Pflegeeinrichtungen und den weiteren Vertragspartnern nach § 140b des Fünften Buches Verträge zur integrierten Versorgung schließen oder derartigen Verträgen mit Zustimmung der Vertragspartner beitreten.
>
> (2) In den Verträgen nach Absatz 1 ist das Nähere über Art, Inhalt und Umfang der zu erbringenden Leistungen der integrierten Versorgung sowie deren Vergütung zu regeln. …"

Neben der Verzahnung von Leistungen innerhalb der gesetzlichen Krankenversicherung soll auf diese Weise die Integration von Leistungen der Kranken- und Pflegeversicherung gefördert werden. Pflegekassen dürfen zudem „innerhalb bestimmter Grenzen vom geltenden Vertrags- und Vergütungsrecht abweichen"[224].

Eine verbleibende Schwachstelle in Bezug auf die Rehabilitation zur Vermeidung von Pflegebedürftigkeit bleibt jedoch nach wie vor dahingehend bestehen, dass die Kranken- und Pflegekassen ihre Leistungen weiterhin im Rahmen ihrer Zuständigkeit zu finanzieren haben. An der Definition der Rehabilitationsträger gemäß den Angaben in Abschnitt 2 hat sich hierbei nichts geändert. Nach wie vor wäre der Anreiz zur Erbringung geriatrischer Rehabilitationsleistungen dann am größten, wenn die Pflegekassen an deren Finanzierung beteiligt würden. Entsprechende Vorschläge hat auch der Sachverständigenrat in seinem Gutachten aus dem Jahr 2003 formuliert. Denkbar für die Stärkung des Konzepts „Rehabilitation vor und in der Pflege" wären demzufolge[225]:

- die Einführung eines jeweils zur Hälfte von der GKV RSA-finanzierten sowie von der Pflegeversicherung finanzierten Pflegebudgets bzw.
- die Einbeziehung der Pflegeversicherung in den Katalog der Rehabilitationsträger nach SGB IX.

Der letztgenannte Vorschlag gilt als längerfristige Alternative einer weiteren bereits länger diskutierten Möglichkeit, nämlich der vollständigen Integration der sozialen Pflegeversicherung in die gesetzliche Krankenversicherung[226]. In letzterem Fall würden sich mit[227]:

- der Erschließung von Effizienzreserven durch Einbeziehung der Pflegeversicherung in den morbiditätsorientierten Risikostrukturausgleich (RSA),
- einer einzelvertraglichen Ausgestaltung im Bereich Pflege, wo Wettbewerbselemente bisher quasi nicht vorhanden sind,

---

222 Vgl. GKV-WSG (2007), S. 26.

223 Siehe GKV-WSG (2006[1]), S. 177.

224 Vgl. Erläuterungen in GKV-WSG (2006[3]), S. 512-514.

225 Siehe SVR (2003), S. 107-108.

226 Vgl. SVR (2003), S. 117-118 sowie Stewens (2005).

227 Vgl. Igl, Wasem (2001), S. 9-14, S. 17 f., S. 25-31 und S. 78 sowie Kukla (2002), S. 336, für eine Zusammenfassung der nachfolgend genannten Punkte.

- einem konsequenten Übergang zur monistischen Finanzierung sowohl im Bereich Pflege als auch im gegenwärtig definierten GKV-Sektor
- sowie einem umfassenderen Ansatz der integrierten (Gesundheits- und Pflege-) Versorgung bei chronischen Erkrankungen, begleitet von Multimorbidität

diverse Entwicklungsmöglichkeiten für das deutsche Gesundheitssystem ergeben.

Die vorgeschlagenen Maßnahmen scheinen in der Tat geeignet, Pflegebedürftigkeit durch medizinische Rehabilitation in Zukunft stärker zu vermeiden, da sie den Pflegekassen die Eigenfinanzierung von Rehabilitationsleistungen ermöglichen. Bei einer mittelfristigen Beibehaltung der Aufgabentrennung zwischen gesetzlichen Krankenkassen und sozialer Pflegeversicherung könnte alternativ über Mittel und Wege nachgedacht werden, die Krankenkassen als Finanzierer von Rehabilitationsleistungen auch an den Einsparungen im Bereich der sozialen Pflegeversicherung zu beteiligen[228]. Die Größe solcher Einsparungen dürfte jedoch nur schwer messbar sein, so dass an der Schnittstelle zwischen Kranken- und Pflegeversicherung tatsächlich weiterhin Handlungsbedarf besteht.

4.4.2.2 Ausbildung von niedergelassenen Ärzten und Pflegekräften im Bereich Rehabilitation

Wie bereits in Abschnitt 4.3.4 dargelegt, war der Bereich Rehabilitation in der ärztlichen Ausbildung bis vor wenigen Jahren stark unterrepräsentiert. Vor allem in Bezug auf das Rehabilitationspotential älterer, pflegebedürftiger Menschen ist es notwendig, Kenntnisse der geriatrischen Rehabilitation bei Hausärzten zu vertiefen. Hier fehlen den Hausärzten in der Regel wichtige Informationen über diagnostisch-therapeutische Möglichkeiten in der Geriatrie bzw. Möglichkeiten der geriatrischen Rehabilitation und somit auch die Motivation zu intervenieren[229].

Vor allem Demenz wird hierbei als negatives Qualifikations- bzw. Prognosekriterium gesehen. Dabei haben Untersuchungen ergeben, dass es sich bei 30% aller Patienten mit Demenz in Wahrheit um Altersdepression handelt, welche bei korrekter Diagnose in kürzester Zeit durch geeignete Medikation und Behandlung therapiert werden könnte. Informationsdefizite zu beheben wäre sicher ein entscheidender Schritt, um den Stellenwert der geriatrischen Rehabilitation zu erhöhen[230].

Trotz der bisherigen Schwachstellen haben die Ausführungen in Abschnitt 4.3.4 auch gezeigt, dass mit Hinblick auf die ärztliche Ausbildung im Bereich Rehabilitation bereits ein gewisses Umdenken stattgefunden hat. Bisher hat sich jedoch die Ausbildung von Pflegekräften nur in sehr geringem Maß an Leistungen zur medizinischen Rehabilitation orientiert. So wurden beispielsweise im deutschen Krankenpflegegesetz von 1985 – bis vor wenigen Jahren die Grundlage für die Ausbildung in der deutschen *Krankenpflege* – dem Fachgebiet Rehabilitation nur 20 von insgesamt 1.600 theoretischen Ausbildungsstunden zugedacht[231]. Auch hier hat jedoch aktuell ein Umdenken stattgefunden. Rehabilitationsmaßnahmen sollen demnach künftig stärker in die Ausbildung von Pflegekräften integriert werden. Zudem findet die praktische Ausbildung

---

228 Siehe Neubauer (1997), S. 441

229 Vgl. SVR (2003), S. 101 f. und S. 116-118.

230 Siehe Lürken (2001), S. I/53 und I/56.

231 Vgl. SVR (2003), S. 100. Gemäß Zahlen des Bundesministeriums für Gesundheit hatten im Jahr 1999 ca. 78% des Pflegepersonals in stationären Krankenhäusern und 73% des Pflegepersonals in Vorsorge- und Rehabilitationseinrichtungen diese Form der Ausbildung erhalten.

außerhalb von Krankenhäusern nun auch in ambulanten und stationären Pflege- sowie Rehabilitationseinrichtungen statt[232]. Völlig unzureichend werden Rehabilitationsleistungen aus Sicht des Sachverständigenrats hingegen in die Ausbildung von *Altenpflegekräften* einbezogen, welche 1999 rund 30% der Pflegekräfte in ambulanten sowie rund 37% der Pflegekräfte in stationären Altenpflegeeinrichtungen stellten. Im Jahr 2000 wurden zwar die bis dato bestehenden 17 Landesgesetze zu einem bundeseinheitlichen Altenpflegegesetz zusammengefasst, an der Bedeutung der „aktivierenden Pflege" im Sinne einer Integration von Rehabilitationsmaßnahmen hat sich hierdurch im Wesentlichen jedoch nichts geändert[233].

Im vorliegenden Abschnitt wurde auf das Problem der unzureichenden Realisierung des Konzepts der „Rehabilitation vor und in der Pflege" hingewiesen. Im Mittelpunkt steht hierbei das Schnittstellenproblem zwischen Krankenkassen und Pflegeversicherung. Mit den Gesetzesänderungen des GKV-Wettbewerbsstärkungsgesetzes sind Rehabilitationsleistungen an älteren Patienten zwar formal aufgewertet worden, allerdings dürften diese Maßnahmen allein wohl bei Weitem nicht ausreichen.

Da es sich bei der geriatrischen Rehabilitation um ein zukünftiges Schlüsselthema handelt, werden deren Definition, gesundheitspolitischer Stellenwert sowie der Entwicklungsstand im nachfolgenden Abschnitt 4.5 näher behandelt.

4.5 Geriatrische Rehabilitation

Das medizinische Fachgebiet Geriatrie befasst sich mit den Alterungsprozessen sowie den präventiven, diagnostischen, therapeutischen und rehabilitativen Möglichkeiten im Zusammenhang mit den Erkrankungen alter Menschen[234]. Medizinische Rehabilitation spielt im Kontext geriatrischer Behandlungen eine zentrale Rolle[235].

Ein spezielles Charakteristikum der Geriatrie, entstanden aus den griechischen Begriffen „Geron" (alter Mann) und „Iatrikos" (medizinische Behandlung), ist die inhärente Spannung des Arztes zwischen Allmacht und Ohnmacht gegenüber dem Patienten. Im Fachgebiet Geriatrie sind Vergänglichkeit, Krankheit und Behinderung zwar zu akzeptieren, jedoch immer nur in dem Maße, wie diese nicht behoben werden können[236]. Dies ist primäre Aufgabe der geriatrischen Rehabilitation, welcher der nachfolgende Abschnitt gewidmet ist. Abschnitt 4.5.1 beginnt mit einer Dokumentation der gesundheitspolitischen Bedeutung sowie des derzeitigen Stellenwerts der geriatrischen Rehabilitation. Im Anschluss wird in Abschnitt 4.5.2 auf die geschichtliche Entwicklung geriatrischer Versorgungsstrukturen eingegangen.

Abschnitt 4.5.3 thematisiert den notwendigen Ausbau der ambulanten geriatrischen Rehabilitation (AGR) sowie von mobilen Behandlungsleistungen. Abschließend wird

232 Siehe Anmerkungen in SVR (2003), S. 100 f.

233 Vgl. SVR (2003), S. 101 und S. 116-118. Die Autoren weisen in diesem Zusammenhang auch darauf hin, dass die Pflegeforschung intensiviert werden müsse, um das präventive und rehabilitative Potential innerhalb der Pflege auch aus gesundheitsökonomischer Perspektive klarer herauszustellen.

234 Vgl. Medizinischer Dienst der Spitzenverbände der Krankenkassen e.V. (nachfolgend MDS) (2005), S. 38 f.

235 Siehe u.a. Leistner (2001), S. I/33, Meier-Baumgartner, Hain, Oster, Steinhagen-Thiessen, Vogel (1998), S. 9.

236 Siehe Meier-Baumgartner (2001), S. I/2 sowie I/8 f.

in Abschnitt 4.5.4 mit der Sicherstellung einer bedarfsgerechten geriatrischen Frührehabilitation auf eine weitere zentrale Herausforderung kommender Jahre hingewiesen.

4.5.1 Definition, gesundheitspolitische Bedeutung und derzeitiger Stellenwert der geriatrischen Rehabilitation

Zielgruppe der geriatrischen Rehabilitation bilden Patienten über 70 Jahre mit geriatrietypischer Multimorbidität[237]. Da gleichzeitig ca. 80% der Leistungsempfänger innerhalb der sozialen Pflegeversicherung 65 Jahre und älter sind, weisen diese beiden Gruppen eine große Schnittmenge auf[238].

Abbildung 28 dokumentiert die Punkt-Prävalenz pflegebedürftiger Personen innerhalb der Bundesrepublik Deutschland 1998 nach einzelnen Altersgruppen, unterteilt nach Männern und Frauen, in Promille. Die Abbildung basiert auf Mitgliederdaten der Pflegeversicherung mit Stichtag 1.10.1997 sowie Leistungsempfängerdaten der Pflegeversicherung vom 30.6.1998.

Gemäß Abbildung 28 steigt die Prävalenzrate in den höheren Altersgruppen rapide an, für über 80-jährige Patienten betrug sie im Jahr 1998 knapp 30%[239]. Vor diesem Hintergrund muss der Grundsatz „Rehabilitation vor Pflege“ vor allen Dingen auf den Grundsatz „Geriatrische Rehabilitation vor Pflege“ ausgerichtet sein. Hierbei stellen die weiblichen Senioren die weitaus wichtigste Zielgruppe dar. So lag die Prävalenzrate über 80-jähriger pflegebedürftiger Frauen knapp 50% über der Prävalenzrate der 80 Jahre und älteren, pflegebedürftigen Männer[240].

Vor allem aufgrund der prognostizierten, demographischen Entwicklung ist der gezielte Ausbau geriatrischer Versorgungsstrukturen ein zentrales gesundheitspolitisches Zukunftsthema[241]. „Nicht nur dem Leben neue Jahre, sondern den Jahren neues Leben geben“, ist eine passende Beschreibung des Aufgabengebiets innerhalb der geriatrischen Rehabilitation. Dieses Motto ist gleichbedeutend mit der Forderung einer relativen Stärkung der präventiven und rehabilitativen gegenüber der kurativen Medizin[242]. Auch der primären und sekundären Prävention kommt demnach vor allem in den Bereichen zerebrovaskulärer und muskuloskeletaler Erkrankungen die zentrale Aufgabe zu, Pflegebedürftigkeit im Alter zu verzögern bzw. zu verhindern[243].

---

237 Vgl. u.a. MDS (2005), S. 40 sowie Spitzenverbände der Krankenkassen (2004), S. 4. Gemäß Steinhagen-Thiessen, Hamel, Lüttje, Oster, Plate, Vogel (2003), S. 367, kann ein kalendarisches Alter von 80 bis 85 Jahren zudem bereits für sich als Risikofaktor gewertet werden, da hier selbst leichte Erkrankungen schwerwiegende Folgen haben können.

238 Siehe Leistner, Bublitz (2004), S. 300.

239 Aktuellere Angaben mit rund 32% finden sich in Goslich (2003), S. 70.

240 Siehe Leistner, Bublitz (2004), Tabelle 2, S. 298 sowie Leistner, Lürken, Wagner (2000), S. 122, Tabelle 8-2 und S. 130.

241 Vgl. Steinhagen-Thiessen, Hamel, Lüttje, Oster, Plate, Vogel (2003), S. 367. Siehe außerdem Schwing (2001), S. 8, 10 und 12, hinsichtlich eines prognostizierten Anstiegs von Multimorbidität und Krankenhausfällen sowie die nachfolgende Diskussion in Abschnitt 7.1.

242 Siehe Leistner, Meier-Baumgartner, Pientka (2002), S. 51 f.

243 Vgl. Leistner, Lürken, Wagner (2000), S. 131. Weitere Ausführungen zu dem Aspekt Prävention finden sich in Abschnitt 4.6: Prävention und Rehabilitation.

Abb. 28: (Punkt-)Prävalenzraten pflegebedürftiger Personen in der Bundesrepublik Deutschland 1998, in Promille

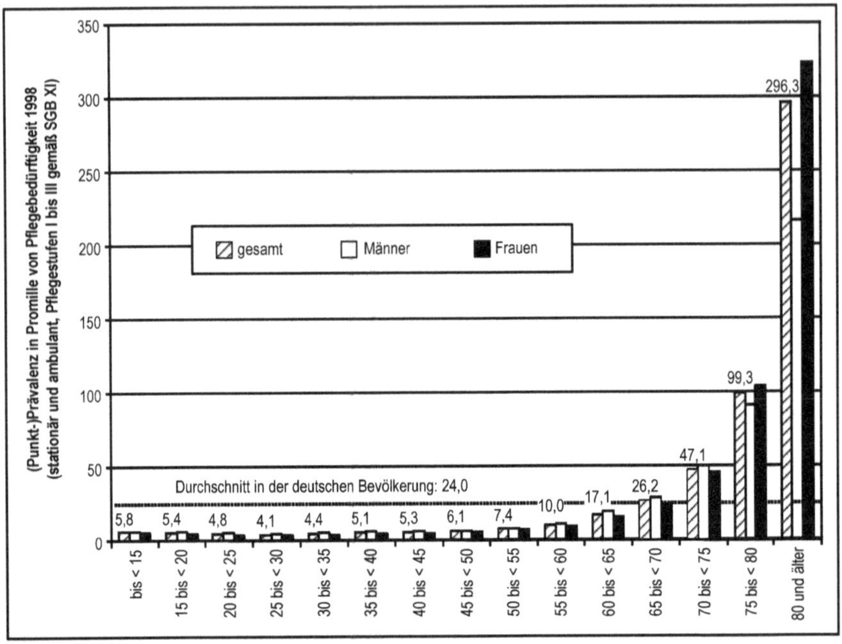

Quelle: Leistner, Lürken, Wagner (2000), S. 122, Tabelle 8-2, eigene Darstellung

Unter Berücksichtigung des in Abschnitt 4.4 erläuterten Antragsverfahrens auf Pflegebedürftigkeit ist es im derzeitigen System zentrale Rolle des Medizinischen Diensts der Krankenversicherung (MDK), als Prüfer von Anträgen auf Pflegeleistungen nach SGB XI die Weichen für geriatrische Rehabilitationsbehandlungen zu stellen. Als potentielle Zielgruppe für den Grundsatz „Rehabilitation vor Pflege" kommt hierbei ca. ein Drittel der Antragsteller auf ambulante Pflegeleistungen infrage, bei denen im Ergebnis der Begutachtung nach SGB XI auf „nicht pflegebedürftig", d.h. auf Pflegestufe 0, entschieden wird[244].

Die GKV-Ausgabenintensität bei der Behandlung älterer Personen ist besonders stark ausgeprägt, wenn man bedenkt, dass

- auf ca. 20% chronisch kranker Patienten rund 80% der Arzneimittelausgaben entfallen,
- 70% aller GKV-Ausgaben eines Versicherten innerhalb von 5 Jahren vor Eintritt des Todes entstehen[245].

244 Vgl. Leistner, Bublitz (2004), S. 298 sowie Leistner, Meier-Baumgartner, Pientka (2002), S. 51. Der dokumentierte Anteil errechnet sich als Restgröße aus 185.820 Empfehlungen „pflegebedürftig" im ambulanten Bereich (d.h. 284.420-185.820), dividiert durch 284.420 auswertbare Datensätze von MDK-Gutachten ambulanter Antragstellungen auf Leistungen der Pflegeversicherung (vgl. Leistner, Lürken, Wagner (2000), Tabelle 8-1, S. 121 sowie Tabelle 8-3a, S. 125).

245 Vgl. Leistner, Bublitz (2004), S. 297.

Daher ist es zwingend notwendig, auch im Bereich Rehabilitation auf die demographischen Veränderungen angemessen zu reagieren und adäquate Versorgungsangebote für die geriatrische Rehabilitation zu entwickeln. In diesem Zusammenhang ist ein radikales Umdenken erforderlich. Hierzu gehört vor allem[246]

(1) eine Abwendung vom biomedizinischen Ansatz hin zum ganzheitlichen bio-psycho-sozialen Behandlungsansatz,
(2) eine Revidierung des negativen Altenbildes und Schaffung einer positiven Grundeinstellung gegenüber einer alternden Bevölkerung in Medizin und Gesellschaft,
(3) Bewusstseinsbildung der geriatrischen Rehabilitation als Behandlungsmöglichkeit, mit Einsparpotentialen für die kurative Versorgung sowie die Pflegeversorgung
(4) sowie eine Abkehr vom Bild der geriatrischen Rehabilitation als reinem Kostenfaktor.

Neben Definitionen bezüglich geriatrischer Rehabilitation, dem geriatrischen Patienten, geriatrietypischer Multimorbidität sowie der Indikationsstellung für eine geriatrische Rehabilitationsbehandlung, existieren individuelle Anforderungen für stationäre geriatrische Einrichtungen. Hierin sind Vorgaben zur Strukturqualität (räumliche Ausstattung, diagnostische Ausstattung sowie Personaleinsatz und Personalbedarf) ebenso enthalten wie Vorgaben zur Prozess- und Ergebnisqualität.

Essentiell für eine erfolgreiche geriatrische Behandlung ist die Anwendung eines multidimensionalen geriatrischen Assessments in Anlehnung an die ICF-Kriterien[247]. Ein solches Assessment ist in den Vorgaben zur Prozessqualität enthalten und wird kurz nach der Patientenaufnahme durchgeführt sowie zur Verlaufskontrolle periodisch wiederholt. Verbunden mit dem geriatrischen Assessment ist die Entwicklung eines individuell mit dem Patienten und seiner Familie abgestimmten Rehabilitationsplans inklusive vorformulierter Behandlungsziele[248]. Auf diese Weise lässt sich für geeignete Patientengruppen eine gezielte Steigerung der Lebensqualität, eine verminderte Abhängigkeit von institutionellen Angeboten sowie ein verbessertes Niveau körperlicher und geistiger Funktionen erzielen[249].

Die einzelnen Behandlungselemente (rehabilitative geriatrische Pflege, Physiotherapie, Massage- und Badetherapie, Ergotherapie, Logopädie, Sozialarbeit, Neuropsychologie und Ernährungsberatung) sind mit der indikationsbezogenen Rehabilitation vergleichbar[250]. Gleichzeitig ist jedoch auf spezielle Eigenschaften innerhalb der geriatrischen Behandlung zu achten. Hierzu gehören vor allem:

- ein wesentlich höherer Stellenwert der Pflege,
- die Bereitstellung einer Seelsorge,
- die Einbeziehung von Angehörigen und Familie in das therapeutische Milieu (sofern vorhanden)
- sowie die besondere Aufgabenstellung des Sozialdiensts, u.a. auch im Bereich der Nachsorge (Beratung bei der Wohnungsumgestaltung bzw. Heimberatung und Vermittlung, Auswahl geeigneter Hilfsmittel, allgemeine Gestaltung der häuslichen Versorgung bzw. Kontaktaufnahme mit geeigneten Selbsthilfegruppen).

---

246 Siehe Leistner, Bublitz (2004), S. 303 sowie Leistner, Meier-Baumgartner, Pientka (2002), S. 52 f.

247 Siehe Leistner (2001), S. I/33-I/35.

248 Vgl. u.a. Lübke (2001), S. I/65 f., Meier-Baumgartner, Hain, Oster, Steinhagen-Thiessen, Vogel (1998), S. 24 f. sowie Rubenstein (1998), S. 29-31.

249 Vgl. Rubenstein (1998), S. 29-31 sowie S. 43 f.

250 Vgl. Spitzenverbände der Krankenkassen (2004), S. 16-18 sowie Meier-Baumgartner, Hain, Oster, Steinhagen-Thiessen, Vogel (1998), S. 15-19 und S. 21-24.

In Bezug auf den letztgenannten der oberen vier Punkte stellt sich das generelle Problem, dass ältere Menschen in der Regel ungern beratende Hilfe in Anspruch nehmen, da subjektiv gesehen oftmals kein Bedarf an Hilfe besteht. Dennoch haben sich eine Vielzahl von Beratungsstellen mit Fragen „Rund ums Alter“ gegenüber Patienten und ihren Angehörigen mittlerweile bewährt. Eine solche Beratung kann letztendlich nur in einem Geriatriezentrum erfolgen, wo ärztliche und psychosoziale Kompetenz gebündelt auftreten. Als Beispiel für eine erfolgreiche und hoch frequentierte Beratungsstelle sei an dieser Stelle das Evangelische Geriatriezentrum Berlin gGmbH genannt[251]. Insgesamt kennzeichnet sich die geriatrische Versorgung gegenüber der indikationsspezifischen Rehabilitationsversorgung durch eine „umfassendere, vorsichtigere und langsam anforderungssteigernde Behandlung“, welche vorrangig in Einzeltherapien und nicht in Gruppentherapien durchzuführen ist[252].

Abbildung 29 dokumentiert das Bettenangebot der geriatrischen Versorgung in Deutschland, welches im Jahr 2001 aus insgesamt 16.000 Betten bestand[253]. Gemäß der Abbildung wird in der Geriatrie zwischen Versorgungsverträgen von Einrichtungen der Akutgeriatrie nach §§ 107 Abs. 1 und 109 SGB V sowie Versorgungsverträgen mit geriatrischen Rehabilitationseinrichtungen gemäß §§ 107 Abs. 2 und 111 SGB V unterschieden[254].

Die unterschiedlichen Definitionen im Versorgungsangebot sind im Wesentlichen auf Unterschiede zwischen einzelnen Bundesländern zurückzuführen. Diese spiegeln sich auch in der Planung der geriatrischen Versorgung wider, welche teils über spezielle Geriatriepläne, zum Teil aber auch über Krankenhauspläne erfolgt[255]. Nicht selten führen die unterschiedlichen Behandlungsformen einzelner Bundesländer, vor allem in grenznahen Gebieten, zu Schnittstellenproblemen bei der Beantragung von Rehabilitationsbehandlungsleistungen[256].

Gemäß Abbildung 29 wird der weitaus größte Anteil (ca. 95%) der akutgeriatrischen Leistungen nach § 109 SGB V an allgemeinen Krankenhäusern bzw. geriatrischen Kliniken erbracht. Nur knapp über 5% der Behandlungen finden an Rehabilitationskliniken bzw. psychiatrischen oder neurologischen Fachkrankenhäusern statt. Über 60% der geriatrischen Rehabilitationsbehandlungen gemäß § 111 SGB V werden hingegen an Rehabilitationseinrichtungen durchgeführt, ein beträchtlicher Anteil von über 37% jedoch auch an geriatrischen Akutkliniken bzw. allgemeinen Krankenhäusern[257].

Zusammenfassend lässt sich festhalten, dass ca. 25% des geriatrischen Bettenangebots in Rehabilitationskliniken und ca. 75% des Bettenangebots in Akutkrankenhäusern zu finden sind, wobei mehr als die Hälfte der Gesamtbettenzahl, nämlich 51%, in Akut-

---

251 Vgl. Steinhagen-Thiessen, Hamel, Lüttje, Oster, Plate, Vogel (2003), S. 372 f. sowie Schwing (2002[3]), S. 86 f.

252 Siehe Spitzenverbände der Krankenkassen (2004), S. 15 und 17 f. sowie Meier-Baumgartner, Hain, Oster, Steinhagen-Thiessen, Vogel (1998), S. 15, 19 und 23 f.

253 Vgl. hierzu auch Abbildung 22 in Abschnitt 4.1.2.1.

254 Siehe SGB Sozialgesetzbuch (2006), S. 467-470 sowie Steinhagen-Thiessen, Hamel, Lüttje, Oster, Plate, Vogel (2003), S. 369.

255 Siehe Uhlig (2001), S. I/77, Tabelle 17 sowie den nachfolgenden Abschnitt 6.1.1: Versorgungsverträge und Marktzutritt.

256 Siehe Telefoninterview mit Dr. Lüttje in Anhang 3, in Antwort auf Frage 7.

257 Vgl. Stier-Jarmer, Pientka, Stucki (2002), S. 196, Tabelle 3, mit Daten aus den Sozialministerien der Länder.

krankenhäusern mit unter 400 Betten bereitgestellt wird. Der Anteil der Krankenhäuser mit über 800 Betten nimmt hingegen mit unter 5% einen weitaus geringeren Stellenwert ein[258]. Insgesamt lag der Anteil Krankenhäuser mit geriatrischen Abteilungen über alle Größenklassen hinweg zwischen 4,6 und 13,5%, nur in Krankenhäusern mit einer Anzahl von 500 bis 800 Betten lag er bei etwa 25%[259].

Abb. 29: Akutgeriatrie und geriatrische Rehabilitation nach Ort der Leistungserbringung 2001, gemäß der Bettenzahl (insgesamt ca. 16.000 Betten)

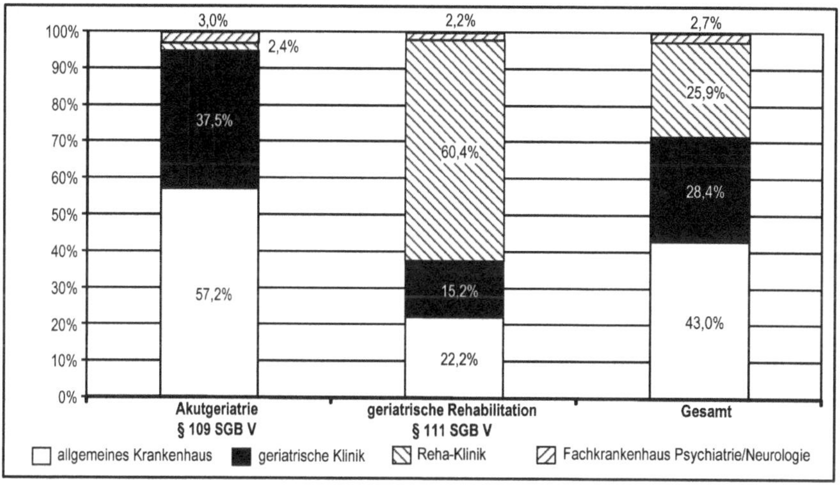

Quelle: Stier-Jarmer, Pientka, Stucki (2002), S. 196, Tabelle 3, eigene Darstellung

Bezüglich der Frage nach einem bedarfsgerechten geriatrischen Versorgungsangebot besteht, abhängig von der jeweiligen Betrachtungsweise, ein gewisser Dissens in der Fachöffentlichkeit.

Laut Empfehlungen der Bundesarbeitsgemeinschaft Klinisch-Geriatrischer Einrichtungen e.V. (BAG) beträgt der Bedarf 50-60 Betten je 100.000 Einwohner. Folgt man diesen Empfehlungen, so bestand im Jahr 2001 mit Ausnahme von Hamburg in allen Bundesländern ein erhebliches Angebotsdefizit. Tatsächlich lag die bundesdeutsche geriatrische Versorgungsdichte im Jahr 2000 bei einer Bettenzahl von lediglich 19,4 Betten pro 100.000 Einwohner[260]. Diese Zahl dürfte sich auch mit der 2001 geplanten Ausweitung der geriatrischen Bettenzahl kurzfristig auf höchstens 20,4 erhöht haben[261]. Ein Angebotsdefizit gilt der obenstehenden Argumentation zufolge jedoch nicht nur für den stationären, sondern auch für den teilstationären Bereich. Einer Anzahl von 2,5 tagesklinischen Behandlungsplätzen pro 100.000 Einwohner im Jahr 2001 stand demnach eine Empfehlung von 15 Behandlungsplätzen pro 100.000 Einwohner gegenüber[262].

258 Siehe Stier-Jarmer, Pientka, Stucki (2002), S. 196, Tabelle 3 und Abbildung 3 sowie S. 201.
259 Vgl. Stier-Jarmer, Pientka, Stucki (2002), S. 196, Abbildung 4 sowie S. 197.
260 Vgl. Stier-Jarmer, Pientka, Stucki (2002), S. 197, Fuhrmann (2001), S. I/18 sowie Fuhrmann, Uhlig (1997), S. 24.
261 Vgl. Uhlig (2001), S. I/73, Tabelle 8.
262 Siehe Fuhrmann (2001), S. I/18.

Auch durch die auf individueller Länderebene geplante Ausweitung des tagesklinischen Angebots konnte diese Zahl lediglich geringfügig auf 3,2 Behandlungsplätze je 100.000 Einwohner erhöht werden[263].

Laut einer alternativen Berechnung, derzufolge das geriatrische Behandlungsangebot am Krankenhaus für 5% aller über 65-jährigen Patienten geeignet ist[264], ergibt sich bei einer durchschnittlichen Kapazitätsauslastung von 85% und einer Durchschnittsverweildauer von 18,8 Tagen ebenfalls ein erhebliches Angebotsdefizit. Ca. 12.000 geriatrische Krankenhausbetten stünden demzufolge einem Bedarf von über 17.000 Betten gegenüber[265].

Tatsächlich erscheint auch ein geriatrischer Bettenanteil im Krankenhaussektor von 2,82% im Jahr 2000 (selbst unter Hinzunahme des Rehabilitationsangebots) auf den ersten Blick verhältnismäßig gering. Entsprechende Statistiken haben die Bundesarbeitsgemeinschaft Klinisch-Geriatrischer Einrichtungen e.V. (BAG) dazu bewogen, für jedes Krankenhaus mit über 300 Betten eine geriatrische Hauptabteilung, zumindest aber eindeutige Kooperationsvereinbarungen mit entsprechenden Einrichtungen zu fordern[266].

Im Gegensatz zu den soeben präsentierten Ergebnissen weisen alternative Quellen, so z.B. das Sozialministerium Baden-Württemberg, auf eine weitestgehende Bedarfsdeckung bzw. auf leer stehende geriatrische Krankenhausbetten hin[267].

Die Diskrepanz zwischen diesen einzelnen Angaben lässt sich beispielhaft anhand zweier Geriatriegutachten der Hansestadt Hamburg erklären. Demzufolge wurden die Empfehlungen eines Geriatriegutachtens aus dem Jahr 1996 mit einer Zahl von 1.056 Betten und 235 Tagesklinikplätzen wenige Jahre später auf 664 Betten und 135 Tagesklinikplätze, also auf fast die Hälfte nach unten korrigiert. Begründet wurde dies mit dem so genannten „Akzeptanzfaktor“, d.h. der Tatsache, dass viele geriatrische Patienten nicht in geriatrische Abteilungen eingewiesen, sondern vielmehr in anderen Krankenhausabteilungen einbehalten, bzw. direkt in Pflegeeinrichtungen oder indikationsspezifische Rehabilitationskliniken überwiesen werden[268].

Dr. Lüttje, Vorstandsvorsitzender der Bundesarbeitsgemeinschaft Klinisch-Geriatrischer Einrichtungen e.V. (BAG), verweist hier vor allem auf strategische Belegungsgründe einzelner Krankenhäuser. Geriatrische Patienten werden demnach oftmals in indikationsspezifische Fachabteilungen eingeweisen, da entsprechende Bettenkapazitäten durch die Krankenhausplanung aufgrund eines ausgemachten ambulanten Behandlungspotentials gefährdet sind (siehe *Anhang 3*, in Antwort auf Frage 2). Da eine bedarfsgerechte Patientenzuweisung vor allem während der Phase der Frührehabilitation für den weiteren Behandlungsverlauf von zentraler Bedeutung ist, sollen entsprechende Lösungsansätze zu dieser Problematik in Abschnitt 4.5.4 eingehender diskutiert werden.

Die geringe Bedeutung des medizinischen Fachs Geriatrie lässt sich jedoch nicht allein anhand von Patientenzuweisungen, sondern auch anhand der Form der medizinischen Ausbildung beurteilen. Demzufolge wurde der Ursprung der geriatrischen Versorgung

---

263 Vgl. Uhlig (2001), S. I/76 f., Tabelle 16.

264 Siehe Rubenstein (1998), S. 39.

265 Siehe Stier-Jarmer, Pientka, Stucki (2002), S. 197.

266 Vgl. u.a. Steinhagen-Thiessen, Hamel, Lüttje, Oster, Plate, Vogel (2003), S. 369 und 374.

267 Vgl. Stier-Jarmer, Pientka, Stucki (2002), S. 197 sowie Meier-Baumgartner (2001), S. I/3.

268 In diesem Zusammenhang wird die Geriatrie durch Meier-Baumgartner (2001) in einem sehr anschaulichen Bild als „Überfluss-Medizin“ dargestellt (siehe S. I/5, Abbildung 1 sowie die dazugehörige Beschreibung auf den Seiten I/3-I/5).

in Deutschland, anders als in anderen Ländern, nicht durch wissenschaftlichen Forschungsdrang, sondern vielmehr durch die praktische Notwendigkeit der Lösung eines Versorgungsproblems begründet. Dies ist u.a. anhand der Tatsache erkennbar, dass das Fachgebiet Geriatrie an deutschen Universitäten bis heute stark unterrepräsentiert ist[269]. So gab es mit Stand 2005 an 39 medizinischen Fakultäten lediglich 5 Lehrstühle für Geriatrie[270]. 43% der deutschen Universitäten bieten keinerlei geriatriebezogenen Unterricht an, verglichen mit einem weltweiten Durchschnitt von nur 27%. Geriatrische Lerninhalte erfolgen an deutschen Universitäten in der Regel allenfalls punktuell und unstrukturiert. Tatsächlich belegte Deutschland gemäß einer Klassifikation der Weltgesundheitsorganisation (WHO) in der Gruppe „old population – weak in geriatric education" Platz 7 von 12 Ländern[271].

Die erfolgte Reform der Approbationsordnung mit einem neuen Querschnittsfach „Medizin des Alterns und des alten Menschen" erscheint hier sicherlich ein Schritt in die richtige Richtung. Dennoch bedarf es in Zusammenarbeit mit den Universitäten, aber auch der Bundes- und Landespolitik noch einer gemeinsamen Kraftanstrengung, um der Geriatrie den ihr notwendigen Stellenwert in Deutschland einzuräumen[272].

Dr. Lüttje, Vorstandsvorsitzender des BAG, beurteilt zudem die Ausgangsvoraussetzungen bei der Einführung der neuen (Muster-)Weiterbildungsverordnung für die Ausbildung zum Geriater als kritisch. Während die Ausbildung fachlich unzulässig von zwei Jahre auf 18 Monate verkürzt wurde, wurden die fachlichen Voraussetzungen unnötig erschwert (vgl. *Anhang 3*, in Antwort auf Frage 6).

Aufgrund des erhöhten Risikos, durch „relativ banale zusätzliche Erkrankungen" weitere Funktionseinbußen zu erleiden, sind für die Behandlung geriatrischer Patienten generalistische Behandlungsqualifikationen notwendig. Auf diese Weise lassen sich auch negative Folgen durch Multimedikation bzw. eine falsche Risikoeinschätzung bestimmter Behandlungsmaßnahmen vermeiden. Voraussetzung für eine geriatrische Weiterbildung ist demnach eine fundierte generalistische Fachausbildung mit Vermittlung[273]

- spezifischer Kenntnisse der Altersmedizin,
- breiten fachübergreifenden Basiswissens (Innere Medizin, Neurologie, Orthopädie, Gerontopsychiatrie, Urologie, Augenheilkunde, HNO, etc.),
- von Kompetenzen im Bereich Rehabilitation, inklusive Sekundär- und Tertiärprävention,
- von Fachwissen im Bereich der Langzeit- und Palliativversorgung[274]
- sowie von Kenntnissen der Sozialmedizin.

Im Idealfall sollte bei der Zusatzweiterbildung „Geriatrie" daher der generalistische Lernansatz mit einer Form der Weiterbildung auf einzelnen Fachgebieten kombiniert

269 Hervorgehoben wurde dieser Missstand u.a. bei der Verbandstagung klinisch-geriatrischer Einrichtungen am 30. und 31.3.2006 in Würzburg (siehe Bundesarbeitsgemeinschaft Klinisch-Geriatrischen Einrichtungen e.V. (BAG) (2006) mit einer Pressemitteilung vom 7.4.2006, unter www.bag-geriatrie.de/presse/20060407.pdf (Stand: 26.12.2006)).

270 Ein Gegenbeispiel bieten die Niederlande, wo an allen medizinischen Fakultäten ein Lehrstuhl für Geriatrie existiert (vgl. Hibbeler (2005)).

271 Vgl. Lüttje (2005), S. I/53.

272 Vgl. Lüttje (2005), S. I/53-I/55 sowie frühere Diskussionen zu diesem Thema in Leistner, Meier-Baumgartner, Pientka (2002), S. 51-53 sowie Meier-Baumgartner (2001), S. I/6 und I/8.

273 Siehe Lübke (2005), S. I/36.

274 Siehe auch Schwing (2002^2), S. 82 f., hinsichtlich der Bedeutung der Schmerzbehandlung bei älteren Patienten.

werden. Ein Vorbild könnte hier das Land Brandenburg sein, wo eine Weiterbildung zum Facharzt für „Innere Medizin/Schwerpunkt Geriatrie“ möglich ist[275]. Für die Zukunft ist somit eine berufsgruppenspezifische fachärztliche Weiterbildung im Bereich Geriatrie zu fordern[276].

Auch für Deutschlands Hausärzte ist eine Qualifizierung im Bereich Geriatrie mit geregelter Fort- und Weiterbildung anzustreben. Das Gesamtbehandlungsmanagement in Form einer kontinuierlichen Begleitung durch den gesamten Behandlungsprozess ist hierbei im Idealfall auf den primärärztlichen Versorgungsbereich zu übertragen. Um dieses Ziel zu erreichen, bedarf es jedoch

- spezifischer, systematischer und qualitätsgesicherter Fortbildungsangebote
- sowie entsprechender Anreize im Rahmen der hausärztlichen Vergütung.

Die Entwicklung versorgungsspezifischer, evidenzbasierter Leitlinien spielt hierbei ebenfalls eine entscheidende Rolle[277]. Im neuen ärztlichen Vergütungssystem EBM 2000plus ist diesbezüglich mittlerweile ein erster wichtiger Schritt zur Stärkung der Rolle niedergelassener Vertragsärzte unternommen worden. Demnach wird das „hausärztlich-geriatrische Basisassessment“ als Nummer 03341 mit 350 Punkten bewertet. Dies ist als großer Erfolg zu sehen, da im ambulanten Bereich zuvor keine Möglichkeit bestand, geriatrische Maßnahmen überhaupt abzurechnen. Im Rahmen einer zertifizierten Fortbildung des Deutschen Hausärzteverbands wurden mit Stand Juni 2005 bundesweit ca. 2.500 Hausärzte durch Geriater im Umgang mit dem Assessment unterrichtet[278]. Um Hausärzten jedoch verstärkte Anreize für eine Steuerung, Koordinierung sowie Zusammenarbeit mit anderen Berufsgruppen zu geben, wäre es notwendig, weiterführende finanzielle Anreize zu schaffen[279].

4.5.2 Die geschichtliche Entwicklung der geriatrischen Rehabilitation

Während beispielsweise in Großbritannien bereits in den 40er Jahren von geriatrischer Rehabilitation gesprochen wurde, entstand die erste deutsche Fachklinik für geriatrische Rehabilitation in Hofgeismar erst in der zweiten Hälfte der 60er Jahre. Erstmalig 1980 wurde mit dem Albertinen-Haus in Hamburg eine geriatrische Rehabilitationseinrichtung mit Hilfe von Fördermitteln des Bundesministeriums für Arbeit und Sozialordnung errichtet.

Seitdem hat sich auf dem Gebiet der geriatrischen Rehabilitation in Deutschland eine rasante Entwicklung vollzogen, wie Abbildung 30 zu entnehmen ist. In den 80er und frühen 90er Jahren erfolgte demnach ein systematischer Aufbau geriatrischer Versorgungsstrukturen, sowohl im Akut- als auch im Rehabilitationsbereich[280].

---

275 Siehe Hibbeler (2005).

276 Vgl. u.a. Steinhagen-Thiessen, Hamel, Lüttje, Oster, Plate, Vogel (2003), S. 370 f. sowie Kolb (2001), S. 14. Vor allem für eine berufsgruppenübergreifende Zusammenarbeit während der Phase der Frührehabilitation ist das Thema der ärztlichen Ausbildung von zentraler Bedeutung (vgl. hierzu Abschnitt 4.5.4).

277 Vgl. Lübke (2005), S. I/36-I/38.

278 Vgl. Hibbeler (2005).

279 Siehe Kauss, Kühnert, Nägele, Schmidt, Schnabel (1998), S. 228 und 235.

280 Vgl. u.a. Leistner, Bublitz (2004), S. 298 f., Fuhrmann (2001), S. I/17 sowie Fuhrmann, Uhlig (1997), S. 16. Gemäß Angaben von Stier-Jarmer, Pientka, Stucki (2002), S. 192 handelte es sich hierbei zu einem Großteil um eine Umwandlung des Angebots an nicht mehr bedarfsnotwendigen Akutbetten.

Abb. 30: Die wichtigsten Entwicklungsschritte der deutschen Geriatrie, 1980-2005

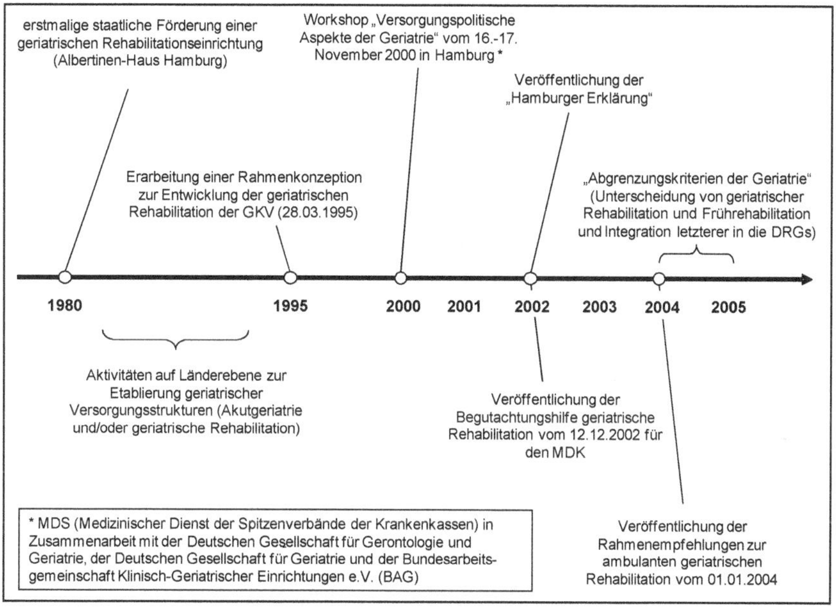

Quelle: Leistner, Bublitz (2004), S. 298f., Fuhrmann (2001), S. I/17, Fuhrmann, Uhlig (1997), S. 16, eigene Darstellung

Neben den dokumentierten Aktivitäten auf Länderebene erfolgte zwischen 1987 und 2001 die Errichtung zahlreicher Modellkliniken der geriatrischen Rehabilitation mit Hilfe von Fördermitteln des Bundes. Begünstigt wurde die Ausweitung des geriatrischen Versorgungsangebots u.a. durch die gesetzesgeberische Festlegung des Grundsatzes „Rehabilitation vor Pflege“ von 1989 sowie die Entscheidung des Deutschen Ärztetages aus dem Jahr 1992, die Möglichkeit einer fakultativen Weiterbildung „Klinische Geriatrie“ einzuführen[281].

Tabelle 11 dokumentiert eine erhebliche Ausweitung des stationären und teilstationären geriatrischen Versorgungsangebots über die Jahre 1993, 1994, 1997 und 2000, gemäß Angaben der Länderministerien. Für die darauf folgenden Jahre waren aufgrund der schwieriger gewordenen Finanzlage der Krankenkassen hingegen deutlich geringere Zuwachsraten vorgesehen. So basierten die Planungen der Länder und Krankenkassen ab 2001 auf einer jährlichen Steigerung der stationären Einrichtungszahlen von lediglich 6% sowie auf einer Steigerung der Bettenzahlen in Höhe von 4% p.a.[282].

281 Den Literaturangaben zufolge handelte es sich um 21 geplante Modellkliniken mit Fördermitteln in Höhe von 300 Mio. DM (vgl. Fuhrmann (2001), S. I/17 sowie Fuhrmann, Uhlig (1997), S. 16).

282 Vgl. Fuhrmann (2001), S. I/18 sowie Uhlig (2001), S. I/73.

Tab. 11: Entwicklung des geriatrischen Versorgungsangebots der Bundesrepublik Deutschland zwischen den Jahren 1993 und 2000

	stationäre geriatrische Versorgung		teilstationäre geriatrische Versorgung
Jahr	**Anzahl Einrichtungen**	**Anzahl Betten**	**Anzahl Tageskliniken**
1993	84	7.200	13
1994	118	7.500	27
1997	235	12.500	66
2000	318	16.100	136

Quelle: Fuhrmann (2001), S. I/18, Uhlig (2001), S. I/73 und I/76, Fuhrmann, Uhlig (1997), S. 18, Abbildung 1, eigene Darstellung

Obwohl keine umfassende aktuellere Bestandsaufnahme vorliegt, lässt sich auch anhand von Daten des Statistischen Bundesamts bestätigen, dass das geriatrische Versorgungsangebot über die letzten Jahre lediglich geringfügig ausgeweitet wurde. Demnach existierten für den Fachbereich Innere Medizin/Geriatrie im Jahr 2000 9.348 Krankenhausbetten, vier Jahre später waren es 9.784 Betten. Dies entspricht einer Wachstumsrate von nur 1,1% p.a., bei einem Zuwachs von 170 auf 180 Fachabteilungen[283].

Das teilstationäre Geriatriekonzept gemäß Tabelle 11 besteht in der Regel aus einer tagesklinischen Behandlung an fünf Wochentagen zu je acht Stunden und folgt meistens als Nachbehandlung einer vollstationär behandelten Akuterkrankung. Der teilstationäre Behandlungsansatz dient dazu, den Übergang in die häusliche Umgebung zu gewährleisten, den Erfolg der stationären Behandlung zu verfestigen sowie den Gesundheitszustand des Patienten zu stabilisieren. Mindestens Rollstuhlmobilität sowie weitestgehende Selbständigkeit in Aktivitäten des täglichen Lebens gelten als Teilnahmevoraussetzung. Darüber hinaus sollte die Unterstützung durch ein weitestgehend stabiles psychosoziales Umfeld gewährleistet sowie ein zumindest partieller Aufenthalt zu Hause möglich sein[284].

Traditionell ist das Rehabilitationsangebot in Deutschland krankheitsgruppen- bzw. indikationsspezifisch ausgerichtet und lag über Jahrzehnte hinweg in der Verantwortung der Renten- und Unfallversicherung. Die gesetzlichen Krankenkassen hingegen wurden gemäß den Angaben in Abschnitt 2.1.2 im Jahr 1974 überhaupt erst als Rehabilitationsträger anerkannt. Die erstmalige Erarbeitung einer Rahmenkonzeption im Bereich Geriatrie durch den Medizinischen Dienst der Spitzenverbände der Krankenkassen e.V. aus dem Jahr 1995 ist aufgrund der teilweisen Abkehr von der indikationsspezifischen hin zur geriatrischen Rehabilitation hierbei durchaus als eine Art Perspektivenwechsel zu sehen[285]. Die Forderungen der Rahmenkonzeption vom 28.3.1995 beinhalten u.a. eine stärkere Koordination von Rehabilitationsmaßnahmen, die Nutzung mobiler Behandlungsteams, eine wohnortnahe Versorgung sowie eine verstärkte Zusammenarbeit von Vertragsärzten mit Pflegekräften und nichtärztlichen Therapeuten. Im Wesentlichen geht es somit um eine stärkere Verzahnung einzelner Versorgungsstrukturen, welche jedoch bis zum gegenwärtigen Zeitpunkt nur unzureichend realisiert ist[286].

Ein weiterer Meilenstein in der Entwicklung der geriatrischen Rehabilitation war die Veröffentlichung der so genannten Hamburger Erklärung aus dem Jahr 2002. Die Hamburger

283 Vgl. Statistisches Bundesamt (2000, 2005^2).

284 Siehe Borchelt, Steinhagen-Thiessen (2001), S. I/22 und I/25.

285 Vgl. Leistner, Bublitz (2004), S. 297-299 und Abbildung 30 in diesem Abschnitt.

286 Siehe Plute (2005), S. 276 sowie Abschnitt 4.5.3.

Erklärung war das Ergebnis eines Workshops „Versorgungspolitische Aspekte der Geriatrie“ vom 16. und 17. November 2000 in Hamburg. Veranstaltet wurde dieser durch den Medizinischen Dienst der Spitzenverbände der Krankenkassen (MDS) in Zusammenarbeit mit der Deutschen Gesellschaft für Gerontologie und Geriatrie und der Bundesarbeitsgemeinschaft Klinisch-Geriatrischer Einrichtungen e.V. (BAG) (vgl. Abbildung 30). Gefordert wurden in der Hamburger Erklärung die Entwicklung eines Kriterienkatalogs zur Feststellung der medizinischen Notwendigkeit, Zweckmäßigkeit und Wirtschaftlichkeit von geriatrischen Rehabilitationsleistungen sowie die Erstellung von Abgrenzungskriterien zwischen geriatrischer und indikationsspezifischer Rehabilitation.

Im Ergebnis hierzu wurde im Jahr 2002 die Begutachtungshilfe „Geriatrische Rehabilitation“ von den Spitzenverbänden der Krankenkassen gemeinsam mit dem Medizinischen Dienst der Spitzenverbände der Krankenkassen (MDS) erarbeitet[287]. Zum 1.1.2004 erfolgte hieraus eine zeitnahe Umsetzung der Rahmenempfehlungen zur ambulanten geriatrischen Rehabilitation[288].

Aus der Begutachtungshilfe „Geriatrische Rehabilitation“ resultierten zudem einzelne Abgrenzungskriterien zur Unterscheidung von geriatrischer Rehabilitation und geriatrischer Frührehabilitation. Diese Unterscheidung, welche von den drei beteiligten Fachgesellschaften, der Deutschen Gesellschaft für Gerontologie und Geriatrie, der Deutschen Gesellschaft für Geriatrie sowie der Bundesarbeitsgemeinschaft Klinisch-Geriatrischer Einrichtungen vorgenommen wurde, ist nicht zuletzt für die Integration der geriatrischen Frührehabilitation in das DRG-System von entscheidender Bedeutung gewesen[289].

4.5.3 Ambulante geriatrische Rehabilitation und mobile Behandlungsleistungen

4.5.3.1 Ambulante geriatrische Rehabilitation (AGR)

Während der geriatrische Patient einer Tagesklinik als „Krankenhauspatient“ gilt, ist der Rehabilitand einer ambulanten Einrichtung auch während der dortigen Behandlung nach wie vor als Patient des Hausarztes zu betrachten. Zudem wird der Patient einer ambulanten geriatrischen Rehabilitationseinrichtung (AGR) nicht ganztägig, sondern nur stundenweise behandelt. Anders als in einer Tagesklinik ist eine ganztägige Überwachung bei einer AGR nicht vorgesehen. Auch die Medikamenteneinnahme wird dort nicht gewährleistet[290].

Aufgrund von Verweildauerverkürzungen im Krankenhaus besteht vor allem aus Sicht der Akutgeriatrie ein verstärktes Interesse an einer wohnortnahen Weiterbehandlung geriatrischer Patienten[291]. Ähnlich der teilstationären geriatrischen Behandlung folgt auch die AGR hierbei in der Regel im Anschluss an einen Krankenhausaufenthalt. Eine sinnvolle Anwendung ergibt sich jedoch auch bei neurologischen, chronischen Er-

---

287 Siehe Leistner, Bublitz (2004), S. 299 sowie Leistner, Meier-Baumgartner, Pientka (2002), S. 53. Eine Zusammenfassung der Begutachtungsrichtlinie für geriatrische Rehabilitationsleistungen findet sich unter MDS (2005), S. 37-57.

288 Vgl. Spitzenverbände der Krankenkassen (2004), Leistner, Bublitz (2004), S. 302 sowie die nachfolgenden Erläuterungen in Abschnitt 4.5.3.

289 Vgl. Leistner Bublitz (2004), S. 299 und 302, Abschnitt 4.5.4 sowie Angaben in Anhang 1.

290 Siehe Borchelt, Steinhagen-Thiessen (2001), S. I/26 sowie Dr. Lüttje, Anhang 3, in Antwort auf Frage 4.

291 Vgl. u.a. Plate, Meinck (2005), S. 216 sowie Borchelt, Steinhagen-Thiessen (2001), S. I/21 und I/28.

krankungen mit dauerhaften schweren Beeinträchtigungen, vor allem im Fall von Parkinson, Multipler Sklerose (MS) sowie Amyotropher Lateralsklerose (ALS)[292].

Auch Leistungen der AGR verfolgen das Ziel einer Verbesserung der Mobilität, der sozialen Integration sowie einer Vermeidung bzw. Verminderung der Abhängigkeit von Pflegepersonen. Sie sind z.B. dann indiziert, wenn eine haus- oder fachärztliche Versorgung zur Erlangung dieser Ziele nicht ausreichend ist, die Abstimmung des Behandlungsprozesses mit weiteren Berufsgruppen, z.B. dem Bereich Therapie, jedoch nicht durch den Patienten bewerkstelligt werden kann[293].

Ähnlich dem indikationsspezifischen Bereich existieren seit dem 1.1.2004 auch Rahmenempfehlungen für die ambulante geriatrische Rehabilitation (AGR), veröffentlicht durch die Spitzenverbände der Krankenkassen. Diese beinhalten Vorgaben im Hinblick auf das Angebot eines Rehabilitationskonzepts, eines Rehabilitationsplans, einzelne Behandlungselemente, die personelle, räumliche und apparative Ausstattung sowie Aspekte der Qualitätssicherung[294]. Einzelne empfohlene Strukturkriterien, z.B. die Bereitstellung eines Neuropsychologen, sind hierbei nicht einmal an allen stationären geriatrischen Krankenhausabteilungen und Rehabilitationskliniken geregelter Standard[295].

Wie schon für die indikationsspezifische Rehabilitation ist somit auch in der Geriatrie die Entwicklung von Rahmenempfehlungen für die ambulante Rehabilitation stark in Anlehnung an die stationäre Rehabilitations- bzw. Krankenhausbehandlung erfolgt. Auch die Anforderungen an die ambulante geriatrische Rehabilitation (AGR) sind im internationalen Kontext somit eher mit dem Begriff der teilstationären Leistungserbringung gleichzusetzen[296].

Aufgrund der hohen strukturellen und prozessualen Anforderungen sollten beim Aufbau von AGR-Einrichtungen im Optimalfall Synergieeffekte mit bereits bestehenden Einrichtungen genutzt werden. Dies kann entweder durch die räumliche Nutzung bereits bestehender Strukturen oder durch den Anbau neuer Einrichtungen geschehen. In Bayern beispielsweise wurden an geriatrischen Tageskliniken bereits Anpassungen an das vorgegebene ambulante Anforderungsprofil vorgenommen[297]. In diesem Punkt richtet sich jedoch auch die Kritik an die – bisher nicht vollzogene – Entwicklung *zusätzlicher* ambulanter geriatrischer Versorgungsstrukturen. Gemäß Dr. Lüttje sind diese vor allem in Bayern auf Druck der Krankenkassen entstanden, tagesklinische Versorgungsangebote in ambulante Angebote umzuwandeln. Anstatt ergänzende Versorgungsstrukturen aufzubauen, hat im ambulanten geriatrischen Bereich somit lediglich eine Umwidmung tagesklinischer Behandlungsplätze stattgefunden (vgl. *Anhang 3*, in Antwort auf Frage 3).

Gleichzeitig lässt sich jedoch sagen, dass eine präzise leistungsrechtliche Abgrenzung akutgeriatrischer Tageskliniken von geriatrischen tagesklinischen Rehabilitationsein-

---

292 Siehe Borchelt, Steinhagen-Thiessen (2001), S. I/23.

293 Explizite Beispiele alltagsrelevanter Rehabilitationsziele sind das Erreichen von Stehfähigkeit, die Verbesserung der Rollstuhlfähigkeit und die Durchführung des Bett-Rollstuhl-Transfers (siehe Plate, Meinck (2005), S. 217 f.).

294 Vgl. Spitzenverbände der Krankenkassen (2004), S. 12-21.

295 Siehe Plate, Meinck (2005), S. 219 f.

296 Explizit wird diese Gleichsetzung auch den Rahmenempfehlungen entsprechend vorgenommen (siehe Spitzenverbände der Krankenkassen (2004), S. 3, Fußnote 1).

297 Vgl. Plate, Meinck (2005), S. 220. Es sei jedoch darauf hingewiesen, dass entsprechende Synergieeffekte aufgrund von Vorgaben für „eine räumliche, organisatorische und wirtschaftliche Trennung" deutlich erschwert werden (vgl. Spitzenverbände der Krankenkassen (2004), S. 13).

richtungen und AGR-Einrichtungen faktisch nicht möglich ist. Ähnlich wie in der indikationsspezifischen medizinischen Rehabilitation sollte daher auch für die geriatrische Versorgung der systematische Aufbau eines abgestuften und vernetzten Versorgungssystems, bestehend aus flexiblen mobilen, ambulanten, teilstationären und stationären geriatrischen Versorgungsstrukturen erfolgen[298]. Im Idealfall sollten Versorgungsnetzwerke an einzelnen Geriatriezentren, gemeinsam mit Möglichkeiten der ambulanten Pflege sowie der Kurzzeitpflege, zumindest im Verbund mit einem Kooperationspartner angeboten werden[299].

Da bei der Umsetzung der Rahmenempfehlungen zur ambulanten geriatrischen Rehabilitation bisher keine begleitende wissenschaftliche Evaluation vorgesehen war, haben sich die Krankenkassen mit dem Abschluss von Regelversorgungsverträgen in AGR-Einrichtungen bisher tendenziell eher zurückgehalten. Eine allgemeine wirtschaftliche Überlegenheit entsprechender Versorgungsformen gilt hierbei als nicht eindeutig erwiesen, wenngleich Hinweise auf die Wirksamkeit ambulanter geriatrischer Rehabilitationsmaßnahmen in Bezug auf den Verbleib im häuslichen Umfeld, die Sicherung der Selbstversorgungsfähigkeit sowie Verbesserungen in der Mobilität vorliegen[300].

Letztendlich existieren sowohl für eine Vernetzung und Koordination vorhandener ambulanter Angebote als auch für mobile Rehabilitationsteams bisher keine gesetzlichen Grundlagen mittels derer eine Finanzierung verbindlich sichergestellt werden könnte. Ein positives Beispiel bildet diesbezüglich ein seit Juni 2005 mit der AOK Bayern geschlossener Integrationsvertrag, in der erstmalig qualitätsgesicherte Koordinationsleistungen zwischen Hausarzt, Pflegedienst und Therapeuten vergütet werden[301]. Prinzipiell bleibt jedoch festzuhalten, dass Fähigkeitsstörungen und Beeinträchtigungen des täglichen Lebens derzeit vorwiegend von ambulanten Pflegediensten (Sozialstationen) behandelt werden, während sich die medizinische Versorgung für gewöhnlich auf die hausärztliche Betreuung beschränkt[302].

4.5.3.2 Mobile geriatrische Behandlung

Eine weitere Behandlungsmöglichkeit bietet neben der ambulanten geriatrischen Rehabilitation (AGR) die gesundheitliche Versorgung durch mobile geriatrische Behandlungsteams, beispielsweise durch das Geriatriezentrum der Pfeiffer'schen Stiftungen Magdeburg-Cracau, einem Krankenhaus der Regelversorgung in Sachsen-Anhalt. Die Mitarbeiter des dortigen mobilen Rehabilitationsteams suchen ihre Patienten zuhause auf, werden mit rotierenden Einsatzplänen jedoch auch in der Akutgeriatrie bzw. der Tagesklinik des Geriatriezentrums eingesetzt[303]. Mobile ambulante Rehabilitationsteams sind auf diejenige Patienten ausgerichtet, welche ihre Wohnung auch mit Unterstützung aus dem sozialen Umfeld nicht verlassen können. Es handelt sich somit um

---

298 Vgl. BAG (2006), Bayerisches Staatsministerium für Arbeit und Sozialordnung, Familie und Frauen (2006), S. 49, Plate, Meinck (2005), S. 220 sowie Lübke (2001), S. I/66.

299 Siehe Steinhagen-Thiessen, Hamel, Lüttje, Oster, Plate, Vogel (2003), S. 370 f.

300 Vgl. Plate, Meinck (2005), S. 216 sowie Meinck, Freigang, John, Keitel, Puls, Robra (2003), S. 48-50.

301 Vgl. Bayerisches Staatsministerium für Arbeit und Sozialordnung, Familie und Frauen (2006), S. 49 f.

302 Siehe Borchelt, Steinhagen-Thiessen (2001), S. I/22.

303 Vgl. Meinck, Freigang, John, Keitel, Puls, Robra (2003), S. 46 sowie Meinck, Freigang, John, Keitel, Puls, Robra (2002), S. 466.

durchschnittlich ältere Patienten als in der AGR, mit geringerer Selbstversorgungsfähigkeit und einem geringeren katamnestischen Verbesserungspotential der Fähigkeiten zur Alltagsbewältigung[304].

Insgesamt sind mobile ambulante Rehabilitationsteams in Deutschland bisher stark unterrepräsentiert. Beispielsweise erhöhte sich deren Anzahl von fünf im Jahr 1997 auf lediglich zehn im Jahr 2001[305]. Eines der Ziele des GKV-Wettbewerbsstärkungsgesetzes (GKV-WSG) ist es, die Chancen für die Erbringung mobiler Rehabilitationsleistungen im Bereich Geriatrie zu erhöhen. Dies ist der Hintergrund einer Änderung in § 40 SGB V. Demnach sind Rehabilitationsleistungen nicht wie bisher nur *in* wohnortnahen Rehabilitationseinrichtungen, sondern vielmehr *durch* wohnortnahe Rehabilitationseinrichtungen und somit auch durch mobile Rehabilitationsteams zu erbringen. Die mobile Rehabilitation ist hierbei als Sonderform der ambulanten Rehabilitation definiert. Durch die Gesetzesänderung wird eindeutig klargestellt, dass auch mobile Rehabilitationsleistungen regelhaft erbacht werden können[306].

Nachteile mobiler Rehabilitationsteams bestehen aufgrund der notwendigen Fahrtzeit in einem ungünstigen Therapie-/Arbeitszeitverhältnis, dem erhöhten Koordinierungsbedarf und den oftmals ungünstigen räumlichen Gegebenheiten. Eindeutige Vorteile dieser Behandlungsform sind die Vertrautheit und Relevanz des häuslichen Umfelds sowie die oftmalige Verfügbarkeit von Vorbefunden aus der Akutgeriatrie. Beiden Ansätzen (AGR und mobiler Versorgung) ist gemeinsam, dass die Angehörigen des Patienten so weit wie möglich eingebunden werden sollten, was für mobile Rehabilitationsteams im Fall von Mehrpersonenhaushalten wiederum am ehesten gewährleistet ist[307].

In Bezug auf mobile geriatrische Behandlungsleistungen lässt sich jedoch kritisch hinterfragen, inwiefern es sich hierbei faktisch um Rehabilitationsleistungen handelt, da der interdisziplinäre Ansatz einer typischen Rehabilitationsbehandlung in der Regel nicht vorhanden ist. Daher wäre es wichtig, entsprechende Leistungen nicht aus dem gängigen Rehabilitationsbudget zu finanzieren (vgl. Dr. Lüttje, *Anhang 3*, in Antwort auf Frage 5).

4.5.4 Die geriatrische Frührehabilitation

Ein wesentliches Merkmal der geriatrischen Akutbehandlung ist der darin enthaltene, integrative Bestandteil rehabilitativer Elemente[308]. Anders als bei jüngeren Patientengruppen kommt es hierbei im zeitlichen Verlauf einer Behandlung oftmals zu wechselnden Anteilsverhältnissen zwischen Akutmedizin und Rehabilitation[309]. Das rechtzeitige Einleiten von Maßnahmen der Frührehabilitation ist hier unabdingbar, um das Eintreten krankheitsbedingter Komplikationen zu verhindern, sekundäre Folgeschädigungen zu vermeiden und dem geriatrischen Patienten ein Maximum an Selbständigkeit und Lebensqualität zu ermöglichen[310].

---

304 Siehe Meinck, Freigang, John, Keitel, Puls, Robra (2003), S. 48-51, vor allem Tabelle 2 auf S. 48 und Abbildung 1 auf S. 49, Meinck, Freigang, John, Keitel, Puls, Robra (2002), S. 463 sowie Borchelt, Steinhagen-Thiessen (2001), S. I/26.

305 Vgl. Fuhrmann (2001), S. I/19 sowie Uhlig (2001), S. I/77.

306 Siehe GKV-WSG (2006[1]), S. 25 und GKV-WSG (2006[3]), S. 295.

307 Vgl. Meinck, Freigang, John, Keitel, Puls, Robra (2002), S. 468 und S. 470-471.

308 Vgl. u.a. Stier-Jarmer, Pientka, Stucki (2002), S. 193 sowie Borchelt, Steinhagen-Thiessen (2001), S. I/22.

309 Siehe auch Leistner, Meier-Baumgartner, Pientka (2002), S. 52.

310 Vgl. Lübke (2001), S. I/65.

Im Rahmen der geriatrischen Frührehabilitation ist die Abbildung der jeweiligen Behandlungsleistung im DRG-System maßgeblich. In *Anhang 1* wurde bereits auf die Existenz eines eigenständigen Prozedurenschlüssels (8-550 Geriatrische frührehabilitative Komplexbehandlung) hingewiesen. Innerhalb des OPS-Codes 8-550 wurde für das Jahr 2007 zwischen nachfolgenden drei OPS-Kodierungen unterschieden, welche allesamt maximal 10% Gruppentherapie beinhalten dürfen. Eine Unterscheidung erfolgt sowohl nach Behandlungstagen als auch nach erbrachten Therapieeinheiten[311]:

- *8-550.0*: Geriatrische frührehabilitative Komplexbehandlung; mindestens 7 Behandlungstage und 10 Therapieeinheiten
- *8-550.1*: Geriatrische frührehabilitative Komplexbehandlung; mindestens 14 Behandlungstage und 20 Therapieeinheiten
- *8-550.2*: Geriatrische frührehabilitative Komplexbehandlung; mindestens 21 Behandlungstage und 30 Therapieeinheiten

Erstmals gruppierungs- und abrechnungsrelevant wurde der OPS-Code 8-550 gemäß einer Ersatzvornahme des Instituts für das Entgeltsystem im Krankenhaus (InEK) im DRG-System des Jahres 2004. Dieser entscheidende Schritt ermöglichte eine weitaus differenziertere Abbildung geriatrischer Komplexbehandlungen verglichen mit der damaligen DRG-Vorgängerversion[312].

Gegenüber dem Referentenentwurf vom 2.9.2003 wurde die Anzahl der DRGs mit geriatrischer Komplexbehandlung gemäß der Endfassung der G-DRG-Version 2004 noch einmal von fünf auf vierzehn DRGs erhöht. Im Jahr 2004 war der OPS-Code 8-550 für Maßnahmen der geriatrischen Komplexbehandlung hierbei ebenso gruppierungsrelevant wie OPS-Code 8-551 für Maßnahmen der Frührehabilitation. Im Katalog 2005 wurde diese letztgenannte, übergeordnete Definition im Bereich Geriatrie letztlich fast vollständig aufgehoben. Geriatrische Komplexbehandlungen werden seitdem nahezu ausschließlich eigenständig im DRG-Vergütungssystem abgebildet[313].

Zusammenfassend lässt sich festhalten, dass durch die jährlichen Anpassungen im G-DRG-System eine zunehmend sachgerechte Vergütung geriatrischer Komplexbehandlungen erfolgt. Aufgrund anderweitiger Befürchtungen wurden entsprechende Entwicklungen in Fachkreisen bereits vor Einführung von DRGs und somit frühzeitig angemahnt[314].

---

311 Vgl. Deutsches Institut für Medizinische Dokumentation und Information, DIMDI (2006), aufgerufen unter www.dimdi.de/static/de/klassi/prozeduren/ops301/opshtml2007/fr-ops.htm (Stand: 26.12.2006).

312 Vgl. Bundesarbeitsgemeinschaft Klinisch-Geriatrischer Einrichtungen e.V. (BAG) (2003), S. 1-7, aufgerufen unter www.bag-geriatrie.de/Dokumente/Referentenentwurf_zur_Ersatzvornahme_2004.pdf (Stand: 26.12.2006).

313 Vgl. u.a. van Eiff, Klemann, Freese, Lewers (2005), S. 823 sowie Roeder, Fiori, Bunzemeier, Fürstenberg, Hensen, Loskamp, Franz, Glocker, Wenke, Reinecke, Irps, Rochell, Borchelt (2004), S. 1038.

314 Vgl. u.a. Braun (2003), S. 180 sowie Meier-Baumgartner (2001), S. I/3 f.

Abb. 31: Erforderliche Mindeststandards bei der Erbringung einer geriatrischen, frührehabilitativen Komplexbehandlung

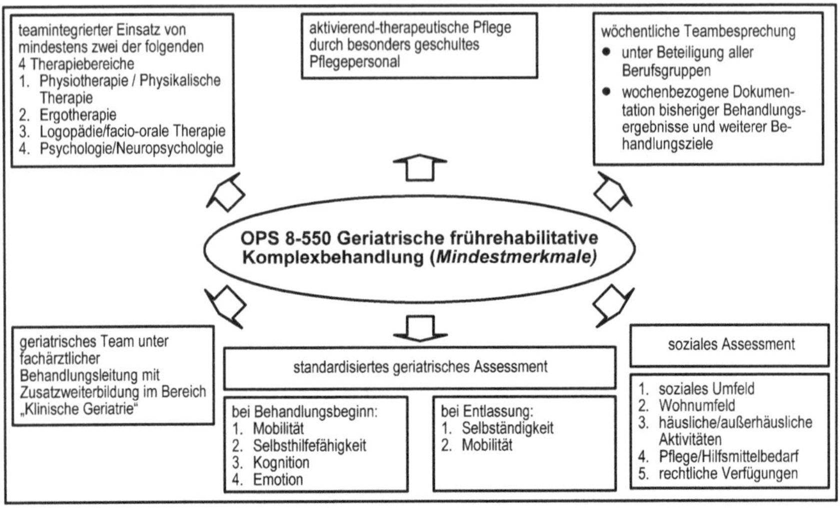

Quelle: Deutsches Institut für Dokumentation und Information, DIMDI (2006), eigene Darstellung

Dem eingangs beschriebenen OPS-Code 8-550 liegen die in der vorangegangenen Abbildung 31 dokumentierten, erforderlichen Mindeststandards für eine geriatrische frührehabilitative Komplexbehandlung zugrunde[315].

Parallel zu den ökonomischen Entwicklungen des DRG-Systems steht die geriatrische Frührehabilitation aus medizinischen Gesichtspunkten nach wie vor vor zentralen Herausforderungen. In Abschnitt 4.5.1 wurde diesbezüglich bereits auf das Phänomen des oftmaligen „Vorbeileitens" von Patienten an geriatrischen Krankenhausabteilungen hingewiesen[316]. Wesentliche Gründe hierfür sind gemäß Abbildung 32

- das mangelnde eigene Profil der Geriatrie
- sowie zunehmende Konkurrenz aus anderen Fachgebieten.

Hinsichtlich der Konkurrenzsituation zwischen geriatrischen sowie einzelnen indikationsspezifischen Fachabteilungen ist zudem erkennbar, dass sich Ärzte außerhalb der geriatrischen Fachdisziplin oftmals fälschlicherweise für Geriatriespezialisten halten.

In *Anhang 3* weist Dr. Lüttje vor allem für Fachabteilungen der Inneren Medizin auf den drohenden Bettenabbau am Krankenhaus hin. Aus strategischen Gründen erfolgt die Zuweisung von Patienten in eine geriatrische Abteilung daher oftmals erst dann, wenn alle anderen Fachabteilungen bereits belegt sind.

Im Rehabilitationsbereich kann das spezialisierte geriatrische Behandlungsangebot mancher Kliniken aufgrund der Belegungssteuerung einzelner Krankenkassen sowie der direkten Konkurrenzsituation mit indikationsspezifischen Rehabilitationskliniken letzt-

315 Siehe DIMDI (2006).

316 Vgl. Stier-Jarmer, Pientka, Stucki (2002), S. 197 f. und S. 201 sowie Meier-Baumgartner (2001), S. I/3-I/5 für die nachfolgenden Ausführungen.

lich sogar eine direkte existentielle Bedrohung bedeuten. Entsprechende Hinweise finden sich z.B. in einem Rundschreiben der Baden-Württembergischen Krankenhausgesellschaft (BWKG) vom 11.5.2006. Eine Umfrage an geriatrischen Rehabilitationskliniken (n=22) ergab demnach einen deutlichen Rückgang der durchschnittlichen Kapazitätsauslastung von 89% im 1. Quartal 2003 auf 81% im 2. Quartal 2005[317]. Hier wären wiederum die in Abschnitt 4.4.2 vorgestellten Maßnahmen zur Einhaltung des Grundsatzes „Rehabilitation vor Pflege" zielführend, um das Profil der geriatrischen Rehabilitation zu schärfen und die Vorteile spezialisierter geriatrischer Einrichtungen stärker anzuerkennen.

Abb. 32: Geriatrie im Versorgungswettbewerb und mögliche Auswirkungen auf den Patienten

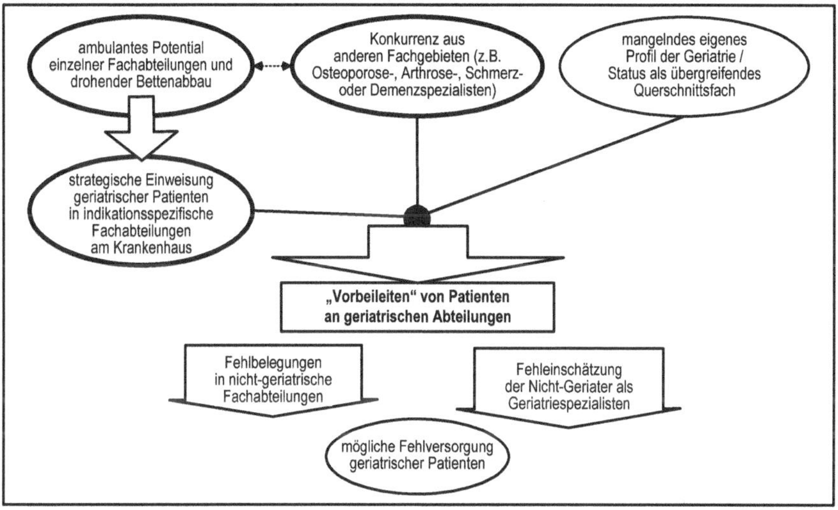

Quelle: Stier-Jarmer, Pientka, Stucki (2002), S. 197 f. und S. 201, Meier-Baumgartner (2001), S. I/3-I/5, eigene Darstellung

Aus den in Abbildung 32 genannten Gründen resultiert oftmals eine Fehlversorgung geriatrischer Patienten, bei der in der Folge geriatrietypische Aspekte wie Depression, Demenz, Inkontinenz und Sturzneigung unzureichend behandelt werden. Beim Ausbau sowohl der indikationsübergreifenden als auch der geriatrischen Frührehabilitation wird es daher entscheidend sein, geriatrisches Know-how mit dem Spezialwissen einzelner Fachgebiete zu verbinden.

Zum einen gilt dies für die anfängliche interne Patientenzuweisung im Akutkrankenhaus. Von besonderer Bedeutung ist hierbei die Verwendung entsprechender geriatrischer Assessmentinstrumente. Auf Basis vorhandener Instrumente sollte im Idealfall auf einer interdisziplinären (Not-)Aufnahmestation durch Geriater und andere Fachärzte gemeinsam über die Einweisung eines Patienten in eine geeignete Abteilung entschieden werden. Auf diese Weise ließe sich eine bedarfsgerechte Versorgung geriatrischer Patienten, vor allem auch im Kontext der Frührehabilitation, realisieren. Fehlbelegungen in nicht-

317 Auf Anfrage am 5.7.2006 erhalten von Frau Juliane Lieb, Bayerische Krankenhausgesellschaft BKG.

geriatrische Abteilungen könnten auf diese Weise oftmals vermieden werden[318]. Für den Fall einer (teilweise strategisch bedingten) Einweisung in andere Fachabteilungen sollten berufs- und abteilungsübergreifende Kooperationen am Krankenhaus geschaffen werden. Fachspezifisches Know-how sollte durch den Geriater problemlos aus anderen Fachabteilungen eingeholt, gleichzeitig aber auch generalistisches geriatrisches Fachwissen vom Geriater in die übrigen Fachabteilungen transportiert werden können[319].

Auch bei Feststellen des Nichtvorliegens eines Rehabilitationspotentials vor oder während der Patientenbehandlung sollte geriatrisches Fachwissen in eine mögliche Pflegefallentscheidung mit einfließen. Da neuere Weiterbildungsrichtlinien für niedergelassene Allgemeinärzte auch das Fachgebiet Geriatrie beinhalten, wäre zudem über die Bildung von Schwerpunkt-Geriatrie-Praxen sowie deren Vernetzung mit geriatrischen Kliniken und Pflegeheimen nachzudenken[320].

Die Bedeutung einer adäquaten geriatrischen Behandlung lässt sich sowohl aus medizinisch-ethischer als auch aus ökonomischer Sicht u.a. durch das „Projekt Geriatrie des Landes Schleswig-Holstein“ aus dem Jahr 1995 dokumentieren. Stationär behandelte geriatrische Patienten, welche vorwiegend aus dem häuslichen Umfeld aufgenommen wurden, konnten demzufolge zu 70% wieder dorthin zurückkehren[321]. In einer nicht-geriatrisch behandelten Kontrollgruppe waren es hingegen nur 50%. Der positive Effekt der geriatrischen Behandlung setzte sich auch über einen Nachbeobachtungszeitraum von 15 Monaten fort und resultierte somit in Einsparungen bei der Nachbehandlung[322].

4.5.5 Die geriatrische Rehabilitation im Überblick

Im vorangegangenen Abschnitt wurden die gegenwärtigen Herausforderungen an die geriatrische Rehabilitation ausführlich diskutiert. Um den zukünftigen demographischen Anforderungen gerecht zu werden, sind demnach folgende Schritte notwendig:

1. Schaffung finanzieller Anreizstrukturen, vor allem für die gesetzlichen Krankenkassen zur Realisierung des Grundsatzes „Rehabilitation vor Pflege“ bzw. Übertragung der Verantwortung im Bereich geriatrische Rehabilitation an die soziale Pflegeversicherung,
2. verbesserte Ausbildungsmöglichkeiten an den Universitäten und Entwicklung weiterer Fort- und Weiterbildungsmöglichkeiten für Haus- und Fachärzte auf dem Fachgebiet Geriatrie,
3. ein konsequenter Ausbau ambulanter geriatrischer Rehabilitationseinrichtungen sowie mobiler Behandlungsteams, gemeinsam bzw. in enger Kooperation mit stationä-

318 Vgl. u.a. Steinhagen-Thiessen, Hamel, Lüttje, Oster, Plate, Vogel (2003), S. 369 und 370, Lübke (2001), S. I/66 f. sowie Meier-Baumgartner (2001), S. I/6 f. Ähnliche Ansätze sollten im Idealfall auch bei Verlegungen zwischen Krankenhäusern bzw. Verlegungen zwischen Abteilungen innerhalb eines Krankenhauses gewählt werden (vgl. Stier-Jarmer, Pientka, Stucki (2002), S. 200).

319 Siehe Lübke (2001), S. I/65-I/67. In Kolb (2001), S. 14, ist diesbezüglich von der Rolle des Geriaters als „Keimzelle für die Geriatrisierung der diversen Fachgebiete und somit indirekt des Krankenhauses“ die Rede.

320 Siehe Meier-Baumgartner (2001), S. I/5-I/7.

321 Laut den Ergebnissen der Datenbank Geriatrie in Bayern (GiBDAT) konnten sogar 85% der dortigen Patienten nach durchschnittlich 25 Behandlungstagen wieder in einen Privathaushalt zurückkehren (vgl. Bayerisches Staatsministerium für Arbeit und Sozialordnung, Familie und Frauen, S. 48).

322 Vgl. Hibbeler (2005).

ren und tagesklinischen Einrichtungen, bei Finanzierung der mobilen Behandlungsteams außerhalb des Rehabilitationsbudgets

4. sowie verbesserte facharztübergreifende Eingangsassessments geriatrischer Patienten am Krankenhaus bei gleichzeitiger berufs- und abteilungsübergreifender Kooperation im Rahmen der Frührehabilitation.

4.6 Prävention und Rehabilitation

Die Prävention ist kurativen und rehabilitativen Elementen der Gesundheitsversorgung zu Beginn des Fünften Sozialgesetzbuches gleichgestellt[323]. Zu den zentralen Aufgaben der Gesetzlichen Krankenversicherung zählt die Verbesserung der Gesundheit demnach ebenso wie deren Erhaltung und Wiederherstellung. In §§ 20-26 SGB V ist der Prävention und Gesundheitsförderung diesbezüglich ein eigenständiger Abschnitt „Leistungen zur Verhütung von Krankheiten" gewidmet[324].

In der Realität ist jedoch festzustellen, dass bei der Realisierung von Zielen der Prävention und Gesundheitsförderung in Deutschland noch ein erhebliches Verbesserungspotential besteht[325]. Der nachfolgende Abschnitt definiert die beiden Begrifflichkeiten näher, stellt diese in einen aktuellen Kontext und bringt sie mit der Rehabilitation in direkten Zusammenhang.

4.6.1 Definition der Begriffe Primärprävention, Sekundärprävention, Tertiärprävention und Gesundheitsförderung

Die Prävention (Krankheitsverhütung, lat. praevenire: zuvorkommen) dient dazu, „eine gesundheitliche Schädigung durch gezielte Aktivitäten zu verhindern, weniger wahrscheinlich zu machen oder zu verzögern" [326].

Gemäß der nachfolgenden Abbildung 33 werden mit der Primär-, Sekundär- und Tertiärprävention dreierlei Formen der Prävention unterschieden, die in jeweils unterschiedlichen Krankheitsstadien einsetzen.

Demzufolge zielen Maßnahmen der *Primärprävention* darauf ab, eine Erkrankung bereits in ihrer Entstehung zu verhindern.

Die *Sekundärprävention* fokussiert auf die Bereiche Früherkennung (Screening) und Frühbehandlung und zielt somit auf die Verhinderung eines Erkrankungsfortschreitens im frühen Stadium einer Krankheit. Inwiefern Rehabilitationsmaßnahmen zur Behandlung chronischer Erkrankungen der Sekundärprävention hinzuzurechnen sind, scheint indessen nicht eindeutig definiert – gewissermaßen scheint hierbei auch die Zielperspektive maßgeblich. Gemäß der Zielsetzung, einen Herzinfarkt bzw. einen Gelenkersatz zu verhindern, lässt sich demnach auch die Rehabilitationsbehandlung einer chronischen koronaren Herzkrankheit (KHK) bzw. einer degenerativen Arthroseerkrankung als sekundärpräventiv bezeichnen[327]. Gegenüber der ursprünglichen Definition in

323 Vgl. § 1 SGB V: „Solidarität und Eigenverantwortung" in SGB Sozialgesetzbuch (2006), S. 347.

324 Siehe SGB Sozialgesetzbuch (2006), S. 363-369.

325 Vgl. Fazit zum Abschnitt 4, „Strategien der Primärprävention", in SVR (2006[1]), S. 340.

326 Vgl. u.a. Walter, Schwartz (2003), S. 189 sowie SVR (2002), S. 134 f., für die nachfolgende Definition.

327 Vgl. Definition in Ranneberg (2006), S. 24. Eine ähnliche Definition findet sich auch unter http://flexicon.doccheck. com, Stichwort „Sekundäre Prävention" (Stand: 27.12.2006) für den Bereich kardiovaskulärer Erkrankungen.

Abbildung 33, scheint sich die Begriffsbezeichnung der „Sekundären Prävention" – eventuell aufgrund der Zunahme chronischer Erkrankungen – daher zum Teil in Richtung des Rehabilitationsansatzes verschoben zu haben.

Weitaus eindeutiger der Rehabilitation zuzuordnen ist hingegen die *Tertiärprävention*, welche sich auf eine Limitierung von Funktionseinbußen und Behinderungen konzentriert. Ziel ist somit die Vermeidung bzw. Abmilderung von Folgeschäden, d.h. Defekten und Behinderungen, bei bereits eingetretenen Erkrankungen. Als Beispiel lässt sich die Behandlung eines Schlaganfallpatienten (z.B. mit Hemiparese) aufgrund einer zerebralen Durchblutungsstörung anführen[328].

Abb. 33: Unterschiedliche Formen der Prävention und ihre Definition

	Primärprävention	*Sekundärprävention*	*Tertiärprävention*
allgemeine Definition	Vermeidung exogener Schädigungen (**Exposition**) Verhinderung oder Verringerung eines personengebundenen Risikos (**Disposition**, verhaltensorientierte Risikofaktoren)	Verhinderung des Fortschreitens eines Frühkrankheitsstadiums durch Früherkennung und Frühbehandlung	Vermeidung oder Abmilderung von Folgeschäden (Defekten, Behinderungen) einer eingetretenen Erkrankung
Maßnahmen	spezifische Aktivitäten vor Eintritt einer faßbaren biologischen Schädigung Vermeidung auslösender bzw. vorhandener Teilursachen	Entdeckung klinisch symptomloser Krankheitsfrühstadien (Gesundheitscheck, Vorsorgeuntersuchungen, Früherkennungsmaßnahmen) inkl. Frühtherapie	wirksame Behandlung einer symptomatisch gewordenen Erkrankung Verhütung einer Verschlimmerung bzw. bleibender Funktionsverluste
gesundheitspolitisches Ziel	Senkung der Inzidenzrate einer Erkrankung innerhalb einer Population Senkung der individuellen Eintrittswahrscheinlichkeit bei einem Individuum	Senkung der Inzidenzrate manifester oder fortgeschrittener Erkrankungen	weitestgehende Wiederherstellung der Leistungsfähigkeit Senkung der Inzidenzrate bleibender Funktionseinbußen und Behinderungen

Quelle: Walter, Schwartz (2003), S. 189, SVR (2002), S. 134f., eigene Darstellung

Angesichts der dargestellten Schnittmengen zwischen Präventions- und Rehabilitationsmaßnahmen läge es nahe, die neue Generation von Fachärzten für Physikalische und Rehabilitative Medizin auch mit Fragestellungen rund um das Thema Prävention zu betrauen. Im Wesentlichen ginge es hierbei um die Ermittlung des Präventionsbedarfs einzelner Patienten, die Erstellung eines Präventionsplans sowie die Zusendung relevanter Informationen an den Medizinischen Dienst der Krankenkassen. Da der Einsatz interdisziplinärer und multiprofessioneller Teams sowie die Anwendung von Rehabilitationsassessments auch für Präventionsmaßnahmen zielführend ist, würde es vor allem auch Sinn machen, letztere an ambulanten Rehabilitationszentren durchzuführen[329]. So ließen sich beispielsweise bei sekundärpräventiven Maßnahmen an ambulanten Rückenschulen in Niedersachsen sowohl kurz- als auch längerfristige Reduktionen von Rückenschmerzen und Verbesserungen in der Lebensqualität dokumentieren. Die Kosten-Effektivität der Maßnahme konnte sowohl auf der Ebene einzelner Krankenkassen als auch auf volkswirtschaftlicher Ebene nachgewiesen werden[330].

328 Siehe Ranneberg (2006), S. 24.

329 Siehe Gutenbrunner (2002), S. 188, Fischer, Seidel (2004), S. 38-40.

330 Vgl. Walther, Hoopmann, Krauth, Reichle, Schwartz (2002).

Innerhalb der Gruppe der Präventionsmaßnahmen ist zwischen Verhaltens- und Verhältnisprävention zu unterscheiden. Während die *Verhaltensprävention*, beispielsweise durch Informations- und Edukationsmaßnahmen, auf das Verhalten von Individuen bzw. ausgewählten Gruppen abzielt, bewirkt die *Verhältnisprävention* Veränderungen in deren biologischer, sozialer oder technischer Umwelt. Anders als die reine Verhaltensprävention befasst sich die Verhältnisprävention daher mit den Kontext-, Rahmen- und Entstehungsbedingungen von Verhaltensweisen und Lebensstilen. Eine konsequente Umsetzung von Präventionsmaßnahmen erfordert sowohl Maßnahmen der Verhaltensprävention als auch der Verhältnisprävention. Eine Kombination aus beiden Ansätzen wird alternativ auch als „kontextorientierte Verhaltensprävention" bezeichnet[331].

Neben der Primär-, Sekundär- und Tertiärprävention ist auch die *Gesundheitsförderung* zu nennen. Mit dem Begriff der Gesundheitsförderung sind das Konzept der Gleichberechtigung sowie die Intention verbunden, „allen Menschen ein höheres Maß an Selbstbestimmung über ihre Gesundheit zu ermöglichen und sie dadurch zur Stärkung ihrer Gesundheit zu befähigen". Im Gegensatz zu Präventionsmaßnahmen handelt es sich somit nicht um einen krankheits-, sondern vielmehr einen ressourcenorientierten Ansatz[332]. Maßnahmen der Primärprävention sind im Idealfall stets mit Maßnahmen zur Gesundheitsförderung zu kombinieren[333].

4.6.2 Potentiale der Prävention

4.6.2.1 Allgemeine Erkenntnisse zu den Potentialen der Prävention

Die in Abbildung 33 dokumentierte Heterogenität einzelner Präventionsansätze erschwert eine eindeutige Positionierung im Bereich Prävention nachhaltig. Durch einen Mangel an durchdachten physikalisch-medizinischen Konzepten bleiben auf diese Weise erhebliche Potentiale im Bereich Prävention unberührt[334]. Denn tatsächlich existieren Präventionspotentiale in erster Linie für diejenigen Krankheitsbilder, welche letztendlich auch für die Rehabilitation von zentraler Relevanz sind. Hierzu gehören Herz-Kreislauferkrankungen und Muskel-Skelett-Erkrankungen ebenso wie Tumor- und psychische Erkrankungen. Die Verhinderung all dieser Krankheiten wurde von den Krankenkassen als förderungswürdig eingestuft[335].

Im Rahmen des Präventionsansatzes gelten in erster Linie physikalische Therapiekonzepte und hier vor allem bewegungstherapeutische Interventionen als viel versprechend[336]. Durch erhöhte körperliche Aktivität ließ sich durch wissenschaftliche Studien u.a.:

- eine Reduktion von Erkrankungshäufigkeiten bei kardiovaskulären Krankheiten wie KHK, bei Krebs sowie bei der Gesamtmortalität[337],

---

331 Vgl. SVR (2006[1]), S. 322 f. sowie Walter, Schwartz (2003), S. 191 und 193. Konkrete Beispiele kontextorientierter Verhaltensprävention finden sich in der nachfolgenden Diskussion dieses Abschnitts.

332 Vgl. u.a. Gutenbrunner (2002), S. 187 sowie Haisch, Weitkunat, Wildner (1999), S. 158.

333 Als Beispiele sind u.a. die Stärkung von Selbstbewusstsein, Bildung, Unterstützung durch soziale Netze, Erholung und Verhaltensspielräume zu nennen. Diese spielen u.a. im Bereich der Selbsthilfe (vgl. Abschnitt 4.6.3) sowie bei der betrieblichen Gesundheitsförderung eine zentrale Rolle (siehe SVR (2002), S. 135 sowie die nachfolgende Diskussion in Abschnitt 4.6.4).

334 Siehe Gutenbrunner (2002), S. 187.

335 Eine komplette Liste der als förderungswürdig eingestuften Erkrankungen findet sich in SVR (2002) auf S. 150.

336 Siehe Fischer, Seidel (2004), S. 38, Gutenbrunner (2002), S. 188.

337 Vgl. Blair, Cheng, Holder (2001) mit einer Wiedergabe diverser Studienergebnisse in Tabellen 2 bis 4 (S. S381-S393) sowie Erläuterungen auf den Seiten S394- S397.

- ein reduziertes Risiko von kognitiven Störungen und Demenz bei Personen über 65 Jahren[338],
- ein reduziertes Schlaganfallrisiko[339]
- sowie eine reduzierte Abnahme der Knochendichte und ein hieraus resultierendes, geringeres Risiko von Schenkelhalsfrakturen bei über 65-jährigen Frauen[340]

nachweisen. Auch mit Blick auf Diabetes-Erkrankungen erweisen sich intensivierte Lifestyle-Interventionen gegenüber Medikamentenbehandlungen als die überlegene Präventionsform[341]. Eine Kombination aus körperlicher Aktivität und gesunder Ernährung kann die erwünschten Ergebnisse für die allgemeine Gesundheit darüber hinaus noch weiter positiv beeinflussen[342].

Unter anderem kommen die soeben genannten Studien zu dem Ergebnis, dass physische Präventionsprogramme auch bei älteren Patienten und bereits in geringerem Umfang effektiv gegen Akuterkrankungen, Unfälle sowie Demenzerkrankungen vorbeugen können[343]. Ein praktisches Beispiel findet sich hier in dem Projekt „Gesundes Alter" der AOK Niedersachsen. Über eine gezielte Beratung gesunder älterer Menschen durch einen Fallbetreuer sollen Präventionspotentiale innerhalb der eigenen vier Wände ausfindig gemacht und systematisch genutzt werden[344]. Vor allem den in Abschnitt 4.5.3.2 vorgestellten mobilen Behandlungsteams kommt demnach die präventive Aufgabe zu, Gefahrenstellen in den Wohnungen älterer Bürger zu beseitigen. Gleichzeitig können ambulante geriatrische Assessments dazu dienen, Funktionseinschränkungen wie Gleichgewichts-, Sehstörungen oder Schwerhörigkeit zu diagnostizieren.

Weitere Präventionsmöglichkeiten bieten Angebote wie Osteoporose-, Senioren- oder Rückengymnastik sowie Aquatraining für Senioren im Bewegungsbecken. Solche Angebote können entweder an AGR-Einrichtungen oder in Zusammenarbeit mit Sportvereinen angeboten werden und sollten mit einer ärztlichen Voruntersuchung einhergehen. Auch der Früherkennung von Demenzprozessen durch Gedächtnissprechstunden unter Mitwirkung eines Geriaters, eines (Neuro-)Psychologen sowie gegebenenfalls eines Sozialarbeiters sollte in AGR-Einrichtungen verstärkt Priorität eingeräumt werden[345]. Dies würde auch den Forderungen in § 5 SGB XI nachkommen, der Prävention Vorrang vor Pflegemaßnahmen zu gewähren[346].

Im nachfolgenden Abschnitt 4.6.3 werden die bisherige Realisierung von Präventionsmaßnahmen in Deutschland diskutiert und die hierfür maßgeblichen, gesundheitspolitischen Hintergründe aufgezeigt. Im Vorfeld sei jedoch erwähnt, dass Präventionsstrategien nicht ausschließlich auf den medizinischen Bereich ausgerichtet sein dürfen. Fra-

---

338 Siehe Laurin, Verreault, Lindsay, MacPherson, Rockwood (2001), S. 498-503, insbesondere Tabelle 4 auf S. 502.

339 Vgl. Sacco, Gan, Boden-Albala, Lin, Kargman, Hauser, Shea, Paik (1998), S. 382-385.

340 Vgl. Gregg, Cauley, Seeley, Ensrud, Bauer (1998), S. 84-87.

341 Vgl. Neubauer, Lewis, Evers (2006), S. 239, The Diabetes Prevention Program Research Group (2002), S. 395-397 sowie Palmer, Roze, Valentine, Spinas, Shaw, Zimmet (2004), S. 310 f.

342 Vgl. Walter, Schwartz (2003), S. 193.

343 Siehe Sacco, Gan, Boden-Albala, Lin, Kargman, Hauser, Shea, Paik (1998), S. 385 sowie Gregg, Cauley, Seeley, Ensrud, Bauer (1998), S. 87. Die Ergebnisse in Laurin, Verreault, Lindsay, MacPherson, Rockwood (2001), S. 498, beziehen sich hier vor allem auf ältere Frauen.

344 Siehe Schwing (2002[4]), S. 87.

345 Siehe Steinhagen-Thiessen, Hamel, Lüttje, Oster, Plate, Vogel (2003), S. 372 f.

346 Vgl. hierzu SVR (2002), S. 151, SGB Sozialgesetzbuch (2006), S. 1254 sowie den vorangegangenen Abschnitt 4.4: Rehabilitation und Pflege.

gen rund um das Thema Prävention sollten vielmehr die Ungleichverteilung von Gesundheitschancen innerhalb der Bevölkerung berücksichtigen, welche wiederum maßgeblich vom sozioökonomischen Status individueller Zielgruppen abhängen. Demzufolge sind Personen niedrigerer sozialer Schichten sowohl im Arbeits- als auch im Wohnumfeld tendenziell mehr Belastungen ausgesetzt. Gleichzeitig weisen sie überproportional häufig gesundheitsschädigende Verhaltensweisen auf und sind zugleich seltener im Besitz gesundheitsfördernder Ressourcen bzw. Bewältigungsstrategien. Auch die Sicherung wirtschaftlichen Wachstums sowie die Förderung einer günstigen Entwicklung auf dem Arbeitsmarkt zur Verbesserung der sozioökonomischen Bevölkerungssituation sind im Rahmen von Strategien zur Primärprävention daher von zentraler Bedeutung. Neben sozialpolitischen Interventionen sollten sich auch gesundheitsbezogene Ansätze auf

- Personen mit niedrigen Einkommen sowie deren Angehörige, v.a. Kinder und Jugendliche,
- Personen mit niedriger Schulbildung und geringen Arbeitsmarktchancen
- sowie überdurchschnittlich belastete Personengruppen (z.B. Langzeitarbeitslose, Alleinerziehende, kinderreiche Familien, Behinderte oder Obdachlose)

konzentrieren[347].

Im Zusammenhang mit Präventionsmaßnahmen ergibt sich die Schwierigkeit, dass potentiell beeinflussbare Krankheiten und deren Risikofaktoren vor allem in sozioökonomisch schwächeren Bevölkerungsgruppen auftreten, Präventionsprogramme jedoch in erster Linie von sozial besser gestellten Bevölkerungsgruppen genutzt werden. Aus diesem Grund ist eine klare Zielgruppenausrichtung notwendig[348], wobei sich sozial benachteiligte Gruppen vor allem über den sogenannten „Setting-Ansatz“ erreichen lassen. Zu den Settings sind neben Kindertagesstätten auch Schulen, Betriebe bzw. Verwaltungen, Stadtteile (meist mit einem hohen Anteil sozial benachteiligter Einwohner) sowie Freizeiteinrichtungen hinzuzuzählen. Auch Krankenhäuser, Alten- und Pflegeheime bieten eine gute Ausgangslage für Präventionsansätze. U.a. wäre es demnach denkbar, gesundheitsfördernde Aktivitäten in Pflegesatzvereinbarungen mit zu berücksichtigen[349].

4.6.2.2 Ausländische Erfahrungen im Bereich Prävention – das Nordkarelien-Projekt

Die Umsetzungsmöglichkeit von Maßnahmen der Prävention und Gesundheitsförderung lässt sich beispielhaft anhand des 1972 initiierten Nordkarelien-Projekts aus Finnland dokumentieren, welches aufgrund seines Erfolgs nach fünf Jahren auf das gesamte Land ausgeweitet wurde. Aufgrund der weltweit höchsten Mortalitätsrate durch kardiovaskuläre Erkrankungen bei finnischen Männern bestand hier ein besonderer Handlungsbedarf, ein Präventionsprogramm aufzulegen. Nach Identifikation der Hauptrisikofaktoren (erhöhter Cholesterinspiegel, Bluthochdruck und Rauchen) wurden verhaltensbezogene Interventionen wie obligatorische Kontrolluntersuchungen sowie Gesundheitserziehung in Bezug auf Rauchen und Ernährung mit verhältnisbezogenen Maßnahmen (u.a. Ein-

---

347 Siehe SVR (2006[1]), S. 326 f. Eine zentrale Aufgabe richtet sich hier gemäß SVR (2006[1]), S. 333 f. in erster Linie an die kommunale Gesundheits- und Sozialpolitik.

348 Den sozioökonomischen Zusammenhängen wird auch in § 20 SGB V: „Prävention und Selbsthilfe“ Rechnung getragen, deren Neuausrichtung gemäß dem GKV-Wettbewerbsstärkungsgesetz in Abschnitt 4.6.3.1 noch eingehender diskutiert wird.

349 Vgl. SVR (2006[1]), S. 328, 330 und 337, Vetter (2003), S. 262 sowie die nachfolgende Diskussion zur betrieblichen Gesundheitsförderung in Abschnitt 4.6.4.

führung eines Antirauchergesetzes, verbesserter Infrastruktur der Gesundheitsversorgung sowie Anbau einer cholesterinsenkenden Rapssorte) kombiniert[350].

Die Effektivität der kombinierten Präventionsmaßnahmen lässt sich u.a. anhand von Veränderungen in den Mortalitätsstatistiken in Nordkarelien und Gesamtfinnland über den Zeitablauf dokumentieren, welche eindeutige statistische Zusammenhänge mit der Veränderung einzelner Risikofaktoren aufweisen[351]. U.a. ließ sich die altersstandardisierte Mortalitätsrate bei kardiovaskulären Erkrankungen zwischen 1969-71 und 1995 in Nordkarelien um 73% und im gesamten Land um 65% verringern. Ähnliche Ergebnisse finden sich in den Todesfallstatistiken bei zerebrovaskulären Erkrankungen. Todesfälle durch Krebserkrankungen ließen sich ebenfalls deutlich reduzieren, hier jedoch in der männlichen in weitaus größerem Ausmaß als in der weiblichen Bevölkerung. Vor allem aufgrund einer Reduktion des Raucheranteils unter den Männern von 52% im Jahr 1972 auf 31% im Jahr 1995 konnte die Lungenkrebsrate um 60%, in Nordkarelien sogar um 70% gesenkt werden. Insgesamt führte die Bekämpfung von Hochrisikoerkrankungen wie Herz-Kreislaufkrankheiten und Krebs zu einer 45%igen Reduktion in der Mortalitätsrate Finnlands[352].

Aufgrund der geringeren Bevölkerungszahl Finnlands von 5,2 Millionen sowie der spezifischen sozioökonomischen Struktur lässt sich das soeben beschriebene Projekt sicherlich nicht problemlos eins zu eins auf andere Staaten übertragen. Dennoch wird in anderen europäischen Staaten sowie in den USA mit Hilfe der World Health Organisation (WHO) an individuellen, adaptionsfähigen Modellen gearbeitet[353]. So genannte umfassende ‚Mehr-Ebenen'-Präventionskampagnen, wie sie in Finnland realisiert wurden, werden im aktuellsten Gutachten des Sachverständigenrats auch für Deutschland gefordert. Vor allem wird kritisiert, dass Informations- und Motivationskampagnen in Deutschland bisher in der Regel ohne expliziten Zielgruppen- und Kontextbezug durchgeführt wurden. Somit sei auch deren Effektivität fragwürdig geblieben[354].

4.6.3 Stellenwert der Prävention im deutschen Gesundheitssystem

4.6.3.1 Entwicklung der Prävention im Rahmen der Gesundheitspolitik

Über die letzten zwanzig Jahre wurde das Thema Prävention in der Gesundheitspolitik unterschiedlich gehandhabt. Erstmalig 1989 vom damaligen Gesundheitsminister Norbert Blüm eingeführt, wurde die Prävention mit dem Stichwort „Bauchtanzdebatte" von Gesundheitsminister Horst Seehofer sieben Jahre später wieder abgeschafft. Unter der rot-grünen Koalition wurde das Thema Prävention letztendlich wiederentdeckt. Gesundheitsförderung wurde durch Gesundheitsministerin Andrea Fischer wieder zugelassen, die Prävention von Ulla Schmidt neben der Akutbehandlung, Rehabilitation und Pflege zur vierten Säule des Gesundheitssystems erklärt[355].

---

350 Vgl. Mühlnikel (2004[1]), S. 24 f., SVR (2002), S. 151-153 sowie Puska, Vartiainen, Tuomilehto, Salomaa, Nissinen (1998), S. 419 f. für eine Kurzbeschreibung des Projekts.

351 Vgl. Puska, Vartiainen, Tuomilehto, Salomaa, Nissinen (1998), S. 420 f., vor allem Abbildung 1 sowie S. 424.

352 Siehe Mühlnikel (2004[1]), S. 24 sowie Puska, Vartiainen, Tuomilehto, Salomaa, Nissinen (1998), S. 419 und 422, Tabellen 1 und 2, mit Statistiken in der Altersgruppe zwischen 35 und 64 Jahren sowie S. 423 f.

353 Siehe Mühlnikel (2004[1]), S. 24 f.

354 Vgl. SVR (2006[1]), S. 327 und 330 f.

355 Siehe Mühlnikel (2004[2]), S. 26.

Im Rahmen des Gesundheitsreformgesetzes aus dem Jahr 2000 wurde die Primärprävention als Regelleistung der Krankenkassen in § 20 SGB V: „Prävention und Selbsthilfe“ neu verankert. Demnach ist es Aufgabe der Krankenkassen, Leistungen zur Primärprävention anzubieten, welche zum Ziel haben, den allgemeinen Gesundheitszustand innerhalb der Bevölkerung zu verbessern sowie die sozial bedingte Ungleichheit von Gesundheitschancen innerhalb der Bevölkerung zu verringern. Hierzu sind prioritäre Handlungsfelder hinsichtlich Bedarf, Zielgruppe, Zugangswegen, Inhalten und Methodik zu definieren[356].

Verbunden sind mit Einführung des GKV-Wettbewerbsstärkungsgesetzes monetäre Zielgrößen in Höhe von € 2,74 je Versicherten für Maßnahmen der Primärprävention sowie € 0,55 zur Unterstützung von Selbsthilfegruppen[357]. Für das Jahr 2002 galten ähnliche (inflationsbereinigte) Vorgaben in Höhe von € 2,60 bzw. € 0,52, welche mit durchschnittlich € 1,19 je Versicherten (respektive € 0,30 zur Förderung von Selbsthilfegruppen) zum damaligen Zeitpunkt jedoch nicht annähernd erreicht wurden. Im Jahr 2003 wurden für Präventionsmaßnahmen bei einer Zielgröße in der Primärprävention von € 2,70 immerhin schon € 1,62 je Versicherten ausgegeben. Manche Krankenkassen waren hierbei deutlich erfolgreicher als andere. AOK-Ausgaben mit dem Schwerpunkt betriebliche Gesundheitsförderung beliefen sich demnach auf durchschnittlich € 2,10, die durchschnittlichen Ausgaben der Innungskassen hingegen auf lediglich € 1,35 je Versicherten. Die am besten funktionierende Infrastruktur aller Krankenkassen scheint die BARMER Ersatzkasse zu besitzen. Aufgrund verschiedenster Kooperationsprojekte mit Hochschulen, Kliniken oder auch der Bertelsmann-Stiftung werden hier je Versicherten mit die meisten Gelder für Prävention ausgegeben.

Die in den Jahren 2002 und 2003 dennoch verbleibende, allgemeine Unterfinanzierung im Bereich Prävention weist zum einen auf die Schwierigkeit der Krankenkassen hin, ihre Versicherten zur Inanspruchnahme entsprechender Maßnahmen zu motivieren. Beispielsweise nahmen im Jahr 2002 mit 352.961 lediglich 0,5% aller GKV-Versicherten an Angeboten wie Bewegungstherapie, Ernährungs- oder Nichtraucherkursen teil, nur 3.948 Personen ließen sich zudem im richtigen Umgang mit Nikotin und Alkohol schulen. Hingegen wurden im Jahr 2002 Maßnahmen der betrieblichen Gesundheitsförderung von etwa 515.000, aber auch Präventionsangebote in Schulen und Kindergärten von ca. 529.000 Personen in Anspruch genommen. Insgesamt lässt sich festhalten, dass sich individuelle und betriebliche Präventionsmaßnahmen besser realisieren lassen als settingbezogene Ansätze zur Erreichung sozial schwacher Bevölkerungsschichten[358].

Neben Motivationsproblemen stehen die Krankenkassen vor allem auch vor erheblichen Schwierigkeiten, überhaupt erst geeignete und kompetente Projektpartner zu finden. Der Markt der Präventionsanbieter gilt als extrem unübersichtlich, weswegen den meisten Zuständigen auf Krankenkassenseite die Summe der geplanten Fördermittel bereits als zu hoch erscheint[359].

Um gezielte Anreize zur Prävention zu setzen, wurden daher gemäß § 65a SGB V im Rahmen des GKV-Modernisierungsgesetzes (GMG) verschiedene Bonusregelungen für Versicherte festgelegt, die sowohl mit Leistungen zur Früherkennung von Krankheiten als auch mit der Teilnahme an Angeboten zur Primärprävention verbunden sind. Finanzielle

---

356 Vgl. Stein (2005), S. 331 sowie SGB Sozialgesetzbuch (2006), S. 363 f.

357 Vgl. GKV-WSG (2006[1]), S. 14 und 16.

358 Siehe Mühlnikel (2004[2]), S. 24-26 sowie Mosebach, Schwartz, Walter (2004), S. 347.

359 Siehe Mühlnikel (2004[2]), S. 24 f. sowie Glatzer (2004), S. 106.

Anreize schließen auch den Arbeitgeber in Bezug auf Maßnahmen zur betrieblichen Gesundheitsförderung mit ein[360]. Da die Krankenkassen jedoch mittelfristig dazu verpflichtet sind, Beitragssatzerhöhungen zu vermeiden, müssen solche Präventionsmaßnahmen aus mittelfristig erhofften Einsparungen und Effizienzsteigerungen finanziert werden[361].

Durch das GKV-Wettbewerbsstärkungsgesetz (GKV-WSG) hat die Prävention noch einmal eine weitere Aufwertung erhalten. Wesentliche Elemente zur Präventionsverbesserung sind die Ergänzungen zu § 20 a-d, SGB V. Diese beinhalten:

- eine Institutionalisierung der betrieblichen Gesundheitsförderung durch die gesetzlichen Krankenkassen gemäß § 20 a SGB V,
- die Prävention arbeitsbedingter Gesundheitsgefahren als Resultat aus einer intensivierten Zusammenarbeit zwischen Krankenkassen und Unfallversicherung gemäß § 20 b SGB V,
- die Förderung der Selbsthilfe durch gemeinsame und einheitliche Beschlüsse der Spitzenverbände der Krankenkassen (§ 20 c SGB V)
- sowie die Definition eines vom Gemeinsamen Bundesausschuss zu beschließenden Katalogs an Schutzimpfungen gemäß § 20 d SGB V.

Zudem wird die Ausarbeitung eines Präventionsgesetzes durch die Koalitionsfraktionen und die Bundesregierung mit dem Ziel angekündigt, Kooperation, Koordination und Qualität von Maßnahmen der Sozialversicherungsträger zu verbessern und an Präventionszielen auszurichten. Die konkrete Ausgestaltung dieses Gesetzes bleibt bislang jedoch offen[362].

4.6.3.2 Prävention vor dem Hintergrund des Krankenkassenwettbewerbs

Schwerpunktmäßig wird die Zuständigkeit für Krankheitsprävention und Gesundheitsförderung in Deutschland den Krankenkassen übertragen. Die zentrale Aufgabe der Krankenkassen liegt jedoch gemäß der Ursprungsdefinition in der Bereitstellung finanzieller Mittel für ärztliche Hilfe und Medikamente zur Behandlung *kranker* Versicherter. Krankenkassen sind daher, wie ihr Name bereits impliziert, strukturell nicht primär auf diese Präventionsaufgabe ausgerichtet[363].

Bei der Erbringung von Präventionsleistungen ergibt sich für die Krankenkassen vor allem ein zeitliches Kostenproblem. Demnach fallen bei der Durchführung von Präventionsmaßnahmen kurzfristige Kosten an, während sich der medizinische (und somit monetäre) Nutzeneffekt vermiedener Behandlungs- und Folgekosten in der Regel erst mittel- bis langfristig einstellt[364].

Abbildung 34 dokumentiert dies anhand eines konkreten Beispiels: der Behandlung von Diabetes- sowie Prädiabetespatienten ausgewählter Hochrisikogruppen mittels Acarbose, einem Arzneimittelwirkstoff zur Vermeidung bzw. Verzögerung kardiovaskulärer Erkrankungen und Diabeteserkrankungen[365].

---

360 Vgl. SVR (2006[1]), S. 332 und 337 sowie die nachfolgenden Angaben in Abschnitt 4.6.4.

361 Somit ist die Durchführung von Präventionsmaßnahmen direkt mit den Wirtschaftlichkeitsbestimmungen gemäß § 12 SGB V verbunden (vgl. Mosebach, Schwartz, Walter (2004), S. 348 sowie die nachfolgende Diskussion in Abschnitt 4.6.3.2).

362 Vgl. GKV-WSG (2006[2]), S. 242.

363 Vgl. Hurrelmann, Klotz, Haisch (2004), S. 14-15.

364 Vgl. Walter, Schwartz (2003), S. 194 f., inkl. Abb. 10.2-3 und S. 200 sowie SVR (2002), S. 139 f.

365 Vgl. Neubauer, Lewis, Evers (2006), S. 240.

Abb. 34: Ausgabenverläufe einer Placebo- und Acarbosebehandlung von Diabetes- und Prädiabetespatienten ausgewählter Hochrisikogruppen

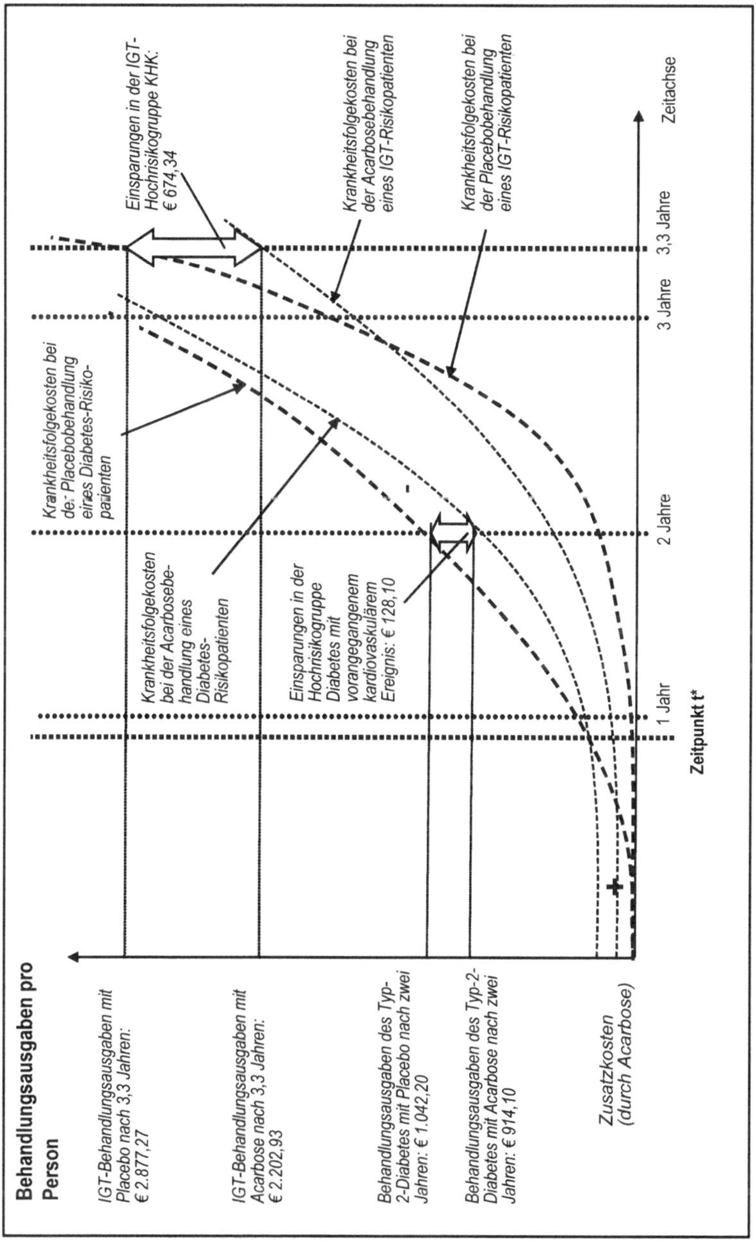

IGT = impaired glucose tolerance / gestörte Glukosetoleranz

Quelle: Neubauer, Lewis, Evers (2006), S. 240, Abbildung 2

Gemäß der Abbildung werden die zusätzlichen Medikamentenkosten einer Acarbosebehandlung mittel- bis langfristig durch verhinderte bzw. verzögerte kardio- und zerebrovaskuläre Ereignisse überkompensiert. Hieraus ergibt sich für das Jahr 2005 bei einer Acarbosebehandlung von Hochrisikopatienten mit gestörter Glukosetoleranz (impaired glucose tolerance, IGT) – einer Vorstufe des Diabetes mellitus Typ 2 – über einen Zeitraum von 3,3 Jahren ein theoretisch berechnetes volkswirtschaftliches Einsparpotential in Höhe von ca. € 463 Mio. Gleichzeitig wäre bei Typ-2-Diabetespatienten mit vorangegangenem kardiovaskulärem Ereignis über einen Zeitraum von 2 Jahren ein Einsparpotential von € 395 Mio. möglich (vgl. Abbildung 35).

Abb. 35: Volkswirtschaftliches Einsparpotential bei einer Acarbosebehandlung von IGT- und Diabetes-Patienten ausgewählter Hochrisikogruppen

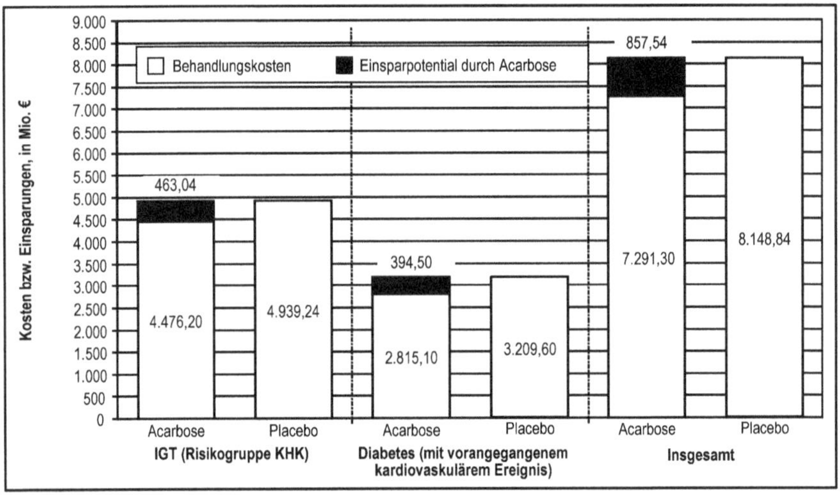

IGT= impaired glucose tolerance / gestörte Glukosetoleranz

Quelle: Neubauer, Lewis, Evers (2006), S. 241, Abbildung 3

Trotz der dokumentierten Einsparungen, welche u.a. auch Einsparungen aus vermiedenen Anschlussheilbehandlungen mit beinhalten, hat eine Krankenkasse, bedingt durch den Krankenkassenwettbewerb und die Notwendigkeit der Beitragssatzstabilisierung, keinen kurzfristigen Anreiz, entsprechende Präventionsmaßnahmen durchzuführen. Hier wäre es wünschenswert, bei Vorliegen ausreichender Evidenz hinsichtlich Effektivität und Effizienz einer medikamentösen Präventionsmaßnahme (ähnlich wie bei der Förderung der Selbsthilfe gemäß § 20c SGB V) kassenübergreifende Handlungsstrategien zu entwickeln, um auf diese Weise den kurzfristigen Wettbewerbsgedanken zugunsten mittel- bis langfristiger Einsparpotentiale auszusetzen[366].

4.6.4 Entwicklungsstand der betrieblichen Gesundheitsförderung in Deutschland

Gemäß den Vorgaben der Gesundheitsreform in Bezug auf die betriebliche Gesundheitsförderung hat sich in Teilen die Erkenntnis über die Notwendigkeit durchgesetzt,

366 Vgl. Neubauer, Lewis, Evers (2006), S. 243.

moderne Formen der Prävention an den steigenden Herausforderungen im Arbeits- und Berufsleben auszurichten.

U.a. berichten 91% der Betriebsräte in Deutschland gemäß den Ergebnissen einer Umfrage über eine Zunahme der psychischen Belastungen am Arbeitsplatz zwischen 1999 und 2004[367].

Insgesamt wurden die im Jahr 1998 durch körperliche Arbeitsbelastungen bedingten volkswirtschaftlichen Kosten in Deutschland auf € 28,4 Mrd. (€ 14,9 Mrd. direkte Kosten und € 13,5 Mrd. indirekte Kosten) geschätzt. € 24,5 Mrd. (€ 11,1 Mrd. direkte Kosten und € 13,4 Mrd. indirekte Kosten) waren zudem auf psychische Arbeitsbelastungen zurückzuführen. Während die indirekten Kosten den Produktivitätsausfall durch Arbeitsunfähigkeit wiedergeben, enthalten die direkten Kosten die Kosten der Krankheitsbehandlung und somit u.a. auch Ausgaben für Leistungen zur medizinischen Rehabilitation. Körperliche und psychische Belastungsfaktoren sind hierbei nicht unabhängig voneinander und dürfen nicht einfach addiert werden, so dass die ausgewiesene Summe an volkswirtschaftlichen Kosten aufgrund von körperlichen Belastungen in Höhe von € 28,4 Mrd. einen unteren Grenzwert darstellt. Für 1998 entspricht dies einem Anteil von 1,6% des damaligen Bruttoinlandsprodukts (BiP)[368].

Ca. 29% aller Arbeitsunfähigkeitsfälle können körperlichen, 31% psychischen Belastungen zugeordnet werden. Vor allem chronische Erkrankungen älterer Beschäftigter haben direkte Auswirkungen auf die medizinische Rehabilitation. Demnach steht die mit älteren Arbeitnehmern verbundene Langzeitarbeitsunfähigkeit in erster Linie mit den für Rehabilitationsbehandlungen typischen Indikationen wie Muskel-Skelett-Erkrankungen, Herz-Kreislauferkrankungen, Ernährungs- und Stoffwechselerkrankungen sowie bösartigen Neubildungen (Krebs) in einem direkten Zusammenhang[369].

Ziel einer betrieblichen Gesundheitsförderung sollte letztendlich die Realisierung branchen- und berufsspezifischer Konzepte der Sekundär- und Tertiärprävention auf Basis so genannter Belastungs-Beanspruchungs-Modelle sein. Maßnahmen der Beanspruchungsermittlung, -steuerung und -limitierung bewirken im Idealfall gerade für ältere Menschen im erwerbsfähigen Alter eine „Anpassung des Menschen an seine Arbeit", um auf diese Weise einer „Dekonditionierung und vorzeitigen Maladaptationserscheinungen vorzubeugen und entgegenzuwirken"[370]. Letztlich kommt dem betrieblichen Gesundheitsmanagement, d.h. der Ausgestaltung von Strukturen und Prozessen am Arbeitsplatz zur Förderung der Gesundheit der dort Beschäftigten, hierbei eine zentrale Bedeutung zu[371]. Interventionen zur Förderung der Gesundheit können u.a. auf personaler (z.B. betriebsärztliche Betreuung oder Training) oder auf arbeitsorganisatorischer Ebene durchgeführt werden (z.B. ausreichende Erholungszeiten oder Vermeidung von Zeitdruck, gerade bei älteren Arbeitnehmern)[372].

---

367 34% berichten zudem von einem Anstieg der körperlichen Belastungen (siehe Projekt „Gute Arbeit" (2006), S. 16-17, vor allem Abbildung 1 auf S. 17).

368 Siehe Bödeker, Friedel, Röttger, Schröer (2002), S. 13-14, vor allem Abbildung 3 sowie S. 19.

369 Vgl. Projekt „Gute Arbeit" (2006), S. 18-19.

370 Vgl. Fischer, Seidel (2004), S. 41. Die Beanspruchungssteuerung beinhaltet hierbei Fragen nach individuellen Leistungsgrenzen, nach der Wirksamkeit individueller Trainings- und Übungsmethoden sowie nach Anpassung und Ermüdung.

371 Vgl. SVR (2006[1]), S. 331.

372 Siehe Maintz (2003), S. 54.

Neben dem Alter spielen jedoch noch weitere, arbeitsplatzspezifische Faktoren eine Rolle bei der Auswirkung auf den Gesundheitszustand erwerbstätiger Personen. Laut einer multivariaten Studie war demnach weniger das Alter ausschlaggebend, vielmehr zählten eine hohe subjektive Arbeitsbelastung, ein hoher individueller Stellenwert der Arbeit, Furcht vor Arbeitsplatzverlust und eine niedrige soziale Unterstützung zu den bestimmenden Faktoren chronischer Beschwerden[373]. Kosten-Nutzen-Analysen in verschiedenen finnischen Unternehmen mit einer etablierten betrieblichen Gesundheitsförderung dokumentieren drei- bis zwanzigfache Einsparungen gegenüber den getätigten Ausgaben. Diese Ergebnisse legen nahe, dass die dort durchgeführten Konzepte auch betriebswirtschaftlich sinnvoll sind[374].

Maßnahmen der Gesundheitsförderung und Prävention am Arbeitsplatz dürften trotz entsprechender Bonusmodelle jedoch nicht ohne Weiteres flächendeckend umsetzbar sein. Die Tatsache, dass betriebliche Arbeits- und Personalpolitik in erster Linie kurzfristig angelegt sind sowie der Umstand, dass das Tagesgeschäft in aller Regel dominiert, lassen dies vermuten. Angesichts der demographisch bedingten Alterung der Erwerbstätigenbevölkerung, eines bevorstehenden Mangels an Arbeitskräften sowie einer steigenden Inzidenz chronischer Krankheiten im höheren erwerbsfähigen Alter wird diese Thematik über die kommenden Jahre jedoch mutmaßlich stark an Bedeutung hinzugewinnen[375].

4.6.5 Zusammenfassung der zentralen Herausforderungen an die Prävention

Mit Blick auf eine Weiterentwicklung der Prävention lassen sich folgende Punkte festhalten:

1. Für den Ausbau von Präventionsmaßnahmen ist eine gezielte Lancierung so genannter „Mehr-Ebenen-Kampagnen" mit explizitem Zielgruppen- und Kontextbezug (Konzepte der kontextorientierten Verhaltensprävention) erforderlich. Diese zielen auf eine Änderung des individuellen personenbezogenen Verhaltens bei gleichzeitiger Verbesserung der externen Rahmenbedingungen. Beispielhaft ist hier u.a. Finnland mit seinem Nordkarelien-Projekt. Die Einführung eines gesetzlichen, öffentlichen Rauchverbots in Deutschland ist hier bereits ein Schritt in die richtige Richtung.
2. Der Wettbewerb zwischen den gesetzlichen Krankenkassen wird sich mit Einführung des Gesundheitsfonds im Jahr 2009 weiter intensivieren. Im Hinblick auf die Durchführung von Präventionsmaßnahmen sollten daher kassenübergreifende Strategien entwickelt werden, bei denen kurzfristige Überlegungen zur Vermeidung von Beitragssatzerhöhungen angesichts mittelfristiger Einsparpotentiale in den Hintergrund treten. Die gesetzlichen Regelungen des GKV-Wettbewerbsstärkungsgesetzes (GKV-WSG) bezüglich gemeinsamer Entscheidungen zur Selbsthilfeförderung durch die Spitzenverbände der Krankenkassen dokumentieren, dass solche Kooperationen durchaus denkbar sind.
3. Das GKV-Wettbewerbsstärkungsgesetz zielt im Bereich Prävention vor allem auf eine Stärkung der betrieblichen Gesundheitsförderung. Dieser Schritt ist angesichts einer älter werdenden Erwerbstätigenbevölkerung richtig und wichtig. Neben einer finanziellen Unterstützung der betrieblichen Gesundeitsförderung sollte diese auf

---

373 Vgl. Maintz (2003), S. 48-49.

374 Vgl. Ilmarinen, Tempel (2003), S. 97.

375 Vgl. u.a. Köchling (2003), S. 236 f., Kuhn (2003), S. 75-78, Maintz (2003), S. 43-46 sowie Morschhäuser (2003), S. 59-61.

individuelle berufliche und branchenspezifische Bedingungen zugeschnitten sein und die individuellen Bedürfnisse vor allem älterer Arbeitnehmer berücksichtigen.

4. Die Begriffe „Rehabilitation“ und „Prävention“ sind inhaltlich nicht immer eindeutig voneinander zu trennen. Zudem haben sie mit der sinnvollen Verwendung eines Rehabilitationsassessments, der Erstellung eines Behandlungsplans und der Notwendigkeit eines interdisziplinären Behandlungsansatzes gleich mehrere Punkte gemeinsam. Aus diesen Gründen macht es Sinn, Präventionsansätze verstärkt an Rehabilitationseinrichtungen zu verfolgen. Hierbei ist vor allem auch die Rolle des Facharztes für Physikalische und Rehabilitative Medizin hervorzuheben.
5. Prävention sollte neben Personen im erwerbsfähigen Alter auch bei Kindern und Jugendlichen, vor allem aus sozial benachteiligten Familien, ansetzen. Auch das Präventionspotential älterer Menschen darf nicht unterschätzt werden. Dies wäre eine zentrale Aufgabe mobiler geriatrischer Behandlungsteams gemäß Abschnitt 4.5.3.2, welche in Deutschland zahlenmäßig deutlich erhöht und im Idealfall außerhalb des Rehabilitationsbudgets finanziert werden sollten.

4.7 Medical Wellness

Im Branchen-Report für Vorsorge- und Rehabilitationskliniken der Dresdner Bank wird neben dem Hinweis auf Ausgaben für medizinische Vorsorge- und Rehabilitationsleistungen in Höhe von ca. € 8 Mrd. im Jahr 2003[376] auch auf den deutschen Gesamtmarkt für Heilbäder und Kurorte Bezug genommen. Hier belief sich der Umsatz gemäß Angaben des Deutschen Heilbäderverbandes im Jahr 2004 auf insgesamt € 26 Mrd[377]. € 15 Mrd. hiervon wurden aus Übernachtungsumsätzen, weitere € 11 Mrd. aus Umsätzen durch Tagesgäste generiert. Von den Gästen werden somit Angebote für einen oder mehrere Tage in Anspruch genommen, welche nur zu einem Teil Überschneidungen mit den vorwiegend von den Sozialversicherungsträgern finanzierten medizinischen Vorsorge- und Rehabilitationsangeboten aufweisen. Insgesamt entfielen im Jahr 2004 knapp ein Fünftel der Bettenzahl und rund 28% der Beschäftigten in Heilbädern und Kurorten auf medizinische Vorsorge- und Rehabilitationseinrichtungen. Gemäß Abbildung 36 spiegelt sich dies auch im Anteil des dort generierten Umsatzes wider.

Bezogen auf die Anzahl Gäste kamen 2005 zu den knapp 2 Millionen Gästen, die eine vom Kostenträger finanzierte Rehabilitationsmaßnahme in Anspruch genommen hatten, ca. 15 Millionen weitere Besucher hinzu. Bei einer Anzahl von 2,5 Millionen Tagungsgästen ergibt dies eine Restgruppe von jährlich rund 12,5 Millionen touristischen Besuchern an deutschen Heilbädern und Kurorten. Dies entspricht einem Anteil individueller Selbstzahler von rund 73%[378] (vgl. hierzu auch den Verweis auf diesen Abschnitt in Abschnitt 2.5).

Insgesamt wurde im Jahr 2005 über 70% des Umsatzes an Heilbädern und Kurorten (ca. € 18,5 Mrd. von € 26 Mrd.) außerhalb von sozialversicherungsfinanzierten medizinischen Rehabilitationsleistungen generiert. Vor allem individuelle Selbstzahler spielen für die Wirtschaft der Heilbäder und Kurorte im Rahmen des Gesundheitstourismus demnach eine herausragende Rolle.

---

376 Vgl. Dresdner Bank Branchen-Report, August 2005, S. 3.

377 Vgl. Deutscher Heilbäderverband (2006), aufgerufen unter www.deutscher-heilbaederverband.de/DB_Bilder/aktuelles/pdf/97.pdf, mit einer Ergebnispräsentation anlässlich des Deutschen Bädertags 2006 (Stand: 29.12.2006).

378 Vgl. die Rede von Prof. Manfred Steinbach anlässlich des Deutschen Bädertages 2006 auf derselben Internetseite (siehe vorangegangene Fußnote).

Abb. 36: Zusammensetzung der Besucherzahlen an deutschen Heilbädern und Kurorten im Jahr 2005 (gesamt: ca. 17 Mio.) sowie Ausgaben von 2004

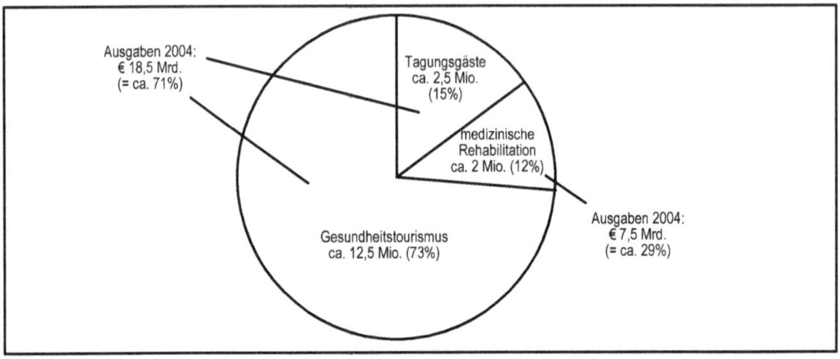

Quelle: Deutscher Heilbäderverband (2006), Dresdner Bank Branchen-Report (2005), eigene Darstellung

Betrachtet man die Heilbäder und Kurorte in ihrer Gesamtheit, so stellen diese mit € 26 Mrd. Umsatz und rund 350.000 Arbeitsplätzen, bezogen auf diese beiden Einflussgrößen, einen bedeutenderen Wirtschaftsfaktor dar als beispielsweise die deutsche Automobilindustrie. Innerhalb der nächsten zehn Jahre ist zudem geplant, weitere 300.000 Arbeitsplätze für diesen Wirtschaftszweig zu schaffen. Die Verzahnung von Kur und Tourismus wird auch vor dem Hintergrund deutlich, dass im Jahr 2005 bei einer Zahl von 17,6 Millionen Gästen und knapp 100 Millionen Übernachtungen ein Drittel aller Übernachtungen in Deutschland auf diesen Wirtschaftszweig entfiel[379]. Auch einzelne Bundesländer haben das immense Zukunftspotential der Kur- und Heilbäderwirtschaft bereits erkannt und entwickeln gezielte Strategien für die konsequente Zusammenführung medizinischer und touristischer Anbieter. Exemplarisch sei hier lediglich das Konzept Schleswig-Holsteins erwähnt, welches im Rahmen des Deutschen Bädertags 2006 durch Landeswirtschaftsminister Austermann vorgestellt wurde.

Der Bereich Wellness birgt über die kommenden Jahre und Jahrzehnte ein enormes Marktpotential, da immer mehr Menschen ihre Bereitschaft signalisieren, für ihre Gesundheit aus eigener Tasche zu bezahlen[380]. Nicht zuletzt ist dieser Trend durch die Ressourcenknappheit im Gesundheitswesen, verstärkte Zuzahlungen und somit einem Mehr an Eigenverantwortung entstanden. Es „setzt sich in der Bevölkerung immer stärker der Gedanke durch, dass es am sichersten ist, gar nicht erst krank zu werden“ – das Bedürfnis nach eigenfinanzierten Maßnahmen der Prävention dürfte somit auch in Zukunft merklich steigen[381]. Eine Studie der Unternehmensberatung Arthur Andersen geht beispielsweise davon aus, dass der durchschnittliche Anteil eigenfinanzierter Gesundheitsleistungen an den Gesundheitsausgaben pro Bundesbürger von 7% im Jahr 2002 auf 30% im Jahr 2015 steigen wird[382]. Diese Prognose stimmt auch mit den Kondratieffzyklen überein, wonach wirtschaftliche Aufschwünge als Folge von Ressourcenknappheiten und Investitionen in neue

379 Siehe Eröffnungsvortrag des Tourismusbeauftragten der Bundesregierung, MdB Ernst Hinsken anlässlich des Deutschen Bädertages 2006.

380 Siehe u.a. Wiesinger (2003), S. 18 f. sowie Kleinschmidt (2003), S. 7.

381 Vgl. Sönnichsen (2003), S. 34.

382 Vgl. Schwing (2002^{5}), S. 60 sowie Illing (2003^{1}), S. 4.

Wirtschaftszweige entstehen. Demnach wird der nächste wirtschaftliche Aufschwung nach Kondratieff konkret mit dem Gesundheitssektor in Verbindung gebracht[383].

Der Trend hin zu einer erhöhten Zahlungsbereitschaft wurde beispielsweise bereits vom LBK Hamburg erkannt und genutzt. Aufgrund der hohen Nachfrage in der Bevölkerung wurde in der Hansestadt im Verbund mit zehn ambulanten Reha-Zentren eine GmbH für medizinische Fitness und Wellness namens ‚Hamburg vital' ins Leben gerufen. Nach einer sportmedizinischen Eingangsuntersuchung (dem so genannten Vitalcheck) werden dort für die Patienten individuelle Therapiepläne erstellt, in denen Stärken und Schwächen sowie Wünsche und Ziele berücksichtigt sind. Behandlungen werden durch Fachärzte, Diplomsportlehrer, Diplomphysiotherapeuten bzw. Masseure durchgeführt. Die Einrichtungen der bestehenden Kooperationspartner werden in erster Linie von Selbstzahlern genutzt. Im Jahr 2003 betrug der Kundenpreis zur Nutzung der Anlagen 67 Euro pro Monat, mit Sonderkonditionen für große Hamburger Betriebe[384].

4.7.1 Definition des Begriffs Medical Wellness

Gerade für Rehabilitationskliniken handelt es sich bei dem Bereich Medical Wellness, auch 2. Gesundheitsmarkt genannt, um ein attraktives Zukunftskonzept. Der Begriff „Wellness" setzt sich aus den beiden Wörtern „well-being" und „Fitness" zusammen und zielt auf eine Senkung der Ausgaben in der Krankenversicherung durch Verbesserung des Gesundheitszustands des einzelnen Patienten[385].

Die Schwierigkeit mit dem Begriff Wellness besteht in der Tatsache, dass sich dieser nur schwer durch ein bestimmtes Leistungsangebot definieren und abgrenzen lässt. Da sich auch viele unseriöse Anbieter auf dem Wellnessmarkt tummeln[386], existieren bestimmte Zertifikate, welche die Qualität von Heilbädern und Kurorten bzw. deren Behandlungsleistungen auszeichnen. Hierzu gehören u.a. die Gütesiegel „Wellness im Kurort" des Deutschen Heilbäderverbands in Bonn, „Well Vital" in Bayern sowie individuelle Produktzertifikate durch den Deutschen Wellnessverband. Auch der jeweilige Standort von Rehabilitationskliniken gibt in der Regel Aufschluss über das zu erwartende Leistungsangebot. Während in Deutschland rund 6.000 Gemeinden ihren Gästen gesundheitsfördernde Bedingungen wie gute Luft, gutes Trinkwasser oder wenig Industrie bieten, handelt es sich bei 350 Gemeinden um höher klassifizierte Heilbäder bzw. Kurorte, von denen sich über 50 alleine in Bayern befinden. Während 70% aller Heilbäder und Kurorte in staatlicher Verantwortung vergleichbare Angebote für dreiwöchige Kuraufenthalte bereitstellen, bieten die übrigen 30% ortsspezifische Besonderheiten. Hierzu gehören u.a. spezifische Eigenschaften als Moorheilbad, Kneipp-Kurort oder klimatischer Kurort[387].

4.7.2 Rehabilitationseinrichtungen im wettbewerblichen Umfeld des Medical Wellness

Verschiedenste Leistungsanbieter, welche bis vor wenigen Jahren noch keine Berührungspunkte zueinander aufgewiesen haben, treten im Markt für Medical Wellness zunehmend miteinander in Konkurrenz, wie Abbildung 37 dokumentiert.

383 Vgl. Händeler (2005), S. 27 sowie Erläuterungen in Kapitel 1, S. 9-20.
384 Siehe Reese (2003), S. 12-14.
385 Vgl. Wiesinger (2003), S. 18.
386 Siehe u.a. Ausführungen zum Thema Anti-Aging in Wiesinger (2003), S. 20.
387 Siehe Kleinschmidt (2003), S. 6-7.

Einerseits steht es Rehabilitationskliniken offen, durch neue Behandlungsangebote ihr Leistungsspektrum auszuweiten, um auf diese Weise über die Selbstzahlerbereitschaft der Gäste neue Umsätze zu generieren bzw. durch Angebote in den Bereichen Freizeit-, Gesundheits- und Lifestylemedizin neue Kundensegmente zu erschließen. Gleichzeitig werden jedoch auch Wellness- und Vital-Hotels, Thermen und Spas versuchen, durch die Erstellung medizinischer Angebote an Seriösität hinzuzugewinnen, um so ihren Kundenkreis zu erweitern[388]. Letztendlich ist zu beobachten, dass die in Abbildung 37 dargestellten Konkurrenzgruppen verstärkt versuchen, sich die Expertise des jeweils anderen zu Eigen zu machen. Während Kliniken Marketing- und Hotelmanager einstellen, werden von Wellness- und Vitalhotels verstärkt Ärzte bzw. Arztpraxen angemietet bzw. eigenes medizinisches Personal beschäftigt[389].

Abb. 37: Konkurrenten im Markt für Medical Wellness

Quelle: Illing (2003[1]), S. 2 und 4, Abbildungen 1 und 3, eigene Darstellung

Angesichts der medizinischen Orientierung darf auch der Wettbewerb durch Krankenhäuser und Arztpraxen aus Sicht von Rehabilitationskliniken auf keinen Fall unterschätzt werden. Aufgrund der engen Anbindung zum Wohnort bzw. dem Arbeitsplatz des Kunden sowie der bekannten Umgebung, bieten sich gerade im städtischen Umfeld strategische Vorteile für Krankenhäuser, sich in Ballungsräumen als vollständiges Dienstleistungszentrum zu positionieren[390]. Ambitionen, Wellnessleistungen auch im Krankenhaus anzubieten, lassen sich beispielhaft anhand des Klinikums Stralsund dokumentieren, welches am 1.1.2004 von der DAMP Holding AG erworben wurde. Für ihr erstes Haus der Grund- und Regelversorgung hat die DAMP Holding AG erhebliche Investitionen – nicht zuletzt im Bereich Wellness und Gesundheitstourismus – von insgesamt 30 Millionen Euro vorgesehen[391].

In direktem Zusammenhang mit dem wettbewerblichen Umfeld im Markt für Medical Wellness sind die individuellen Stärken und Schwächen sowie die Chancen und Risiken von deutschen Rehabilitationseinrichtungen zu sehen. Für diese Einrichtungen wird es entscheidend sein, den aus der medizinalen Expertise resultierenden Vor-

388 Vgl. Illing (2003[1]), S. 2, Abbildung 1 sowie S. 4, Abbildung 3.

389 Siehe Illing (2003[1]), S. 4 sowie Illing (2003[3]), S. 33.

390 Siehe Sönnichsen (2003), S. 35 sowie Angaben in Peters (2003), S. 36.

391 Siehe Glatzer (2003), S. 22. Vorbild ist hierbei das Modell der Ostseeklinik Damp, welches hochwertige Tourismusangebote mit medizinischen Rehabilitationsleistungen kombiniert (vgl. auch Schwing (2002[5]), S. 60).

sprung gegenüber nicht-klinifizierten Gesundheitsanbietern zu verteidigen[392]. Letztendlich ist im Bereich Wellness jedoch nicht allein der medizinische Aspekt, sondern vielmehr das Gesamtkonzept entscheidend[393]. Hierzu müssen jedoch oftmals die allgemeine Medical Wellness-Philosophie, Image und Marketing, das Dienstleistungsangebot, aber auch individuelle Therapieangebote erweitert bzw. erheblich verbessert werden[394]. Wichtig sind in diesem Zusammenhang zielgruppenorientierte Leistungsangebote unter Bereitstellung medizinischer Spitzenqualität. Als Beispiel lassen sich Angebote für Handwerker an der SANITAS Klink Sachsenhof anführen, die speziell auf Kostenträger wie die IKK zugeschnitten sind[395].

Tab. 12: Versorgungsformen mit Selbstzahlerbereitschaft im Bereich Medical Wellness

Bereiche	**Erläuterungen**
Anti-Aging	Erhaltung/Erlangung von „Jugendlichkeit“, „ethisches“ Altern
Body-Design	Maßnahmen der präparativen und apparativen Kosmetik/ Medizin
Ernährung	mit verschiedenen Motiven wie „Detoxing“ (Entgiftung), Gewichtsreduktion
Entspannung, Slowing-down	Stressreduktion, Wohlfühlen
Lebensstilberatung	Änderung und Verbesserung des Lebensstils im Hinblick auf mehr Gesundheit und Wohlbefinden
mentale Fitness	Steigerung der mentalen Leistungsfähigkeit
Phasenspezifik	Behandlung des Burn-out
Berufs- und Zivilisationskrankheiten	Erkrankungen des Skelettapparats
Sinngebung, Esoterik, Psychotherapie	
Bewegung, Muskeltraining, Körperfitness	Bodystyling, Prävention, Rehabilitation
psychotherapeutische Angebote	Selbsterfahrung, Selbstbehauptung, Stressbewältigung, Entspannung
komplementäre Medizinsysteme	TCM, Ayurveda, Homöopathie
Wohlfühlangebote	Bäder, Massagen, Whirlpool, Biosauna, Ruheräume

Quelle: Illing (2003[3]), S. 32, Abbildung 3

Allgemein gilt zu berücksichtigen, dass die Ansprüche im Bereich Wellness über die letzten Jahrzehnte deutlich gestiegen sind. Nachgefragt werden längst nicht mehr die klassischen offenen Badekuren, sondern moderne Therapien, bei denen die Gäste selbst aktiv etwas für die Verbesserung bzw. Erhaltung ihrer Gesundheit tun können. Im Trend liegen auch die aus den Medien bekannten Therapien wie Thalasso, Ayurveda oder chinesische Medizin. Die Standards mit Saunawelten und großem Thermalbädern sind heute wesentlich höher als noch vor zehn oder zwanzig Jahren[396]. Tabelle 12 dokumentiert unterschiedliche Behandlungsbereiche, in denen in den kommenden Jahren verstärkte Selbstzahlerbereitschaft zu erwarten sein dürfte. Es handelt sich hierbei

392 Vgl. Huesman (2003), S. 21 f. sowie Illing (2003[1]), S. 5.

393 Vgl. Schwing (2002[5]), S. 61.

394 Siehe Illing (2003[1]), S. 5.

395 Siehe Huesmann (2003), S. 23.

396 Siehe Lieber (2003), S. 9.

um Versorgungsformen, in denen sich vor allem Hotels und Thermen über vergangene Jahre eine gute Ausgangsposition im Wettbewerb erarbeitet haben[397].

Für den Erfolg im Bereich Medical Wellness ist es u.a. notwendig, Versicherten teilfinanzierte Wellnessangebote mit privater Zuzahlung zu unterbreiten – eine Option, die auch für die Krankenkassen angesichts deren angespannter Finanzlage attraktiv sein kann. Hierbei sollte im Idealfall gemäß dem „Baukastenprinzip“ vorgegangen werden, da der Selbstzahler in der Regel in touristischen Kategorien denkt. Da sich Selbstzahler zudem überwiegend gesund fühlen, werden diese die auf kranke Patienten zugeschnittenen Gesamtvergütungssätze schon allein aufgrund der psychologischen Abgrenzung nur in den seltensten Fällen akzeptieren. Wichtig ist außerdem, dass sich individuelle Leistungspakete je nach Kaufkraft des Patienten zusammenführen lassen[398]. Rehabilitationskliniken müssen sich darauf einstellen, dass mit zunehmender Vielseitigkeit des Behandlungsangebots auch die Komplexität bei der Koordination einzelner Versorgungsbereiche entsprechend zunimmt. Hierbei gilt es, unterschiedliche Behandlungsleistungen sowohl therapeutisch als auch verkaufstechnisch sinnvoll aufeinander abzustimmen[399].

Bei einer gezielten Vermarktung von Angeboten für Selbstzahler erweist es sich erfahrungsgemäß zudem als sinnvoll, ehemaligen Rehabilitationspatienten in regelmäßigen zeitlichen Abständen gezielte Wellnessangebote gemäß der individuellen medizinischen Kernkompetenz der Rehabilitationsklinik zu unterbreiten. Hierbei sollte weiterhin Imagepflege betrieben, daneben aber auch eine flexible Haltung neuen Angeboten gegenüber eingenommen werden[400].

Ein gezieltes Marketing zur Werbung von Neukunden lässt sich durch Teilnahme an regionalen Messen, durch Anzeigen in regionalen Zeitungen, in Fernsehmagazinen sowie durch Vorträge und Präsentationen in regionalen Selbsthilfegruppen realisieren. Auch während des Patientenaufenthalts ist es wichtig – beispielsweise durch Hauszeitungen und Inhouse-Videos – auf weiterführende Behandlungen hinzuweisen. Für ein erfolgreiches Marketing ist auf geeignetes Vokabular (z.B. „Rezeption“ statt „Patientenaufnahme“, „Etage“ statt „Station“), Visualisierungen und didaktische Erläuterungen des individuellen Patientennutzens, individuelles Verkaufsgeschick sowie die Zufriedenheit des Kunden als oberstes Gebot zu achten. Um selbst formulierte, strategische Ziele (z.B. eine Belegung mit 20% Selbstzahlern und teilfinanzierten Gästen) zu erreichen, ist letztendlich eine gut durchdachte Planung erforderlich[401]. Hier hat jedoch eine Analyse ergeben, dass zumindest im Jahr 1999 von 1.398 Vorsorge- und Rehabilitationseinrichtungen lediglich geschätzte 400 Einrichtungen Selbstzahlerangebote bereitstellten, von denen wiederum nur 60 professionell und wiederum nur 30 auch erfolgreich vermarktet wurden[402].

Bei einer Zielgruppenorientierung „Selbstzahler“ empfiehlt es sich, Wellness-Gäste durch sorgfältige Planung der Zimmervergabe sowie der Tischordnung räumlich von schwerkranken Patienten zu trennen, um die Klinikgäste so in kompatible Patientengruppen zusammenzuführen[403]. Gesondertes Personal für Selbstzahler ist in der Regel nicht zu fin-

397 Vgl. Illing (2003^3), S. 32, Abbildung 3.

398 Vgl. Huesmann (2003), S. 21 und 24 sowie Illing (2003^2), S. 27.

399 Vgl. Illing (2003^2), S. 27.

400 Siehe Huesmann (2003), S. 23 sowie Illing (2003^2), S. 27.

401 Siehe Huesmann (2003), S. 22-24, Illing (2003^2), S. 25-27 sowie Illing (2003^3), S. 33, Abbildung 4.

402 Vgl. Illing (2003^3), S. 33, Abbildung 5. Aktuellere Zahlen lagen dem Autoren leider nicht vor.

403 Beispielsweise wird an den DAMPschen Ostseebädern hier eine systematische Trennung vorgenommen (vgl. Schwing (2002^5), S. 61).

den, wenngleich die Möglichkeit einer speziellen Schulung des bestehenden Personals von einigen Anbietern in Erwägung gezogen wird. Auch separate Therapieräume, wie z.B. Bäderabteilungen, existieren in den wenigsten Fällen. Neben den baulichen Gegebenheiten sind bei einer Trennung unterschiedlicher Patientengruppen auch noch weitere Besonderheiten der jeweiligen Klinik zu beachten. So haben sowohl ein mögliches religiöses Leitbild als auch spezifische Indikationsstellungen hier bereits von vornherein eine gewisse integrative Wirkung. Das Gefühl, „gemeinsam in einem Boot zu sitzen" dürfte in den Bereichen Kardiologie und Onkologie beispielsweise stärker ausgeprägt sein als bei einer Zusammenführung unterschiedlicher orthopädischer Patienten.

Zudem sei darauf hingewiesen, dass an Kliniken mit eigenständigen Selbstzahlergruppen steuer- und körperschaftsrechtliche Besonderheiten zu berücksichtigen sind. In Fällen, wo der Verdacht besteht, dass luxuriöse Wellnessangebote über Mittel der Sozialgemeinschaft finanziert werden, ist oftmals eine saubere steuer- und körperschaftsrechtliche Trennung der Unternehmensbereiche mit und ohne Kassenpatienten erforderlich. Beim geltenden Recht ist ferner darauf zu achten, inwiefern Serviceleistungen unter Bereitstellung eines touristischen Serviceangebots inkl. An- und Abreisetransport, Unterkunft und begleitenden Freizeitprogrammen nicht gemäß § 651 BGB unter das Reisevertragsrecht fallen[404].

Neben den Stärken und Schwächen von Rehabilitationskliniken wird nachfolgend auf individuelle Chancen und Risiken eingegangen. Aus dem steigenden Gesundheitsbewusstsein sowie der demographischen Entwicklung der deutschen Bevölkerung ergeben sich wesentliche Chancen für Medical Wellness-Anbieter. Ähnlich wie beispielsweise in den USA ergibt sich aus der Alterung der Bevölkerung und den besonders geburtenstarken Jahrgängen Mitte der 60er Jahre („Baby-Boomer" bzw. „50+-Generation") eine wachsende Zahl kaufkräftiger Individuen, die aufgrund ihres zunehmenden Alters verstärkt medizinische Dienstleistungen nachfragen. Auch der oftmals als zunehmende Belastung empfundene Arbeits- und Freizeitalltag sorgt für eine steigende Nachfrage nach Wellness- und Freizeitangeboten[405].

Die Öffnung der europäischen Märkte wiederum kann für deutsche Leistungsanbieter sowohl Chancen als auch Risiken beinhalten[406]. Vor allem für weniger schwere Patientenfälle ist ein Trend hin zu selbst finanzierten Behandlungsleistungen im Ausland erkennbar[407]. Konkurrenz ist hier vor allem aus Tschechien sowie der Slowakei entstanden. Bereits zu DDR-Zeiten kamen viele ostdeutsche Besucher in diese Länder, in den 90er Jahren erfolgte schließlich eine gezielte Weiterentwicklung der dortigen Infrastruktur. In der Entwicklung von Strategien zur Gewinnung deutscher Gäste waren die osteuropäischen Länder der Bundesrepublik Deutschland in dieser Zeit insgesamt eindeutig einen Schritt voraus[408]. Das Preis-Leistungsverhältnis, gerade in den grenznahen osteuropäischen Gebieten, ist heute oftmals eindeutig besser als in Deutschland, obwohl durch den Anstieg des Lohnniveaus eine mittelfristige Angleichung des Preisniveaus zu erwarten sein dürfte. Dies gilt vor allem für Tschechien und Polen, in geringerem Ausmaß jedoch auch bereits

404 Siehe Illing (2003²), S. 25-27.

405 Vgl. Illing (2003¹), S. 3.

406 Siehe Illing (2003¹), S. 5.

407 Siehe Rothemund (2002), S. 598.

408 Lediglich Rehabilitationskliniken in grenznahen Gebieten (z.B. Sachsen und Bayern) haben auf die Entwicklungen bereits frühzeitig reagiert, da dort die Entwicklung in den Nachbarländern direkt spürbar war (vgl. Lieber (2003), S. 8).

für weiter entfernt gelegene Länder wie die Slowakei. Auch die neuen EU-Länder Bulgarien und Rumänien haben das Potential im Bereich Gesundheit und Wellness erkannt und sind zum Teil dabei, ihre maroden Anlagen aufzurüsten und Leistungspakete zu extrem niedrigen Preisen anzubieten. Vor allem hinsichtlich der Intensität, mit der man sich um die Gäste kümmert, hat man in Osteuropa gegenüber der Bundesrepublik Deutschland eine Vorreiterrolle übernommen. Vorteile ergeben sich zudem im Therapiebereich sowie in den Öffnungszeiten. Aufgrund flexibler Tarifverträge und Arbeitszeiten werden dort oftmals auch samstags bzw. am Sonntagvormittag noch Therapien angeboten. Im Großen und Ganzen bestehen in Deutschland jedoch nach wie vor Vorteile was die allgemeinen Standards, die Infrastruktur sowie das Ambiente (attraktive Fußgängerzonen, schöne Geschäfte, Kurparks, regionale kulturelle Angebote etc.) betrifft. Auch der zunehmende hiesige Trend hin zu Urlaub „in heimatlichen Gefilden" dürfte sich positiv auf deutsche Rehabilitationseinrichtungen auswirken.

Abb. 38: Stärken, Schwächen sowie Chancen und Risiken des Medical Wellness aus Sicht deutscher Rehabilitationskliniken

Stärken	**Schwächen**
• medizinale Expertise • kurortliche Infrastruktur (*aber*: oftmals veraltet und unattraktiv für jüngere Zielgruppen) • landschaftlich bevorzugte geographische Lage mit Stärken im Hinblick auf Freizeit und Gesundheit (Notwendigkeit maximaler Kommunikation)	• oftmals zu geringe Berücksichtigung der Medical Wellness-Philosophie (baulich, therapeutisch und atmosphärisch) • Notwendigkeit der Imageverbesserung (im Hinblick auf Frische, Vitalität, Agilität und Lifestyle) • oftmals keine Hotelatmosphäre (niedriges Hotelniveau, schlechtes Buffetangebot, schlechte Krankenhausatmosphäre) • oftmals zu geringe Dienstleistungsbereitschaft (bezüglich Raum- und Produktangebot, Zeitaufwand und erhöhter Aufmerksamkeit) • oftmals unprofessionelles Marketing • oftmals eingeschränkte/unprofessionelle Therapieangebote
Chancen	**Risiken**
• internationale Marktöffnung (Globalisierung der Sozial- und Gesundheitsdienstleister; zunehmende Liberalisierung des innergemeinschaftlichen Personen-, Güter und Dienstleistungstransfers) • steigendes Gesundheitsbewusstsein in der Bevölkerung • demographische Entwicklung und Zunahme chronischer Erkrankungen	• preisgünstigere medizinische Leistungen aus dem Ausland, vor allem aus Osteuropa, sowohl aus Sicht der Patienten als auch der Krankenkassen • allmähliche Anpassung des Qualitätsangebots ausländischer Kliniken an den deutschen Standard, allerdings mit abnehmendem Preisvorteil • zunehmende nationale Konkurrenz nicht-medizinischer Anbieter

Quelle: Illing (2003[1]), S. 5

Im Gegensatz zu den osteuropäischen (Nachbar-)Ländern, in denen das Servicepersonal oftmals deutsch spricht, besteht aufgrund der Sprachbarrieren aus Ländern wie etwa Frankreich keine ernsthafte Konkurrenz. Anders sieht es hingegen mit weiter entfernten Ländern wie der Türkei oder Tunesien aus, wo oftmals auf deutschsprachige Fachkräfte zurückgegriffen wird. Hier sind in den letzten Jahren bereits Bestrebungen erkennbar gewesen, durch Kurpartnerschaften auch in deutschen Einrichtungen ein ähnliches Ambiente wie in diesen Ländern herzustellen[409]. Durch Partnerschaften können jedoch auch ausländische Regionen durchaus von deutschen Kurorten profitieren. Bei-

409 Vgl. Lieber (2003), S. 8 f., Illing (2003[1]), S. 5 sowie Illing (2003[3]), S. 33.

spielhaft sei hier ein von Prof. Neubauer geleitetes, EU-finanziertes Forschungsprojekt der Universität der Bundeswehr München genannt. Hier wurde in Zusammenarbeit mit der Stadt Bad Buchau und unter Hinzuziehung von Erfahrungen anderer deutscher Kurorte eine SWOT-Analyse, d.h. eine Analyse der Stärken, Schwächen, Chancen und Risiken, für Bad Buchau erstellt. Ziel war eine Stärkung des Tourismus im ländlichen Raum unter Einbeziehung von Thermalbädern. Gemeinsam mit Verantwortlichen aus der Region Murcia in Spanien, die ebenfalls über Thermalwasservorkommen verfügt, wurde hierzu ein spezifischer Fragebogen entwickelt. Die Methodik zur Gewinnung von Erkenntnissen für die Stadt Bad Buchau kann auf diese Weise letztendlich auch auf die Situation der spanischen Partnerregion übertragen werden[410].

Abbildung 38 liefert noch einmal eine zusammenfassende Übersicht über die Stärken und Schwächen sowie Chancen und Risiken des Medical Wellness aus Sicht deutscher Rehabilitationseinrichtungen.

4.7.3 Zukunftsaussichten im Bereich Medical Wellness

In Abschnitt 4.1.1 wurde im Zusammenhang mit der Akutversorgung auf die erhöhten Anforderungen hingewiesen, welche sich in Form personeller, apparativer und organisatorischer Ausstattung für einzelne AHB-Kliniken ergeben. Da nicht alle Einrichtungen den hierzu erforderlichen finanziellen Anforderungen nachkommen können, stellt der Bereich Prävention und Gesundheitsurlaub ein reizvolles alternatives Schwerpunktgebiet dar[411].

Dennoch sind für eine Rehabilitationsklinik auch hier erhebliche Investitionen erforderlich, um auf dem Markt für Medical Wellness bestehen zu können. Nicht zuletzt aus den Erfahrungen der Vergangenheit ist zu erwarten, dass sich nur wenige Anbieter erfolgreich in dem Marktsegment „Wellness“ positionieren dürften[412]. Denkbar sind sowohl Betreibergesellschaften mit privaten Investoren als auch eine komplette Auslagerung an externe Betreiber[413]. Hierbei sind diejenigen Rehabilitationseinrichtungen im Vorteil, welche sich nicht in kommunaler Hand befinden und deren betriebswirtschaftliche Entscheidungen somit politisch unabhängig sind[414].

Für den Fall einer positiven Investitionsentscheidung reicht eine bloße Umwidmung nicht genutzter Rehabilitationskapazitäten jedoch bei Weitem nicht aus. Vielmehr muss den individuellen Anforderungen der potentiellen Kurgäste Rechnung getragen werden, wie sie in diesem Abschnitt beschrieben wurden. Abschließend lässt sich festhalten, dass Rehabilitationseinrichtungen vor allem dann eine verbesserte Chance haben am Markt zu bestehen, wenn sie bereits in ein gut aufeinander abgestimmtes regionales Verbundsystem eingebettet sind[415].

---

410 Siehe Neubauer, Driessle (2007).

411 Vgl. Rothemund (2003), S. 601.

412 Siehe auch Bothe, Dürr, Hahn, Margreiter, Messemer (2003), S. 69. Voraussetzung für die Tätigung notwendiger Investitionen ist die Erstellung eines detaillierten, fehlerfreien Business-Plans, um die Kreditwürdigkeit der eigenen Einrichtung gegenüber den Banken im Zeichen von Basel II zu untermauern (vgl. Illing (2003^2), S. 26).

413 Siehe Peters (2003), S. 36.

414 Vgl. Lieber (2003), S. 9.

415 Siehe Kleinschmidt (2003), S. 7.

5. Rehabilitation im Rahmen einer sektorenübergreifenden Behandlung

Hinsichtlich sektorenübergreifenden Behandlungsleistungen sind für die medizinische Rehabilitation vor allem zwei Paragraphen der Gesetzgebung von Interesse: die integrierte Versorgung gemäß § 140 a-d SGB V sowie Disease-Management-Programme gemäß § 137 f-g SGB V[1]. Beide Themenbereiche sollen in den nachfolgenden Abschnitten 5.1 und 5.2 diskutiert werden. Hierbei ist es zu Beginn notwendig, auf die gesundheitspolitischen Hintergründe sowie Entwicklungen einzelner Versorgungsformen hinzuweisen. Dies ermöglicht es letztendlich, in Abschnitt 5.3 ein Fazit hinsichtlich der künftigen Rolle der medizinischen Rehabilitation zu erstellen. Teilweise wird hierbei auf komplementäre Aussagen in anderen Abschnitten sowie *Anhang 4* dieser Arbeit verwiesen.

5.1 Rehabilitation und integrierte Versorgung

5.1.1 Integrierte Versorgung im gesundheitspolitischen Kontext vor Einführung des GKV-Wettbewerbsstärkungsgesetzes

Die GKV-Gesundheitsreform aus dem Jahr 2000 war der Wegbereiter für die integrierte Versorgung in Deutschland. Zum Zweck der Effizienz- und Qualitätssteigerung im deutschen Gesundheitssystem verfolgte diese das Aufbrechen starrer, sektoraler Versorgungsstrukturen[2]. Gemäß §§ 140a-d SGB V wird hierbei der Patient stärker in den Mittelpunkt gestellt. Es geht darum

> „für die Krankenkassen und die Leistungserbringer die Möglichkeit (zu erweitern) ..., starre Versorgungsstrukturen, die einer patientengerechten Versorgungsplanung im Wege stehen, sowie eine nicht ausreichende Orientierung der Versorgung an anerkannten Qualitätsstandards zu überwinden und sich auf medizinische Aspekte der Versorgung zu konzentrieren“[3].

§ 140 SGB V sieht hierzu integrierte, sektorenübergreifende Versorgungsverträge zwischen Krankenkassen und Leistungserbringern unter freiwilliger Beteiligung der Versicherten vor. Soweit ein Versorgungsvertrag gemäß § 111 SGB V besteht, schließt dies gemäß § 140b Abs. 2 SGB V auch die Möglichkeit einer Beteiligung von Vorsorge- und Rehabilitationseinrichtungen ausdrücklich mit ein[4].

Den entscheidenden Impetus für die integrierte Versorgung lieferte das GKV-Modernisierungsgesetz (GMG) aus dem Jahr 2004. Zwar blieben die beschriebenen Aufgaben und Ziele der integrierten Versorgung gegenüber der GKV-Gesundheitsreform von 2000 unverändert, es wurden jedoch entscheidende juristische und ökonomische Hürden beseitigt, die der integrierten Versorgung bis zu diesem Zeitpunkt im Wege standen (vgl. Abbildung 39)[5]. Demzufolge hat zum damaligen Zeitpunkt u.a. die Erweiterung potentieller Vertragspartner auf (Krankenhaus-)apotheken, medizinische Versor-

1 Vgl. SGB Sozialgesetzbuch (2006), S. 499 f. und S. 504-506.
2 Siehe u.a. Haaf, Volke, Schliehe (2004), S. 319.
3 Vgl. u.a. Fuchs (2004), S. 326 sowie Lawall, Verbarg (2005), S. 2.
4 Siehe SGB Sozialgesetzbuch (2006), S. 505 sowie Lawall, Verbarg (2005), S. 4.
5 Vgl. Haaf, Volke, Schliehe (2004), S. 319 f. sowie Fuchs (2004), S. 327.

gungszentren (MVZs) und Managementgesellschaften der integrierten Versorgung einen deutlichen Schub verliehen[6].

Abb. 39: Auswirkungen von GKV-Gesundheitsreform 2000 und GKV-Modernisierungsgesetz (GMG) 2004 auf die integrierte Versorgung

Integrierte Versorgung 2000 bis 2003 (Auswirkungen der GKV-Gesundheitsreform 2000)		**Auswirkung des GKV-Modernisierungsgesetzes (GMG) 2004 auf die integrierte Versorgung**
mögliche Leistungserbringer: Haus- und Fachärzte bzw. Ärztenetze, Krankenhäuser, ambulante und stationäre Rehabilitationskliniken	➡	Erweiterung der Gruppe der Leistungserbringer um: (Krankenhaus-)apotheken, medizinische Versorgungszentren sowie Managementgesellschaften
substitutive Finanzierung gegenüber bestehenden Vergütungen	➡	Abzug von 1% der KV-Vergütung sowie der Krankenhausvergütung zu Zwecken der integrierten Versorgung seit dem Jahr 2004 (sog. Anschubfinanzierung)

Quelle: Haaf, Volke, Schliehe (2004), S. 319 f., Fuchs (2004), S. 327, eigene Darstellung

Von direkter Relevanz für Einrichtungen der medizinischen Rehabilitation war zudem das Einbehalten von 1% der Krankenhausvergütung zu Zwecken der integrierten Versorgung. Diese so genannte Anschubfinanzierung hat dem Krankenhaus in den vergangenen Jahren gewisse finanzielle Anreize geliefert, integrierte Versorgungsverträge mit Rehabilitationskliniken abzuschließen[7]. Gemäß Abbildung 39 wird zu Zwecken der integrierten Versorgung auch von den Kassenärztlichen Vereinigungen 1% des Budgets einbehalten[8].

Letztlich ist eine kollektive Anschubfinanzierung aus individuellen Krankenhausbudgets sowie aus der vertragsärztlichen Gesamtvergütung mit einer Quersubventionierung all derjenigen Leistungsbereiche gleichzusetzen, die nicht gezwungen sind, sich finanziell an den Integrationsverträgen zu beteiligen. Rehabilitationskliniken konnten in der Vergangenheit somit von IV-Verträgen profitieren, ohne einen finanziellen Eigenbeitrag leisten zu müssen. Dies hat u.a. den Unmut der Deutschen Krankenhausgesellschaft (DKG) hervorgerufen, die in der Vergangenheit für eine Ausweitung des Kreises der Einzahler in das System plädiert hat[9]. Auch die niedergelassenen Ärzte haben kritisiert, angesichts ihrer Teilfinanzierung zu wenig von integrierten Versorgungsverträgen zu profitieren[10].

Um einen Überblick über die abgeschlossenen Verträge zur integrierten Versorgung zu bewahren, wurde gemäß Beschluss der Gemeinsamen Selbstverwaltung eine gemeinsame Registrierungsstelle für IV-Verträge bei der Bundesgeschäftsstelle für Qualitätssicherung (BQS) eingerichtet[11]. Abbildung 40 dokumentiert gemäß BQS-Statistik,

---

6 Vgl. Lawall, Verbarg (2005), S. 3 f.

7 Siehe Hildebrandt, Stüve (2005), S. 6.

8 Auf die Bedeutung des zweiten Punkts in Abbildung 39, der Erweiterung der Gruppe der Leistungserbringer, wird in Bezug auf Managementgesellschaften am Ende von Abschnitt 5.1.3.2 ausführlicher eingegangen.

9 Vgl. Renzewitz (2005), S. 12.

10 Vgl. Schmitt (2005), S. 16. Mit Einführung des GKV-Wettbewerbsstärkungsgesetzes (GKV-WSG) hat sich hier die Rechtsprechung allerdings geändert. Auf diese Änderungen wird in Abschnitt 5.1.3.3 näher eingegangen.

11 Vgl. Mühlnikel (2004^3), S. 27.

dass die Anzahl integrierter Versorgungsverträge seit März 2005 stark angestiegen ist[12]. Laut Abbildung hat sich die Anzahl an Verträgen zur integrierten Versorgung zwischen März 2005 und September 2006, d.h. über einen Zeitraum von anderthalb Jahren, beinahe verfünffacht. Die Gesamtsumme in € Mio. hat sich über denselben Zeitraum mehr als verdoppelt.

Abb. 40: Entwicklung der Anzahl an Verträgen zur integrierten Versorgung laut BQS-Statistik (gemeldete Krankenkassenverträge, März 2005 bis September 2006)

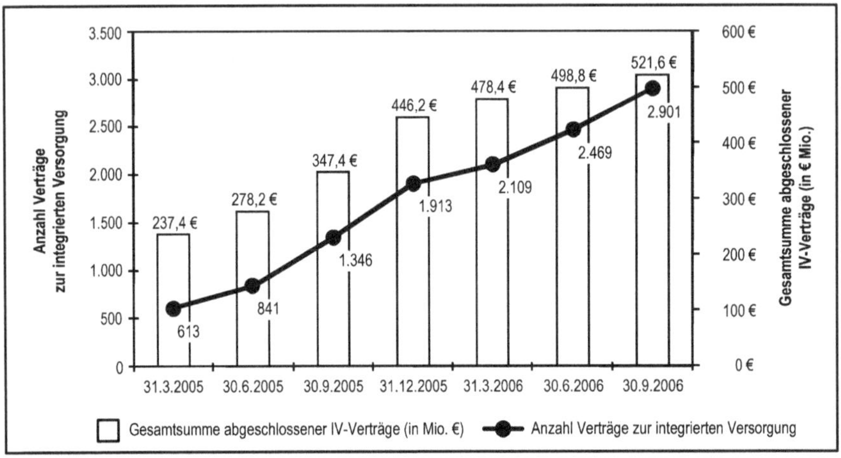

Quelle: Bundesgeschäftsstelle Qualitätssicherung BQS gGmbH (2006), www.bqs-register140d.de (Stand: 31. Dezember 2006), eigene Darstellung

5.1.2 Erste Bewertungen integrierter Versorgungsmodelle unter Beteiligung der Rehabilitation

Erste Erfolge von IV-Projekten lassen sich u.a. anhand einer Studie der BARMER Ersatzkasse zur Evaluation der Akut- und Anschlussheilbehandlung von Hüft- und Knie-TEP Patienten dokumentieren. Die Ergebnisse aus dem IV-Projekt „Endoprothetik Münster" unter Beteiligung von vier Krankenhäusern, fünf Rehabilitationskliniken sowie orthopädischen Facharztpraxen wurden einer Vergleichsgruppe von Patienten gegenübergestellt, die an ähnlich strukturierten Krankenhäusern in Nordrhein-Westfalen behandelt worden waren[13].

Bei vergleichbarer anfänglicher Einschätzung des Gesundheitszustands bewerteten fast 85% der IV-Patienten ihren Gesundheitszustand am Ende der Behandlung als gut oder eher gut, in der Vergleichsgruppe von Nicht-IV-Patienten waren es lediglich 67%.

---

12 In Bezug auf die Statistik ist einschränkend darauf hinzuweisen, dass zum Zeitpunkt der Datenerhebung laut telefonischer Auskunft der Bundesgeschäftsstelle Qualitätssicherung gGmbH vom 23.8.2006 keine gesetzlich geregelte Meldepflicht bei der Registrierungsstelle bestand. Somit ist auch keine hundertprozentige Systemtransparenz gewährleistet (vgl. auch Renzewitz (2005), S. 11 f.).

13 Hinsichtlich der Patientenzusammensetzung (Alter, Geschlecht sowie Art des Operationsverfahrens) ergaben sich den Angaben zufolge zwischen den Vergleichsgruppen nur marginale Unterschiede (vgl. Schmitt (2006), S. 32 f.).

Gleichzeitig war die Liegezeit im Krankenhaus bei Nicht-IV-Patienten um 1,3 Tage länger als bei IV-Patienten, die AHB-Verweildauer durchschnittlich sogar um 1,7 Tage höher. Zudem ergab sich bei den IV-Patienten innerhalb eines Zeitraums von sechs Monaten nach der Operation gegenüber der Regelversorgung eine Kosteneinsparung von über 10%[14].

Zu den kritischen Stimmen hinsichtlich integrierter Versorgungsverträge zählten in der Vergangenheit vor allem Hinweise, dass der integrative Gedanke oftmals vergleichsweise gering ausgeprägt sei[15]. Diese Kritik deckt sich u.a. mit den Ergebnissen einer Befragung von IV-Vertragspartnern. Während hier eine Umsatzsicherung bzw. -steigerung sowie eine Verbesserung der Versorgungsqualität als wichtigste Ziele der integrierten Versorgung genannt wurden, spielten Fragen der Prozessoptimierung und Kostenreduktion eine eher nachrangige Rolle.

Während Versorgungsmodelle wie das Modellprojekt „Endoprothetik Münster" demnach im Allgemeinen zu einer verbesserten medizinischen Behandlungsqualität und einer erhöhten Patientenzufriedenheit geführt haben, ließen sich sektorenübergreifende Behandlungspfade lediglich bei 40% der untersuchten IV-Projekte realisieren. Eine komplette oder teilweise Vermeidung von Doppeluntersuchungen wurde letztlich nur bei einem Drittel der befragten Leistungserbringer erreicht[16]. Durch Prozessoptimierung und Kostenreduktion im Rahmen von IV-Verträgen dürften sich daher noch erhebliche ökonomische Rationalisierungspotentiale ausschöpfen lassen[17].

Zusammenfassend wurden die bisherigen IV-Verträge von Leistungserbringern vielfach als Instrument des Einzelvertrags zur Verfolgung wettbewerblicher Ziele genutzt, während eine tatsächliche Integration von Behandlungsleistungen oftmals nur sekundäre Bedeutung hatte. Kostenträger sahen in IV-Verträgen bislang vor allem Möglichkeiten der Kosteneinsparung durch Kostenintegration sowie die Chance, zunehmend das Instrument der Einzelverträge zu erproben[18]. Dies gilt vor allem für Komplexpauschalenvereinbarungen, primär im Bereich Endoprothetik, aber auch bei elektiven herzchirurgischen Eingriffen[19]. Nachhaltige Entwicklungen haben durch Komplexpauschalen somit nicht stattgefunden, zumal hier oftmals „alter Wein in neue Schläuche gefüllt" wurde. Projekte wurden hier in der Regel lediglich mit neuen Etiketten versehen, um fortan unter dem Begriff der integrierten Versorgung – jedoch ohne wirkliche

---

14 Siehe Schmitt (2006), S. 33 f.

15 Vgl. u.a. Siebig, Heineck (2006), S. 187 f. Alternativ kann hier auch von „Teilintegration" gesprochen werden (vgl. Mühlnikel (2004³), S. 26).

16 Vgl. Wagner, Ackerschott, Lenz (2006), S. 6-9 sowie Ergebnisse einer telefonischen Befragung von Frau Susanne Lüke, AOK Hessen (vgl. Anhang 6, welcher jedoch primär auf die Aussagen des nachfolgenden Abschnitts 6.2.3 ausgerichtet ist).

17 Einzelne Praxisbeispiele zeigen u.a., wie sich Schnittstellen zwischen Akut- und Rehabilitationseinrichtungen durch ein effektives Entlassungsmanagement optimieren lassen können (vgl. u.a. Ziegenbein, Hennes, Engeln (2006), S. 44-46, mit der Etablierung eines verbundweiten Standards durch die Kath. St.-Johannes-Gesellschaft in Dortmund).

18 Vgl. z.B. die Kritik von Jörg Robbers, in seiner Rolle als Geschäftsführer der Deutschen Krankenhausgesellschaft (DKG) in Mühlnikel (2005²), S. 23.

19 Vgl. u.a. Siebig, Heineck (2006), S. 187 f., Gardain (2005), S. 2, Hildebrandt, Stüve (2005), S. 6, Lawall, Verbarg (2005), S. 7 sowie Hildebrandt (2004), S. 616. Während Komplexpauschalen in der Endoprothetik bisher die bevorzugte Form der integrierten Versorgung darstellten, spielten Case Managementverträge in der Kardiologie eine vergleichsweise größere Rolle (vgl. Feldmann, Bischoff-Everding (2004), S. 996 f. sowie nachfolgende Anmerkungen in Abschnitt 5.1.3.3 bezüglich Änderungen im GKV-Wettbewerbsstärkungsgesetz).

Neuerungen – angeboten zu werden[20]. Abschnitt 6.2.3.1 wird auf das Thema Komplexpauschalen noch einmal näher eingehen.

5.1.3 Aktuelle Veränderungen der Leistungsinhalte innerhalb der integrierten Versorgung

Weitere Details aus den BQS-Statistiken liefern erste Hinweise bezüglich Veränderungen in den Leistungsinhalten der integrierten Versorgung (vgl. Abbildung 41). Demzufolge ist die prozentuale Beteiligung der Rehabilitationskliniken an der Vertragsunterzeichnung über den dokumentierten Zeitraum zwischen März 2005 und September 2006 mit in der Regel knapp unter 30% in etwa konstant geblieben. Der Anteil an Versorgungsverträgen, bei denen lediglich das Krankenhaus als Vertragspartner auf Leistungserbringerseite auftritt, ist hingegen von 33% auf 21% und somit deutlich zurückgegangen. Hierbei ist zu berücksichtigen, dass Krankenhäuser bei Vertragsunterzeichnungen bislang oftmals die Funktion eines Generalunternehmers innehatten, während weitere Leistungserbringer wiederum vertraglich an das Krankenhaus gebunden waren[21]. Dies gilt vor allem für Komplexpauschalenvereinbarungen.

Abb. 41: Prozentuale Verteilung der direkten Vertragspartner auf Leistungserbringerseite im Rahmen integrierter Versorgungsverträge (März 2005 bis September 2006)

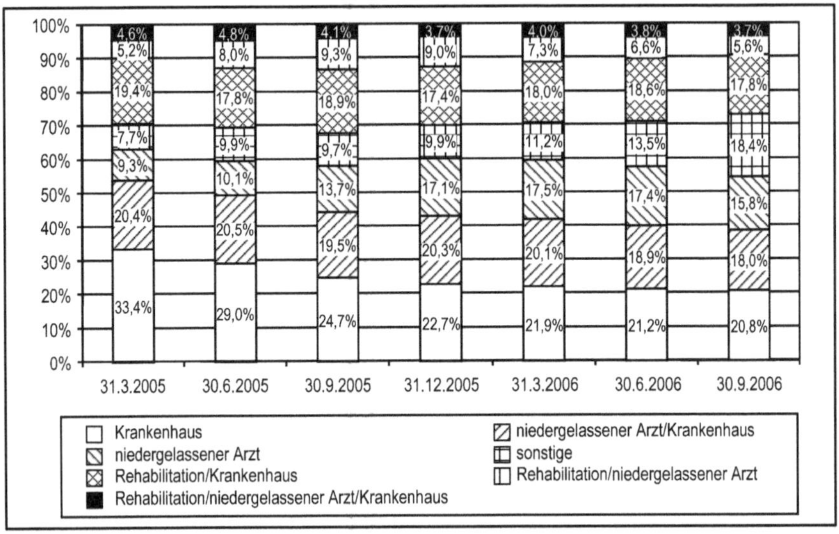

Quelle: Bundesgeschäftsstelle Qualitätssicherung BQS gGmbH (2006), http://www.bqs-register140d.de (Stand: 31. Dezember 2006), eigene Darstellung

Tatsächlich ist die Existenzberechtigung einzelfallbasierter integrierter Versorgungsverträge in Form von Komplexpauschalenverträgen durch das Bundesministerium für

20 Siehe Glatzer (2006[1]), S. 25 f. Ein ausgewähltes Praxisbeispiel findet sich u.a. in Schwing (2004[1]), S. 331 f.

21 Vgl. Renzewitz (2005), S. 10.

Gesundheit bereits zum damaligen Zeitpunkt mehrfach kritisch hinterfragt worden[22]. Hierbei hatten sich über die letzten Jahre vor allem Schwierigkeiten aufgrund zu geringer Patienteneinschreibungen ergeben. Neben der bereits angesprochenen, oftmals mangelnden tatsächlichen Integration von Behandlungsleistungen war dies ein wesentlicher Grund für die zwischenzeitliche Kündigung einer Reihe von IV-Verträgen der so genannten ‚ersten Generation'. Vielfach haben sich die mit Komplexpauschalen verbundenen Preisreduktionen demnach nicht durch eine entsprechende Erhöhung der Fallzahlen kompensieren lassen[23].

Im Gegensatz zu den Verträgen mit Krankenhäusern als alleinigem Vertragspartner, ist die Bedeutung niedergelassener Ärzte von 9,3% auf 15,8% deutlich gestiegen, zwischenzeitlich lag der Anteil sogar bei knapp 18%. Hierbei ist auch eine zunehmende Steuerung von Patienten in entsprechende Verträge erkennbar[24]. Zudem weist die Ausweitung des Anteils in der Rubrik „Sonstige" auf eine zunehmende Komplexität von IV-Modellen hin. Dieser Anteil stieg von 7,7% auf 18,4% im September 2006. Die nachfolgenden Abschnitte 5.1.3.1 und 5.1.3.2 werden aktuelle IV-Modelltypen charakterisieren, welche hinter diesen Entwicklungen stehen.

5.1.3.1 IV-Modelle zur Behandlung versorgungsrelevanter Volkskrankheiten

Mit Weiterentwicklung von Verträgen zur integrierten Versorgung ist heute ein klarer Trend hin zu komplexeren Modellen erkennbar. Eine neuere Generation von IV-Verträgen verfolgt hierbei einen indikationsbasierten Ansatz, bei dem die Behandlung großer Volkskrankheiten mit hoher Relevanz für die Durchführung von Anschlussheilbehandlungen im Mittelpunkt steht[25]. Der „Herzinfarktverbund Essen" beispielsweise schließt lokale Rettungsdienste, niedergelassene Ärzte, Krankenhäuser und Rehabilitationskliniken in die Versorgung mit ein und ermöglicht im regionalen Vergleich eine schnellere, bessere und erfolgreichere Patientenbehandlung. Während der insgesamt ein Jahr dauernden Behandlung konnte zudem gezeigt werden, dass die Inzidenzrate einer Herzmuskelschwäche sowie die Gefahr eines kardiologischen Schocks dank des integrierten Versorgungsansatzes deutlich verringert wurde[26]. Im Jahr 2005 wurden u.a. auch erste onkologische Verträge sowie Verträge zur Schlaganfallversorgung (zum Teil mit Schwerpunkt im Bereich Schlaganfallvermeidung) entwickelt. Auch die Rheumatologie, Schmerztherapie, Brachytherapie, Demenz, Sucht sowie verschiedene weitere psychiatrische Indikationen gehören mittlerweile zum erweiterten Indikationsspektrum[27]. Zunehmend erkennbar sind zudem diverse innovative Denkansätze, beispielsweise in Form erfolgsabhängiger Vergütungsleistungen bei frühzeitiger Wiedereingliederung von Patienten in das Berufsleben[28].

---

22 Siehe u.a. Hildebrandt (2004), S. 617 sowie Glatzer (2006^2), S. 90.

23 Vgl. Hildebrandt, Stüve (2005), S. 7 f.

24 Siehe Gardain (2005), S. 2 f. sowie Bundesgeschäftsstelle Qualitätssicherung BQS gGmbH (2006).

25 Vgl. Hildebrandt, Stüve (2005), S. 8, Schmitt (2005), S. 15 sowie nachfolgende Anmerkungen in Abschnitt 5.1.3.3. In Abschnitt 4.4 wurde zudem bereits darauf hingewiesen, dass künftig auch die Pflege in die integrierte Versorgung mit einbezogen werden soll (siehe u.a auch Gardain (2006), S. 2).

26 Vgl. Sabin (2005), aufgerufen unter www.die-gesundheitsreform.de/zukunft_entwickeln/integrierte_versorgung/beispiele/2005/050124_interview_sabin.html (Stand: 29.12.2006).

27 Siehe Gardain (2005), S. 2 f., Hildebrandt, Stüve (2005), S. 8 sowie Renzewitz (2005), S. 10.

28 Siehe Gardain (2005), S. 2 f.

Ein weiteres Beispiel aus der Orthopädie zur Behandlung von Wirbelsäulenerkrankungen und Erkrankungen des Schulter-Arm-Bereichs liefert ein gegenwärtiges Projekt der Klinikgruppe MediClin in Zusammenarbeit mit der Deutschen Rentenversicherung Rheinland, der BKK Essanelle und dem Werksärztlichen Dienst der Firma Henkel. Zielgruppe sind sowohl gegenwärtige als auch ehemalige Mitarbeiter der Firma Henkel. Das IV-Modell umfasst die gesamte Gesundheitsversorgung, von der Primär- und Sekundärprävention über die ambulante und akutstationäre Versorgung sowie die stationäre und ambulante Rehabilitation bis hin zu den Nachsorgeleistungen. Unter den Leistungsanbietern finden sich niedergelassene Ärzte, ein Akutkrankenhaus, zwei stationäre Rehabilitationskliniken und ein ambulantes Rehabilitationszentrum. Ein Case Management zum Abbau intersektoraler Schnittstellen erfolgt für derzeitige Mitarbeiter durch den Werksärztlichen Dienst der Firma Henkel, im Fall ehemaliger Mitarbeiter durch ausgewählte niedergelassene Ärzte. Im Vordergrund steht die verstärkte Ausrichtung der medizinischen Rehabilitation an den individuellen beruflichen Anforderungen der Patienten, welche durch ein Eingangs-Screening sowie das Sammeln berufsbezogener Fakten ermöglicht wird. Die Patientenbehandlung lässt sich anhand individueller Module durch den Case Manager bedarfsgerecht zusammenstellen[29].

5.1.3.2 Populationsgestützte IV-Modelle

Neben indikationsbasierten IV-Modellen deuten aktuellere Trends in Richtung eines populationsgestützten, meist hausarztzentrierten, integrierten Versorgungsansatzes.

Unter anderem wurde Ende Januar 2006 in Südwestdeutschland ein Vertrag für ein solches populationsgestütztes Modellprojekt mit Laufzeit bis Ende 2014 geschlossen[30]. Erklärte Aufgabe ist die integrierte Gesundheitsversorgung von 30.000 AOK-Versicherten der Region Kinzigtal in Baden-Württemberg. Vertragspartner sind die AOK Baden-Württemberg sowie die „Gesundes Kinzigtal GmbH“. Gesellschafter der GmbH ist zu 66,6% ein vor Ort bestehendes Ärztenetz unterschiedlicher Fachrichtungen, und zu 33,4% das Hamburger Beratungsunternehmen Optimedis AG. Initiiert wurde das Projekt auf Wunsch der oben genannten lokalen Ärztegruppe.

Für das Projekt der Kinzigtal GmbH wurde von der AOK im Jahr 2006 eine Anschubfinanzierung von € 1,7 Mio. für den Aufbau des Managements und die Einleitung erster operativer Maßnahmen zur Verfügung gestellt. Ziel war es, dass sich das Projekt ab 1. Januar 2007 bis Ende 2014 finanziell selbst trägt und im Jahr durchschnittlich 10-20% der Kosten (d.h. fünf bis zehn Millionen Euro pro Jahr) einspart. Der GmbH wird letztendlich ein virtuelles Budget übertragen, Überschüsse entfallen zu einem Drittel an die AOK und zu zwei Drittel an die Gesundes Kinzigtal GmbH.

Patienten der AOK steht es frei, sich in das Projekt „Gesundes Kinzigtal“ einzuschreiben, die Teilnahme ist zudem quartalsweise kündbar. Auch bei einer Teilnahme obliegt den Patienten die volle Souveränität zur Nutzung anderer medizinischer Einrichtungen in bzw. außerhalb der Region. Patientenbindung und Patientenüberzeugung durch hochwertige Leistung sind somit entscheidend für den Erfolg des Projekts. Gewährleistet wird dies durch eine verbesserte ärztliche Betreuung im niedergelassenen Bereich, in Form umfassender diagnostischer Untersuchungen auf Gesundheitsrisiken,

---

29 Vgl. Bürgy, Reifferscheid, Heidrich, Kube, Rapp (2006), S. 29 f., für eine genauere Beschreibung der einzelnen Leistungsinhalte.

30 Siehe Glatzer (2006[1]), S. 26 f., für die nachfolgende Darstellung.

vor allem bei chronisch kranken Patienten sowie der Erarbeitung von Zielvereinbarungen, inklusive Präventions- bzw. Therapieplänen[31]. Zusatzleistungen, die im Rahmen des Systems erwünscht sind, sollen aus dem Einsparpotential finanziert werden. Dieses Einsparpotential wiederum lässt sich nach Ansicht der Beteiligten vor allem auf den Abbau bürokratischer Hindernisse, die Vermeidung von Kontrollarbeiten sowie eine Reduzierung des sektoral bedingten Misstrauensaufwands wie Gutachten und MDK-Prüfungen zurückführen. Mittel- bis langfristige Ziele des populationsgestützten Modells zur integrierten Versorgung sind Prävention und Früherkennung, Schulungsprogramme sowie ein sektorenübergreifendes Behandlungsmanagement.

Ein zwischen dem pneumologischen Netzwerk Südbayern und der Deutschen Angestellten Krankenkasse (DAK) Bayern geschlossenes IV-Projekt kann als Mischform zwischen dem indikationsbasierten und populationsgestützten IV-Ansatz gewertet werden. Das Projekt wird in Zusammenarbeit mit einer Lungenfachklinik, einer Akutklinik mit pneumologischer Fachabteilung, zwei Rehabilitationskliniken und 30 pneumologischen Facharztpraxen realisiert. Durch einen sektorenübergreifenden Informationsaustausch ist es gelungen, eine qualitativ hochwertige, leitlinienorientierte Therapie „aus einem Guss“ unter Anwendung einzelner Qualitätsparameter sicherzustellen. Ein elektronisches Netzwerkmanagement wird zu einem Großteil von der Asklepios-Fachklinik München-Gauting realisiert. Zentrale Abrechnungen werden zwischen dem Netzwerkmanagement und der DAK vorgenommen, während die Abrechnungen für einzelne Leistungserbringer netzwerkintern durchgeführt werden. Bereits heute lässt sich von jedem pneumologischen Facharzt über eine internetbasierte IV-Patientenakte der Behandlungsstatus eines jeden Patienten abrufen. Vom jeweils zuständigen Arzt wird über einen Zeitraum von einem Jahr ein modulares Behandlungsprogramm für den Patienten erstellt, welches Nichtraucherschulungen, COPD-Schulungen, die Teilnahme an Lungensportgruppen sowie ein sechswöchiges Intensivprogramm für COPD-Patienten an der Asklepios-Fachklinik München-Gauting beinhalten kann[32].

Angesichts der erhöhten Komplexität von IV-Modellen sowie des erhöhten Kostendrucks, sehen sich Krankenkassen oftmals nicht mehr in der Lage, das Controlling sowie die Steuerung einzelner IV-Projekte selbst durchzuführen. Mit der Rolle der Managementgesellschaft im Rahmen des IV-Projekts „Gesundes Kinzigtal GmbH“ wurde bereits auf einen zunehmenden Trend in der Gesundheitsversorgung hingewiesen. Zum Aufgabenspektrum von Managementgesellschaften, welche seit 2004 als Leistungsanbieter im Rahmen von IV-Projekten zugelassen sind und immer öfter unter Übertragung einer Budgetverantwortung im Auftrag der Krankenkassen agieren, gehören:

- die Erstellung und Prüfung von Leistungsangeboten,
- Vertragsausarbeitungen,
- das Management der Leistungserbringergemeinschaften,
- das (IT-) Kommunikations-, Finanzmanagement und Case Management,
- die Durchführung des Marketingmanagements,
- das Qualitätsmanagement und die Evaluation der Versorgungsqualität
- sowie die Abrechnungen mit den Kostenträgern[33].

---

31 Auf die notwendige Stärkung der Rolle des niedergelassenen Arztes in Bezug auf Rehabilitationsleistungen wurde bereits in Abschnitt 4.2 hingewiesen. Der hier vorgestellte IV-Projekttyp dürfte prädestiniert sein, einen Anstoß in diese Richtung zu geben.

32 Siehe Sagasser, Bräuer, Kenn, Weber (2006), S. 35 f.

33 Vgl. Heil (2006), S. 17, Gardain (2005), S. 3, Glatzer (2006[1]), S. 25 f., Glatzer (2006[2]), S. 90, Siebig, Heineck (2006), S. 188 sowie Feldmann, Bischoff-Everding (2004), S. 997.

Aus der Entwicklung indikationsbasierter und populationsgestützter IV-Projekte resultiert letztendlich ein Trend hin zur medizinischen Vollversorgung sowie eine Abkehr vom kurzfristigen Quartalsdenken hin zur Orientierung an einer längerfristigen Qualitäts- und Versorgungsverbesserung[34]. Gleichzeitig sind Tendenzen erkennbar, auch andere Krankenkassen in Konzepte einzelner IV-Modelle – vor allem in den Bereich Case Management – miteinzubeziehen bzw. diese in bestehende Verträge zu integrieren. Somit wird weniger dem Wettbewerbsgedanken der gesetzlichen Krankenkassen, als vielmehr dem individuellen Patientennutzen die notwendige Priorität eingeräumt[35].

5.1.3.3 Integrierte Versorgung gemäß GKV-Wettbewerbsstärkungsgesetz

An den neueren integrierten Versorgungsverträgen ist positiv zu werten, dass sie ein zunehmendes Überdenken bestehender Versorgungsformen einleiten. Das strategische Ziel einer „Verbesserung der Versorgungsqualität und Wirtschaftlichkeit" wird in erster Linie durch die Anwendung eines Case Managements sowie eine verbesserte Koordination der Leistungsprozesse zwischen den Leistungserbringern realisiert[36]. Die Vorteile eines Case Managements (Information und Beratung, Fürsorge am Patienten sowie Steuerung und Koordination des Behandlungsprozesses) wurden von einer Gruppe befragter IV-Patienten zu 75% als wichtiger Grund für die Projektteilnahme angegeben. Der Ansatz des Case Management kann somit auch dazu dienen, über eine erhöhte Patientenzufriedenheit eine bestimmte Mindestanzahl an Patienteneinschreibungen zu erreichen[37]. Denn Projekte zur integrierten Versorgung sind letztlich nur dann vollends erfolgreich, wenn es ihnen gelingt, über eine Erhöhung der Fallzahlen und damit verbundene Effizienzsteigerungen Skaleneffekte zu erzielen und die Behandlungskosten zu senken[38]. Dies kann vor allem durch das widerspruchsfreie und geschlossene Präsentieren einer einheitlichen Marke realisiert werden[39].

Durch die Übertragung eines virtuellen Budgets an die Leistungserbringer wird im Rahmen populationsgestützter IV-Modelle zudem ein ökonomischer Anreiz geschaffen, unabhängig von sektoralen Schranken nur die langfristig notwendigen Behandlungsleistungen für eine gute Versorgung zu erbringen. Letztlich dürfte dies zu einer Koordinierung sektorenübergreifender Versorgungsprozesse, einem verstärkten Einsatz von Präventionsmaßnahmen[40] sowie einer flexiblen Bereitstellung niederschwelliger Versorgungsangebote, vor allem auch im Rehabilitationsbereich führen[41].

---

34 Siehe Gardain (2006), S. 4.

35 Vgl. Gardain (2005), S. 4.

36 Siehe Schmitt (2006), S. 33 f.

37 Vgl. Wagner, Ackerschott, Lenz (2006), S. 9 sowie Heil (2006), S. 16.

38 Siehe Gardain (2006), S. 3, Wagner, Ackerschott, Lenz (2006), S. 7 f. sowie Sagasser, Bräuer, Kenn, Weber (2006), S. 36.

39 Ein Beispiel hierfür bietet das IV-Netz „Norddeutsches Herznetz", eine freiwillige Kooperationsgemeinschaft bestehend aus Ärztenetzen, Krankenhäusern und Rehabilitationskliniken, Gesundheitsdienstleistern, der pharmazeutischen und Medizinproduktindustrie sowie der Landesarbeitsgemeinschaft für Herz-Kreislauf (siehe Storcks (2006), S. 22 sowie Röwekamp (2006), S. 26).

40 Siehe Stüve, Hildebrandt, Bischoff-Everding (2006), S. 15 sowie Abschnitt 4.6: Prävention und Rehabilitation.

41 Im Rahmen des IV-Modells „Endoprothetik Münster" haben Mischformen aus stationärer und ambulanter Rehabilitation beispielsweise zu einer überdurchschnittlich hohen Patientenzufriedenheit beigetragen (vgl. Schmitt (2006), S. 34 sowie präzisere Ausführungen in Abschnitt 3.3.4.3.1).

Das GKV-Wettbewerbsstärkungsgesetz (GKV-WSG) zielt nun darauf ab, die Dynamik zur Förderung der integrierten Versorgung noch weiter zu erhöhen. In § 140a Abs. 1 SGB V wird demnach künftig explizit auf die Bedeutung einer bevölkerungsbezogenen, flächendeckenden Versorgung hingewiesen. Konkret wurde der neue Gesetzestext um den Satz: „Die Verträge zur integrierten Versorgung sollen eine bevölkerungsbezogene Flächendeckung der Versorgung ermöglichen" erweitert[42].

In der Erklärung zu diesen Änderungen wird auf die gute Entwicklung in der Anzahl abgeschlossener IV-Verträge hingewiesen. Hierbei finden sowohl die älteren Verträge mit regionalem Bezug und für bestimmte Indikationen (im Wesentlichen ältere Komplexpauschalenvereinbarungen, z.B. im Bereich der Hüft- und Knieendoprothetik) als auch die neuere Generation breiter angelegter IV-Verträge Erwähnung.

Die Anschubfinanzierung wird gemäß GKV-Wettbewerbsstärkungsgesetz bis einschließlich 2008 verlängert[43], wobei das mittelfristige Ziel nach wie vor darin besteht, dass sich Verträge zur integrierten Versorgung auf längere Sicht im Rahmen der Regelversorgung finanziell selbst tragen[44]. Seit 1. April 2007 werden Mittel aus der Anschubfinanzierung jedoch nur noch für die neuere Form von IV-Verträgen mit dem Ziel einer bevölkerungsbezogenen Flächendeckung zur Verfügung gestellt. In Anlehnung an aktuelle Trends in der integrierten Versorgung beinhalten diese

- die Behandlung einer versorgungsrelevanten Volkskrankheit innerhalb einer größeren Region (z.B. Diabetesbehandlung, Methoden der Schlaganfallprävention oder die Versorgung von Bandscheibenerkrankungen innerhalb mehrerer Städte oder Landkreise)
- sowie die Versorgung eines Großteils des Krankheitsgeschehens für die an einem integrierten Versorgungsprojekt beteiligten Versicherten.

Komplexpauschalenverträge sollen somit nicht mehr im Rahmen der Anschubfinanzierung vergütet werden. Zwar ist es auch weiterhin möglich, Integrationsverträge ohne einen flächendeckenden Bevölkerungsbezug anzubieten, doch dürfen diese eben keine Mittel mehr aus der Anschubfinanzierung erhalten[45].

Zu den finanziellen Mitteln der Anschubfinanzierung heißt es im neuen Gesetzestext (§ 140d Abs. 1 Nr. 2), dass diese künftig „nur für voll- oder teilstationäre und ambulante Leistungen der Krankenhäuser und für ambulante vertragsärztliche Leistungen verwendet werden" dürfen[46].

In der Erklärung zu den Änderungen in § 140 d SGB V wird die bisherige Verwendung von Mitteln der Anschubfinanzierung für Rehabilitationsmaßnahmen mit dem damit verbundenen „unbürokratischen Start in die integrierte Versorgung" gerechtfertigt. Gleichzeitig sei diese Form der Finanzierung heute jedoch nicht mehr sachgerecht, da dies mit einer Subventionierung anderer Leistungsbereiche durch die Vertragsärzte und Krankenhäuser gleichzusetzen sei. Somit wird den eingangs angeführten Kritikpunkten seitens der Krankenhäuser sowie der niedergelassenen Ärzte stattgegeben[47].

---

42 Vgl. GKV-WSG (2006[1]), S. 92.
43 Vgl. GKV-WSG (2006[3]), S. 414.
44 Siehe Gardain (2005), S. 3.
45 Vgl. GKV-WSG (2006[3]), S. 411 f.
46 Vgl. GKV-WSG (2006[1]), S. 95.
47 Siehe GKV-WSG (2006[3]), S. 414.

Abb. 42: Entwicklung alternativer Formen der integrierten Versorgung

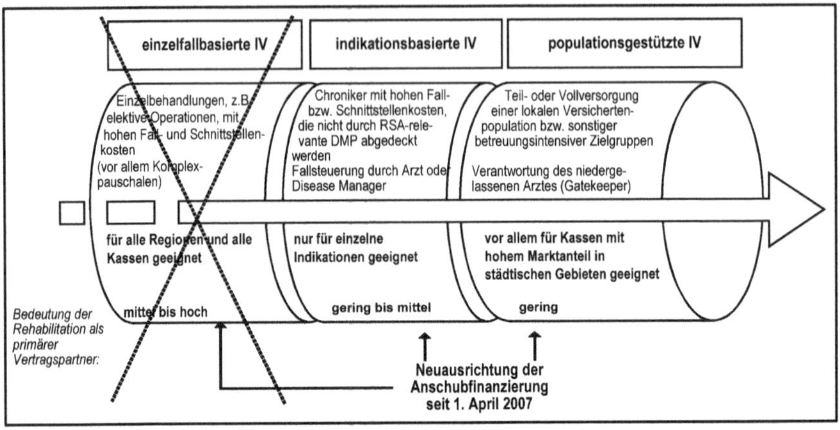

Quelle: Glatzer (2006[1]), S. 26, GKV-WSG (2006[1], 2006[3] gemäß Angaben im Text), eigene Darstellung

Abbildung 42 stellt die Entwicklung von Projekten der integrierten Versorgung über die vergangenen Jahre noch einmal zusammenfassend dar. Gleichzeitig wird in der Grafik auf die Neuausrichtung der Anschubfinanzierung seit dem 1. April 2007 hingewiesen. Gemäß der Abbildung bedeutet dies zwar, dass die Bedeutung von Rehabilitationskliniken als primärer Vertragspartner schwinden wird. Dennoch sind die Aussichten für Rehabilitationskliniken gemäß einem Fazit im nachfolgenden Abschnitt 5.3 aus heutiger Sicht als positiv zu werten.

Voraussetzung ist jedoch, dass die diversen Herausforderungen von der Rehabilitation angenommen werden, wie sie in dieser Arbeit diskutiert und in Abschnitt 9 zusammenfassend dargestellt sind.

5.1.4 Zusammenarbeit zwischen der GKV und der Deutschen Rentenversicherung Bund auf dem Gebiet der integrierten Versorgung

Das Neunte Sozialgesetzbuch weist auf die Notwendigkeit einer trägerübergreifenden Zusammenarbeit bei Maßnahmen zur medizinischen Rehabilitation hin und spricht in diesem Zusammenhang von einer gemeinsamen Verantwortung *aller* Rehabilitationsträger (vgl. § 12 SGB IX). Dies gilt u.a. für die zügige und nahtlose Erbringung einheitlicher Leistungen (Abs. 1 Punkt 1) sowie die Klärung von Abgrenzungsfragen (Abs. 1 Punkt 2). In § 13 Abs. 2 SGB IX werden zudem gemeinsame Empfehlungen an die Rehabilitationsträger – gemäß Punkt 5 u.a. in Bezug auf eine Koordination von Leistungen zur Teilhabe – ausgesprochen[48].

Im Hinblick auf Leistungen zur integrierten Versorgung sind diese gemeinsamen Empfehlungen vor allem für Patienten der Anschlussheilbehandlung (AHB) im erwerbsfähigen Alter von Relevanz, deren Rehabilitationsbehandlungsleistungen im Gegensatz zu der Krankenhausbehandlung von der Rentenversicherung finanziert werden[49]. Hierbei ist zu berücksichtigen, dass die integrierte Versorgung gemäß der Gesetzes-

48 Siehe SGB Sozialgesetzbuch (2006), S. 1102 f.

49 Vgl. Fuchs (2004), S. 331 f. sowie S. 334 und Haaf, Volke, Schliehe (2004), S. 320.

grundlage des SGB V nur für die gesetzlichen Krankenkassen Gültigkeit besitzt, während sich die Deutsche Rentenversicherung nicht als direkter Vertragspartner an IV-Projekten beteiligen kann[50]. Dennoch – oder vielleicht gerade deshalb – sieht der Rentenversicherungsträger die Notwendigkeit, sich als qualifizierter Leistungserbringer mit eigenen Rehabilitationskliniken aktiv in Konzepte der integrierten Versorgung einzubringen. Tatsächlich bestehen aus juristischer Sicht keine Hindernisse für eine integrierte Versorgung unter sektorenübergreifender Einbeziehung von Rehabilitationsträgern außerhalb der gesetzlichen Krankenversicherung.

Im Jahr 2005 hat die Deutsche Rentenversicherung Bund daher damit begonnen, Rahmenvereinbarungen zu Kooperationen im Bereich der integrierten Versorgung abzuschließen. Entsprechende Vereinbarungen existieren mittlerweile u.a. mit der DAK, der BARMER Ersatzkasse, der Techniker Krankenkasse sowie allen übrigen Ersatzkassen über den VdAK/AEV. Unter anderem wurden auch mit der AOK Baden-Württemberg sowie der AOK Bayern Verträge geschlossen – in Bayern unter Beteiligung der Regionalträger der Rentenversicherung[51]. Ziel der Rahmenvereinbarungen ist es, alle am integrierten Versorgungspfad beteiligte Leistungserbringer über die Leistungsinhalte der Vertragspartner zu informieren sowie medizinische und therapeutische Behandlungsleistungen optimal aufeinander abzustimmen. Auf diese Weise lässt sich eine zügigere und verbesserte Vorbereitung auf die medizinische Rehabilitation gewährleisten[52]. Durch die geschlossenen Rahmenvereinbarungen sollen Rehabilitanden der Deutschen Rentenversicherung Bund in Zukunft von den Vorteilen und Möglichkeiten der integrierten Versorgung ebenso profitieren wie die Rehabilitanden der GKV.

Letztendlich findet durch die abgeschlossenen Verträge jedoch keine integrierte Vergütung statt – Leistungen zur medizinischen Rehabilitation werden nach wie vor eigenständig durch den Rentenversicherungsträger finanziert[53]. Ein wesentliches Ziel der abgeschlossenen IV-Verträge dürfte aus Sicht der Rentenversicherung demzufolge auch darin bestehen, bei der Definition von Schnittstellen zwischen Akut- und Anschlussheilbehandlung ein Mitspracherecht zu haben, um auf diese Weise eine Abgrenzung der finanziellen Zuständigkeiten sicherstellen zu können[54]. Eine Integration von Behandlungsleistungen im Sinne frühzeitiger Verlegungen in die AHB-Klinik ist im Rahmen dieser Verträge – anders als im Fall von Komplexpauschalenvereinbarungen – somit ausdrücklich *nicht* vorgesehen.

5.2 Rehabilitation und Disease-Management-Programme

Eine besondere Form der integrierten Versorgung stellen Disease-Management-Programme (DMP) dar. Nachfolgend werden in Abschnitt 5.2.1 der gesundheitspolitische Hintergrund der DMP sowie in Abschnitt 5.2.2 erste kritische Stimmen zu dem

---

50 Siehe Lawall, Verbarg (2005), S. 10, Haaf, Volke, Schliehe (2004), S. 320.

51 Siehe Lawall, Verbarg (2005), S. 10 sowie Schwing (2005[1]), S. 48.

52 Mit allen Ersatzkassen, den meisten Betriebskrankenkassen sowie zahlreichen Innungs- und landwirtschaftlichen Krankenkassen existieren zudem gemeinsame Vereinbarungen, welche eine nahtlose Verlegung aus der akutstationären Versorgung in die Rehabilitationseinrichtung ermöglichen (siehe Lawall, Verbarg (2005), S. 11).

53 Dies ist auch dann der Fall, wenn an einer Rehabilitationseinrichtung mit einer oder mehreren Krankenkassen anderweitige integrierte Vergütungsformen (z.B. Komplexpauschalen) vereinbart wurden (vgl. Lawall, Verbarg (2005), S. 11).

54 Vgl. Neubauer, Egner (2003), S. 98.

Behandlungskonzept diskutiert. Abschnitt 5.2.3 ermöglicht im Anschluss ein Fazit hinsichtlich der Rolle der Rehabilitation im Rahmen der DMP. Abschließend geht Abschnitt 5.2.4 auf Kooperationen zwischen den gesetzlichen Krankenkassen und der gesetzlichen Rentenversicherung ein, die mit dem Ziel einer Einbeziehung RV-finanzierter Rehabilitationsmaßnahmen in Disease-Management-Programme geschlossen wurden.

5.2.1 Gesundheitspolitischer Hintergrund von Disease-Management-Programmen

Die GKV-Gesundheitsreform 2000 bildete die Ausgangsbasis für die Initiierung strukturierter Behandlungsprogramme gemäß § 137 f-g SGB V. Diese waren eine Antwort auf den Zustand der Über-, Unter- und Fehlversorgung, welche dem deutschen Gesundheitswesen letztmalig in einem Gutachten des Sachverständigenrats für die Konzertierte Aktion im Gesundheitswesen im Jahr 2002 attestiert wurde. Als Vorbild galten positive Erfahrungen mit Disease-Management-Programmen (DMP) aus dem Ausland, vor allem den USA[55]. Erklärte Zielsetzung der DMP war die Beseitigung organisatorischer und struktureller Probleme sowie eine Verbesserung von Qualität und Wirtschaftlichkeit bei der Behandlung chronisch kranker Patienten. Erreicht werden sollte dies durch Etablierung eines sektorenübergreifenden, evidenzbasierten, qualitätsgesicherten und patientenorientierten Versorgungsangebots[56].

Die Finanzierung von Disease-Management-Programmen erfolgt über den Risikostrukturausgleich (RSA), ein finanzielles Transfersystem zum Ausgleich unterschiedlicher Versichertenstrukturen einzelner Krankenkassen. Um einen fairen Wettbewerb zwischen Krankenkassen unter Berücksichtigung kassenindividueller Effizienzanstrengungen zu ermöglichen, enthielt der RSA vor DMP-Einführung lediglich die Differenzierungskriterien Alter, Geschlecht sowie das Kriterium „Erhalt von Krankengeld bzw. einer Erwerbsunfähigkeitszahlung". Mit Einführung von DMP wurden bestimmte chronisch kranke Patientengruppen als eigenständige Versichertengruppen berücksichtigt, um den Krankenkassen finanzielle Anreize zu bieten, entsprechende Programme einzuführen[57].

Einem noch bis 2003 bestehenden Koordinierungsausschuss wurde gemäß § 137 f Abs. 1 SGB V die Aufgabe übertragen, dem Bundesministerium für Gesundheit bis 28. Januar 2002 sieben, mindestens jedoch vier geeignete chronische Krankheiten für strukturierte Behandlungsprogramme vorzuschlagen. Als Ergebnis wurden die strukturierten Behandlungsprogramme Diabetes mellitus, Mammakarzinom, Koronare Herzkrankheit sowie Asthma bronchiale/COPD fristgerecht vorgeschlagen und in die engere Auswahl genommen. Da kurzfristig keine Einigung bezüglich evidenzbasierter Leitlinien in den Bereichen Diabetes mellitus Typ I, Koronare Herzkrankheit sowie Asthma bronchiale/COPD erzielt werden konnte, traten am 1. Juli 2002 zuerst die DMP Diabetes Mellitus Typ II sowie Brustkrebs in Kraft[58]. Mittlerweile beinhaltet die

55 Vgl. Knieps (2005), S. S2 f.

56 Siehe SGB Sozialgesetzbuch (2006), SGB V § 137 f Abs. 2 auf S. 499, Knieps (2005), S. S6, Daubenbüchel (2005), S. S18, Haaf, Volke, Schliehe (2004), S. 319 sowie Lüngen, Lauterbach (2003^2), S. 286.

57 Siehe u.a. Daubenbüchel (2005), S. S18, Lüngen, Lauterbach (2003^2), S. 284 f.

58 Vgl. SGB Sozialgesetzbuch (2006), S. 499 sowie Häussler, Berger (2004), S. 52.

Risikostrukturausgleichsverordnung (RSAV) alle ursprünglich angedachten, strukturierten Behandlungsprogramme. Mit Stand Januar 2007 waren dies die Indikationen[59]

- Brustkrebs
- Diabetes mellitus Typ II
- Koronare Herzkrankheit (KHK)
- Diabetes mellitus Typ I
- Chronisch obstruktive Atemwegserkrankungen (COPD)
- sowie Asthma bronchiale,

wobei das DMP Diabetes mellitus Typ II die weitaus größte Gruppe darstellt[60].

Die Einführung von Disease-Management-Programmen kann als ein Zwischenschritt hin zu einem rein morbiditätsorientierten Risikostrukturausgleich gesehen werden. Hierzu sind im GKV-Wettbewerbsstärkungsgesetz (GKV-WSG) diverse Neuerungen bezüglich Änderungen in der Risikostrukturausgleichsverordnung (RSAV) vorgesehen[61]. Gemäß einem neuen § 31 soll anhand von 50 bis 80 Krankheiten ein Versichertenklassifikationsmodell entwickelt und prospektiv ausgestaltet werden. Kriterien sind sowohl ein schwerwiegender Verlauf der chronischen Erkrankung als auch die Kostenintensität einer Behandlung, mit mindestens 50% höheren Leistungsausgaben gegenüber den durchschnittlichen Leistungsausgaben über alle Versicherten. Nach Anhörung der Spitzenverbände der Krankenkassen sollte ein wissenschaftlicher Beirat beim Bundesversicherungsamt einberufen und bis 31. Oktober 2007 ein Gutachten erstellt werden. Aufgabe war es, die Morbiditätsgruppen, den Algorithmus für die Zuordnung zu diesen Morbiditätsgruppen und zur Ermittlung einzelner Gewichtungsfaktoren sowie die Höhe individueller Risikozuschläge zu bestimmen. Mit Einführung des Gesundheitsfonds im Jahr 2009 erhält eine Krankenkasse „Zuweisungen für jeden … eingeschriebenen Versicherten zur Deckung der Programmkosten für medizinisch notwendige Aufwendungen wie Dokumentations- oder Koordinationsleistungen“[62]. Der im Rahmen des Gesundheitsfonds geltende Risikostrukturausgleich ist im neuen § 266 SGB V beschrieben. Demnach gelten ab 2009 sowohl alters- und geschlechtsals auch risikoadjustierte Zu- und Abschläge, wobei sich letztere aus den soeben genannten Morbiditätsgruppen berechnen lassen[63].

5.2.2 *Erste kritische Bewertungen von Disease-Management-Programmen*

Die Notwendigkeit einer Verbesserung der Gesundheitsversorgung chronisch Kranker gilt angesichts des steigenden ökonomischen Drucks auf die Ressourcenverteilung sowie einer zunehmenden Wertediskussion im Gesundheitswesen unter allen Parteien im Gesundheitssektor als unumstritten. Die Bedeutung chronischer Behandlungsprogramme wird in Zukunft demzufolge zweifellos zunehmen[64].

---

59 Vgl. hierzu http://de.wikipedia.org/wiki/Disease-Management-Programm (Stand: 11.1.2007).

60 Mit Stand April 2005 umfasste diese Gruppe ca. 1,43 von 1,45 Millionen eingeschriebenen Versicherten (siehe Mühlnikel (2005[1]), S. 15).

61 Vgl. GKV-WSG (2006[1]), S. 95.

62 Siehe GKV-WSG (2006[1]), S. 223-226 mit Änderungen zur Risikostruktur-Ausgleichsverordnung (RSAV).

63 Vgl. GKV-WSG (2006[1]), S. 125 f. sowie S. 130 mit Änderungen von § 268 bezüglich einzelnen Morbiditätsgruppen innerhalb der RSAV.

64 Siehe Knieps (2005), S. S3 und S6.

Obwohl oftmals argumentiert wird, dass verlässliche Aussagen zu den DMP erst nach Jahren möglich sein werden, richten sich bereits heute etliche Kritikpunkte gegen das gegenwärtige Konzept der Disease-Management-Programme. So wird den Programmverantwortlichen bei der DMP-Einführung u.a. fehlende Evidenzbasierung vorgeworfen. Demnach sei es unüblich, die erzielten Effekte eines so weitreichenden Versorgungsansatzes erst nach dessen Einführung zu beurteilen[65].

Als problematisch werden an den DMP vor allem eine Überbürokratisierung, die Finanzierung über den Risikostrukturausgleich (RSA) sowie die damit verbundenen Versorgungsinhalte angesehen. Letztendlich weisen die angeführten Argumente auf eine der größten Schwachstellen gegenwärtiger Disease-Management-Programme hin: die unzureichende Einbindung von Kernkompetenzen an Rehabilitationseinrichtungen, auf die im späteren Abschnitt 5.2.3 näher eingegangen werden soll.

5.2.2.1 Verwaltungs- und Dokumentationsaufwand im Rahmen von Disease-Management-Programmen

Die Prüfung und Zulassung von Disease-Management-Programmen fällt in den Zuständigkeitsbereich des Bundesversicherungsamts (BVA), einer Rechtsaufsichtsbehörde aller Träger der Sozialversicherung mit Ausnahme der Arbeitslosenversicherung. Da das BVA u.a. für die Durchführung des Risikostrukturausgleichs verantwortlich ist, wurde dem Amt auch die Verantwortung bei der DMP-Zulassung übertragen. Das Zulassungsverfahren hat sich in der Praxis als sehr aufwendig erwiesen, was nicht zuletzt auf die Anzahl beteiligter Vertragspartner zurückzuführen ist. Demnach war es ursprünglich notwendig, je Krankenkasse und pro Indikation Zulassungsanträge mit jeder der siebzehn zuständigen Kassenärztlichen Vereinigungen zu überprüfen. Trotz vorliegender Musterprogramme von Krankenkassenverbänden auf Bundesebene wurden diese von individuellen Krankenkassen in der Vergangenheit kaum hundertprozentig übernommen, gleichzeitig waren die Abweichungen von diesen Musterprogrammen zum Teil nicht genehmigungsfähig[66]. Ein zusätzlicher Verwaltungsaufwand ergibt sich außerdem aus der Tatsache, dass das BVA hinsichtlich der DMP für die Sicherstellung einer ausreichend hohen regionalen Ärztedichte verantwortlich ist. Oftmals ist hier die Einschreibung zusätzlicher Ärzte in bestimmte Programme notwendig[67].

Insgesamt sind DMP-Vertragsverhandlungen heute weitaus routinierter und Nachbesserungen bzw. Programmzulassungen erfolgen wesentlich schneller. Dennoch standen Disease-Management-Programme aufgrund eines massiven Anstiegs an Verwaltungs- und Dokumentationskosten, steigender Bürokratie[68] sowie der Manipulationsanfälligkeit des Systems u.a. vor der Bundestagswahl 2005 und hier vor allem bei der CDU/CSU-Bundestagsfraktion stark in der Kritik. Allein für das Jahr 2004 wurden die Verwaltungskosten für Disease-Management-Programme auf € 82 Mio. und die Dokumentationskosten auf € 73 Mio. geschätzt. Diese beinhalten alle Aufwendungen, die mit der Entwicklung, Zulassung, Durchführung und Evaluation von strukturierten Behand-

65 Vgl. u.a. Häussler (2005), S. S11.

66 Aufgrund einer Vereinbarung, nach der nunmehr lediglich die Abweichungen von den Musterprogrammen bzw. -verträgen geprüft werden, konnte das Prüfverfahren seitdem jedoch beschleunigt werden (vgl. Daubenbüchel (2005), S. S21).

67 Vgl. Daubenbüchel (2005), S. S20 f.

68 Vgl. Nord (2005), S. S7 und S9.

lungsprogrammen in direktem Zusammenhang stehen[69]. Bemängelt wird vor allem auch auf Leistungserbringerseite, dass sowohl die Datenerhebung als auch die Behandlungsdokumentation durch niedergelassene Ärzte und Krankenhäuser wertvolle Ressourcen binden, die als Konsequenz nicht mehr für die Gesundheitsversorgung zur Verfügung stehen. Das Bundesministerium für Gesundheit und Soziale Sicherung hingegen erwidert auf diese Kritik, dass entsprechende Erhebungen notwendig seien, da sie sowohl eine Rechtssicherheit zum Nachweis der Patienteneinschreibung gewährleisten als auch eine Qualitätssicherung und Evaluation der Behandlungsprogramme ermöglichen[70].

5.2.2.2 Die Koppelung von Disease-Management-Programmen an den RSA

Kritik bezüglich der Koppelung von Disease-Management-Programmen an den Risikostrukturausgleich (RSA) kam in der Vergangenheit vor allem von denjenigen Krankenkassen, die sich in dem Finanzierungssystem als Zahlerkassen definieren[71]. Kritisiert wird in diesem Zusammenhang der ökonomische Anreiz der Krankenkassen, durch „möglichst überoptimale Rekrutierung“ eine „möglichst rasche Flächendeckung“ sicherzustellen. Als Resultat würden Patienten auch dann in ein Rekrutierungsprogramm „gepresst“, wenn diese nachweislich weder in Form einer höheren Lebenserwartung noch durch verbesserte Lebensqualität von diesem profitieren können[72]. Erreicht wurde dies in der Vergangenheit durch Vereinbarung so genannter Staffelverträge mit den Kassenärztlichen Vereinigungen. Gemäß diesen Staffelverträgen steigt die Arztvergütung überproportional mit der Anzahl Personen, die zu einer Einschreibung in ein DMP bewegt werden[73]. Es wird vielerorts kritisiert, dass diese „Fangprämien“ nicht mehr den Beratungs- und Dokumentationsaufwand des Arztes widerspiegeln und der Zielsetzung einer Effizienzsteigerung völlig zuwiderlaufen[74]. Das Bundesministerium für Gesundheit und Soziale Sicherung hingegen argumentiert, dass strukturierte Behandlungsprogramme ohne finanzielle Anreize zur Umgestaltung der Patientenversorgung niemals zum Einsatz gekommen wären. Aus diesem Grund gebe es gegenüber einer Weiterführung RSA-finanzierter DMP bis zur Herstellung eines vollständigen Morbiditätsbezugs auch keine Alternative. Im Anschluss könnten die Kosten für Chronikerprogramme entweder pauschal in den RSA einbezogen oder die Bindung an den RSA komplett aufgehoben werden[75]. Tatsächlich ist die künftige Finanzierung von Disease-Management-Programmen nicht eindeutig geklärt. Es ist jedoch zu erwarten, dass die derzeit existierenden DMP langfristig in einen morbiditätsorientierten Risikostrukturausgleich „aufgehen“ werden[76].

Neben dem soeben genannten Ziel der Krankenkassen, möglichst viele Patienten in RSA-finanzierte Behandlungsprogramme einzuschreiben, besteht gegenwärtig zugleich kein finanzieller Anreiz, in eine erhöhte Qualität und Effizienz einzelner Behandlungsprogramme zu investieren. Dies ist auf die Tatsache zurückzuführen, dass

---

69 Vgl. Mühlnikel (2005[1]), S. 12 und S. 14 f.

70 Siehe Knieps (2005), S. S3.

71 Vgl. die Aussagen von Knieps (2005), S. S4 sowie Ausführungen der Techniker Krankenkasse (Walkenhorst, Köppel, Verheyen, Straub (2005), S. S14).

72 Vgl. Walkenhorst, Köppel, Verheyen, Straub (2005), S. S16.

73 Z.B. bei zehn Einschreibungen jeweils 30 Euro, bei 100 Einschreibungen 60 Euro, bei 200 Einschreibungen 120 Euro pro Patient, usw. (vgl. Daubenbüchel (2005), S. S22).

74 Vgl. Daubenbüchel (2005), S. S22 sowie Walkenhorst, Köppel, Verheyen, Straub (2005), S. S16.

75 Siehe Knieps (2005), S. S4 und S6.

76 Telefonische Aussage von Frau Köppel, Techniker Krankenkasse, vom 11.1.2007.

die pro Einschreibung vergüteten Programmkosten lediglich an die Erfüllung qualitativer Mindeststandards gebunden sind[77] und führt zu einem weiteren wesentlichen Kritikpunkt an den bestehenden Disease-Management-Programmen: der unzureichenden Interessenwahrnehmung des Patienten.

5.2.3 *Stellenwert der medizinischen Rehabilitation im Rahmen von Disease-Management-Programmen*

Aufgrund einer steigenden Lebenserwartung sowie der Zunahme von Multimorbidität und chronischen Erkrankungen in der deutschen Bevölkerung, waren an die Einführung von Disease-Management-Programmen (DMP) große Erwartungen geknüpft[78]. Angesichts internationaler Erfahrungen rechnete man mit einem verzögerten Fortschreiten von Krankheiten sowie einer Reduktion teuerer Folgeerkrankungen. Kurzfristige Mehrausgaben für Disease-Management-Programme sollten im zeitlichen Verlauf durch erzielte Einsparungen auf diese Weise mehr als kompensiert werden[79].

Dass die hohen Erwartungen an die deutschen DMP bislang größtenteils nicht erfüllt worden sind, liegt u.a. auch an deren mangelnder Patientenorientierung. Demnach existiert für die Krankenkassen aufgrund von Verhaltenskodizes in den Anhängen zu DMP-Verträgen keinerlei Möglichkeit, eine aktive Patientenunterstützung zu gewährleisten[80].

Zudem wäre es notwendig, Behandlungsprogramme auf die individuellen Bedürfnisse des betreffenden Patienten auszurichten. Unter anderem lässt sich dies bei Typ-2-Diabetikern dokumentieren. Nicht nur die Komplikationsrisiken, sondern auch die Potentiale einer Risikoreduktion sind innerhalb der Gruppe der Typ-II-Diabetiker sehr variabel und sowohl von medizinischen als auch von verhaltensbedingten Faktoren abhängig. Die Dauer der Erkrankung, bereits eingetretene Komplikationen sowie die Fähigkeit des Patienten, das eigene Risikoverhalten umzustellen, spielen hierbei eine entscheidende Rolle[81]. Aus diesem Grund erscheinen für verschiedene Patienten mit ein und derselben Grunderkrankung unterschiedliche Programmtypen mit unterschiedlichen Schwerpunkten notwendig[82].

Im Gegensatz zu Deutschland sind Disease-Management-Programme aus den USA, welche aufgrund ihrer Kosteneffektivität vielfach als Vorbild für Deutschland herangezogen werden, primär patientenzentriert und basieren auf einer vorangegangenen

77 Siehe Häussler, Berger (2004), S. 55 und 57 f. sowie Mühlnikel (2005[1]), S. 12 f. Auch der Sachverständigenrat (2003[2]), S. 194, spricht von einer „flächendeckenden Implementierung der Programme auf niedrigem Qualitätsniveau".

78 Siehe Schwing (2004[2]), S. 118.

79 Vgl. Häussler (2005), S. S11.

80 Vgl. Walkenhorst, Köppel, Verheyen, Straub (2005), S. S16.

81 Siehe Häussler (2005), S. S12 f., vor allem Abbildung 2.

82 Vgl. Walkenhorst, Köppel, Verheyen, Straub (2005), S. S17. Unter Berücksichtigung des theoretischen Potentials einer Risikoabsenkung bedeutet dies u.a. auch, chronische Behandlungsprogramme bei Typ-2-Diabetes-Patienten auch auf Personengruppen zu erweitern, die zwar noch nicht an Diabetes erkrankt sind, jedoch das erhöhte Risiko einer späteren Erkrankung aufweisen. Verhaltensbezogene Ansätze des Case Management sollten hierbei verstärkt in den Vordergrund gestellt werden (siehe Häussler (2005), S. S10 und S13 sowie die vorangegangenen Ausführungen in Abschnitt 4.6: Prävention und Rehabilitation).

Potentialschätzung und Patientenselektion[83]. Eine nähere Beschreibung von Disease-Management-Programmen aus den USA sowie ähnlichen Ansätzen von Privatdienstleistern in Deutschland, liefert *Anhang 5*.

Die näheren Ausführungen in *Anhang 5* dokumentieren, dass der Schwerpunkt strukturierter chronischer Behandlungsprogramme nach US-Vorbild in einem verhaltenstherapeutischen Ansatz des Case Management begründet ist. Die Hauptverantwortung obliegt hierbei nicht dem zuständigen Arzt, sondern nichtärztlichen Berufsgruppen, wie sie in Deutschland vor allem an Rehabilitationseinrichtungen anzutreffen sind. Auch hierzulande wäre eine zentrale Stellung der medizinischen Rehabilitation bei der Umsetzung strukturierter chronischer Behandlungsprogramme somit letztendlich nur die logische Schlussfolgerung gewesen.

Tatsächlich werden der medizinischen Rehabilitation im Rahmen deutscher Disease-Management-Programme in Fachkreisen jedoch nur geringfügige Chancen eingeräumt. So sei es ursprünglich beispielsweise ein großes Problem gewesen, den Begriff Rehabilitation überhaupt erst in den Koordinierungsausschuss für Disease-Management-Programme einzubringen[84].

DMP-Verträge wurden von den Krankenkassen anfänglich in erster Linie mit den Kassenärztlichen Vereinigungen geschlossen, da auf diese Weise in kurzer Zeit eine flächendeckende Einführung der Behandlungsprogramme sichergestellt werden konnte[85]. Anders als bei den Vertragsärzten war die Einbindung von Akutkrankenhäusern zu Beginn der DMP-Entwicklung keineswegs selbstverständlich. Auch Rehabilitationseinrichtungen waren anfänglich überhaupt nicht an den strukturierten Behandlungsprogrammen beteiligt[86]. Nach einer einjährigen Übergangsphase ist es mit Ausnahme der DMP Brustkrebs mittlerweile obligatorisch, Rehabilitationseinrichtungen in DMP-Verträge mit einzubeziehen[87]. Es ist jedoch in diesem Zusammenhang nicht möglich gewesen, die Rehabilitation über einheitliche DMP-Verträge hinaus stärker in Form individueller, Verträge in das Behandlungsgeschehen einzubinden[88].

Letztlich wird im Rahmen von DMP nicht der medizinischen Rehabilitation, sondern dem niedergelassenen Arzt die zentrale Koordinationsrolle übertragen. Dieser agiert als zentrale Prüf- und Verwaltungsstelle und übernimmt die Lotsen- und Weiterleitungsfunktion innerhalb des strukturierten Behandlungsprogramms. Im Gegensatz zu den Rehabilitationskliniken lässt sich jedoch kritisieren, dass der niedergelassene Arzt „kein ausreichendes Rüstzeug für die Behandlung chronisch Kranker“ sowie das hierfür erforderliche Wissen besitzt[89]. Aus diesem Grund ist die Forderung nach einer

---

83 Demnach ist eine optimistische Einschätzung bezüglich der Patienten-Compliance eine notwendige Voraussetzung für die Anwendung US-amerikanischer Disease-Management-Programme (vgl. Nord (2005), S. S8).

84 Vgl. Schwing (2004^2), S. 118 und 122, mit einem Kommentar von Dr. Gabriele Müller de Cornejo, DMP-Projektleiterin des AOK-Bundesverbands.

85 Siehe z.B. Daubenbüchel (2005), S. S20 sowie Walkenhorst, Köppel, Verheyen, Straub (2005), S. S15 f.

86 Vgl. Walkenhorst, Köppel, Verheyen, Straub (2005), S. S15.

87 E-mailauskunft von Herrn van Lente, AOK-Bundesverband, vom 3.1.2007.

88 Telefonische Auskunft von Frau Köppel, Techniker Krankenkasse, vom 11.1.2007.

89 Vgl. Kommentare von Dr. Wolfgang Heine, Geschäftsführer der Deutschen Gesellschaft für Medizinische Rehabilitation (DEGEMED), Herrn Christoph Straub, Vorstand der Techniker Krankenkasse sowie Herrn Rolf Hoberg, Vorstand des AOK-Bundesverbands, in Schwing (2004^2), S. 120-122. Siehe auch Anmerkungen von Jeschke (2003), S. 370.

stärkeren Einbeziehung nichtärztlicher Berufsgruppen nach US-Vorbild laut geworden, „von denen wir wissen, dass sie manches besser können als Ärzte“[90]. Verhaltensänderungen, die in gegenwärtigen DMP keinen Schwerpunkt bilden, sollten hierbei weitaus stärker in den Mittelpunkt gestellt werden.

Hilfe zur Selbsthilfe durch verhaltenstherapeutische Konzepte und Schulungsprogramme sowie das Erreichen von Lebensstilveränderungen sind gerade in Deutschland zentrale Kompetenzbereiche der medizinischen Rehabilitation. Im Rahmen der gesundheitlichen Versorgung von Diabetes-Patienten beispielsweise ist bei der Kontrolle einzelner Risikofaktoren nicht nur auf optimierte Blutzucker-, Cholesterin- und Blutdruckwerte zu achten. In der Regel stehen auch Ziele wie Raucherentwöhnung zur Minimierung des Schlaganfallrisikos bzw. eine Reduzierung altersbedingten Übergewichts bis hin zur Fettsucht im Mittelpunkt der Behandlung. Wichtig ist somit, dass theoretische Potentiale zur Senkung von Risikofaktoren letztendlich auch in der Praxis erreichbar sind[91]. Tatsache ist jedoch auch, dass verhaltensmodifizierende Trainingsprogramme (z.B. Reduzierung des Körpergewichts, Ernährungsumstellung und Änderungen im Bewegungsverhalten) im Rahmen des DMP Diabetes mellitus Typ 2 faktisch nicht umgesetzt werden[92]. Tatsächlich hat es durch einzelne Versicherte in der Vergangenheit berechtigte Beschwerden gegeben, dass mit dem Wegfallen älterer Strukturverträge und DMP-Einführung keine geförderten Schulungsmöglichkeiten mehr angeboten wurden[93].

Selbst unter Vorhaltung entsprechender Trainingsprogramme würde jedoch schätzungsweise nur etwa jeder achte GKV-Patient über einen Zeitraum von zehn Jahren auch in diesem verbleiben und hiervon tatsächlich profitieren[94]. DMP erscheinen unter Kosten-Nutzen-Gesichtspunkten demnach – auch unter Berücksichtigung entsprechender Erfahrungen aus dem Ausland – als Instrument für bestimmte Subgruppen von Versicherten, nicht jedoch für die breite Masse chronisch kranker Patienten indiziert. In letzterem Fall wären weniger aufwendige Aufklärungskampagnen – beispielsweise mit dem Hinweis auf Patientenschulungen – besser geeignet[95].

Die Notwendigkeit, medizinische Rehabilitationsleistungen im Rahmen von DMP stärker zur Geltung zu bringen, wurde in den letzten Jahren u.a. auch in mehreren Positionspapieren des Bundesverbands Deutscher Privatkrankenanstalten e.V. (BDPK) zum Ausdruck gebracht. Hierbei wurde auf eine zu einseitige Orientierung der DMP an Zielen und Inhalten der Krankenbehandlung sowie eine unzureichende Berücksichtigung der medizinischen Rehabilitation innerhalb der Risikostrukturausgleichsverord-

---

90 Vgl. Walkenhorst, Köppel, Verheyen, Straub (2005), S. S15 und S17.

91 Vgl. Häussler, Berger (2004), S. 40 f. sowie Schwing (2004²), S. 120, mit Kommentaren von IGES-Direktor Bertram Häussler auf S. 121.

92 Vgl. Häussler, Berger (2004), S. 37 sowie S. 40 f. Im GKV-Wettbewerbsstärkungsgesetz ist jedoch vorgesehen, dass die Teilnahme eines Versicherten an einem DMP künftig u.a. dann zu beenden ist, wenn „innerhalb von zwölf Monaten zwei der … veranlassten Schulungen ohne plausible Begründung nicht wahrgenommen“ werden. Somit wird die Rolle von Schulungsprogrammen im Rahmen von DMP künftig gestärkt (vgl. GKV-WSG (2006¹), S. 221, mit Änderungsvorschlägen zu § 28d, Abs. 2 Nr. 2 RSAV).

93 Siehe Walkenhorst, Köppel, Verheyen, Straub (2005), S. S17.

94 Vgl. hierzu Häussler, Berger (2004), S. 33-39, vor allem Tabellen 5 und 6 sowie Schwing (2004²), S. 121.

95 Siehe Mühlnikel (2005¹), S. 12 f., mit Anmerkungen zu Rechenergebnissen des Gesundheitsökonomen Wolfgang Greiner.

nung (RSAV) hingewiesen[96]. Vor allem plädiert der BDPK speziell in Bezug auf das Behandlungsprogramm Diabetes mellitus Typ II sowie Brustkrebs, aber auch bei chronischen Behandlungsprogrammen allgemein dafür,

- *in der AHB* Indikatoren für den Übergang aus der Akutversorgung in die Rehabilitation zu definieren
- sowie *für die Antragsrehabilitation* Prüfkriterien zu entwickeln und diese zur Umsetzung des Prüfauftrags (und der möglichen Verordnung von Rehabilitationsleistungen) in die Dokumentationsbögen der Vertragsärzte aufzunehmen[97].

Gemäß den vorangegangenen Ausführungen dieser Arbeit bleiben diese Fragestellungen jedoch nach wie vor weitestgehend unbeantwortet (vgl. Abschnitte 4.1 und 4.2)[98].

Unter anderem sind auch durch den BKK-Landesverband Niedersachsen-Bremen Bemühungen erkennbar, die Rehabilitation stärker in die DMP zu verankern. Auch hier ist man sich jedoch im Klaren, dass DMP aus Sicht des Rehabilitationssektors angesichts der Rolle des niedergelassenen Arztes als zentrale Prüf- und Verteilungsstelle nicht als sonderlich attraktives Zukunftsfeld gelten. Gleichzeitig wird darauf hingewiesen, dass die Zukunft der DMP (nicht zuletzt aufgrund der intransparenten Finanzierung über den Risikostrukturausgleich) eher ungewiss ist. Der BKK-Landesverband Niedersachsen-Bremen will die DMP somit auch eher als Synonym und somit als Präzedenzfall für die integrierte Versorgung im Allgemeinen verstanden wissen. Als Bestandteil geplanter Versorgungsprojekte spielen hier so genannte ‚Reha-Bündelungskliniken' eine zentrale Rolle, welche Aufgaben der Schwerpunktversorgung mit übernehmen[99].

So stellt sich jedoch letztlich die Frage, inwiefern eine Unterscheidung zwischen Projekten zur integrierten Versorgung im Allgemeinen (gemäß Abschnitt 5.1) und DMP im Besonderen (gemäß dem vorliegenden Abschnitt 5.2) überhaupt sinnvoll und somit noch gerechtfertigt erscheint[100]. Möglichen Antworten auf diese Frage wird in Abschnitt 5.3 nachgegangen.

5.2.4 Disease-Management-Programme durch GKV und gesetzliche Rentenversicherung

Die mangelnde Integration von Rehabilitationsleistungen im Rahmen von DMP resultiert möglicherweise auch aus dem vergleichsweise geringen Stellenwert, der der GKV-finanzierten Rehabilitation im Allgemeinen zukommt und der letztendlich zu einer deutlichen Unterversorgung chronisch kranker Patienten führt[101]. Im Gegensatz zu den Patienten der Renten- und Unfallversicherung kommt die medizinische Rehabilitation bei GKV-finanzierten Patienten demnach oftmals unzureichend bzw. zu spät zum Zuge[102].

---

96 Siehe Bundesverband Deutscher Privatkrankenanstalten (2004, S. 1, 2005[1], S.1 sowie 2005[2], S. 2). Im Rahmen des strukturierten Behandlungsprogramms bei Patientinnen nach Brustkrebs-OP wird zudem auf die Bedeutung der psychosozialen Nachbetreuung hingewiesen (siehe Bundesverband Deutscher Privatkrankenanstalten (2005[1], S. 3)).

97 Vgl. Bundesverband Deutscher Privatkrankenanstalten (2004, 2005[1] sowie 2005[2], jeweils S. 5).

98 Mit gleichlautender Aussage von Herrn Bublitz, Geschäftsführer des BDPK, vom 9.11.2006.

99 Siehe Schwing (2005[1]), S. 46 f.

100 Vgl. den nachfolgenden Abschnitt 5.3 sowie Aussagen von Thomas Bublitz, Geschäftsführer des Bundesverbands der Privatkliniken, in Anhang 4.

101 Siehe Krukemeyer, Clausing (2004), S. 534.

102 Siehe Dr. Wolfgang Heine in Schwing (2004[2]), S. 119 und 122. Auf die Problematik wurde im Rahmen dieser Arbeit, vor allem in Abschnitt 4.4: Rehabilitation und Pflege bereits hingewiesen.

Das Bundesministerium für Gesundheit und Soziale Sicherung hat nachhaltig dafür plädiert, die Rehabilitation stärker in die fachlichen Konzepte von Disease-Management-Programmen einzubeziehen. Gleichzeitig weist das Bundesministerium jedoch darauf hin, dass die Auswahl geeigneter Leistungserbringer im Ermessensspielraum der Krankenkassen liegt und dass hier „bewusst weitergehende Möglichkeiten als in der ambulanten und stationären Versorgung" existieren[103].

Auch bei der Einbeziehung RV-finanzierter Rehabilitationsleistungen in die DMP der gesetzlichen Krankenkassen hat es anfängliche Schwierigkeiten gegeben. So hat Herbert Rische in seiner Rolle als Vorsitzender der Gesellschaft für Versicherungswissenschaften und –gestaltung (GVG) darauf hingewiesen, dass sich die Rentenversicherung frühzeitig – anfangs jedoch vergeblich – dafür eingesetzt habe, die Rehabilitation als festen Bestandteil in die DMP einzubinden[104].

Letztlich wurde durch den Verband Deutscher Rentenversicherungsträger (VDR) für alle Mitglieder verbindlich beschlossen, DMP-Inhalte im Fall einer RV-finanzierten Rehabilitationsmaßnahme auch für die eigenen Versicherten umzusetzen und hierbei dieselben Arzneimittel zu verabreichen[105]. Somit hat sich neben den gesetzlichen Krankenkassen auch die gesetzliche Rentenversicherung dazu verpflichtet, die in der Risikostrukturausgleichsverordnung (RSAV) formulierten DMP-Anforderungen einzuhalten. Die medizinischen Erfordernisse im Rahmen von DMP werden sowohl von den eigenen Rehabilitationseinrichtungen als auch von den übrigen Vertragseinrichtungen erfüllt. Ähnlich wie bei den gesetzlichen Krankenkassen ist auch zur Durchführung von Rehabilitationsleistungen der Rentenversicherung eine ausreichende Dokumentation und Übergabe von Patientenunterlagen (Befundbericht und anamnestische Angaben) aus der behandelnden DMP-Praxis sicherzustellen. Gleichermaßen sind nach der Rehabilitation alle rehabilitations- und DMP-relevanten Informationen an den koordinierenden DMP-Arzt zu übergeben. Hinsichtlich der Rehabilitationsbedürftigkeit von DMP-Versicherten werden derzeit (Stand: 2007) von der Deutschen Rentenversicherung Bund Kriterien für die Indikation einer medizinischen Rehabilitation entwickelt[106].

5.3 Die künftige Rolle der Rehabilitation im Kontext der integrierten Versorgung

In Abschnitt 5.1 wurden IV-Modelle der neueren Generation vorgestellt, die zunehmend auf eine ganzheitliche, populationsgestützte Patientenversorgung ausgerichtet sind. Eine steigende Bedeutung erhält hierbei das Case Management, oftmals unter Einbeziehung der Ärzte als „soft gate-keeper". Ebenfalls ausschlaggebend ist die Errichtung von Gesundheitszentren mit krankenhauszentrierten Ärztehäusern bzw. Medizinischen Versorgungszentren (MVZs)[107].

Das GKV-Wettbewerbsstärkungsgesetz (GKV-WSG) unterstützt diese neuen Modelle ausdrücklich. Abschnitt 5.1 hat zugleich gezeigt, dass Mittel der Anschubfinanzierung

---

103 Siehe Knieps (2005), S. S5.

104 Vgl. Schwing (2005[1]), S. 46.

105 Eine trägerübergreifende Kooperation war auch im Sinne des Bundesversicherungsamts (BVA). Dieses war nicht bereit, eine Einbeziehung der Rehabilitation ausschließlich im Fall einer Krankenkassenzuständigkeit zu akzeptieren (siehe Daubenbüchel (2005), S. S22).

106 Vgl. www.deutsche-rentenversicherung-bund.de, Stichwort: DMP (aufgerufen am 11.1.2007).

107 Vgl. Glatzer (2006[1]), S. 26 sowie Morar, Keller, Baumgärtner-Voderholzer (2004), S. 24-28.

seit dem 1. April 2007 lediglich den Krankenhäusern und niedergelassenen Ärzten, nicht jedoch den Rehabilitationseinrichtungen zugute kommen sollen. Explizit wird jedoch darauf hingewiesen, dass diese Beschränkungen nicht für besondere Integrationsaufgaben wie die Koordinierung von Leistungen im Rahmen des Case Managements gelten[108]. Somit wird die Rehabilitation durchaus als integrative Behandlungsleistung innerhalb der Versorgungskette wahrgenommen. Mit dem GKV-Wettbewerbsstärkungsgesetz ergeben sich für Rehabilitationskliniken daher keine wesentlichen Nachteile. Vielmehr sind die gesetzlichen Änderungen mit der endgültigen Terminierung einer Förderung von Komplexpauschalenverträgen außerhalb der Regelversorgung gleichzusetzen. Reine Komplexpauschalenvereinbarungen haben gemäß den Ausführungen in Abschnitt 5.1 gegenüber breiter angelegten IV-Projekten jedoch ohnehin geringere Vorteile gebracht. Dies gilt vor allem für den Bereich Prozessoptimierung. Somit ist die Terminierung der Finanzierung dieser Form von integrierten Versorgungsverträgen auch als folgerichtig anzusehen.

Die neuen IV-Verträge bieten Rehabilitationseinrichtungen nun die große Chance, sich als wichtiger Kooperationspartner in der Versorgungskette zur Behandlung von Volkskrankheiten bzw. im Rahmen eines regionalen Versorgungskonzepts zu positionieren. Nach Meinung von Bublitz, Hauptgeschäftsführer des Bundesverbands der Privatkliniken e.V. (BDPK), werden sich je nach Zielsetzung eines IV-Modells demnach individuelle Schwerpunkte herausbilden, bei denen auch stationäre Rehabilitationskliniken bzw. ambulante Rehabilitationszentren eine wichtige Rolle übernehmen können[109].

Gemäß den vorangegangenen Ausführungen stellen die IV-Modelle der neueren Generation aus Sicht von Rehabilitationseinrichtungen eine bessere Alternative gegenüber den gegenwärtigen Disease-Management-Programmen dar. Im Sinne einer effizienteren Leistungserbringung hat u.a. die Techniker Krankenkasse dafür plädiert, sich auch im Rahmen des Disease Managements „am ... Gesetz zur Integrationsversorgung (zu) orientieren“ und selektive Verträge unter definierten Qualitätsstandards abzuschließen. Auf diese Weise könne, ähnlich wie bei existierenden IV-Verträgen, auch im Rahmen von Disease-Management-Programmen ein allmählicher Vertrags- und Qualitätswettbewerb in Gang gesetzt werden. Eine Übernahme von Best-practice-Beispielen zwischen einzelnen Krankenkassen, wie bereits bei IV-Verträgen zu beobachten, wäre auf mittlere Sicht dann auch bei chronischen Behandlungsprogrammen selbstverständlich[110]. Moderne DMP-Dienstleister, die stärker patientenzentriert agieren und das Prinizip des Case Management verfolgen, haben diesen Weg bereits seit mehreren Jahren beschritten[111].

Laut Aussage von Bublitz dürften die integrierte Versorgung gemäß Abschnitt 5.1 sowie die gegenwärtigen Disease-Management-Programme gemäß Abschnitt 5.2, mittelfristig nicht nebeneinander Bestand haben[112]. Abbildung 43 auf der folgenden Seite zeigt gleichzeitig, dass sich die beiden Versorgungsformen über die kommenden Jahre aufeinander zubewegen werden. Zum einen ist es das Ziel, die bisher noch über die Anschubfinanzierung gewährleistete Integrierte Versorgung mittelfristig in die Regelversorgung zu überführen. Gleichzeitig dürften DMP künftig auch über den Morbi-RSA finanziert werden und in ihrem erweiterten Behandlungsspektrum der Zielgruppe heutiger populationsgestützter IV-Modelle zunehmend entsprechen.

---

108 Siehe GKV-WSG (2006[1]), S. 414.

109 Siehe telefonisches Interview mit Herrn Bublitz, Anhang 4, in Antwort auf Frage 4.

110 Vgl. Walkenhorst, Köppel, Verheyen, Straub (2005), S. S16 f.

111 Siehe Nord (2005), S. S7-S9.

112 Vgl. Anhang 4, in Antwort auf Frage 3.

In erster Linie könnte hier das Vertragsarztrechtsänderungsgesetz (VÄndG) hilfreich sein, die beiden Ansätze miteinander zu verbinden und Rehabilitationskliniken künftig in einen stärker ablauforientierten Prozess der Patientenversorgung zu integrieren. Das VÄndG ermöglicht demnach niedergelassenen Ärzten, nebenberuflich an einer Rehabilitationsklinik tätig zu sein. Diese Neuerung bietet die Möglichkeit einer engeren Verzahnung zwischen dem Rehabilitationssektor und dem niedergelassenen Bereich[113]. Bisher waren seitens der Krankenkassen Vorbehalte erkennbar, Rehabilitationseinrichtungen als Case Manager in den Behandlungsablauf schwer kranker Patienten einzubeziehen. Diese Aufgabe ist vornehmlich auch über klassische DMP hinaus den niedergelassenen Fachärzten vorbehalten, deren Klientel man ihnen nicht streitig machen möchte[114]. Mit Einführung des Vertragsarztrechtsänderungsgesetzes (VÄndG) besteht nun die Möglichkeit, diese sektorale Grenze zwischen niedergelassenen Ärzten und Rehabilitationseinrichtungen teilweise aufzuheben.

Abb. 43: Möglichkeiten der Positionierung der Rehabilitation im Rahmen der integrierten Versorgung

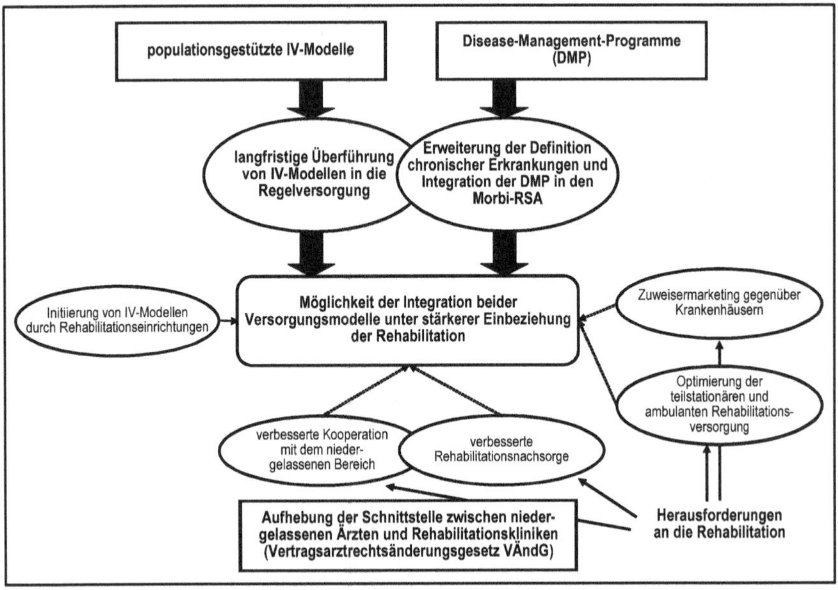

Quelle: eigene Darstellung in Anlehnung an die Ergebnisse der Abschnitte 3.3, 4.1.4, 4.2 und 4.3

Bereits in Abschnitt 4.1 wurde auf die zunehmende Bedeutung des Rehabilitationssektors für die Weiterbehandlung von Krankenhauspatienten hingewiesen. Hier ist der Stellenwert der Rehabilitation über die vergangenen Jahre nachweislich gestiegen[115],

113 Siehe Anhang 4, in Antwort auf Frage 5.

114 Gemäß Aussagen von Herrn Leiwe, Techniker Krankenkasse, vom 11.1.2007.

115 Vgl. u.a. Aussagen von Peter Clausing, Geschäftsführer der Paracelsus Kliniken GmbH sowie Marcus Redaelli vom Kölner Institut für Gesundheitsökonomie und klinische Epidemiologie, in Schwing (2005[1]), S. 47.

was sich auch in neueren Projekten der integrierten Versorgung bemerkbar machen dürfte. Trotz dieser überwiegend positiven Aussichten für die medizinische Rehabilitation ist dennoch eine verstärkte Eigeninitiative einzelner Rehabilitationseinrichtungen notwendig, um eine optimale Ausgangsposition im Rahmen künftiger integrierter Versorgungsverträge sicherzustellen. Auffällig ist hierbei u.a., dass IV-Verträge derzeit zumeist von Krankenkassen und Krankenhäusern initiiert werden. Initiativen durch niedergelassene Ärzte entstehen vor allem dort, wo ein hoher Organisationsgrad vorhanden ist[116].

Da erste IV-Projekte mittlerweile sogar durch Arzneimittel-[117] sowie Medizinproduktehersteller[118] auf den Weg gebracht werden, sollte auch der Rehabilitationssektor darauf bedacht sein, mehr Eigeninitiative auf diesem Feld zu ergreifen.

Aktive Gestaltungsmöglichkeiten reichen von einem verstärkten Zuweisermarketing gegenüber den Krankenhäusern (Abschnitt 4.1.4) über eine verbesserte Kooperation mit dem niedergelassenen Bereich (Abschnitt 4.2) bis hin zu einer Stärkung der Rehabilitationsnachsorge (Abschnitt 4.3). Auch zukunftsorientierte Lösungsansätze auf Basis individualisierter vor allem (ambulant-)teilstationärer Rehabilitationsangebote gemäß Abschnitt 3.3 sind in diesem Zusammenhang unabdingbar, da nur auf diese Weise eine langfristige, verstärkte Einbeziehung der Rehabilitation in den Versorgungsablauf chronisch kranker Patienten möglich ist.

---

116 Vgl. Gardain (2006), S. 3.

117 Siehe Eble (2006), S. 40 f.

118 Vgl. Brink, den Hertog (2006), S. 42.

6. Steuerungs- und Vergütungsmechanismen am deutschen Rehabilitationsmarkt

Nach Vorstellung der Nachfrage- und Angebotsseite für medizinische Rehabilitationsleistungen in den Abschnitten 2 bis 5 werden diese im vorliegenden Abschnitt 6 zusammengeführt. Mit Vertragsvereinbarungen in der Rehabilitation (Abschnitt 6.1), der Diskussion unterschiedlicher Vergütungsformen (Abschnitt 6.2), Steuerungsmechanismen der Kostenträger (Abschnitt 6.3) sowie dem Qualitätsmanagement in der medizinischen Rehabilitation (in Abschnitt 6.5) wird hierbei auf vier wesentliche Aspekte eingegangen. Als Antwort auf Steuerungs- und Vergütungsmechanismen wird in Abschnitt 6.4 zudem auf Möglichkeiten der Kostensenkung und Prozessoptimierung aus Sicht der Rehabilitationskliniken hingewiesen.

6.1 Vertragsvereinbarungen in der Rehabilitation

Die nachfolgende Diskussion in Bezug auf Merkmale von Vertragsvereinbarungen in der Rehabilitation konzentriert sich auf zwei Kernbereiche. „Versorgungsverträge und Marktzutritt" werden in Abschnitt 6.1.1 behandelt. Die Thematik wird anhand eines Beispiels der gesetzlichen Krankenkassen erläutert, besitzt letztendlich jedoch für andere Rehabilitationsträger und somit auch für die Rentenversicherung Gültigkeit. Abschnitt 6.1.2 und die Diskussion um „Rahmenverträge und Vertragsverhandlungen in der Rehabilitation" ist hingegen allgemeiner gefasst und bezieht sich im Wesentlichen auf Inhalte des Sozialgesetzbuches SGB IX, wo die Bestandteile entsprechender Verträge geregelt sind.

6.1.1 Versorgungsverträge und Marktzutritt

Versorgungsverträge mit stationären Vorsorge- und Rehabilitationseinrichtungen sind im Rahmen des Fünften Sozialgesetzbuches in § 111 SGB V geregelt. Gemäß § 111 Abs. 2 Satz 1 schließen „Die Landesverbände der Krankenkassen und die Verbände der Ersatzkassen gemeinsam ... mit Wirkung für ihre Mitgliedskassen einheitliche Versorgungsverträge" mit stationären Vorsorge- und Rehabilitationseinrichtungen.

Zum einen müssen diese gemäß § 111 Abs. 2 Satz 1 Nr. 1 den in § 107 Abs. 2 SGB V festgelegten fachlichen Anforderungen entsprechen. Gleichzeitig ist gemäß § 111 Abs. 2 Satz 1 Nr. 2 SGB V zu gewährleisten, dass die Einrichtungen „für eine bedarfsgerechte, leistungsfähige und wirtschaftliche Versorgung ... mit stationären medizinischen Leistungen zur Vorsorge oder Leistungen zur medizinischen Rehabilitation einschließlich der Anschlussheilbehandlung notwendig sind"[1].

„Mit dem Versorgungsvertrag wird die Vorsorge- oder Rehabilitationseinrichtung für die Dauer des Vertrags zur Versorgung der Versicherten mit stationären medizinischen Leistungen zur Vorsorge und Rehabilitation zugelassen" (vgl. § 111 Abs. 4 Satz 1 SGB V). Eine Kündigung des Versorgungsvertrags ist gemäß Satz 2 mit einer Frist von einem Jahr möglich, wenn die soeben genannten Voraussetzungen nicht mehr gegeben sind.

Eine Besonderheit des Rehabilitationsmarkts besteht in der Tatsache, dass die Rehabilitationsträger im Allgemeinen zum Abschluss eines Versorgungsvertrags mit einer

1 Siehe Erläuterungen in Abschnitt 2.1.2: Die gesetzliche Krankenversicherung sowie SGB Sozialgesetzbuch (2006), S. 468 und 470.

Klinik verpflichtet sind. Diesbezüglich wurde Krankenkassenverbänden in einem BSG-Urteil[2] das Recht abgesprochen, einer vollstationären geriatrischen Rehabilitationseinrichtung mit dem Hinweis auf eine bereits ausreichend vorhandene regionale Bedarfsdeckung den Abschluss eines Versorgungsvertrags zu verweigern. In der Rechtssache wurde einer Klage der Betreiberin eines niedersächsischen Geriatriezentrums, welche 1995 den Abschluss eines Versorgungsvertrags gemäß § 111 Abs. 2 SGB V beantragt, diesen aber verweigert bekommen hatte, stattgegeben[3].

Als zentrales juristisches Argument wurde hierbei auf den Eingriff in das Grundrecht der Berufsfreiheit gemäß Artikel 12 Abs. 1 des Grundgesetzes hingewiesen, zu dem auch das Betreiben einer Rehabilitationseinrichtung hinzuzuzählen ist. Eingriffe in das Grundrecht der Berufsfreiheit ließen sich prinzipiell zwar rechtfertigen, wenn ohne sie gewisse Gemeinwohlbelange gefährdet seien. Hier ergeben sich gemäß nachfolgender Darstellung jedoch zwei wesentliche Unterschiede zwischen Rehabilitationseinrichtungen und Akutkrankenhäusern.

Im Fall der Krankenhausversorgung sind die Länder für die Erstellung der Krankenhauspläne und Investitionsprogramme verantwortlich, sie entscheiden mit Hinblick auf eine bedarfsgerechte Versorgung über die Zulassung eines Krankenhauses. Beim Abschluss eines Versorgungsvertrags mit einer Vorsorge- oder Rehabilitationseinrichtung ist hingegen lediglich ein Einvernehmen mit den Landesbehörden zu erreichen. Krankenhäuser unterliegen als Teil des Krankenhausplans der öffentlichen Investitionsförderung, während Vorsorge- und Rehabilitationseinrichtungen monistisch finanziert, die Investitionskosten also über den vereinbarten Vergütungssatz abgegolten werden. Im Fall von Vorsorge- und Rehabilitationseinrichtungen ist die Investitionsfinanzierung somit direkt an die Belegung einer Klinik gekoppelt und daher direkt von der Belegungsentscheidung einer Krankenkasse abhängig. Eine automatische Gefährdung des Gemeinwohls aufgrund eines Überangebots an Vorsorge- und Rehabilitationseinrichtungen bestehe demzufolge nicht.

Zudem ist es dem Kostenträger im Fall von Vorsorge- und Rehabilitationsleistungen möglich, durch das Bewilligungsverfahren und aufgrund vorgegebener Höchstdauern sowohl die Belegung einer Vorsorge- oder Rehabilitationseinrichtung als auch die hieraus entstehenden Kosten aktiv zu beeinflussen. Angesichts der Patientenzugänge in Krankenhäusern über Notaufnahmen bzw. direkte Einweisungen durch den niedergelassenen Arzt, ist eine solche Kontrollmöglichkeit im Akutbereich hingegen nicht gewährleistet. Eine Krankenkasse hat nur einen sehr geringen Einfluss auf die Belegung einer Akuteinrichtung und auch nur einen geringen Einfluss auf Behandlungsdauer und Behandlungskosten.

In oben genannter Rechtsprechung wurde dahingehend entschieden, dass es sich bei der geriatrischen Einrichtung gemäß § 111 Abs. 2 Satz 1 Nr. 2 SGB V sowohl um ein wirtschaftliches als auch leistungsfähiges Versorgungsangebot handelt. Neben den Definitionen Wirtschaftlichkeit und Leistungsfähigkeit wurde im Zuge des Gesundheitsstrukturgesetzes (GSG) 1993 zusätzlich der Begriff „bedarfsgerecht“ und somit

2 Rechtssache B 3 KR 63/01 R des Bundessozialgerichts (BSG) vom 23.7.2002.

3 Die Krankenkassenverbände hatten in dem Rechtsstreit auf die bereits bestehende regionale Versorgungssituation sowie die Absicht hingewiesen, bei der geriatrischen Bedarfsplanung u.a. der Umwandlung von Krankenhäusern und Krankenhausabteilungen entsprechende Priorität einräumen zu wollen. Vgl. u.a. www.kv-media.de/Internet/UrteileKV/b3kr63_ 01r.htm, Volltext des Urteils des BSG vom 23.7.2002 / Az: B 3 KR 63/01 R (Stand: 14.1.2007), für die nachfolgenden Ausführungen.

die Hürde der Bedarfszulassung eingeführt[4]. Die Einführung des Begriffs „bedarfsgerecht" wurde im Fall von Vorsorge- und Rehabilitationseinrichtungen mit der Notwendigkeit einer Kontrolle und Steuerung der Behandlungsangebote gerechtfertigt, da diese in der Vergangenheit vor allem „durch eine unzureichende inhaltliche Abgrenzung zur Krankenhausbehandlung bedingt war"[5].

Abb. 44: Merkmale von Akutkrankenhäusern, Vorsorge- und Rehabilitationseinrichtungen sowie deren Relevanz hinsichtlich des Abschlusses von Versorgungsverträgen

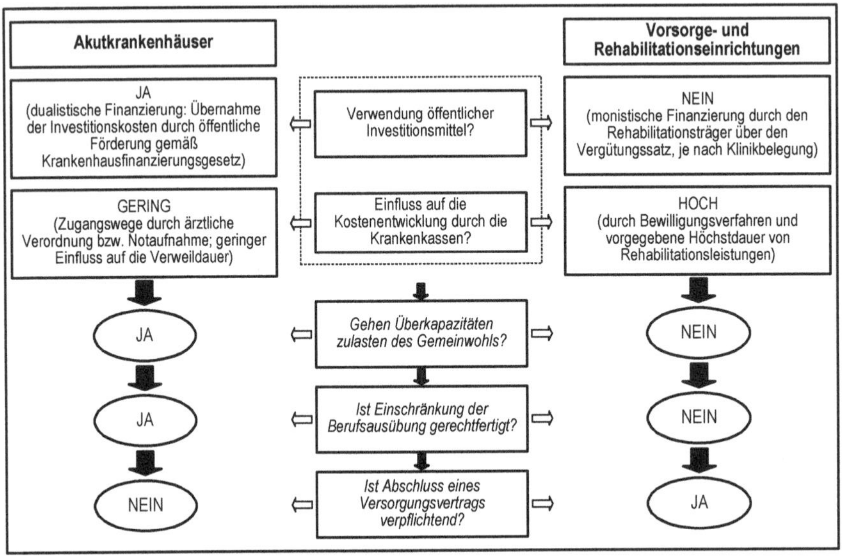

Quelle: Bundessozialgericht Urteil B 3 KR 63/01 R, abrufbar unter www.kv-media.de/Internet/UrteileKV/b3kr63_01r.htm, eigene Darstellung

Demgegenüber wurde in einer Rechtssprechung vom 19. November 1997 bereits dahingehend entschieden, dass eine Bedarfsprüfung von Vorsorge- und Rehabilitationseinrichtungen nicht gerechtfertigt sei, sofern sich deren Leistungen deutlich von Behandlungsleistungen im Akutbereich abgrenzen lassen. Das eingangs beschriebene BSG-Urteil B 3 KR 63/01 R appelliert diesbezüglich an die Verantwortung der Kassenverbände „im Rahmen ihrer Planungshoheit und Strukturverantwortung zumindest so viele Versorgungsverträge abzuschließen, wie für die flächendeckende Mindestausstattung eines Bundeslandes mit stationären Rehabilitationseinrichtungen erforderlich ist." Das Recht, Obergrenzen bei der flächendeckenden Versorgung durch Vorsorge-

4 Siehe Thier (2001), S. 384.

5 Vgl. www.kv-media.de/Internet/UrteileKV/b3kr63_01r.htm (Stand: 14.1.2007) mit dem Hinweis des BSG-Urteils auf BT-Drucksache 11/2237, S. 140. Gemäß § 109 Abs. 3 Satz 1 SGB V in SGB Sozialgesetzbuch (2006), S. 469, ist ein Krankenhaus nur dann „bedarfsgerecht", wenn bestimmte medizinische Leistungen bereits existierender Krankenhäuser nicht ausreichen, um den Nachfrageüberhang innerhalb einer bestimmten Region zu befriedigen. Ansonsten darf *kein* Versorgungsvertrag mit einer Einrichtung geschlossen werden.

und Rehabilitationseinrichtungen festzulegen, bestünde für die Krankenkassenverbände hierbei allerdings nicht[6].

Während Krankenkassen vormals nur selten bereit waren, neuen Teilnehmern am Rehabilitationsmarkt Versorgungsverträge nach § 111 SGB V zuzusprechen, wurde mit der eingangs beschriebenen Grundsatzentscheidung die Verpflichtung der Krankenkassen zum Abschluss entsprechender Versorgungsverträge bestätigt[7]. Angesichts der Tatsache, dass sich das vom Bundessozialgericht bestätigte Rechtsurteil auf allgemein gültige Vorschriften einschließlich des Grundgesetzes beruft, besitzt es für alle Rehabilitationsträger und nicht nur für die Krankenkassen Gültigkeit[8]. Die soeben angeführten Argumente sind in Abbildung 44 noch einmal überblicksartig dargestellt.

Gleichzeitig birgt die Rechtsprechung für den effektiven Zutritt und den Erfolg einer Rehabilitationsklinik am Markt jedoch nur eingeschränkte Praxisrelevanz. Die Alltagspraxis lässt sich hierbei schon allein anhand der Erläuterung zur soeben genannten Rechtsprechung erahnen. Dort wird als ein Argument gegen eine Bedarfsprüfung die Möglichkeit der Krankenkassenverbände angeführt, trotz Zulassung einer Rehabilitationsklinik diese im Nachgang nicht zwangsläufig belegen zu müssen[9].

Abschließend formuliert besteht für Rehabilitationsträger zwar ein Kontrahierungs-, jedoch kein Belegungszwang. Rehabilitationskliniken haben mit anderen Worten keinen rechtlichen Anspruch auf eine Belegung. Ein „Auseinanderfallen zwischen Zulassungsvertrag und Belegung“ ist vor allem bei der Krankenversicherung zu beobachten[10]. Auch Vereinbarungen zwischen Rentenversicherungsträger und Rehabilitationseinrichtungen ergeben sich zwar aus einer vertraglichen Regelung, enthalten jedoch keine Zusage, sondern lediglich eine Absichtserklärung, die jeweilige Einrichtung auch tatsächlich zu belegen[11].

Da existierende Verträge in der medizinischen Rehabilitation in der Regel fortgeschrieben werden[12], gleichzeitig gemäß Abschnitt 1 jedoch erhebliche Überkapazitäten am deutschen Rehabilitationsmarkt existieren, sind die Markteintrittschancen demnach – trotz des Verbots einer Bedarfsprüfung – als tendenziell gering zu bezeichnen. Selbst gut etablierte Unternehmensgruppen machen bei Eintrittsentscheidungen in neue regionale Märkte hierbei entsprechende Erfahrungen[13].

---

6 Im Fall teilstationärer Rehabilitationskliniken wurde in einem vorangegangenen BSG-Urteil bereits im Jahr 2000 dahingehend entschieden, diese in Abgrenzung zu stationären Behandlungsleistungen und gemäß dem Leistungsanspruch des Versicherten nach § 40 Abs. 1 SGB V auch ohne Bedarfsprüfung zuzulassen, sofern die personellen und fachlichen Voraussetzungen gemäß § 107 Abs. 2 Nr. 2 SGB V erfüllt sind. Vgl. Thier (2001), S. 384-386, mit einem entsprechenden Hinweis auf das BSG-Urteil B 3 KR 12/99 R vom 5.7.2000 sowie http://www.ra-thier.de/aktuelle-rechtsprechung2002.html.

7 Siehe Bothe, Dürr, Hahn, Margreiter, Messemer (2003), S. 73.

8 Siehe Heine (2003[2]), S. 4.

9 Vgl. www.kv-media.de/Internet/UrteileKV/b3kr63_01r.htm.

10 Vgl. Heine (2003[2]), S. 2 und 4.

11 Siehe Haaf (2002), S. 18.

12 Vgl. Haaf (2002), S. 18 und 20.

13 Als Beispiel kann hier das Bestreben der bayerischen Medical Park AG genannt werden, in Berlin-Brandenburg eine neue AHB-Klinik zu betreiben, was vor Ort zum Teil auf erheblichen Widerstand gestoßen ist. Das Institut für Gesundheitsökonomik (IfG) München hat diesbezüglich in Zusammenarbeit mit Prof. Henke von der Technischen Universität (TU) Berlin im Auftrag der Unternehmensgruppe eine Analyse des Rehabilitationsmarkts in Berlin-Brandenburg vorgenommen (vgl. Henke, Neubauer (2006)).

6.1.2 *Rahmenverträge und Vertragsverhandlungen in der Rehabilitation*

Hinweise zur Ausgestaltung von Verträgen im Bereich medizinischer Rehabilitation finden sich in § 21 SGB IX. Notwendige Inhalte entsprechender Verträge beinhalten u.a.

- eine Festlegung von Qualitätsanforderungen,
- die Übernahme von Grundsätzen der Vergütungsvereinbarung,
- Rechte und Pflichten der Teilnehmer,
- angemessene Mitwirkungsmöglichkeiten der Teilnehmer an der Ausführung der Leistungen
- sowie die Geheimhaltung personenbezogener Daten.

Gemäß § 21 Abs. 2 SGB IX sind von den Rehabilitationsträgern Verträge nach einheitlichen Grundsätzen und gemeinsamen Empfehlungen anzustreben[14].

Rahmenverträge mit der GKV werden gemeinsam mit den jeweiligen Landesverbänden auf Kostenträgerseite (d.h. mit dem AOK-Landesverband, dem BKK-Landesverband, dem VdAK etc.) vereinbart. Bis zum zwischenzeitlichen Einbruch des Rehabilitationsmarkts im Zuge des Wachstums- und Beschäftigungsförderungsgesetzes (WFG) sowie des Beitragsentlastungsgesetzes (BeitrEntG) im Jahr 1997 galt hier das Federführungsprinzip, bei dem Leistungspakete und Pflegesätze durch den Hauptbeleger ausgehandelt und dann von den übrigen Mitbelegern übernommen wurden. Dieses System ist in den letzten Jahren jedoch vor allem von den Krankenkassen zunehmend in Frage gestellt worden. Heute existieren nicht nur auf Ebene der Landesverbände abweichende Regelungen in der Vertragsgestaltung. Abweichend von den Rahmenverträgen werden auch von einzelnen größeren Krankenkassen oftmals Sonderkonditionen über Qualitätsaspekte, aber auch hinsichtlich der Vergütung einer Einrichtung vereinbart. Mit anderen Worten werden oftmals eigenständige Preisverhandlungen einzelner Kostenträger durchgeführt. In diesen Fällen sind aktuell je nach Kostenträger auch unterschiedlich hohe Vergütungssätze innerhalb einer Einrichtung an der Tagesordnung[15].

Die nachfolgende Abbildung 45 gibt die wichtigsten Elemente einer Vertragsverhandlung am Rehabilitationsmarkt vor Einführung des Wachstums- und Beschäftigungsförderungsgesetzes (WFG) sowie des Beitragsentlastungsgesetzes (BeitrEntG) wieder. Im Rahmen von Vertragsverhandlungen konnten demnach vom Rehabilitationsträger alle notwendigen Unterlagen eingesehen werden, um einen Vergütungssatz gemäß dem Kostendeckungsprinzip zu vereinbaren. Neben dem Rechnungsergebnis des Vorjahres sind dies die Handelsbilanz sowie die Gewinn- und Verlustrechnung einer Klinik. Aufgrund der monistischen Finanzierung ist durch den Rehabilitationsträger auch eine Überprüfung der Notwendigkeit und Sachgerechtigkeit pflegesatzrelevanter Investitionen mit Hinweisen auf Abschreibungen und Kapitalzinsen anhand einer Investitionsübersicht möglich. Weitere sachdienliche Hinweise liefern die Übersicht über Personal und Personalaufwendungen, eine Beschreibung und Auflistung erbrachter diagnostischer und therapeutischer Leistungen sowie Standardangaben zur Bettenzahl und der Anzahl Pflegetage. Auf diese Weise lässt sich feststellen, inwieweit die Vergütung des Vorjahres angesichts der tatsächlichen Kosten erforderlich und angemessen war[16].

---

14 Vgl. SGB Sozialgesetzbuch (2006), S. 1109.

15 Vgl. SVR (2003), S. 86 f., Haaf (2002), S. 18-20 sowie telefonische Aussagen von Dr. Christian Lindl, BKK-Landesverband Bayern, vom 29.9.2006.

16 Vgl. Haaf (2002), S. 18-20.

Abb. 45: Mögliche Kriterien zur Festlegung der Vergütungshöhe im Rahmen von Vertragsverhandlungen am Rehabilitationsmarkt vor 1997

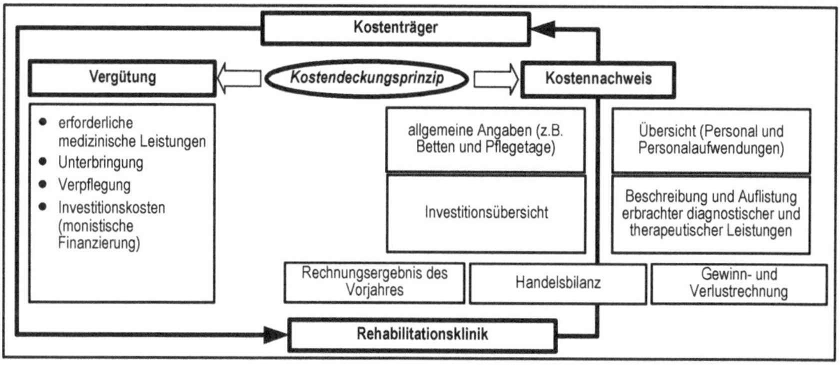

Quelle: Haaf (2002), S. 19 f., eigene Darstellung

Seit dem Einbruch des Rehabilitationsmarkts im Jahr 1997 haben die Rehabilitationsträger vom Kostendeckungsprinzip allerdings Abstand genommen[17], wenngleich die oben genannten Informationsquellen auf Wunsch einer Rehabilitationseinrichtung nach wie vor eingesehen werden können. In der Folge wurden die Pflegesätze durch die Rehabilitationsträger entweder eingefroren oder sogar gesenkt. Mit Hinweis auf die Budgetierung wurde argumentiert, dass eine Erhöhung der Pflegesätze zwangsläufig zulasten der Anzahl von Maßnahmen gehen müsste und die Auslastung der Einrichtungen somit abnehmen würde[18].

Das Ergebnis stagnierender bzw. sinkender Preise lässt sich nicht zuletzt durch ein erhebliches Ungleichgewicht zwischen Anbietern und Nachfragern am Rehabilitationsmarkt erklären. Demnach handelt es sich bei den Rehabilitationsvergütungssätzen nicht etwa um Marktpreise, welche durch die Güterknappheit bestimmt werden, sondern vielmehr um (in einem Einigungsprozess festgelegte) Verhandlungspreise, welche ganz wesentlich von der Marktstellung und Marktmacht der Vertragspartner abhängen. Angesichts vorhandener Überkapazitäten am Rehabilitationsmarkt[19] kann sich der Kostenträger die zu belegenden Rehabilitationskliniken letztendlich aussuchen, während einzelne Einrichtungen auf eine entsprechende Belegung angewiesen sind. Die Belegung wird zudem von der Rentenversicherung[20] und einigen wenigen größeren Krankenkassen ganz wesentlich beeinflusst. Gemeinsame Vertragsverhandlungen zwischen Kostenträgern und Verbänden der Rehabilitationsleistungserbringer (im Wesentlichen den Landesverbänden der Privatkrankenanstalten) sind gesetzlich außerdem nicht vorgesehen. Da Rehabilitationsplätze vielfach überregional vergeben werden, besitzen einzelne Rehabilitationskliniken auch

---

17 Gemäß dem Hauptgeschäftsführer des Bundesverbands Deutscher Privatkrankenanstalten arbeiten „Viele Anbieter … bei seit Jahren sinkenden Preisen mit betriebswirtschaftlicher Unterdeckung" (vgl. Bublitz (2004), S. 850).

18 Das Einfrieren der Preise im Rehabilitationssektor gilt in der Fachöffentlichkeit als allgemein bekannt und wurde dem Autor durch Aussagen mehrerer individueller Kostenträger nochmals bestätigt. Konkrete Aussagen finden sich u.a. auch in Haaf (2002), S. 19.

19 Vgl. hierzu entsprechende Angaben in Abschnitt 1.

20 Auf die bevorzugte Belegung klinikeigener Einrichtungen im Fall der Rentenversicherung wurde bereits in Abschnitt 3.1.2.1 hingewiesen.

keine regionale Monopolstellung. Aus oben genannten Gründen resultiert letztlich eine deutliche Marktmacht der Rehabilitationsträger gegenüber den Leistungserbringern. Allgemein lässt sich das Ergebnis von Vertragsverhandlungen auch als „Preisdiktat“ seitens des Rehabilitationsträgers bezeichnen. Erschwerend kommt für Rehabilitationskliniken hinzu, dass am Rehabilitationsmarkt keine neutralen Schiedsstellen existieren, um mögliche Konflikte zwischen den Vertragspartnern beizulegen[21].

6.2 Vergütungsformen in der Rehabilitation

Im nachfolgenden Abschnitt werden unterschiedliche Formen der Vergütung in der medizinischen Rehabilitation vorgestellt. Neben Rehabilitationsfallpauschalen (Abschnitt 6.2.1) beschäftigt sich Abschnitt 6.2.2 mit Ansätzen und Vorteilen einer leistungsorientierten Vergütung auf Basis eines Patientenklassifikationssystems in der Rehabilitation. In Abschnitt 6.2.3 wird mit Komplexpauschalen und Episodenpauschalen auf zwei besondere Formen der Vergütung hingewiesen, in denen die medizinische Rehabilitation als eine von mehreren Behandlungskomponenten enthalten ist.

6.2.1 Rehabilitationsfallpauschalen

Bis vor wenigen Jahren erfolgte die Vergütung medizinischer Rehabilitationsleistungen weitestgehend über „einrichtungsspezifische, vollpauschalierte tagesgleiche Pflegesätze“, wobei Anreise- und Abreisetag als ein Pflegetag gezählt wurden. Einschränkend ist jedoch festzuhalten, dass es sich aufgrund von Kostenobergrenzen durch teilweise Verwendung von indikationsspezifischen Richtwerten und gesetzlich festgelegten Höchstdauern bereits zum damaligen Zeitpunkt gewissermaßen um „Quasi-Fallpauschalen“ handelte[22].

Seit Einführung der Diagnosis Related Groups (DRGs) im Akutkrankenhausbereich ist die Fallpauschalenvergütung auch im Bereich der medizinischen Rehabilitation zum zentralen Thema geworden[23]. Vor allem im Bereich der Anschlussheilbehandlung werden Fallpauschalen in der Rehabilitation zwecks besserer Verzahnung von Leistungen der Akut- und Rehabilitationsbehandlung von vielen Teilen der Fachöffentlichkeit als sinnvoll erachtet. Im Sinne der Rehabilitation wird argumentiert, dass nur auf diese Weise eine klare Schnittstellendefinition zwischen der Akut- und Rehabilitationsbehandlung möglich sei[24].

Bereits im Jahr 2003 wurden Rehabilitationsfallpauschalen von fast allen Krankenkassen angewandt, mittlerweile stellen diese bei GKV-finanzierten Patienten die gängige Form der Vergütung dar[25]. Die Einführung von Rehabilitationsfallpauschalen ist für die

---

21 Vgl. u.a. SVR (2003), S. 88, Heine (2003[2]), S. 2 f., Jeschke (2003), S. 369, Schwing (2003[7]), S. 11, Haaf (2002), S. 20 sowie die nachfolgende Diskussion in den Abschnitten 6.2 und 6.3.

22 Siehe Schwing (2003[7]), S. 10 f. sowie Haaf (2002), S. 18.

23 Vgl. u.a. Ranneberg, Neubauer (2005[1]), S. 34.

24 Vgl. z.B. Rothemund (2002), S. 598 sowie Neubauer, Nowy (1998), S. 345. Hierbei wird jedoch insofern differenziert, als dass Fallpauschalen für die Kardiologie und Orthopädie, weniger hingegen für die Neurologie und Psychosomatik geeignet erscheinen (siehe Neubauer, Nowy (2002), S. 180 mit Beispielen aus der Kardiologie auf S. 181).

25 Siehe Rothemund (2003[2]), S. 601. Einschränkend ist jedoch festzuhalten, dass besondere Patientenfälle, in der AHB vor allem auf dem Indikationsgebiet Neurologie, in der Regel von der Fallpauschalenvergütung ausgenommen sind (vgl. auch Hinweise in Abschnitt 6.3.1: Steuerungsmechanismen durch Rehabilitationsfallmanagement).

Krankenkassen vor allen Dingen auch deshalb von Bedeutung, da durch sie eine stärkere Fokussierung auf den Preis der Behandlungsleistung möglich ist, während gleichzeitig das Verweildauerrisiko von den Rehabilitationskliniken übernommen wird[26].

In Anbetracht der Anreizwirkung von Fallpauschalen, die Verweildauer zu verkürzen, wurde an dieser Vergütungsform vor allem zu Beginn der Diskussion um deren Einführung in der medizinischen Rehabilitation teils heftige Kritik geübt. Hintergrund ist, dass der Ressourceneinsatz einer Rehabilitationsbehandlung weitestgehend zeitinvariant ist, bzw. aufgrund einer Besserung des Gesundheitszustands und einer verstärkten Leistungsinanspruchnahme des Patienten über den Zeitablauf sogar leicht zunimmt. In der Rehabilitation stehen Übungs- und Trainierungsverfahren im Vordergrund. Gleichzeitig sind sowohl bei verhaltensabhängigen chronischen Erkrankungen als auch bei Krankheitsbewältigung nach schweren Akutereignissen länger andauernde Lernprozesse notwendig, welche eine gewisse Mindestzeit in Anspruch nehmen. Hier besteht ein deutlicher Unterschied gegenüber den Behandlungsleistungen im Akutkrankenhaus, bei denen im Zeitablauf eine Verringerung der Ressourcenintensität festzustellen ist. Hieraus folgt die Argumentation, dass eine Prozessoptimierung im Akutkrankenhausbereich durch Verweildauerverkürzung relativ problemlos möglich ist, in der Rehabilitation jedoch nicht ohne Weiteres realisiert werden kann, ohne die Einhaltung vorgegebener Rehabilitationsziele zu gefährden. Personaleinsparungen im Rehabilitationsbereich, die durch die Einführung von Fallpauschalen und den damit verbundenen Kostendruck teilweise herbeigeführt werden, führen somit zwangsläufig zu einer rehabilitativen Unterversorgung. Gleichzeitig ist zu berücksichtigen, dass bei der Evaluation einer Rehabilitationsmaßnahme nicht nur der Entlassungszeitpunkt eines Patienten, sondern vor allem auch die mittelfristige Zielperspektive von Relevanz ist. Die Leistungserbringer argumentieren, dass die Konsequenzen einer rehabilitativen Unterversorgung im psychologischen und edukativen Bereich erst zu einem sehr viel späteren Zeitpunkt als dem Entlassungszeitpunkt auftreten. Da zudem auch für physiotherapeutische Maßnahmen kein eindeutiger Konsens darüber besteht, ab welchem Zeitpunkt die Entlassung aus einer stationären Einrichtung indiziert ist, dürften die ethischen Bedenken hinsichtlich einer Reduktion des Ressourcenaufwands in der medizinischen Rehabilitation auf Seiten der Kostenträger, aber auch seitens der Leistungserbringer weitaus geringer sein als im akutstationären Bereich[27].

Die Behandlungsleistungen zu reduzieren erweist sich vor allen Dingen auch angesichts der Tatsache als problematisch, dass bisher die notwendigen, flächendeckenden ambulanten Strukturen fehlen, um den längerfristigen Behandlungserfolg von Rehabilitationsmaßnahmen sicherzustellen und erhöhte Pflegebedürftigkeit zu vermeiden[28].

---

26 Vgl. Glatzer (2003), S. 20 sowie die nachfolgende Diskussion in Abschnitt 6.3.1.

27 Siehe u.a. Fuchs (2004), S. 328, Tabelle 1, Haaf, Volke, Schliehe (2004), S. 317, Heine (2003[1], 2003[2]), S. 68 bzw. 8 f., Haaf (2002), S.16 f. und S. 27, Rothemund (2003[2]), S. 601, Müller (2002), S. 32 mit Anmerkungen von Prof. Schwartz sowie allgemeine Anmerkungen des SVR (2003), auf S. 96 und S. 115.

28 Vgl. hierzu die Diskussion in Abschnitt 3.3.

Tatsächlich zeigen auch internationale Erfahrungen, u.a. aus Italien[29] und den USA[30], dass die Einführung von Fallpauschalen zu einer Verkürzung der Verweildauer sowie zu einer Reduktion des Ressourceneinsatzes in der Rehabilitation führt[31]. Entsprechende Trends einer Verweildauerverkürzung sind in einer wissenschaftlichen Begleituntersuchung des Instituts für Gesundheitsökonomik (IfG) auch schon für Deutschland dokumentiert worden[32].

Auf Seiten der Rehabilitationsträger sehen Repräsentanten der Rentenversicherung die Einführung von Fallpauschalen, anders als die Vertreter der Krankenkassen, eher kritisch[33]. Die gegensätzlichen Positionen lassen sich mit dem unterschiedlichen Rollenverständnis erklären, welches den beiden Trägergruppen zu Eigen ist. Auf die geringere ökonomische Anreizwirkung einer Erbringung von Rehabilitationsleistungen im Fall der Krankenkassen wurde in Abschnitt 4.4 mit dem Thema Rehabilitation vor Pflege bereits eingegangen. Fragen der Ausgabenreduktion stehen hier verständlicherweise stärker im Vordergrund. Eine stärkere Anreizwirkung bei der Durchführung von Rehabilitationsleistungen besteht hingegen bei der Rentenversicherung auf Basis des Grundsatzes „Rehabilitation vor Rente“[34].

6.2.2 Ansätze zur Entwicklung einer Patientenklassifikation in der medizinischen Rehabilitation

Mittlerweile ist die öffentliche Diskussion über die Nachteile von Rehabilitationsfallpauschalen weitestgehend abgeklungen. In der Tat erscheint es auch wenig sinnvoll, weiterhin über einen Zustand zu klagen, welcher aufgrund des Kostendrucks im Gesundheitssystem nicht mehr rückgängig zu machen sein wird. Vielmehr sollte darüber nachgedacht werden, wie die Rehabilitationsvergütung mittels der gegenwärtig zur Verfügung stehenden finanziellen Ressourcen verbessert werden kann[35]. Hier gibt es trotz – oder gerade mit Hilfe von – Rehabilitationsfallpauschalen Wege und Möglichkeiten, die nachfolgend vorgestellt werden. Konkret dürften sich durch die Einführung eines Patientenklassifikationssystems Vorteile für die Rehabilitation erzielen lassen, die mit denen der Diagosis Related Groups (DRGs) im Akutbereich vergleichbar sind[36].

---

29 Vgl. Paolucci, Traballesi, Emberti Gialloreti, Pratesi, Lubich, Salvia, Grasso, Morelli, Pulcini, Troisi, Coiro, Caltagirone (1998), S. 25 und 28-30 hinsichtlich einer Verschlechterung bei der Wiederherstellung motorischer und funktionaler Fähigkeiten aufgrund einer Reduktion der Rehabilitationsverweildauer bei neurologischen Patienten an italienischen Krankenhäusern.

30 In einer US-Studie wurden die Auswirkungen einer Fallpauschaleneinführung auf die Genesung von Hüft-TEP Patienten untersucht. Es handelte sich hierbei um Behandlungen im Akutkrankenhaus, bei denen zwecks einer Verweildauerreduzierung jedoch in erster Linie Rehabilitationsbehandlungsleistungen gekürzt wurden (vgl. Fitzgerald, Fagan, Tierney, Dittus (1987), S. 219).

31 Vgl. SVR (2003), S. 96 sowie Haaf (2002), S. 27.

32 Neubauer, Lewis (2005[1]) zeigen in einer Studie für die AOK Bayern u.a., dass die Einführung von Rehabilitationsfallpauschalen bei AHB-Patienten im Durchschnitt eine Absenkung der Verweildauer zur Folge hatte, während die Verweildauern von Fällen außerhalb dieser Vergütungsregelung leicht angestiegen waren (vgl. Abbildungen 3-2 (a) und (b) auf S. 22).

33 Siehe Schwing (2003[6]), S. 10.

34 Vgl. Ausführungen in Abschnitt 2.1.1.

35 Eigener Hinweis in einem Vortrag in Vertretung von Prof. Neubauer anlässlich des 4. Europäischen Gesundheitskongresses 2005 in München.

36 Siehe u.a. Rothemund (2003[2]), S. 601, Clade (2003[2]), S. B923 sowie Kuge (2003), S. 277 und 280.

Abbildung 46 gibt die wesentlichen Vorteile eines Patientenklassifikationssystems in Form einer Übersicht wieder. Zum einen zeigen Projekte aus der Vergangenheit, dass sich mit Hilfe einer Patientenklassifikation eine *Schnittstellenoptimierung* zwischen Akut- und Rehabilitationsbehandlung erreichen lässt[37], welche gemäß den Ausführungen in Abschnitt 4.1 eine immer wichtigere Rolle spielt. Zusätzlich sorgt ein Patientenklassifikationssystem vor allen Dingen auch für eine stärkere *Leistungsorientierung* der Vergütung. Bisher erfolgt in der Rehabilitationsvergütung keine Differenzierung nach Fällen bzw. nach dem Schweregrad der Krankheit einzelner Patienten. In Abschnitt 6.1.2 wurde dokumentiert, dass die Vergütung in der Rehabilitation auf dem Verhandlungswege bestimmt wird und dass das Kostendeckungsprinzip in den letzten Jahren zunehmend in den Hintergrund getreten ist. Die vereinbarte Vergütungshöhe pro Fall unterscheidet sich in einer Klinik in der Regel lediglich zwischen einzelnen Fachabteilungen und je nach Kostenträger. Unabhängig vom Leistungsaufwand werden für Patienten einer Indikation somit dieselben Vergütungssätze bezahlt[38]. Diese Tatsache steht in diametralem Widerspruch zur Ausgestaltung des DRG-Systems und ist vor allem für die Implementierung von Verträgen zur integrierten Versorgung hinderlich[39].

Abb. 46: Vorteile eines Patientenklassifikationssystems in der medizinischen Rehabilitation

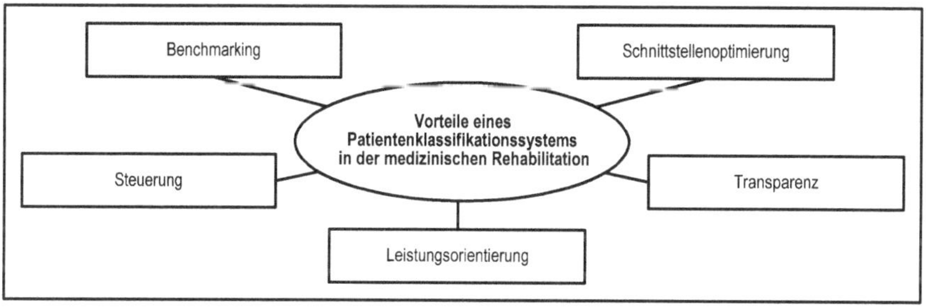

Quelle: Ranneberg (2006), S.10, Abbildung 3; Ranneberg, Neubauer (2005[1]), S. 35, Rapp (2006), S. 663 f., eigene Darstellung

Zwei Anmerkungen in einer Diskussionsrunde zum Thema Patientenklassifikation in der medizinischen Rehabilitation seien an dieser Stelle erwähnt. Ein Kassenvertreter würde die Einführung eines Patientenklassifikationssystems vor allen Dingen angesichts der Erkenntnis begrüßen, dass im Rahmen der gegenwärtigen Vergütungssituation durchaus schon einmal qualitativ hochwertige Rehabilitationskliniken (und somit „die Falschen“) in finanzielle Not geraten seien. Der Geschäftsführer einer bayerischen Rehabilitationsklinik wiederum traf die Aussage: „Wenn schon eine Marktbereinigung im Rehabilitationssektor, dann unter gleichen und fairen Bedingungen“[40]. Bei-

37 Vgl. u.a. Neubauer, Lewis (2006[1]) mit dem Modellprojekt einer AOK-Komplexpauschalenvergütung, basierend auf Fallgruppen aus dem Akutbereich sowie Rehabilitationsbehandlungsgruppen an Herzzentrum und Theresienklinik Bad Krozingen.

38 Vgl. u.a. Rapp (2006), S. 663, Ranneberg (2006), S. 171, SVR (2003), S. 87 f. sowie Haaf (2002), S. 20.

39 Vgl. Neubauer, Rothemund, Lewis (2006), S. 668, inklusive Abbildung 1 auf S. 669.

40 Beide Aussagen wurden im Rahmen einer Einführungssitzung bzw. eines Koordinierungsausschusses getroffen, welche unter Leitung von Prof. Neubauer und dem Institut für Gesundheitsökonomik (IfG) München seit Frühjahr 2006 in regelmäßigen Abständen organisiert werden. Eine weiterführende Darstellung folgt im Laufe dieses Abschnitts.

den Wünschen, sowohl seitens der Rehabilitationsträger als auch seitens der Kliniken, kann durch die Einführung eines Patientenklassifikationssystems aufgrund der damit verbundenen, erhöhten *Transparenz* entsprochen werden[41]. Ein weiterer entscheidender Vorteil eines Patientenklassifikationssystems, der indirekt aus der erhöhten Transparenz erbrachter Behandlungsleistungen resultieren würde, ist die Möglichkeit einer gezielten *Steuerung* von Patienten in bestimmte Rehabilitationseinrichtungen. Homogene Fallgruppen bilden außerdem die Grundlage für ein vergleichendes *Benchmarking* einzelner Kliniken, da durch sie Subgruppen von Einrichtungen mit ähnlichen Patientenmerkmalen gebildet werden können[42].

Während die Einführung eines Rehabilitationsklassifikationssystems bereits seit längerem von weiten Teilen der Fachöffentlichkeit gefordert wird[43], war vor allem der Diagnosebezug eines solchen Systems lange Zeit und teilweise auch noch bis zum heutigen Zeitpunkt nicht unumstritten. In einzelnen Aufsätzen und Fachsitzungen wurde diesbezüglich wiederholt argumentiert, dass die Diagnose aus dem Krankenhausbereich kein hilfreicher Parameter für die Abbildung von Rehabilitationsleistungen sei. Stattdessen müsse die Rehabilitationsvergütung stärker am individuellen Zustand des Patienten sowie an der Erreichung vereinbarter Rehabilitationsziele ausgerichtet werden[44].

Im Rahmen der Diskussion zur Einführung eines Patientenklassifikationssystems für die Rehabilitation hat in der Vergangenheit auch die International Classification of Functioning, Disability and Health (ICF) lange Zeit eine zentrale Rolle gespielt[45]. Die ICF bildet die funktionale Gesundheit des Individuums („functioning") bzw. deren Beeinträchtigung („disability") mittels dreier Perspektiven, nämlich denen des Körpers (Körperfunktionen und –strukturen), der Person (Aktivitäten) sowie der Gesellschaft (Teilhabe an Lebensbereichen) ab. In einem zweiten Schritt wird deren Abhängigkeit bzw. Wechselwirkung mit einzelnen – positiven sowie negativen – Kontextfaktoren berücksichtigt[46]. Aktuell setzt sich in Fachkreisen jedoch zunehmend die Erkenntnis durch, dass die ICF in ihrer derzeitigen Form lediglich ein Schlüsselverzeichnis, jedoch kein Assessmentinstrument darstellt. Als Grundlage für ein Patientenklassifikationssystem ist sie zum gegenwärtigen Zeitpunkt daher ungeeignet, was jedoch nicht bedeutet, dass die ICF – mit entsprechenden Modifikationen – mittelfristig nicht als Hilfsmittel und somit auch als Bestandteil eines Klassifikationssystems verwendet werden kann[47].

---

41 Vgl. u.a. auch Jeschke (2003), S. 370 sowie Haaf (2002), S. 20 und 26, bezüglich der bisherigen Intransparenz der Vergütungsregelungen am deutschen Rehabilitationsmarkt.

42 Vgl. Rapp (2006), S. 663 f. Während größere Transparenz und eine stärkere Leistungsorientierung direkt mit den Möglichkeiten einer leistungsorientierten Vergütung im Zusammenhang stehen, sind Klinik-Benchmarking und eine verbesserte Patientensteuerung vor allen Dingen auch unter Qualitätsgesichtspunkten von Interesse. Diese Thematik wird in Abschnitt 6.5 noch einmal aufgegriffen.

43 Vgl. u.a. Kuge (2003), S. 280, Neubauer, Nowy (2002), S. 180 sowie Clade (2003^2), S. B924, mit Hinweis auf eine entsprechende Forderung von Dr. Dieter Thomae, gesundheitspolitischer Sprecher der FDP.

44 Vgl. u.a. Bublitz (2004), S. 852, Rehfeld (2004), S. 227, Heine (2003^2), S. 5, Haaf (2002), S. 26 f. sowie Paolucci, Traballesi, Emberti Gialloretti, Pratesi, Lubich, Salvia, Grasso, Morelli, Pulcini, Troisi, Coiro, Caltagirone (1998), S. 25 und 30. Siehe auch Sutton, DeJong, Wilkerson (1996), S. 694 mit entsprechenden Stimmen aus dem Ausland.

45 Unter anderem wurde diese auch im Rahmen einer Ausschreibung des Bundesverbands Deutscher Privatkrankenanstalten (BDPK) von einigen Teilnehmern favorisiert (vgl. Rapp (2005), S. 814, mit einem Hinweis auf die damalige Ausschreibung mit Einsendetermin März 2005).

46 Vgl. Ranneberg (2006), S. 123 sowie eine allgemeine Beschreibung der ICF auf den Seiten 123-132.

47 Siehe Rapp (2006), S. 667 f. sowie Ranneberg (2006), S. 135-137.

Die unterschiedlichen Formen einzelner Patientenklassifikationssysteme in der medizinischen Rehabilitation sollen aufgrund ihrer Bandbreite hier nicht zu sehr vertieft werden, zumal diese an anderer Stelle bereits ausführlich behandelt wurden[48]. Es sei jedoch darauf hingewiesen, dass sich in Deutschland mit Ausnahme der Frühreha-DRGs und abgesehen von dem Phasenmodell in der Neurologie[49] mit den Rehabilitanden-Management-Kategorien (RMK) sowie den Rehabilitationsbehandlungsgruppen (RBG) bisher im Wesentlichen zwei Systemideen herausgebildet haben, die nachfolgend näher vorgestellt werden.

Das Konzept der *Rehabilitationsbehandlungsgruppen (RBG)* wurde seit den 90er Jahren durch die Forschungsarbeiten von Neubauer entwickelt und geprägt. Neben der Bildung von RBG für ausgewählte rheumatische Erkrankungen im Auftrag der Rentenversicherung[50] sind aus den anfänglichen Arbeiten vor allem auch die Kalkulationen im Auftrag der privaten Klinikkette Wittgensteiner Kliniken Allianz (WKA) hervorzuheben. Auf Basis von knapp 5.000 Patientendaten aus den Jahren 1997 und 1998 wurden für spezifische Rehabilitationsbehandlungsgruppen in der Kardiologie und Orthopädie Rehabilitationsfallpauschalen kalkuliert[51].

Tiefer gehende Analysen unter Weiterentwicklung definierter RBG wurden in den darauf folgenden Jahren an der Universität der Bundeswehr München im Rahmen eines durch das Bundesministerium für Bildung und Forschung (BMBF) und den VDR geförderten Projekts auf den Indikationsgebieten Orthopädie und Kardiologie und später auch in der Neurologie durchgeführt[52].

Theoretischer Leitfaden bei der Entwicklung von RBG ist die Erfüllung sowohl der medizinischen Plausibilität als auch der ökonomischen Homogenität[53]. Während durch vorab definierte Basis-RBG in den Teilbereichen AHB und Antragsrehabilitation die medizinische Plausibilität gewährleistet ist, wird durch eine nachträgliche Unterteilung nach Schweregraden auch eine weitestgehende ökonomische Homogenität sichergestellt. Ein Schwerpunkt der letztgenannten Forschungsarbeiten an der Universität der Bundeswehr München bestand in der Identifikation einzelner Reha-Schweregrad-Indikatoren zur verlässlichen Vorhersage individueller Unterschiede im finanziellen Ressourcenverbrauch. Ziel war die Gewährleistung einer möglichst hohen Homogenität innerhalb einzelner Schweregrad(SG)-RBG, bei gleichzeitiger Sicherstellung maximaler Heterogenität zwischen den SG-RBG[54].

---

48 Eine ausführliche Abhandlung einzelner Patientenklassifikationssysteme in der medizinischen Rehabilitation – sowohl im Ausland als auch erste Ansätze in Deutschland – finden sich in den Abschnitten 4 und 5 der Dissertation von Ranneberg (2006), S. 123-170 sowie S. 171-202.

49 Vgl. Ranneberg (2006), S. 172-189 sowie Anhang 2.

50 Vgl. Neubauer, Birkner, Träger (1995).

51 Vgl. u.a. Neubauer, Nowy (2000), S. 36-42 sowie Neubauer, Nowy (1998), S. 344. Die Bezeichnungen der kardiologischen und orthopädischen Rehabilitationsbehandlungsgruppen (RBG) finden sich u.a. in Gerdes, Halhuber, Undeutsch, Jost, Hortebusch, Kammerlander (2000), S. 13 sowie Gerdes, Best, Wolf (2000), S. 25.

52 Vgl. Ranneberg (2006), Abschnitt 6, S. 203-276, für ausführlichere Erläuterungen. Eine Präsentation der RBG-Methodik inklusive Ergebnissen für die Kardiologie und Orthopädie findet sich in Ranneberg, Neubauer (2005[1]), S. 35-38, respektive S. 38-41 sowie Ranneberg, Neubauer (2005[2]), S. 112-115 respektive S. 116-121.

53 Siehe u.a. Neubauer, Rothemund, Lewis (2006), S. 668 f.

54 Vgl. Ranneberg, Neubauer (2005[1]), S.34-38, vor allem Abbildung 1 auf S.35 und Abbildung 5 auf S. 38 sowie nähere Ausführungen in Ranneberg (2006), Abschnitt 6, S. 203-276.

Zur Bildung von *Rehabilitanden-Management-Kategorien (RMK)* wurden in zwei bisherigen Untersuchungen die Summen der KTL-Minuten für Patienten der Kardiologie und Orthopädie sowie die Anzahl der therapeutischen Maßnahmen pro Patient für den Fachbereich Sucht herangezogen[55]. Als Diskriminanten wurden überwiegend sozialmedizinische und soziodemographische Merkmale verwendet, Fragen zur funktionalen Selbständigkeit wurden bisher hingegen vollständig außer Acht gelassen. Die Frage der Ressourcenverbräuche steht bei den RMK zudem nicht im Vordergrund. Dies ist vor allem daran zu erkennnen, dass bei der Leistungsdefinition weder nach Berufsgruppen, noch nach Einzel-, Kleingruppen- bzw. Gruppentherapien unterschieden wurde. Aufgrund einer geringen Varianzerklärung sowie starken Überlappungen im Leistungsumfang einzelner Gruppen sind die RMK für eine Fallpauschalenbildung auf Basis bisheriger Ergebnisse (Stand: 2007) demzufolge ungeeignet[56].

Abb. 47: Aktuelle Ansätze zur Entwicklung eines Patientenklassifikationssystems für die medizinische Rehabilitation in Deutschland

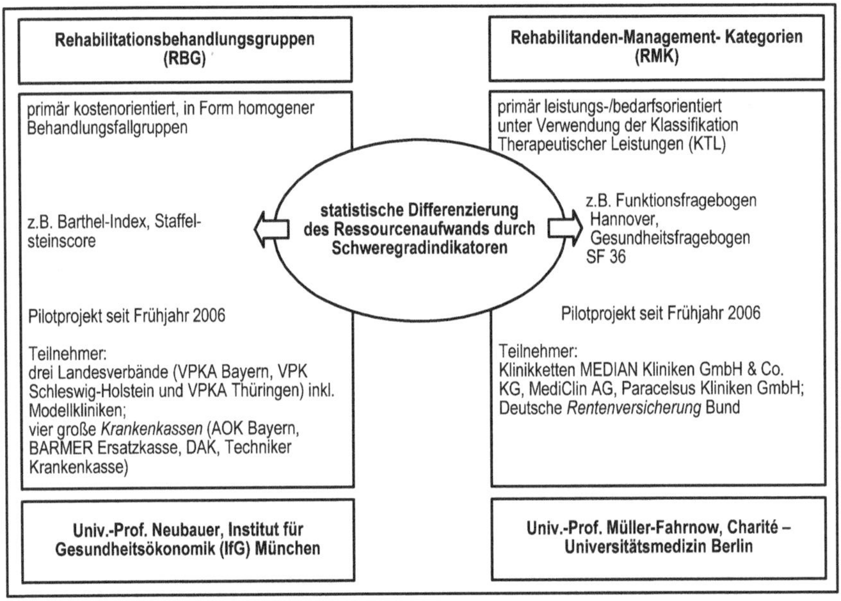

Quelle: Rapp (2006), S. 664 f., eigene Darstellung (Stand: 2007)

Zusammenfassend sind RMK primär auf Fragen der prozessorientierten Qualitätssicherung und nicht auf Fragen des Ressourcenverbrauchs ausgerichtet. Dies erklärt sich anhand der Tatsache, dass der KTL auf Initiative der Reha-Kommission des VDR und unter Federführung der Bundesversicherungsanstalt für Angestellte (BfA) im Jahr 1995 ursprünglich zu Zwecken der Qualitätsmessung entwickelt wurde.

55 Vgl. u.a. Ranneberg (2006), S. 190-193 für eine genauere Beschreibung des KTL sowie S. 194-197 bezüglich einer Darstellung der mit Rehabilitanden-Management-Kategorien im Zusammenhang stehenden Studien.

56 Vgl. Ranneberg (2006), S. 195.

Derzeit (Stand: 2007) werden mit den Rehabilitationsbehandlungsgruppen (RBG) und den Rehabilitanden-Management-Kategorien (RMK) durch die beiden wichtigsten Rehabilitationsträger, nämlich die Krankenkassen und die Deutsche Rentenversicherung Bund, in getrennten Projektgruppen jeweils unterschiedliche Ansätze verfolgt (vgl. Abbildung 47). Während mittels RMK nun auch eine stärkere Orientierung an funktionalen Parametern vorgenommen wird, ist die Umstellung auf eine leistungsorientierte Vergütung anders als unter dem RBG-Ansatz nach wie vor kein erklärtes Projektziel[57].

In der nachfolgenden Beschreibung wird das Modellprojekt der RBG, geleitet von Prof. Neubauer am Institut für Gesundheitsökonomik (IfG) München, mit Stand Juli 2007 wiedergegeben. Aufgrund der spezifischen Schwerpunktbildung der Krankenkassen wird dort zu Beginn lediglich die Gruppe der orthopädischen und kardiologischen Anschlussheilbehandlungen (AHB) wissenschaftlich evaluiert. Die Patientenklassifikation setzt bei den in den vorangegangenen Forschungsprojekten entwickelten RBG an (vgl. vorangegangene Erläuterungen in diesem Abschnitt)[58]. Nach Festlegung der kardiologischen und orthopädischen Rehabilitationsbehandlungsgruppen wurde durch die Chefärzte teilnehmender Modellkliniken eine Zuordnung von DRGs auf einzelne RBG vorgenommen. In Form eines ersten *Makro-Ansatzes* wurden im Anschluss mit Hilfe von DRG-basierten AHB-Patientendaten der AOK Bayern Variablen aus dem Akutbereich auf ihre Eignung zur Differenzierung von Rehabilitationsbehandlungskosten getestet[59]. Als Differenzierungskriterium des Ressourcenaufwands wurde hierzu zum einen der Patient Clinical Complexity Level (PCCL) einzelner DRGs aus dem Akutbereich herangezogen und als gewichteter Durchschnitt den einzelnen RBG zugeordnet[60]. Der PCCL errechnet sich aus den jeweiligen Nebendiagnosen eines Patienten. Nebendiagnosen können in unterschiedlichen DRGs unterschiedliche CCL-Werte aufweisen und werden je nach DRG in die Kategorien keine, leichte, mäßig schwere, schwere oder äußerst schwere CC („Complications and Comorbidities"/ Komplikationen und Komorbiditäten) eingestuft. Letztendlich wird der patientenbezogene Gesamtschweregrad (PCCL) über eine Glättungsformel durch ein komplexes Verfahren aus den CCL-Werten der dokumentierten Nebendiagnosen errechnet (PCCL = 0: keine CC; PCCL = 1: leichte CC; PCCL= 2: mäßig schwere CC; PCCL = 3: schwere CC; PCCL= 4: äußerst schwere CC)[61].

Für einzelne Rehabilitationsbehandlungsgruppen (RBG) wurde neben dem PCCL der Durchschnittswert der vorangegangenen Akutverweildauern ermittelt. Diese Variablen sowie die bedarfsabhängige Kostenverteilung einzelner RBG im Bereich orthopädischer und kardiologischer Anschlussheilbehandlungen aus dem bereits erwähnten Forschungsprojekt der Universität der Bundeswehr München, wurden zu Bewertungsrelationen mit einem Durchschnittswert von 1,0 umgerechnet und einander gegenübergestellt. Abbildungen 48 und 49 dokumentieren für die Orthopädie auffallende Ähnlich-

57 Telefonische Auskunft von Frau Dr. Spyra, Universitätsmedizin der Charité in Berlin, vom 27.9.2006 sowie Präsentation von Prof. Müller-Fahrnow im Rahmen des 5. Europäischen Gesundheitskongresses am 17.9.2006 in München.

58 Siehe Neubauer, Rothemund, Lewis (2006), S. 670, mit einer Darstellung der verwendeten orthopädischen RBG in Abbildung 2.

59 Vgl. Neubauer, Rothemund, Lewis (2006), S. 670 f. für die nachfolgende Textbeschreibung.

60 Dieser findet sich als Durchschnittswert einer jeweiligen DRG im DRG Report-Browser, abrufbar unter www.g-drg.de, Download vom 20.12.2005 (vgl. Institut für das Entgeltsystem im Krankenhaus gGmbH (2006[4])).

61 Vgl. Institut für das Entgeltsystem im Krankenhaus gGmbH (2006[3]).

keiten zwischen der Verteilung bedarfsabhängiger Kosten und den Verteilungen des PCCL und der Akutverweildauer[62]. Aufgrund der stärkeren Ähnlichkeit in der Gruppe Wirbelsäule/Bandscheibe ist der PCCL dem Kriterium Akutverweildauer im Bereich Orthopädie vorzuziehen. Dieses Ergebnis ist insofern interessant, als dass der Zusammenhang zwischen dem Patientenschweregrad und dem Ressourcenaufwand in der Rehabilitation bisher keinesfalls als eindeutig erwiesen galt[63]. Auch mittels aktuelleren Kostendaten sowie unterschiedlichen Fallzahlengewichtungen aus dem Projekt „Reha-Klassifikation" des Instituts für Gesundheitsökonomik (IfG) München ließ sich der PCCL weiterhin als ein guter Prädiktor für den Ressourcenaufwand in der orthopädischen Anschlussheilbehandlung bestätigen[64]. Bei dem PCCL handelt es sich des Weiteren um ein allgemein verfügbares, leicht verständliches Instrument, welches zudem manipulationsresistent und somit auch im Sinne einer Umsetzbarkeit gut geeignet erscheint. Im Gegensatz zur Orthopädie waren in der Kardiologie Zusammenhänge zwischen PCCL bzw. Akutverweildauer und den bedarfsabhängigen Kosten weitaus weniger deutlich erkennbar. Mehr noch als in der Orthopädie ist es in der Kardiologie somit notwendig, zusätzlich stärker nach einzelnen Schweregrad(SG)-RBG zu differenzieren (vgl. nachfolgende Beschreibung des Mikro-Ansatzes).

Abb. 48: Verteilung bedarfsabhängiger Kosten einzelner orthopädischer Rehabilitationsbehandlungsgruppen (RBG) in DM, September 2000 bis Januar 2002

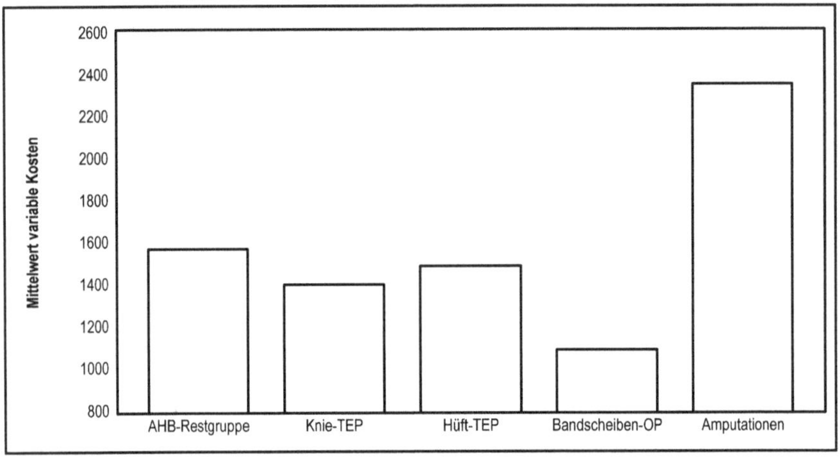

Quelle: nach Neubauer, Kempe, Mayer, Nowy, Ranneberg (2002), S. 90

Seit dem Jahr 2007 läuft unter dem RBG-Ansatz eine Erhebung von Patientendaten an neun orthopädischen und fünf kardiologischen Modellkliniken[65]. Ziel ist es, den Ressourcenaufwand von Patientenbehandlungen einzelner RBG zu dokumentieren und

62 Eine Ausnahme bildet die RBG AHB nach Amputationen. Diese ist jedoch zahlenmäßig sehr klein, so dass für diese Gruppe Sonderkonditionen vereinbart werden könnten.

63 Da sich Patienten mit einer höheren Fallschwere nicht an allen AHB-Maßnahmen beteiligen können, ist theoretisch auch ein geringerer Ressourcenverbrauch denkbar (vgl. Haaf (2002), S. 26).

64 Vgl. Neubauer, Pfister (2007), S. 13 f., insbesondere Abbildung 9.

65 Siehe Neubauer, Pfister (2007), Tabelle 3, S. 24.

diesen zwecks weiterer ökonomischer Differenzierung einzelnen Patientenmerkmalen bzw. Schweregradindikatoren gegenüberzustellen. Zum Zweck dieses so genannten *Mikro-Ansatzes* werden u.a. diverse Schweregradscores erhoben. In der Orthopädie ist dies der Barthel-Index sowie der Staffelstein-Score im Fall von TEP-Patienten. Im Bereich Kardiologie wird der Functional Independence Measure (FIM) bzw. der erweiterte Barthel-Index und optional der Hospital Anxiety and Depression Scale (HADS) erhoben[66].

Abb. 49: Gegenüberstellung von Bewertungsrelationen nach PCCL, Akutverweildauer und der Verteilung bedarfsabhängiger Kosten (Indikationsgebiet Orthopädie)

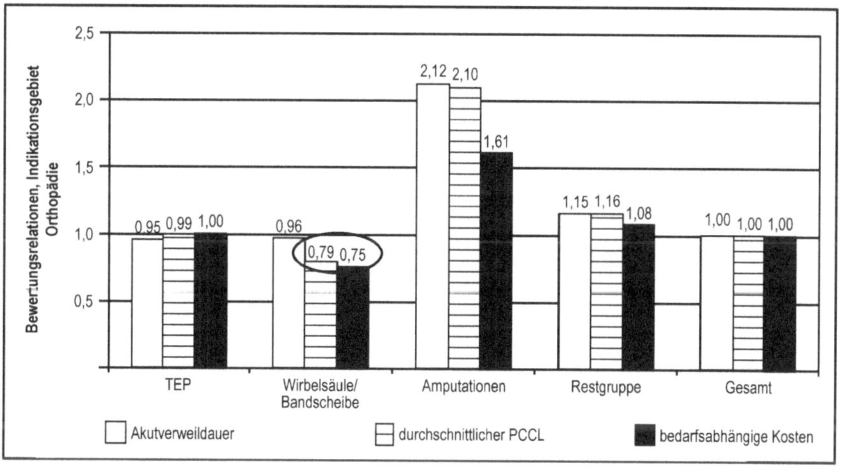

Quelle: Daten der AOK Bayern (1. bis 3. Quartal 2005), Neubauer, Kempe, Mayer, Nowy, Ranneberg (2002), S. 90, eigene Berechnung/Darstellung

Während die Ergebnisse im Bereich Kardiologie (mit Stand 2007) noch ausstanden, hat sich für die RBG AHB nach Hüft-TEP, AHB nach Knie-TEP und AHB nach Wirbelsäulen-OP vor allem durch den Barthel-Index bei einem Score von über bzw. unter 85 Punkten eine deutliche Trennschärfe der bedarfsabhängigen Kosten gezeigt. Für die soeben genannten drei RBG haben sich die Projektteilnehmer somit auf eine weitere Schweregradunterteilung, jeweils in einen Schweregrad A und B, verständigt[67]. Durch eine weitere Ausdifferenzierung nach SG-RBG wird eine zusätzliche ökonomische Homogenität innerhalb einzelner Behandlungsgruppen mit maximaler Heterogenität zwischen den Gruppen gewährleistet.

66 Gleichzeitig werden weitere, patientenindividuelle Merkmale in den Dokumentationsbögen berücksichtigt. Hierzu zählen u.a. Alter und Geschlecht des Patienten, Angaben zur Pflegestufe, der Zeitabstand zwischen Akutbehandlung und AHB, behandlungsrelevante Zusatzerkrankungen sowie – im Fall der Kardiologie – kardiovaskuläre Risikofaktoren und behandlungsbedürftige Komplikationen (vgl. Neubauer, Rothemund, Lewis (2006), S. 670 f.).

67 Vgl. Neubauer, Pfister (2007), S. 9-12, insbesondere Abbildungen 5 bis 7.

Letztendlich wurden im Einverständnis mit dem Projektbeirat und Koordinierungsausschuss die nachfolgenden zehn RBG gebildet und analog dem DRG-System kodiert, wobei der Buchstabe „O“ das Indikationsgebiet Orthopädie kennzeichnet[68]:

- AHB nach Hüft-TEP, Barthel-Index < 85 (RBG O-01A)
- AHB nach Hüft-TEP, Barthel-Index ≥ 85 (RBG O-01B)
- AHB nach Knie-TEP, Barthel-Index < 85 (RBG O-02A)
- AHB nach Knie-TEP, Barthel-Index ≥ 85 (RBG O-02B)
- AHB nach Wirbelsäulen-OP Barthel-Index < 85 (RBG O-03A)
- AHB nach Wirbelsäulen-OP, Barthel-Index ≥ 85 (RBG O-03B)
- AHB nach Osteosynthese der unteren Extremitäten (RBG O-04Z)
- AHB nach Schulter-OP (RBG O-05Z)
- AHB nach Amputation (RBG O-06Z)
- AHB Restgruppe (RBG O-07Z).

Bei der Entwicklung eines neuen Vergütungssystems ist in Anlehnung an die durchschnittlichen Ausgaben je Patient für einzelne Krankenkassen bei einem Systemtransfer eine Ausgabenneutralität sicherzustellen[69]. Unter den Kliniken hingegen wird eine Umstellung zwangsläufig zu Änderungen in der Erlössituation führen. Hierzu war ab 15. September 2007 für das letzte Quartal 2007 eine weitere Erhebung geplant. Diese berücksichtigte

- aus Sicht jeder teilnehmenden Modellklinik die Anzahl der behandelten Patienten je RBG
- aus Sicht der Krankenkassen deren Vergütung je Indikation, jeweils
  - für die Krankenkasse insgesamt
  - je Bundesland
  - und pro teilnehmende Klinik.

Bewertungsrelationen je RBG wurden bereits klinikübergreifend aus den relativen Kostendaten ermittelt, so dass für die Orthopädie keine weiteren Kostenerhebungen notwendig sind. Mittels der Erhebung aus dem letzten Quartal 2007 sollen pro Modellklinik nun so genannte Simultanabrechnungen parallel zur gegenwärtigen Vergütungssituation durchgeführt werden, um den Kliniken die Höhe der finanziellen Veränderungen bei einer Umstellung des Vergütungssystems aufzuzeigen[70]. Um den Rehabilitationseinrichtungen indessen die Möglichkeit zu geben, sich auf die neue, betriebswirtschaftliche Situation einstellen zu können, ist bei dem Transfer hin zu einem neuen Vergütungssystem eine Konvergenzphase zu vereinbaren[71].

Im Gegensatz zur Einführung von DRGs ist festzustellen, dass die Einführung eines Patientenklassifikationssystems für die Rehabilitation nicht auf Basis eines ausländischen Systems entstanden ist. Anders als im Fall der australischen AR-DRGs im

---

68 Siehe Neubauer, Pfister (2007), Tabelle 2 auf S. 19, für diese zusammenfassende Darstellung.

69 Auch bei der Kalkulation von Rehabilitationsfallpauschalen für die Kliniken der Wittgensteiner Kliniken Allianz (WKA) wurde für die Krankenkassen eine ausgabenneutrale Umstellung von einer tagesbezogenen Vergütung auf Fallpauschalen gewährleistet (vgl. Neubauer, Nowy (1998), S. 342).

70 Siehe Neubauer, Pfister (2007), S. 22.

71 Vgl. Neubauer, Rothemund, Lewis (2006), S. 671 f., mit der Beispielrechnung einer ausgabenneutralen Umstellung in Anlehnung an den Patient Clinical Complexity Level (PCCL) sowie dem Hinweis auf die Notwendigkeit einer Konvergenzphase.

Akutbereich ist aufgrund der Besonderheit der deutschen Rehabilitationssituation kein ausländisches System als geeignet empfunden worden[72].

Die Einführung eines Patientenklassifikationssystems ist, im Gegensatz zu den deutschen G-DRGs im Akutbereich, zudem nicht gesundheitspolitisch vorgegeben worden. Vielmehr sind erste modellhafte Umsetzungen auf Basis von RBG und RMK derzeit aus zwei Eigeninitiativen entstanden. Um den Gesetzgeber jedoch von der Zweckmäßigkeit eines Patientenklassifikationssystems überzeugen zu können, erscheint es mittelfristig eventuell notwendig, sich auf einen der beiden vorgestellten Ansätze zu einigen[73]. Dies würde letztendlich auch dem Wunsch des Gesetzgebers nach einer stärkeren Zusammenarbeit der Rehabilitationsträger gemäß § 12 SGB IX entsprechen[74].

6.2.3 Komplexpauschalen und Episodenpauschalen

6.2.3.1 Vertragsvereinbarungen auf der Grundlage von Komplexpauschalen

Per Definition werden bei einer Komplexfallpauschalenvergütung in der Regel zwei Institutionen bzw. Sektoren zu einer Abrechnungseinheit zusammengefasst. Bei der fallspezifischen Vergütung wird auf diese Weise eine sektorale Grenze überwunden und den beteiligten Leistungserbringern bei der optimalen Ausgestaltung der Gesamtbehandlung sowohl aus medizinischer als auch aus ökonomischer Sicht freie Hand gewährt[75]. Abbildung 50 dokumentiert das Konzept der Komplexpauschalenvergütung als Kombination einer Rehabilitationsfallpauschale mit der entsprechenden vorangegangenen DRG-Vergütung.

Abb. 50: Zusammenführung von DRGs und Rehabilitationsfallpauschalen zu einer Komplexpauschale

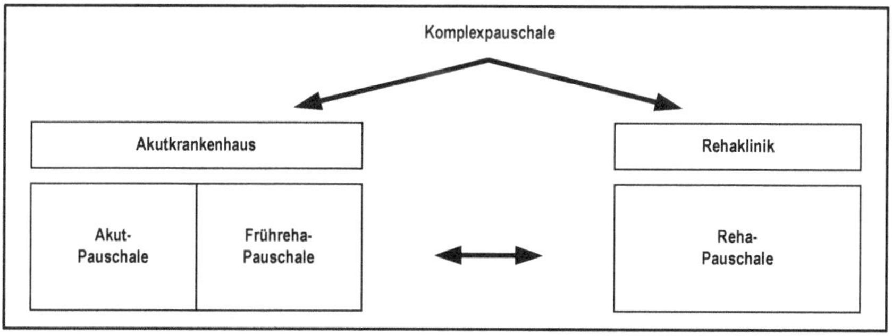

Quelle: nach Institut für Gesundheitsökonomik (IfG) München (2007)

Seitens des Rehabilitationsträgers wird ein Abschlag x auf die Summe aus Akut- und Rehabilitationsvergütung vorgenommen. Aus Sicht der Krankenkasse ist die Summe

72 Vgl. SVR (2003), S. 116 sowie Haaf (2002), S. 14 f. Siehe beispielsweise Ranneberg (2006), S. 139-147 bzw. Lüngen, Lauterbach (2003[1]), S. 136-140 und S. 142 mit Beschreibungen der Functional Related Groups (FRGs) aus den USA sowie Rapp (2006), S. 665 f. mit dem Problem der Übertragbarkeit auf die deutsche Situation.

73 Siehe Rapp (2006), S. 668.

74 Vgl. SGB Sozialgesetzbuch (2006), S. 1102.

75 Vgl. Güssow (2007), S. 223 sowie Nowy (2002), S. 25.

der Akut- und Rehabilitationsfallpauschalen somit geringer als die alternative Form der separaten Aufwendungen[76].

Komplexpauschalen in der Orthopädie entstanden Ende der 90er Jahre als Antwort auf die Einführung von Akutfallpauschalen in der Hüft- und Knie-Endoprothetik, bevorzugt kommen sie jedoch auch in der Kardiologie zum Einsatz. Es seien an dieser Stelle mit den Komplexpauschalen für Hüft-TEP Patienten (Hüft-Totalendoprothesen) am Klinikum Kassel, Komplexpauschalen in der Herzchirurgie an Herzzentrum und Theresienklinik Bad Krozingen sowie den Komplexpauschalen am Herzzentrum Siegburg nur einige wenige Beispiele genannt[77].

Gemäß den vorangegangenen Aussagen in Abschnitt 5.1 haben reine Komplexpauschalenvereinbarungen aus Sicht der medizinischen Rehabilitation im Zusammenhang mit Verträgen zur Integrierten Versorgung bisher eine bedeutende Rolle gespielt. Gleichzeitig wurde darauf hingewiesen, dass die anteilige Bedeutung von Komplexpauschalenverträgen in der Vergangenheit gegenüber komplexeren IV-Modellverträgen bereits abgenommen hat und mit der Herausnahme von Komplexpauschalenverträgen aus der Anschubfinanzierung künftig voraussichtlich noch weiter abnehmen wird.

Im Zusammenhang mit Komplexpauschalen lassen sich vor allem zwei Problembereiche aufzeigen. Zum einen ist, wie im unteren Teil der nachfolgenden Abbildung 51 dargestellt, nur eine Teilgruppe aller Rehabilitationspatienten überhaupt zur Vergütung über eine Komplexpauschale geeignet. Vor allem für RV-finanzierte AHB-Patienten bieten Komplexpauschalen keine realistische Vergütungsmöglichkeit. Denn laut den Ausführungen in Abschnitt 4.1 liegt eine frühzeitige Verlegung von AHB-Patienten aufgrund der damit verbundenen Leistungsverschiebungen nicht im Interesse der Rentenversicherung[78]. Gemäß Abschnitt 5.1.4 ist zwar die Absicht einer Integration von Akut- und Anschlussheilbehandlung durch den Rentenversicherungsträger erkennbar. Hierbei handelt es sich jedoch primär um Aspekte der Versorgungsqualität und die Verlegung von AHB-Patienten in geeignete Einrichtungen. Eine integrierte Komplexpauschalenvergütung ist hingegen nicht Bestandteil entsprechender Vertragsinhalte[79]. Komplexpauschalenverträge eignen sich somit in erster Linie für die Vergütung der Akut- und Anschlussheilbehandlung GKV-finanzierter AHB-Patienten.

Als zweite Schwierigkeit lassen sich im Zusammenhang mit Komplexpauschalenvereinbarungen bestehende sektorale Barrieren zwischen dem Akut- und Rehabilitationsbereich anführen. Die meisten Komplexpauschalenvereinbarungen werden demnach als IV-Verträge außerhalb des Krankenhausbudgets auf Mehrleistungen/Mehrfälle im Krankenhaus geschlossen. Da eine freie Ausgestaltung des Vertrags zwischen den Vertragspartnern (Krankenhaus, Rehabilitationsklinik und Krankenkasse) in diesem Fall möglich ist, lässt sich auch die Rehabilitationseinrichtung unter fairen Bedingungen finanziell an dem Behandlungsprozess beteiligen. Der Nachteil dieser Regelung besteht jedoch in der Tatsache, dass Mehrleistungen und Mehrfälle außerhalb des Krankenhausbudgets zum Zeitpunkt der Vertragsverhandlungen möglichst bereits vorhersehbar sein sollten. Dies

---

76 Heine (2003[1], 2003[2]), S. 68 bzw. 10, spricht daher auch von „Kombi-Pauschalen" als geeigneteren Ausdruck für die Komplexpauschalendefinition.

77 Vgl. Neubauer, Lewis (2006[1]), Müller, Schommer, Kutschker (2003), S. 594 sowie Schwing (2003[7]), S. 8, 10 und 12.

78 Vgl. Schwing (2003[6]), S. 10 f. sowie Heine (2003[2]), S. 10.

79 Telefonische Aussage von Herrn Jürgen Ritter, Deutsche Rentenversicherung Bund, vom 25.9.2006.

gilt in der Regel für elektive Operationen in Krankenhäusern mit Wartelisten und somit einem hohen Patientenaufkommen[80]. Gerade in diesen Fällen laufen die Prozesse in der Regel jedoch bereits hoch standardisiert ab, so dass durch die Komplexpauschalenvereinbarung selbst nur ein geringes zusätzliches Rationalisierungspotential besteht[81].

Abb. 51: Schwierigkeiten bei der Umsetzung von Komplexpauschalenvereinbarungen

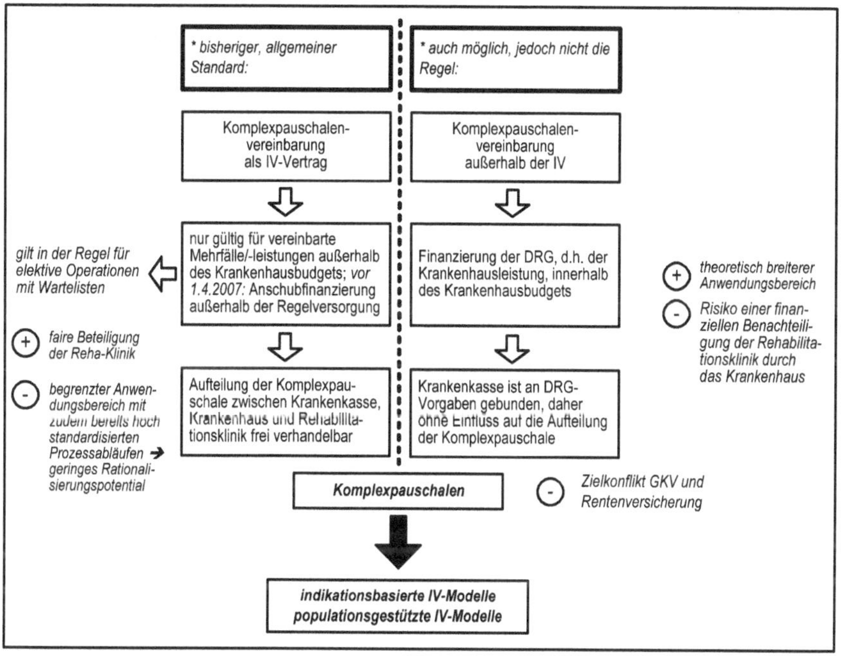

Quellen: Abschnitt 5.1, Antworten 1 und 2 in Anhang 6, eigene Darstellung

Alternativ lassen sich Komplexpauschalenvereinbarungen auch außerhalb der Integrierten Versorgung abschließen, theoretisch resultiert hieraus auch ein breiterer Anwendungsbereich der Komplexpauschale. Diese Form der Vergütung stellt jedoch nicht die Regel dar und beinhaltet vor allem die Schwierigkeit, dass die Krankenhausleistung aus der DRG heraus finanziert werden muss, und die Krankenkasse somit keine Kontrolle über die Aufteilung der Komplexfallpauschale besitzt[82]. Zielkonflikte zwischen AHB-Klinik und dem verlegenden Akutkrankenhaus ergeben sich in letzterem Fall fast zwangsläufig. Während das Krankenhaus erwartet, dass die nachfolgende Anschluss-

80 Telefonische Angaben von Frau Dr. Jana Ranneberg, Fachbereich Integrierte Versorgung, BKK-Landesverband Bayern, vom 1.2.2007.

81 Vgl. Telefoninterview mit Frau Lüke, Fachbereich Integrierte Versorgung der AOK Hessen, in Anhang 6.

82 Gemäß telefonischen Angaben von Frau Susanne Lüke, mit entsprechenden Erfahrungen der AOK Hessen aus der Vergangenheit. Aufgrund eines Hinweises auf die Vorreiterrolle der AOK Hessen im Bereich Komplexpauschalen, wurde mit der regionalen Krankenkasse direkter Kontakt aufgenommen (vgl. auch Schwing (2003⁷), S. 10, zum Thema Komplexpauschalen in Hessen).

heilbehandlung möglichst preisgünstig erbracht wird, hofft die Rehabilitationsklinik auf eine umfassende Vergütung des Behandlungsaufwands, der aufgrund frühzeitiger Verlegungen gerade unter einer Komplexpauschalenvereinbarung in der Regel deutlich zunimmt. Dies ist letztendlich auch der Grund, warum sich Komplexpauschalenvereinbarungen im Allgemeinen zwischen Einrichtungen gleicher Trägerschaft noch am besten realisieren lassen.

Bei Einrichtungen unterschiedlicher Trägerschaft gestaltet sich der Interessensausgleich zwischen Akutkrankenhaus und Rehabilitationsklinik hingegen in der Regel bereits bei den Vertragsverhandlungen als schwierig. Aufgrund des erheblichen Koordinations- und Kommunikationsaufwands bei der Festsetzung neuartiger Behandlungspfade werden die Potentiale einer Komplexpauschalenvergütung zwischen Einrichtungen unterschiedlicher Trägerschaft zudem in den seltensten Fällen tatsächlich ausgeschöpft[83].

Die in Abschnitt 5.1 vorgestellten indikationsbasierten bzw. populationsgestützten IV-Modelle bieten gegenüber Komplexpauschalenvereinbarungen vor allem zweierlei Vorteile. Zum einen sind sie auf Versorgungsbereiche ausgerichtet, wo ein hoher Grad an Über-, Unter- und Fehlversorgung vorhanden ist, so dass Wirtschaftlichkeitsreserven hier in der Regel höher ausfallen[84]. Gleichzeitig wird ein unter Komplexpauschalenvereinbarungen evident vorliegendes, asymmetrisches Interessenverhältnis im Rahmen indikationsbasierter bzw. populationsgestützter IV-Modelle zu einem Großteil aufgehoben. Demnach handelt es sich bei neueren IV-Modellen anders als bei reinen Komplexpauschalenvereinbarungen um Formen des Managed Care, da diese, wenn nicht über die Krankenkasse, so doch zumindest unter Übertragung der Budgetverantwortung durch eine Managementgesellschaft gesteuert werden. Interessen von Krankenkassen und Patienten sind auf diese Weise gleichgerichtet. Als Managed Care Organisation haften die Gesellschafter, z.B. Managementgesellschaft und Leistungserbringer einer Versorgungsregion, zudem mittelfristig für möglicherweise entstehende Folgekosten schlechter Behandlungsleistungen, da sie diese unter regionalen Gesichtspunkten später selbst zu tragen haben[85]. Gleichzeitig sollen die niedergelassenen Ärzte als Case Manager im Fall von Einsparungen gegenüber einem virtuell übertragenen Budget künftig finanziell an möglichen Modellerfolgen beteiligt werden[86]. Prozessdefinierte Effizienzsteigerungen dürften sich duch integrierte Versorgungsprozesse im Rahmen indikationsbasierter und populationsgestützter IV-Modelle demnach weitaus stärker realisieren lassen, als dies unter reinen Komplexfallpauschalenvereinbarungen der Fall ist.

6.2.3.2 Vertragsvereinbarungen auf der Grundlage von Episodenpauschalen

Die vorangegangene Diskussion in Abschnitt 6.2.3.1 macht deutlich, dass komplexere IV-Verträge der neueren Generation weit über eine reine Komplexpauschalenvereinbarung zwischen Krankenkasse, Akutkrankenhaus und Rehabilitationsklinik hinausgehen. Vielmehr werden in einer episodenbasierten Zusammenfassung von Leistungen „insbesonders bei chronisch kranken Patienten alle ambulanten, prä-, peri- und poststationären Leistungen, die einer bestimmten Krankheitsepisode zuzurechnen sind, agg-

83 Vgl. Bothe, Dürr, Hahn, Margreiter, Messemer (2003), S. 72, Schwing (2003[7]), S. 8-11.

84 Vgl. Frau Lüke, in Antwort auf Frage 1 in Anhang 6.

85 Überlegungen in Anlehnung an Aussagen aus der Dissertation von Dr. Jan Güssow (2007), S. 211, 214 f. und 240 f.

86 Vgl. Frau Lüke in Anhang 6, in Antwort auf Frage 2.

regiert vergütet"[87]. Das episodenbasierte Vergütungskonzept ist in der nachfolgenden Abbildung 52 grafisch wiedergegeben.

Neben den prästationären Leistungen sind außer der Akut- und Anschlussheilbehandlung auch die teilstationäre und ambulante Rehabilitation sowie weitere poststationäre Leistungen in die Vergütung mit eingebunden. In letzterem Fall handelt es sich im Wesentlichen um den niedergelassenen Arzt, der im Bedarfsfall auch eine erneute Einweisung in dasselbe oder aber ein anderes Akutkrankenhaus veranlassen kann.

Abb. 52: Vergütung mittels einer episodenbasierten Fallpauschale

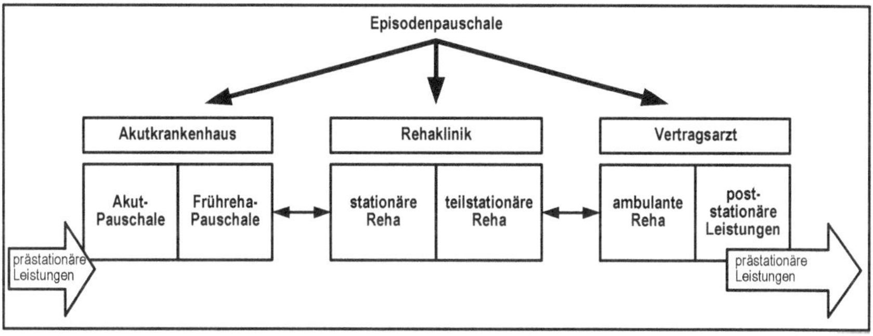

Quelle: nach Institut für Gesundheitsökonomik (IfG), München (2007)

Viele ursprüngliche Komplexpauschalenmodelle sind in einem zweiten Schritt zu den soeben beschriebenen episodenbasierten Pauschalen erweitert worden. Bei dem „Modell Kassel", welches bereits in Abschnitt 6.2.3.1 vorgestellt wurde, handelt es sich beispielsweise mittlerweile um eine solche Episodenpauschalenvereinbarung, da in ihr die Betreuung der Patienten über einen Zeitraum von zehn Jahren geregelt ist. Die umfassende Behandlung schließt neben Operation und Rehabilitation sowohl die Vorbereitung auf den operativen Eingriff als auch die Nachsorge mit ein. Hervorzuheben ist hierbei vor allem eine einwöchige krankengymnastische Vorbereitung auf die Operation, welche der Verkürzung der poststationären Rehabilitation dient, durch eine Verbesserung des kardialen Zustands des Patienten jedoch auch dem Anästhesisten im Operationssaal zugute kommt. Aufgrund der positiven Erfahrungen mit dem Konzept „Rundumversorgung aus einer Hand" wurde dieses von der AOK im Bundesland Hessen letztendlich auch an anderen Standorten flächendeckend umgesetzt[88]. Auch die BARMER Ersatzkasse hat mit den Kliniken des Main-Taunus-Kreises einen episodenbasierten Vertrag geschlossen, welcher für eine vorab definierte Gruppe von Patienten innerhalb von zehn Jahren elf Nachuntersuchungen an den teilnehmenden Krankenhäusern vorsieht und dazu beigetragen hat, letztere zu einem Gesundheitszentrum zusammenzuführen. Auch das in Abschnitt 6.2.3.1 erwähnte Komplexpauschalenmodell am Herzzentrum in Siegburg wurde in einem zweiten Schritt unter Einbeziehung von Vertragsärzten zu einem episodenbasierten Fallpauschalenmodell erweitert[89].

87 Siehe Güssow (2007), S. 240.

88 Siehe Schwing (2003[7]), S. 10, mit dem Hinweis der AOK Hessen als „Komplexpauschalen-Avantgarde Deutschlands".

89 Vgl. Schwing (2003[7]), S. 12.

Die besondere Schwierigkeit bei der Erstellung von Episodenpauschalen ergibt sich aus der Definition und Abgrenzung von Behandlungsepisoden für homogene Patientengruppen. Zielführend ist hier eine Bündelung einzelner DRGs sowie die Zuordnung aller damit verbundenen vor- und nachgelagerten Aktivitäten wie Vorbereitungen durch den niedergelassenen Arzt, Laboruntersuchungen und radiologische Untersuchungen sowie die darauf folgende Rehabilitationsbehandlung. In letzterem Fall ist für die Zuordnung zu entsprechenden DRGs die Bildung eines Patientenklassifikationssystems in der Rehabilitation entscheidend, wie in Abschnitt 6.2.2 bereits dargestellt[90].

6.3 Steuerungsmechanismen der Kostenträger

Ein breit diskutiertes Thema der vergangenen Jahre ist die zunehmende Patientensteuerung durch den Rehabilitationsträger. Während die Entscheidung über eine Verlegung in die Anschlussheilbehandlung einst oftmals durch das behandelnde Krankenhaus getroffen wurde, sind Kranken- und Rentenversicherungsträger heute zunehmend bestrebt, die Steuerung der AHB-Klinikbelegung selbst in die Hand zu nehmen. Durch die in Abschnitt 6.2.1 diskutierte Einführung von Rehabilitationsfallpauschalen wird hierbei das Verweildauerrisiko vom Kostenträger auf die Rehabilitationsklinik übertragen[91]. Eine zunehmende Patientensteuerung durch den Rehabilitationsträger ist bereits seit mehreren Jahren zu beobachten. Gemäß Angaben aus dem Jahr 2003 ist einigen Krankenkassen auf diese Weise eine Reduktion der Anzahl belegter Kliniken um bis zu 30% gelungen. Selbst einigen großen Krankenkassen war es möglich, bis zu 80% der AHB-Patienten in die vorab festgelegten Zielkliniken umzusteuern[92].

Die nachfolgende Analyse konzentriert sich auf eine Beschreibung von Steuerungsmechanismen der Krankenkassen. Auf die Belegungspraxis der Deutschen Rentenversicherung Bund wird nachfolgend hingegen nicht näher eingegangen. Gemäß den Angaben in Abschnitt 3.1.2.1 handelt es sich im Fall der Rentenversicherung bei der primären Belegung der eigenen Kliniken um eine weitestgehend intern vollzogene Vergabe von Behandlungsplätzen. Dass entsprechenden Planungen hierbei konkrete Fallzahlen- und Bettenbedarfsschätzungen unter Berücksichtigung von Bevölkerungs- und Versichertenstrukturen sowie Reha-Inanspruchnahmeraten zugrunde liegen, lässt sich anhand des 1990 und 1991 geplanten Aufbaus von Rehabilitationskapazitäten in den neuen Bundesländern dokumentieren[93]. Laut Angaben der Deutschen Rentenversicherung Bund können die in den Jahren 1990 und 1991 durchgeführten Berechnungen als stellvertretend für die auch heute noch gängige Vergabepraxis von Behandlungsplätzen angesehen werden[94].

Im nachfolgenden Abschnitt 6.3.1 werden die Auswirkungen des Rehabilitationsfallmanagements anhand des Beispiels der AOK Bayern aufgezeigt, wofür Ergebnisse einer wissenschaftlichen Begleituntersuchung durch das Institut für Gesundheitsökonomik (IfG) München vorliegen. Abschnitt 6.3.2 diskutiert im Anschluss die Möglichkeit der Patientensteuerung durch Komplexpauschalen.

---

90 Siehe Güssow (2007), S. 240 f. sowie Neubauer, Rothemund, Lewis (2006), S. 668 f.

91 Siehe u.a. Glatzer (2003), S. 20.

92 Vgl. Bothe, Dürr, Hahn, Margreiter, Messemer (2003), S. 68 und 71.

93 Vgl. Müller-Fahrnow, Spyra (1991), S. 399-415, für eine Beschreibung der damals durchgeführten Bedarfschätzung. Eine Zusammenfassung der Hintergrundinformationen zu den Rehabilitationsstrukturen in der ehemaligen DDR bzw. den neuen Bundesländern findet sich in Abschnitt 1.2.

94 Gemäß telefonischer Angabe von Herrn Jürgen Ritter, Deutsche Rentenversicherung Bund, vom 25.9.2006.

6.3.1 Steuerungsmechanismen durch Rehabilitationsfallmanagement

Als Beispiel für ein aktives zentrales Rehabilitationsfallmanagement auf Krankenkassenseite kann das „AOK-Neuro-Center" in Hessen angeführt werden, das die Zuweisung neurologischer Patienten an einen freien, wohnortnahen Rehabilitationsplatz übernimmt. Etliche Ersatzkassen haben die konzeptionelle Idee einer Neuro-Leitstelle seitdem ebenfalls übernommen. Bei der Patientenzuweisung findet eine bewusste Klinikselektion statt. Von der AOK Hessen beispielsweise werden aufgrund der zahlreichen Standorte Rehabilitationseinrichtungen der Klinikgruppe Asklepios bewusst als Kooperationspartner bevorzugt[95]. Dass hierbei auch eine Marktbereinigung im Rehabilitationssektor in Kauf genommen wird, ist den Verantwortlichen durchaus bewusst. Dr. Helmut Platzer, Vorstandsvorsitzender der AOK Bayern, sieht beispielsweise voraus, dass es künftig einige Rehabilitationseinrichtungen geben wird, „die auf der Strecke bleiben, weil sie ... (dem) Leistungsniveau nicht mehr folgen können"[96].

Durch die Rehabilitationsträger finden über die letzten Jahre zunehmend Preisvergleiche zwischen einzelnen Einrichtungen statt. Laut Aussage des Leistungsträgers erhält bei qualitativ vergleichbaren Therapieangeboten dann diejenige Einrichtung mit dem preiswerteren Angebot den Zuschlag[97]. Auf Leistungserbringerseite wird hingegen kritisiert, dass oftmals lediglich der Preis, nicht jedoch die Versorgungsqualität das entscheidende Auswahlkriterium für die Belegung darstellt. Es wird mit anderen Worten bemängelt, dass oft nicht der beste, sondern vielmehr der billigste Anbieter bei Fragen der Belegung ausgewählt wird[98]. In diesem Fall folge nicht die Vergütung der Leistung, sondern umgekehrt die Leistung der Vergütung. Bei einer bevorzugten Belegung preisgünstigerer Einrichtungen habe letztendlich der Patient das Nachsehen[99]. Der Rehabilitationsmarkt kennzeichnet sich somit zunehmend durch gegenläufige Entwicklungen in Form von Preis- und Erlösabsenkungen über die Vergütung einerseits und steigenden medizinischen Kosten und Anforderungen durch frühere Verlegungen aus dem Akutkrankenhaus andererseits[100].

Im Jahr 2002 wurde auch durch die AOK Bayern das Vorhaben angekündigt, mit Hilfe von Rehabilitationsfallpauschalen im Zuge eines aktiven Versorgungsmanagements die Klinikbelegung künftig auf deutlich weniger Einrichtungen zu konzentrieren. Gleichzeitig ermöglicht dieses Vorgehen der AOK Bayern, durch Mengenrabatte Einsparungen zu erzielen. Das Vorgehen war unter den Rehabilitationskliniken zum damaligen Zeitpunkt heftig umstritten. Es wurde ein Preiswettbewerb mit gleichzeitigen Einbußen in der Versorgungsqualität befürchtet. Ziel eines Gutachtens des Instituts für Gesundheitsökonomik (IfG) München war es, diese Hypothese mittels Kennzahlen zur Versorgungsqualität zu überprüfen. Nachfolgend wird kurz auf die Ergebnisse dieser Studie in Form einer Zeitreihe zwischen den Jahren 2002 und 2004 für den Bereich Anschlussheilbehandlungen (AHB) eingegangen[101].

---

95 Siehe Schwing (2003[2]), S. 60.

96 Vgl. Schwing (2003[7]), S. 16.

97 Vgl. z.B. Haaf (2002), S. 19.

98 Vgl. u.a. Kuge (2003), S. 280, Bothe, Dürr, Hahn, Margreiter, Messemer (2003), S. 68, Glatzer (2003), S. 20 sowie Schwing (2003[2]), S. 60.

99 Siehe auch Heine (2003[1]), S. 1.

100 Vgl. Bothe, Dürr, Hahn, Margreiter, Messemer (2003), S. 68 f. sowie Jeschke (2003), S. 369 f.

101 Vgl. Neubauer, Lewis (2005[1]), S. 11.

Konzentration auf weniger Einrichtungen

Im Jahr 2004 wurden von der AOK Bayern ca. 18% weniger AHB-Kliniken in Belegungsfragen berücksichtigt als noch im Jahr 2002. Bei gleichzeitigem Anstieg der Gesamtzahl an Anschlussheilbehandlungen wurden die zusätzlichen Fälle jedoch relativ gleichmäßig auf die bevorzugten AHB-Kliniken verteilt. Eine Unterteilung der Kliniken nach jeweiliger AOK-Fallzahlengröße ließ zumindest keine systematische Bevorzugung einzelner AHB-Kliniken im Zeitablauf erkennen[102].

Verkürzungen in der Verweildauer

Die Einführung von Fallpauschalen hat tatsächlich ökonomische Anreize gesetzt, die Patientenverweildauer zu verkürzen. Vor allem bei neurologischen AHB-Patienten war eine Verkürzung der Verweildauer von 27 auf etwas über 24 Tage innerhalb eines Zeitraums von drei Jahren auffällig (1. Quartal 2002 bis 4. Quartal 2004). Wenngleich schwerere neurologische AHB-Fälle aus der Fallpauschalenregelung ausgenommen sind und Fallpauschalenvereinbarungen laut Aussage der AOK Bayern nur an einigen wenigen neurologischen Kliniken getroffen wurden, ist diese Verweildauerreduktion, vor allem vor dem Hintergrund der Diskussion zu den Auswirkungen von Fallpauschalen in Abschnitt 6.2.1, kritisch anzumerken[103].

Entwicklung der Ausgaben pro Fall

Die Ausgaben pro Fall ließen sich zwischen Anfang 2002 und Ende 2004 um über 15% und somit deutlich senken. Systematische Einsparungspotentiale ließen sich vor allen Dingen für die Patientengruppe zwischen 60 und 89 Jahren realisieren. Aus diesem Blickwinkel ist das Rehabilitationsfallmanagement der AOK Bayern somit eindeutig als erfolgreich zu bezeichnen[104].

Zur Evaluation möglicher Auswirkungen des Rehabilitationsfallmanagements der AOK Bayern auf die Versorgungsqualität wurden durch das Institut für Gesundheitsökonomik (IfG) München einzelne Kennzahlen untersucht.

Verlegungsentfernungen zwischen Akutkrankenhaus und AHB-Klinik

Im Hinblick auf mögliche Veränderungen in der Verlegungsentfernung zwischen Akutkrankenhaus und AHB-Klinik lagen lediglich Quartalsdaten für das Jahr 2002 vor. Insgesamt deuten diese jedoch nicht etwa auf eine Zunahme, sondern sogar auf eine leichte Abnahme der durchschnittlichen Zahl gefahrener Kilometer zwischen Krankenhaus und AHB-Klinik hin. Demzufolge scheint auch nach Einführung des Rehabilitationsfallmanagements eine flächendeckende Versorgung durch die AOK Bayern sichergestellt[105].

Verweildauerverlängerungen in der AHB

Ein Anstieg des Anteils an Verweildauerverlängerungen in der AHB ließe sich als mögliche negative Auswirkung einer Rehabilitationsfallpauschalenvergütung interpretieren.

102 Siehe Neubauer Lewis (2005[1]), S. 15-18.

103 Vgl. Neubauer, Lewis (2005[1]), S. 21-24 sowie S. 25 und 28, Abbildungen 3-5(a) und (b).

104 Vgl. Neubauer, Lewis (2005[1]), S. 29-33.

105 Siehe Neubauer, Lewis (2005[1]), S. 34-37.

Tatsächlich ist der Anteil an Verweildauerverlängerungen jedoch deutlich zurückgegangen. Die Tatsache, dass dies sowohl für AHB-Patienten mit als auch für AHB-Patienten ohne Fallpauschalen zutrifft, spricht jedoch für das Vorhandensein weiterer, exogener Einflussfaktoren[106]. Auffällig ist jedoch, dass der Anteil an Verweildauerverlängerungen kardiologischer Anschlussheilbehandlungen ab dem ersten Quartal 2004 wieder deutlich gestiegen ist. Dies dürfte jedoch in erster Linie auf die ökonomische Anreizwirkung bei der Einführung von DRGs im Akutbereich zurückzuführen zu sein. AHB-Patienten werden demzufolge in einem weniger guten gesundheitlichen Zustand in die Rehabilitation verlegt[107].

Wiedereinweisung in ein Akutkrankenhaus

In Abschnitt 4.1 wurde bereits auf den seit 2004 erhöhten Anteil an Wiedereinweisungen von Patienten aus einer AHB-Klinik in ein Akutkrankenhaus hingewiesen. Gleichzeitig sind anhand der dort vorgestellten Ergebnisse deutliche Unterschiede zwischen kardiologischen bzw. orthopädischen und neurologischen AHB-Patienten erkennbar. Anders als in der Kardiologie und Orthopädie ist der Anteil Wiedereinweisungen neurologischer AHB-Patienten nicht etwa gestiegen, sondern zwischen Anfang 2002 und Ende 2004 sogar leicht zurückgegangen.

Diese Ergebnisse können zum einen als Beleg dafür gewertet werden, dass die Einführung von DRGs einen erheblichen Mehraufwand in der AHB induziert hat. Gleichzeitig sehen sich AHB-Kliniken jedoch augenscheinlich nicht in der Lage, ihren neuen Aufgaben adäquat zu entsprechen. Die Tatsache, dass dies für neurologische AHB-Patienten mit oftmals gesonderten Vergütungsregelungen offensichtlich besser gelingt als für kardiologische und orthopädische AHB- Patienten, scheint auf konträre ökonomische Anreizwirkungen von Rehabilitationsfallpauschalen hinzudeuten[108].

Analyse der Strukturqualität anhand von Personalstellenschlüsseln

Als weitere Indikatoren möglicher Veränderungen in der Versorgungsqualität wurden anhand von Belegungsstatistiken die Personalstellenschlüssel einzelner Kliniken mit AOK-Belegung in den Bereichen ärztlicher Dienst, Pflegedienst, medizinisch-technischer Dienst sowie insgesamt ausgewertet. Entgegen der Ausgangshypothese einer Ausdünnung der Strukturqualität weisen die Ergebnisse darauf hin, dass prozentual hohe AOK-Belegungen sowohl zwischen 2002 und 2003 als auch zwischen 2002 und 2004 eher mit Erhöhungen der Stellenschlüssel einhergegangen sind. Die beiden angeführten Variablen, d.h. prozentuale AOK-Belegungen sowie der beschriebene Strukturqualitätsindex, weisen eine positive, wenn auch nicht statistisch signifikante Korrelation zueinander auf. Mittels einer Analyse der absoluten Stellenschlüssel ließ sich eine weitere mögliche Hypothese – nämlich die einer von vornherein geringeren Strukturqualität an Kliniken mit hoher AOK-Belegung – ebenfalls nicht bestätigen[109].

---

106 Theoretisch könnte der rückläufige Anteil an Verweildauerverlängerungen auch auf eine erhöhte Ablehnungsquote entsprechender Verlängerungen durch die AOK Bayern und somit auf die deutlich schwieriger gewordene Verhandlungsposition von AHB-Kliniken gegenüber der Krankenkasse zurückzuführen sein. Dieser Effekt war im Rahmen der Studie jedoch nicht messbar.

107 Vgl. auch die Ergebnisse in Abschnitt 4.1.

108 Vgl. Neubauer, Lewis (2005[1]), S. 45-47.

109 Siehe Neubauer, Lewis (2005[1]), S. 48-58.

Zusammenfassend gibt es im Bereich der Anschlussheilbehandlungen zwar Anzeichen für eine geringere Versorgungsqualität, die jedoch primär auf die Einführung von DRGs an deutschen Krankenhäusern sowie die allgemeine Verwendung von Rehabilitationsfallpauschalen[110] und weniger auf das AOK-spezifische Konzept des Rehabilitationsfallmanagements mit einer Fokussierung auf eine geringere Anzahl an Kliniken zurückzuführen ist. Vielmehr hat die AOK Bayern aus Sicht des Instituts für Gesundheitsökonomik (IfG) München bewiesen, dass eine gezielte Patientensteuerung möglich ist, ohne hierbei einzelne Patienten von einer Rehabilitationsbehandlung auszugrenzen.

6.3.2 Steuerungsmechanismen durch Komplexpauschalen

In Abschnitt 5.1 wurde bereits darauf hingewiesen, dass mit Einführung des GKV-Wettbewerbsstärkungsgesetzes seit 1. April 2007 keine finanziellen Mittel aus der Anschubfinanzierung mehr für reine Komplexpauschalenmodelle bereitgestellt werden. Es ist daher auch zu erwarten, dass reine Komplexpauschalenvereinbarungen im Rahmen der integrierten Versorgung künftig klar an Bedeutung verlieren werden. Dennoch erscheint es an dieser Stelle sinnvoll, kurz auf Steuerungsmechanismen durch Komplexpauschalen einzugehen, da diese in einem breiteren Kontext indirekt auch für episodenbasierte Modelle von Relevanz sind.

Bereits seit den frühen Tagen der Komplexpauschaleneinführung werden auch diese nicht zuletzt zum Zweck der Patientensteuerung eingesetzt. Auf den ersten Blick wurde eine Patientensteuerung durch die Kostenträger mit Einführung des SGB IX deutlich erschwert, da in § 9 SGB IX explizit auf das Wunsch- und Wahlrecht der Leistungsberechtigten hingewiesen wird. Der Tatsache, dass den „berechtigten Wünschen der Leistungsberechtigten entsprochen" werden soll[111], wird im Rahmen elektiver Operationen und in Bezug auf Komplexpauschalen jedoch oftmals durch den Hinweis auf die eingeschränkte Wahl der Rehabilitationsklinik begegnet. Im Fall des „Modells Kassel" beispielsweise ist dieser Hinweis Bestandteil eines mehrseitigen Patientenpasses, den der Versicherte zu Beginn der Behandlung in der Regel auch unterschreibt[112].

Vorteile der in Abschnitt 6.2.3 diskutierten Komplexfallpauschalenbehandlung sind vor allem auf Kostenträgerseite offenkundig, da sich die anfallenden Behandlungsausgaben, bestehend aus der Summe aus Akut- und Rehabilitationsausgaben, durch Komplexpauschalen im Ganzen senken lassen[113]. Hintergrund ist in erster Linie die Möglichkeit einer frühzeitigen Verlegung in die Rehabilitation durch eine Verweildauerreduktion im Akutkrankenhaus[114]. Durch die Komplexpauschalenvereinbarung zwischen der BARMER Ersatzkasse und dem Herzzentrum Siegburg beispielsweise ließen sich auf diese Weise Einsparungen in Höhe von bis zu zwölf Prozent realisieren[115].

Die nachfolgenden Abbildungen 53 und 54 zeigen zudem anhand des Beispiels von AOK-Komplexpauschalen in der Herzchirurgie zwischen dem Herzzentrum und der There-

110 Im Fall geriatrischer Patienten sind die Auswirkungen von Rehabilitationsfallpauschalen hingegen weitaus weniger eindeutig als im Bereich Anschlussheilbehandlungen (vgl. Ausführungen in Neubauer, Lewis (2005[1]), Abschnitt 4, S. 59-78).

111 Behandlungsleistungen können demzufolge bei gleicher Qualität und Wirksamkeit sowie höherer Wirtschaftlichkeit selbst im Ausland durchgeführt werden (siehe SGB Sozialgesetzbuch (2006), S. 1101 und 1107).

112 Siehe Schwing (2003[7]), S. 16.

113 Vgl. Kuge (2003), S. 280.

114 Siehe Fuchs (2004), S. 333.

115 Vgl. Schwing (2003[7]), S. 12.

sienklinik Bad Krozingen, dass mit Hilfe von Komplexpauschalen eine zeitliche Flexibilisierung bei der Verlegung vom Akutkrankenhaus in die Rehabilitation stattgefunden hat. Abbildung 53 dokumentiert die Verteilung der AHB-Verweildauern im Jahr 2005 und stellt dieser Ergebnisse aus den Jahren 1997/1998, also vor Einführung von Komplexpauschalen, gegenüber (siehe Abbildung 54). In den Jahren 1997/1998 orientierte sich die Behandlungsdauer in der Anschlussheilbehandlung stark an einem vorgegebenen Wochenrhythmus – die Patienten wurden in erster Linie nach drei, vier oder aber nach fünf Wochen aus der Theresienklinik entlassen. Im Jahr 2005 lag der Modalwert hingegen bei 23 Verweildauertagen. Letztendlich orientiert sich die Entlassung aus der Rehabilitation demnach verstärkt am individuellen Bedarf des einzelnen Patienten.

Abb. 53: Verweildauerverteilung von AOK-Komplexpauschalenpatienten an der Theresienklinik Bad Krozingen 2005, in Tagen (n = 81)

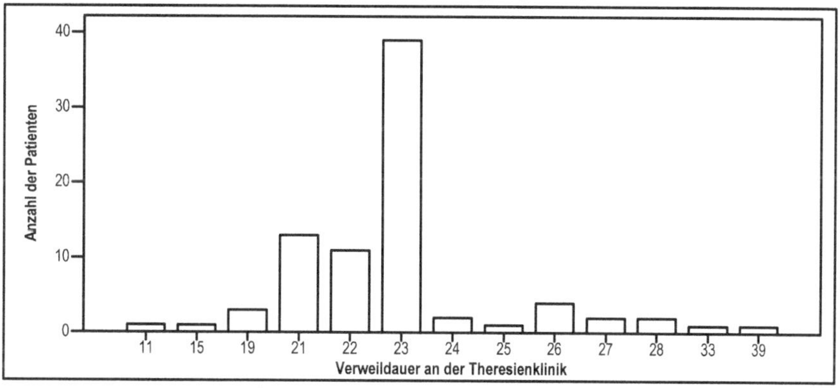

Quelle: Neubauer, Lewis (2006[1]), S. 18

Abb. 54: Verweildauerverteilung von AOK-Rehabilitationspatienten an der Theresienklinik Bad Krozingen 1997/1998, in Tagen (n = 63)

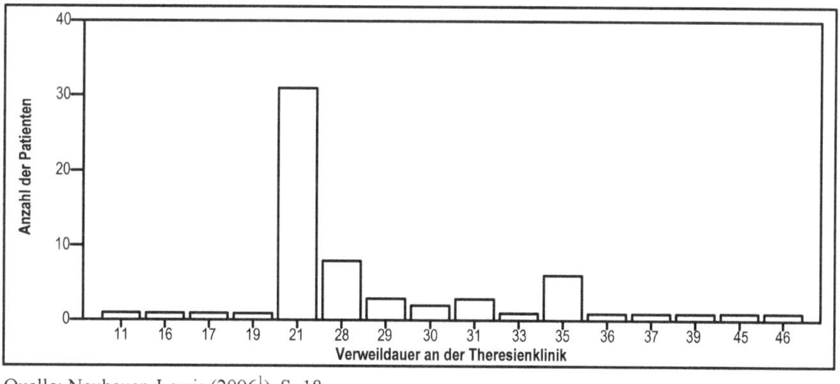

Quelle: Neubauer, Lewis (2006[1]), S. 18

Gleichzeitig ließ sich keine Verkürzung in der durchschnittlichen Rehabilitationsbehandlungsdauer von Komplexpauschalenpatienten dokumentieren, wie Abbildung 55 verdeutlicht. Demnach ist die durchschnittliche AHB-Verweildauer unter den baden-württembergischen AOK-Komplexpauschalenpatienten in der Herzchirurgie sogar leicht angestiegen[116]. Am orthopädischen Schön-Klinikum Bad Neustadt, welches ebenfalls eine Komplexpauschalenvereinbarung geschlossen hat, konnte der durchschnittliche Rehabilitationsaufenthalt bei 21 Tagen konstant gehalten werden[117].

Abb. 55: Entwicklung der durchschnittlichen Verweildauern von Komplexpauschalenpatienten an Herzzentrum und Theresienklinik Bad Krozingen, 1999 bis 2005

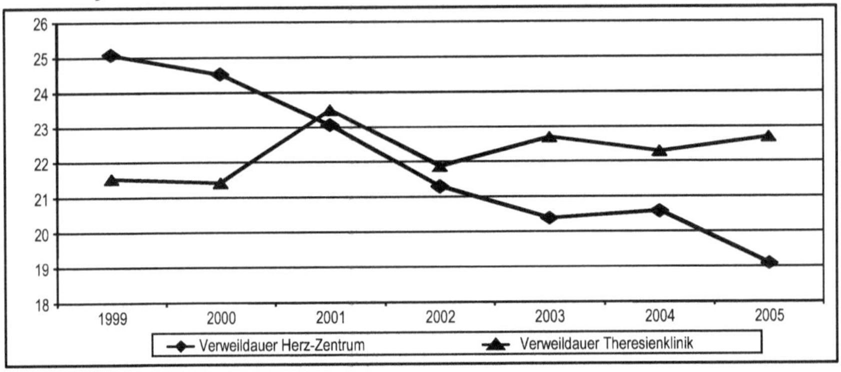

Quelle: Neubauer, Lewis (2006[1]), S. 22

Während Kritiker darauf hinweisen, dass der Integrationsbonus und somit der Ursprung der Kostenersparnisse durch Komplexpauschalen nicht erkennbar sei[118], wird von den Befürwortern auf die konkreten Vorteile einer verbesserten Kooperation und Koordination zwischen dem Akutkrankenhaus und der Rehabilitationsklinik hingewiesen. In einzelnen Untersuchungen hat sich gezeigt, dass sich durch Komplexpauschalenvereinbarungen durchaus Verbesserungen in der Behandlungsqualität erzielen lassen. Konkrete Erfahrungen hat diesbezüglich u.a. das orthopädische Schön-Klinikum in Neustadt gesammelt, welches mit unterschiedlichen Kostenträgern Komplexpauschalen vereinbart hat. Hier hat eine Score-Bewertung des Patientenzustands unter Komplexpauschalen ergeben, dass diese tendenziell zwar in einem schlechteren Zustand in die Rehabilitation verlegt werden als ohne Komplexpauschalen, dass sich die Entlassungsresultate und somit das Gesamtergebnis jedoch etwas besser darstellen[119].

In den vorangegangenen Abschnitten wurde bereits darauf hingewiesen, dass sich Komplexpauschalen vor allem durch Akut- und Rehabilitationskliniken gemeinsamer Trägerschaft realisieren lassen. Vorteile ergeben sich hierbei vor allem in Bezug auf die interne Regelung von Verlegungskriterien, da, wie im Fall der Schön-Kliniken, in erster Linie der finale Outcome entscheidend ist[120].

116 Vgl. Neubauer, Lewis (2006[1]), S. 22.

117 Siehe Schwing (2003[3]), S. 64.

118 Vgl. u.a. Kuge (2003), S. 280.

119 Siehe Schwing (2003[3]), S. 64.

120 Vgl. z.B. Kuge (2003), S. 280. In Bothe, Dürr, Hahn, Margreiter, Messemer (2003) wird auf S. 73 diesbezüglich treffend formuliert, dass sich zwischen Einrichtungen gleicher Trägerschaft „faire Ausgleichslösungen auch auf unkonventionellen Wegen entwickeln" lassen.

Verbesserte Behandlungsergebnisse nach Entlassung aus der AHB-Klinik, wie sie an der Orthopädischen Schön-Klinik in Neustadt dokumentiert wurden, ließen sich auch in dem wissenschaftlichen Begleitprojekt des Instituts für Gesundheitsökonomik (IfG) München an Herzzentrum und Theresienklinik Bad Krozingen beobachten. Einzelne Rehabilitationsziele wie Verhinderung des Erkrankungsfortschreitens, Abwendung der Pflegebedürftigkeit, Wiederherstellung kardialer Leistungsfähigkeit sowie Reintegration in das soziale und berufliche Umfeld ließen sich unter der Komplexpauschalenvereinbarung im dokumentierten Zeitablauf zwischen 1999 und 2005 zunehmend besser planen und realisieren[121].

6.4 Möglichkeiten der Prozessoptimierung und Kostensenkung an Rehabilitationskliniken

Anhand der vorangegangenen Abschnitte wird die Diskrepanz zwischen steigenden Kosten und zunehmenden Anforderungen an Rehabilitationskliniken einerseits, bei andererseits sinkenden Vergütungssätzen deutlich. Die praktische Erfahrung lehrt jedoch, dass sich Rehabilitationskliniken diesen neuen Gegebenheiten durchaus erfolgreich stellen können. Eine McKinsey Studie zeigt in diesem Zusammenhang u.a. anhand eines orthopädischen Fallbeispiels, dass durch eine Umkehrung der Anteile gruppen- und einzeltherapeutischer Maßnahmen (bei einem ursprünglichen Verhältnis von 1:2) trotz erhöhter Therapiedichte die Therapiekosten pro Fall um ca. 10% gesenkt werden konnten[122]. Sicherlich lässt sich bei einer Substitution von einzeltherapeutischen durch gruppentherapeutische Maßnahmen hinterfragen, ob hierdurch nicht die Zuwendung am individuellen Patienten, z.B. in Form von krankengymnastischen Übungen, gemindert wird[123]. Einzelne Erfahrungen lehren jedoch, dass Einzeltherapien zum Teil durchaus durch Kleingruppenübungen ersetzt werden können, ohne hierbei Abstriche an die Qualität befürchten zu müssen[124].

Auch in einer wissenschaftlichen Begleitstudie des Instituts für Gesundheitsökonomik (IfG) München im Auftrag dreier Kliniken der Landesversicherungsanstalt (LVA) Niederbayern-Oberpfalz, ließen sich deutliche Verbesserungspotentiale im Behandlungsprozess einzelner orthopädischer Rehabilitationsbehandlungsgruppen (RBG) aufzeigen[125]. Mittels einer einrichtungsübergreifenden Gegenüberstellung von Behandlungspfaden wurde an die Kliniken letztendlich ein Benchmarkinginstrument übertragen, welches den Vergleich einzelner Behandlungsleistungen sowie deren Kosten und somit letztendlich auch eine effizientere Form der Leistungserbringung innerhalb der Klinikgruppe ermöglicht[126]. Vor allem auch durch EDV-gestützte Systeme, welche sich mit geringem Zeitaufwand und in regelmäßigen zeitlichen Abständen aktualisieren

---

121 Siehe Neubauer, Lewis (2006[1]), S. 32-35.

122 Vgl. Bothe, Dürr, Hahn, Margreiter, Messemer (2003), S. 75 f.

123 Gemäß Haaf, Volke, Schliehe (2004), S. 317 beispielsweise, sind die Möglichkeiten der Prozessoptimierung in der Rehabilitation eher begrenzt.

124 Telefonische Aussage von Dr. Jana Ranneberg, Rambøll Consulting, vom 6.9.2006.

125 Hierbei handelt es sich gleichzeitig um ein praxisrelevantes Beispiel für die Vorteile eines Patientenklassifikationssystems gemäß den Ausführungen in Abschnitt 6.2.2.

126 Siehe Neubauer, Stiefelmeyer, Lewis (2004) sowie Jeschke (2003), S. 370, mit entsprechenden Forderungen.

lassen, bieten sich Rehabilitationskliniken Chancen der Prozessoptimierung[127]. Möglichkeiten der Effizienzsteigerung beinhalten u.a.

- die Neugestaltung von Prozessabläufen im Bereich medizinische Administration und Dokumentation / ärztlicher Dienst,
- Effizienzsteigerungen im Schreibdienst durch verstärkte elektronische Datenverarbeitung,
- Konzentration auf therapierelevante diagnostische Bereiche und Reduktion von Routineuntersuchungen,
- externe Labor- und Röntgenvergabe,
- Effizienzsteigerungen im Einkauf
- sowie das Outsourcing nicht-medizinischer Bereiche wie Wäscherei, Gebäudereinigung, Technik und Instandhaltung.

Eine Reduzierung der Pflegesätze zwischen zehn und zwölf Prozent ist auf diese Weise durchaus möglich[128]. Dies gilt für private Rehabilitationseinrichtungen ebenso wie für Kliniken in öffentlicher Trägerschaft. In letzterem Fall lassen sich bestehende tarifliche Nachteile aus betriebswirtschaftlicher Sicht jedoch weniger leicht durch klassisches Kostenmanagement ausgleichen[129].

Die Ergebnisse dieses Abschnitts haben gezeigt, dass Rehabilitationskliniken auf den zunehmenden Preis- und Wettbewerbsdruck vor allem durch die Optimierung ihrer Prozessstruktur reagieren können. Gleichzeitig wurde in Abschnitt 6.2.1 bei der Kritik an Fallpauschalen als Vergütungsform jedoch darauf hingewiesen, dass durch die Restrukturierung interner Prozessabläufe möglicherweise der langfristige Behandlungserfolg, in anderen Worten also die Ergebnisqualität einzelner Rehabilitationsmaßnahmen, gefährdet sei. Die soeben angeführten Ergebnisse legen die Einführung von Instrumenten der Qualitätsmessung nahe, um Aspekte wie Prozess- und Ergebnisqualität adäquat berücksichtigen zu können. Tatsächlich hat es zum Thema Qualitätsmessung in der Rehabilitation in den letzten Jahren bedeutende Entwicklungen gegeben, die im folgenden Abschnitt 6.5 vorgestellt werden.

6.5 Qualitätsmanagement in der medizinischen Rehabilitation

Aus der steigenden Ressourcenknappheit der Gesundheitsversorgungssysteme resultiert die zunehmende Notwendigkeit, Effektivität sowie wirtschaftliche Effizienz von Behandlungsleistungen auch nachweisen zu können. Durch die Wettbewerbsintensivierung im Gesundheitswesen spielt hierbei neben dem Preiswettbewerb auch der Qualitätswettbewerb eine immer stärkere Rolle. Angesichts der Zunahme chronischer Erkrankungen und der gleichzeitigen Forderung nach einer verstärkten Patientenorientierung gemäß SGB IX, gilt dies insbesondere auch für die medizinische Rehabilitation[130]. Wirtschaftlichkeit und Qualitätsaspekte stehen hierbei in einem direkten Zu-

127 Vgl. Huchler, Köhl (2004), S. 504-507.

128 Siehe Bothe, Dürr, Hahn, Margreiter, Messemer (2003), S. 75.

129 Vgl. Bothe, Dürr, Hahn, Margreiter, Messemer (2003), S. 75 f.

130 Siehe Farin, Follert, Gerdelmann, Jäckel (2005), S. 125 f., Schupp (2005), S. 542, Farin, Jäckel (2005^2), S. 306, Jäckel, Farin (2004), S. 272, Thalau (2005), S. 248 sowie Kleinfeld, Barth, Reiland (2002), S. 11.

sammenhang zueinander, da medizinische Leistungen mit mangelhafter Qualität und damit verbundenen geringen Behandlungseffekten als unwirtschaftlich gelten.

Für einen verbesserten Qualitätswettbewerb in der Rehabilitation sind sowohl externe als auch interne Qualitätsmessungen notwendig. Deren derzeitige Ausgestaltung ist in den Abschnitten 6.5.1 und 6.5.2 dargestellt. Ergebnisse von Qualitätsmessungen werden gemäß Abschnitt 6.5.3 in Form einer Qualitätsbewertung zusammengefasst. Mit ihrer Hilfe lassen sich laut Abschnitt 6.5.4 Maßnahmen der Qualitätsverbesserung in Gang setzen. Abschnitt 6.5.5 befasst sich mit Möglichkeiten einer Weiterentwicklung des Qualitätsmanagements sowie mit Fragen zur Wirksamkeit und Nachhaltigkeit von Qualitätsmanagementprogrammen. Untrennbar mit dem Thema Qualitätsmanagement ist die Frage einer Patientenklassifikation für die Rehabilitation verbunden. Dieser Zusammenhang wird in Abschnitt 6.5.6 in einem eigenen Abschnitt näher erörtert.

Zu Beginn dieses Abschnitts sei kurz auf die Unterschiede der Begriffe „Qualitätssicherung“ und „Qualitätsmanagement“ hingewiesen. Hierzu liefert eine Begriffsdefinition zur Gesundheitsreform eine gute Erklärung:

> „Während Maßnahmen zur Qualitätssicherung der Sicherung eines definierten Qualitätsniveaus dienen, versteht man unter Qualitätsmanagement das kontinuierliche und systematische Bemühen um eine stetige Qualitätsverbesserung in einem Betrieb oder in einer Institution: Organisation, Arbeitsabläufe und Ergebnisse werden regelmäßig nach bestimmten standardisierten Vorgaben dokumentiert, überprüft und gegebenenfalls verändert.“[131]

In der Rehabilitation wird in Bezug auf externe Qualitätsvergleiche in der Regel von Qualitätssicherung bzw. den hierfür verantwortlichen Qualitätssicherungsprogrammen gesprochen (vgl. den nachfolgenden Abschnitt 6.5.1). Bei internen Qualitätsmessungen und den damit verbundenen Maßnahmen zur Qualitätsverbesserung, vor allem im Zusammenspiel mit Ergebnissen des externen Qualitätsvergleichs (Abschnitte 6.5.2 und 6.5.4) spricht man hingegen von Qualitätsmanagement.

6.5.1 Externe Qualitätsmessungen

Die nachfolgende Darstellung externer Qualitätsmessungen konzentriert sich primär auf die Ausgestaltung der Qualitätssicherungsprogramme der gesetzlichen Rentenversicherung sowie der gesetzlichen Krankenkassen, QS-Reha®. Aufgrund der weitaus geringeren Relevanz wird auf eine Detailbeschreibung der übrigen Qualitätssicherungsprogramme (in der gesetzlichen Unfallversicherung[132], in der ambulanten Rehabilitation[133] sowie in der Rehabilitation für Kinder und Jugendliche[134]) verzichtet.

131 Vgl. www.die-gesundheitsreform.de/zukunft_entwickeln/qualitaetsmanagement/hintergruende/index.html (Stand: 4.2.2007).

132 Die Entwicklung von Qualitätsmessungen in der gesetzlichen Unfallversicherung folgte in Anlehnung an die gesetzliche Rentenversicherung und wurde den dortigen, spezifischen Anforderungen angepasst (vgl. Neuderth (2004), S. 40-42 und 50-61).

133 Sowohl das Qualitätssicherungsprogramm der ambulanten Rehabilitation als auch der stationären Rehabilitation von Kindern und Jugendlichen sind auf gemeinsame Initiativen von gesetzlicher Renten- und Krankenversicherung zurückzuführen (siehe Jäckel, Farin (2004), S. 272). Darüber hinaus werden derzeit auch für die Mutter-Vater-Kind-Rehabilitation Instrumente und Verfahrensweisen der externen Qualitätsmessung in Anlehnung an QS-Reha® entwickelt (vgl. www.qs-reha.de, „Weitere QS-Reha®-Projekte“, Stand: 6.12.2006).

134 Vgl. Schupp (2005), S. 554 sowie Stapel, Ziehlke, Hoff-Emden (2005), S. 24 f. und S. 27 für nähere Angaben.

6.5.1.1 Hintergrundinformationen zur Entwicklung externer Qualitätssicherungsprogramme in der gesetzlichen Renten- und Krankenversicherung

Das Qualitätssicherungsprogramm der Rentenversicherung geht auf die Forderung einer 1989 erstmals vom Verband Deutscher Rentenversicherungsträger (VDR) einberufenen Reha-Kommission zurück, definierte Kriterien der Struktur- und Prozessqualität als Instrumente der Qualitätsmessung einzusetzen. Die Erprobung geeigneter Instrumente und Verfahren erfolgte über einen Zeitraum von drei Jahren ab 1994 und berücksichtigte neben der Struktur- und Prozessqualität auch den Aspekt der Ergebnisqualität[135]. Externe Qualitätsmessungen werden im Qualitätssicherungsprogramm der gesetzlichen Rentenversicherung seit 1997 routinemäßig eingesetzt und seitdem kontinuierlich ausgebaut[136]. Ein wesentlicher Aspekt bei der Etablierung des Qualitätssicherungsprogramms der gesetzlichen Rentenversicherung war die Entwicklung eines klinikvergleichenden Informationssystems, welches später „unter Wahrung der Besonderheiten der medizinischen Rehabilitation bei Patienten der gesetzlichen Krankenkassen“ auf den GKV-Bereich übertragen werden konnte (vgl. hierzu die näheren Angaben im Laufe dieses Abschnitts)[137].

Abbildung 56 dokumentiert die fünf ursprünglichen Programmpunkte des Qualitätssicherungsprogramms der Rentenversicherung[138]. Gemäß Programmpunkt 1 werden an jeder Klinik sowohl strukturelle als auch konzeptionelle Merkmale erhoben. Details zu diesem Programmpunkt werden nachfolgend bei der Beschreibung des Qualitätssicherungsprogramms der gesetzlichen Krankenversicherung QS-Reha® diskutiert, da das Konzept der Rentenversicherungsträger diesbezüglich trägerübergreifend weiterentwickelt wurde. Der dargestellte Programmpunkt 2 beinhaltet die Auswertung von Therapieplänen unter Berücksichtigung der Art, Häufigkeit, Dauer, Form der Umsetzung und Abfolge von Behandlungsleistungen. Ausgangsbasis ist die in der gesetzlichen Rentenversicherung entwickelte Klassifikation therapeutischer Leistungen (KTL), nach denen alle in den Rehabilitationseinrichtungen durchgeführte therapeutische Leistungen zu kodifizieren sind. Als problematisch hat sich allerdings die Abgrenzung einzelner Leistungsgruppen erwiesen, so dass dieser Programmpunkt bisher nicht routinemäßig umgesetzt wurde[139].

Aspekte der Prozessqualität werden neben Programmpunkt 2 auch in Programmpunkt 3 durch das Qualitätsscreening in Form eines Peer-Review-Verfahrens berücksichtigt. Dieser Programmpunkt findet sich auch im Qualitätssicherungsprogramm der gesetzlichen Krankenversicherung wieder und soll nachfolgend ebenfalls eingehender diskutiert werden.

Gemäß Programmpunkt 4 in Abbildung 56 werden acht bis zwölf Wochen nach der Rehabilitationsmaßnahme Daten zur Patientenzufriedenheit, zur subjektiven Bewertung von Rehabilitationsplan und Rehabilitationszielen sowie zu subjektiven Be-

---

135 Siehe u.a. Farin, Jäckel (2005[1]), S. 35, Farin, Jäckel (2001), S. 144, Egner, Gerwinn, Müller-Fahrnow, Schliehe (1998), S. S2 f. sowie Dorenburg, Schliehe (1996), S. 130 f.

136 Siehe u.a. Egner, Gerwinn, Schliehe (2002), S. 4.

137 Siehe Farin, Jäckel (2001), S. 146 sowie Egner, Gerwinn, Müller-Fahrnow, Schliehe (1998), S. S3.

138 Vgl. u.a. Schupp (2005), S. 545 f., Farin, Jäckel (2005[2]), S. 308 f. sowie Kawski, Koch (1999), S. 317 f. für die nachfolgende Beschreibung. Eine detaillierte Zusammenstellung einzelner Erhebungsinstrumente findet sich zudem in VDR (2000), Abschnitte 2 bis 6, S. 13-325.

139 Dennoch finden KTL-Leistungen zunehmend Verwendung bei der Orientierung an krankheits- und diagnosebezogenen Leitlinien. Auch auf diesen Bereich soll nachfolgend bei der Diskussion hinsichtlich Messungen der Prozessqualität noch näher eingegangen werden (vgl. Farin, Jäckel (2005[2]), S. 308, Schupp (2005), S. 545 sowie die nachfolgende Diskussion in Anlehnung an Korsukéwitz, Rose, Schliehe (2003)).

schwerden (z.B. körperliche und psychische Befindlichkeit und Schmerz) erhoben[140]. Zusätzlich werden Daten in Bezug auf Lebensgewohnheiten, Erwerbstätigkeit sowie Leistungsvermögen im Alltag und im Arbeitsleben dokumentiert.

Programmpunkt 5, der Aufbau von Qualitätszirkeln zur Verwirklichung eines internen Qualitätsmanagements, diente ursprünglich dazu, Probleme aus den Programmpunkten 1 bis 4 zu identifizieren und anhand von Lösungsansätzen aufzuarbeiten. Ein wesentliches Resultat der externen Qualitätsmessung war jedoch ohnehin das verstärkte Bemühen einzelner Kliniken um ein gut funktionierendes, internes Qualitätsmanagementprogramm mit entsprechender Zertifizierung und Akkreditierung[141]. Im Hinblick auf Qualitätszirkel entwickelte sich somit eine gewisse Eigendynamik, so dass deren Durchführung nach einer einmaligen Erhebung auch nicht weiter überprüft werden musste[142].

Abb. 56: Das ursprüngliche Konzept des Qualitätssicherungsprogramms der Rentenversicherungsträger

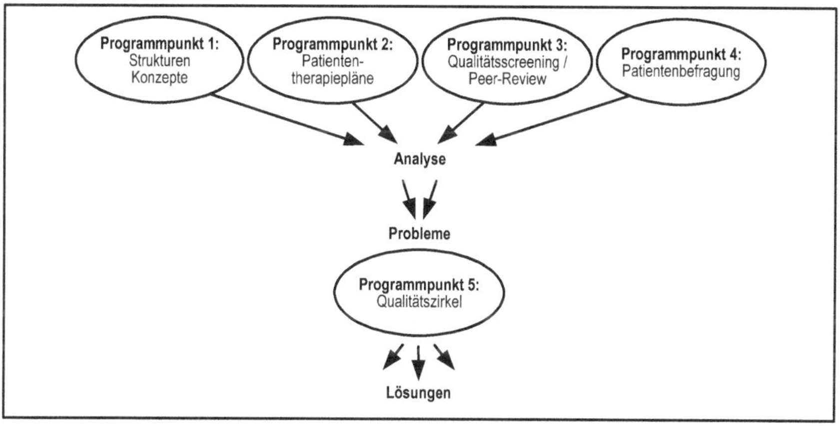

Quelle: nach Kawski, Koch (1999), S. 317

Ähnlich wie die Rentenversicherung haben sich auch die Krankenkassen bereits in den 90er Jahren intensiv mit Fragen der Qualitätssicherung auseinandergesetzt. So führte u.a. eine standardisierte Strukturerhebung an bayerischen Rehabilitationskliniken in den Jahren 1996/1997 zu einer Revision der Versorgungsverträge nach § 111 SGB V[143]. Kas-

140 Nicht mit erfasst ist hierbei die Sicht der (nach)behandelnden Ärzte, z.B. des niedergelassenen Hausarztes (vgl. Schupp (2005), S. 546).

141 Unter *Akkreditierung* wird die formelle Anerkennung der Kompetenz einer Einrichtung unter Berücksichtigung der Struktur-, Prozess- und Ergebnisqualität verstanden. Bei einer *Zertifizierung* handelt es sich um das Resultat einer Prüfung durch einen unabhängigen Dritten sowie die Bestätigung der Einhaltung gewisser festgelegter Standards.

142 Vgl. Schupp (2005), S. 546 sowie den nachfolgenden Abschnitt 6.5.2 zur internen Qualitätsmessung. Auch im QS-Reha®-Programm der GKV stellt die Qualitätszirkelarbeit keinen eigenständigen Programmpunkt dar, da sie als Teilaspekt des internen Qualitätsmanagements bereits als Qualitätskriterium im Rahmen der Strukturqualitätsmerkmale erfasst ist (vgl. Farin, Jäckel (2001), S. 145 f.).

143 Die Strukturerhebung erfolgte zum damaligen Zeitpunkt in Zusammenarbeit zwischen der Arbeitsgemeinschaft der Krankenkassenverbände in Bayern (ARGE) und des Verbandes Privater Krankenanstalten in Bayern (vgl. Schupp (2005), S. 547).

senindividuelles Engagement im Bereich Qualitätssicherung zeigte u.a. die BARMER Ersatzkasse bereits seit Mitte der 90er Jahre[144]. Anregungen für das BARMER-Qualitätsmanagement, welches wesentliche Elemente der Qualitätssicherung wie internes und externes Qualitätsreporting, Qualitätskontrollen und Qualitätszirkel beinhaltete, lieferten u.a. das Qualitätssicherungsprogramm der Rentenversicherung sowie Bestandteile der PROTOS-Studie. Im Rahmen der letztgenannten Studie wurden Methodiken zur Ergebnisqualitätsmessung an 15 Einrichtungen der Wittgensteiner Kliniken Allianz entwickelt, welche eine maßgebliche Grundlage für heutige Ergebnisqualitätsmessungen darstellen[145].

Im Oktober 1999 wurde zwischen der gesetzlichen Rentenversicherung sowie den Spitzenverbänden der Kranken- und Unfallversicherung eine Vereinbarung zur Abstimmung, Harmonisierung und Weiterentwicklung bestehender bzw. geplanter Qualitätssicherungsmaßnahmen in der Rehabilitation getroffen. Hieraus resultierte im Jahr 2000 die Initiierung des QS-Reha®-Programms der gesetzlichen Krankenversicherung, welches sowohl bei dem externen Qualitätssicherungsprogramm der Rentenversicherung als auch bei bereits existierenden Initiativen einzelner bundesdeutscher Krankenkassen ansetzte[146].

§ 135a SGB V thematisiert die „Verpflichtung zur Qualitätssicherung" und schließt hierbei auch „Erbringer von Vorsorgeleistungen und Rehabilitationsmaßnahmen" mit ein. Die Qualitätssicherung erstreckt sich gemäß § 135a Abs. 2 Nr. 1 SGB V sowohl auf „einrichtungsübergreifende Maßnahmen der Qualitätssicherung" – vor allem in Bezug auf die Ergebnisqualität – als auch auf die Einführung und Weiterentwicklung eines einrichtungsinternen Qualitätsmanagements (vgl. § 135a Abs. 2 Nr. 2 SGB V). Laut § 137d Abs. 1 und 1a SGB V sind Qualitätssicherungsmaßnahmen der gesetzlichen Krankenkassen zwischen den Spitzenverbänden der Krankenkassen und den Spitzenorganisationen der Leistungserbringer zu vereinbaren[147]. Die Vereinbarung ist zum 1.4.2004 in Kraft getreten und gilt für alle stationären Rehabilitationseinrichtungen mit hauptamtlicher GKV-Belegung und Versorgungsvertrag gemäß § 111 SGB V als verpflichtend[148]. QS-Reha® ist als komplementär zum Qualitätssicherungsprogramm der gesetzlichen Rentenversicherung anzusehen, welches für all diejenigen Rehabilitationseinrichtungen von Relevanz ist, die primär durch die gesetzliche Rentenversicherung belegt werden. Je nach Hauptbeleger muss sich eine Rehabilitationsklinik somit nur an einer der beiden Qualitätssicherungsprogramme beteiligen[149].

Gemäß § 20 SGB IX Abs. 1 werden trägerübergreifende „gemeinsame Empfehlungen zur Sicherung und Weiterentwicklung der Qualität der Leistungen" gefordert. Diese Empfehlungen, welche vor allem „die Durchführung vergleichender Qualitätsanalysen als Grundlage für ein effektives Qualitätsmanagement der Leistungserbringer" gewähr-

144 Siehe Kleinfeld, Barth, Reiland (2002), S. 13, vor allem Abbildung 1, für die nachfolgende Darstellung.

145 Inhalte der PROTOS-Studie finden sich in Gerdes, Weidemann, Jäckel (2000), werden in der nachfolgenden Diskussion jedoch lediglich im Zusammenhang mit Aspekten des QS-Reha®-Programms berücksichtigt.

146 Vgl. Schupp (2005), S. 543, Thalau (2005), S. 237, Farin, Jäckel (2005^2), S. 309, Egner, Gerwinn, Schliehe (2002), S. 9 sowie Kleinfeld, Barth, Reiland (2002), S. 13.

147 Siehe SGB Sozialgesetzbuch (2006), S. 495 und 498 f., Farin, Jäckel (2005^2), S. 306 sowie Kleinfeld, Barth, Reiland (2002), S. 12.

148 Siehe u.a. Berghaus, Follert, Thalau, Nellen (2005), S. 9, Farin, Follert, Gerdelmann, Jäckel (2005), S. 126 sowie Jäckel, Farin (2004), S. 272.

149 Siehe Farin, Jäckel (2005^1), S. 35 sowie Schupp (2005), S. 543.

leisten sollen, liegen seit März 2003 vor[150]. Letztendlich verfolgte die Entwicklung von QS-Reha® somit das Ziel einer weitest möglichen Angleichung an das Qualitätssicherungsprogramm der Rentenversicherung. Es bestehen jedoch bis heute auch wesentliche Unterschiede, beispielsweise in einer stärkeren Fokussierung von QS-Reha® auf Aspekte der Ergebnisqualität[151].

Mit Stand Dezember 2006 gab es rund 250 Teilnehmer am QS-Reha®-Verfahren, wobei zwei oder mehr Indikationen einer stationären Rehabilitationseinrichtung jeweils als separate Teilnahmen zu werten sind[152]. Anders als im Qualitätssicherungsprogramm der Rentenversicherung ist eine flächendeckende Ausweitung auf alle GKV-hauptbelegte Rehabilitationskliniken im Rahmen von QS-Reha® bisher nicht erfolgt. Eine Beteiligung einzelner Rehabilitationseinrichtungen inklusive den damit verbundenen Datenerhebungen ist jeweils zum Frühjahr sowie zum Herbst eines jeden Jahres möglich. Eine erneute Qualitätsprüfung gemäß QS-Reha® ist pro Rehabilitationsklinik jeweils nach einem Zeitablauf von drei Jahren vorgesehen[153]. Für die Verfahrensdurchführung, die Datenauswertung sowie die Erstellung von Qualitätsprofilen sind die Abteilung Qualitätsmanagement und Sozialmedizin des Universitätsklinikums Freiburg (AQMS, Direktor: Prof. Winfried Jäckel) sowie im Bereich Psychosomatik das Institut und Poliklinik für Medizinische Psychologie des Universitätsklinikums Hamburg-Eppendorf, geleitet von Prof. Uwe Koch, verantwortlich[154]. Die Auswertungen von Daten aus den einzelnen Rehabilitationskliniken werden von den zuständigen Instituten alle drei Jahre durchgeführt und den Rehabilitationskliniken zur Verfügung gestellt[155].

Auf den nachfolgenden Seiten wird auf die Form der Qualitätsmessung im Rahmen von QS-Reha® eingegangen. Es sei jedoch bereits an dieser Stelle darauf hingewiesen, dass die Verträge zur Qualitätssicherung bereits zum 1.1.2007 von etwa der Hälfte aller Verbände auf Leistungserbringerseite gekündigt wurden[156]. Hintergründe hierzu werden in Abschnitt 6.5.5 näher erörtert. Trotz der derzeit bestehenden Unsicherheiten in Bezug auf die künftige Entwicklung der externen Qualitätssicherung, sollen deren wesentlichen Elemente dennoch nachfolgend vorgestellt werden. Zentrale Aussage in Abschnitt 6.5.6 wird sein, dass das Qualitätsmanagement in der Rehabilitation ein bedeutendes Instrument darstellt und vor allem in Kombination mit der Einführung eines Patientenklassifikationssystems wichtige Chancen für die künftige Steuerung von Leistungen am Rehabilitationsmarkt beinhaltet.

Vor der Darstellung einzelner Verfahren der externen Qualitätsmessung soll nachfolgend kurz auf Zusammenhänge zwischen Ergebnissen der Strukturqualität, Prozessqua-

150 Siehe u.a. Farin, Jäckel (2005[1]), S.34, Thalau (2005), S. 236 sowie Farin, Engel, Dimou, Jäckel (2004), S. 74.

151 Vgl. u.a. Farin, Gerdes, Jäckel, Follert, Klein, Glattacker (2003), S. 193 sowie Farin, Jäckel (2001), S. 146.

152 Telefonische Auskunft von Frau Dr. Glattacker, Abteilung Qualitätsmanagement und Sozialmedizin (AQMS) am Universitätsklinikum Freiburg, vom 8.12.2006.

153 Siehe www.qs-reha.de, „Verfahrensinhalte“, „Häufig gestellte Fragen (FAQs)“ sowie Farin, Follert, Gerdelmann, Jäckel (2005), S. 130.

154 Vgl. Thalau (2005), S. 235 und 237.

155 Anders als im QS-Reha®-Programm ist die Rentenversicherung hingegen direkt für die Auswertung von Klinikdaten zuständig (vgl. u.a. Nowy (2002), S. 178 sowie Dorenburg, Schliehe (1996), S. 129).

156 U.a. gehört hierzu die Vertragskündigung durch den Bundesverband Deutscher Privatkliniken, laut telefonischer Aussage von Herrn Schmalfuß, BDPK, vom 7.2.2007.

lität und Ergebnisqualität eingegangen werden[157]. Strukturqualität ist leichter messbar als Prozess- oder Ergebnisqualität und stellt somit ein wichtiges eigenständiges Kriterium der Qualitätsmessung dar[158]. Obwohl Aspekte der Ergebnisqualität bei der Bewertung medizinischer Rehabilitationsleistungen im Mittelpunkt stehen sollten, ist es mit Hilfe von Messungen zur Struktur- und Prozessqualität einfacher, im Fall negativer Resultate entsprechende Verbesserungsmaßnahmen zu ergreifen. Eine synchrone Erhebung von Struktur-, Prozess- und Ergebnisqualität ist auch deshalb wichtig, da sich hierdurch die Vor- und Nachteile einzelner Indikatoren und Qualitätsdimensionen ausgleichen lassen[159]. Zudem birgt eine multidimensionale Qualitätsmessung den Vorteil, dass Datenmanipulationen in Bezug auf einzelne Qualitätsaspekte eingegrenzt werden können[160].

Letztendlich wird die Prozessqualität durch die Strukturqualität, und die Ergebnisqualität wiederum durch die Prozessqualität mitbestimmt. Die Grenzen zwischen den einzelnen Qualitätsdimensionen sind jedoch fließend, so dass sich diese nicht eindeutig voneinander abgrenzen lassen[161]. Im Fall einer unzureichenden Ergebnisqualität gilt, dass den Ursachen hierfür nachgegangen werden sollte, und dass diese oftmals auf Mängel in der Prozess- bzw. Strukturqualität zurückzuführen sind. Umgekehrt argumentiert sollten sich Zusatzinvestitionen in die personelle und apparative Ausstattung einer Rehabilitationsklinik durch eine höhere Ergebnisqualität rechtfertigen lassen[162].

6.5.1.2 Messungen der Strukturqualität

Kriterien zur Messung der Strukturqualität sind von der gesetzlichen Krankenversicherung und der gesetzlichen Rentenversicherung im stationären Bereich einheitlich definiert worden und spielen für die Rehabilitation der Unfallversicherung, die ambulante Rehabilitation sowie die Rehabilitation von Kindern und Jugendlichen im Rahmen der Qualitätssicherung ebenfalls eine zentrale Rolle[163].

Strukturmerkmale werden von der gesetzlichen Rentenversicherung bereits seit 1994 erhoben, waren jedoch für einen klinikübergreifenden Vergleich der Strukturqualität einzelner Rehabilitationseinrichtungen lange Zeit ungeeignet. Auf Initiative der gesetzlichen Krankenkassen wurde in Zusammenarbeit mit der Bundesversicherungsanstalt für Angestellte (BfA) und des Verbands Deutscher Rentenversicherungsträger (VDR) schließlich ein trägerübergreifender Kriterienkatalog für die Indikationsgebiete Orthopädie, Kardiologie, Neurologie, Gastroenterologie, Onkologie, Dermatologie und Pneumologie ent-

157 Siehe Donabedian (1982), S. 70 ff. für die ursprüngliche Unterscheidung zwischen den drei Messkriterien.

158 Siehe Farin, Gerdes, Jäckel, Follert, Klein, Glattacker (2003), S. 193 sowie Donabedian (1982), S. 75.

159 Vgl. Jäckel, Farin (2004), S. 273.

160 Vgl. Thalau (2005), S. 238, Farin, Gerdes, Jäckel, Follert, Klein, Glattacker (2003), S. 193 sowie Jäckel, Farin (2004), S. 273.

161 Dies gilt vor allem für die beiden Qualitätsdimensionen Prozess- und Ergebnisqualität (vgl. Dorenburg, Schliehe (1996), S. 131 sowie Donabedian (1982), S. 85).

162 Vgl. u.a. Bak, Bocker, Müller, Lohsträter, Smolenski (2004), S. 285 sowie Donabedian (1982), S. 90. Ein Kausalzusammenhang ist jedoch nicht in jedem Fall gewährleistet, weswegen eine Berücksichtigung aller drei genannten Qualitätskriterien anzustreben ist (vgl. Klein, Farin, Jäckel, Blatt, Schliehe (2004), S. 101).

163 Siehe Jäckel, Farin (2004), S. 273 f., vor allem Tabelle 2, und S. 280 sowie Farin, Engel, Dimou, Jäckel (2004), S. 74.

wickelt. Der Kriterienkatalog wird im Rahmen des QS-Reha®-Verfahrens eingesetzt und soll künftig auch in der Rentenversicherung angewandt werden[164]. Er enthält

- *Merkmale der Strukturqualität*, zur Abbildung struktureller Gegebenheiten im engeren Sinn
- sowie *strukturnahe Prozessmerkmale*, zur Beschreibung des organisations- und behandlungstechnischen Ablaufs an einer Klinik.

Ein wesentliches Element der strukturnahen Prozessmerkmale sind die konzeptionellen Grundlagen einer Klinik, bestehend aus

- einem verbindlichen, schriftlich ausgearbeiteten Klinikkonzept,
- schriftlich ausgearbeiteten Therapiekonzepten für die wichtigsten Indikationsgruppen
- sowie einem schriftlich fixierten Pflegekonzept.

Klinikkonzept und Therapiekonzept unterliegen den Vorgaben einer regelmäßigen Überarbeitung und bedarfsgerechten Aktualisierung[165].

Zu einem internen Qualitätsmanagement gehört in erster Linie die Ernennung eines Qualitätsmanagementbeauftragten mit definierten Aufgaben und festgelegten Kapazitäten.

Kriterien der internen Kommunikation und Personalentwicklung bilden u.a. regelmäßige Konferenzen zwischen einzelnen Entscheidungsträgern einer Einrichtung, sowohl auf Klinik- als auch auf Abteilungsebene, regelmäßige Besprechungen von Teams und Stationen, ein verbindlicher Schulungs- und Fortbildungsplan sowie interne Teamfortbildungen[166].

Abb. 57: Methodik zur Erfassung der Strukturqualität

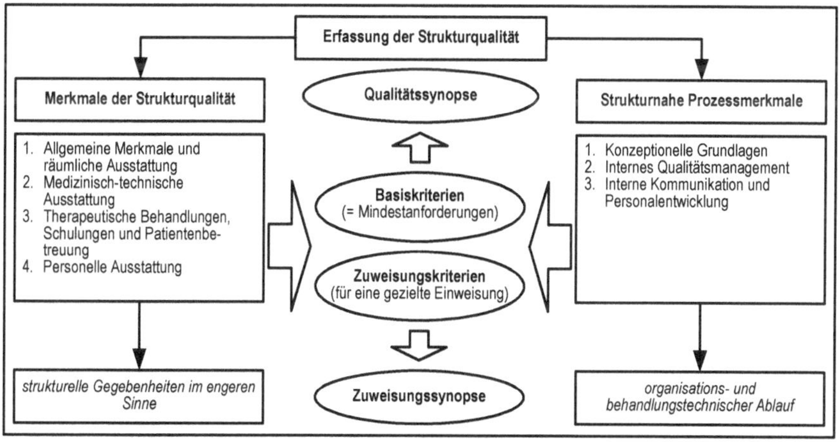

Quelle: Berghaus, Follert, Thalau, Nellen (2005), S.14 f., Thalau (2004), S. 241, Jäckel, Farin (2004), S. 273, Farin, Gerdes, Jäckel, Follert, Klein, Glattacker (2003), S. 197, eigene Darstellung

Jede der in Abbildung 57 genannten Strukturqualitätsdimensionen enthält eine Gruppe von Einzelkriterien. So genannte Basiskriterien bilden die notwendige Voraussetzung zur

164 Vgl. Farin, Jäckel (2005[1]), S. 36 sowie Klein, Farin, Jäckel, Blatt, Schliehe (2004), S. 101 f.

165 Vgl. Schupp (2005), S. 547 f.

166 Siehe Schupp (2005), S. 548.

Erfüllung gewisser qualitativer Mindestanforderungen. Diese werden in Form einer erreichten Prozentzahl angegeben und ermöglichen einen indikationsspezifischen Vergleich zwischen einzelnen Rehabilitationseinrichtungen[167]. Bei Zuweisungskriterien handelt es sich hingegen nicht um qualitative Mindestanforderungen. Zuweisungskriterien dienen vielmehr der Zuweisungssteuerung, d.h. der Ermittlung eines individuellen Klinikprofils zum Zweck der gezielten Einweisung eines Patienten[168]. Basis- und Zuweisungssteuerungskriterien wurden für einzelne Indikationen festgelegt, gelten jedoch oftmals indikationsübergreifend[169]. Einzelne Merkmale der Strukturqualität werden für einige Indikationsgruppen als Zuweisungskriterium, in anderen Fällen hingegen als Basiskriterium eingestuft. Während z.B. die „Möglichkeit der Aufnahme von Patienten mit Gehunfähigkeit" unter kardiologischen Rehabilitationskliniken ein Zuweisungskriterium darstellt, ist sie für die Indikationsgebiete Orthopädie und Neurologie Mindestvoraussetzung und gilt somit als Basiskriterium[170].

Abbildung 58 dokumentiert ein Beispiel für die Zusammenstellung von Zuweisungskriterien einer Klinik in Form der so genannten Zuweisungssteuerungskriterien-Synopse. Auf diese Weise kann durch den Kostenträger sehr schnell eine passende Einrichtung für den Patienten gefunden werden[171].

Die Anzahl der Kriterien einzelner Strukturqualitätsdimensionen unterscheidet sich sehr stark, z.B. liegen für den Bereich „konzeptionelle Grundlagen" in der Neurologie 5 Basiskriterien, für den Bereich „Therapeutische Behandlungen, Schulungen und Patientenbetreuung" hingegen 45 Basiskriterien vor[172]. Insgesamt existieren 195 einzelne Strukturqualitätskriterien, die sowohl für die gesetzliche Rentenversicherung als auch für die gesetzliche Krankenversicherung von Relevanz sind[173].

Die einzelnen Merkmale des Strukturerhebungsbogens werden im Rahmen der Selbstauskunft erfragt und bei allen Einrichtungen nachträglich in Form von Telefoninter-

---

167 Siehe u.a. Farin, Follert, Gerdelmann, Jäckel (2005), S. 128 sowie Farin, Jäckel, Gerdes (2002), S. 70.

168 Vgl. u.a. Glattacker, Klein, Farin, Jäckel (2005), S. 454, Schupp (2005), S. 547 sowie Thalau (2005), S. 241.

169 Siehe Jäckel, Farin (2004), S. 273 sowie Glattacker, Klein, Farin, Jäckel (2004), S. 454-460, für eine spezielle Beschreibung auf dem Indikationsgebiet Neurologie.

170 Vgl. Klein, Farin, Jäckel, Blatt, Schliehe (2004), S. 106. Gleichzeitig gibt es auch je nach Kostenträger geringfügige Abweichungen aufgrund der unterschiedlichen Patientenstruktur. Während z.B. das Angebot von Informationen für die berufliche Wiedereingliederung in der gesetzlichen Rentenversicherung ein Basiskriterium darstellt, handelt es sich im Qualitätssicherungsprogramm der GKV um ein Zuweisungskriterium, da lediglich bestimmte Teilgruppen der GKV-Patienten, wie z.B. Jugendliche, von einem solchen Angebot profitieren können (vgl. Glattacker, Klein, Farin, Jäckel (2005), S. 456 f. für das Indikationsgebiet Neurologie).

171 Siehe Berghaus, Follert, Thalau, Nellen (2005), S. 14 ff. sowie Klein, Farin, Jäckel, Blatt, Schliehe (2004), S. 104.

172 Dennoch fällt der durchschnittliche Anteil nicht erfüllter Basiskriterien in den einzelnen Dimensionen ähnlich hoch aus, was darauf hindeutet, dass die einzelnen Strukturqualitätsdimensionen trotz der unterschiedlichen Anzahl an Basiskriterien ähnlich „streng" definiert sind (siehe Glattacker, Klein, Farin, Jäckel (2005), S. 458 f.).

173 Siehe Farin, Follert, Gerdelmann, Jäckel (2005), S. 128. Diese 195 Merkmale der Strukturqualität, von denen 175 indikationsübergreifend gelten, sollen im Rahmen dieser Arbeit nicht näher diskutiert werden. Ein Auszug einzelner Kriterien findet sich jedoch in Klein, Farin, Jäckel, Blatt, Schliehe (2004) auf den Seiten 106-108. Die Langfassung des Kriterienkatalogs ist von letztgenannten Autoren direkt bzw. unter www.qs-reha.de, „Instrumente & Download", „Download Bewertungskriterien der Strukturqualität von stationären Rehabilitationseinrichtungen" erhältlich (Stand: 20.12.2006).

views sowie stichprobenartig durch Visitationen vor Ort validiert[174]. Ergebnis der Visitationen, durchgeführt nach dem Zufallsprinzip, ist eine weitestgehende Übereinstimmung mit den Angaben des Strukturerhebungsbogens[175].

Abb. 58: Ausschnitt aus der Zuweisungssteuerungskriterien-Synopse

Gesamt	**61% der Zuweisungskriterien vorhanden**	
Allgemeine Merkmale/ räumliche Ausstattung	**Möglichkeit der Aufnahme von Patienten mit (ohne Begleitperson) ...**	
	... Querschnittlähmung	+
	... Sehbehinderung	-
	... Erblindung	-
	... starker Hörschädigung	-
	... Ertaubung	-
	... Orientierungsstörung/überwachungspflichtigem organischem Psychosyndrom/Weglauftendenz (Überwachungsmöglichkeiten)	+
	... Dialysepflichtigkeit	+
	MRSA (methicillinresistenter Staphylococcus aureus; separates Zimmer für MRSA-positive Patienten)	+
	Rauchverbot auf dem Klinikgelände	+
	kein Alkoholausschank in der Klinik	+
	Möglichkeit der Kinderbetreuung	-
	Unterbringung von Erwachsenen als Begleitperson	+
	Allergenarme Zimmer	-
	Haben Sie Kompetenzen zur Behandlung von Patienten ohne Kenntnisse der deutschen Sprache ?	+

Englisch +	Italienisch -	Russisch +	Sonstige, nämlich ...
Türkisch -	Griechisch -	Polnisch -	
Serbokroatisch -	Spanisch -	Französisch -	

Quelle: nach Berghaus, Follert, Thalau, Nellen (2005), S. 16

Strukturqualitätsmessungen haben sich insgesamt als gute Möglichkeit herausgestellt, zwischen Rehabilitationseinrichtungen mit besserer und schlechterer Qualität zu differenzieren. Während der Erfüllungsgrad einzelner Basiskriterien der Strukturqualität mit 90-95% als insgesamt hoch einzustufen ist, existiert für einzelne Einrichtungen

174 Siehe u.a. Farin, Follert, Gerdelmann, Jäckel (2005), S. 128, Glattacker, Klein, Farin, Jäckel (2005), S. 457 sowie Schupp (2005), S. 548. Für die Bewertung vor Ort wird eine strukturierte „Visitationscheckliste" herangezogen, siehe u.a. Thalau (2005), S. 242 ff.

175 Vgl. u.a. Berghaus, Follert, Thalau, Nellen (2005), S. 20.

zum Teil noch ein erhebliches Verbesserungspotential, welches sich durch QS-Reha® entsprechend aufzeigen lässt[176].

Anhand der Strukturqualitätsmessungen im QS-Reha®-Programm haben sich spezifische Schwachstellen der medizinischen Rehabilitation offenbart. Auffallend waren bisher vor allem[177]

- eine oftmals unzureichende ärztliche Qualifikation in den geforderten Bereichen „Rehawesen" und „Sozialmedizin" sowie zum Teil fehlende Ergotherapeuten und Sozialarbeiter,
- Probleme bei der Gewährung eines barrierefreien Zugangs in eine Einrichtung gemäß § 19 Abs. 1 SGB IX
- sowie die teilweise unzureichende Etablierung bzw. mangelhafte Umsetzung eines internen Qualitätsmanagements.

6.5.1.3 Messungen der Prozessqualität und Erstellung von Rehabilitationsleitlinien

Seit 1999 wird das Peer-Review-Verfahren im Qualitätssicherungsprogramm der Rentenversicherung routinemäßig zur Messung der Prozessqualität an stationären Rehabilitationskliniken eingesetzt. Es beschreibt ein im Bereich der Qualitätssicherung weit verbreitetes Verfahren, bei dem gleichgestellte Angehörige einer zu überprüfenden Berufsgruppe – im Fall von Rehabilitationskliniken sind dies erfahrene Ärzte aus anderen Einrichtungen – als externe Gutachter herangezogen werden[178]. Das Verfahren der gesetzlichen Rentenversicherung diente gleichzeitig als Ausgangslage für die Entwicklung eines Peer-Review-Verfahrens in der gesetzlichen Krankenversicherung[179]. Seit Ende 2002 liegt für beide Rehabilitationsträger eine gemeinsame Version des Peer-Reviews vor[180].

Grundlage des Prüfverfahrens ist eine „Checkliste qualitätsrelevanter Prozessmerkmale" sowie ein Manual mit indikationsbezogenen Bewertungskriterien. Für somatische Indikationen, Entwöhnungsbehandlungen und die psychosomatische Rehabilitation existieren jeweils getrennte Versionen[181]. Das Wort „Peers" wird für geschulte Rehabilitationsmediziner verwendet, die anonymisierte Patientenunterlagen verschiedener Rehabilitationseinrichtungen überprüfen. Die Verteilung von Therapieplänen und Entlassungsberichten auf die einzelnen Peers erfolgt gemäß dem Zufallsprinzip. Messungen der Prozessqualität werden einmal jährlich auf Basis einer Überprüfung von mindestens 20 anonymisierten Patientenunterlagen je Rehabilitationsklinik, über einen Beobachtungszeitraum von drei Monaten vorgenommen[182]. Die 20 Patientenfälle einer Klinik werden in der Regel von

---

176 Siehe u.a. Jäckel, Farin (2004), S. 276, Berghaus, Follert, Thalau, Nellen (2005), S. 14 ff. sowie Glattacker, Klein, Farin, Jäckel (2005), S. 459 f.

177 Vgl. Berghaus, Follert, Thalau, Nellen (2005), S. 19, für die nachfolgenden Angaben.

178 Vgl. Farin, Carl, Jäckel, Rütten-Köppel, Maier-Riehle, Berghaus (2004), S. 162 f. sowie Thalau (2005), S. 242.

179 Siehe Egner, Gerwinn, Schliehe (2002), S. 6.

180 Vgl. Farin, Carl, Lichtenberg, Jäckel, Maier-Riehle, Rütten-Köppel (2003), S. 324. Für die Unfallversicherung existiert ein eigenständiges Peer-Review-Verfahren zur Bewertung des Rehabilitationsprozesses (vgl. hierzu Vogel, Neuderth, Gerlich, Weber-Falkensammer, Mehrhoff (2002), S. 545-546).

181 Siehe Farin, Carl, Jäckel, Rütten-Köppel, Maier-Riehle, Berghaus (2004), S. 163. Bezug genommen wird nachfolgend lediglich auf das Peer-Review-Verfahren für die somatischen Indikationsbereiche.

182 Siehe u.a. Farin, Carl, Jäckel, Rütten-Köppel, Maier-Riehle, Berghaus (2004), S. 163, Berghaus, Follert, Thalau, Nellen (2005), S. 21, Egner, Gerwinn, Schliehe (2002), S. 6 sowie Farin, Jäckel (2004), S. 274.

20 unterschiedlichen Peers bewertet, da individuelle Beurteilungen einzelner Peers empirischen Erkenntnissen zufolge stark voneinander abweichen[183].

Der Peer bewertet jedes einzelne Prozessmerkmal und gibt letztendlich sowohl für jeden Leistungsbereich als auch für den gesamten Rehabilitationsprozess eine zusammenfassende Bewertung ab. Bei den einzelnen Prozessmerkmalen wird auf mögliche Mängel hingewiesen, jeder übergeordnete Teilbereich sowie der gesamte Rehabilitationsprozess werden zudem auf einer Skala von 0 bis 10 Punkten bewertet[184].

Einzelauswertungen von Ergebnissen des Peer-Review-Verfahrens dokumentieren die Vielseitigkeit in der Dokumentation der Prozessqualität und ermöglichen detaillierte Verbesserungsansätze. So wurden in der Erhebungsrunde 2000/2001 der Rentenversicherung für die somatischen Indikationsgebiete beispielsweise besonders häufig bei denjenigen Behandlungsprozessen gravierende Mängel festgestellt, die eine Dokumentation der Sichtweise und der Selbsteinschätzung eines Patienten erfordern. Dieses Ergebnis deutet darauf hin, dass der Patient bei der Planung einzelner Behandlungskonzepte und somit insgesamt stärker in den Rehabilitationsprozess eingebunden werden sollte[185].

Messungen der Prozessqualität stehen in direktem Zusammenhang mit der Entwicklung von Leitlinien in der medizinischen Rehabilitation. Abbildung 60 (auf S. 251) dokumentiert, wie Leitlinien über eine Verknüpfung evidenzbasierter Medizin mit Maßnahmen zur Qualitätssicherung einen entscheidenden Beitrag zu einer wirtschaftlichen und qualitativ hochwertigen Rehabilitationsversorgung leisten können[186]. Erfahrungen aus der Vergangenheit haben gezeigt, dass sich medizinische Leitlinien direkt und ohne wesentlichen Aufwand in das Qualitätssicherungsprogramm der gesetzlichen Rentenversicherung integrieren lassen[187]. Durch Dokumentation der Prozessqualität lassen sich allgemein erforderliche Maßstäbe aufzeigen, welche eine Überprüfung der Konformität mit medizinischen Leitlinien ermöglichen. Umgekehrt lassen sich durch die Weiterentwicklung medizinischer Leitlinien neue Erkenntnisse für Prozessqualitätsmessungen gewinnen[188].

---

183 Vgl. Farin, Carl, Lichtenberg, Jäckel, Maier-Riehle, Rütten-Köppel (2003), S. 325-328 und S. 332. Eine Methode, um möglichst objektive Bewertungen zu erhalten, besteht in vorangehenden Seminaren mit den verantwortlichen, leitenden Ärzten (vgl. Farin, Carl, Jäckel, Rütten-Köppel, Maier-Riehle, Berghaus (2004), S. 163).

184 Siehe Berghaus, Follert, Thalau, Nellen (2005), S. 23, Farin, Carl, Lichtenberg, Jäckel, Maier-Riehle, Rütten-Köppel (2003), S. 324 sowie Egner, Gerwinn, Schliehe (2002), S. 7. In der Erhebungsrunde 2000/2001 des Peer-Review-Verfahrens der Rentenversicherung ergab sich nach Spearman eine Korrelation der Mängelkategorien mit den Bewertungen nach Qualitätspunkten zwischen 0,77 und 0,82 (vgl. Farin, Carl, Lichtenberg, Jäckel, Maier-Riehle, Rütten-Köppel (2003), S. 325).

185 Siehe Farin, Carl, Lichtenberg, Jäckel, Maier-Riehle, Rütten-Köppel (2003), S. 330 und 333 sowie Farin, Gerdes, Jäckel, Follert, Klein, Glattacker (2003), S. 199. Eine Befragung von RV-Patienten aus dem Jahr 2000, mit Versendung von ca. 125.000 Fragebögen in den somatischen Indikationen sowie im Bereich Psychosomatik/Abhängigkeitserkrankungen, kommt hier zu ähnlichen Ergebnissen (vgl. Egner, Gerwinn, Schliehe (2002), S. 5, Tabelle 1).

186 Siehe Kirchner, Fiene, Ollenschläger (2003), S. 74 sowie Korsukéwitz, Rose, Schliehe (2003), S. 68.

187 Vgl. Brüggemann, Korsukéwitz (2004), S. 310 sowie Klosterhuis, Grünbeck (2004), S. 297 f. für die nachfolgende Darstellung.

188 Vgl. u.a. Jäckel, Farin (2004), S. 281 sowie Jäckel, Korsukéwitz (2003), S. 66.

Abb. 59: Einzelne Bestandteile des Peer-Review-Verfahrens zur Messung der Prozessqualität

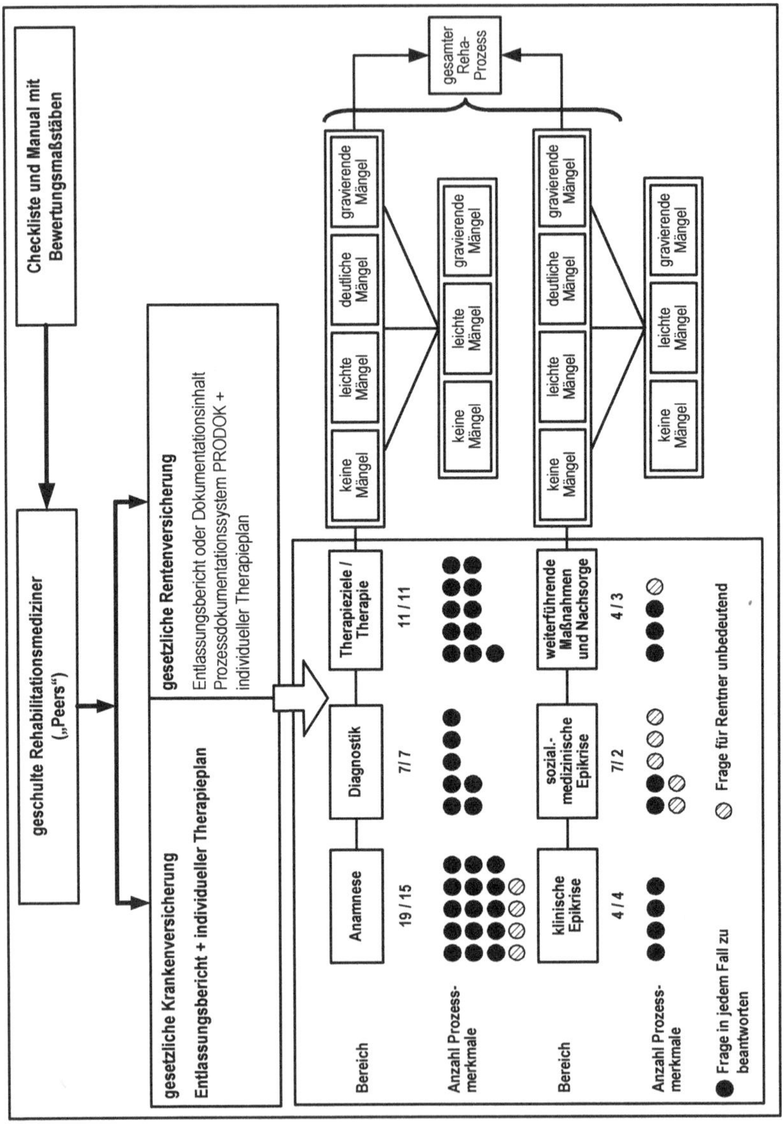

Quelle: eigene Darstellung gemäß Verband Deutscher Rentenversicherungsträger (2003), Checkliste der qualitätsrelevanten Prozessmerkmale – Somatische Indikationsbereiche, S. 15-23

Abbildung 59 dokumentiert die 52 Prozessmerkmale des Peer-Review-Verfahrens, das sich aus den Leistungsbereichen Anamnese (19 Prozessmerkmale), Diagnostik (7 Prozessmerkmale), Therapieziele/Therapie (11 Prozessmerkmale), klinische Epikrise (4 Prozessmerkmale), sozialmedizinische Epikrise (7 Prozessmerkmale) sowie weiterführende Maßnahmen und Nachsorge (4 Prozessmerkmale) zusammensetzt. Zehn dieser Items, in erster Linie die Berufsanamnese sowie ein Großteil der sozialmedizinischen Epikrise, entsprechen lediglich dem Patientenprofil des Rentenversicherungsträgers. Die restlichen 42 Prozessmerkmale sind auch für AltersrentnerInnen relevant und werden daher sowohl im Programm der gesetzlichen Rentenversicherung als auch im QS-Reha®-Programm eingesetzt[189].

Abb. 60: Das Zusammenwirken von evidenzbasierter Medizin und Qualitätssicherungsprogrammen in der medizinischen Rehabilitation

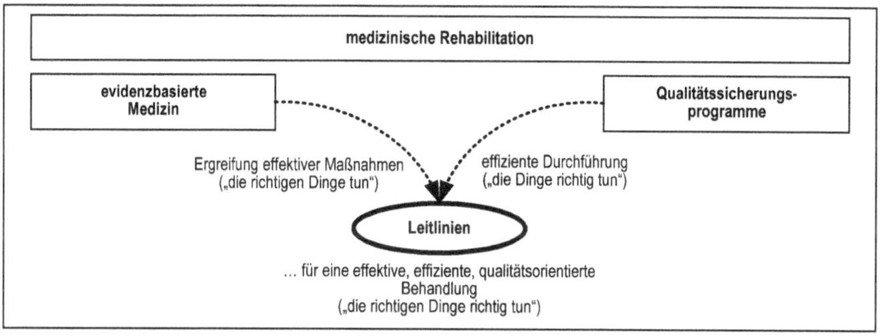

Quelle: Korsukéwitz, Rose, Schliehe (2003), S. 68, eigene Darstellung

Die Bundesversicherungsanstalt für Angestellte (BfA) hat bereits 1998 damit begonnen, medizinische Leitlinien auf Basis von Einzelprojekten zu entwickeln. Gemäß Leitlinien bzw. Handlungsvorgaben aus der nationalen und internationalen Fachliteratur werden evidenzbasierte Therapiemodule (ETM) erstellt, die sich wiederum aus einzelnen Behandlungselementen des Katalogs zur „Klassifikation therapeutischer Leistungen" (KTL) zusammensetzen[190].

Da KTL-Leistungen in Rehabilitationseinrichtungen der Rentenversicherungsträger routinemäßig erfasst werden, ermöglicht diese Vorgehensweise einen Soll-Ist-Vergleich einzelner Einrichtungen, sowohl hinsichtlich der Anzahl Behandlungen als auch der als angemessen befundenen Therapiemenge. Die BfA-Leitlinien, welche mittlerweile an allen vom Rentenversicherungsträger belegten Kliniken zum Einsatz kommen, dienen der Festlegung einheitlicher Qualitätsstandards. Gleichzeitig beinhalten diese Leitlinien eine Vielzahl möglicher KTL-Leistungen, so dass eine weitgehende Therapiefreiheit gewährleistet ist[191].

189 Siehe u.a. Schupp (2005), S. 548, Farin, Jäckel (2004), S. 273 f., Farin, Carl, Lichtenberg, Jäckel, Maier-Riehle, Rütten-Köppel (2003), S. 324 sowie Farin, Carl, Jäckel, Rütten-Köppel, Maier-Riehle, Berghaus (2004), S. 163 f. für eine allgemeine Beschreibung der Peer-Review-Checkliste. In VDR (2003), S. 15-23, findet sich eine detaillierte Beschreibung des Verfahrens.

190 Beispiele für eine Zuordnung von KTL-Leistungen zu evidenzbasierten Therapiemodulen (ETM) finden sich u.a. in Leitlinienbeschreibungen für koronare Herzkrankheit, chronischen Rückenschmerz und Diabetes mellitus (vgl. Bitzer, Klosterhuis, Dörning, Rose (2004), S. 85 und 92-93, Gülich, Engel, Rose, Klosterhuis, Jäckel (2004), S. 111 ff. sowie Ganten, Raspe (2004), S. 97, 99 und 104 f.).

191 Siehe Klosterhuis, Grünbeck (2004), S. 298 sowie Brüggemann, Korsukéwitz (2004), S. 309 f.

Ähnlich wie durch die BfA, wurden auch vom Verband Deutscher Rentenversicherungsträger (VDR) eigenständige Leitlinienaktivitäten in den Bereichen AHB nach Bandscheibenoperation sowie bei psychischen und psychosomatischen Störungen verfolgt[192]. Gleichzeitig existiert eine Kommission „Leitlinien" unter Federführung der Deutschen Gesellschaft für Rehabilitationswissenschaften (DGRW) mit einzelnen indikationsspezifischen Arbeitsgruppen. Die Aufgabe der Kommission „Leitlinien" besteht in der Bewertung vorhandener Leitlinien aus der Akutmedizin sowie einer Anpassung und Übertragung relevanter Gesichtspunkte auf die medizinische Rehabilitation, unter Einbeziehung des diagnose- und systembezogenen Know-hows einzelner medizinischer Fachgesellschaften[193].

Insgesamt ist zu erwarten, dass medizinische Leitlinien in den kommenden Jahren verstärkt Einzug in die medizinische Rehabilitation halten werden. Dies ist auf den Umstand zurückzuführen, dass Qualitätssicherungsprogramme sowie Lizenzierungen, Akkreditierungen und Zertifizierungen als entscheidende Erfolgsfaktoren für die Implementierung medizinischer Leitlinien gelten[194].

Einschränkend ist in Bezug auf die Verwendung medizinischer Leitlinien im Rahmen der externen Qualitätssicherung zu sagen, dass die genauen Inhalte einzelner KTL-Leistungen dort nur schlagwortartig wiedergegeben werden können. Die KTL-Beschreibung selbst umfasst zeitliche Angaben, Angaben zur beteiligten Berufsgruppe sowie Ausweisungen bezüglich Einzel- bzw. Gruppentherapie. Die inhaltliche Qualität und fachliche Spezifität einzelner therapeutischer Leistungen lässt sich somit kaum überprüfen, so dass eine Leitlinienorientierung gemäß KTL einen guten, wenn auch nicht perfekten Ansatz der Qualitätssicherung darstellt[195].

Zur Überprüfung ausgewiesener Merkmale der Struktur- und Prozessqualität werden neben Telefoninterviews[196] im Rahmen von QS-Reha® Visitationen, d.h. Klinikbegehungen vor Ort durchgeführt[197]. Die eintägigen Visitationen sowie der geplante Tagesablauf werden einer Klinik zwei bis drei Wochen vor dem Visitationstermin angekündigt und von zwei Visitoren (einem erfahrenen Rehabilitationsmediziner des relevanten Fachgebiets sowie einem Experten für Qualitätsmanagement in Gesundheitseinrichtungen) vorgenommen[198]. Bewertungsgrundlage einer Visitation bildet neben praxisnahen Leitlinien sowie Qualitätskriterien vor allem auch die Berufserfahrung der jeweiligen Visitoren[199]. Da Visitationen in Bezug auf Anreise sowie Vor- und Nachbearbeitung einen erheblichen Zeit- und Arbeitsaufwand beinhalten, werden diese lediglich an einer Zufallsstichprobe von 20% aller Kliniken durchgeführt[200].

192 Vgl. Brüggemann, Korsukéwitz (2004), S. 309 sowie Korsukéwitz, Rose, Schliehe (2003), S. 68.

193 Siehe Jäckel, Korsukéwitz (2003), S. 65 f. sowie Korsukéwitz, Rose, Schliehe (2003), S. 72 f.

194 Vgl. Kirchner, Fiene, Ollenschläger (2003), Tabelle 6, S.79.

195 Siehe Schupp (2005), S. 554.

196 Durch Telefoninterviews können unklare Angaben einer Klinik präzisiert, bzw. fehlende Angaben ergänzt werden (vgl. z.B. Glattacker, Klein, Farin, Jäckel (2005), S. 457 und 459).

197 Vgl. u.a. Berghaus, Follert, Thalau, Nellen (2005), S. 19 und 21 sowie Glattacker, Klein, Farin, Jäckel (2004), S. 459.

198 Vgl. u.a. Thalau (2005), S. 243 f. sowie Farin, Gerdes, Jäckel, Follert, Klein, Glattacker (2003), S. 198.

199 So lassen sich im kollegialen Dialog untereinander u.a. Ansätze für das interne Qualitätsmanagement erörtern (vgl. Schupp (2005), S. 549, Jäckel, Farin (2004), S. 275 sowie Farin, Gerdes, Jäckel, Follert, Klein, Glattacker (2003), S. 198).

200 Vgl. u.a. Jäckel, Farin (2004), S. 276 sowie Thalau (2005), Abbildung 14-1, S. 241.

Während Visitationen für die Qualitätssicherung der ambulanten Rehabilitation sowie die Rehabilitation von Kindern und Jugendlichen ebenfalls vorgesehen sind, bildeten diese anfänglich keinen integrativen Bestandteil des Qualitätssicherungsprogramms der Rentenversicherung. Unter anderem wurde jedoch von der Bundesversicherungsanstalt für Angestellte (BfA) im Jahr 2003 ein Projekt zur Weiterentwicklung von Visitationen durch Mitarbeiter der BfA gestartet, so dass Klinikbegehungen heute auch im Qualitätssicherungsprogramm der Rentenversicherung zum Einsatz kommen[201].

6.5.1.4 Messungen der Ergebnisqualität

Die Ergebnisqualität wird im Qualitätssicherungsprogramm der Rentenversicherung ca. acht bis zwölf Wochen nach Beendigung der stationären Rehabilitation am Patienten erhoben, im Qualitätssicherungsprogramm der GKV jeweils bei Aufnahme, bei Entlassung sowie sechs Monate nach der Rehabilitation. Im Qualitätssicherungsprogramm der Rentenversicherung wird der Patient über ein *direktes* Messverfahren zu konkreten Veränderungswahrnehmungen (z.B. im Hinblick auf Herz-Kreislauf-, Rücken- oder Gelenkbeschwerden sowie in Bezug auf Schmerzen und Erschöpfung) befragt. Im QS-Reha®-Programm erfolgt hingegen eine *indirekte* Veränderungsmessung über 200 konsekutiv erhobene Patientendaten je Rehabilitationsklinik zu den drei oben genannten Messzeitpunkten[202].

Während somit in den Bereichen der Struktur- und Prozessqualitätsmessung eine Harmonisierung zwischen den Qualitätssicherungsprogrammen der gesetzlichen Krankenkassen und der gesetzlichen Rentenversicherung stattgefunden hat, ist diese für die Messung der Ergebnisqualität bisher ausgeblieben. Mittelfristig sollte eine Harmonisierung jedoch auch hier erklärtes Ziel sein, um klinikübergreifende Vergleiche zu gewährleisten[203]. Die beiden alternativen Verfahren der Ergebnisqualitätsmessung werden derzeit im Rahmen eines Pilotprojekts der ambulanten Rehabilitation geprüft, hingegen spielt die Ergebnisqualität in der Qualitätssicherung der Rehabilitation für Kinder und Jugendliche sowie in der Unfallversicherung derzeit keine Rolle[204].

Bei der patientenseitigen Erhebung der Ergebnisqualität kommt im Rahmen der externen Qualitätssicherung der gesetzlichen Krankenkassen der IRES-24 (IRES = „Indikatoren des Reha-Status") zum Einsatz. Es handelt sich hierbei gemäß Abbildung 61 um eine Kurzversion des überarbeiteten Fragebogens IRES-3[205]. Für Fälle – vor allem in der Neurologie und Geriatrie – in denen es dem Patienten nicht möglich ist, den Fragebogen zum Messzeitpunkt selbst zu beantworten, existiert eine Angehörigenversion des Fragebogens[206].

---

201 Siehe Farin, Jäckel (2005[1]), S. 35, Tabelle 1 und S. 36 sowie Jäckel, Farin (2004), S. 275.

202 Vgl. Farin, Jäckel (2005[1]), S.35, Schupp (2005), S.548, Jäckel, Farin (2004), S.274 f. sowie Farin, Engel, Dimou, Jäckel (2004), S. 74. Bei der Patientenbefragung werden verschiedene Fragebögen verwendet, welche neben allgemeinen Parametern auch indikationsspezifische Dimensionen beinhalten (vgl. Farin, Follert, Gerdelmann, Jäckel (2005), S. 129).

203 Siehe Farin, Follert, Gerdelmann, Jäckel (2005), S. 141. Bei dem direkten Messverfahren ergeben sich Nachteile einer starken Abhängigkeit vom postrehabilitativen Status sowie einer fehlenden Möglichkeit der Risikoadjustierung. Daher stellt das indirekte Messverfahren, vor allem im Hinblick auf ein Benchmarking von Rehabilitationseinrichtungen, die bevorzugte Methode dar (siehe Jäckel, Farin (2004), S. 274 f.).

204 Siehe Jäckel, Farin (2004), S. 274, Tabelle 2 und S. 275.

205 Vgl. Bührlen, Gerdes, Jäckel (2005), S. 67, Tabelle 2 sowie S. 71 und 73.

206 Vgl. u.a. Schupp (2005), S. 548.

Je nach Erhebungszeitpunkt (Behandlungsbeginn, Behandlungsende oder Katamnesezeitpunkt) werden jeweils unterschiedliche Versionen des IRES-3-Fragenbogens mit einer unterschiedlichen Anzahl Items abgefragt. Der IRES-3-Fragebogen unterteilt sich gemäß Abbildung 61 in insgesamt acht Dimensionen: somatische Gesundheit, Schmerzen, Gesundheitsverhalten, körperliche Funktionsfähigkeit, berufliche Funktionsfähigkeit, psychisches Befinden, Krankheitsbewältigung und soziale Integration. Im komprimierten Fragebogen IRES-24 sind vier dieser Dimensionen enthalten[207].

Neben den in Abbildung 61 ausgewiesenen Skalen werden weitere Variablen wie demographische Angaben, Arbeitsunfähigkeitstage der vorangegangenen sechs bzw. zwölf Monate, Behandlungsgrund, Körpergröße und Körpergewicht, Risikofaktoren, gesundheitsbewusste Lebensführung, Aspekte der Lebenszufriedenheit sowie Erwartungen an die Rehabilitationsmaßnahme zu Beginn der Rehabilitation dokumentiert. Diese dienen dazu, die Diagnose und Therapieplanung des einzelnen Patienten zusätzlich zu erleichtern[208].

Abb. 61: Inhaltliche Struktur des IRES-3 („Indikatoren des Reha-Status“)

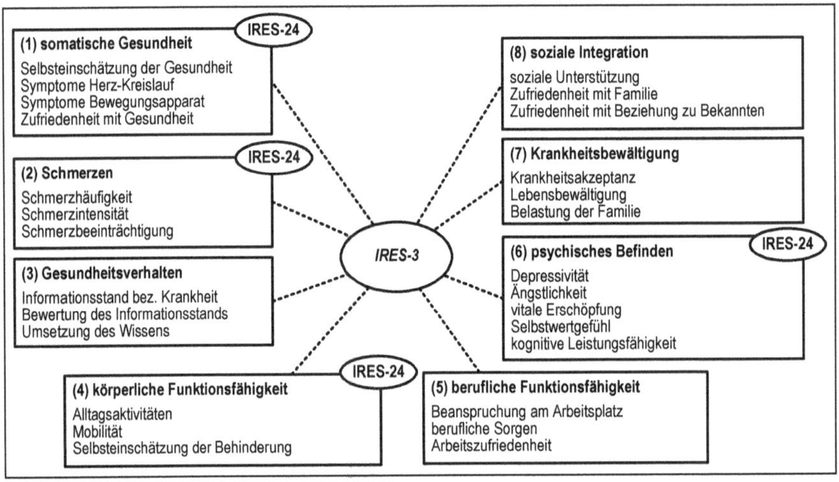

Quelle: Bührlen, Gerdes, Jäckel (2005), S. 67, Tabelle 2 und S.73, Wirtz, Farin, Bengel, Jäckel, Hämmerer, Gerdes (2005), S. 76, eigene Darstellung

Zur Messung der Ergebnisqualität im Rahmen von QS-Reha® werden so genannte Hierarchische Lineare Modelle (HLM) verwendet, die in *Anhang 7* näher erläutert sind. HLM berücksichtigen in einer ersten hierarchischen Ebene zum einen patienteneigene Charakteristika – so genannte Confounder-Variablen. Bei Confoundern handelt es sich um Patientenmerkmale, die den Behandlungserfolg einer Klinik direkt beeinflussen, von

207 Vgl. Bührlen, Gerdes, Jäckel (2005), S. 65 und 73. Der IRES-24-Fragebogen enthält insgesamt 24 Items derjenigen vier Dimensionen, welche im Rahmen des bio-psycho-sozialen Ansatzes medizinischer Rehabilitationsmaßnahmen als am Wichtigsten erachtet werden (vgl. Wirtz, Farin, Bengel, Jäckel, Hämmerer, Gerdes (2005), S. 76 und 85).

208 Siehe Bührlen, Gerdes, Jäckel (2005), S. 65.

dieser jedoch nicht kontrollierbar sind[209]. Durch lineare Regressionsanalysen auf Grundlage unabhängiger Confounder-Variablen lassen sich Erwartungswerte, z.B. in Bezug auf den funktionalen Status eines Patienten am Ende der Rehabilitationsbehandlung ermitteln und dem tatsächlich erreichten funktionalen Status des Patienten gegenüberstellen. Fällt letzterer höher aus als der errechnete Erwartungswert, so war die Rehabilitationsklinik im Behandlungsergebnis dieses Patienten überdurchschnittlich erfolgreich[210]. Confounder-Variablen dienen daher der statistischen Risikoadjustierung und somit der Sicherstellung einer Vergleichbarkeit zwischen einzelnen Rehabilitationskliniken.

Das HLM-Verfahren berücksichtigt in einem zweiten Schritt jedoch auch den möglichen Einfluss klinikeigener Charakteristika. Hierbei wird dem Umstand Rechnung getragen, dass neben patientenspezifischen Charakteristika auch das allgemeine Patientenspektrum einer Klinik für den Behandlungserfolg eines Rehabilitanden verantwortlich sein kann[211].

Ergebnisveränderungen zwischen zwei Messzeitpunkten werden in den Rehabilitationswissenschaften mittels der Effektstärke gemessen[212]. Um valide Aussagen treffen zu können, wird hierzu im Rahmen von QS-Reha® das Verfahren der „*Z*iel*o*rientierten *E*rgebnismessung“ (ZOE) angewandt. Durch den behandelnden Arzt werden bei der IRES-Erhebung pro Patient gemäß dem individuellen Patientenprofil lediglich diejenigen Therapieziele festgelegt, welche für diesen von direkter Relevanz sind. Einzelne Ergebnisse werden somit immer nur für eine Subgruppe aller Patienten gemessen[213].

Neben der patientenseitigen Befragung zur Messung der Ergebnisqualität existiert im Rahmen von QS-Reha® auch eine arztseitige Befragung, die für den ambulanten Bereich ebenfalls vorgesehen ist[214]. So ist es durch den behandelnden Arzt bzw. zuständigen Therapeuten problemlos möglich, eine Vielzahl von Assessmentverfahren und medizinischen Outcomeparametern (wie z.B. den Barthel-Index in der Neurologie oder Blutdruck- und Cholesterinwerte in der kardiologischen Rehabilitation) zu erheben. Der Arztbogen ist, anders als der IRES-Fragebogen, demnach größtenteils krankheitsspezifisch konzipiert. Durch die zusätzliche Arztperspektive lassen sich Ergebnisse zur Behandlungseffektivität somit auch aussagekräftiger und ausgewogener darstellen, zumal die Möglichkeit gegeben ist, Therapieziele zu formulieren und eine Bewertung hinsichtlich des Erreichens dieser Therapieziele vorzunehmen.

---

209 Hieraus ergibt sich, dass zu kontrollierende Confounder im Allgemeinen zum Aufnahmezeitpunkt des Patienten erhoben werden (vgl. u.a. Schupp (2005), S. 549 sowie Farin, Gerdes, Jäckel, Follert, Klein, Glattacker (2003), S. 194).

210 Vgl. Farin, Glattacker, Follert, Kuhl, Klein, Jäckel (2004), S. 657 f.

211 Vgl. Ausführungen in Anhang 7, Farin, Jäckel (2005[1]), S. 37 sowie Jäckel, Farin (2004), S. 277. Hierarchische Lineare Modelle werden u.a. in Farin (2005), S. 157-164 sowie Farin, Glattacker, Follert, Kuhl, Klein, Jäckel (2004), S. 655-662, ausführlicher thematisiert.

212 Siehe u.a. Berghaus, Follert, Thalau, Nellen (2005), S. 42 sowie Gerdes, Weidemann, Jäckel (2000), S. 22 f. für die hierbei angewandte Formel.

213 Aufgrund der Multidimensionalität von Rehabilitationsmaßnahmen würde ohne das ZOE-Verfahren auch derjenige Teil einer Patientenstichprobe mit berücksichtigt, der für ein definiertes Therapieziel nicht infrage kommt. Die therapeutischen Effekte auf die Subgruppe würden in diesem Fall nivelliert, so dass diese jeweils isoliert betrachtet werden muss (vgl. Gerdes, Weidemann, Jäckel (2000), S. 21 f.).

214 Vgl. u.a. Schupp (2005), S. 549, Jäckel, Farin (2004), S. 275 sowie Farin, Gerdes, Jäckel, Follert, Klein, Glattacker (2003), S. 195 f. für die nachfolgende Darstellung.

Die arztseitige Befragung dient in diesem Zusammenhang ebenfalls der Risikoadjustierung durch Erhebung einzelner Confounder-Variablen wie Komorbidität, Diagnose bzw. Schweregrad einer Erkrankung. Für eine direkte Verwendung im Rahmen der Qualitätssicherung ist die arztseitig erfasste Ergebnisqualität hingegen nicht geeignet, da aufgrund der möglichen Belegungsrelevanz von Qualitätsergebnissen ein starkes Eigeninteresse des behandelnden Arztes bestünde, die eigene Outcomemessung positiv zu beeinflussen.

6.5.1.5 Messungen der Patientenzufriedenheit

Sowohl das Qualitätssicherungsprogramm der Rentenversicherung als auch QS-Reha® enthalten neben Struktur-, Prozess- und Ergebnisqualitätsmessungen auch Messungen zur Patientenzufriedenheit. Hierzu werden vom Rentenversicherungsträger acht bis zwölf Wochen nach Entlassung aus der Rehabilitation je Klinik und Monat ca. 20 Patienten zufällig ausgewählt. Einzelbewertungen erfolgen auf einer Skala zwischen (1) („sehr gut") und (5) („sehr schlecht"). Erfahrungen zeigen, dass der Anteil unzufriedener Patienten je Klinik in der Regel zwischen 11 und 13% liegt, dass jedoch gerade Kliniken mit weniger zufriedenen Patienten über den Zeitablauf die Möglichkeit nutzen, ihre eigenen Ergebnisse zu verbessern[215].

Für das QS-Reha®-Programm wurde zwecks Patientenbefragung gegen Ende des Rehabilitationsaufenthalts ein eigenständiges Erhebungsinstrument entwickelt[216]. Unterschieden wird hierbei zwischen Patientenbewertungen einzelner Sachverhalte in Form eines Zufriedenheitsurteils sowie Fragen nach konkreten qualitätsrelevanten Vorkommnissen. Diese so genannten ereignisorientierten Fragen erörtern, ob und zu welchem Zeitpunkt bestimmte einzelne Ereignisse während des Rehabilitationsaufenthalts stattgefunden haben[217]. Es handelt sich somit um Fragen zur Prozessqualität, mit indirekten Auswirkungen auf die Patientenzufriedenheit, z.B.

- Zeitpunkt der Erstuntersuchung durch den behandelnden Arzt/Therapiebeginn,
- Abstimmung und Besprechung des Therapieplans mit dem behandelnden Arzt,
- ausreichende Beantwortung von Fragen durch den behandelnden Arzt, Therapeuten bzw. zuständige Pflegekräfte
- sowie Überschneidung einzelner Termine während des Rehabilitationsaufenthalts.

Einige weitere ereignisorientierte Fragen beziehen sich auf die Zeit nach dem Rehabilitationsaufenthalt. Hierzu gehören u.a. Empfehlungen bezüglich der Lebensführung außerhalb des klinischen Umfelds, Therapieanleitungen für zu Hause sowie bereitgestellte Informationen über weiterführende Behandlungsmöglichkeiten[218].

Anhand der Beantwortung ereignisbezogener Fragestellungen waren in der ersten Phase des QS-Reha®-Programms individuelle Problemfelder erkennbar. Unter anderem wurde von ca. 9% aller befragten Patienten angegeben, dass der Beginn der Therapie/Be-

215 Vgl. Jäckel, Farin (2004), S. 278 sowie Nischan, Klosterhuis (2002), S. 194 f.

216 Siehe u.a. Jäckel, Farin (2004), S. 274 sowie Farin, Gerdes, Jäckel, Follert, Klein, Glattacker (2003), S. 197. Die einzelnen Versionen der Patientenzufriedenheitsbögen „MSK & Kardiologie", „Neurologie", „Dermatologie und Pneumologie", „Onkologie & Gastroenterologie/Stoffwechselerkrankungen/Nephrologie sowie „Psychosomatik/psychische Erkrankungen/Abhängigkeitserkrankungen" finden sich unter www.qs-reha.de, „Instrumente & Download" (Stand: 20.12.2006).

217 Ereignisbezogene Fragestellungen werden neben direkten Fragen zur Patientenzufriedenheit deshalb gestellt, um „die psychologische Komplexität und Vieldeutigkeit von globalen Zufriedenheitsurteilen zu umgehen" (siehe Schupp (2005), S. 548).

218 Vgl. Berghaus, Follert, Thalau, Nellen (2005), S. 28 f.

handlung in der jeweiligen Klinik erst für den dritten Tag oder sogar noch später angesetzt war. Weitere Erkenntnisse deuten auf organisatorische Defizite an psychosomatischen Einrichtungen mit Terminüberschneidungen bei 55% der befragten Patienten hin[219]. Abbildung 62 dokumentiert die einzelnen Kategorien im Bereich Patientenzufriedenheit in grafischer Form[220].

Abb. 62: Fragen zur Patientenzufriedenheit sowie zur Bewertung von Ereignissen während der Rehabilitation, Beispiel Orthopädie und Kardiologie

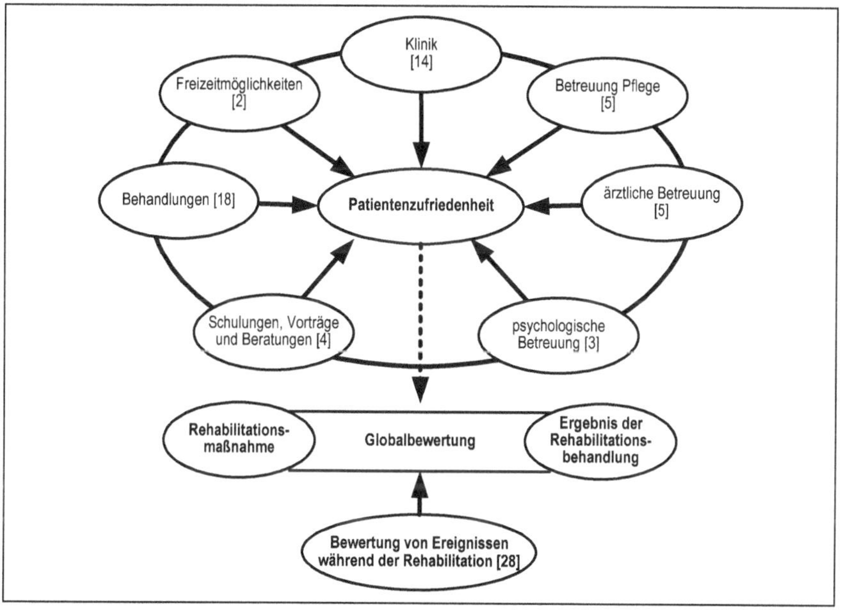

Quelle: www.qs-reha.de, „Instrumente & Download", Farin, Gerdes, Jäckel, Follert, Klein, Glattacker (2003), S. 197, eigene Darstellung (Anzahl Fragen in eckigen Klammern)

Auch für den Bereich Patientenzufriedenheit wird analog der Ergebnisqualitätsmessung eine statistische Risikoadjustierung durchgeführt, um eine methodisch abgesicherte Vergleichbarkeit einzelner Rehabilitationskliniken zu gewährleisten[221]. In Form eines Benchmarkings kann sich eine Rehabilitationseinrichtung somit an der jeweils besten Vergleichsklinik orientieren.

---

219 Siehe Berghaus, Follert, Thalau, Nellen (2005), S. 33 sowie Farin, Gerdes, Jäckel, Follert, Klein, Glattacker (2003), S. 199.

220 Zufriedenheitsurteile werden mit „sehr gut", „gut", „weder schlecht noch gut", „schlecht" bzw. „sehr schlecht" bewertet. Für ereignisorientierte Fragen gelten die fünf Antwortkategorien „trifft voll und ganz zu", „trifft eher zu", „trifft teils zu, teils nicht zu", „trifft eher nicht zu" und „trifft überhaupt nicht zu". Zudem wird der Patient gebeten, sowohl das Ergebnis der Rehabilitationsbehandlung als auch die Rehabilitationsmaßnahme auf einer Skala von 0 (sehr schlecht) bis 10 (ausgezeichnet) zu bewerten (vgl. z.B. www.qs-reha.de, Instrumente & Download, MSK & Kardiologie: Download Patientenzufriedenheitsbogen).

221 Siehe u.a. Farin, Follert, Gerdelmann, Jäckel (2005), S. 129.

6.5.1.6 Messungen der Mitarbeiterzufriedenheit

Die Mitarbeiterzufriedenheit eignet sich in erster Linie als Indikator für das interne Qualitätsmanagement, bei dem Qualitätsverbesserungen als alltägliche Aufgabe aller Mitarbeiter verstanden werden sollten. Engagierte und motivierte Mitarbeiter bilden mit anderen Worten die notwendige Voraussetzung für den intern messbaren Erfolg einer Rehabilitationsklinik. Mitarbeiterbefragungen werden u.a. für die interne Selbstbewertung einer Einrichtung, z.B. in Kombination mit dem EFQM-Modell oder als Teil einer Balanced Scorecard, herangezogen[222].

Gleichzeitig ist der Aspekt der Mitarbeiterzufriedenheit jedoch auch im externen Qualitätsprofil von QS-Reha® als optionales Modul mit enthalten[223]. Zur Messung der Mitarbeiterzufriedenheit ist der ökonomisch einsetzbare „Fragebogen zur Mitarbeiterzufriedenheit in Rehabilitationskliniken“, MiZu-Reha, vorgesehen. Er beinhaltet 75 Items auf insgesamt 8 Seiten (vgl. Tabelle 13). Mittels einer Kategorisierung in einzelne Angestelltengruppen (ärztliches und psychologisches Personal, Therapieabteilungen, pflegerisches Personal, Hauswirtschaft/Raumpflegepersonal, Küche und Service, Verwaltung, Sekretariate, Schreibdienst sowie Technik, Labor, Röntgen und Sonstiges) ist er auf alle Personalbereiche anwendbar[224].

Tab. 13: Einzelne Items des Fragebogens zur Mitarbeiterzufriedenheit an Rehabilitationseinrichtungen (MiZu-Reha)

	Anzahl Items	Klassifikation der Arbeitsgruppe des Befragten und der Position des unmittelbaren Vorgesetzten (2 Items)
Skala Betriebsklima	7	
Skala Führungsstil des unmittelbaren Vorgesetzten	14	
Skala interne Organisation und Kommunikation	10	
Kündigungsüberlegung und Freizeitorientierung	2	
Zufriedenheit und Wichtigkeit von verschiedenen Aspekten der Arbeit (z.B. Fortbildungsmöglichkeit, Bezahlung)	23	
Wahrgenommene Schwachstellen der Klinikorganisation (z.B. Informationsaustausch zwischen Abteilungen, Ausstattung des Arbeitsplatzes)	7	
Wahrgenommene Patientenzufriedenheit	10	
Gesamt:	**75**	

Quelle: Farin, Meixner, Follert, Jäckel, Jacob (2002), S. 260, eigene Darstellung

---

222 Vgl. Farin, Meixner, Follert, Jäckel, Jakob (2002), S. 258 f. und 263, Farin, Jäckel, Töpfer, Gang-Schröder (2001), S. 45-47 sowie die nachfolgende Darstellung in Abschnitt 6.5.2.

223 Als Bestandteil der externen Qualitätsmessung ist die Mitarbeiterzufriedenheit deshalb sinnvoll, da eine strikte Trennung zwischen internem und externem Qualitätsmanagement ohnehin unerwünscht ist (vgl. Schupp (2005), S. 549 sowie Farin, Gerdes, Jäckel, Follert Klein, Glattacker (2003), S. 197 f.).

224 Besonders gut geeignet für das interne Qualitätsmanagement sind die in Tabelle 13 ausgewiesenen sieben Items hinsichtlich wahrgenommener Schwachstellen in der Klinikorganisation, da diese konkrete Vorschläge zur Qualitätsverbesserung durch das Klinikpersonal ermöglichen (siehe Farin, Meixner, Follert, Jäckel, Jacob (2002), S. 260 und 264 f. sowie die Detailbeschreibung auf S. 266-267).

Bereits frühere Studien einzelner Gesundheitseinrichtungen kamen zu dem Ergebnis, dass Merkmale des Managements wie Führungsverhalten und Mitarbeiterpartizipation durchaus einen Einfluss auf die Patientenversorgung haben können („management matters“). Dies dürfte für die medizinische Rehabilitation mit ihrer interdisziplinären und teamorientierten Organisationsstruktur in erhöhtem Maße gelten, da ein dysfunktionaler Führungsstil bzw. fehlende Kommunikationswege hier besonders negative Auswirkungen haben dürften[225].

In der so genannten Qualitätssynopse werden bezüglich der Mitarbeiterzufriedenheit lediglich die Ergebnisse der drei Skalen Betriebsklima, Führungsstil und interne Organisation und Kommunikation ausgewiesen[226].

6.5.2 Verfahren der internen Qualitätsmessung

Gemäß § 135a Abs. 2 Nr. 2 SGB V sowie § 20 Abs. 2 SGB IX werden Leistungserbringer der medizinischen Rehabilitation dazu verpflichtet, neben einem externen Qualitätsmanagement auch ein innerbetriebliches Qualitätsmanagementsystem zu etablieren. Anforderungen an ein einrichtungsinternes Qualitätsmanagement sind in der GKV-finanzierten Rehabilitationsbehandlung zwischen den Spitzenverbänden der Krankenkassen und den Spitzenorganisationen der Rehabilitationseinrichtungen zu vereinbaren[227]. Im Rahmen dieses Abschnitts sollen einzelne Zertifizierungs- und Akkreditierungssysteme vorgestellt werden, welche es einer Rehabilitationseinrichtung ermöglichen, ihre hausinternen Qualitätsstandards auch nach außen hin sichtbar zu machen.

Gemäß den Ergebnissen zweier Studien ist der Anteil bereits eingeführter bzw. in Einführung oder in Vorbereitung befindlicher interner Qualitätsmanagementprogramme an Vorsorge- und Rehabilitationseinrichtungen zwischen den Jahren 2000 und 2003 von 61,8% auf 76,4% gestiegen[228]. Auffallend ist hierbei vor allem ein statistisch hoch signifikanter Zusammenhang zwischen der Teilnahme an einem externen Qualitätssicherungsprogramm und dem Vorliegen eines internen Qualitätsmanagementsystems. Dieser dürfte aus der Tatsache resultieren, dass interne Qualitätsmanagementprogramme im Rahmen externer Qualitätssicherungsprogramme direkt bzw. indirekt gefordert werden[229]. Externe Qualitätssicherungsprogramme erhöhen jedoch nicht nur den Druck auf die Einführung eines internen Qualitätsmanagementsystems, sondern helfen auch, Patientenorientierung, Verbesserungspotentiale sowie Effizienzverbesserungen stärker in das Bewusstsein von Mitarbeitern einer Rehabilitationsklinik zu rücken. Tatsächlich waren dies gemäß der Studie von Eckert mit 68% die am häufigsten genannten Motivationsgründe für die (geplante) Einführung eines internen Qualitätsmanagementprogramms. Nur in 32% der Fälle wurde externer Druck (durch den Ge-

225 Siehe Farin, Gerdes, Jäckel, Follert, Klein, Glattacker (2003), S. 198.

226 Vgl. Farin, Meixner, Follert, Jäckel, Jakob (2002), S. 265, Farin, Gerdes, Jäckel, Follert, Klein, Glattacker (2003), S. 198 sowie die nachfolgende Darstellung in Abschnitt 6.5.3.

227 Siehe u.a. Egner, Gerwinn, Schliehe (2002), S. 8, Kleinfeld, Barth, Reiland (2002), S. 12 sowie SGB Sozialgesetzbuch (2006), S. 495 und 1108.

228 Vgl. Eckert (2001), S. 339, Tabelle 1 und S. 343 sowie Farin, Engel, Dimou, Jäckel (2004), S. 77.

229 Siehe u.a. Jäckel, Farin (2004), S. 278 f. Während Qualitätszirkel gemäß Abbildung 56 ursprünglich einen eigenständigen Programmpunkt im Qualitätssicherungsprogramm der Rentenversicherung bildeten, wurde das Vorhandensein eines internen Qualitätsmanagementprogramms als notwendiges Basiskriterium im Rahmen der Strukturqualitätskriterien des QS-Reha®-Programms festgelegt (vgl. Farin, Engel, Dimou, Jäckel (2004), S. 79 f.).

setzgeber, den Hauptbeleger bzw. den Träger) als relevanter Grund angegeben, und hier meist nur als Zweit- oder Drittantwort[230].

Einzelverfahren des internen Qualitätsmanagements beinhalten u.a. Befragungen zur Patienten- und Mitarbeiterzufriedenheit. Besonders verbreitet sind an Rehabilitationskliniken jedoch vor allem auch Qualitätszirkel in Form von Team- oder Projektgruppenarbeit[231]. Zum Teil werden zur Unterstützung des internen Qualitätsmanagements die Normenreihe DIN EN ISO 9001:2000 sowie das EFQM-Modell (Excellence-Modell der *E*uropean *F*oundation for *Q*uality *M*anagement) verwendet (vgl. Abschnitte 6.5.2.1 und 6.5.2.2). Da beide Verfahren jedoch nicht ausschließlich für die medizinische Rehabilitation bzw. im Fall von EFQM nicht einmal explizit für die Gesundheitsbranche konzipiert wurden, bilden sie auch Bestandteil von speziell auf die medizinische Rehabilitation ausgerichteten Zertifizierungs- bzw. Akkreditierungsansätzen. Hierbei handelt es sich vor allem um das DEGEMED-Zertifizierungsverfahren sowie das Integrierte Qualitätsmanagement-Programm Reha (IQMP-Reha) des Bundesverbands Deutscher Privatkliniken (BDPK), gemäß den Beschreibungen in den Abschnitten 6.5.2.3 und 6.5.2.4.

6.5.2.1 DIN EN ISO 9001:2000

Die DIN EN ISO-Normen der Gruppe 9000 ff. setzen allgemein notwendige Standards des internen Qualitätsmanagements, welche eine geeignete Ausgangsbasis für Qualitätsanforderungen im Bereich Gesundheitsdienstleistungen darstellen[232].

Die Normenreihe DIN EN ISO 9001:2000 basiert in erster Linie auf Kriterien der Prozessqualität, welche vor dem Hintergrund einer optimalen Kundenzufriedenheit bewertet werden. Notwendige Voraussetzung für eine ISO-Zertifizierung ist das Vorhandensein eines funktionierenden und mit den Normen konformen internen Qualitätsmanagementsystems, dessen Funktionsweise in einem Qualitätshandbuch zu definieren ist. Diese Dokumentation dient letztlich der Orientierung für das externe Audit, durchgeführt von einer unabhängigen, akkreditierten Zertifizierungsstelle[233]. Das ausgestellte ISO-Zertifikat besitzt über einen Zeitraum von drei Jahren Gültigkeit, wobei auch innerhalb dieses Zeitraums regelmäßige Folgeaudits durchgeführt werden[234].

6.5.2.2 Das EFQM-Modell

Im Gegensatz zu DIN EN ISO 9001:2000 basiert das EFQM-Modell (Excellence-Modell der *E*uropean *F*oundation for *Q*uality *M*anagement) auf einem Prozess der Selbstbewertung. Da dieser Prozess weitestgehend intransparent bleibt, ist eine externe Überprüfung eher unüblich, prinzipiell jedoch möglich[235]. Das EFQM-Modell besteht aus den fünf so genannten Befähigerkriterien, nämlich Führung, Partnerschaften und

---

230 Vgl. Eckert (2001), S. 339, Tabelle 1 sowie S. 343.

231 Vgl. Farin, Jäckel (2001), S. 146.

232 Siehe u.a. DEGEMED (2003), S. 5 (Stand: 11.12.2006).

233 Vgl. u.a. Bak, Bocker, Müller, Lohsträter, Smolenski (2004), S. 286 sowie Angaben unter www.qmhandbuch.de/handbuch_ges.htm (Stand: 11.12.2006).

234 Der Zertifizierungsansatz gemäß vorgegebener DIN EN ISO Normen lässt sich somit auch als ein „gut-genug-Modell" bezeichnen (vgl. Bak, Bocker, Müller, Lohsträter, Smolenski (2004), S. 286 f., Farin, Jäckel (2001), S. 146 sowie Nowy (2002), S. 165).

235 Siehe Bak, Bocker, Müller, Lohsträter, Smolenski (2004), S. 287 sowie Farin, Jäckel (2001), S. 146 f.

Ressourcen, Mitarbeiterorientierung, Politik und Strategie sowie Prozesse. Befähigerkriterien beurteilen, *wie* sich eine bestimmte Versorgungsqualität erreichen lässt. Demgegenüber werden mittels vier weiterer Kriterien mitarbeiter-, kunden-, und gesellschaftsbezogene Ergebnisse sowie Ergebnisse so genannter Schlüsselleistungen beurteilt[236]. Im Fall von Gesundheitseinrichtungen wurde letzteres Kriterium als „medizinische, pflegerische und ökonomische Ergebnisqualität" näher definiert[237].

Abb. 63: Darstellung einzelner Bewertungskriterien des EFQM-Modells sowie deren Gewichtung (Maximalwert: 1.000 Punkte)

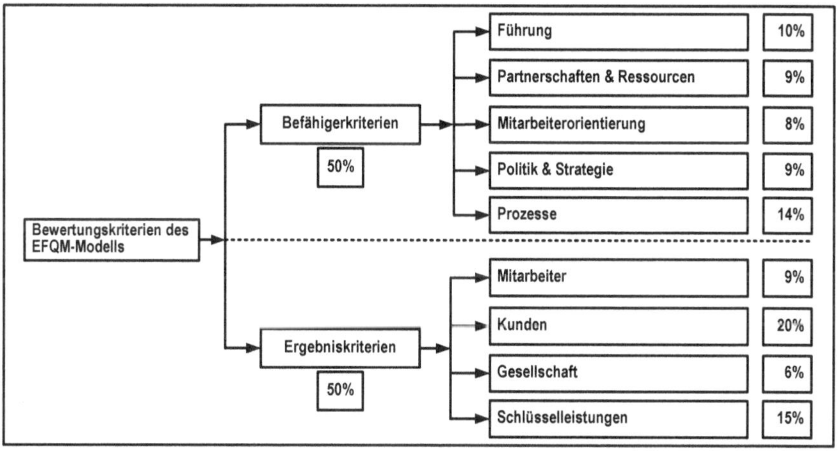

Quelle: EFQM (2003), S. 12, Anhang 1, aufgerufen unter www.deutsche-efqm.de/download/Excellence_einfuehren_2003(5).pdf sowie http://de/wikipedia.org/wiki/EFQM (Stand: 6.12.2006)

Sowohl die Befähiger- als auch die Ergebniskriterien erhalten gemäß Abbildung 63 eine jeweilige Gewichtung von 50%, bei einer Maximalpunktzahl von 1.000 Punkten. Letztendlich steht im EFQM-Modell die Ergebnisqualität somit stark im Vordergrund der Bewertung[238].

6.5.2.3 Das DEGEMED-Zertifizierungsverfahren

Durch eine Weiterentwicklung der DIN-EN-ISO-Normen erfolgte im Jahr 1999 unter Einbeziehung weiterer medizinisch-psychologischer Kriterien die Etablierung des DEGEMED-Zertifizierungsverfahrens mit spezieller Ausrichtung auf die Belange der medizinischen Rehabilitation[239]. Ausgehend vom ISO-Zertifizierungsansatz wurden

---

236 Vgl. u.a. Bak, Bocker, Müller, Lohsträter, Smolenski (2004), S. 287, Nowy (2002), S. 166 ff., Farin, Jäckel (2001), S. 146 sowie Swertz, Möller (1999), S.400 f.

237 Während sich medizinische bzw. pflegerische Behandlungsergebnisse beispielsweise auf Komplikationsraten oder die Erreichung bzw. Einhaltung vorgegebener Laborwerte beziehen können, lässt sich als Beispiel für ökonomische Ergebnisqualität die berufsspezifische Entwicklung von Fort- und Weiterbildungsbudgets anführen (vgl. Nowy (2002), S. 168 f. sowie Farin, Jäckel (2001), S. 146).

238 Eine Detailbeschreibung der EFQM-Modellumsetzung wäre zu umfangreich und ist im Rahmen dieser Arbeit somit nicht möglich (vgl. z.B. Binner (2005), vor allem Kapitel 9, S. 235-248, für nähere Angaben).

239 Vgl. Nowy (2002), S. 179 f.

zudem bereits in der ersten Auditcheckliste der DEGEMED vom Januar 1999 auch Kriterien des Modells der European Foundation for Quality Management (EFQM) einbezogen[240]. Durch die Zusammenführung von Aspekten der Struktur-, Prozess- und Ergebnisqualität existiert letztlich eine umfassende Form der internen Qualitätssicherung, welche auch Elemente der in Abschnitt 6.5.1 vorgestellten externen Qualitätssicherungsprogramme mit beinhaltet[241]. Ähnlich wie die ISO-Zertifizerung beinhaltet auch die DEGEMED-Zertifizierung die Erstellung eines einrichtungsinternen Qualitätsmanagementhandbuchs, die Durchführung eines internen Audits sowie ein darauf folgendes externes Audit[242]. Bei der DEGEMED-Zertifizierung wird über einen Fachauditor im Gesundheitswesen (meistens ein Arzt) eine externe Überprüfung der Rehabilitationsklinik vorgenommen. Im Anschluss erhält die Einrichtung sowohl ein DIN-EN-ISO-9001- als auch ein DEGEMED-Zertifikat[243]. Letzteres besitzt über drei Jahre Gültigkeit, wobei auch in diesem Fall jährliche Überwachungsaudits sowie stichprobenartige Verifizierungen vorgenommen werden[244].

Zu den Aspekten der DEGEMED-Zertifizierung zählen u.a. Qualitätskriterien hinsichtlich der Existenz interdisziplinär erarbeiteter Therapiekonzepte, Maßnahmen zur systematischen Überprüfung des Erfolgs einer Rehabilitationsbehandlung sowie Kenntnisse über die festgelegten Rehabilitationsziele durch alle an der Rehabilitationsbehandlung beteiligten Personen[245].

Die Anforderungen des DEGEMED-Zertifizierungsverfahrens lassen sich einer Basischeckliste entnehmen, deren Inhalte in Tabelle 14 zusammengefasst sind[246].

Neben der Basischeckliste existieren einzelne Indikations-Spezifische Module (ISM) für die Indikationsgebiete Kardiologie, Neurologie, Onkologie, Orthopädie und Psychosomatik, die als einrichtungsspezifische Erweiterung der Basischeckliste zu betrachten sind[247].

Das DEGEMED-Zertifizierungsverfahren ist für alle Mitglieder des DEGEMED verpflichtend, kann jedoch auf Wunsch auch von anderen Rehabilitationseinrichtungen eingeführt werden[248].

240 Indirekt sah man sich bei der Fokussierung auf die Prozess- und Ergebnisqualität dahingehend bestätigt, dass auch die ISO-Normen selbst im Dezember 2000 in ähnlicher Weise überarbeitet wurden (vgl. Bak, Bocker, Müller, Lohsträter, Smolenski (2004), S. 288, DEGEMED (2002), Vorwort bzw. Anhang, S. 5).

241 Vgl. Nowy (2002), S. 165 sowie Farin, Jäckel (2001), S. 146.

242 Nach dem internen Audit erfolgt eine Managementbewertung sowie die Erstellung eines Qualitätsberichts (vgl. Lutzmann (2002), S. 49 f.).

243 Siehe Jäckel, Farin (2004), S. 279.

244 Vgl. Bak, Bocker, Müller, Lohsträter, Smolenski (2004), S. 289.

245 Siehe Jäckel, Farin (2004), S. 279 sowie Farin, Jäckel (2001), S. 147.

246 Vgl. Deutsche Gesellschaft für Medizinische Rehabilitation e.V., DEGEMED (2002): Basis-Checkliste Version 3.0, S.1-60.

247 Vgl. DEGEMED (2002), Indikationsspezifische Module Version 2.0, S. 1-45. Für den Bereich Sucht/Abhängigkeitserkrankungen wurde durch die DEGEMED und den Fachverband Sucht (FVS) eine eigenständige Audit-Checkliste erarbeitet und im Juni 2001 veröffentlicht.

248 Vgl. u.a. Farin, Brandmaier, Eversmann, Dehmlow, Lutzann (1999), S. 379 f.

Tab. 14: Inhalte der Basischeckliste Version 3.0 des DEGEMED-Zertifizierungsverfahrens

1. Verantwortung der Leitung	Verpflichtung der Leitung
	Patienten- und Interessenspartner-Orientierung
	Qualitätspolitik (Leitbild und Klinikkonzept)
	Planung
	Verantwortung, Befugnis, Kommunikation
	Managementbewertung
2. Rehabilitationsspezifische Anforderungen	personelle Ausstattung
	Sachausstattung, Arbeitsumgebung
	Mitarbeiterorientierung und -zufriedenheit
3. Realisierung der Rehabilitationsprozesse	Entwicklung (Planung, Eingaben, Ergebnisse, Bewertung, Verifizierung, Validierung, Lenkung)
	Planung der Prozesse / Therapiekonzepte
	patientenbezogene und unterstützende Prozesse (in den Bereichen: Aufnahme, Diagnostik, Therapie, Pflege, Konsile, Entlassung, Patientendokumentation sowie weitere unterstützende Prozesse)
	Prozesse bezüglich Interessenspartnern
	Beschaffung
	Lenkung von Überwachungsmaßnahmen und Messinstrumenten
4. Ergebnisse (Messung, Analyse und Verbesserung)	Allgemeines
	Überwachung und Messung
	Lenkung von Fehlern
	Datenanalyse
	Verbesserung
5. Qualitätsmanagementsystem	allgemeine Anforderungen
	Dokumentationsanforderungen

Quelle: nach DEGEMED (2002), Basischeckliste Version 3.0, S. 1-60

6.5.2.4 Das Integrierte Qualitätsmanagement-Programm (IQMP-Reha)

Im März 2004 wurde im Rahmen einer Auftaktveranstaltung der Beginn des Integrierten Qualitätsmanagement-Programms IQMP-Reha bekannt gegeben[249]. Zur Entwicklung von IQMP-Reha wurde durch den Bundesverband der Privatkrankenanstalten bereits im Jahr 2001 das Institut für Qualitätsmanagement im Gesundheitswesen GmbH (IQMG GmbH) gegründet und eine Zusammenarbeit mit dem Lehrstuhl für Versorgungssystemforschung und Qualitätssicherung der Charité-Universitätsmedizin Berlin unter Leitung von Prof. Müller-Fahrnow hergestellt[250]. Die Finanzierung der IQMG GmbH wurde von den Mitgliedern des Verwaltungsrats sichergestellt. Letzterer wiederum setzt sich aus Leitern und Mitarbeitern führender Unternehmen der Rehabilitation zusammen, welche gleichzeitig die praxisorientierte Systementwicklung gewährleisteten[251].

---

249 Vgl. Bundesverband Deutscher Privatkrankenanstalten (2004[3], 2004[4]).

250 Vgl. Bundesverband Deutscher Privatkrankenanstalten (2004[2], 2004[3], 2004[4], 2005[5])

251 Siehe Aussagen von Friedel Mägdefrau, erster Vizepräsident des BDPK sowie Peter Clausing, Vorsitzender des Verwaltungsrats der IQMG GmbH (Bundesverband Deutscher Privatkrankenanstalten (2004[2]), S. 186 und 190).

IQMP-Reha ist zu einem Großteil auf die Selbstbewertung einer Klinik ausgerichtet und liefert so entscheidende Impulse für einrichtungsinterne Maßnahmen der Qualitätsverbesserung. Ziel ist die Optimierung vernetzter Prozessabläufe, das Erkennen von Schwachstellen und die Realisierung von Verbesserungspotentialen. Gemäß Abbildung 64 orientiert sich IQMP-Reha stark an dem EFQM-Modell, es unterlegt dieses jedoch mit rehabilitationsspezifischen Inhalten, inklusive Möglichkeiten der indikationsspezifischen Weiterentwicklung[252]. Letztendlich verbindet IQMP-Reha somit die Vorteile des EFQM-Modells mit denen eines Zertifizierungsverfahrens[253].

Abb. 64: Bewertungsverfahren bei IQMP-Reha

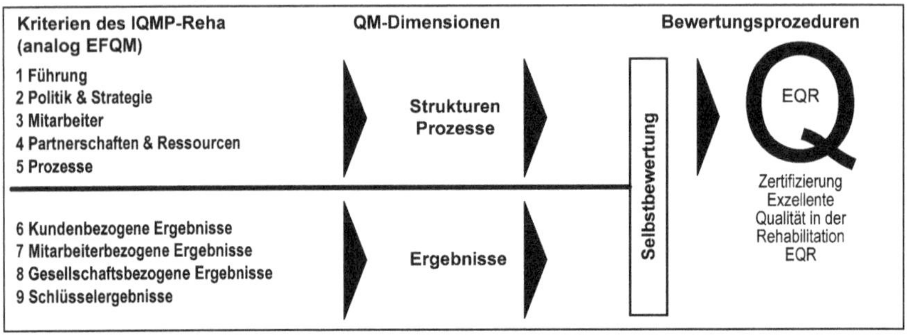

Quelle: Darstellung in Anlehnung an IQMG Institut für Qualitätsmanagement im Gesundheitswesen GmbH (2007), www.iqmp.de, „IQMP-Reha", „IQMP-Reha Manual", „Kapitel I: Einleitung und Übersicht", S. 5

Die in Abschnitt 6.5.2.2 bereits beschriebenen Befähigerkriterien (Punkte 1 bis 5 in Abbildung 64) kennzeichnen die Strukturen und Prozesse einer Rehabilitationsklinik. IQMP-Reha untergliedert diese Befähigerkriterien in weitere Teilkriterien. Diese Teilkriterien (z.B. der Aspekt „Förderung von Eigeninitiative und Verbesserungsfähigkeiten der Mitarbeiter" unter Punkt 3) werden im Hinblick auf

- das Vorhandensein einer fundierten und integrierten *Planung*, inklusive deren strukturierter und systematischer *Umsetzung*
- sowie vorliegende Konzepte der *Bewertung* und *Verbesserung* der durchgeführten Maßnahmen

evaluiert. In Form von Punktwerten ist hierbei anzugeben, inwieweit für einzelne Indikatorenbereiche entsprechende Qualitätsnachweise vorhanden sind.

Ziel ist es, im Rahmen der Selbstbewertung eine geschätzte Mindestpunktzahl von 55% des erreichbaren Gesamtwerts, die Mindestvoraussetzung für eine Zertifizierung, zu erlangen. Auf Grundlage eines erstellten Selbstbewertungsberichts wird durch eigens von der IQMG GmbH zugelassene Zertifizierungsunternehmen im Anschluss vor Ort überprüft, inwieweit die tatsächlichen Verhältnisse in der Struktur- und Prozessqualität

252 Unterstützt wird die indikationsspezifische Ausrichtung durch Kooperationsvereinbarungen des BDPK mit einzelnen Fachgesellschaften, u.a. der Deutschen Gesellschaft für Prävention und Rehabilitation von Herz-Kreislauferkrankungen (DGPR) und dem Fachverband Sucht e.V. (vgl. Bundesverband Deutscher Privatkrankenanstalten (2005[3])).

253 Vgl. u.a. Prof. Dr. Müller-Fahrnow, wissenschaftlicher Leiter der IQMG GmbH sowie Dr. Axel Paeger, Vorsitzender des Vorstands und Verwaltungsrats der AMEOS Holding AG, in Bundesverband Deutscher Privatkrankenanstalten (2004[2]), S. 190 f.

in dem Bericht adäquat wiedergegeben sind. Gegebenenfalls wird einer Rehabilitationsklinik im Anschluss an die Fremdbewertung eine Frist für notwendige Nachbearbeitungen gewährt. Im Erfolgsfall wird die geprüfte Einrichtung mit dem Qualitätszertifikat „Exzellente Qualität in der Rehabilitation – EQR“ ausgezeichnet[254]. Zu den Rehabilitationseinrichtungen, die Anfang 2005 bereits zertifiziert waren, bzw. eine Zertifizierung vorbereiteten, gehörten u.a. die Privaten Krankenanstalten Dr. Dr. med. Nebel, die RMK Rhein-Main Kliniken, die Paracelsus Kliniken, die MediClin GmbH sowie die Rhön-Klinikum AG[255]. Mit Stand Dezember 2006 hatten insgesamt 46 Rehabilitationseinrichtungen eine EQR-Zertifizierung ausgewiesen[256].

Neben den eingangs dargestellten Befähigerkriterien zur Messung von Struktur- und Prozessqualität werden weitere Punktzahlen zur Bewertung der in Abbildung 64 dargestellten vier Ergebniskriterien ermittelt[257]. In einer ersten Dimension werden hierzu Antworten auf folgende Fragestellungen gefunden:

- Sind Trends in den einzelnen Ergebnissen positiv bzw. liegen anhaltend gute Leistungen vor?
- Sind die ausgewiesenen Ziele angemessen und wurden sie erreicht?
- Finden Vergleiche mit externen Organisationen statt und fallen diese günstig aus?
- Liegen die Ursachen der Ergebnisse im Vorgehen der Klinik begründet?

In einer zweiten Dimension wird schließlich dokumentiert, inwiefern sich der Umfang der dargestellten Trends, Ziele, Vergleiche und Ursachen tatsächlich auf alle relevanten Bereiche erstreckt. Beide Dimensionen lassen sich für jede der vier Ergebniskriterien letztendlich zu einem Punktwert in Anlehnung an die Bepunktung im EFQM-Modell zusammenfassen. Gemäß den Angaben in Abbildung 64 sind die Ergebniskriterien lediglich für den Prozess der Selbstbewertung relevant. In den Prozess der Zertifizierungsentscheidung fließen diese hingegen nicht ein.

IQMP-Reha kennzeichnet sich durch eine offene, flexible Grundstruktur sowie einen modularen Konzeptaufbau, ist also theoretisch auch nur in Teilen umsetzbar[258]. Ähnlich wie das DEGEMED-Zertifizierungsverfahren steht auch das Programm IQMP-Reha prinzipiell allen Rehabilitationseinrichtungen offen, es beschränkt sich mit anderen Worten nicht auf Mitglieder des Bundesverbands Deutscher Privatkrankenanstalten.

6.5.2.5 Weitere Formen des internen Qualitätsmanagements

Weitere Formen des internen Qualitätsmanagements sind auf Eigeninitiative einzelner Klinikgruppen bzw. für einzelne Indikationen entstanden.

---

254 Vgl. IQMG Institut für Qualitätsmanagement im Gesundheitswesen GmbH (2007) (Stand: 5.2.2007), aufgerufen unter www.iqmp.de, „IQMP-Reha“, „IQMP-Reha Manual“, „Kapitel III: Logik und Instrumente der Bewertung nach IQMP-Reha“, S. 1-4, für eine Beschreibung der genauen Vorgehensweise bei der Zertifizierung. Nähere Beschreibungen finden sich in Kapitel IV: „Allgemeine Systematik“. Wiederum noch detailliertere Angaben enthält das pdf-Dokument „Beispiel Ausführliche Systematik“.

255 Siehe Bundesverband Deutscher Privatkrankenanstalten (2004[4], 2005[4] sowie 2005[5]).

256 Vgl. IQMG Institut für Qualitätsmanagement im Gesundheitswesen GmbH (2007) (Stand: 5.2.2007), www.iqmp.de, „Referenzen“.

257 Vgl. IQMG Institut für Qualitätsmanagement im Gesundheitswesen GmbH (2007) (Stand: 5.2.2007), www.iqmp.de, „IQMP-Reha“, „IQMP-Reha Manual“, „Kapitel III: Logik und Instrumente der Bewertung nach IQMP-Reha“, S. 5-7 für die nachfolgenden Ausführungen.

258 Siehe u.a. Bundesverband Deutscher Privatkrankenanstalten (2004[2]), S. 192.

Unter anderem wurden im Jahr 2003 an sechs BfA-Kliniken Ansätze für ein internes Qualitätsmanagementprogramm entwickelt. Hierzu erfolgte die Einholung separater externer Beratungsleistungen an drei Gruppen von jeweils zwei Kliniken, deren Ergebnisse später zur Entwicklung eines gemeinsamen Qualitätsmanagementsystems zusammengetragen wurden[259]. Letztendlich wurde das entwickelte interne Qualitätsmanagementsystem im Jahr 2004 auf die weiteren sechzehn Rehabilitationseinrichtungen der BfA ausgeweitet und ein klinikübergreifendes so genanntes QM-Netzwerk erstellt. Der Hauptfokus liegt in den Bereichen Prozess- und Ergebnisqualität, wobei in Form einer „Prozesslandkarte" Kern- und Unterstützungsprozesse vorgegeben sind, an denen sich die teilnehmenden Rehabilitationskliniken orientieren sollen[260]. Um eine Aufrechterhaltung der Qualitätsmanagementsystematik innerhalb der Reha-Klinikgruppe der BfA zu gewährleisten, wurden an den Piloteinrichtungen Mitarbeiterqualifizierungen durchgeführt[261].

Neben internen Qualitätsmanagementsystemen einzelner Klinikgruppen existieren auch interne Qualitätsmanagementprogramme gemäß den Vorgaben einzelner Fachgesellschaften. Hierzu gehört z.B. das Qualitätskonzept des Verbands für stationäre Suchtkrankenhilfe e.V. sowie das Zertifizierungsverfahren der Deutschen Gesellschaft für Prävention und Rehabilitation von Herz-Kreislauf-Erkrankungen (DGPR)[262].

Ein weiteres internes Qualitätsmanagementprogramm bildet das so genannte KTQ®-Verfahren. Dieses ist jedoch in erster Linie für den akutmedizinischen Bereich bestimmt, so dass es nur von sehr wenigen Rehabilitationseinrichtungen angewandt wird[263]. Das KTQ®-Verfahren sowie weitere Zertifizierungs- und Akkreditierungssysteme sollen nachfolgend daher nicht näher erläutert werden[264].

6.5.2.6 Weiterentwicklung des internen Qualitätsmanagements durch das GKV-Wettbewerbsstärkungsgesetz

Mit dem GKV-Wettbewerbsstärkungsgesetz (GKV-WSG) haben sich vor allem für das interne Qualitätsmanagement an Vorsorge- und Rehabilitationseinrichtungen signifikante Änderungen ergeben. Die neuen Regelungen zielen auf eine allgemeine Verpflichtung zum internen Qualitätsmanagement, eine Vereinheitlichung von Qualitätsstandards und Erhöhung der Transparenz von Qualitätsbemühungen sowie eine letztendliche Stärkung des Qualitätswettbewerbs[265].

Durch das GKV-WSG wird im Neunten Sozialgesetzbuch in § 20 ein zusätzlicher Absatz 2a eingefügt, der da lautet[266]:

> „Die Spitzenverbände der Rehabilitationsträger nach § 6 Abs. 1 Nr. 1 und 3 bis 5 vereinbaren grundsätzliche Anforderungen an ein einrichtungsinternes Qualitäts-

---

259 Vgl. Baron, Lindow, Görke (2004), S. 259-261.

260 Die Grundstruktur des Qualitätsmanagementsystems der BfA beinhaltet hierbei, ähnlich wie IQMP Reha und das DEGEMED-Zertifizierungsverfahren, sowohl Elemente der DIN EN ISO 9001:2000 als auch Elemente des EFQM-Modells (vgl. Baron, Lindow, Görke, S. 260-262).

261 Vgl. Baron, Lindow, Görke (2004), S. 262-263.

262 Vgl. Jäckel, Farin (2004), S. 280.

263 KTQ ist die Abkürzung für Kooperation für Transparenz und Qualität im Gesundheitswesen. 2003 waren lediglich 2,6% aller internen Qualitätsmanagementsysteme an Rehabilitationskliniken nach dem KTQ-Verfahren ausgerichtet (vgl. Farin, Engel, Dimou, Jäckel (2004), S. 77).

264 Siehe Bak, Bocker, Müller, Lohsträter, Smolenski (2004), S. 286-289, für weitere Ausführungen.

265 Vgl. GKV-WSG (2006^3), S. 497 f.

266 Vgl. GKV-WSG (2006^1), S. 164 f.

management nach Absatz 2 Satz 1 sowie ein einheitliches, unabhängiges Zertifizierungsverfahren, mit dem die erfolgreiche Umsetzung des Qualitätsmanagements in regelmäßigen Abständen nachgewiesen wird."

Somit gilt nunmehr die Vorgabe, sich auf ein allgemein gültiges, einheitliches Zertifizierungsverfahren festzulegen. Gemäß einer Änderung zu § 20 Abs. 2 SGB IX ist die Beteiligung an diesem Zertifizierungsverfahren für stationäre Vorsorge- und Rehabilitationseinrichtungen verpflichtend. Gleichzeitig lautet § 21 Abs. 3 SGB IX: „Verträge mit Leistungserbringern" nunmehr wie folgt:

„Verträge mit fachlich nicht geeigneten Diensten oder Einrichtungen werden gekündigt. Stationäre Rehabilitationseinrichtungen sind nur dann als geeignet anzusehen, wenn sie nach § 20 Abs. 2 Satz 2 zertifiziert sind."

Im Zuge der soeben beschriebenen Anpassung des § 20 SGB IX werden durch das GKV-Wettbewerbsstärkungsgesetz hiermit im direkten Zusammenhang auch an § 137d SGB V entsprechende Änderungen vorgenommen[267].

Abb. 65: Entwicklungsschritte der Qualitätssicherung in der medizinischen Rehabilitation (1994-2007)

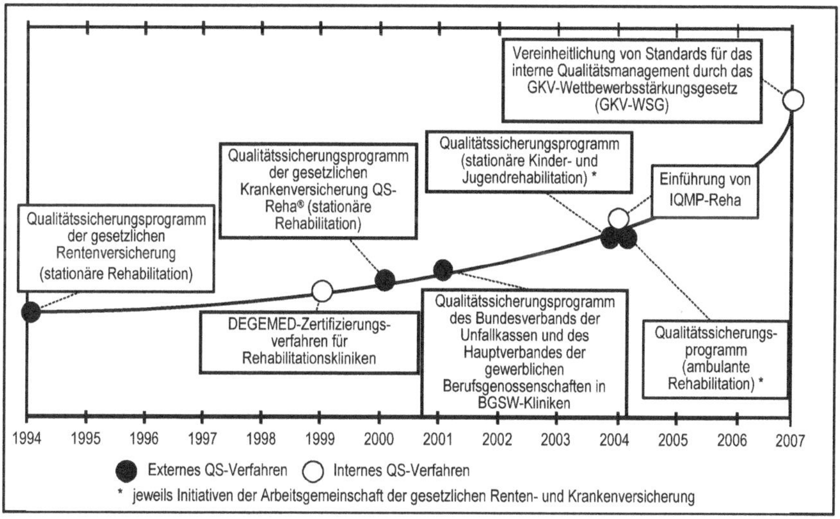

Quelle: GKV-WSG (2006[1]), S. 90 und S. 164f., GKV-WSG (2006[3]), S. 404 und 497 f., Schupp (2005), S. 543, Tabelle 1, Jäckel, Farin (2004), Tabelle 1, S. 272, eigene Darstellung

6.5.2.7 Die Entwicklungsschritte der Qualitätssicherung im Überblick

Gemäß Abbildung 65 hat sich in den vergangenen Jahren in Bezug auf internes Qualitätsmanagement und externe Qualitätssicherung in der Rehabilitation eine rasante Entwicklung vollzogen. Im Bereich der externen Qualitätssicherung dominieren die Qualitätssicherungsprogramme der Rentenversicherung (seit 1994) sowie das Qualitätssicherungsprogramm QS-Reha® der gesetzlichen Krankenkassen (seit dem Jahr 2000). Größ-

267 Siehe GKV-WSG (2006[1]), S. 90 sowie die Erläuterungen hierzu auf S. 404 in GKV-WSG (2006[3]).

tenteils wurde den Vorgaben des Gesetzgebers entsprochen, indem die Instrumente und Verfahren zur Messung der Struktur- und Prozessqualität zwischen den beiden Rehabilitationsträgern angeglichen wurden. Deutliche Unterschiede bestehen jedoch nach wie vor in den Messungen der Ergebnisqualität sowie der Patientenzufriedenheit[268].

Im Bereich des internen Qualitätsmanagements wurden in den letzten Jahren Zertifizierungs- und Akkreditierungssysteme entwickelt und auf die speziellen Erfordernisse der medizinischen Rehabilitation abgestimmt. Hierzu gehört zum einen das seit 1999 existierende DEGEMED-Zertifizierungsverfahren. Gemäß Internetangaben der Deutschen Gesellschaft für Medizinische Rehabilitation e.V. waren im Jahr 2006 103 Einrichtungen im Besitz einer DEGEMED-Zertifizierung[269]. Zum anderen ist IQMP-Reha ein neueres Zertifizierungsverfahren des Bundesverbands Deutscher Privatkrankenanstalten e.V. aus dem Jahr 2004, das bereits von etlichen größeren Klinikgruppen abgeschlossen wurde. IQMP-Reha, welches den Prozess einer Selbstbewertung in Anlehnung an das EFQM-Modell mit den Möglichkeiten einer Zertifizierung verbindet, hat sich innerhalb kurzer Zeit fest als zweitgrößtes internes Qualitätssicherungsprogramm neben der DEGEMED-Zertifizierung etabliert. Gemäß GKV-Wettbewerbsstärkungsgesetz gilt nun die Vorgabe, sich künftig auf eines der oben genannten internen Qualitätsmanagementprogramme zu einigen.

6.5.3 Qualitätsbewertung einzelner Messergebnisse

Messungen zur Struktur-, Prozess- und Ergebnisqualität sowie der Patientenzufriedenheit innerhalb einer Rehabilitationseinrichtung werden jeweils als *Qualitätsdimensionen* bezeichnet. Pro Indikationsgebiet einer teilnehmenden Klinik lässt sich für jede dieser Qualitätsdimensionen ein *Qualitätsbericht* erstellen. Diese Qualitätsberichte bilden in ihrer Gesamtheit das *Qualitätsprofil* einer Klinik und sind in Form der QS-Reha®-*Qualitätssynopse* auf einem sehr hohen Abstraktionsniveau zusammengefasst (vgl. Abbildungen 66 und 67)[270].

Qualitätsberichte ermöglichen nicht nur eine Darstellung aktuell erzielter Qualitätswerte in Relation zu vorher festgelegten Zielvorgaben, sondern auch einen Vergleich mit den Qualitätsergebnissen anderer Einrichtungen. Auch eine langfristige Darstellung der zeitlichen Entwicklung einzelner Qualitätsergebnisse ist auf diese Weise möglich[271].

Abb. 66: Form der Berichterstattung im Rahmen des QS-Reha®-Verfahrens

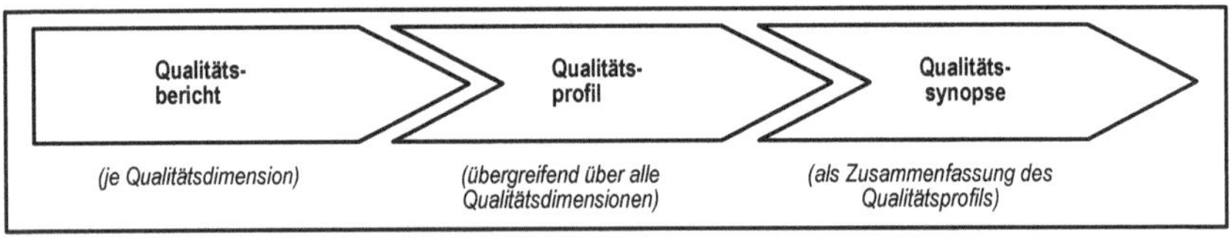

Quelle: Berghaus, Follert, Thalau, Nellen (2005), S. 12 f., Farin, Follert, Gerdelmann, Jäckel (2005), S. 129, eigene Darstellung

268 Siehe Jäckel, Farin (2004), S. 280.

269 Siehe DEGEMED (2006), aufgerufen unter www.degemed.de/pdf/Zertifizierte_Kliniken_03-2006.pdf (Stand: 6.12.2006).

270 Siehe u.a. Berghaus, Follert, Thalau, Nellen (2005), S. 12 f., Farin, Follert, Gerdelmann, Jäckel (2005), S. 129 sowie Farin, Gerdes, Jäckel, Follert, Klein, Glattacker (2003), S. 198.

271 Siehe Thalau (2005), S. 238 sowie Farin, Gerdes, Jäckel, Follert, Klein, Glattacker (2003), S. 194.

Abb. 67: Die QS-Reha®-Qualitätssynopse

Strukturqualität	Prozessqualität	Ergebnisqualität	Patientenzufriedenheit
Gesamt (92% der BK erfüllt)	Gesamt ● (14% gravierende Mängel)	Gesamt ● (kurzfristig) / Gesamt ● (mittelfristig)	Gesamt ●
allg. Merkmale und räumliche Ausstattung (86% der BK erfüllt)	Anamnese (10% gravierende Mängel) ●	Somatische Gesundheit ● ●	ärztliche Betreuung ●
medizinisch-technische Ausstattung (100% der BK erfüllt)	Diagnostik (8% gravierende Mängel) ●	Schmerzen ● ▼	pflegerische Betreuung ▲
therapeutische Behandlung/ Schulungen/ Patientenbetreuung (95% der BK erfüllt)	Therapieziele/ Therapie (12% gravierende Mängel) ●	Funktionsfähigkeit im Alltag entfällt ●	psychologische Betreuung ●
personelle Ausstattung (82% der BK erfüllt)	klinische Epikrise (32% gravierende Mängel) ▼	Funktionsfähigkeit im Beruf entfällt ▲	Behandlungen ▼
konzeptionelle Grundlagen (100% der BK erfüllt)	sozialmedizinische Epikrise (12% gravierende Mängel) ●	psychisches Befinden ▲ ●	nichtmedizinische Dienstleistungen ●
internes Qualitätsmanagement (86% der BK erfüllt)	weiterführende Maßnahmen und Nachsorge (12% gravierende Mängel) ●	soziale Integration entfällt ●	Freizeitmöglichkeiten ●
interne Kommunikation und Personalentwicklung (100% der BK erfüllt)		Gesundheitsverhalten ● ●	
		Krankheitsbewältigung entfällt ●	

▲ statistisch signifikant über dem Durchschnitt aller Referenzkliniken ● durchschnittlich in Bezug auf die Referenzkliniken
▼ statistisch signifikant unter dem Durchschnitt aller Referenzkliniken BK = Basiskriterien der Strukturqualität
entfällt = wird nur bei der Aufnahme und nach sechs Monaten (Katamnesezeitpunkt) erhoben

Quelle: nach Berghaus, Follert, Thalau, Nellen (2005), S. 11 sowie Farin, Follert, Gerdelmann, Jäckel (2005), S. 129

6.5.4 *Maßnahmen der Qualitätsverbesserung*

In den Abschnitten 6.5.1 und 6.5.2 wurden die Verfahren der externen und internen Qualitätsmessung vorgestellt. Letztendlich ist für Qualitätsverbesserungsmaßnahmen die Verzahnung externer und interner Qualitätsmanagementprogramme unabdingbar, so dass beide Bereiche im Idealfall in einem einheitlichen Qualitätsmanagementsystem zusammengefasst sein sollten. In diesem Fall ergeben sich aufgrund analoger Bewertungskriterien Synergiepotentiale zwischen den beiden Managementansätzen. Dies ist letztendlich auch der Grund, warum die Verknüpfung des internen und externen Qualitätsmanagements in den eigens für die medizinische Rehabilitation entworfenen internen Qualitätsmanagementprogrammen explizit thematisiert wird[272].

Interne Qualitätsmanagementprogramme sind für Qualitätsverbesserungen allein nicht ausreichend, da sie keine direkte Messung von Qualitätsverbesserungen am Patienten, z.B. in Form des funktionalen Patientenstatus, zulassen. Letztlich lässt sich daher auch kein Zusammenhang zwischen Zertifizierung/Akkreditierung einerseits und Ergebnissen

272 Vgl. z.B. Lutzmann (2002), S. 49, in Bezug auf das DEGEMED-Zertifizierungsverfahren.

der Patientenbehandlung andererseits herstellen[273]. Auch wenn z.B. das EFQM-Modell eine kontinuierliche Verbesserung einzelner Ergebnisparameter ermöglicht, sind die Erfolge für eine Rehabilitationseinrichtung ohne externe Vergleichsmöglichkeiten letztendlich nicht messbar. Externe Qualitätsvergleiche ermöglichen es einer Rehabilitationsklinik hingegen, einzelne Schwächen zu erfassen und im Anschluss durch Maßnahmen der internen Qualitätssicherung einen Verbesserungsprozess anzustoßen. Beispielsweise können schlechte Ergebniswerte im Bereich Patientenzufriedenheit im Rahmen des internen Qualitätsmanagements thematisiert werden. Ziel könnte z.B. sein, mit Hilfe des EFQM-Modells mittelfristig eine bessere kundenbezogene Ergebnisbewertung zu erlangen[274]. Als weiteres Beispiel wären u.a. Verbesserungen im Bereich Mitarbeiterzufriedenheit denkbar[275].

Abbildung 68 dokumentiert in grafischer Form, wie an einer Rehabilitationsklinik mit Hilfe interner und externer Qualitätsmessungen ein kontinuierlicher Verbesserungsprozess in Gang gesetzt werden kann. In der Fachsprache wird dieser auch als PDCA-Zyklus bezeichnet. PDCA steht für ***P***lan-***D***o-***C***heck-***A***ct und beschreibt, wie durch eine Klinik Potentiale für Qualitätsverbesserungen identifiziert, Qualitätsverbesserungsmaßnahmen eingeleitet und die Ergebnisse im Anschluss wiederum neu bewertet werden können[276].

Abb. 68: Möglichkeit der Qualitätsverbesserung als Resultat interner und externer Qualitätsmessung

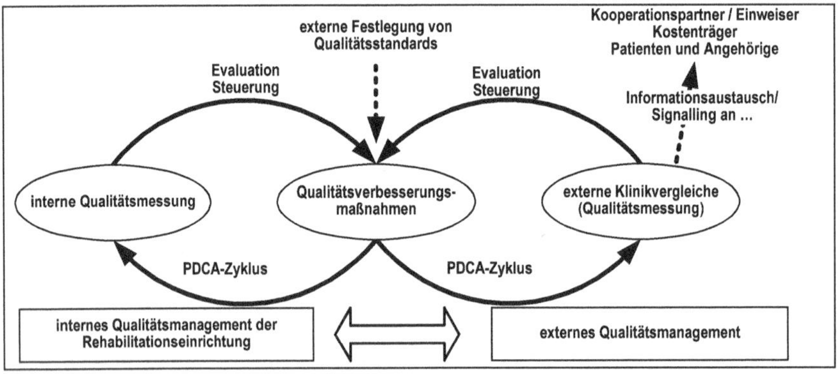

Quelle: Farin, Engel, Dimou, Jäckel (2004), S. 74, Farin, Jäckel, Gerdes (2002), S. 72, Farin, Jäckel (2001), S. 144 f. und S. 148, eigene Darstellung

Tatsächlich dokumentieren diverse Studienergebnisse deutliche Zusammenhänge zwischen externen Prüfverfahren einerseits und Qualitätsverbesserungen innerhalb von Gesundheitseinrichtungen andererseits. So resultierte u.a. die Einführung eines externen Prüfverfahrens in dänischen Krankenhausabteilungen der Inneren Medizin mit

273 Eine Zertifizierung/Akkreditierung ist stattdessen lediglich ein Beleg für ein gut funktionierendes internes Qualitätsmanagementsystem (vgl. u.a. Schupp (2005), S. 543 sowie Bak, Bocker, Müller, Lohsträter, Smolenski (2004), S. 289).

274 Vgl. Farin, Jäckel (2005[1]), S. 38 sowie Jäckel, Farin (2004), S. 281.

275 Siehe Farin, Jäckel (2005[2]), S. 306 sowie Bak, Bocker, Müller, Lohsträter, Smolenski (2004), S. 285.

276 Vgl. Farin, Jäckel (2005[2]), S. 306, Farin, Engel, Dimou, Jäckel (2004), S. 74, Farin, Gerdes, Jäckel, Follert, Klein, Glattacker (2003), S. 192 sowie Farin, Jäckel (2001), S. 148.

Notfallaufnahme in signifikanten Qualitätsverbesserungen. Diese waren vor allem auf die Bereitschaft der Klinikleitung zurückzuführen, die gewonnenen Erkenntnisse des externen Audits im Rahmen eines internen Qualitätsmanagements umzusetzen[277].

Ähnlich positive Auswirkungen auf Kriterien der Struktur-, Prozess- und Ergebnisqualität ergaben sich in den USA nach Einführung externer Qualitätssicherungsmaßnahmen für Managed Care Organisationen (MCOs). Neben einem externen Benchmarking ist auch eine Zertifizierung von Managed Care Einrichtungen möglich, wobei die Vergleichsergebnisse aus der externen Qualitätssicherung zu knapp 30% in das Zertifizierungsergebnis einer MCO einfließen. Zertifizierte MCOs erzielen sowohl für einzelne klinische Indikatoren als auch in puncto Patientenzufriedenheit durchschnittlich bessere Ergebnisse als nicht zertifizierte Einrichtungen[278].

Schwierigkeiten in Bezug auf Maßnahmen zur Qualitätsverbesserung ergeben sich in der Rehabilitation vor allem aus der Tatsache, dass die Funktion der Qualitätsmessung nicht in den Klinikalltag verankert ist und somit durch eine Klinik auch kein fortlaufender Qualitätsverbesserungsprozess initiiert werden kann[279]. Zugleich hat sich gezeigt, dass die Schnittstelle zwischen internem und externem Qualitätsmanagement von vielen Rehabilitationseinrichtungen noch nicht optimal herausgearbeitet worden ist. Zum Teil ist dies auf nach wie vor mangelnde Kenntnisse über die Unterschiede zwischen internem und externem Qualitätsmanagement zurückzuführen[280].

6.5.5 Bewertung von Qualitätssicherungsprogrammen in der Rehabilitation

Die Qualitätssicherung in der medizinischen Rehabilitation weist gegenüber anderen Bereichen des Gesundheitswesens einen hohen Entwicklungsstand auf[281]. Gemäß den Angaben in Abschnitt 6.5.3 werden externe Qualitätsmessungen in einer vergleichenden Darstellung einzelner Kliniken systematisch und übersichtlich aufbereitet. Sie resultieren gleichzeitig in einer umfassenden und detaillierten Rückmeldung an die jeweilige Rehabilitationseinrichtung.

6.5.5.1 Möglichkeiten der Weiterentwicklung von Qualitätssicherungsprogrammen

Die Erwartungen der Leistungserbringer an die Ausgestaltung der Ergebnisberichte der externen Qualitätssicherung sind zu einem Großteil erfüllt worden. Wie am Ende des vorangegangenen Abschnitts 6.5.4 angedeutet, erscheint es für Rehabilitationskliniken jedoch oftmals schwer realisierbar, hieraus auch konkrete, umsetzbare Handlungsempfehlungen abzuleiten. Eine Lösungsmöglichkeit wäre die Förderung des Dialogs zwischen einzelnen Kliniken. So könnten die Namen besonders erfolgreicher Rehabilitationskliniken öffentlich gemacht werden, um anderen Einrichtungen die Möglichkeit zu geben, mit den Gewinnern des Qualitätsbenchmarkings direkten Kontakt aufzunehmen. Auch wäre es vorteilhaft, wenn Erkenntnisse hinsichtlich der Verknüp-

277 Siehe Qvist, Rasmussen, Bonnevie, Gjørup (2004), S. 141 ff., mit Detailergebnissen auf S. 146.

278 Dieses Ergebnis unterstreicht die Vorteile einer Verzahnung von internem und externem Qualitätsmanagement noch einmal nachhaltig (vgl. Courté-Wienecke (2003), S. 52, 54 und 57).

279 Wichtig ist hierbei, dass „Qualitätssicherung … als eine umfassende Aufgabe der Klinikleitung verstanden und zugleich von allen Mitarbeiterinnen und Mitarbeitern getragen" werden muss (Dorenburg, Schliehe (1996), S. 130).

280 Vgl. Farin, Engel, Dimou, Jäckel (2004), S. 78 f. sowie Jäckel, Farin (2004), S. 280.

281 Siehe Jäckel, Farin (2004), S. 271.

fung externer Vergleichsergebnisse mit dem internen Qualitätsmanagement von erfahrenen an weniger erfahrene Rehabilitationskliniken weitergegeben werden könnten[282].

In Abschnitt 6.5.2.7 wurde bereits auf die Notwendigkeit hingewiesen, Instrumente und Messverfahren zwischen den Qualitätssicherungsprogrammen der Rehabilitationsträger weiter zu harmonisieren. Längerfristig wäre auch im Hinblick auf die Integrierte Versorgung über eine Weiterentwicklung von Qualitätssicherungsprogrammen der medizinischen Rehabilitation nachzudenken. Wünschenswert wäre eine Berücksichtigung der gesamten Rehabilitationskette, einschließlich Indikationsstellung und Rehabilitationsnachsorge. Zumindest aber ist ein erweitertes Qualitätsmanagement an einzelnen Schnittstellen wie dem Übergang vom Akutkrankenhaus in die Rehabilitation erforderlich. Gemäß Abschnitt 4.1 besteht hier die Gefahr, dass Qualitätsrisiken vom Akutbereich in den Rehabilitationsbereich „exportiert" werden. Daher wäre anzustreben, die Zielkriterien des verlegenden Akutkrankenhauses mit den Aufnahmekriterien der nachbehandelnden AHB-Einrichtung in Einklang zu bringen[283]. Da funktionale und gesundheitliche Verbesserungen am Patienten sowie die Nachhaltigkeit des Rehabilitationsergebnisses ganz wesentlich von den Schnittstellen zu den vor- und nachgelagerten Versorgungsbereichen abhängen, darf das Qualitätsmanagement mittelfristig demnach nicht auf die medizinische Rehabilitation beschränkt bleiben[284].

Da eine systematische Bewertung der Qualitätssicherung in der medizinischen Rehabilitation bisher nur in sehr wenigen Bereichen (z.B. dem Peer-Review-Verfahren der gesetzlichen Rentenversicherung[285]) vorgenommen wurde, sollten diese verstärkt auf Effektivität, Effizienz und Aufwand hin analysiert werden. Denkbar wären u.a. eine Evaluation von Qualitätsverbesserungen, welche direkt auf das Qualitätssicherungsprogramm zurückzuführen sind[286]. So könnten z.B. die Auswirkungen des aktuellen, trägerübergreifenden Peer-Review-Verfahrens auf Verbesserungen der therapeutischen Behandlungsprozesse hin untersucht werden.

6.5.5.2 Wirksamkeit und Nachhaltigkeit von Qualitätssicherungsprogrammen

Die nachfolgende Diskussion wird zeigen, dass Qualitätsmessungen zwar eine notwendige, jedoch bei Weitem keine hinreichende Bedingung für Qualitätsverbesserungen darstellen. Vielmehr ist vor allem auch die Akzeptanz unter den Leistungserbringern für die Durchführung von Qualitätsmanagementprogrammen ein entscheidendes Erfolgskriterium. Wie zu Beginn des Abschnitts 6.5.1 bereits erwähnt, ist die vertragliche Vereinbarung zur Beteiligung am Qualitätssicherungsprogramm QS-Reha® auf Leistungserbringerseite zum 1.1.2007 zu einem Großteil aufgekündigt worden. Nachfolgend wird erläutert, welche Umstände zu dieser Entscheidung geführt haben dürften.

Im Klinikalltag entsteht im Zusammenhang mit dem Qualitätsmanagement ein erheblicher zeitlicher Aufwand bei der Zusammenstellung von Behandlungsunterlagen und Therapieplänen, der Einholung der Patientenzustimmung, der Austeilung und Ein-

282 Vgl. Farin, Engel, Dimou, Jäckel (2004), S. 78 f. sowie Jäckel, Farin (2004), S. 280.

283 Vgl. Farin, Jäckel (2005[1]), S. 37, Farin, Jäckel (2005[2]), S. 311, Jäckel, Farin (2004), S. 281 sowie Forderungen von Dr. Klaus Theo Schröder, Staatssekretär im Bundesgesundheitsministerium, in Bundesverband Deutscher Privatkrankenanstalten (2004[2]), S. 186.

284 Siehe Schupp (2005), S. 544.

285 Vgl. Farin, Carl, Lichtenberg, Jäckel, Maier-Riehle, Rütten-Köppel (2003), S. 330 f. sowie Farin, Gerdes, Jäckel, Follert, Klein, Glattacker (2003), S. 196.

286 Siehe Farin, Jäckel (2005[1]), S. 38 sowie Farin, Jäckel (2005[2]), S. 311 f.

sammlung von Patienten- und Arztfragebögen sowie durch die Beteiligung leitender Ärzte am Peer-Review-Verfahren[287]. Aufgrund des erheblichen Verwaltungs- und Kostenaufwands ist der explizite Wunsch der Leistungserbringer an die Rehabilitationsträger, positive Qualitätsergebnisse durch erhöhte Belegungszahlen bzw. in der Vergütung zu honorieren, demnach nur allzu verständlich[288]. Tatsächlich konnte bisher aus Sicht der Kliniken jedoch kein zufriedenstellender Zusammenhang zwischen den Ergebnissen aus dem Programm QS-Reha® und der Belegung einzelner Rehabilitationskliniken festgestellt werden[289]. Diese Tatsache barg in der Vergangenheit auch deshalb ein gewisses Konfliktpotential, da Vorsorge- und Rehabilitationseinrichtungen die Kosten zur Durchführung von QS-Reha® bisher finanziell selbst zu tragen hatten[290]. Dies hat sich allerdings mittlerweile mit Einführung des GKV-Wettbewerbsstärkungsgesetzes (GKV-WSG) geändert. In § 137d SGB V heißt es nun:

> „Die Kosten der Auswertung von Maßnahmen der einrichtungsübergreifenden Qualitätssicherung tragen die Krankenkassen anteilig nach ihrer Belegung der Einrichtungen oder Fachabteilungen.“[291]

In der Erklärung heißt es hierzu, dass

> „die fehlende Kostenübernahme der Krankenkassen für die Auswertung der einrichtungsübergreifenden Qualitätssicherung ... in der Vergangenheit eine breitere Teilnahme der Rehabilitationseinrichtungen an der externen Qualitätssicherung verhindert“

habe. Die Kosten der einrichtungsinternen Qualitätsdokumentation sind hingegen nach wie vor von den Einrichtungen zu übernehmen[292].

Die Kostenübernahme der Qualitätsdokumentation durch die Krankenkassen ist ein erster wichtiger Schritt, um die Akzeptanz von QS-Reha® in Zukunft zu erhöhen. Wichtig ist jedoch auch, Ergebnissen der Qualitätsauswertung entsprechende Konsequenzen in der Belegung bzw. der Vergütungshöhe folgen zu lassen. An dem Umstand, dass die anfänglich entwickelte Euphorie im Hinblick auf Qualitätsverbesserungsmaßnahmen mittlerweile einer „change fatigue“ gewichen ist, wird sich ansonsten auch in Zukunft nichts ändern[293]. Nicht zuletzt aufgrund der in Abschnitt 6.1 dargestellten Belegungspolitik der gesetzlichen Krankenkassen ist die geringe Akzeptanz

---

287 Vgl. Schupp (2005), S. 553.

288 Siehe Schupp (2005), S. 546 und 554 sowie Seiter (2005), S. 4 f.

289 Vgl. Farin, Engel, Dimou, Jäckel (2004), S.78 sowie Jäckel, Farin (2004), S. 279 und 282.

290 Mit Stand Dezember 2006 betrugen die Kosten für die Erstellung eines externen Qualitätsprofils (ohne Erhebungen zur Mitarbeiterzufriedenheit) je Klinik € 11.900,–, zzgl. MwSt. (vgl. Spitzenverbände der Krankenkassen (2006[1], 2006[2])). Im Gegensatz zu QS-Reha® wurde das Qualitätssicherungsprogramm der Rentenversicherung sowie der Unfallversicherung vom Kostenträger jeweils schon immer selbst finanziert (vgl. Schupp (2005), S. 553 sowie Jäckel, Farin (2004), S. 279). Da es sich hierbei jedoch weitestgehend um eigene Rehabilitationseinrichtungen handelt, ergibt sich für die Finanzierung von Qualitätssicherungsprogrammen hier automatisch eine veränderte Interessenslage.

291 Vgl. GKV-WSG (2006[1]), S. 90.

292 Vgl. GKV-WSG (2006[3]), S. 405.

293 Unter anderem wurde der Begriff im Zusammenhang mit langjährigen Programmen zur Qualitätsverbesserung innerhalb des britischen National Health Service (NHS) verwendet (vgl. Garside (2004), S. 89-90). Vgl. zudem die Diskussion in Berwick, James, Coye (2003), S. I-30, I-36 f. sowie Jäckel, Farin (2004), S. 279 und 282, die den Begriff auch in Verbindung mit der medizinischen Rehabilitation in Deutschland aufgreifen.

eines externen Qualitätsmanagements durch die Kliniken nachvollziehbar, sofern hieraus kein Nutzen für die eigene Einrichtung gezogen werden kann.

In Abschnitt 6.2.2 wurde auf aktuelle Ansätze zur Entwicklung eines Patientenklassifikationssystems in der Rehabilitation hingewiesen. Eine Unterscheidung einzelner Kliniken nach Patientenschweregraden würde dem Rehabilitationsträger im Zusammenhang mit der Diskussion in diesem Abschnitt letztendlich dreierlei Möglichkeiten eröffnen:

1. Anhaltspunkte für eine verbesserte, leistungsorientierte Belegungspolitik,
2. Möglichkeiten einer leistungsorientierten Vergütung gemäß dem Schweregrad (Case-Mix) einer Rehabilitationseinrichtung[294]
3. sowie gezielte Qualitätsvergleiche zwischen Rehabilitationskliniken mit vergleichbarem Patientenschweregrad.

Gemäß Punkt 3 ließen sich mit Hilfe eines Patientenklassifikationssystems Gewinner und Verlierer innerhalb von Kliniksubgruppen mit vergleichbarem Case-Mix identifizieren und somit gezieltere Qualitätsvergleiche durchführen. Dies wiederum könnte zu einer weiteren Feinjustierung in Fragen der Belegung führen (siehe Punkt 1) bzw. gemäß Punkt 2 weitere Zu- und Abschläge in der Vergütungshöhe rechtfertigen. Der nachfolgende Abschnitt 6.5.6 wird anhand des Beispiels QS-Reha® aufzeigen, wie ein Patientenklassifikationssystem in der Rehabilitation den Leistungs- und Qualitätswettbewerb und somit auch die Motivation der Leistungserbringer zur Teilnahme an Qualitätssicherungsprogrammen stärken könnte.

6.5.6 Chancen für den Qualitätswettbewerb durch Einführung eines Patientenklassifikationssystems

Die Vorteile eines Patientenklassifikationssystems in Bezug auf verbesserte Qualitätsvergleiche zwischen Rehabilitationskliniken erstrecken sich über alle in Abschnitt 6.5.1 dargestellten Qualitätsaspekte. Für Vergleiche der Strukturqualität beispielsweise, wurden an einzelnen Kliniken anfänglich unter dem Qualitätssicherungsprogramm der Rentenversicherung Kategorisierungen gemäß bestimmter Randfaktoren wie z.B. der Bettenzahl oder dem Anteil AHB-Maßnahmen vorgenommen[295]. Noch im Jahr 1998 hieß es diesbezüglich, dass bei „strukturgleiche(n) Kliniken ... vergleichbare Patientengruppen unterstellt werden können“[296]. In den Rehabilitationswissenschaften setzte sich in den darauf folgenden Jahren jedoch verstärkt die Erkenntnis durch, dass diese Methodik hin zu einer Schweregradunterscheidung auf Ebene individueller Patientenmerkmale weiterentwickelt werden sollte[297]. Eine Unterscheidung einzelner Kliniken gemäß deren Patientenzusammensetzung würde somit sinnvollere *Strukturqualitäts*vergleiche ermöglichen. Auf diese Weise könnten z.B. in der Orthopädie nur diejenigen Kliniken mit einem ähnlichen Case-Mix auf Unterschiede in der Strukturqualität miteinander verglichen werden.

294 Ein praktisches Beispiel hierzu findet sich in Neubauer, Rothemund, Lewis (2006), S. 671 f.

295 Diese Form der Unterscheidung existiert in den heutigen Qualitätsvergleichen jedoch nicht mehr (laut telefonischen Angaben von Dr. Erik Farin vom 22.3.2007).

296 Vgl. Egner, Gerwinn, Müller-Fahrnow, Schliehe (1998), S. S5.

297 Vgl. u.a. Schupp (2005), S. 554, Farin, Jäckel, Gerdes (2002), S. 70 sowie Farin, Jäckel (2001), S. 145.

Durch eine Patientenklassifikation lassen sich auch Verbesserungen in der *Prozessqualität* leichter realisieren, wie eine Studie des Instituts für Gesundheitsökonomik (IfG) München aus den Jahren 2002 bis 2004 im Auftrag der Landesversicherungsanstalt (LVA) Niederbayern-Oberpfalz gezeigt hat. Auf Basis einzelner orthopädischer Rehabilitationsbehandlungsgruppen (RBG) wurden an drei LVA-Kliniken die ärztlichen, diagnostischen und therapeutischen Leistungen von jeweils 30 Patienten je RBG ausgewertet und je Klinik und RBG durchschnittliche Prozesspfade definiert. Ziel war es letztlich, den drei beteiligten Rehabilitationskliniken je RBG Anhaltspunkte für die zukünftige Ausrichtung der Patientenbehandlung zu liefern[298]. Nicht nur zwischen einzelnen RBG, sondern vor allem auch zwischen einzelnen Kliniken zeigten sich erhebliche Unterschiede in den prozessualen Behandlungsabläufen. Durch eine Standardisierung der Behandlungsprozesse im Sinne eines Best-practice-Verfahrens lässt sich mit Hilfe eines Klinik-Benchmarkings somit ein gewisses Rationalisierungspotential erschließen[299]. Behandlungsleitlinien in der medizinischen Rehabilitation sind auch von der Bundesversicherungsanstalt für Angestellte (BfA) bewusst für einzelne Krankheitsbilder, nicht jedoch übergreifend für einzelne Indikationsgebiete erstellt worden. Projekte zur Entwicklung medizinischer Leitlinien im Reha-Leitlinienprogramm der BfA beziehen sich auf die Bereiche chronischer Rückenschmerz, Diabetes mellitus Typ II, Schlaganfall und koronare Herzkrankheit. Im Verbund zwischen dem VDR und der LVA Westfalen wurde zudem eine Leitlinie für Rehabilitationsmaßnahmen bei AHB nach primärer Bandscheibenoperation entwickelt[300]. Anders als bei der Erstellung von Behandlungsleitlinien wird beispielsweise im Peer-Review-Verfahren von QS-Reha® nicht nach einzelnen Patientengruppen unterschieden. Tatsächlich erscheint eine entsprechende Ausdifferenzierung des Verfahrens auch schwerlich durchführbar. Die Bildung eines klinikeigenen Patientenschweregrads mit Hilfe eines Patientenklassifikationssystems würde es jedoch auch hier ermöglichen, Klinikvergleiche auf einzelne Subgruppen von Kliniken mit ähnlichem Schweregrad zu konzentrieren. Ähnlich wie bei Vergleichen zur Strukturqualität wäre es auf diese Weise möglich, Ergebnisse des Peer-Review-Verfahrens präziser interpretieren zu können.

Gemäß Abschnitt 6.5.1 existieren in den Qualitätssicherungsprogrammen der Rentenversicherung sowie der gesetzlichen Krankenkassen Zuweisungskriterien je Indikation auf Basis bestimmter Strukturqualitätsmerkmale, welche dem Rehabilitationsträger in der *Belegungssteuerung* dienlich sind. Für die Belegungssteuerung werden Behandlungsschwerpunkte einer Klinik, indirekt darstellbar über die durchschnittliche Fallschwere (= Patientenschweregrad oder Case-Mix), bisher hingegen nicht berücksichtigt. Die bisher festgelegten Zuweisungskriterien unterstützen somit in erster Linie den behindertengerechten Zugang einzelner Patienten in eine geeignete Rehabilitationseinrichtung. Die Festlegung eines klinikeigenen Patientenschweregrads würde jedoch ein zusätzliches, umfassenderes Bild einer Einrichtung vermitteln und für die Belegungssteuerung eine wichtige Komplementärfunktion übernehmen.

Bei der Messung von *Patientenzufriedenheit* und *Ergebnisqualität* wird im Rahmen von QS-Reha® bei einer ausreichenden Zahl an Erhebungen auf Grundlage von Hierarchischen Linearen Modellen (HLM) ein zweistufiges, lineares Regressionsverfahren einge-

298 Siehe Neubauer, Stiefelmeyer, Lewis (2004).

299 Vgl. auch entsprechende Hinweise von Kuge (2003), S. 280.

300 Vgl. hierzu Schupp (2005), S. 546, Jäckel, Korsukéwitz (2003), S. 65, Korsukéwitz, Rose, Schliehe (2003), S. 72 sowie Schönle, Kattein, Brüggemann und Klosterhuis (2004), S. 187-198.

setzt[301]. Bei der Bewertung eines Rehabilitationsergebnisses werden sowohl individuelle Patientendaten als auch durchschnittliche Patientendaten der behandelnden Klinik berücksichtigt (vgl. *Anhang 7* für eine präzise Beschreibung des HLM). Dass sowohl Patientendaten als auch Klinikdaten das Rehabilitationsergebnis beeinflussen können, geht u.a. aus einem Datensatz von AHB-Patienten nach Hüft- bzw. Knie-TEP hervor[302].

Zum einen kam die Studie in Bezug auf einzelne Einflussfaktoren auf *Patientenebene* zu folgenden Ergebnissen:
(1) Der jeweilige (funktionale, somatische bzw. psychosoziale) Eingangswert eines Patienten bildet den verlässlichsten Prädiktor für den Entlassungsstatus innerhalb einer Dimension.
(2) Gute Eingangswerte in Bezug auf den funktionalen, psychosozialen bzw. somatischen Status korrelieren positiv mit den Entlassungswerten der jeweils anderen beiden Dimensionen.
(3) Eine hohe arztseitig dokumentierte Komorbidität hat negative Auswirkungen auf den somatischen und funktionalen Entlassungsstatus.
(4) Eine geringe Reha-Motivation hat negative Auswirkungen auf den funktionalen und psychosozialen Entlassungsstatus.

Unter Einbeziehung der *Klinikebene* fällt das Behandlungsergebnis eines Patienten beispielsweise jedoch auch *besser* aus, je *schlechter* der mittlere funktionale Status *aller* Patienten einer Rehabilitationsklinik ist. Dieses Phänomen lässt sich mittels des Arguments der Spezialisierung erklären. Demnach sind Rehabilitationseinrichtungen mit einem höheren durchschnittlichen Patientenschweregrad tendenziell auch besser darauf spezialisiert, funktionale und psychosoziale Verbesserungen an ihren Patienten herbeizuführen[303].

Letztendlich kann sich das Ranking einer Klinik somit erheblich verändern, sobald individuelle Charakteristika der Einrichtung in die Analyse mit einbezogen werden. Farin, Gerdes et al. (2003) führen an, dass durch die Einführung von DRGs Fallschwere, Rehabilitationsfähigkeit sowie Liegezeit im Krankenhaus als Eingangscharakteristika von Rehabilitanden zunehmend an Bedeutung gewinnen werden. Präzise Differenzierungsmöglichkeiten werden somit in Zukunft eine immer größere Rolle spielen. Den Autoren zufolge wird „eine Kontrolle dieser Faktoren ... nur durch komplexe Risikoadjustierungsverfahren möglich sein“[304]. Beispielsweise schneidet eine orthopädische Rehabilitationsklinik mit besonders schweren Fällen in puncto Ergebnisqualität bei einer einfachen linearen Regressionsanalyse signifikant besser ab als der Durchschnitt.

301 Gemäß Angaben von Dr. Erik Farin vom 22.3.2007 liegt der kritische Wert derzeit bei einer Erhebung an 20 Rehabilitationskliniken.

302 Im Rahmen einer Studie wurden hierzu in 24 Rehabilitationskliniken an insgesamt 2.044 Patienten mit ICD-10-Hauptdiagnose M16 oder M17 – AHB bei Kox- oder Gonarthrose – Patientenbefragungen gemäß IRES-2 sowie arztseitige Dokumentationen ausgewertet (vgl. Farin, Glattacker, Follert, Kuhl, Klein, Jäckel (2004), S. 657-659, vor allem Tabelle 2 auf S. 659, für die nachfolgenden Ausführungen. Analoge Hinweise finden sich zudem in Farin, Gerdes, Jäckel, Follert, Klein, Glattacker (2003), S. 194).

303 Vgl. Farin, Glattacker, Follert, Kuhl, Klein, Jäckel (2004), S. 659. Farin (2005) kommt in einer separaten Regressionsanalyse zu ähnlichen Ergebnissen. Demnach stellen ein hohes mittleres Patientenalter und eine durchschnittlich hohe mittlere somatische Belastung, bei gleichzeitiger psychischer Stabilität der übrigen Patienten günstige Kontextfaktoren für eine Verbesserung des individuellen funktionalen Status dar (vgl. S. 162 f.).

304 Vgl. Farin, Gerdes, Jäckel, Follert, Klein, Glattacker (2003), S. 201.

Gleichzeitig landet sie unter Berücksichtigung klinikeigener Charakteristika lediglich im Mittelfeld[305].

Hierarchische Lineare Modelle sorgen somit letztendlich dafür, dass der Einfluss des durchschnittlichen Patientenschweregrads einer Klinik auf das individuelle Behandlungsergebnis im Rahmen der Ergebnisbewertung kontrolliert wird. In diesem Zusammenhang lässt sich auch festhalten, dass Unterschiede in der Struktur- und Prozessqualität in QS-Reha® bislang vor allem gegenüber der Ergebnisqualität weitaus deutlicher ausgefallen sind. Als Argument wurde angeführt, dass die anfängliche Teilnahme an QS-Reha® freiwillig war, so dass sich die geringen Unterschiede in der (guten) Ergebnisqualität auf diese Weise erklären lassen[306]. Der Argumentation zufolge wäre jedoch zu erwarten gewesen, dass Ergebnisse in der Struktur- und Prozessqualität ähnlich geringe Unterschiede aufweisen, was nachweislich jedoch nicht der Fall war. Unbestreitbar ist hingegen, dass Hierarchische Lineare Modelle zu einer „Einebnung" der Schweregradunterschiede einzelner Kliniken führen. Unterschiede in der Ergebnisqualität werden auf diese Weise zusätzlich reduziert.

Eine alternative Vorgehensweise wäre auch hier, Vergleiche der Ergebnisqualität bzw. Patientenzufriedenheit auf Subgruppen von Kliniken mit einem ähnlichen Patientenschweregrad zu beschränken. HLM könnten auf diese Weise durch einfache lineare Regressionsanalysen in Kombination mit einem Patientenklassifikationssystem ersetzt werden. Für den Fall, dass sich für einzelne RBG beispielsweise eine signifikante Korrelation zwischen dem PCCL und dem Barthel-Index ergibt, ließe sich auf diese Weise der funktionale Patientenstatus als Variable kontrollieren.

Die Diskriminationsfähigkeit in der Ergebnisqualitätsmessung bzw. bei Messungen der Patientenzufriedenheit könnte sich auf diese Weise gegebenenfalls weiter erhöhen. Laut einem Telefongespräch mit dem Hauptverantwortlichen der statistischen Verfahren im QS-Reha®-Programm, Herrn Dr. Erik Farin, müsste diese Hypothese mittels einer Datenauswertung jedoch empirisch getestet werden.

Letztendlich resultieren aus der Entwicklung eines Patientenklassifikationssystems in der Rehabilitation für Qualitätssicherungsprogramme somit vielfältige Möglichkeiten der Datenauswertung, ohne hierbei einen unnötigen, zusätzlichen Bürokratieaufwand zu verursachen. Dies gilt sowohl für Vergleiche der Struktur- und Prozessqualität als auch für Vergleiche der Ergebnisqualität und Patientenzufriedenheit.

In Bezug auf eine leistungsorientierte Vergütung lassen sich die Vorteile eines Patientenklassifikationssystems im Qualitätswettbewerb beispielhaft anhand nachfolgender Ergebnisdarstellung veranschaulichen, welche im Rahmen eines Pilotprojekts in den Jahren 2004 und 2005 durch das Institut für Gesundheitsökonomik (IfG) München erarbeitet wurde. Abbildung 69 präsentiert diesbezüglich eine Gegenüberstellung der AOK-Fallpauschalenhöhe mit Personalstellenschlüsseln als einem Kriterium der Strukturqualität an zwölf bayerischen Rehabilitationskliniken, allesamt Mitglieder des Verbands der Privatkrankenanstalten in Bayern e.V[307].

---

305 Siehe Farin, Glattacker, Follert, Kuhl, Klein, Jäckel (2004), S. 660.

306 Vgl. u.a. Farin, Glattacker, Follert, Kuhl, Klein, Jäckel (2004), S. 660 f. sowie Farin, Gerdes, Jäckel, Follert, Klein, Glattacker (2003), S. 199 f.

307 Ursprüngliches Ziel war eine statistische Erfassung möglicher Zusammenhänge zwischen der Strukturqualität einer Klinik und deren Vergütungshöhe, zur Beurteilung des Rehabilitationsfallmanagements der AOK Bayern.

Ärzte-, Pflege- und Therapieschlüssel wurden gemäß der jeweiligen durchschnittlichen Anteile an den Personalkosten innerhalb der Klinikstichprobe gewichtet, auf eine Behandlung von 100 Patienten normiert und mittels der dazugehörigen Durchschnittsgehälter monetär bewertet. Die horizontale Achse dokumentiert die Abweichung in der personellen Ausstattung jeder einzelnen Klinik vom Mittelwert aller Kliniken. Gleiches gilt auf der vertikalen Achse für die Darstellung der durchschnittlichen AOK-Fallpauschalenhöhe.

Alle zwölf Kliniken lassen sich jeweils einem von vier Quadranten zuordnen. Diese bilden eine Kombination aus über- oder unterdurchschnittlich hohen Fallpauschalen sowie einer über- bzw. unterdurchschnittlichen Strukturqualität, gemessen an der personellen Ausstattung aller Kliniken. Beispielhaft lassen sich einander gemäß Abbildung 69 u.a. Klinik 8 und Klinik 13 gegenüberstellen. Klinik 8 weist eine niedrigere Strukturqualität und eine niedrigere Fallpauschalenhöhe, Klinik 13 hingegen eine höhere Strukturqualität und eine höhere Fallpauschale auf.

Abb. 69: Darstellung von Fallpauschalen sowie der relativen personellen Ausstattung an 12 bayerischen Rehabilitationskliniken im Jahr 2004

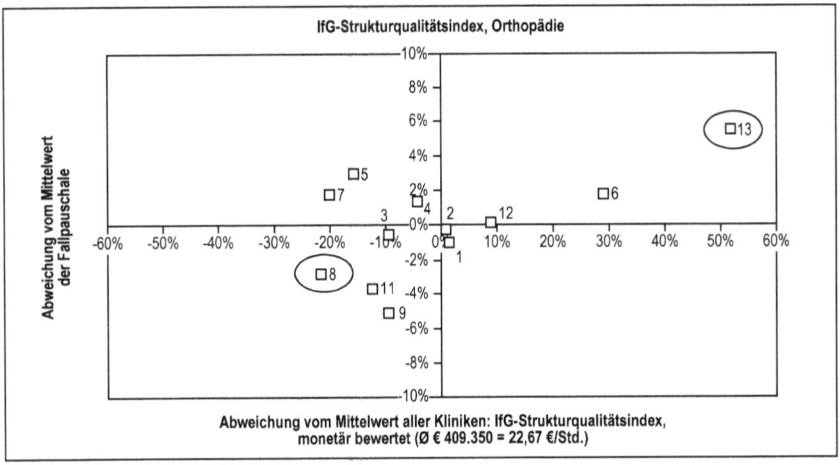

Quelle: eigene Berechnungen auf Basis einer Primärerhebung bei Mitgliedern des Verbands der Privatkrankenanstalten in Bayern e.V.

An dieser Stelle sei auf die erklärte Zielsetzung von QS-Reha® hingewiesen, der zufolge „kein Geld für qualitativ schlechte Leistungen ausgegeben" werden soll[308]. Letztendlich lässt sich die Frage nach qualitativ guten bzw. qualitativ schlechten Leistungen anhand von Abbildung 69 jedoch nicht beantworten. So wird gemäß des angeführten Beispiels nicht klar, ob die höhere Vergütung für Klinik 13 gegenüber der Vergütung für Klinik 8 tatsächlich gerechtfertigt ist. Diese Frage lässt sich wiederum nur unter Berücksichtigung des durchschnittlichen Patientenschweregrads der beiden dargestellten Kliniken beantworten. Hätte Klinik 8 gegenüber Klinik 13 beispielsweise einen höheren Case-Mix, so wäre die Vergütung in der Tat nicht leistungsgerecht. In diesem

308 Vgl. Berghaus, Follert, Thalau, Nellen (2005), S. 10.

Fall müssten Klinik 13 finanzielle Mittel entzogen, Klinik 8 wiederum zusätzliche Finanzmittel zugeführt werden[309].

Im Fall eines vergleichbaren Case-Mix Indexes hingegen würde sich für die beiden Kliniken in einem ersten Schritt auch dieselbe Vergütungshöhe ergeben. Gleichzeitig wäre es dem Rehabilitationsträger über einen Qualitätsvergleich möglich, Entscheidungen in Bezug auf Klinikbelegungen zu treffen, bzw. Zu- oder Abschläge auf die Fallpauschalenhöhe zu rechtfertigen[310]. Beispielhaft gilt dies gemäß Abbildung 69 für Vergleiche der Strukturqualität. Die Ergebnisse können jedoch auch als stellvertretend für Vergleichsmessungen zur Prozess- oder Ergebnisqualität bzw. zur Patientenzufriedenheit gesehen werden[311].

Abbildung 70 dokumentiert noch einmal die Chancen, welche sich durch ein Patientenklassifikationssystem für den Qualitätswettbewerb in der Rehabilitation ergeben. Vergleicht man Abbildung 70 mit der vorangegangenen Abbildung 46 aus Abschnitt 6.2.2 so stellt man fest, dass alle Vorteile eines Patientenklassifikationssystems für die Rehabilitation im Allgemeinen auch für das Qualitätsmanagement im Besonderen gelten[312]. Das Thema Patientenklassifikation ist somit untrennbar mit dem Aspekt des Qualitätsmanagements verbunden und sollte künftig auch weitaus stärker in diesem Zusammenhang diskutiert werden.

Abb. 70: Vorteile eines Patientenklassifikationssystems für das Qualitätsmanagement in der medizinischen Rehabilitation

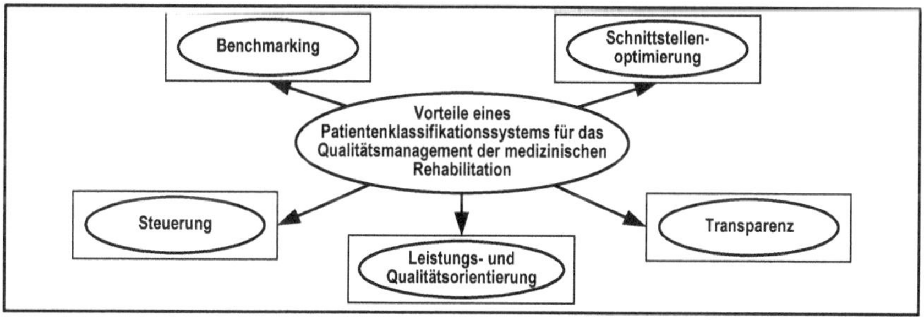

Quelle: Ranneberg (2006), S.10, Abbildung 3, Ranneberg, Neubauer (2005[1]), S. 35, Rapp (2006), S. 663 f., eigene Darstellung

309 An dieser Stelle sei der Leser nochmals auf die beispielhafte Darstellung in Neubauer, Rothemund, Lewis (2006), S. 671 f. verwiesen.

310 Vgl. u.a. auch Schupp (2005), S.554, Farin, Follert, Gerdelmann, Jäckel (2005), S.142 sowie Jäckel, Farin (2004), S.282. Ähnliche Forderungen für eine ergebnisorientierte Finanzierung des amerikanischen Gesundheitswesens wurden im Jahr 2003 von führenden US-Wissenschaftlern erhoben (vgl. Berwick, DeParle, Eddy, Ellwood, Enthoven, Halvorson, Kizer, McGlynn, Reinhardt, Reischauer, Roper, Rowe, Schaeffer, Wennberg, Wilensky (2003), S.8-10).

311 Vom Bundesverband Deutscher Privatkrankenanstalten (Präsident Rehfeld) wird aus diesem Grund bereits seit Längerem ein qualitätsorientiertes Preissystem gefordert (vgl. Verband Deutscher Privatkrankenanstalten e.V. (2004[2]), S. 189). Demnach sei „Ohne Transparenz ... Qualität kraftlos und Transparenz ohne Qualität ... kopflos“ (vgl. Dr. Klaus Theo Schröder, Staatssekretär im Bundesgesundheitsministerium, in Verband Deutscher Privatkrankenanstalten (2004[2]), S. 186).

312 Selbst eine Schnittstellenorientierung des Qualitätsmanagements wäre durch ein Patientenklassifikationssystem nach RBG leichter realisierbar, da durch RBG der Anschlussheilbehandlung gemäß dem postoperativen Zustand eines Patienten unterschieden und somit eine Verbindung zum Akutbereich hergestellt wird (vgl. Neubauer, Rothemund, Lewis (2006), S. 669, Abbildung 1).

Im vorangegangenen Abschnitt wurde gezeigt, welche Vorteile sich durch die Einführung eines Patientenklassifikationssystems für die Qualitätssicherungsprogramme der Rehabilitation ergeben würden. Eine Patientenklassifizierung liefert dem Rehabilitationsträger wichtige Anhaltspunkte sowohl für eine leistungs- und qualitätsorientierte Vergütung als auch in Belegungsfragen. Gleichzeitig ließe sich durch eine Patientenklassifizierung unter den Leistungserbringern die Akzeptanz solcher Programme deutlich erhöhen. In Folge der erhöhten Qualitäts- und Leistungstransparenz könnte durch den Rehabilitationsträger sowohl den Kosten als auch den (unterschiedlichen) Bemühungen der Kliniken um Qualitätsverbesserungen verstärkt Rechnung getragen werden.

7. Grundlagen zur Durchführung einer Hochrechnung medizinischer Rehabilitationsleistungen

Im nachfolgenden Abschnitt 7 werden die Grundlagen zur Durchführung einer Hochrechnung medizinischer Rehabilitationsleistungen vorgestellt.

Abschnitt 7.1 beginnt mit einer methodischen Einführung in die Hochrechnung medizinischer Rehabilitationsleistungen. In einem zweiten Schritt werden in Abschnitt 7.2 die Ergebnisse der 11. koordinierten Bevölkerungsvorausberechnung des Statistischen Bundesamts als ein zentraler Bestandteil der darauf folgenden Hochrechnungen diskutiert.

7.1 Methodische Einführung in die Hochrechnung medizinischer Rehabilitationsleistungen

Im Bereich der Gesundheitsökonomie wurde einzelnen Hochrechnungen zur künftigen Entwicklung deutscher Gesundheitsausgaben, meist bis 2050, in den vergangenen Jahren ein hoher Stellenwert beigemessen. Ziel des nachfolgenden Abschnitts ist es, den aktuellsten Forschungsstand in Bezug auf Hochrechnungen der GKV-Beitragssatzentwicklung wiederzugeben und einen Bezug zur medizinischen Rehabilitation herzustellen.

In Abschnitt 7.1.1 wird anhand des gegenwärtigen Diskussionsstands aufgezeigt, welche Einflussfaktoren nach Meinung führender Wissenschaftler für die zukünftige Entwicklung der Gesundheitsausgaben primär von Bedeutung sind. Abschnitt 7.1.1.1 diskutiert den möglichen Einfluss der demographischen Entwicklung und stellt hierbei mit der Medikalisierungsthese und der Kompressionsthese zwei konkurrierende Hypothesen vor. Auf Abschnitt 7.1.1.2 mit der Diskussion über die Bedeutung des medizinisch-technischen Fortschritts folgt in Abschnitt 7.1.1.3 eine Beschreibung möglicher Wechselwirkungen zwischen beiden Einflussgrößen, insbesondere in Form so genannter Ausgabenversteilerungen.

Abschnitt 7.1.2 gibt vor dem Hintergrund der Erläuterungen in Abschnitt 7.1.1 den bisherigen Forschungsstand im Hinblick auf die Hochrechnung der künftigen GKV-Beitragssatzentwicklung wieder.

Letztendlich fasst Abschnitt 7.1.3 die verwendeten Begriffe demographische Entwicklung, medizinisch-technischer Fortschritt, Kompressions- und Medikalisierungsthese noch einmal zusammen und diskutiert deren Bedeutung im Kontext medizinischer Rehabilitationsleistungen. Diese Zusammenfassung bildet eine wichtige konzeptionelle Grundlage für die nachfolgende Hochrechnung von Rehabilitationsfallzahlen und Rehabilitationsausgaben in Abschnitt 8.

7.1.1 Die einzelnen Einflussfaktoren auf die Entwicklung der Gesundheitsausgaben im Überblick

Zu den Einflussgrößen auf die Entwicklung der Gesundheitsausgaben werden in erster Linie die Aspekte[1]:

- demographische Entwicklung
- sowie medizinisch-technischer Fortschritt

gezählt. Die nachfolgende Diskussion wird sich im Wesentlichen auf diese beiden Aspekte konzentrieren und Wechselwirkungen zwischen den beiden Einflussfaktoren aufzeigen.

1 Vgl. z.B. Henke (2006), S. 211 sowie Fetzer, Raffelhüschen (2005), S. 261 f.

Gleichzeitig wurde bereits in Abschnitt 4.7 angedeutet, inwiefern beispielsweise auch ein erhöhtes Gesundheitsbewusstsein in der Bevölkerung zu einer gesteigerten Nachfrage von Wellness-Leistungen führen wird, wobei zweifellos auch eine Wechselwirkung zwischen einem Wertewandel und der demographischen Bevölkerungsentwicklung besteht[2]. Die nachfolgenden Hochrechnungen in Abschnitt 8 beziehen sich jedoch auf diejenigen Rehabilitationsfälle und Rehabilitationsausgaben, welche von der Sozialversicherung finanziert werden. Hierbei handelt es sich um Rehabilitationsbehandlungsleistungen, die aufgrund einer Erkrankung, also entweder nach einem Akutereignis oder bedingt durch chronische Krankheit in Anspruch genommen werden. Anders als im Bereich der Selbstzahler steht ein gestiegenes Gesundheitsbewusstsein somit üblicherweise nicht als Motiv hinter dem Rehabilitationsaufenthalt dieser jährlich rund 1,9 Millionen Patienten[3].

7.1.1.1 Die demographische Entwicklung

Der Einfluss des demographischen Wandels auf die Gesundheitsausgaben lässt sich auch als „physischer Alterseffekt", „Kalendereffekt" oder „Morbiditätseffekt" beschreiben, bedingt durch die mit zunehmendem Lebensalter ansteigenden, durchschnittlichen Gesundheitsausgaben. Aufgrund der Tatsache, dass die „Baby-Boom-Generation" der 50er und 60er Jahre in den kommenden Jahrzehnten in die teureren, höheren Altersklassen eintreten wird, lässt sich ein mittelfristiger Anstieg der Gesundheitsausgaben vorhersagen. Eine langfristig sinkende Bevölkerungszahl führt hingegen zu einer Entlastung des GKV-Budgets, da letztendlich absolut weniger Personen zu versorgen sein werden. Während in diesem Fall die Gesundheitsausgaben pro Kopf aufgrund der fortlaufenden Altersverschiebung in der Bevölkerung zwar weiter ansteigen, ist mit insgesamt rückläufigen Gesundheitsausgaben zu rechnen[4]. Auf das Phänomen einer sinkenden Bevölkerungszahl, bedingt durch die künftige Entwicklung der Einflussfaktoren Geburtenzahlen, Sterbefälle und Nettozuwanderung, wird im nachfolgenden Abschnitt 7.2 noch näher eingegangen.

7.1.1.1.1 Der demographische Effekt und die Medikalisierungsthese

Die soeben beschriebenen Zusammenhänge zwischen dem demographischen Effekt, d.h. der Alterung innerhalb der deutschen Gesellschaft, und einem Anstieg der Gesundheitsausgaben, werden in der Gesundheitsökonomie durch die so genannte *Medikalisierungsthese* vertreten. Diese besagt, dass mit zunehmendem Alter auch der Anteil kranker Menschen innerhalb der Bevölkerung und somit auch Morbidität, medizinischer Behandlungsbedarf sowie die Höhe der Gesundheitsausgaben ansteigen, da Leistungen länger und in größerem Ausmaß in Anspruch genommen werden[5]. In Deutschland verursachen Versicherte über 60 Jahre dem Gesundheitssystem jährlich durchschnittlich dreimal so hohe Kosten wie die Gruppe der Erwerbstätigen im Alter zwischen 20 und 60 Jahren. Auf den ersten Blick lassen sich als Beleg für diese These demnach alters-

---

2 Vgl. hierzu auch Henke (2005), S. 495 mit Hinweisen auf die zukünftige Bedeutung des „Senioren-Marktes" im Wellness- und Fitness-Bereich.

3 Vgl. die entsprechende Übersicht in Abbildung 1, Abschnitt 1.

4 Siehe u.a. Ulrich (2001), S. 27-29, insbesondere Abbildungen 28 und 29.

5 Vgl. u.a. Schmeinck (2006), S. 230, Ulrich (2006), S. 200 sowie Fetzer, Raffelhüschen (2005), S. 261. Demzufolge fallen in Japan, Großbritannien, Kanada, den USA, Australien, Frankreich, Neuseeland und Deutschland gleichermaßen zwischen ein Drittel und die Hälfte der Gesundheitsausgaben auf Versicherte im Alter über 65 Jahren (vgl. Henke (2005), S. 478).

abhängige Statistiken zu den durchschnittlichen Gesundheitsausgaben pro Kopf der Bevölkerung anführen[6].

7.1.1.1.2 Die Kompressionsthese im Widerspruch zur Medikalisierungsthese

Im Widerspruch zu einem nennenswerten demographischen Effekt auf die Gesundheitsausgaben stehen die Vertreter der so genannten *Kompressionsthese,* die auf einen oftmals vernachlässigten Restlebenszeiteffekt hinweisen. Gemäß den Vertretern der Kompressionsthese lassen sich die in Querschnittsdaten beobachtbaren Differenzen zwischen Gesundheitsausgaben in der älteren gegenüber der jüngeren Bevölkerung demnach nicht allein auf Unterschiede im Lebensalter, sondern primär auf die damit verbundene Nähe zum bevorstehenden Todeszeitpunkt zurückführen. Vertreter der Kompressionsthese weisen demzufolge darauf hin, dass es in erster Linie die Nähe zum Tod ist, die im letzten Lebensjahr eines Versicherten einen erheblichen Anteil der finanziellen Belastungen innerhalb des gesamten Gesundheitssystems verursacht[7]. In einer Stichprobe von über 65-jährigen Medicare-Versicherten aus den USA fanden sich 1988 beispielsweise fast siebenmal höhere Pro-Kopf-Ausgaben für die Behandlung versterbender Patienten als bei einer Vergleichsgruppe Überlebender[8]. Unter anderem kommt die Auswertung eines Schweizer Datensatzes zu ähnlichen Ergebnissen mit einer Ausgabenrelation von 5,3:1[9]. Zugleich ließ sich anhand weiterer Ergebnisse aufzeigen, dass zur Lebensrettung sehr alter Menschen – in erster Linie aufgrund einer geringeren Inanspruchnahme von Krankenhausleistungen – weniger finanzielle Mittel aufgewendet werden als für Senioren niedrigeren Alters[10]. Auch dieser Effekt steht scheinbar im Widerspruch zur Medikalisierungsthese und könnte sich künftig sogar entlastend auf das Gesundheitsbudget auswirken[11].

Gemäß der Kompressionsthese hat eine steigende Lebenserwartung letztendlich keinen nennenswerten Einfluss auf die Entwicklung der Gesundheitsausgaben, da sich der Zeitpunkt des bevorstehenden Todes lediglich in ein höheres Lebensalter verschiebt. Hierdurch bleibt die Höhe der Gesundheitsausgaben jedoch unverändert, bzw. ist sogar rückläufig, da für sehr alte Patienten kurz vor deren Tod in der Regel geringere finanzielle Mittel aufgewendet werden[12].

---

6 Siehe u.a. Henke (2005), mit einer Darstellung der durchschnittlichen Pro-Kopf-Gesundheitsausgaben nach einzelnen Altersklassen in Abbildung 5 auf S. 486, gemäß Daten des Statistischen Bundesamts. Vgl. zudem Fetzer, Raffelhüschen (2005), Abbildung 1 auf S. 258 sowie Ulrich (2001), S. 27, Tabelle 2.

7 Siehe u.a. Felder, Zweifel (1996), S. 222 und 225 sowie Zweifel, Felder, Meier (1996), S. 30 und 41 f.

8 Vgl. Lubitz, Riley (1993), S. 1094, Tabelle 3. In den vier Beobachtungsjahren einer Medicare-Stichprobe (1976, 1980, 1985 und 1988) standen zwischen 5,1 und 5,4% aller Medicare-Versicherter in ihrem letzten Lebensjahr, welche jedoch insgesamt zwischen 27,4 und 30,8% der Medicare-Gesundheitsausgaben ausmachten (vgl. Lubitz, Riley (1993), S. 1092 f., insbesondere Tabelle 1 auf S. 1093).

9 Siehe Zweifel, Felder, Meier (1996), S. 33.

10 Vgl. u.a. Zweifel, Felder, Meier (1996), S. 39 f., Lubitz, Beebe, Baker (1995), S. 1001, Abbildung 3, Lubitz, Riley (1993), S. 1094, Tabelle 3 sowie die nachfolgende grafische Dokumentation mit deutschen Daten in Abbildung 71, Abschnitt 7.1.1.1.3.

11 Vgl. u.a. Knappe, Rubart (2001), S. 112. In ähnlicher Weise deuten aktuellere Schweizer Krankenkassendaten (Gesundheitsausgaben für 57.000 Versicherte, die im Zeitraum zwischen 1.1.2001 und 31.12.2004 verstarben, gegenüber Daten von 57.000 Versicherten, die die Periode überlebten) darauf hin, dass die Nähe zum Tod „einen signifikant positiven Einfluss auf die Höhe der Gesundheitsausgaben ausübt und die Erklärungskraft des chronologischen Alters zurückdrängt“ (vgl. Felder (2006), S. 65-67, insbesondere Abbildung 4-b): Gesundheitsausgaben ohne Pflegekosten).

12 Siehe u.a. Felder (2006), S. 65, Krämer (2005), S. 491 sowie Knappe, Rubart (2001), S. 109 und 111.

Ein möglicher Kritikpunkt, der von den Befürwortern der Kompressionsthese bereits selbst vorweggenommen wurde, beruht auf der Tatsache, dass im Sinne der Kompressionsthese nicht die Effekte des Alters und der Nähe zum Tod auf die *gesamten* Gesundheitsausgaben (inkl. der Behandlung von chronischen Erkrankungen), sondern lediglich deren Auswirkung auf die *Sterbekosten* berücksichtigt werden. Im Sinne der Kompressionsthese wurde jedoch diesbezüglich argumentiert, dass chronische Erkrankungen die Restlebenszeit ohnehin signifikant verkürzen und eine alleinige empirische Untersuchung von Bestimmungsfaktoren der Sterbekosten demzufolge gerechtfertigt sei[13].

Bei einer isolierten Betrachtung des *medizinischen Rehabilitationssektors* lässt sich jedoch bereits aus logischen Erwägungen sehr schnell feststellen, dass die Kompressionsthese bei einer empirischen Untersuchung letztendlich keine Rolle spielen kann. Anders als ein gewisser Anteil stationärer Krankenhausaufenthalte stehen Rehabilitations- und Vorsorgemaßnahmen in der Regel nicht im Zusammenhang mit einem kurz bevorstehenden Tod. Vielmehr ist es im Fall der medizinischen Rehabilitation ja gerade die Entscheidung auf Rehabilitationsfähigkeit eines Versicherten, verbunden mit einer positiven Rehabilitationsprognose, die die Durchführung einer entsprechenden medizinischen Rehabilitationsbehandlungsleistung zur Folge hat. Letztendlich dürfte somit nicht die Kompressionsthese, sondern vielmehr die Medikalisierungsthese für die Entwicklung von Rehabilitationsausgaben von Relevanz sein. Diese Hypothese lässt sich auch durch eine Gegenüberstellung der Kompressions- und Medikalisierungsthese mit Blick auf den gesamten GKV-Gesundheitsbereich stützen, welche im nachfolgenden Abschnitt vorgenommen wird.

7.1.1.1.3 Kompressions- und Medikalisierungsthese im direkten Vergleich

Bis zum heutigen Zeitpunkt dauert die Diskussion in Bezug auf die Richtigkeit von Kompressions- bzw. Medikalisierungsthese fort. Abbildung 71 dokumentiert im Rahmen einer Querschnittsbetrachtung, dass die Gesundheitsausgaben für Sterbende mit zunehmendem Alter auch in Deutschland im Durchschnitt deutlich abnehmen. Demnach kostet ein sterbender Patient in seinem letzten Lebensjahr das Gesundheitssystem im Alter zwischen 65 und 69 Jahren heute durchschnittlich € 45.276, ein sterbender Patient zwischen 80 und 84 Jahren nur € 18.019 und ein über 95-jähriger Patient lediglich € 5.735. Hieraus einen Beweis für die Kompressionsthese abzuleiten wäre jedoch falsch, da auch die Gesundheitsausgaben für Überlebende mit berücksichtigt werden müssen – eine Kritik, die den Vertretern der Kompressionsthese in der Vergangenheit oftmals entgegengebracht wurde[14]. Gemäß Abbildung 71 ist unter den Überlebenden mit zunehmendem Lebensalter ein Morbiditätseffekt mit durchschnittlich steigenden Gesundheitsausgaben erkennbar. Obwohl dieser Anstieg weit geringer ausfällt als der Rückgang der Gesundheitsausgaben bei den Versterbenden, dominiert der Effekt steigender Gesundheitsausgaben aufgrund des weitaus höheren Anteils an Überlebenden über alle Altersgruppen[15].

---

13 Vgl. Zweifel, Meier, Felder (1996, 1999), S. 42 bzw. S. 494 und deren Untersuchungen der letzten beiden Lebensjahre verstorbener Versicherter (1996, Seiten 36-40) sowie eine Ausweitung des Beobachtungszeitraums auf die letzten fünf Lebensjahre derselben Versichertenstichproben (1999, S. 491 und 493).

14 Siehe auch Ulrich (2001), S. 32 sowie die Anmerkungen des vorangegangenen Abschnitts.

15 Vgl. Boroch (2005), S. 14 sowie Schmeinck (2006), S. 231. Auch Knappe und Rubart (2001), S. 112-115, kommen bei einer separaten Analyse von Versterbenden und Überlebenden im stationären Krankenhaussektor zu ähnlichen Ergebnissen.

Abb. 71: Entwicklung der GKV-Ausgaben in Abhängigkeit vom Alter (in €)

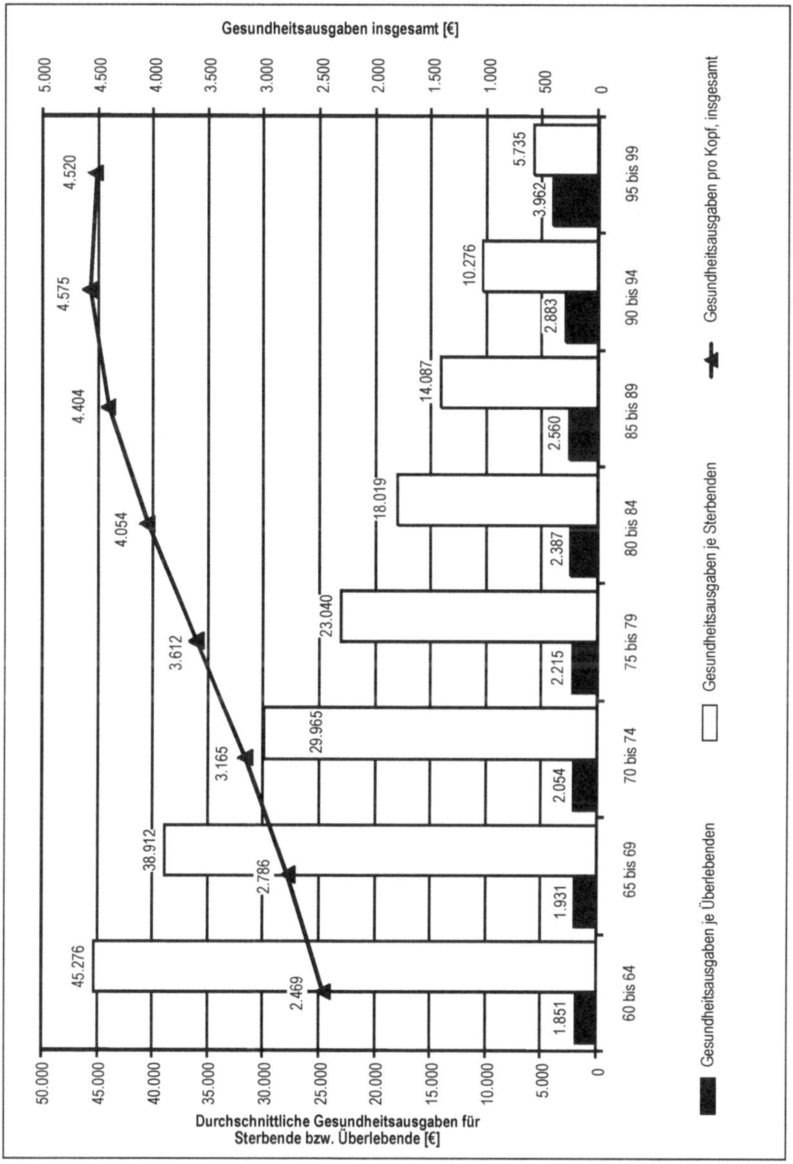

Quelle: nach Schmeinck (2006), S. 231, Abbildung 4

Da es sich gemäß Abbildung 71 lediglich um eine Querschnittsbetrachtung handelt, bleibt die Frage auch weiterhin ungeklärt, ob die Kompressionsthese gegenüber der Medikalisierungsthese dominiert. Konkret bleibt die Frage offen, ob die steigende Lebenserwartung einen ausreichenden Rückgang der sterbebedingten Gesundheitsaufwendungen bewirkt, um hiermit die alters- und somit morbiditätsbedingten Mehrausgaben zu kompensieren[16]. Allerdings kommen selbst Befürworter der Kompressionsthese in jüngster Vergangenheit zu der Erkenntnis, dass der Morbiditätseffekt selbst unter individueller Berücksichtigung der Sterbekosten gegenüber der Kompressionsthese mutmaßlich überwiegen dürfte, wenn als endogene Variable die gesamten Gesundheitsausgaben in Betracht gezogen werden[17]. Zudem ist die Kompressionsthese insbesondere im Bereich medizinische Rehabilitation außer Acht zu lassen, wie im Rahmen des vorangegangenen Abschnitts bereits erläutert wurde.

7.1.1.2 Der medizinisch-technische Fortschritt

Eine Definition des Begriffs „medizinisch-technischer Fortschritt" liefert die nachfolgende Abbildung 72. Die Ausprägung des medizinisch-technischen Fortschritts ist demzufolge als Ergebnis in der Balance zwischen Ressourceneinsatz und Ergebniserreichung zu sehen. Während Neuerungen des Typs 1, 2 und 4 gemäß Abbildung 72 als uneingeschränkt positiv zu werten sind, vermehrt Typ 5 die Anzahl der Behandlungsmöglichkeiten, ohne hierbei jedoch Einfluss auf Nutzen bzw. Kosten zu nehmen. Bei Innovationen des Typs 3 und 7 muss hingegen das Kosten-Nutzen-Verhältnis in Betracht gezogen werden, um die Effizienz einer Innovation bewerten zu können. Unter den in Abbildung 72 vorgestellten Möglichkeiten stellt Typ 3 den Normalfall dar, in anderen Worten sind medizinische Neuerungen in der Regel sowohl mit verbesserten medizinischen Ergebnissen (d.h. einem höheren Nutzen) als auch mit höheren Kosten verbunden. Aus ökonomischer Sicht liegt in diesem Fall nur dann echter Fortschritt vor, wenn der Zusatznutzen die Zusatzkosten überwiegt.

Abb. 72: Ausprägungen des medizinisch-technischen Fortschritts

	Ressourceneinsatz		
Zielerreichung	**verringert**	**nicht verändert**	**erhöht**
verbessert	1. medizinisch-technischer & ökonomisch-organisatorischer Fortschritt*	2. medizinisch-technischer & ökonomisch-organisatorischer Fortschritt*	1. medizinisch-technischer & ökonomisch-organisatorischer Fortschritt, soweit $\Delta N > \Delta K$
nicht verändert	4. ökonomisch-organisatorischer Fortschritt*	5. neutrale Angebotserweiterung	6. kein Fortschritt
verschlechtert	7. ökonomisch-organisatorischer Fortschritt, soweit $\Delta N > \Delta K$	8. kein Fortschritt	9. kein Fortschritt

* uneingeschränkt positive Neuerungen, N = medizinischer Nutzen, K = Kosten

Quelle: vgl. SVR (1997), S. 141f., insbesondere Abbildung 14, Ulrich (2006), S. 194 sowie Schmeinck (2006), S. 226

Beim medizinisch-technischen Fortschritt ist im Wesentlichen zwischen Produkt- und Prozessinnovationen zu unterscheiden, wobei es sich jedoch in der Regel um Produktinnovationen handelt. Produktinnovationen gehen für gewöhnlich mit so genannten *Add-on-*,

16 Siehe Knappe, Rubart (2001), 95 ff.

17 Vgl. Felder (2006), S. 68, insbesondere Tabelle 4. Felder kommt zu dem Schluss, dass die „explizite Aufteilung der Ausgaben in Sterbekosten und Ausgaben für Überlebende … den prognostizierten Anstieg der Pro-Kopf-Ausgaben nur um ein Viertel" reduziert.

also Zusatztechnologien einher, welche mit neuen Eigenschaften oder neuen Kombinationen bereits bekannter Eigenschaften versehen sind[18]. Wurden 1984 in den USA beispielsweise an nur ca. 10% aller überlebenden Herzinfarktpatienten kardiochirurgische Eingriffe vorgenommen, so stieg dieser Anteil bis 1998 auf deutlich über 50%. Dies war in erster Linie auf die Bereiche der Katheter- und Bypassoperationen zurückzuführen, wobei es sich in beiden Fällen um die technologische Weiterentwicklung bereits bestehender Anwendungsverfahren handelte. In diesen Fällen (weitere Beispiele lassen sich auch aus dem orthopädischen Bereich, beispielsweise bei Hüft- und Kniegelenksimplantationen, anführen) kommt es letztendlich zu einer Ausweitung des Behandlungsbedarfs[19]. Effektivere Therapien und sicherere Anwendungen gehen vielfach auch mit einer häufigeren, vor allem aber auch früheren ärztlichen Diagnostik sowie einem bewussteren Umgang des Versicherten mit seiner eigenen Gesundheit einher. Dies lässt sich unter anderem anhand des Beispiels Brustkrebs dokumentieren, wo in vergangenen Jahren in erster Linie eine verbesserte Diagnostik zu einer Ausweitung der Therapiemöglichkeiten und somit einer Erhöhung des Behandlungsbedarfs geführt hat[20].

Anders als Produktinnovationen verändern Prozessinnovationen nicht die Eigenschaften eines Produkts, sondern erhöhen die Produktivität der Anwendung. Als Beispiel einer Prozessinnovation lässt sich unter anderem die minimal-invasive Chirurgie anführen[21].

Auch Rehabilitationsbehandlungsleistungen stehen zweifellos mit dem medizinisch-technischen Fortschritt in einem direkten Zusammenhang, wie die nachfolgende Tabelle 15 dokumentiert. Die Tabelle zeigt eine ganze Reihe von Produktinnovationen bzw. neuartiger Behandlungsmethoden, deren Anwendung in der Regel eine direkte Anschlussheilbehandlung zur Folge hat.

Tab. 15: Indikationen und dazugehörige Produktinnovationen im Bereich der kurativen Versorgung

Indikationsgebiet	**Produktinnovation bzw. neue Behandlungsmethode**
Orthopädie	Hüftimplantate, Knieprothese; Hüft- und Knieführungsorthesen
Kardiologe	Herzschrittmacher, implantierbares Kunstherz
Neurologie	Stents für Hirngefäße
Onkologie	Protonen- und Schwerionentherapie

Quelle: Henke (2006), Abbildung 2, S. 213, eigene Darstellung

Insgesamt betrachtet stellt der medizinisch-technische Fortschritt eine der eindrucksvollsten Entwicklungen des 20. Jahrhunderts dar und lässt sich für diesen Zeitraum mit den Worten „vom Handauflegen zur Computertomographie“ beschreiben[22].

---

18 Vgl. u.a. Schmeinck (2006), S. 227 sowie Fetzer, Raffelhüschen (2005), S. 261.

19 Siehe Cutler (2001), S. 14 und S. 16 f., insbesondere Exhibit 2 auf S. 17, Krämer (2005), S. 492 sowie Krämer (1996), S.11.

20 Siehe u.a. Cutler (2001), S. 14 sowie S. 22 f.

21 Aufgrund einer Prozessinnovation lässt sich demnach entweder bei geringerem Ressourceneinsatz der gleiche Output oder aber mit demselben Faktoreinsatz ein höherer Output erzielen (vgl. Bantle (1996), S. 17-21 mit einer genauen Definition des Begriffs der Prozessinnovation und Beispielen aus der minimal-invasiven Chirurgie sowie diagnostischen, bildgebenden Verfahren, S. 91-107).

22 Vgl. Ulrich (2006), S. 193 sowie eine beispielhafte Darstellung in Montgomery (2004), S. 1 f. und S. 5.

In Bezug auf die bereits erwähnte Medikalisierungs- und Kompressionsthese werden auch dem medizinisch-technischen Fortschritt unterschiedliche Bedeutungen beigemessen. Einerseits ließe sich im Sinn der Kompressionsthese argumentieren, dass es der medizinisch-technische Fortschritt vermag, den individuellen Gesundheitszustand eines Menschen auch in höheren Altersstufen zu verbessern. So weisen beispielsweise neue gerontologische Forschungsergebnisse darauf hin, dass sich das Morbiditätsniveau in den letzten dreißig Jahren um etwa fünf Jahre verschoben hat. Beispielsweise weist demnach ein heute 80-Jähriger durchschnittlich dasselbe Morbiditätsniveau auf wie ein 75-Jähriger vor dreißig Jahren[23]. Da aufgrund des medizinisch-technischen Fortschritts mit steigender Lebenserwartung „gesunde Jahre" hinzugewonnen werden und sich der Tod entsprechend weiter hinauszögert, führt ein höherer Altersdurchschnitt gemäß Kompressionsthese, anders als durch die Medikalisierungsthese propagiert, demnach *nicht* zu erhöhten Gesundheitsausgaben pro Kopf der Bevölkerung[24].

Eine gegenläufige Meinung besteht hingegen in der Ansicht, dass der medizinisch-technische Fortschritt lediglich die Überlebensschwelle seiner Patienten senkt, und somit auch die Krankheitskosten und Krankheitsgeschichte dieser Patienten verlängert und intensiviert[25]. Hieraus ergibt sich – nicht zuletzt auch mit direkter Relevanz für die medizinische Rehabilitation – ein Paradoxon der Hochleistungsmedizin. Demnach garantiert diese das Überleben so genannter „schlechter Risiken", was eine Verschlechterung des durchschnittlichen Gesundheitszustands in der Bevölkerung und somit einen Anstieg der durchschnittlichen Morbidität zur Folge hat[26]. Insbesondere könne sich diese Konstellation auch dann ergeben, wenn die Heilung einer bestimmten Krankheit, z.B. einer Herz-Kreislauferkrankung zwar möglich wird, eine andere Erkrankung, wie z.B. Krebs, jedoch zu einem späteren Zeitpunkt an deren Stelle tritt[27]. Diesbezüglich wird auch von der so genannten „Fortschrittsfalle" gesprochen, da der medizinisch-technische Fortschritt Menschen selbst mit unheilbaren Krankheiten eine zunehmende Lebenserwartung ermöglicht[28].

7.1.1.3 Wechselwirkungen zwischen Demographieeffekt und medizinisch-technischem Fortschritt

Sowohl qualitative Erklärungen als auch quantitative Berechnungen haben in den letzten Jahren auf Wechselwirkungen zwischen dem demographischen Effekt einer alternden Bevölkerung und dem medizinisch-technischen Fortschritt hingewiesen.

Demnach ist die Entwicklung des medizinisch-technischen Fortschritts verstärkt demographie- und somit nachfrageabhängig. Hierbei ist nicht nur eine Technologieanstoß-, sondern auch eine Nachfragesog-Hypothese von direkter Relevanz, zu der auch die Ertragserwartungen in den Forschungs- und Entwicklungsstätten sowie in den Unternehmen der Medizintechnik- und Pharmaindustrie hinzuzuzählen sind. Im Zusam-

23 Vgl. Ulrich (2006), S. 201 sowie Walzik (2006), S. 257.

24 Siehe Schmeinck (2006), S. 230 sowie Walzik (2006), S. 258.

25 Vgl. Multimorbiditätsthese in Krämer (1996), S. 12 f. Der Autor erwähnt hierbei diverse chronische Leiden, welche auch für die medizinische Rehabilitation von direktem Belang sind. Unter anderem gehören hierzu Rheuma, chronische Bronchitis, Alkoholabhängigkeit sowie Essstörungen. Siehe auch Knappe, Rubart (2001), S. 109, Ulrich (2001), S. 34 sowie Breyer, Ulrich (2000), S. 4.

26 Siehe Ulrich (2006), S. 200, Fußnote 1.

27 Vgl. Breyer, Ulrich (2001), S. 4.

28 Vgl. Schmeinck (2006), S. 225 sowie Krämer (1996), S. 14.

menhang hiermit steht gleichzeitig auch ein angebotsinduzierter Fortschritt, welcher durch einen Strukturwandel mit rückläufigen Anteilen von Landwirtschaft, Handwerk und Industrie sowie eine zunehmende Produktion arbeitsintensiver Dienstleistungen gekennzeichnet ist. Dieser gilt für die Arzneimittelindustrie ebenso wie für Medikalprodukte sowie die Medizintechnik bis hin zur Hochtechnologiemedizin[29].

Gemäß dem so genannten *Sisyphus-Syndrom* erhalten der medizinisch-technische Fortschritt und das medizinisch Machbare auch deshalb zunehmende Unterstützung in der Politik, da die Älteren aufgrund der demographischen Entwicklung immer mehr an Macht und Einfluss gewinnen. Auf diese Weise wird es gelingen, einen wachsenden Anteil an Ressourcen in das Gesundheitssystem zu lenken, mit wiederum positivem Einfluss auf die Entwicklung der durchschnittlichen Lebenserwartung in der Bevölkerung. Auf diese Weise verstärken sich die demographische Entwicklung und der medizinisch-technische Fortschritt in ihrer Wirkung gegenseitig[30].

7.1.2 Geschätzter Einfluss von demographischer Entwicklung und medizinisch-technischem Fortschritt auf die Entwicklung der Gesundheitsausgaben

Anders als den Wechselwirkungen zwischen demographischem Effekt und medizinisch-technischem Fortschritt (vgl. Abschnitt 7.1.1.3) wird dem alleinigen demographischen Effekt eine vergleichsweise geringe Auswirkung auf die Entwicklung der Gesundheitsausgaben zugeschrieben. Regressionen auf Basis von zwanzig OECD-Ländern mit Daten aus den Jahren 1960, 1988 sowie einer Zusammensetzung von Daten mehrerer Jahre zeigten demnach einen nur teilweise signifikanten Einfluss des Anteils an über 65-Jährigen auf die realen Pro-Kopf-Gesundheitsausgaben. Unter Hinzunahme des realen Pro-Kopf-Einkommens sowie einer Trendvariablen t als weitere exogene Variable nahm die Signifikanz des demographischen Regressionskoeffizienten deutlich ab, in einzelnen Subanalysen wurde das Vorzeichen des Regressionskoeffizienten sogar ins Negative umgekehrt. Zeitreihenanalysen, bei denen die Änderungsrate des Anteils der Gesundheitsausgaben am Bruttoinlandsprodukt als endogene Variable in die Analyse mit einbezogen wurde, kamen zu analogen Ergebnissen. Bemerkenswert ist beispielsweise, dass die USA 1988 in der OECD-Vergleichsgruppe mit 11% den höchsten Anteil der Gesundheitsausgaben am Bruttoinlandsprodukt aufwies, und dass dieser Anteil mit über 6% seit 1960 auch am stärksten gestiegen war. Mit einem Anteil der über 65-Jährigen von lediglich 12% und einem Zuwachs von nur 3% seit 1960 lagen die Vereinigten Staaten demographisch gesehen hingegen unter dem OECD-Durchschnitt. Die Studie kommt letztendlich zu dem Schluss, dass ein marginaler demographisch bedingter Effekt auf die Gesundheitsausgaben zwar existieren dürfte, dass dieser jedoch lange Zeit deutlich überschätzt wurde[31]. Getzen, Autor der eben genannten OECD-Ländervergleichsstudie, resümiert gleichzeitig vorangegangene Forschungsergebnisse mit empirischen Hinweisen auf so genannte *Ausgabenversteilerungen*, bei denen die Gesundheitsausgaben für Versicherte höherer Altersklassen in der Vergangenheit schneller gestiegen sind als für Teile der jüngeren Bevölkerung[32].

Entsprechende empirische Belege für Wechselwirkungen zwischen dem demographischen Effekt und dem medizinisch-technischen Fortschritt finden sich auch in deut-

29 Vgl. u.a. Henke (2006), S. 213 und 216 f., Schmeinck (2006), S. 225 sowie SVR (1997), S. 58.
30 Vgl Ulrich (2001), S. 34, Breyer, Ulrich (2000), S. 4 sowie Zweifel (1990), S. 373 f. und 385.
31 Vgl. Walzik (2006), S. 258 sowie Getzen (1992), S. S101-S103.
32 Siehe Getzen (1992), S. S99.

schen Gesundheitsdaten. Auch hier haben sich Versteilerungen der Ausgabenprofile in der Vergangenheit eindeutig nachweisen lassen. Abbildung 73 dokumentiert in diesem Zusammenhang die Entwicklung des Ausgabenprofils der gesundheitlichen Versorgung 30- bis 80-Jähriger in einem Beobachtungszeitraum von 1979 bis 1996. In diesem Zeitraum sind die normierten Pro-Kopf-Gesundheitsausgaben der älteren Bevölkerungsgruppen demnach weitaus deutlicher gestiegen als die Pro-Kopf-Ausgaben jüngerer Versichertengruppen.

Abb. 73: Versteilerungen deutscher Ausgabenprofile (KOMBI-Tarif, Männer, normierte Pro-Kopf-Ausgaben, 1979-1996)[33]

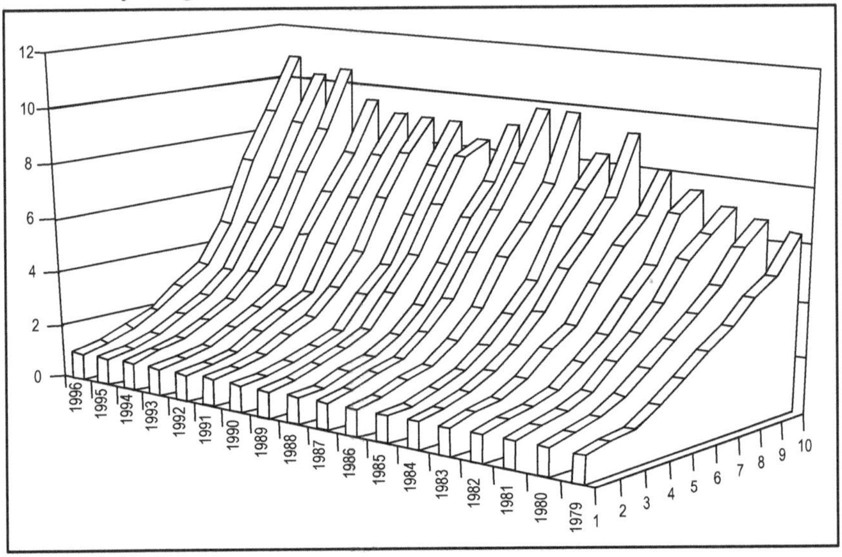

Quelle: nach Buchner (2002), S. 168

Die Ausgabenprofile entstammen alters- und geschlechtsspezifischen Daten der Deutschen Krankenversicherung (DKV) und sind das Ergebnis einer Zusammenführung der am häufigsten verwendeten individuellen Tarife zu einem so genannten KOMBI-Tarif[34]. Da für den dokumentierten Zeitraum keine alters- und geschlechtsspezifischen Ausgaben der gesetzlichen Krankenversicherung vorlagen, war eine entsprechende Darstellung für die GKV nicht möglich. Nach einer Prüfung der externen Validität der hier vorgestellten DKV-Daten kommt der Autor jedoch zu dem Schluss, dass prinzipiell nichts gegen die Übertragbarkeit der Ergebnisse auf die gesamtdeutsche GKV-Bevölkerung sprechen dürfte[35]. Die bisher dargestellten Ergebnisse weisen über den rein demographischen Effekt hinaus auf die hohe Bedeutung des medizinisch-technischen Fortschritts

33 Laut telefonischer Auskunft von Prof. Buchner sind die Skalen in Altersschritten von jeweils fünf Jahren, von „1= 30 bis 34 Jahre“ bis „10 = 75 bis 80 Jahre“ definiert.

34 Bei den Einzeltarifen handelt es sich um einen stationären, einen ambulanten sowie einen Zahntarif (vgl. Buchner (2002), S. 157 f.).

35 Siehe Buchner (2002), S. 99 und S. 102-106.

hin, welcher einerseits einen isolierten Effekt darstellt, den demographischen Effekt jedoch gleichzeitig noch verstärkt.

Diverse Hochrechnungen der GKV-Beitragssatzentwicklung in Deutschland kommen hier zu vergleichbaren Ergebnissen. Eine der bekanntesten Hochrechnungen ist die ökonometrische Schätzung von Breyer und Ulrich aus dem Jahr 2000. In einem ersten Schritt wurde mittels einer Zeitreihenanalyse zwischen 1970 und 1995 der Einfluss einzelner exogener Variablen auf die realen Behandlungsausgaben je GKV-Mitglied anhand der Größe des jeweiligen Regressionskoeffizienten ermittelt[36]. Zu den exogenen Variablen gehörten hierbei

(1) das reale, beitragspflichtige Einkommen je GKV-Mitglied[37],
(2) die Altersstruktur der Mitglieder, gemessen als Anteil der über 65-Jährigen an den GKV-Mitgliedern,
(3) das Kalenderjahr als Proxy-Variable für den medizinisch-technischen Fortschritt in Form von Produktinnovationen.

Die Regressionskoeffizienten der oben genannten Variablen waren alle signifikant auf dem 5%-Niveau. Ein möglicher Kritikpunkt des Regressionsverfahrens besteht in der Tatsache, dass beinahe alle der soeben genannten Variablen einen positiven Zeittrend aufweisen. Diesem Einwand setzen die Autoren jedoch entgegen, dass eine Logarithmierung der Regressionsgleichung diesen Zeittrend zumindest abschwächt. Die erstgenannte Variable lieferte eine empirische Einkommenselastizität von 0,4. GKV-Gesundheitsausgaben steigen demnach unterproportional mit dem Einkommen (vgl. Punkt 1)[38]. Eine Erhöhung des Anteils der 65-Jährigen um einen Prozentpunkt gemäß Punkt 2 führt den Ergebnissen zufolge hingegen zu einer Erhöhung der Pro-Kopf-Gesundheitsausgaben um 8%. Aus Plausibilitätsgesichtspunkten ist hierbei das Kontinuum einer Altersverschiebung zu berücksichtigen, bei dem sich auch ältere Patienten in Richtung höherer Altersklassen verschieben[39].

Bemerkenswert ist jedoch vor allem, dass der reine Zeittrend bei konstantem Pro-Kopf-Einkommen sowie gegebener Altersstruktur einen Anstieg der Gesundheitsausgaben um 1% pro Jahr verursacht (vgl. Punkt 3). Letztendlich liefert der medizinisch-technische Fortschritt somit den größten Beitrag zum dynamischen Anstieg der Gesundheitsausgaben im Laufe des Untersuchungszeitraums.

Als weitere Variablen wurden zudem individuell getestet:

(a) eine Dummy-Variable zur Modellierung des Gesundheitsreformgesetzes (GRG) und hiermit verbundenen, möglichen gesundheitspolitischen Einflüssen,

---

36 Vgl. Breyer, Ulrich (2000), S. 5-8 für die nachfolgende Darstellung der einzelnen Variablen. Regressionen wurden sowohl in logarithmierter als auch in entlogarithmierter Form vorgenommen.

37 Diese Variable bildet einerseits einen Indikator für die Nachfrage nach Gesundheitsleistungen, welche sich mit zunehmendem materiellem Wohlstand erhöhen dürfte. Gleichzeitig bildet sie auch einen Proxy für den Produktivitätsfortschritt, welcher sich anhand von Prozessinnovationen, erhöhter Arbeiterproduktivität und entsprechenden Lohnerhöhungen manifestiert (vgl. Breyer, Ulrich (2000), S. 6 sowie Ulrich (2001), S. 36).

38 Siehe Breyer, Ulrich (2000), S. 9-13, für diese und nachfolgende Ergebnisse der Regressionskoeffizienten.

39 Dieses Ergebnis steht demnach im Widerspruch zu dem von Getzen (1992), der keinen signifikanten Einfluss des Anteils an über 65-Jährigen auf die Gesundheitsausgaben nachgewiesen hatte (vgl. hierzu die vorangegangenen Ausführungen).

(b) ein möglicher Preisstruktureffekt, gemessen als Preisindex für GKV-Behandlungsleistungen, dividiert durch den Preisindex für die Lebenshaltung,
(c) die Sterberate in der Gesamtbevölkerung als Quotient aus der Anzahl der Verstorbenen und der Bevölkerungszahl.

Während die Variablen unter den Punkten (a) und (b) ebenfalls jeweils einen signifikanten (im ersten Fall negativen, im zweiten Fall positiven) Einfluss auf die reale Entwicklung der GKV-Ausgaben pro Kopf ausübten, war die Sterberate als Variable nicht signifikant, wobei letzterer Effekt zumindest teilweise implizit durch die Altersstrukturvariable mit aufgefangen worden sein dürfte[40]. Wichtig bleibt jedoch bei all den zusätzlich berücksichtigten Variablen festzuhalten, dass insbesondere der Effekt des medizinisch-technischen Fortschritts – mit einem Anstieg der realen Pro-Kopf-Gesundheitsausgaben über den gesamten Beobachtungszeitraum von ca. 1% pro Jahr – durchweg in etwa konstant hoch ausfiel.

Unter ceteris paribus-Bedingungen wurden die Pro-Kopf-Ausgaben je GKV-Mitglied in einem zweiten Schritt – und unter Hinzunahme der Basisvariablen (1) bis (3) – von Breyer und Ulrich letztendlich bis 2040 fortgeschrieben, wobei für die Entwicklung der beitragspflichtigen Einnahmen sowie die demographische Entwicklung jeweils realistische, aus der Fachliteratur verfügbare Annahmen getroffen wurden[41]. Insgesamt ergab sich bis 2040 ein geschätzter GKV-Beitragssatz von 23,1%. Der rein demographische Effekt (d.h. ohne medizinisch-technischen Fortschritt) führte den Modellrechnungen zufolge hingegen lediglich zu einem Beitragssatzanstieg auf 15,3%. Ausgabenversteilerungen werden in den Berechnungen von Breyer und Ulrich nicht explizit modelliert, dürften jedoch durch die Trendvariable und somit durch die Modellierung des medizinisch-technischen Fortschritts implizit mit berücksichtigt worden sein.

Mittels einer gänzlich anderen Methode, die bereits zum damaligen Zeitpunkt den Trend möglicher Ausgabenversteilerungen mit beinhaltete, kam auch Knappe 1995 zu dem Ergebnis, dass sich der GKV-Beitragssatz zwischen 1992 und 2030 um 12 Prozentpunkte auf dann 25% verdoppeln könnte[42]. Hierzu unterschied Knappe zwei Faktoren, die er letztendlich miteinander kombinierte: den Anstieg des Rentnerquotienten, d.h. die Rentner-Mitgliederrelation in der GKV einerseits und den Anstieg der Pro-Kopf-Ausgabenrelation eines repräsentativen Rentners gegenüber einem repräsentativen Erwerbstätigen andererseits[43]. Interessant ist hierbei, dass der isolierte demographische Effekt, d.h. der erstgenannte Faktor, den Berechnungen zufolge lediglich einen Anstieg von 4,1 Prozentpunkten ausmachte. Weitaus wichtiger war auch in diesem Fall, dass „ein Teil der steigenden Lebenserwartung durch überproportional steigende

40 Auch dem Preisstruktureffekt war zu Eigen, dass er einen erheblichen Teil des Einkommenseffekts auf sich zog, welcher in diesem Fall nicht mehr signifikant war (vgl. Breyer, Ulrich (2000), S. 11 f.).

41 Siehe Breyer, Ulrich (2000), S. 13-15 für die nachfolgenden Ausführungen.

42 Vgl. Breyer, Ulrich (2000), S. 4 sowie Knappe (1995), S. 23. Ein Grund für eine eventuelle Überschätzung der GKV-Beitragssatzentwicklung gegenüber der Hochrechnung von Breyer und Ulrich dürfte auf der Tatsache beruhen, dass Knappe zum damaligen Zeitpunkt den Einfluss rückläufiger Sterbewahrscheinlichkeiten und somit auch rückläufiger Sterbekosten je Altersgruppe nicht mit in der Analyse berücksichtigte (vgl. hierzu auch die nachfolgenden Ausführungen in Abschnitt 7.1.3).

43 Änderungen beider Relationen haben gemäß einer vom Autor entwickelten Formel direkte Auswirkungen auf den GKV-Beitragssatz (vgl. Knappe (1995), S. 21 f. sowie Anhang I auf S. 34 f.).

Pro-Kopf-Ausgaben für Ältere" verursacht[44] und der Effekt einer Ausgabenversteilerung somit explizit mit berücksichtigt wurde.

Auch aktuellere Berechnungen im Rahmen der so genannten Freiburger Agenda kommen hinsichtlich einer projizierten Beitragssatzentwicklung zu ähnlichen Ergebnissen. Um den isolierten demographischen Effekt ohne Kostendruck zu veranschaulichen, wurde hierbei in einem ersten Szenario von einer Wachstumsrate der Beitragseinnahmen und Leistungsausgaben parallel zu dem allgemeinen Wachstumsfaktor des Bruttoinlandsprodukts (BiP) in Höhe von 1,5% pro Jahr ausgegangen. In einem weiteren Szenario mit Kostendruck erhöht sich die Wachstumsrate der Leistungsausgaben gegenüber den Einnahmen zusätzlich um einen weiteren Prozentpunkt, d.h. auf jährlich 2,5%[45]. Auch in diesem Fall steigt der GKV-Beitragssatz unter Szenario I, d.h. dem rein demographischen Effekt, auf lediglich 17,7% im Jahr 2040 (2060: 18,5%). Unter Berücksichtigung des medizinisch-technischen Fortschritts ergibt sich hingegen auch hier eine signifikant stärkere Erhöhung auf 25,8% bis 2040, bzw. 26,9% bis 2060[46].

7.1.3 Demographischer Effekt, medizinisch-technischer Fortschritt, Kompressions- und Medikalisierungsthese – Implikationen für die medizinische Rehabilitation

Im vorangegangenen Abschnitt 7.1.1.1.2 wurde bereits darauf hingewiesen, dass die Kompressionsthese mit ihrer Berücksichtigung der Bedeutung der Sterbekosten für die Entwicklung medizinischer Rehabilitationsleistungen nicht relevant ist. Überlegungen zu der Bedeutung der Kompressionsthese für den Bereich Pflege gelangen hier zu ähnlichen Erkenntnissen. Im Zusammenhang mit der Entwicklung der Pflegeausgaben wird darauf hingewiesen, dass sich die Kompressionsthese in erster Linie auf die Entstehung akuter Krankheitsphasen bezieht. Pflegebedürftigkeit (ähnlich wie im Übrigen auch Rehabilitationsbedürftigkeit) resultiert hingegen aus altersbedingten körperlichen sowie psychischen Funktionseinschränkungen und ist somit einem Morbiditätseffekt, in anderen Worten also der Medikalisierungsthese, hinzuzurechnen[47].

Interessant wird es im Zusammenhang mit der Medikalisierungsthese festzustellen, inwieweit sich in den letzten Jahren auch im Bereich medizinischer Rehabilitationsbehandlungsleistungen möglicherweise eine Versteilerung der Ausgabenprofile, d.h. eine Konzentration der Ausgaben auf höhere Altersklassen über den reinen *demographischen Effekt* hinaus vollzogen hat. Abschnitt 7.1.1.2 hat gezeigt, dass medizinisch-technische Fortschrittseffekte in Form von Produktinnovationen durchaus auch einen Einfluss in Form einer Ausweitung medizinischer Rehabilitationsleistungen gehabt haben dürften. Auch hier wäre demzufolge zu erwarten, dass zwar ein demographischer Effekt existiert, dass dieser jedoch isoliert betrachtet weitaus weniger stark ins Gewicht fällt als unter Berücksichtigung des *medizinisch-technischen Fortschritts*. Ein Zusammenspiel beider Einflussgrößen wäre ein klarer Beleg für die *Medikalisierungsthese*, welche eine deut-

44 Der Autor spricht von einer Pro-Kopf-Ausgabenrelation Rentner/Mitglieder in der GKV, die 1958 0,66, 1992 hingegen bereits 1,8 betrug. Diesen Wert, der in erster Linie auf den medizinisch-technischen Fortschritt zur Behandlung älterer Patienten im stationären Sektor zurückzuführen ist, extrapoliert er bis in das Jahr 2030 und kombiniert ihn dann mit der soeben genannten, demographischen Einflussgröße (vgl. Knappe (1995), S. 25 f. und 32).

45 Die zusätzlichen 1% werden auf die Tatsache zurückgeführt, dass die GKV-Leistungsausgaben gemäß Breyer und Ulrich (2000) um einen Prozentpunkt stärker ansteigen als der allgemeine Produktivitätsfortschritt (vgl. Fetzer, Raffelhüschen (2005), S. 264, Fußnote 11).

46 Siehe Fetzer, Raffelhüschen (2005), S. 263-265.

47 Siehe Schulz, Leidl, König (2001), S. 68.

liche Zunahme chronischer Erkrankungen und somit auch einen deutlichen Mehrbedarf an Rehabilitationsleistungen zur Folge hat.

Tatsächlich werden die Ergebnisse in Abschnitt 8 zeigen, dass sich auch in der medizinischen Rehabilitation Ausgabenversteilerungen nachweisen lassen. Dies bedeutet, dass auch in der medizinischen Rehabilitation die Ausgaben für ältere Versichertengruppen über den Zeitablauf schneller gestiegen sind als für jüngere Versicherte. Buchner wählt in diesem Zusammenhang eine Methodik der GKV-Beitragssatzprojektion, welche nachfolgend analog auch für die Hochrechnung der Entwicklung von Rehabilitationsleistungen angewandt werden kann. Hierbei werden Veränderungen in den Pro-Kopf-Ausgaben einzelner Altersgruppen identifiziert, bis zum Enddatum der geplanten Hochrechnung linear fortgeschrieben und mit der zu diesem Zeitpunkt erwarteten veränderten altersspezifischen Zusammensetzung der deutschen Bevölkerungsstruktur verknüpft. Mittels dieser Form der Hochrechnung ermittelt Buchner unter ceteris paribus-Bedingungen bis 2040 eine Erhöhung des GKV-Beitragssatzes auf 26%[48].

Die in den vorangegangenen beiden Abschnitten vorgestellten Methoden zur GKV-Beitragssatzhochrechnung erheben an dieser Stelle bei Weitem keinen Anspruch auf Vollständigkeit. Da die GKV-Thematik lediglich Parallelen zu einer Hochrechnung von Rehabilitationsleistungen aufweist, wurde im Rahmen der vorliegenden Arbeit vielmehr auf eine Detailanalyse einzelner GKV-Beitragssatzhochrechnungen verzichtet[49]. Wichtig ist jedoch festzuhalten, dass die hier vorgestellten Ergebnisse der Autoren Knappe, Breyer und Ulrich sowie Buchner ähnlich hoch ausfallen. Die unterschiedlichen Resultate dürften demzufolge weniger auf ein „richtig“ oder „falsch“ einzelner Rechenmethoden, sondern vielmehr auf Unterschiede in der den Modellen zugrunde liegenden Annahmen zurückzuführen sein. Von Relevanz sind hierbei zum einen verschieden gestaltete Hochrechnungen aufgrund unterschiedlich langer Bezugszeiträume mit variierenden Ausgangswerten. Nicht zu vernachlässigen sind andererseits auch die Unterschiede in den Basisannahmen der jeweils angewandten Bevölkerungsvorausberechnungen.

Letztendlich wird es bei der Hochrechnung von Rehabilitationsbehandlungsleistungen somit vor allem wichtig sein, ein verlässliches und vor allem aktuelles Modell zur Bevölkerungsvorausberechnung heranzuziehen. Eine solche aktuelle Modellstruktur liegt derzeit (Stand 2007) mit der 11. koordinierten Bevölkerungsvorausberechnung des Statistischen Bundesamts vor, welche im nachfolgenden Abschnitt 7.2 näher vorgestellt werden soll.

---

48 Vgl. Buchner (2002), S. 156 f. Befürworter der Kompressionsthese warnen im Hinblick auf GKV-Ausgaben vor einer „naiven“ Hochrechnung, falls diese ausschließlich auf Basis der Entwicklung der Alters- und Geschlechtsverteilung einer Bevölkerung durchgeführt wird. Da auf diese Weise rückläufige Sterberaten und demzufolge auch rückläufige Sterbekosten außer Acht gelassen werden, wird z.B. der isolierte Demographieeffekt auf die Schweizer Pro-Kopf-Ausgaben im Jahr 2006 in einer solchen naiven Hochrechnung bis 2040 um 13,7% überschätzt. Mit Modellierung des medizinisch-technischen Fortschritts reduziert sich dieser Fehlerterm zwar, bleibt jedoch mit 5% weiterhin bestehen (vgl. Felder (2006), S. 68 f., insbesondere Tabelle 4). Im Bereich Rehabilitation kann dieser Aspekt jedoch außer Acht gelassen werden, da medizinische Rehabilitationsleistungen, wie eingangs bereits erwähnt, in keinem direkten Zusammenhang mit den Sterbekosten stehen. Ein möglicher Kompressionseffekt muss somit nicht mit berücksichtigt werden.

49 Eine solche Detailanalyse findet sich u.a. in Buchner (2002), S. 188-197, da Einzelergebnisse für die Forschungsarbeit in diesem Fall von direkter Relevanz waren. Siehe insbesondere Tabelle 23 auf S. 194 f.

7.2 Die 11. koordinierte Bevölkerungsvorausberechnung als Grundlage für eine Hochrechnung medizinischer Rehabilitationsbehandlungsleistungen

Abschnitt 7.1 und die Diskussion möglicher Einflussfaktoren auf die Entwicklung medizinischer Rehabilitationsbehandlungsleistungen bildeten eine erste Grundlage für entsprechende Hochrechnungen. Ein zweiter wesentlicher Bestandteil ist die Bezugnahme auf eine statistische Vorausberechnung zur Beschreibung zukünftiger demographischer Veränderungen in Deutschland. Im November 2006 wurden die Ergebnisse der 11. koordinierten Bevölkerungsvorausberechnung des Statistischen Bundesamts vorgestellt, welche die Grundlage der nachfolgenden Hochrechnungen darstellt.

Die 11. koordinierte Bevölkerungsvorausberechnung des Statistischen Bundesamts besteht aus individuellen Zukunftsschätzungen auf Länderebene, welche letztendlich auf Bundesebene zusammengeführt wurden[50]. Bevölkerungsvorausberechnungen, welche sich auch als „Bilanzierung im Rahmen einer gemeindeweise Bevölkerungsfortschreibung"[51] bezeichnen lassen, werden in Deutschland seit etwa 50 Jahren in unregelmäßigen Abständen durchgeführt. Mit Beginn der 11. koordinierten Bevölkerungsvorausberechnung sollen sie künftig regelmäßig alle drei Jahre wiederholt werden[52].

Auf den folgenden Seiten wird die 11. koordinierte Bevölkerungsvorausberechnung des Statistischen Bundesamts in ihren Grundzügen vorgestellt (vgl. Abschnitt 7.2.1) und in Abschnitt 7.2.2 hinsichtlich einzelner Annahmen näher erörtert. Je nach Kombination einzelner Annahmen entstehen unterschiedliche Varianten der Bevölkerungsvorausberechnung, die in Abschnitt 7.2.3 aufgeführt sind. Diese bilden die Grundlage der nachfolgenden Hochrechnungen von Rehabilitationsfallzahlen und Rehabilitationsausgaben in Abschnitt 8.

Je nach Variante der 11. koordinierten Bevölkerungsvorausberechnung ergeben sich Unterschiede im Hinblick auf Veränderungen in der absoluten Bevölkerungszahl (Abschnitt 7.2.4) sowie dem spezifischen Altersaufbau der deutschen Bevölkerung (siehe Abschnitt 7.2.5), beides mit direkter Relevanz für die Entwicklung medizinischer Rehabilitationsbehandlungsleistungen.

7.2.1 Die 11. koordinierte Bevölkerungsvorausberechnung des Statistischen Bundesamts

Die aktuellen Vorausberechnungen des Statistischen Bundesamts basieren auf dem deutschen Bevölkerungsstand mit Stichtag 31.12.2005. Die Bevölkerungshochrechnungen, welche sich auf den Zeitraum zwischen 2006 und 2050 erstrecken, enthalten mehrere Varianten hinsichtlich der entscheidenden demographischen Einflussfaktoren Geburtenhäufigkeit, Lebenserwartung und Bevölkerungswanderungen.

Angesichts der nachfolgenden Hochrechnungen von Leistungen zur medizinischen Rehabilitation in Abschnitt 8, wird in diesem Abschnitt nur am Rande auf Annahmen hinsichtlich der Geburtenhäufigkeit eingegangen (vgl. Abschnitt 7.2.2.1). Da 40- bis 45-jährige Versicherte verhältnismäßig selten Rehabilitationsbehandlungsleistungen in Anspruch nehmen, werden Variationen dieser Annahme bis 2050 keinen nachhaltigen Einfluss auf die Entwicklung entsprechender Leistungen haben. Entscheidend für die

50 Vgl. Radermacher (2006), S. 1.

51 Siehe Grobecker, Krack-Roberg, Sommer (2007), S. 45.

52 Vgl. Walzik (2006), S. 243 f.

Entwicklung von Rehabilitationsfallzahlen und Rehabilitationsausgaben sind vielmehr die Annahmen bezüglich der Lebenserwartung und der Bevölkerungswanderungen, welche in den Abschnitten 7.2.2.2 und 7.2.2.3 daher eingehender diskutiert werden sollen.

An dieser Stelle ist zu berücksichtigen, dass Bevölkerungsvorausberechnungen immer nur Modellcharakter besitzen. Aufgrund der Unsicherheit zukünftiger Entwicklungen soll demnach auch nicht von einer Prognose, sondern bewusst von einer Hochrechnung unter gegenwärtigen Bedingungen gesprochen werden[53]. Dies gilt insbesondere mit zunehmendem Abstand vom Ausgangsjahr der Berechnungen. Einzelne Annahmen, basierend auf dem aktuellen Ist-Zustand, müssen zu einem späteren Zeitpunkt angesichts neuester Entwicklungen in der Regel revidiert und die Berechnungen entsprechend angepasst werden. Bei den vorgestellten Hochrechnungen handelt es sich demnach weniger um Zukunftsvorhersagen, sondern vielmehr um Fortschreibungen unter bestimmten Annahmen im Sinne einer ceteris paribus-Betrachtung, d.h. bei unveränderten Ausgangsbedingungen. Diese Relativierung ist auch vor dem Hintergrund von Bedeutung, dass selbst renommierte Demographen den Modellcharakter ihrer Hochrechnungen oftmals übersehen und die vorhergesagte Entwicklung dann zum Teil als eine unabwendbare Tatsache darstellen[54]. Betrachtet man beispielsweise die 10. koordinierte Bevölkerungsvorausberechnung, so wurde eine für das Jahr 2010 vorausgesagte Geburtenentwicklung von unter 700.000 Geburten pro Jahr bereits im Jahr 2005 erreicht. Seit 2003 lagen auch die Wanderungssalden deutlich unter den vorausgesagten Werten. Ein ab 2012 erwarteter Rückgang der deutschen Bevölkerung ist daher bereits im Jahr 2003 eingetreten[55]. Im Zusammenhang mit der nachfolgenden Hochrechnung medizinischer Rehabilitationsbehandlungsleistungen lässt sich mit Blick auf vergangene Bevölkerungsvorausberechnungen zudem konstatieren, dass sich die Lebenserwartung der deutschen Bevölkerung in der Vergangenheit deutlicher erhöht hat als in den Vorausberechnungen vorhergesagt wurde[56]. Eine weitere Ungenauigkeit besteht in der Tatsache, dass die nachfolgend vorgestellte 11. koordinierte Bevölkerungsvorausberechnung auf Volkszählungen aus den Jahren 1987 (früheres Bundesgebiet) bzw. 1981 (ehemalige DDR) basiert. Hierdurch ist eine Überhöhung der aktuellen Bevölkerungszahl von bis zu einer Million Bundesbürgern denkbar, eine Justierung ist zudem erst mittels eines 2010/2011 geplanten Zensus möglich[57]. Dennoch liegen mit der 11. koordinierten Bevölkerungsvorausberechnung aktuelle Hochrechnungen vor, die allgemeine Trends in der deutschen Bevölkerungsentwicklung erkennen lassen und demnach auch für eine Hochrechnung medizinischer Rehabilitationsleistungen verwendbar sind.

In Abschnitt 8 erfolgt eine Verknüpfung der geschätzten Bevölkerungsentwicklung mit Daten zur Inanspruchnahme medizinischer Rehabilitationsleistungen. Mit der Kombination der beiden Datensätze (d.h. Bevölkerungs- und Rehabilitationsdaten) steigt gleichzeitig auch die Zahl der unbekannten Einflussgrößen. Letztere umfassen unter Hinzunahme von Rehabilitationsdaten sowohl mögliche gesundheitspolitische Einflussfaktoren als auch Veränderungen in den Antragsbewilligungen der Kostenträger. Demnach kann in Abschnitt 8 ebenfalls lediglich von Schätzungen der Rehabilitations-

---

53 Siehe auch Knappe, Rubart (2001), S. 107.

54 Vgl. Walzik (2006), S. 245 und 251 sowie Heim, Schaz (1996), S. 12, mit einem Zitat des britischen Demographen David Eversley.

55 Siehe Grünheid (2007), S. 8 f.

56 Siehe Bretz (2001), S. 916 sowie Schaubild 9 auf S. 912.

57 Vgl. Statistisches Bundesamt (2006^2), S. 1 sowie Walzik (2006), S. 245.

fallzahlen und Rehabilitationsausgaben gesprochen werden. Trotz existierender Ungenauigkeiten ermöglichen die Hochrechnungen in Abschnitt 8, zu erwartende zukünftige Trends aufzuzeigen und Handlungsempfehlungen hinsichtlich der Weiterentwicklung der medizinischen Rehabilitation zu formulieren.

7.2.2 Einzelne Annahmen der 11. koordinierten Bevölkerungsvorausberechnung

7.2.2.1 Annahmen zur zukünftigen Geburtenhäufigkeit in Deutschland

Die Ergebnisse in Abschnitt 2 haben gezeigt, dass die Inanspruchnahmerate medizinischer Rehabilitationsleistungen je 100.000 Einwohner unter Kindern und Jugendlichen gegenüber Personen in der Altersgruppe über 50 vergleichsweise niedrig ist. Bis 2050, den Prognosezeitraum medizinischer Rehabilitationsleistungen, haben Änderungen der Geburtenhäufigkeit im Wesentlichen Auswirkungen auf den Bereich Mutter-Kind-Kuren sowie den Bereich der Kinder- und Jugendpsychiatrie. Gemäß einer mittleren Variante der 11. koordinierten Bevölkerungsvorausberechnung wird die gegenwärtige Situation im altersspezifischen Geburtenverhalten deutscher Frauen bis 2025 fortgeschrieben. Dies führt zu einem Anstieg der Geburtenrate auf durchschnittlich knapp 1,4 Kinder pro Frau, welche sich in der mittleren Variante ab 2026 auf diesem Niveau stabilisiert. Weitere Varianten eines leichten Anstiegs der Geburtenrate auf 1,6 Kinder pro Frau bis 2025, bzw. eines sukzessiven Rückgangs auf 1,2 Kinder pro Frau bis 2050[58] mögen für andere sozioökonomische Fragestellungen durchaus von Relevanz sein. Angesichts der Zielsetzung dieser Arbeit erscheint es jedoch nicht sinnvoll, sie in den nachfolgenden Hochrechnungen zu berücksichtigen. Somit stützen sich die Hochrechnungen in Abschnitt 8 auf die mittlere Annahme einer annähernd unveränderten Geburtenhäufigkeit von 1,4 Kindern pro Frau.

Diese Annahme lässt sich zudem im Wesentlichen mittels des stabilen Trends der Geburtenzahlen des früheren Bundesgebiets der letzten 30 Jahre rechtfertigen. Da sich die Geburtenrate in den ostdeutschen Bundesländern und Berlin-Ost in den vergangenen Jahren den westdeutschen Verhältnissen angenähert hat[59], wird ab 2013 von einer gleich hohen Geburtenrate zwischen den beiden Bundesgebieten ausgegangen[60].

Hinsichtlich möglicher Entwicklungen medizinischer Rehabilitationsbehandlungsleistungen bis 2050 sind weniger die Annahmen bezüglich des künftigen Geburtenverhaltens, sondern vielmehr die zusammengefassten Geburtenziffern vergangener Jahrzehnte ausschlaggebend. Angesichts der besonders hohen Inanspruchnahmeraten von Rehabilitationsleistungen je 100.000 Einwohner zwischen 55 und 80 Jahren sind dies in Bezug auf die nachfolgenden Hochrechnungen in Abschnitt 8 beispielsweise mit Blick auf das Jahr 2030 die Geburtsjahrgänge zwischen 1950 und 1975. In Abbildung 74 findet sich somit für die kommenden Jahre der erste Hinweis auf einen künftigen deutlichen Mehrbedarf an medizinischen Rehabilitationsleistungen, da die Geburtenziffern in diesen Jahren vergleichsweise hoch waren[61].

58 Siehe Statistisches Bundesamt (2006^2), S. 9-11.

59 Vgl. Statistisches Bundesamt (2006^2), S. 4-5, vor allem Schaubild 1 sowie Grünheid (2006), S. 38 und S. 40, Abbildung 14A.

60 Grundlage der festgelegten Zielwerte bildet eine Fortschreibung der Entwicklung der durchschnittlichen Kinderzahl pro Frau zwischen 15 und 49 Jahren (vgl. Statistisches Bundesamt (2006^2), S. 8 f.). Veränderungen im durchschnittlichen Gebäralter wurden in dieser Prognose implizit mit berücksichtigt (siehe hierzu Erläuterungen auf den Seiten 3-4).

61 Vgl. hierzu auch die nachfolgende Bevölkerungspyramide in Abschnitt 7.2.5.

Abb. 74: Zusammengefasste Geburtenziffer bis zum Jahr 2050 gemäß der 11. koordinierten Bevölkerungsvorausberechnung des Statistischen Bundesamts

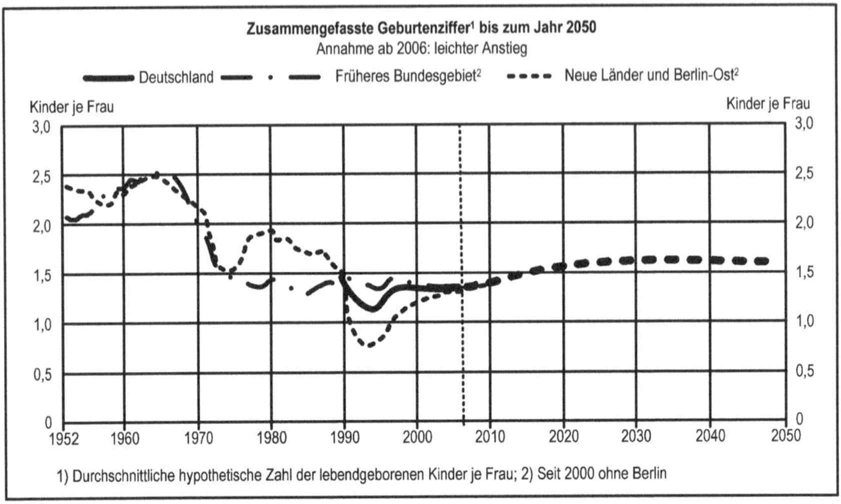

Quelle: nach Statistisches Bundesamt (2006^2), S. 9, Schaubild 3

7.2.2.2 Entwicklung der Lebenserwartung in Deutschland

Gemäß den Ergebnissen in Abschnitt 2 stellen vor allem ältere Menschen unter den Rehabilitanden eine bedeutende Teilgruppe dar. Durch eine mögliche Stärkung des Grundsatzes „Rehabilitation vor Pflege“ würde sich die Bedeutung dieser Gruppe zudem weiter erhöhen. Aus diesem Grund bilden Annahmen zur künftigen Lebenserwartung im Rahmen der 11. koordinierten Bevölkerungsvorausberechnung einen zentralen Bestandteil für die nachfolgende Hochrechnung von Rehabilitationsbehandlungsleistungen.

7.2.2.2.1 Die bisherige Entwicklung der deutschen Lebenserwartung

Fortschritte in der medizinischen Versorgung, der Hygiene, der Ernährung und der Wohnsituation, verbesserte Arbeitsbedingungen und gestiegener materieller Wohlstand haben dazu geführt, dass die Lebenserwartung der deutschen Bevölkerung bei Geburt über die letzten 130 Jahre deutlich gestiegen ist. Demnach betrug die Lebenserwartung von Jungen bei Geburt zwischen 1871 und 1881 durchschnittlich 35,6 Jahre, zwischen 2002 und 2004 war sie mit durchschnittlich 75,9 Jahren mehr als doppelt so hoch. Ähnlich verhielt es sich bei den Mädchen mit 38,4 Jahren (1871-1881) und 81,5 Jahren (2002-2004)[62]. Unter anderem lag die Wahrscheinlichkeit eines männlichen Neugeborenen, mindestens 80 Jahre alt zu werden, Anfang des 20. Jahrhunderts bei 5%. Heute, d.h. etwa einhundert Jahre später, liegt sie neunmal höher bei 45% (6,5% versus 65% bei neugeborenen Mädchen)[63].

Im Verlauf vor allem der ersten Hälfte des 20. Jahrhunderts war primär die rückläufige Säuglings- und Kindersterblichkeit, bedingt durch die zunehmend erfolgreiche Be-

62 Siehe Statistisches Bundesamt (2006^2), S. 12, Tabelle 2.

63 Vgl. Felder (2006), S. 50 f.

kämpfung von Infektionskrankheiten, für die Verlängerung der durchschnittlichen Lebenserwartung verantwortlich[64]. In der modernen Gesellschaft verringert sich die Sterblichkeit hingegen vor allem im mittleren und höheren Lebensalter. Diese Abnahme beruht in erster Linie auf Fortschritten in der Medizin bei der Bekämpfung von Herz- und Kreislauferkrankungen[65].

Die Zunahme der deutschen Lebenserwartung ist in den 50er und 60er Jahren vergleichsweise moderat ausgefallen, was neben einer verlangsamten Reduktion der Säuglingssterblichkeit möglicherweise auf Gesundheitsschäden aus dem Zweiten Weltkrieg sowie eine außergewöhnlich starke Grippewelle zum Jahreswechsel 1969-1970 zurückzuführen ist. Seit 1970-1972 ist die durchschnittliche Lebenserwartung bei Geburt im früheren Bundesgebiet hingegen deutlich gestiegen, bei Jungen bis 2002-2004 um 8,5 Jahre und bei Mädchen um 7,7 Jahre.

Abbildungen 75 und 76 zeigen die Entwicklung der Lebenserwartung neugeborener Jungen und Mädchen bzw. die Entwicklung der ferneren Lebenserwartung 60-jähriger Männer und Frauen. Aufgrund der Überwindung vorangegangener Lebensrisiken war letztere bereits Ende des 19. Jahrhunderts verhältnismäßig hoch. In den darauf folgenden hundert Jahren ist die Lebenserwartung der 60-jährigen jedoch noch einmal deutlich – unter den Frauen sogar kontinuierlich – gestiegen.

Aufgrund dieser steigenden Lebenserwartung ist die heutige ältere Generation zahlenmäßig größer als alle älteren Generationen zuvor. Der Anstieg der Lebenserwartung hat erhebliche Auswirkungen auf die Altersstruktur der deutschen Bevölkerung, mit direkten Konsequenzen für die künftige Inanspruchnahme medizinischer Rehabilitationsbehandlungsleistungen.

---

64 Demnach starben im Jahr 2005 durchschnittlich nur noch 3,9 von 1.000 Kindern, bevor sie ihr erstes Lebensjahr erreicht hatten. 2004 waren es 4,1, im Jahr 2000 4,4 gestorbene Säuglinge (vgl. Grobecker, Krack-Roberg, Sommer (2007), S. 46 sowie Grünheid (2006), S. 56 f.).

65 Vgl. u.a. Buttler (2003), S. 91, Klein (2002), S. 385 sowie Birg, Flöthmann (2002), S. 389. In den 80er Jahren trug der Rückgang der Sterblichkeit bei Herz-Kreislauferkrankungen gut ein Drittel, in den 90er Jahren sogar 45% zu der Gesamtzahl an gewonnenen Lebensjahren bei. Letztere Statistik ist allerdings in ihrer Höhe teils auf einen Nachholeffekt in Ostdeutschland zurückzuführen (vgl. Felder (2006), S. 53 f., insbesondere Tabelle 2 auf S. 54 sowie Abbildung 3 auf S. 64). Vgl. zudem Felder (2006), S. 63, für genauere Angaben zu den Entwicklungen in der kardiologischen Akutmedizin.

Abb. 75: Entwicklung der Lebenserwartung bei Geburt seit 1871

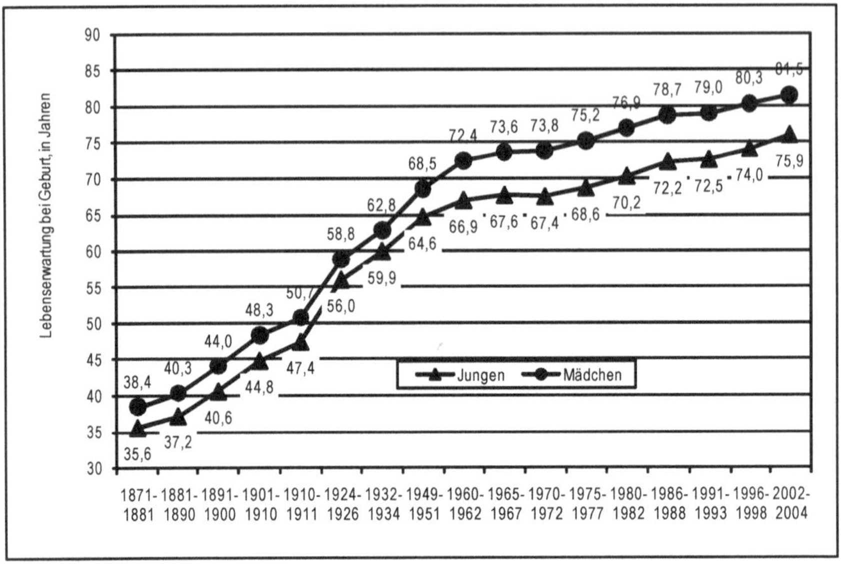

Abb. 76: Entwicklung der ferneren Lebenserwartung der 60-jährigen Bevölkerung seit 1871

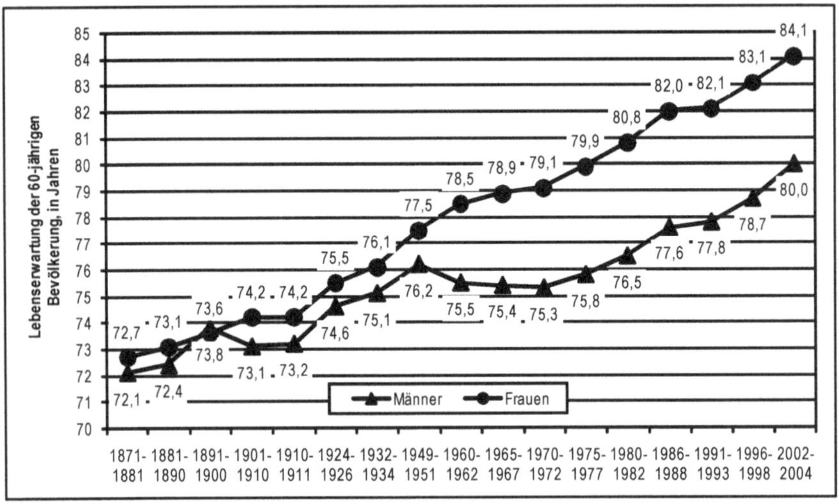

Quelle: Statistisches Bundesamt (2006[2]), S. 13 f., Schaubilder 6 und 7. Werte gelten für folgende Gebietsstände: 1871-81 bis 1932-34: Deutsches Reich, 1949-51 bis 1986-88: früheres Bundesgebiet, ab 1991-93: Deutschland

7.2.2.2.2 Annahmen zur zukünftigen Entwicklung der deutschen Lebenserwartung

Im Rahmen von Bevölkerungsvorausberechnungen erfolgt bei der geschätzten Entwicklung der zukünftigen Lebenserwartung eine „differenzierte Modellierung des zukünftigen Verlaufs der alters- und geschlechtsspezifischen Sterbe- und Überlebenswahrscheinlichkeiten" in Form einer Querschnittsbetrachtung aller Verstorbenen über einen bestimmten, vorangegangenen Beobachtungszeitraum[66]. Die Lebenserwartung wird hierbei stets für einen Dreijahreszeitraum ermittelt, um auf diese Weise den Einfluss zufälliger Schwankungen zu minimieren[67].

Auch in Zukunft ist anzunehmen, dass verbesserte Lebensumstände, bedingt durch Verbesserungen in der medizinischen und sozialen Versorgung der Bevölkerung, zu einem Anstieg der Lebenserwartung führen werden. Da eine Verringerung der Säuglingssterblichkeit jedoch keine nennenswerten Reserven mehr für eine Erhöhung der Lebenserwartung beinhaltet, dürfte der Anstieg der Lebenserwartung langsamer ausfallen als in vergangenen Jahren[68]. Für einen weiteren Anstieg der durchschnittlichen deutschen Lebenserwartung spricht, dass Deutschland in einem internationalen Vergleich mit anderen Industrieländern diesbezüglich derzeit lediglich im Mittelfeld liegt. In Japan beispielsweise lag die durchschnittliche Lebenserwartung 2003 bei neugeborenen Jungen bei 77,6 Jahren und bei neugeborenen Mädchen bei 83,4 Jahren. Diese Werte fielen 1,7 bzw. 2,8 Jahre höher aus als die entsprechende Lebenserwartung in Deutschland[69].

Gemäß den vorangegangenen Erläuterungen sind primär die höheren Altersgruppen für den künftigen Anstieg der Lebenserwartung verantwortlich. Konkret wurde hierzu das Sterberisiko für Männer und Frauen vom Statistischen Bundesamt in jeder einzelnen Altersstufe untersucht, wobei bei der Bestimmung von Verbesserungspotentialen zwischen langfristigen Trends seit 1871 und kurzfristigen Veränderungen seit 1970 unterschieden wurde.

Der kurzfristige Trend berücksichtigt Veränderungen in den altersgruppenspezifischen Sterbetafeln seit dem Jahr 1970. Das Sterberisiko der über 60-Jährigen hat sich, wie eingangs erwähnt, in den letzten Jahren vor allem durch den medizinisch-technischen Fortschritt zur Behandlung von Krankheiten des Herz-Kreislaufsystems, der häufigsten Todesursache in den höheren Altersgruppen, deutlich reduziert. So konnte der prozentuale Anteil an Todesfällen durch Herz-Kreislauferkrankungen unter den 60- bis 90-Jährigen seit 1980 um mehr als die Hälfte verringert werden.

Hinsichtlich der Bevölkerungsvorausberechnung stellt sich letztendlich die Frage, ob sich die Reduktion des Sterberisikos in den höheren Altersgruppen unvermindert fortsetzen oder ob sich dieser Trend in den kommenden Jahren verlangsamen wird. Hierbei ist zu berücksichtigen, dass der medizinisch-technische Fortschritt auch ein Ge-

---

66 Siehe Grobecker, Krack-Roberg, Sommer (2007), S. 47, Birg, Flöthmann (2002), S. 392 f., Dinkel (2002), S. 400-405 sowie Statistisches Bundesamt (2006^2), S. 12-14 für die nachfolgenden Annahmen.

67 Vgl. Grobecker, Krack-Roberg, Sommer (2007), S. 46.

68 Würde das heute geltende Sterberisiko der deutschen Bevölkerung unter 30 Jahren beispielsweise auf den Wert null sinken, so würde sich die Lebenserwartung deutscher Männer nur um ca. ein Jahr und das der deutschen Frauen um weniger als ein Jahr erhöhen (vgl. Statistisches Bundesamt (2006^2), S. 16).

69 Vgl. Statistisches Bundesamt (2006^2), S. 15, Tabelle 3 sowie entsprechende Hinweise in Buttler (2002), S. 91.

gengewicht zu bestimmten lebensverkürzenden Effekten wie z.B. einer Zunahme des Übergewichts in der Bevölkerung darstellt[70].

Das Statistische Bundesamt trifft in seiner 11. Bevölkerungsvorausberechnung hierzu zwei Annahmen:

(1) Die Grundlage der *Basisannahme zur Lebenserwartung* (*L1*) bildet eine Kombination aus der kurzfristigen Trendentwicklung seit 1970 und der langfristigen Trendentwicklung seit 1871. Die Ergebnisse dieser Basisannahme sind eine Lebenserwartung von 83,5 Jahren bei den 2050 geborenen Jungen sowie von 88,0 Jahren bei den 2050 geborenen Mädchen.

(2) Für die Annahme eines *hohen Anstiegs der Lebenserwartung* (*L2*) wird lediglich die kurzfristige Trendentwicklung in den Sterberisiken seit 1970 herangezogen und die langfristige Entwicklung seit 1871 demnach außer Acht gelassen. Hieraus resultiert eine Lebenserwartung der Geburtsjahrgänge 2050 von 85,4 Jahren unter den neugeborenen Jungen und 89,8 Jahren unter den neugeborenen Mädchen, welche gegenüber Annahme L1 noch einmal deutlich höher ausfällt.

Tabellen 16 und 17 dokumentieren die Rahmendaten der beiden Annahmen zur Lebenserwartung, L1 und L2. Vor allem ist hierbei auch ein Trend hin zur Verkürzung des Abstands in der Lebenserwartung zwischen Männern und Frauen zu beobachten. Neben einem allmählichen Aussterben von Männerjahrgängen mit Gesundheitsschäden aus dem Krieg ist dies in erster Linie auf die Angleichung gesundheitsrelevanter Verhaltensweisen zwischen Männern und Frauen zurückzuführen[71].

Tab. 16: Lebenserwartung bei Geburt gemäß 11. koordinierter Bevölkerungsvorausberechnung des Statistischen Bundesamts

	2002/2004 D	**2002/2004 West ***	**2002/2004 Ost ***	**2050 Basisannahme (L1)**	**2050 Annahme mit hohem Anstieg (L2)**
Männer	75,9	76,2	74,7	83,5 (+7,6)	85,4 (+9,5)
Frauen	81,5	81,6	81,3	88,0 (+6,5)	89,8 (+8,3)
Geschlechterdifferenz	5,6	5,4	6,6	4,5 (-1,1)	4,4 (-1,2)

Tab. 17: Fernere Lebenserwartung im Alter von 60 Jahren gemäß 11. koordinierter Bevölkerungsvorausberechnung des Statistischen Bundesamts

	2002/2004 D	**2002/2004 West ***	**2002/2004 Ost ***	**2050 Basisannahme (L1)**	**2050 Annahme mit hohem Anstieg (L2)**
Männer	20,0	20,2	19,4	25,3 (+5,3)	27,2 (+7,2)
Frauen	24,1	24,2	23,7	29,1 (+5,0)	30,9 (+6,8)
Geschlechterdifferenz	4,1	4,0	4,3	3,8 (-0,3)	3,7 (-0,4)

* früheres Bundesgebiet und neue Bundesländer, jeweils ohne Berlin

Quelle: Statistisches Bundesamt (2006²), S. 17

Abbildung 77 präsentiert die vorausberechnete Entwicklung der Lebenserwartung bei Geburt gemäß 11. koordinierter Bevölkerungsvorausberechnung zwischen 2006 und

70 Siehe Schwing (2005²) sowie die nachfolgende Diskussion in Abschnitt 7.2.2.2.3.

71 Vgl. Statistisches Bundesamt (2006²), S. 16.

2050 noch einmal in grafischer Form. Hierbei gelten spezielle Annahmen bezüglich des Angleichungsprozesses in der Lebenserwartung zwischen dem früheren Bundesgebiet und den neuen Bundesländern, welcher bei den Frauen im Jahr 2010 und bei den Männern im Jahr 2025 abgeschlossen sein wird[72]. Entsprechende Annahmen sind auf Beobachtungen im Laufe der 90er Jahre zurückzuführen. Diesen zufolge ist die durchschnittliche Lebenserwartung im früheren Bundesgebiet zwar weiterhin höher als in den neuen Bundesländern, doch hat sich der Unterschied zwischen 1991/1993 und 1997/1999 bereits erheblich reduziert[73].

Abb. 77: Lebenserwartung bei Geburt bis 2050: ab 2006 Annahmen der 11. koordinierten Bevölkerungsvorausberechnung*

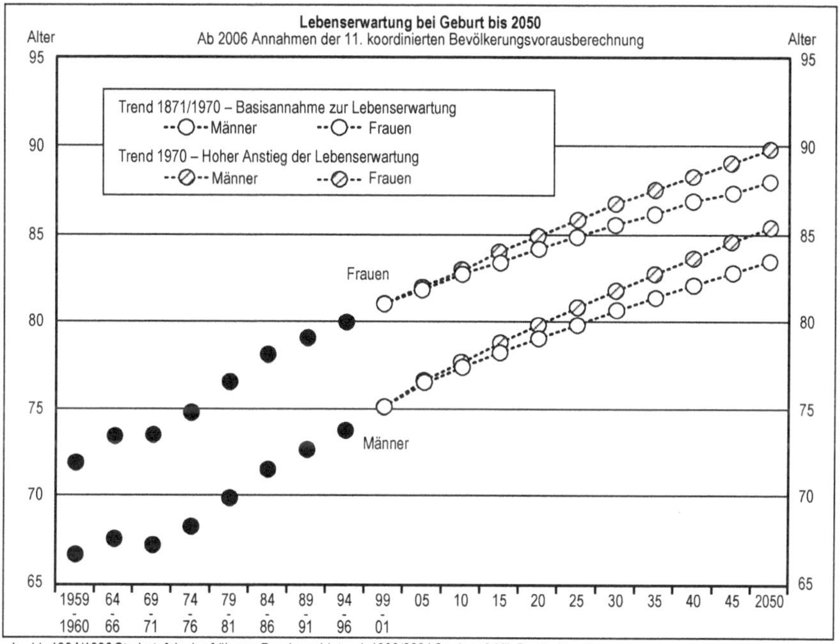

* bis 1994/1996 Sterbetafeln des früheren Bundesgebiets, ab 1999/2001 Sterbetafel für Deutschland

Quelle: nach Statistisches Bundesamt (2006²), Schaubild 8, S. 18

72 Vgl. Statistisches Bundesamt (2006²), S. 18.

73 Siehe Grünheid (2006), S. 59 und Sommer (2002), S. 406-411, insbesondere Tabelle 1 auf S. 409. Am Rande sei darauf hingewiesen, dass die Gründe für die Unterschiede in der Lebenserwartung zwischen den alten und neuen Bundesländern nicht eindeutig geklärt sind. Klimatische Einflüsse scheiden aufgrund erheblicher Unterschiede zwischen Mecklenburg-Vorpommern und Schleswig-Holstein ebenso aus wie mögliche Umweltbelastungen. Letztere waren in der ehemaligen DDR im Fall Mecklenburg-Vorpommerns noch am geringsten, welches jedoch gleichzeitig auch die geringste Lebenserwartung aufweist. Unerklärte Unterschiede in der durchschnittlichen Lebenserwartung innerhalb einzelner Bundesländer sind im Übrigen selbst auf Landkreisebene auffällig (vgl. Buttler (2003), S. 92 f. sowie Neubauer, Birkner u.a. (1988), S. 117-122, insbesondere Tabellen 23 und 24 auf S. 118 f., mit einem Vergleich der Gesamtsterblichkeit bayerischer Städte, Verdichtungsräume und übriger Räume).

7.2.2.2.3 Anmerkungen zu den vorausberechneten Trends in der künftigen Lebenserwartung

Nachfolgend werden weitere Hintergründe zu den Vorausberechnungen zukünftiger Trends in der Lebenserwartung aufgezeigt und näher diskutiert.

In der Vergangenheit wurden die tendenziell eher konservativen Annahmen des Statistischen Bundesamts in Bezug auf die künftige Entwicklung der Lebenserwartung oftmals kritisiert. Angesichts der Tatsache, dass an den Berechnungen des Statistischen Bundesamts auch Vertreter aus Bund und Ländern beteiligt sind, wurde hierbei auf mögliche politische Einflüsse bei der Ergebniserstellung hingewiesen. Diesbezüglich wurde argumentiert, dass andere Forschungsinstitute wie z.B. das Deutsche Institut für Wirtschaftsforschung (DIW) in Berlin oder das Institut für Bevölkerungsforschung in Bielefeld in der Vergangenheit von deutlich höheren Lebenserwartungen ausgegangen waren[74]. Die Annahmen des Statistischen Bundesamts haben sich mit der jüngsten, d.h. 11. koordinierten Bevölkerungsvorausberechung jedoch den Annahmen dieser Forschungsinstitute tendenziell angenähert.

Auffallend ist ein Trend vergangener Bevölkerungsvorausberechnungen, die Entwicklung in der Lebenserwartung tendenziell unterschätzt zu haben, so dass einzelne Annahmen im Licht neuer Erkenntnisse stets revidiert, d.h. nach oben angepasst werden mussten[75]. Interessant ist in diesem Zusammenhang vor allem auch eine Schätzung des Max-Planck-Instituts für Bevölkerungsforschung in Rostock. Dieses betrachtet die weltweite Rekord-Lebenserwartung, welche in der Vergangenheit vorwiegend in den Ländern Norwegen, Japan und Neuseeland dokumentiert wurde. Auffallend ist, dass der Anstieg der Rekord-Lebenserwartung seit 160 Jahren linear verläuft. Unter der Annahme einer Fortschreibung dieses linearen Trends sowie vor dem Hintergrund, dass Deutschland zu der Spitzengruppe mit der weltweit höchsten Lebenserwartung aufschließt, kommt das Max-Planck-Institut in Rostock unter anderem zu dem Schluss, dass 2060 geborene Mädchen im Schnitt älter als 100 Jahre werden könnten. Tatsächlich existieren derzeit keine gesicherten Erkenntnisse in Bezug auf eine Obergrenze bei der menschlichen Lebenserwartung. Wo genau eine solche Obergrenze gegebenenfalls liegt bzw. ob und inwieweit diese verschiebbar ist, bleibt daher eine offene Fragestellung. Eine Tendenz, diese Altersgrenze von Zeit zu Zeit nach hinten zu verschieben, hat sich in vergangenen Jahren unter Altersbiologen jedoch verstärkt beobachten lassen[76]. Vor diesem Hintergrund kann man zu der Auffassung gelangen, dass die Entwicklung der Lebenserwartung auch in der 11. koordinierten Bevölkerungsvorausberechnung des Statistischen Bundesamts eventuell unterschätzt worden ist.

Ein gewichtiges Gegenargument könnte jedoch auf dem Hinweis beobachtbarer Lebensstilveränderungen in der deutschen Bevölkerung basieren. So existieren Anzeichen, dass jüngere Generationen zunehmend kränker sind als frühere Generationen gleichen Alters. Unter anderem leiden immer mehr Jugendliche an Adipositas, Essstörungen, kardiologischen Krankheiten, Stoffwechselerkrankungen und Diabetes mellitus. Manche Mediziner sehen hierin erste Anhaltspunkte, dass sich der Trend der steigenden Lebenserwartung abschwächen bzw. sogar umkehren könnte[77].

---

74 Siehe Buttler (2002), S. 92 sowie Scherl (2003), S. 96.

75 Vgl. Walzik (2006), S. 251 und Bretz (2001), S. 916 sowie Schaubild 9 auf S. 912.

76 Vgl. Birg, Flöthmann (2006), S. 388 sowie Buttler (2003), S. 92.

77 Siehe Schwing (2005^2), S. 300 f.

Inwiefern die Annahmen zur Lebenserwartung die künftige Realität widerspiegeln, bleibt demnach eine völlig offene Fragestellung. Noch einmal sei an dieser Stelle daher auf den bereits erwähnten Modellcharakter von Bevölkerungsvorausberechnungen hingewiesen.

7.2.2.3 Annahmen zu den Außenwanderungen

Neben Geburten und Sterbefällen sind grenzüberschreitende Bevölkerungsbewegungen, so genannte Außenwanderungen, für die Bevölkerungsentwicklung ausschlaggebend. Der Wanderungssaldo beschreibt diesbezüglich die Differenz aus Zu- und Fortzügen. Gemäß Abbildung 78 ist der Wanderungssaldo eines Landes von vielen unterschiedlichen Einflussfaktoren abhängig.

Maßgeblich ist hierbei zum einen das Migrationspotential aus den Herkunftsländern, welches von den dortigen politischen, wirtschaftlichen, demographischen und ökologischen Entwicklungen bestimmt wird. Gleichzeitig ist auch die Attraktivität des Ziellandes entscheidend, vor allem dessen Migrationspolitik, soziale und wirtschaftliche Attraktivität sowie die dortige Arbeitsmarktsituation.

Abb. 78: Einflussfaktoren auf den Wanderungssaldo der Bundesrepublik Deutschland

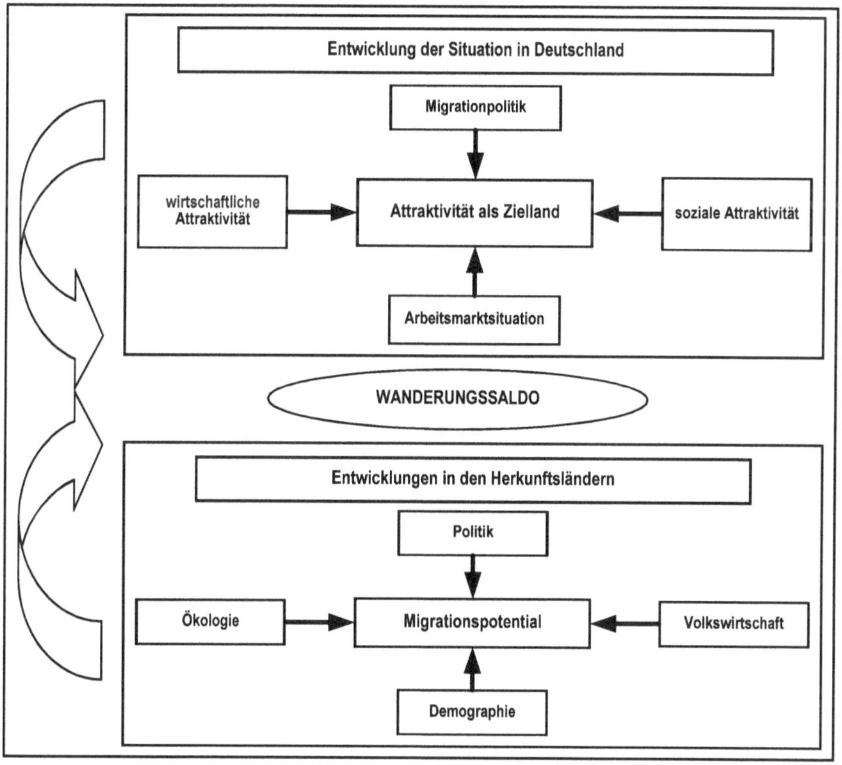

Quelle: Statistisches Bundesamt (2006[2]), S. 19, eigene Darstellung

Aufgrund der vielfältigen Einflussmöglichkeiten auf den Wanderungssaldo lässt sich dieser viel schwieriger vorausschätzen als Geburtenstatistiken und Sterbefälle. Jedoch liefern frühere Wanderungsverläufe Hinweise auf mögliche Annahmen zum künftigen Wanderungssaldo. Wichtig ist es, bei einer Analyse des sehr unterschiedlichen Zuzugs- und Fortzugsverhaltens zwischen den Wanderungen deutscher und ausländischer Personen zu unterscheiden. Letztere verursachen ca. 80% des gesamten Wanderungsvolumens und haben das Wanderungsgeschehen und die Wanderungsbilanz auch in den vergangenen Jahren weitestgehend dominiert[78].

Abbildung 79 dokumentiert den bisherigen Wanderungssaldo ausländischer Personen über die Grenzen Deutschlands hinweg. Dieser wurde in der Vergangenheit stark von politischen Entscheidungen beeinflusst und war starken Schwankungen ausgesetzt.

Abb. 79: Wanderungssaldo ausländischer Personen über die Grenzen Deutschlands*

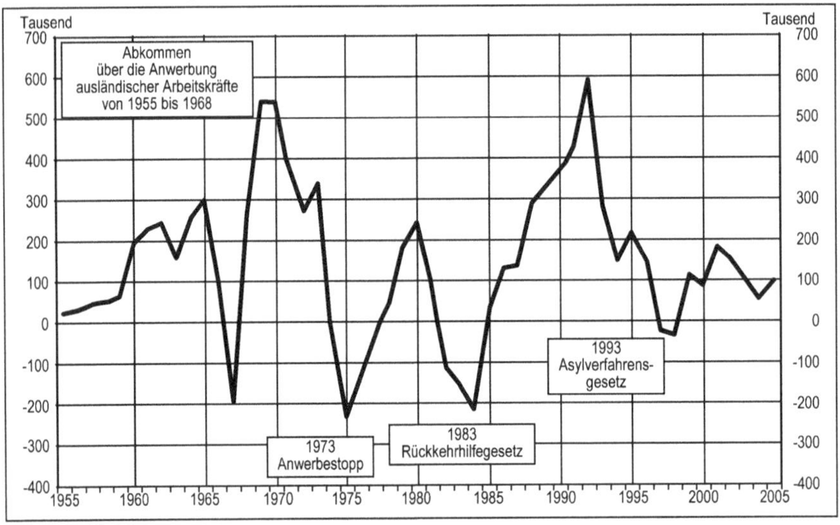

* Wanderungsangaben bis einschließlich 1990 für das frühere Bundesgebiet

Quelle: nach Statistisches Bundesamt (2006²), S. 20, Schaubild 9

Die 50er und 60er Jahre waren durch einen anhaltenden wirtschaftlichen Aufschwung und ein damit verbundenes Abkommen zur Anwerbung ausländischer Arbeitskräfte gekennzeichnet. Eine Reihe bilateraler Abkommen mit Italien (1955), Spanien und Griechenland (beide 1960), der Türkei (1961), Portugal (1964) und dem früheren Jugoslawien (1968) führte zu einer starken Zunahme der Nettozuwanderung zu Beginn der 60er Jahre. Diese erreichte ihren vorläufigen Höhepunkt mit ca. 300.000 Personen im Jahr 1965. Nach einer zwischenzeitlichen – durch eine Rezession bedingten – Unterbrechung setzte sich dieser Trend Ende der 60er Jahre weiter fort und erreichte 1969 und 1970 einen weiteren Höchststand mit einem positiven Saldo von über einer halben Million Ausländerinnen und Ausländern. Bedingt durch die Ölkrise zu Beginn der 70er Jahre kam es im Folgenden zu wachsenden Problemen auf dem Arbeitsmarkt und

78 Vgl. Statistisches Bundesamt (2006²), S. 19.

einem Anwerbestopp im Jahr 1973. In den darauf folgenden Jahren war der Wanderungssaldo negativ, erreichte durch Familiennachzüge Ende der 70er Jahre jedoch einen Wiederanstieg. Die weiterhin angespannte Arbeitsmarktlage Anfang der 80er Jahre führte jedoch zu einem erneuten Rückgang des Wanderungssaldos und einem neuerlichen Tief mit Inkrafttreten des Rückkehrhilfegesetzes im Jahr 1983. Bereits 1985 war der Wanderungssaldo jedoch wieder positiv und erreichte mit dem Fall des „Eisernen Vorhangs" einen zwischenzeitlichen Maximalwert von 600.000 Zuwanderern im Jahr 1992. In den darauf folgenden Jahren kamen – vor allem aufgrund des Asylverfahrensgesetzes vom Juli 1993 – weitaus weniger Ausländer nach Deutschland. 1997 und 1998 war der Wanderungssaldo, vor allem aufgrund der Rückführung von Bürgerkriegsflüchtlingen aus dem ehemaligen Jugoslawien, erneut negativ. Seit 1999 ist die Wanderungsbilanz wieder positiv, mit Werten zwischen +190.000 Zuzügen im Jahr 2001 und +55.000 Zuzügen im Jahr 2004. 2005 lag die Bilanz ausländischer Zu- und Fortzüge bei einem positiven Wanderungssaldo von 96.000 Personen[79]. Wichtig ist, dass die in Abbildung 79 dokumentierten Trends in erster Linie auf Schwankungen in der Anzahl der Zuzüge zurückzuführen sind, während die Höhe der Fortzüge in der Regel über viele Jahre stabil bleibt[80].

Im Jahr 2005 gab es – ohne Zuzüge mit ungeklärtem Herkunftsgebiet – insgesamt 578.000 Zuzüge von Ausländerinnen und Ausländern. Mit 432.600 kamen diese vorwiegend aus dem europäischen Ausland, insbesondere den EU-Beitrittsländern mit Stand 1. Mai 2004 (195.900 Zuzüge), den alten EU-Staaten (92.300 Zuzüge) sowie der Türkei (34.700 Zuzüge). Insgesamt 75.800 Zuzüge wurden aus Asien verzeichnet[81].

Das Migrationspotential der wichtigsten Herkunftsregionen in die Bundesrepublik Deutschland ist in Abbildung 80 wiedergegeben. Tabelle 18 liefert zudem eine ergänzende Übersicht über die vier relevanten Teilregionen Osteuropa, Südeuropa, Türkei und Nordafrika. Demnach existiert aufgrund der demographischen Entwicklung vor allem aus den beiden letztgenannten Regionen ein mittel- bis langfristiges Zuwanderungspotential, dem in Deutschland ein schrumpfendes Erwerbspersonenpotential gegenübersteht. Aufgrund der möglichen, künftigen Nachfrage nach ausländischen Arbeitskräften kann die Einflussstärke auf den deutschen Wanderungssaldo im Fall Nordafrikas daher als mittel bzw. im Fall der Türkei als mittel bis hoch bezeichnet werden. Gemäß Tabelle 18 und Abbildung 80 ist aus Osteuropa aufgrund einer schrumpfenden jüngeren Erwerbstätigenbevölkerung einerseits eine geringere Einflussstärke zu erwarten. Angesichts von Lohnunterschieden und dem Ablauf der EU-Übergangsfristen lässt sich eine Arbeitsmigration nach Deutschland aus Osteuropa jedoch am leichtesten realisieren. Insgesamt lässt sich die osteuropäische Situation demnach wohl mit einer mittleren Einflussstärke auf den deutschen Wanderungssaldo kennzeichnen. Die geringste Migration (mit Ausnahme der Balkan-Region) ist hingegen aus Südeuropa zu erwarten (Einflussstärke: gering).

---

79 Vgl. Statistisches Bundesamt (2006^2), S. 19 f.

80 Siehe hierzu Statistisches Bundesamt (2006^2), S. 20 sowie Schaubild 10 auf S. 21.

81 Vor allem die Zuwanderung aus den EU-Beitrittsländern ist 2005 gegenüber 2004 deutlich um 13,3% gestiegen, aus Polen sogar um 17,9%. Hingegen ist die Zuwanderung aus den alten EU-Ländern, dem sonstigen europäischen sowie dem nicht-europäischen Ausland in absoluten Zahlen zurückgegangen (vgl. Grobecker, Krack-Roberg, Sommer (2007), S. 51).

Abb. 80: Herkunftsregionen und Einflussstärken auf den Wanderungssaldo Deutschlands

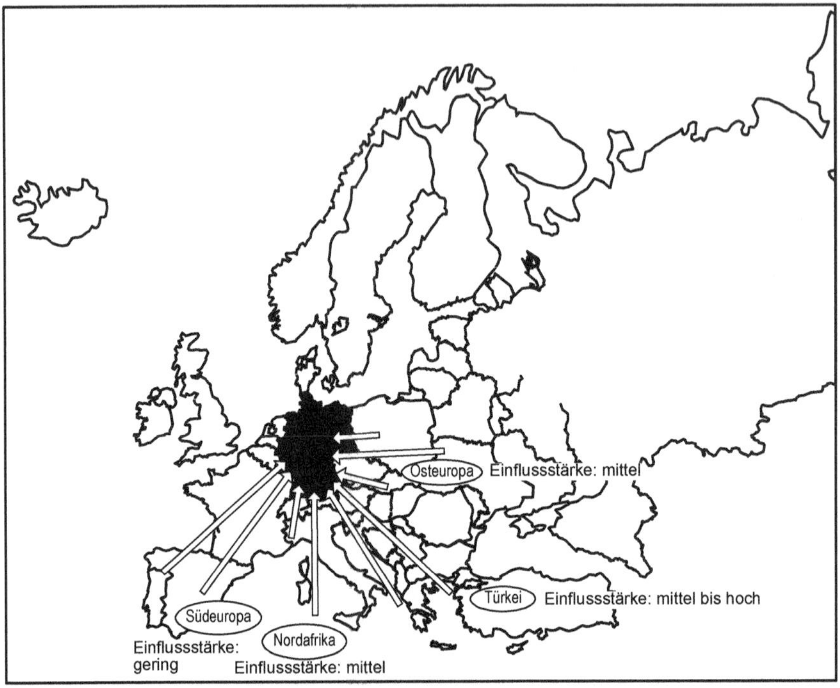

Quelle: Statistisches Bundesamt (2006^2), S. 23, Schaubild 12, eigene Darstellung

Tabelle 18 konzentriert sich bei der Darstellung der Bevölkerungsentwicklung in den Herkunftsregionen in erster Linie auf die Bevölkerungsgruppe der 20- bis 34-Jährigen, da sich bei den Zu- und Fortzügen fast jeder zweite Ausländer in dieser Altersgruppe befindet und vor allem die Zuzüge nach Deutschland innerhalb dieser Altersgruppe realisiert werden[82]. Zu den aktuell wichtigsten Herkunftsländern ausländischer Zuwanderer gehören Polen, die Türkei, Russland, Rumänien, Serbien und Montenegro sowie Italien[83]. Auch der positive Wanderungssaldo war aus den drei erstgenannten Ländern zwischen 2002 und 2004 am höchsten (+20.000, +14.000 und +18.000).

Neben den Zu- und Fortzügen von Ausländern spielt für die Bevölkerungsvorausberechnung auch die Zuwanderung von Deutschen eine Rolle. Gemäß Abbildung 81 konnte deren Bedeutung über viele Jahrzehnte vernachlässigt werden. Mit dem gesellschaftspolitischen Umbruch der Nachfolgestaaten der Sowjetunion sowie Ost- und Südosteuropa Ende der 80er Jahre hat sich die Situation aufgrund der Nettozuwanderung von Spätaussiedlern zwischenzeitlich jedoch radikal geändert. Der Wanderungssaldo stieg 1990 auf einen Spitzenwert von +312.000, mit insgesamt 420.000 deutschen Zuzügen. Mit dem Kriegsfolgenbereinigungsgesetz aus dem Jahr 1992 wurde

82 Vgl. Statistisches Bundesamt (2006^2), Schaubild 11 auf S. 22.

83 Siehe Bundesministerium des Inneren (2006), Abbildung 10 auf S. 20.

die Zuwanderung von Spätaussiedlern begrenzt und dieses Kontingent 1999 noch einmal verringert[84].

Tab. 18: Herkunftsregionen, Bevölkerungsentwicklungen und Konsequenzen für Deutschland

Herkunftsregion	**Länder**	**Bevölkerungsentwicklung (2005- 2050)**	**Konsequenzen für Deutschland**
Osteuropa	Polen, Tschechische Republik, Slowakei, Ungarn, Bulgarien, Rumänien, Russische Föderation, Ukraine, Moldawien und Weißrussland	Gesamt: von ca. 300 auf 224 Mio. (-25%) 20- bis 34-Jährige: von 70 auf 35 Mio. (-50%)	weniger junge Arbeitskräfte verfügbar; dennoch: Arbeitsmigration aufgrund von Unterschieden im Lohnniveau und strukturellem Arbeitskräftedefizit in Deutschland, vor allem nach Ablauf von EU-Übergangsfristen zu erwarten
Südeuropa	Italien, Spanien, Portugal, Griechenland, Bosnien und Herzegowina, Kroatien, Serbien und Montenegro, Slowenien, Mazedonien, Albanien[85]	Gesamt: von ca. 151 Mio. (2015) auf 139 Mio. (2050) (-8%) 20- bis 34-Jährige: von 32,5 auf 20 Mio. (-37,5%)	ähnliche Alterung der Bevölkerung, jedoch weitaus geringere Arbeitsmigration zu erwarten als aus Osteuropa (mit Ausnahme der Balkan-Region)
Nordafrika	Algerien, Ägypten, Libyen, Marokko, Sudan, Tunesien und Westsahara	Gesamt: von ca. 191 auf 310 Mio. (+63%). 20- bis 34-Jährige: von 50 auf 66 Mio. (+31%)	hohes demographisches Potential mit Abwanderungsdruck nach Europa. Zielländer sind vor allem Spanien und Frankreich; Konsequenzen für Deutschland sind derzeit noch nicht absehbar
Türkei		Gesamt: von 73 auf 101 Mio. (+38%), 20- bis 34-Jährige: von 19,5 Mio. auf 19,9 Mio. (+2%, *aufgrund sinkender Geburtenhäufigkeit*)	aufgrund eines nach wie vor zunehmenden jungen Erwerbstätigenpotentials ist die Einflussstärke auf den deutschen Wanderungssaldo, insbesondere nach einem EU-Beitritt der Türkei, als mittel bis hoch zu bezeichnen

Quelle: Statistisches Bundesamt (2006²), S. 25 f., eigene Darstellung; basierend auf Bevölkerungsvorausschätzungen der Vereinten Nationen[86] und deren verwendeter regionaler Gliederung[87]

In den vergangenen Jahren ist der Wanderungssaldo der Deutschen nach Deutschland erheblich gesunken. Neben einem starken Rückgang der Spätaussiedlerzahlen – von über 98.000 im Jahr 2001 auf ca. 35.500 im Jahr 2005 – haben gleichzeitig die Fortzüge der Deutschen von 110.000 im Jahr 2001 auf 145.000 im Jahr 2005 deutlich zugenommen. Der gesamte Wanderungssaldo der Deutschen erreichte 2005 einen zwi-

84 Vgl. Statistisches Bundesamt (2006²), S. 23.

85 Ebenfalls hinzugerechnet werden zudem Andorra, Gibraltar, Malta, San Marino und der Vatikanstaat.

86 Vgl. United Nations Secretariat (2005¹), Tabelle A.11, S. 485-489 sowie United Nations Secretariat (2005²), S. 61, 97, 105 und 851, „medium variants".

87 Siehe hierzu auch „Composition of macro geographical (continental) regions, geographical subregions, and selected economic and other groupings", abrufbar unter http://unstats.un.org/unsd/methods/m49/m49regin.htm#europe (Stand: 18.4.2007).

schenzeitlichen Minusrekord von ca. -17.000 Personen. Dies entspricht einem erstmaligen Wanderungsverlust von deutschen Personen seit 1950[88].

Abb. 81: Wanderungssaldo der Deutschen über die Grenzen Deutschlands, 1955-2005*

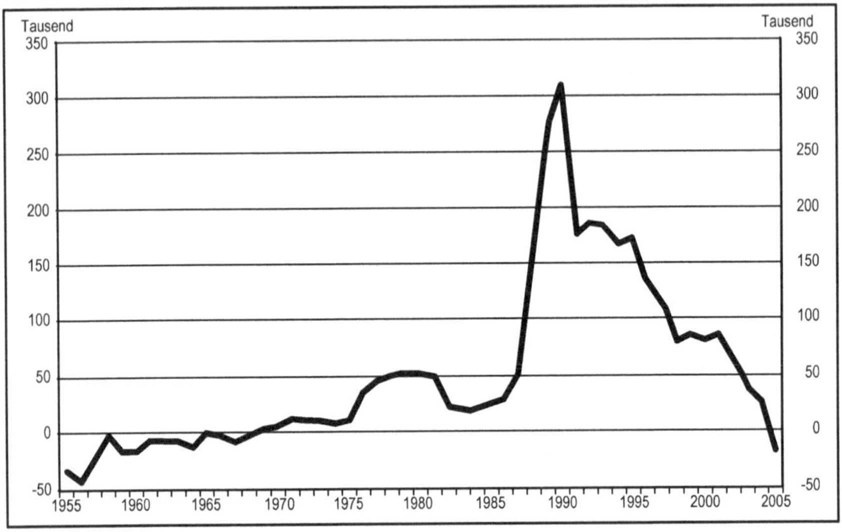

* Wanderungsangaben bis einschließlich 1990 für das frühere Bundesgebiet; Wanderungen zwischen dem früheren Bundesgebiet und der ehemaligen DDR sind im Außenwanderungssaldo nicht einbezogen

Quelle: nach Statistisches Bundesamt (2006²), S. 23, Schaubild 12

Während die Spätaussiedlerzahlen weiter zurückgehen dürften, ist der Trend von Fortzügen der Deutschen für die Zukunft schwer vorherzusagen. Da Zuzüge von Spätaussiedlern in Zukunft keine nennenswerte Rolle mehr spielen werden, liegt der Fokus des Statistischen Bundesamts in der 11. koordinierten Bevölkerungsvorausberechnung in erster Linie auf Annahmen zu den Zu- und Fortzügen ausländischer Personen.

Anhand von Tabelle 19 wird deutlich, dass der gesamte durchschnittliche Wanderungssaldo seit 1951 positiv war und eine Untergrenze von 150.000 sowie eine Obergrenze von 300.000 Personen pro Jahr aufwies. Durch die hinzuziehenden, ausländischen Personen ergibt sich ein Verjüngungseffekt, da die Zuwanderer im Durchschnitt jünger sind als die (zahlenmäßig zudem geringere) Gruppe der Fortzüge aus Deutschland (so genannte „Sockelwanderung")[89]. Zudem ist die Gruppe der Hinzugezogenen auch jünger als die gesamtdeutsche Bevölkerung. Beispielsweise waren im Jahr 2004

88 Gemäß Statistisches Bundesamt (2006²), S. 23. Die oben genannten Zahlen geben die Statistiken inklusive Wanderern mit ungeklärtem Herkunfts- oder Zielgebiet wieder. Ohne diese Teilgruppe belief sich das Wanderungsdefizit 2005 auf 6.400 Personen, während 2004 noch ein Wanderungsüberschuss von 21.100 Personen verzeichnet wurde (vgl. Grobecker, Krack-Roberg, Sommer (2007), S. 50 f.).

89 Vgl. Statistisches Bundesamt (2006²), S. 20, 28 sowie Anhang C: Glossar auf S. 54.

von den Zuzügen insgesamt 75,4% unter 40 Jahre, verglichen mit einem Anteil in der gesamtdeutschen Bevölkerung von 46,8%[90].

Tab. 19: Durchschnittlicher Wanderungssaldo unterschiedlicher Zeitabschnitte seit 1951

Zeitspanne	Personen insgesamt	Deutsche	Ausländer
1951–2005 (55 Jahre)	179.000		
1956–2005 (50 Jahre)	200.000	53.000	146.000
1976–2005 (30 Jahre)	218.000	92.000	126.000
1986–2005 (20 Jahre)	311.000	120.000	191.000
1996–2005 (10 Jahre)	159.000	70.000	89.000
2001–2005 (5 Jahre)	159.000	40.000	119.000

Quelle: Statistisches Bundesamt (2006^2), S. 27

In der 11. koordinierten Bevölkerungsvorausberechnung des Statistischen Bundesamts werden zum künftigen Wanderungssaldo letztendlich zwei Annahmen getroffen:

(1) *Annahme zum Wanderungssaldo (W1)*: durchschnittlicher, jährlicher Wanderungsüberschuss von 100.000 Personen, mit kumulierten Wanderungsgewinnen bis 2050 von 4.425.000 Personen;

(2) *Annahme zum Wanderungssaldo (W2)*: durchschnittlicher, jährlicher Wanderungsüberschuss von 200.000 Personen, mit kumulierten Wanderungsgewinnen bis 2050 von 8.575.000 Personen.

Tatsächliche Wanderungen werden nach wie vor deutlichen Schwankungen unterworfen sein, so dass die oben genannten Zahlen als Durchschnittswerte zu verstehen sind, welche aufgrund vergangener Erfahrungswerte gemäß der Spalte „Ausländer" in Tabelle 19 eine Unter- sowie eine Obergrenze darstellen[91].

Die jährlichen Wanderungssaldi von Deutschen und Ausländern zwischen 1955 und 2005 sind als aggregierte Werte in der nachfolgenden Abbildung 82 wiedergegeben. Zwischen 2006 und 2050 gelten die beiden Annahmen zum jährlichen Wanderungssaldo, W1 und W2. Gemäß Variante W1 steigt der Wanderungsüberschuss in drei Schritten von 50.000 im Jahr 2006 über 75.000 (2007) auf einen ab 2008 konstanten Wert von +100.000 Personen. In Variante W2 steigt er weiter auf +150.000 (2009) und bleibt ab 2010 konstant bei +200.000[92].

Aufgrund der positiven Nettozuwanderung ergibt sich eine „migrationsinduzierte Verjüngung" der Bevölkerung. Wie bereits angedeutet, ist dies auf die Tatsache zurückzuführen, dass die überwiegende Anzahl der Zuwanderer einer Altersgruppe zwischen 25 und 30 zuzuordnen ist, während das Durchschnittsalter der Fortgezogenen höher liegt. Dieser Verjüngungseffekt ist jedoch nur kurzfristiger Natur, da Zuwanderer im Alter

90 Umgekehrt waren nur 2,5% der Zugezogenen über 65 Jahre alt, verglichen mit 18,6% der gesamtdeutschen Bevölkerung (vgl. Bundesministerium des Inneren (2006), S. 24 und 26).

91 Berücksichtigt wird hierbei, dass die Spalte „Deutsche" künftig nicht mehr ins Gewicht fallen wird.

92 Vgl. Statistisches Bundesamt (2006^2), S. 28.

von 30 Jahren nach drei Jahrzehnten der Gruppe der 60-Jährigen angehören und mittelfristig somit ebenfalls zur Alterung der Bevölkerung beitragen werden. Als Konsequenz ist eine höhere Nettozuwanderung kurzfristig mit einer geringeren Inanspruchnahme von Rehabilitationsbehandlungsleistungen gleichzusetzen. Mittelfristig wird jedoch auch in diesem Fall ein erhöhter Mehrbedarf an Rehabilitationsbehandlungsleistungen zu erwarten sein, sobald auch die jüngeren Zuwanderer in die höheren Altersgruppen eintreten.

Abb. 82: Entwicklung des Wanderungssaldos über die Grenzen Deutschlands, 1955-2050 (ab 2006: Annahmen der 11. koordinierten Bevölkerungsvorausberechnung)

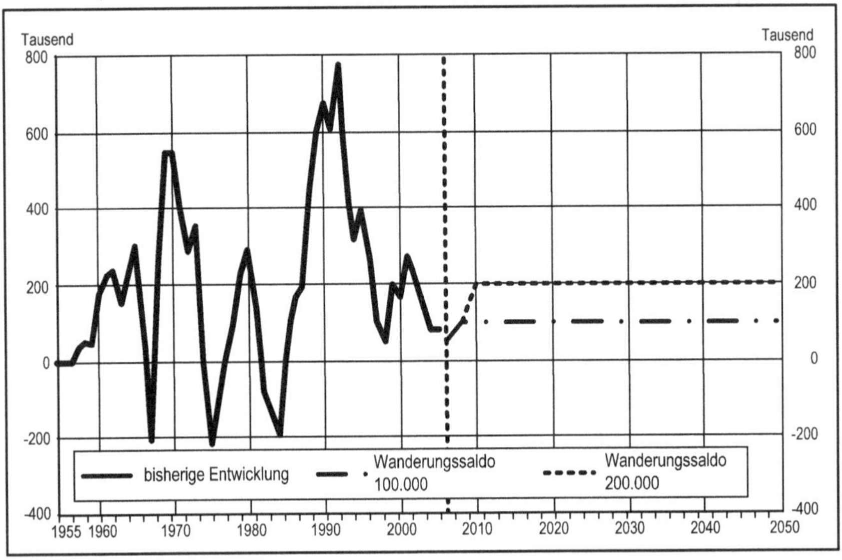

Quelle: nach Statistisches Bundesamt (2006[2]), S. 29, Schaubild 14

Neben dem Primäreffekt einer direkten Verjüngung kennzeichnet sich die migrationsinduzierte Verjüngung in der Bevölkerung auch durch einen Sekundäreffekt aufgrund höherer Geburtenzahlen bei der ausländischen Bevölkerung. Hier ist jedoch festzuhalten, dass sich das Geburtenverhalten ausländischer Zuwanderer langfristig dem deutschen Niveau angleicht[93].

Der Netto-Verjüngungseffekt ist somit tatsächlich schwächer als dies auf den ersten Blick erscheinen mag[94]. Tatsächlich wird die Nettozuwanderung keinen entscheidenden Beitrag zur Lösung des demographischen Problems in Deutschland beitragen können. UN-Berechnungen zufolge müssten bis 2050 demnach insgesamt 188 Millionen

93 Im Jahr 2004 lag die zusammengefasste Geburtenziffer der deutschen Frauen beispielsweise bei 130 Kindern je 100 Frauen, die der Ausländerinnen hingegen bei 169 Kindern je 100 Frauen, was einem Gesamtverhältnis von 1:1,3 entspricht. 1991 lag dieses Verhältnis hingegen noch bei 1:1,6: 126 Geburten je 100 deutsche und 204 Geburten je 100 ausländische Frauen (vgl. Grünheid (2006), S. 38 und 41).

94 Vgl. Birg, Flöthmann (2002), S. 389 f.

Menschen nach Deutschland einwandern, um den Altenquotienten, d.h. das Verhältnis der älteren zur jüngeren Bevölkerungsgruppe[95], auf dessen aktuellem Niveau konstant zu halten. Dies entsprach zum damaligen Zeitpunkt einer jährlichen Nettozuwanderungsrate von 3,4 Millionen Menschen, was selbst von den Autoren als unrealistisch bezeichnet wurde[96].

7.2.3 *Die Varianten der 11. koordinierten Bevölkerungsvorausberechnung im Überblick*

Im vorangegangenen Abschnitt 7.2.2 wurden zwei Annahmen bezüglich der Lebenserwartung sowie zwei Hypothesen zum Wanderungssaldo vorgestellt. Gleichzeitig arbeitet die 11. koordinierte Bevölkerungsvorausberechnung mit drei Annahmen zur Geburtenhäufigkeit, von denen nachfolgend jedoch nur die mittlere Variante von durchschnittlich 1,4 Lebendgeborenen pro Frau berücksichtigt werden soll.

In Tabelle 20 sind die vier Modellvarianten der 11. koordinierten Bevölkerungsvorausberechnung überblicksartig dargestellt, welche für die nachfolgende Hochrechnung von Rehabilitationsfallzahlen und Rehabilitationsausgaben herangezogen werden sollen. Beschränkt man die Analyse auf die hier dargestellten vier Varianten mit einer annähernd konstanten Geburtenhäufigkeit, so resultiert eine „relativ junge Bevölkerung" aus der Basisannahme mit der geringeren Lebenserwartung und einem Wanderungssaldo von 200.000 Personen pro Jahr, d.h. einem stärkeren Verjüngungseffekt (Variante 1-W2). Demgegenüber basiert eine „relativ alte Bevölkerung" auf den Annahmen eines hohen Anstiegs der Lebenserwartung sowie eines moderaten Verjüngungseffekts aufgrund eines Wanderungssaldos von lediglich 100.000 Personen pro Jahr[97].

Tab. 20: Die vier Varianten der 11. koordinierten Bevölkerungsvorausberechnung mit einer annähernd konstanten Geburtenhäufigkeit von 1,4 Lebendgeborenen pro Frau

	Lebenserwartung Neugeborener im Jahr 2050:	**Jährlicher Wanderungssaldo bis zum Jahr 2050: 100.000 Personen (W1)**	**Jährlicher Wanderungssaldo bis zum Jahr 2050: 200.000 Personen (W2)**
Basisannahme (L1)	**männlich: 83,5 weiblich: 88,0**	**Variante 1-W1**	**Variante 1-W2 („relativ junge Bevölkerung")**
hoher Anstieg (L2)	**männlich: 85,4 weiblich: 89,8**	**Variante 2-W1 („relativ alte Bevölkerung")**	**Variante 2-W2**

Quelle: Statistisches Bundesamt (2006²), S. 30, eigene Darstellung

7.2.4 *Vorausberechnungen zur Entwicklung der absoluten Bevölkerungszahl*

Die in Tabelle 20 dargestellten Modellvarianten haben einen nachhaltigen Effekt auf die Entwicklung der absoluten Bevölkerungszahl. Diese ist in Deutschland seit dem

95 Siehe Abschnitt 7.2.5.2 für eine eingehende Diskussion des Begriffs des „Altenquotienten".

96 Die Konsequenz wäre den Berechnungen zufolge eine Bevölkerungszahl von ca. 300 Millionen Einwohnern, welche zu 80% aus Migranten und deren Nachkommen bestünde (siehe u.a. Meier-Braun (2007), Walzik (2006), S. 249 sowie Birg, Flöthmann (2002), S. 390 und S. 393 f.).

97 In der 11. koordinierten Bevölkerungsvorausberechnung sind mit einem ausgeglichenen Wanderungssaldo sowie einem Wanderungssaldo von 300.000 Personen weitere Modellvarianten dargestellt, auf die jedoch nachfolgend nicht näher eingegangen werden soll (vgl. Statistisches Bundesamt (2006²), S. 30).

Jahr 2002 rückläufig und wird gemäß der nachfolgenden Abbildung 83 bis 2050 von 82,4 Mio. Einwohnern (Stand: 2005) auf eine Zahl zwischen 75,9 Mio. und 68,7 Mio. zurückgehen. Der geringste Bevölkerungsrückgang ist unter Variante 2-W2, d.h. bei einer hohen Lebenserwartung und einem hohen Wanderungssaldo zu erwarten. Der deutlichste Bevölkerungsrückgang vollzieht sich unter Variante 1-W1, dem Szenario mit der geringeren durchschnittlichen Lebenserwartung und dem geringeren Wanderungssaldo. Die langfristige Schrumpfung der Bevölkerung ist zum einen auf die Annahme eines konstanten Geburtenverhaltens zurückzuführen. Demnach werden gemäß allen angeführten Varianten die absoluten Geburtenzahlen langfristig sinken, da bei einer konstanten Geburtenhäufigkeit von 1,4 Lebendgeborenen pro Frau die Müttergeneration in der Bevölkerung kontinuierlich zurückgehen wird[98].

Abb. 83: Mögliche Bevölkerungsentwicklungen in Deutschland bis 2050 gemäß Annahmen der 11. koordinierten Bevölkerungsvorausberechnung

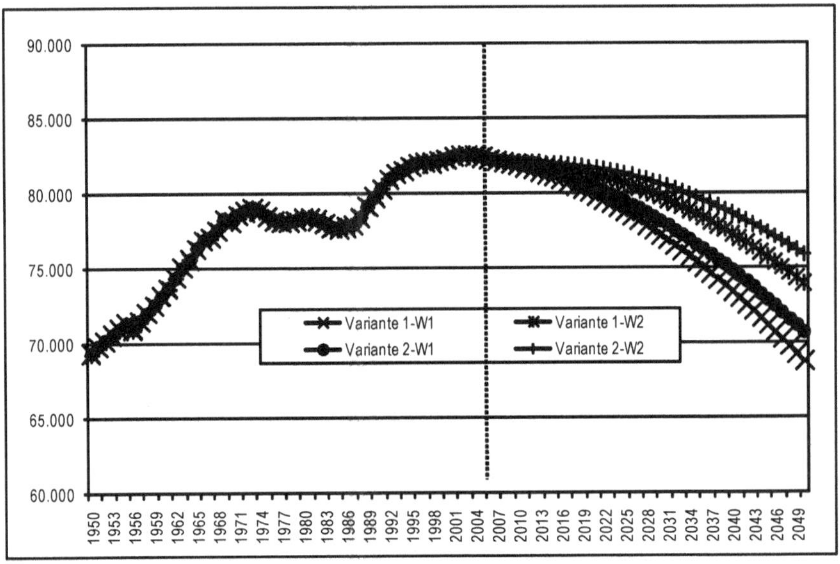

Quelle: Statistisches Bundesamt (2006²), eigene Darstellung

Die Zahl junger Frauen zwischen Mitte 20 und Mitte 30 lag 1995 noch bei 6,7 Millionen, 2005 hingegen nur noch bei 4,8 Millionen. Als Konsequenz wurden 2004 beispielsweise 125.000 (und somit 15%) weniger Kinder geboren als noch im Jahr

98 Eine konstante Geburtenzahl ließe sich nur dann erreichen, wenn jede Müttergeneration genauso groß wäre wie die vorherige. Dies ist jedoch nur bei einem „Reproduktionsniveau" von ca. 2,1 Lebendgeborenen pro Frau der Fall – eine Statistik, von der die Bundesrepublik Deutschland derzeit jedoch weit entfernt ist. Zu berücksichtigen ist außerdem, dass der Anstieg des Altenquotienten (d.h. das Verhältnis z.B. der 20- bis 60-Jährigen zu den über 60-Jährigen) auch bei einem hypothetischen Sofortanstieg der Geburtenziffer auf 2,1 Lebendgeborene pro Frau über kommende Jahre nicht aufzuhalten sein wird (vgl. die Diskussion in Walzik (2006), S. 249, Scherl (2003), S. 96 sowie Birg, Flöthmann (2002), S. 392, Abbildung 5).

1991[99]. Gleichzeitig werden bis 2050 die geburtenstarken Jahrgänge der heute 40- bis 45-Jährigen versterben, so dass sich aus dieser Konstellation von rückläufigen Geburtenzahlen und einer steigenden Anzahl von Todesfällen ein zunehmender Rückgang der deutschen Bevölkerung ergeben wird[100]. Tatsächlich werden in Deutschland seit Anfang der 70er Jahre Geburtendefizite verzeichnet, die ohne entsprechende Wanderungsgewinne bereits zum damaligen Zeitpunkt zu einem Rückgang der deutschen Bevölkerung geführt hätten[101]. Eine rückläufige Bevölkerungszahl wurde bereits sowohl 2004 (gegenüber 2003) als auch 2005 (gegenüber 2004) dokumentiert[102].

7.2.5 Vorausberechnungen im Hinblick auf Veränderungen im Altersaufbau der deutschen Bevölkerung

In Abbildung 84 ist der Altersaufbau der deutschen Bevölkerung in den Jahren 1910, 1950 und 2005 sowie dessen Vorausberechnung für das Jahr 2050 dargestellt. Gemäß der Abbildung ist lediglich die für das Jahr 1910 zu Zeiten des Deutschen Reiches dokumentierte Bevölkerungsstruktur mit dem klassischen Begriff einer Bevölkerungspyramide gleichzusetzen. Hier stellten die Kinder die am stärksten besetzten Jahrgänge, während die älteren Jahrgänge weitaus geringfügiger besetzt waren. Im Jahr 1950 sind aufgrund der beiden Weltkriege und der Weltwirtschaftskrise der 30er Jahre bereits deutliche Kerben in der Bevölkerungspyramide erkennbar.

Die aktuelle Bevölkerungsstruktur zum Stichtag 31.12.2005 ist eher mit einer „zerzausten Wettertanne" gleichzusetzen[103]. Hier sind die mittleren Jahrgänge zahlenmäßig am stärksten vertreten, während es vergleichsweise wenige junge, aber auch wenige ältere Menschen gibt. Bis 2050 werden diese aktuell stark besetzten Jahrgänge der höchsten Altersgruppe angehören. Der Anteil der älteren Bevölkerung wird somit deutlich steigen, der Bevölkerungsaufbau nimmt immer mehr eine glatte und steile Form an. Schätzungsweise werden im Jahr 2050 die Jahrgänge 1988 bis 1990, d.h. die dann 60- bis 62-Jährigen, zahlenmäßig am stärksten vertreten sein. Ihnen werden dann jeweils doppelt so viele Personen angehören wie der Gruppe der Neugeborenen[104].

---

99 Siehe Grobecker, Krack-Roberg, Sommer (2007), S. 45 sowie Grünheid (2006), S. 7 und 36. Neben der schrumpfenden Müttergeneration ist vor allem auch ein gesellschaftlich bedingter Anstieg der gewollten Kinderlosigkeit für den Rückgang der Geburtenzahlen verantwortlich (siehe u.a. Grünheid (2006), S. 49 sowie Dorbritz, Lengerer, Ruckdeschel (2005), S. 10 und 36, mit entsprechenden Angaben).

100 Siehe u.a. Walzik (2006), S. 258.

101 Vgl. Birg, Flöthmann (2006), S. 393.

102 Siehe Grobecker, Krack-Roberg, Sommer (2007), S. 52 f., insbesondere Tabelle 9 auf S. 53 sowie Grünheid (2006), S. 3 und 7.

103 Siehe Statistisches Bundesamt (2006^2), S. 34.

104 Vgl. Statistisches Bundesamt (2006^2), S. 34 f. sowie Radermacher (2006), S. 6.

Abb. 84: Altersaufbau der Bevölkerung in Deutschland: 1910, 1950, 2005 und 2050

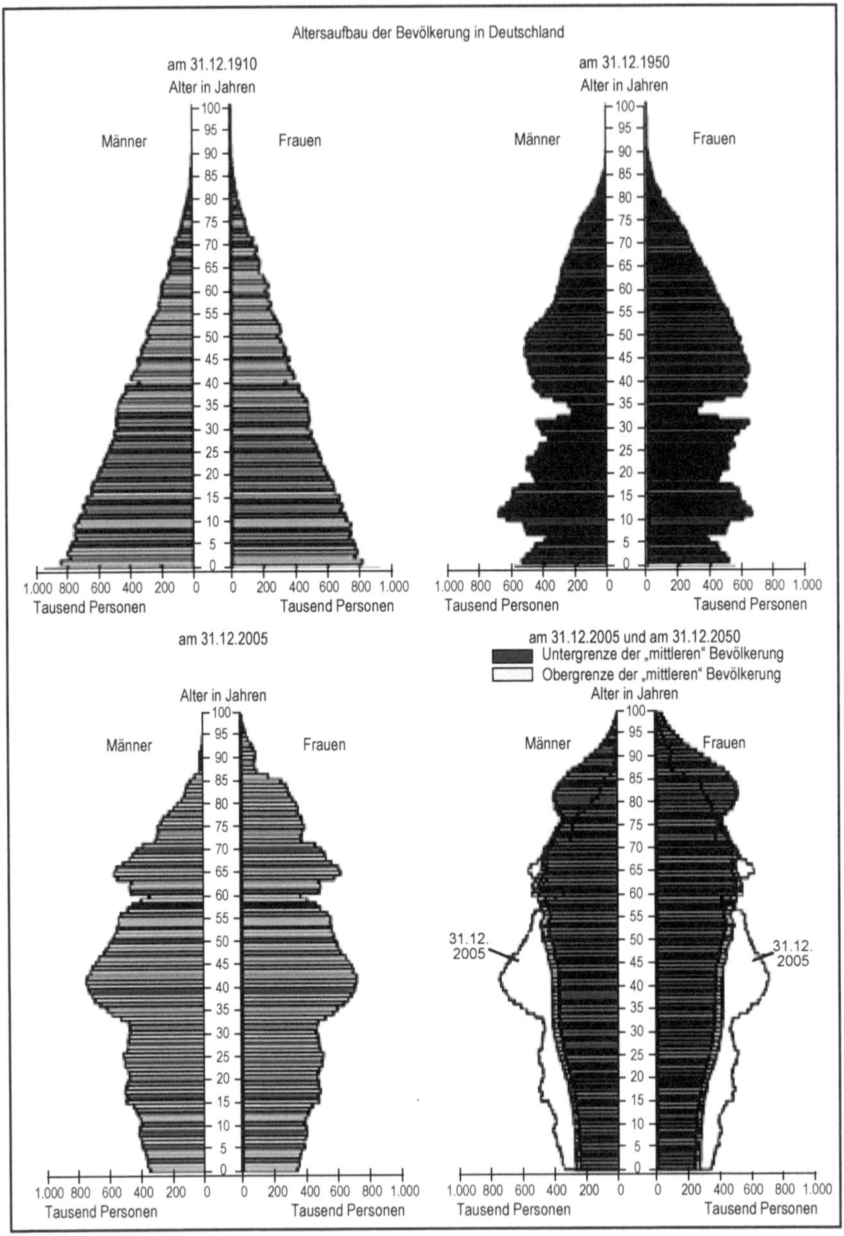

Quelle: nach Statistisches Bundesamt (2006[2]), Schaubild 18, S. 36

Tabelle 21 dokumentiert die geschätzten Veränderungen in den prozentualen Anteilen der Altersgruppen unter 20 Jahren, zwischen 20 und 64 Jahren sowie über 64 Jahren. Demnach wird die jüngere Altersgruppe bis 2050 moderat und die mittlere Altersgruppe stärker an Bedeutung verlieren, die ältere Bevölkerungsgruppe hingegen deutlich an Bedeutung hinzugewinnen. 2005 gab es noch etwas mehr unter 20-Jährige als über 64-Jährige. 2050 werden gemäß Variante 1-W1 hingegen mehr als doppelt so viele Personen der ältesten Bevölkerungsgruppe angehören. Folgende Entwicklungen zwischen den Jahren 2005 und 2050 liegen den Angaben in Tabelle 21 zugrunde:

- ein Rückgang der 0 bis unter 20-Jährigen von 16,5 auf 10,4 Millionen
- ein Rückgang der 20- bis 64-Jährigen von 50,1 auf 35,5 Millionen
- ein Anstieg der 65-Jährigen und Älteren von 15,9 auf 22,9 Millionen

Gab es 1990 beispielsweise noch 16,3 Millionen über 60-Jährige, so ist diese Altersgruppe allein bis 2005 zahlenmäßig auf 20,5 Millionen Personen, d.h. auf 25% der Bevölkerung gestiegen. Die Alterung der Gesellschaft macht sich auch in der Entwicklung des Durchschnittsalters der Bevölkerung bemerkbar. Bereits zwischen den Jahren 1990 und 2005 wurde ein Anstieg des arithmetischen Durchschnittsalters in der deutschen Bevölkerung von 39,3 auf 42,3 Jahre verzeichnet. Die deutsche Bevölkerung ist durchschnittlich demnach jedes Jahr um über 2 Monate älter geworden. Allein zwischen 2001-2002 und 2003-2004 ist das zunehmende Alter innerhalb der deutschen Gesellschaft deutlich erkennbar. Demnach betrug die Zunahme des Durchschnittsalters zwischen 2001 und 2002 0,24 Jahre, zwischen 2003 und 2004 hingegen bereits 0,27 Jahre[105]. Im Jahr 2050 wird der Altersdurchschnitt selbst unter der Annahme eines geringeren Anstiegs der Lebenserwartung (Variante 1) gegenüber 42 Jahren im Jahr 2005 ca. 50 Jahre betragen[106].

Tab. 21: Prozentuale Anteile unterschiedlicher Bevölkerungsgruppen in den Jahren 2005, 2030 und 2050 gemäß Variante 1-W1

	2005	**2030**	**2050**
unter 20-Jährige	20%	16%	15%
20- bis 64-Jährige	61%	55%	52%
über 64-Jährige	19%	29%	33%

Quelle: Statistisches Bundesamt (2006^2), S. 36f., eigene Darstellung

7.2.5.1 Veränderungen in der Bevölkerungsstruktur der 20- bis 64-Jährigen

Vor dem Hintergrund der bevorstehenden Hochrechnung medizinischer Rehabilitationsleistungen macht es Sinn, die Entwicklung der hierfür relevanten Altersgruppen in der Bevölkerung noch etwas näher zu betrachten. In Abbildung 85 wird zu Beginn eine genauere Analyse der Bevölkerungsgruppe im erwerbsfähigen Alter, d.h. zwischen 20 und 64 Jahren vorgenommen. Beispielhaft dargestellt sind die Varianten 1-W1 und 2-W2, da diese gemäß Abbildung 83 als Unter- und Obergrenzen für die absolute Entwicklung der Bevölkerungszahl angesehen werden können.

Anhand von Abbildung 85 ist einerseits die bevorstehende, deutliche Alterung der deutschen Bevölkerung erkennbar. Nimmt man das Jahr 2006 als Ausgangsbasis, so wird sich die Zahl der 30- bis 49-Jährigen von aktuell über 25 Mio. auf ca. 20 Mio. Personen im Jahr

105 Siehe Grobecker, Krack-Roberg, Sommer (2007), S. 53.

106 Vgl. Darstellung des Statistischen Bundesamts (2006^2), S. 38 sowie Radermacher (2006), S. 6.

2020 reduzieren. Bis 2050 geht die Zahl weiter auf einen Wert zwischen 17 und 15 Mio. Personen zurück. Das genaue Ergebnis ist von den Annahmen abhängig, die bezüglich des Wanderungssaldos und der Entwicklung der Lebenserwartung getroffen werden.

Gleichzeitig wird die Zahl der 50- bis 64-Jährigen zwischen 2005 und 2020 von aktuell ca. 15 Mio. auf 19,5 Mio. ansteigen. Grund hierfür ist, dass die geburtenstarken Jahrgänge der 50er und 60er Jahre in diesem Zeitraum in die Altersgruppe der 50- bis 64-Jährigen aufrücken und gleichzeitig die schwach besetzten Jahrgänge der 40er Jahre aus dieser Altersgruppe ausscheiden werden. Zwischen 2020 und 2034 wird die Bevölkerungszahl dieser Altersgruppe jedoch rückläufig sein und letztendlich einen Wert erreichen, der etwas unter dem heutigen Ausgangswert liegen dürfte. Bis zum Jahr 2050 werden somit alle dokumentierten Bevölkerungsgruppen im erwerbsfähigen Alter zahlenmäßig zurückgehen. In der Gruppe der 30- bis 49-Jährigen fällt dieser Rückgang am stärksten, in der Gruppe der 50- bis 64-Jährigen gegenüber 2006 hingegen nur marginal aus.

Die Bevölkerungszahl der 20- bis 64-Jährigen wird somit in jedem Fall rückläufig sein. Eine höhere Nettozuwanderung wird diesen Trend aufgrund des damit verbundenen Verjüngungseffekts zwar verlangsamen, jedoch nicht aufhalten können.

Abschnitt 8 wird zeigen, dass es sich für die Deutsche Rentenversicherung wegen des Grundsatzes „Rehabilitation vor Rente“ bei der Bevölkerungsgruppe der 50-bis 64-Jährigen im Hinblick auf die Zahlung von Rehabilitationsbehandlungsleistungen um die weitaus wichtigste Versichertengruppe handelt. Daher ist zu erwarten, dass der Bedarf an Rehabilitationsleistungen für den Rentenversicherungsträger – zumindest rein demographisch bedingt – mittelfristig steigen, sich längerfristig jedoch in etwa auf dem heutigen Stand stabilisieren wird. Unter anderem gilt es, diesen Effekt in Abschnitt 8 zu modellieren.

Abb. 85: Vorausberechnung der Bevölkerungsentwicklung im erwerbsfähigen Alter (20 bis unter 65 Jahre) nach Altersgruppen, Varianten 1-W1 und 2-W2

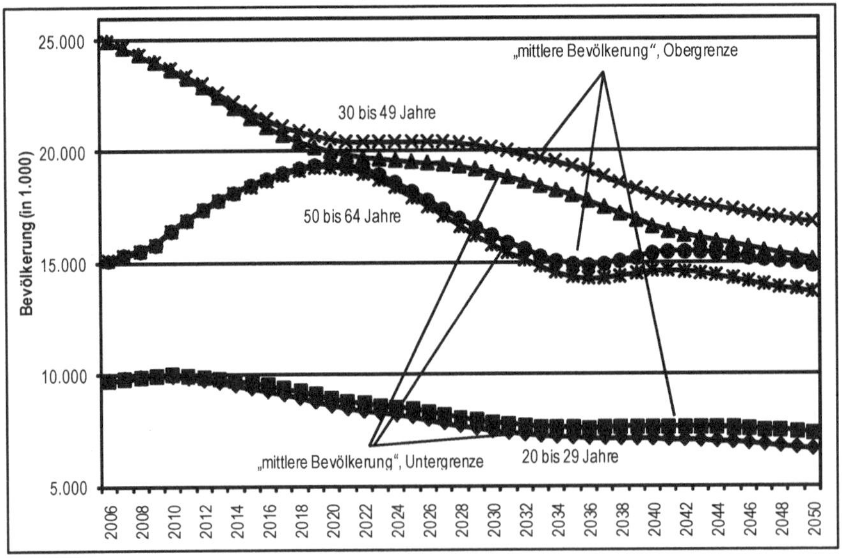

Quelle: Statistisches Bundesamt (2006[2]), S. 21, eigene Darstellung

7.2.5.2 Veränderungen in der Bevölkerungsstruktur der über 64-Jährigen

Im Folgenden wird eine Analyse der Veränderungen in der Bevölkerungsstruktur der über 64-Jährigen vorgenommen. Veränderungen in der Alterszusammensetzung dieser Bevölkerungsgruppe sind von direkter Relevanz für die Finanzierung von Rehabilitationsleistungen durch die gesetzliche Krankenversicherung.

Für die Entwicklung der Bevölkerungsgruppe der über 64-Jährigen sind zum einen die geburtenstarken Jahrgänge maßgeblich, die nach 2020 in das Rentenalter eintreten werden. Zum anderen führt die zunehmende Lebenserwartung zu einem langsameren Schrumpfen der Bevölkerung in den höheren Altersgruppen. Wanderungen spielen für diese Altersgruppe hingegen eine vergleichsweise geringe Rolle, da hauptsächlich jüngere Personengruppen von diesem Phänomen betroffen sind.

In Abbildung 86 wird zwischen den Senioren im Alter zwischen 65 und 79 sowie den hoch betagten 80-Jährigen und Älteren unterschieden. Dargestellt sind auch in diesem Fall Varianten 1-W1 und 2-W2 als jeweilige Unter- und Obergrenzen der Bevölkerungsentwicklung.

Betrachtet man die Gruppe der 65- bis 79-Jährigen, so sind drei Entwicklungsphasen mit einer Zeitspanne von jeweils fünfzehn Jahren erkennbar. Zwischen 2005 und 2020 erfolgt unter der Basisannahme zur Lebenserwartung lediglich eine leichte Zunahme um 0,5 Millionen auf insgesamt 12,6 Millionen Personen. Zwischen 2020 und 2035 ist ein rasanter Anstieg, selbst gemäß Variante 1-W1 auf 16,7 Millionen Personen, und zwischen 2035 und 2050 ein fast ebenso rapider Rückgang der Bevölkerungszahlen zu erwarten. Letztendlich wird die Zahl der 65- bis 79-Jährigen 2050 um nur 5% höher liegen als im Jahr 2006.

Demgegenüber wird die Zahl der 80 Jahre und Älteren kontinuierlich ansteigen. Bis 2020 erhöht sich die Bevölkerungszahl mit der Basisannahme zur Lebenserwartung (Variante 1-W1) von 3,6 Millionen auf 5,9 Millionen. Über einige Jahre schwankt die Bevölkerungszahl in dieser Altersgruppe um etwa 6 Millionen, bis 2030 steigt sie auf 6,3, bis 2050 dann auf etwa 10 Millionen Personen. Beträgt der Anteil der über 80-Jährigen unter den Senioren im Jahr 2005 noch 23%, so werden es 2050 bereits 44% sein. Im Fall einer höheren Lebenserwartung (Variante 2-W1 bzw. Variante 2-W2) wird die Bevölkerungszahl dieser Altersgruppe bis 2050 noch einmal weitaus deutlicher zunehmen. Die Zahl der über 79-Jährigen betrüge 2050 demnach nicht 10 Millionen, sondern 11,6 Millionen, fiele also um 16% höher aus als unter Variante 1[107]. In Bezug auf die Rehabilitation wird vor diesem Hintergrund deutlich, dass dem Konzept „Rehabilitation vor Pflege“ sowie Aspekten der Prävention im höheren Alter künftig eine verstärkte Bedeutung zukommen wird[108]. Bei der Basisannahme zur Lebenserwartung (L1) und einem jährlichen Wanderungssaldo von 100.000 Personen (d.h. Variante l-W1) wird die Zahl der über 64-Jährigen insgesamt von 15,9 Millionen im Jahr 2005 auf 23,8 Millionen im Jahr 2037, d.h. um 50% steigen. Bis 2050 erfolgt im Anschluss ein verhältnismäßig geringer Rückgang um 4% auf 22,9 Millionen Personen. Bei der höheren Annahme zur Lebenserwartung (Variante 2-W1) wird die Gesamtzahl mit 24,7 Millionen Personen um ca. 1,9 Millionen höher ausfallen.

107 Auch Scherl (2003), S. 92, geht davon aus, dass sich die Zahl der über 80-Jährigen bis 2050 mehr als verdreifachen wird. In alternativen Schätzungen wird die Erhöhung der Bevölkerungszahl unter den Hochbetagten bis 2050 auf einen Faktor zwischen 3 und 3,5 geschätzt (siehe Birg, Flöthmann (2002), S. 387).

108 Siehe Walzik (2006) S. 258 f.

Die hier dargestellten Entwicklungen legen nahe, dass Anzahl und Anteil GKV-finanzierter Rehabilitationsbehandlungsleistungen mittel- bis langfristig deutlich steigen dürften. Die ältere Bevölkerung gewinnt zunehmend an Gewicht, was auch anhand des Altenquotienten erkennbar ist. Der Altenquotient beschreibt z.B. die Anzahl der 65-Jährigen und Älteren je 100 Personen zwischen 20 und 64 Jahren. Gemäß Variante 1-W2 mit einer jährlichen Nettozuwanderung von 200.000 Personen wird dieser in der 11. koordinierten Bevölkerungsvorausberechnung im Jahr 2010 beispielsweise 34 betragen und sich bis 2030 und 2050 auf 50 bzw. 60 erhöhen[109].

Der Altenquotient bei einer Altersgrenze von 65 basiert auf einem gesetzlichen Renteneintrittsalter von 65 Jahren, auch wenn das tatsächliche Renteneintrittsalter faktisch geringer ist. Bemerkenswert ist, dass sich der faktische Altenquotient bei einer Altersgrenze von 60 Jahren in Höhe von 45 aufgrund der demographischen Entwicklung selbst bei einer Erhöhung des faktischen Renteneintrittsalters bis 2050 auf 67 Jahre nicht konstant halten lässt. Selbst unter der Annahme einer jährlichen Nettozuwanderung von 300.000 Personen bzw. einer Erhöhung der Geburtenhäufigkeit auf 2,1 Lebendgeborene pro Frau würde der Altenquotient im Jahr 2050 47 bzw. 49 betragen. Die Gewichtung der Rentner würde gegenüber der Bevölkerung im erwerbsfähigen Alter demnach selbst unter diesen extremen Annahmen noch höher ausfallen als heute. Auch diese Zahlen sprechen dafür, dass die Rolle der gesetzlichen Krankenkassen bei der künftigen Finanzierung von Rehabilitationsbehandlungsleistungen gegenüber der gesetzlichen Rentenversicherung in den kommenden Jahren stärker hervortreten wird.

Abb. 86: Vorausberechnung der Bevölkerungsentwicklung im höheren Alter (65 bis unter 80-Jährige sowie 80-Jährige und Ältere), Varianten 1-W1 und 2-W2

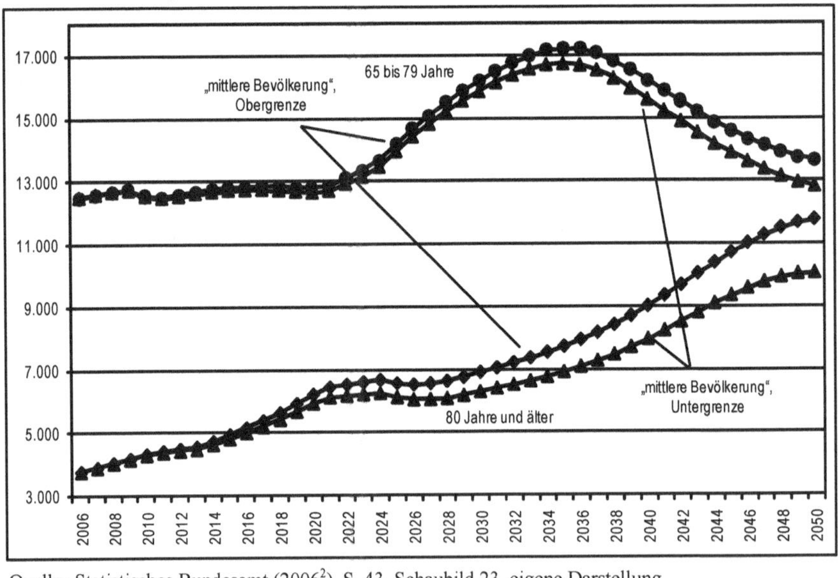

Quelle: Statistisches Bundesamt (2006²), S. 43, Schaubild 23, eigene Darstellung

109 Vgl. Statistisches Bundesamt (2006²), S. 44 f.

8. Hochrechnung medizinischer Rehabilitationsleistungen bis 2050

Im nachfolgenden Abschnitt 8 werden die Ergebnisse der 11. koordinierten Bevölkerungsvorausberechnung mit Inanspruchnahmeraten aus der medizinischen Rehabilitation kombiniert. Den Kernbestandteil bildet hierbei die Hochrechnung stationärer und ambulanter Rehabilitationsfallzahlen sowie Rehabilitationsausgaben mit aufgezeigten Zeittrends zwischen 2006 und 2050.

Hierzu werden in Abschnitt 8.1 für die beiden größten Rehabilitationsträger, die gesetzliche Krankenversicherung (Abschnitt 8.1.1) und die Deutsche Rentenversicherung Bund (Abschnitt 8.1.2), zwei separate Hochrechnungen durchgeführt und die Entwicklung der restlichen Rehabilitationsfallzahlen und -ausgaben in Abschnitt 8.1.3 abschließend geschätzt.

Abschnitt 8.2 ergänzt die Modellierung um Annahmen zur mutmaßlichen Weiterentwicklung des ambulanten Rehabilitationsangebots in Deutschland.

Der geschätzten Zunahme von Rehabilitationsausgaben wird in Abschnitt 8.3 letztlich die voraussichtliche Entwicklung der Finanzierungsbasis für Rehabilitationsleistungen gegenübergestellt.

Mit der Anerkennung der Pflegeversicherung als Rehabilitationsträger wird in Abschnitt 8.4 abschließend auf eine Möglichkeit hingewiesen, dem wachsenden Finanzierungsdefizit in der medizinischen Rehabilitation künftig besser begegnen zu können.

8.1 Hochrechnung medizinischer Rehabilitationsleistungen unter Anwendung der 11. koordinierten Bevölkerungsvorausberechnung

Wie eingangs erwähnt, beginnt Abschnitt 8 mit einer Hochrechnung sowohl deutscher Rehabilitationsfallzahlen als auch deutscher Rehabilitationsausgaben bis in das Jahr 2050. Die Abschnitte 8.1.1 und 8.1.2 konzentrieren sich hierbei auf die gesetzliche Krankenversicherung und die Deutsche Rentenversicherung Bund als die beiden größten Finanzierungsträger von Rehabilitationsleistungen. Da diese gemäß Abschnitt 1 mit ca. 75% aller medizinischen Rehabilitationsausgaben bereits heute den weitaus größten Anteil stellen, kann auf diese Weise eine relativ präzise Aussage über die künftige Entwicklung am Rehabilitationsmarkt getroffen werden.

8.1.1 Hochrechnung medizinischer Rehabilitationsleistungen der gesetzlichen Krankenversicherung

Gemäß Abschnitt 2.6 stellte die gesetzliche Krankenversicherung im Bereich Vorsorge- und Rehabilitationsleistungen 2004 mit einem Ausgabenvolumen von ca. € 2,5 Mrd. den zweitgrößten Rehabilitationsträger dar. Aufgrund der ausgeprägten Kassenvielfalt in der gesetzlichen Krankenversicherung birgt eine Hochrechnung von Rehabilitationsfallzahlen und Rehabilitationsausgaben hier größere methodische Schwierigkeiten als die analogen Berechnungen für die Deutsche Rentenversicherung Bund im nachfolgenden Abschnitt 8.1.2. Das offenkundigste Problem besteht hierbei in der verfügbaren Datenlage. Während Rehabilitationsdaten, auch nach einzelnen Altersgruppen, von der Deutschen Rentenversicherung Bund zentral gesammelt und ausgewertet werden, liegt ein zentraler Datenbestand für die gesetzliche Krankenversicherung (GKV) in der notwendigen Form nicht vor. Um den demographischen Effekt auf die Entwicklung medizinischer Rehabilitationsleistungen adäquat modellieren zu können, sind jedoch gerade altersgruppenspezifische Daten erforderlich. Die einzigen altersgruppenspezifischen Daten der GKV stammen vom AOK-Bundesverband und auch diese sind lediglich für den stationären Bereich verfügbar. Nachfolgend werden die Daten des AOK-Bundesverbands aus dem stationären Bereich als stellvertretend für alle Krankenkassendaten angesehen. Für diese Vorgehensweise lassen sich wiederum mehrere Gründe anführen:

Die verfügbare Datenlage

Zum Stichtag 1. Februar 2007 gab es in Deutschland 242 gesetzliche Krankenkassen, darunter 16 Allgemeine Ortskrankenkassen, 189 Betriebskrankenkassen und 16 Innungskrankenkassen[1].

Bei einer solchen Vielzahl von Krankenkassen liegt es auf der Hand, dass die Gesamtsituation der GKV-finanzierten Rehabilitation nur durch eine Hochrechnung individueller Krankenkassendaten geschätzt werden kann. Hierzu wurde die Datenlage bei den größten bundesdeutschen Krankenkassen sowie bei den Allgemeinen Ortskrankenkassen eruiert. Weder bei der BARMER Ersatzkasse noch bei der Deutschen Angestellten Krankenkasse (DAK) bzw. der Techniker Krankenkasse lagen jedoch altersspezifische Rehabilitationsdaten vor, die die Voraussetzung für eine Hochrechnung erfüllt hätten. Lediglich der AOK-Bundesverband verfügt über einen solchen zentralen Datenbestand mit dokumentierten stationären Rehabilitationsfallzahlen und Rehabilitationsausgaben für Maßnahmen der Anschlussrehabilitation (AR), Leistungen zur Antragsrehabilitation und Mutter-Kind-Kuren. Im Hinblick auf eine Auswertung von GKV-Daten zur stationären medizinischen Rehabilitation besteht somit keine andere Möglichkeit als eine Hochrechnung von stationären AOK-Fallzahlen und AOK-Leistungsausgaben. Letztendlich stellt eine Extrapolation von GKV-Daten mittels Rehabilitationsfallzahlen und -ausgaben der AOK einen gewissen Bias dar. Im Fall der Verfügbarkeit wäre die Hinzunahme weiterer, z.B. altersspezifischer *Ersatzkassen*daten dieser Methodik daher zweifellos vorgezogen worden. Die Genauigkeit der AOK-Hochrechnung soll in der nachfolgenden Tabelle 22 untersucht werden. An dieser Stelle sei jedoch darauf hingewiesen, dass eine AOK-spezifische Hochrechnung zwar Einfluss auf die Ausgangsgrößen in puncto Rehabilitationsfallzahlen und -ausgaben ausübt, der nachfolgend abgeschätzte, allgemeine Zeittrend über kommende Jahrzehnte hiervon jedoch weitestgehend unberührt bleibt.

Methodik der Altersadjustierung

Bei einer Hochrechnung von AOK-Daten könnte ein möglicher Kritikpunkt darin bestehen, dass AOK-Versicherte tendenziell eher einer älteren Bevölkerungsgruppe angehören als andere GKV-Versicherte und somit im Durchschnitt auch mehr Rehabilitationsleistungen in Anspruch nehmen. Während im Jahr 2005 über 38% aller Rehabilitationsausgaben der GKV auf AOK-Versicherte entfielen, bildeten die AOK-Mitglieder und deren mitversicherte Familienangehörige tatsächlich einen Anteil von knapp unter 36%

1 In dieser Statistik sind Erstreckungskassen jeweils nicht mitgerechnet. Hierbei handelt es sich um „fiktive Kassen, die zur Durchführung der getrennten Haushaltsführung nach § 313 SGB V von den Ursprungskassen gebildet werden" (vgl. BMG – Bundesministerium für Gesundheit (2007[1])).

aller GKV-Versicherten[2]. Hiermit wird die Vermutung bestätigt, dass der kassenspezifische Einfluss auf Rehabilitationsbehandlungsleistungen als gering einzustufen ist. Aufgrund einer Adjustierung nach einzelnen Altersgruppen wird diesem Problem zudem zumindest teilweise Rechnung getragen[3].

Anteil der Rehabilitationsausgaben der AOK an den Rehabilitationsausgaben insgesamt

Der Anteil der AOK an den gesamten Rehabilitationsausgaben lag im Jahr 2005, wie soeben erwähnt, bei über 38% und war somit gegenüber allen übrigen einzelnen Krankenkassen vergleichsweise hoch. € 903 Mio. des AOK-Bundesverbands standen GKV-Gesamtausgaben für medizinische Rehabilitationsleistungen in Höhe von € 2,376 Mrd. gegenüber[4]. Dass die AOK im Bereich Rehabilitation als repräsentativ anzusehen ist, wurde unter anderem anhand einer Potentialschätzung GKV-finanzierter Rehabilitationsleistungen im Raum Berlin-Brandenburg deutlich, welche von der Technischen Universität (TU) Berlin und dem Institut für Gesundheitsökonomik (IfG) München im Jahr 2006 durchgeführt wurde[5]. Ziel war auch in diesem Fall eine Hochrechnung der Anzahl GKV-finanzierter stationärer Rehabilitationsleistungen auf Grundlage von Daten einzelner Krankenkassen. Dieser gewählte Bottom-Up- bzw. Mikroansatz wurde durch einen Top-Down-, d.h. einen Makroansatz überprüft. Hierzu wurde die bundesweite Anzahl GKV-finanzierter stationärer Rehabilitationsleistungen im Jahr 2004 gemäß der Einwohnerverhältnisse auf die Region Berlin-Brandenburg übertragen und der geschätzten Anzahl an Rehabilitationsleistungen des Bottom-Up Ansatzes gegenübergestellt. Anfänglich waren für den Bottom-Up Ansatz lediglich Daten der BARMER Ersatzkasse sowie der Techniker Krankenkasse verfügbar. Bei einer Hochrechnung dieser Daten lagen die Ergebnisse des Bottom-Up und des Top-Down Ansatzes weit auseinander. Erst eine spätere Berücksichtigung von Daten der AOK Berlin lieferte ein einheitliches und plausibles Gesamtergebnis.

Übertragen auf die bundesdeutsche Gesamtsituation lässt sich somit die Schlussfolgerung ziehen, dass auch im Rahmen dieser Arbeit eine Hochrechnung von AOK-Daten vertretbar erscheint, wenngleich eine Interpolation mit Hilfe von Daten mehrerer Krankenkassen gegenüber einer AOK-spezifischen Extrapolation letztlich noch einmal verbesserte Ergebnisse geliefert hätte.

Eine AOK-spezifische Extrapolation wäre jedoch vor allem dann zu rechtfertigen, wenn sich der gewählte Bottom-Up Ansatz mit dem Top-Down Ansatz in ähnlicher Weise in Einklang bringen ließe wie im Fall der dargestellten Marktstudie der Technischen Universität (TU) Berlin und des Instituts für Gesundheitsökonomik (IfG) München für den Raum Berlin-Brandenburg. Tabelle 22 stellt in diesem Zusammenhang die Ergebnisse

---

2 Der Versichertenanteil der AOK errechnet sich aus ca. 25,4 Mio. AOK-Versicherten gegenüber 70,5 Mio. GKV-Versicherten (vgl. BMG – Bundesministerium für Gesundheit (2007[2]), KM6-Statistik 2005).

3 Einschränkend ist zu sagen, dass eine weitere Adjustierung, z.B. nach Migranten- und Ausländeranteilen, an dieser Stelle nicht möglich war. Diese Anteile dürften im Fall der AOK höher liegen als in der gesamten GKV-Bevölkerung. Wiederum sei jedoch auf die Zielsetzung einer Hochrechnung von Rehabilitationsfallzahlen und -ausgaben hingewiesen, angesichts derer diese Einschränkung an Relevanz verliert.

4 Vgl. BMG – Bundesministerium für Gesundheit (2007[3]), KJ1-Statistik, S. 133, für den Anteil der Rehabilitationsausgaben der Allgemeinen Ortskrankenkassen an den Ausgaben aller gesetzlichen Krankenkassen.

5 Vgl. Henke, Neubauer (2006), mit eigenen Berechnungen.

der AOK-Hochrechnung einer verfügbaren, bundesdeutschen Gesamtstatistik gegenüber. Fett gedruckt sind hierbei diejenigen Fallzahlen bzw. Ausgaben, welche im Direktvergleich jeweils höher ausfallen. Dabei sind insbesondere zwei Punkte auffällig:

- Die geringeren Ergebnisse der AOK-Hochrechnung in den Bereichen der stationären *Antragsrehabilitation* sowie bei den *Mutter-Kind-Kuren* deuten auf eine restriktivere Antragsbewilligung der Allgemeinen Ortskrankenkassen gegenüber anderen Krankenkassen hin[6]. Gleichzeitig sind die dokumentierten Unterschiede jedoch auch ein Hinweis auf den Gestaltungsspielraum im Bereich medizinischer Rehabilitationsleistungen sowie die hiermit verbundene Möglichkeit, diesen künftig eine größere Bedeutung zukommen zu lassen.
- Fallzahlen und Ausgaben im Bereich stationäre *Anschlussrehabilitation (AR)* fallen bei der AOK-Hochrechnung hingegen gegenüber den Ist-Zahlen etwas höher aus. Dies ließe sich eventuell mit der ursprünglichen Tradition der Allgemeinen Ortskrankenkassen als „Arbeiterkassen" erklären, bei denen chronische Erkrankungen (z.B. Arthrose) häufiger auftreten dürften als in der Angestelltenbevölkerung.

Tab. 22: Gegenüberstellung der AOK-Hochrechnung mit der tatsächlichen BMG-Statistik (stationäre Rehabilitationsfallzahlen und Rehabilitationsausgaben, 2005)

	GKV-finanzierte stationäre Rehabilitationsfallzahlen		**GKV-Ausgaben für stationäre medizinische Rehabilitation**	
	AOK-Hochrechnung	**Ist-Zahlen (GKV)**	**AOK-Hochrechnung**	**Ist-Zahlen (GKV)**
Anschlussrehabilitation (AR)	**554.511**	542.766	**€ 1.661 Mio.**	€ 1.617 Mio.
Antragsrehabilitation	95.399	**110.455**	€ 308 Mio.	**€ 408 Mio.**
Mutter-Kind-Kuren	81.979	**83.246**	€ 205 Mio.	**€ 262 Mio.**
Gesamt	731.889	**736.467**	€ 2.174 Mio.	**€ 2.287 Mio.**

Quelle: für die AOK-Hochrechnung: Zahlen des AOK-Bundesverbands von 2005 sowie BMG – Bundesministerium für Gesundheit (2007[2]), mit AOK-Versichertenverhältnissen gemäß KM6-Statistik; für die Gegenüberstellung von Ist-Zahlen der GKV: Daten des BMG

Insgesamt lässt sich in Bezug auf die AOK-Hochrechnung festhalten, dass die Ergebnisse im Bereich Anschlussrehabilitation (AR) kaum merklich von den Ist-Zahlen der GKV abweichen, während die Leistungen im Bereich Antragsrehabilitation und Mutter-Kind-Kuren etwas unterschätzt werden. Da es nachfolgend primäres Ziel ist, allgemeine Zukunftstrends am Rehabilitationsmarkt aufzuzeigen, soll an dieser Stelle jedoch keine Bereinigung der Daten vorgenommen werden, zumal in der GKV die Anschlussrehabilitation die entscheidende Einflussgröße darstellt, diese durch die AOK-Hochrechnung jedoch relativ präzise abgebildet wird.

Eine Hochrechnung stationärer AOK-Fallzahlen auf die bundesdeutsche Situation war aufgrund der vorhandenen Datenlage letztendlich problemlos möglich. In Bezug auf die ambulante Situation waren hingegen keine konkreten Daten verfügbar. Dennoch ließ sich der ambulante Anteil am gesamten Rehabilitationsmarkt in etwa schätzen. Aus nachfolgend aufgeführten Gründen (siehe Punkte 1) und 2)) ist eine möglichst akkurate Schätzung der ambulanten Fallzahlenentwicklung (gemäß *Anhang 8* mittels einer Zeit-

6 Dieses Ergebnis erscheint insofern nachvollziehbar, als dass Rehabilitationsausgaben über den Risikostrukturausgleich nicht vollständig ausgeglichen werden können (vgl. hierzu auch die vorangegangene Diskussion in Abschnitt 4.4.2.1).

reihe von 2002 bis 2006) für eine Hochrechnung von großer Bedeutung, ebenso wie eine möglichst genaue Schätzung der ambulanten Fallzahl im Ausgangsjahr der Hochrechnung, nämlich 2006:

1. Ambulante Rehabilitationsbehandlungen sind in den letzten Jahren als neue Angebotsform gegenüber der stationären Rehabilitation gewissermaßen „wiederentdeckt" worden. Gleichzeitig ist ein Bestreben erkennbar, stationäre Rehabilitationsmaßnahmen – sofern vertretbar – durch ambulante Versorgungsformen zu ersetzen. Grund hierfür ist in erster Linie der in Abschnitt 3.3 präsentierte wissenschaftliche Nachweis, mittels eines (ambulant-)teilstationären Rehabilitationsangebots gegenüber der stationären Rehabilitationsbehandlung bei geringeren Kosten eine qualitativ vergleichbare Versorgung sicherstellen zu können[7]. Daher ist für eine akkurate Wiedergabe vergangener Fallzahlenentwicklungen (nicht zuletzt als Ausgangsbasis für entsprechende Hochrechnungen) vor allem auch die Entwicklung ambulanter Rehabilitationsfallzahlen vergangener Jahre mit zu berücksichtigen.
2. Eine möglichst genaue Schätzung ambulanter Rehabilitationsfälle im Jahr 2006 ist letztendlich für die Beantwortung der Frage entscheidend, wie viel künftiges Einsparpotential durch weitere Substitution stationärer durch ambulante Rehabilitationsbehandlungen in kommenden Jahren noch realistisch zu erwarten sein dürfte.

Eine genauere Darstellung der Schätzung ambulanter Fallzahlen der GKV-finanzierten Anschlussrehabilitation ist in *Anhang 8* wiedergegeben. Da für den ambulanten Bereich anders als den stationären Bereich keine altersgruppenspezifischen Rehabilitationsdaten aus dem GKV-Bereich verfügbar waren, war die präzise Modellierung eines Demographieeffekts in diesem Fall nicht möglich.

An dieser Stelle ist es hilfreich, dem Leser die Leistungsdefinitionen der AOK (für den stationären Bereich), des Bundesministeriums für Gesundheit, BMG (für den ambulanten Bereich) sowie die hieraus für diese Arbeit resultierenden Leistungsdefinitionen zu vergegenwärtigen. Demnach wird die sehr umfassende Begriffsdefinition der Mütter-Vorsorge-Kuren und Mütter-Genesungskuren nachfolgend unter dem Begriff Mutter-Kind-Kuren subsumiert, wobei es sich ausschließlich um stationäre Leistungen handelt. Die herkömmliche stationäre Antragsrehabilitation (außerhalb des Bereichs Mutter-Kind-Kuren) enthält gemäß AOK-Definition sowohl Rehabilitations- als auch Vorsorgemaßnahmen. Im ambulanten Bereich bildet die nachfolgend betitelte ambulante Antragsrehabilitation lediglich einen Anteil der vom Bundesministerium für Gesundheit ausgewiesenen „ambulanten Vorsorgeleistungen in anerkannten Kurorten". Die Zuordnung ist daher mittels einer gestrichelten Linie gekennzeichnet.

Im Rahmen des vorliegenden Abschnitts 8.1 soll die Gesamtentwicklung ambulanter und stationärer Rehabilitationsfallzahlen modelliert werden. Noch nicht mit berücksichtigt wird hierbei jedoch die erweiterte Substitution stationärer durch ambulante Rehabilitationsbehandlungen aufgrund einer Ausweitung des ambulanten Rehabilitationsangebots auf bis zu 20% aller Rehabilitationsleistungen (vgl. Abschnitt 8.2). Implizit wird gegenüber dem Jahr 2005 demnach ein unverändertes Verhältnis zwischen stationären und ambulanten Fällen unterstellt, da die durchschnittlichen Ausgaben pro Behandlungsfall aus dem Jahr 2005 über den Beobachtungszeitraum konstant gehal-

7 Begrenzt ist das (ambulant-)teilstationäre Rehabilitationspotential mittelfristig durch einen geschätzten Anteil von rund 20% aller Patienten. Es handelt sich hierbei um den geschätzten Anteil derjenigen Patienten in Deutschland, die auf diese Weise tatsächlich auch wohnortnah versorgt werden könnten (vgl. hierzu weiterführende Modellrechnungen in Abschnitt 8.2).

ten, stationäre und ambulante Behandlungsfälle jedoch in ihrer Gesamtsumme zahlenmäßig fortgeschrieben werden. Erst in Abschnitt 8.2 wird die realistischere Annahme einer mittelfristigen Ausweitung des ambulanten Rehabilitationsangebots getroffen, so dass dort letztendlich auch anteilige Verschiebungen zwischen dem stationären und ambulanten Versorgungsangebot eine Rolle spielen.

Abb. 87: Definitorische Abgrenzung GKV-finanzierter stationärer und ambulanter Rehabilitations- und Vorsorgeleistungen

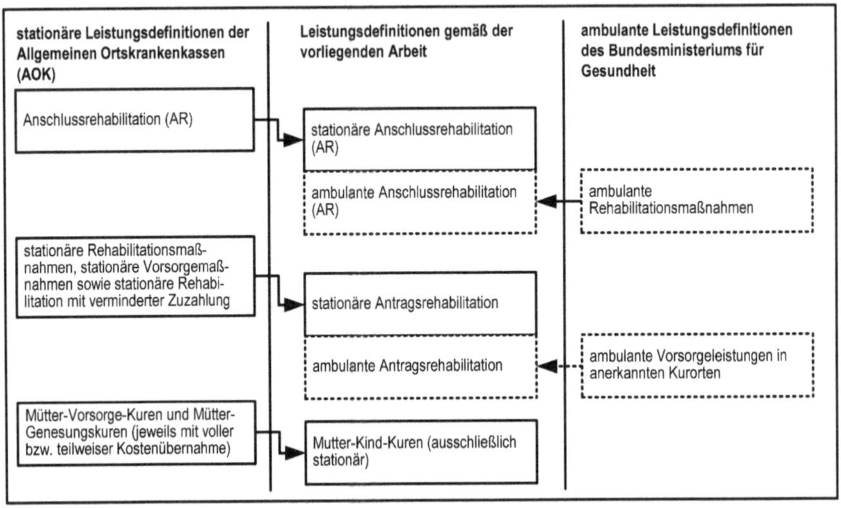

Quelle: Definitionen gemäß Angaben des Bundesministeriums für Gesundheit (BMG) sowie des AOK-Bundesverbands, eigene Darstellung

Gleichzeitig soll jedoch bereits in diesem Abschnitt insbesondere zwischen den beiden Behandlungsformen der herkömmlichen Antragsrehabilitation und der Anschlussrehabilitation (AR) unterschieden werden. Somit lassen sich auch die anteiligen Verschiebungen modellieren, welche zwischen diesen beiden Behandlungsformen zukünftig zu erwarten sein dürften.

8.1.1.1 Hochrechnung medizinischer Rehabilitationsleistungen der gesetzlichen Krankenversicherung, demographischer Effekt

Abbildung 88 dokumentiert die Inanspruchnahmeraten GKV-finanzierter Rehabilitationsleistungen gemäß Statistiken des AOK-Bundesverbands je 1.000 GKV-Versicherte in den Bereichen Anschlussrehabilitation (AR) sowie Antragsrehabilitation[8]. Drei Punkte sind anhand von Abbildung 88 besonders auffällig:

(1) Deutlich höhere Inanspruchnahmeraten im Bereich Anschlussrehabilitation (AR)
Dieses Ergebnis spiegelt den weitaus größten Anteil der AR-Maßnahmen innerhalb der Gruppe der GKV-finanzierten Rehabilitationsbehandlungsleistungen wider.

---

8 Wie im vorangegangenen Abschnitt erläutert, werden in den nachfolgenden Berechnungen die Ergebnisse der Allgemeinen Ortskrankenkassen auf GKV-Leistungen im Allgemeinen übertragen.

(2) Höchste AR-Inanspruchnahmerate bei den 75- bis 80-Jährigen (37,2 von 1.000 GKV-Versicherten)
Insgesamt werden GKV-finanzierte AR-Maßnahmen am Häufigsten von den 70- bis 85-Jährigen und hier wiederum vor allem von den 75- bis 80-Jährigen in Anspruch genommen. Bei den 85-jährigen und älteren GKV-Versicherten geht die Inanspruchnahmerate hingegen auf durchschnittlich 22,1 je 1.000 Versicherte zurück. Letztendlich lässt sich aus diesem Ergebnis die Schlussfolgerung ziehen, dass der Behandlung hochbetagter Patienten gegenüber jüngeren Patienten insgesamt offensichtlich eine geringere Bedeutung beigemessen wird. Neben den Entscheidungsträgern im Rehabilitationssektor ist im Fall einer Anschlussrehabilitation letztendlich auch der Patient selbst für die Ausgestaltung der eigenen Versorgung mitverantwortlich. Die nachfolgenden Abschnitte 8.4 und 9 liefern diesbezüglich spezifische gesundheitspolitische Anregungen, wie geriatrische Rehabilitationsleistungen angesichts des zukünftigen Mehrbedarfs auf eine solidere Finanzierungsbasis gestellt und gleichzeitig die Eigenverantwortung gerade auch älterer Patienten gestärkt werden könnte.
(3) Höchste Inanspruchnahmerate in der Antragsrehabilitation bei den 65- bis 70-Jährigen (3,2 von 1.000 GKV-Versicherten)
Neben der weitaus geringeren Inanspruchnahmerate gegenüber der Anschlussrehabilitation (AR) fällt im Bereich Antragsrehabilitation vor allem auf, dass bewilligte Rehabilitationsleistungen in erster Linie in der Gruppe der 60- bis 70-Jährigen und somit tendenziell in einer jüngeren Versichertengruppe zu finden sind als die AR-Maßnahmen. Hier scheint sich die Kritik aus Abschnitt 4.4 zu bestätigen, dass ältere Patienten oftmals scheinbar nur unzureichende Rehabilitationsleistungen bewilligt bekommen. Den Krankenkassen wird ein finanzieller Anreiz gesetzt, Leistungen vornehmlich für Versicherte derjenigen Altersgruppen zu bewilligen, bei denen zukünftig noch genügend Einsparpotentiale zu erwarten sind. Im Bereich „Rehabilitation vor Pflege“ kurz vor Eintritt der Pflegebedürftigkeit ist dies weitaus seltener der Fall als für jüngere Versichertengruppen. Wiederum sei auch an dieser Stelle auf die nachfolgenden gesundheitspolitischen Diskussionen in den Abschnitten 8.4 und 9 verwiesen.

Angesichts Abbildung 88 und der in Abschnitt 7.2 dargestellten Trends liegt die Vermutung nahe, dass die Anzahl GKV-finanzierter Rehabilitationsbehandlungsfälle rein demographisch bedingt über die kommenden Jahre deutlich ansteigen wird.

In den nachfolgenden Abbildungen 89 bis 92 werden Hochrechnungen der Rehabilitationsfallzahlen aufgrund des rein demographischen Effekts für den Zeitraum zwischen 2006 und 2050 durchgeführt. Diese Hochrechnungen basieren im Wesentlichen auf GKV-finanzierten stationären Rehabilitationsfallzahlen in ihrer altersgruppenspezifischen Ausprägung. Zu Beginn des Abschnitts 8.1 wurde bereits darauf hingewiesen, dass eine Modellierung des demographischen Effekts im Fall des ambulanten Rehabilitationsangebots nicht möglich ist. Vereinfacht wird in den dargestellten Hochrechnungen daher gegenüber 2006 dieselbe prozentuale Veränderung der ambulanten Fallzahlen wie bei den stationären Rehabilitationsfallzahlen angenommen[9].

9 Das Verhältnis ambulanter zu stationären Rehabilitationsfallzahlen wird mit anderen Worten konstant gehalten. Erst in Abschnitt 8.2 wird diese Annahme aufgehoben und eine variable Entwicklung des ambulant-stationären Fallzahlenverhältnisses modelliert.

Abb. 88: Fälle je 1.000 GKV-Versicherte auf Basis von Daten des AOK-Bundesverbands

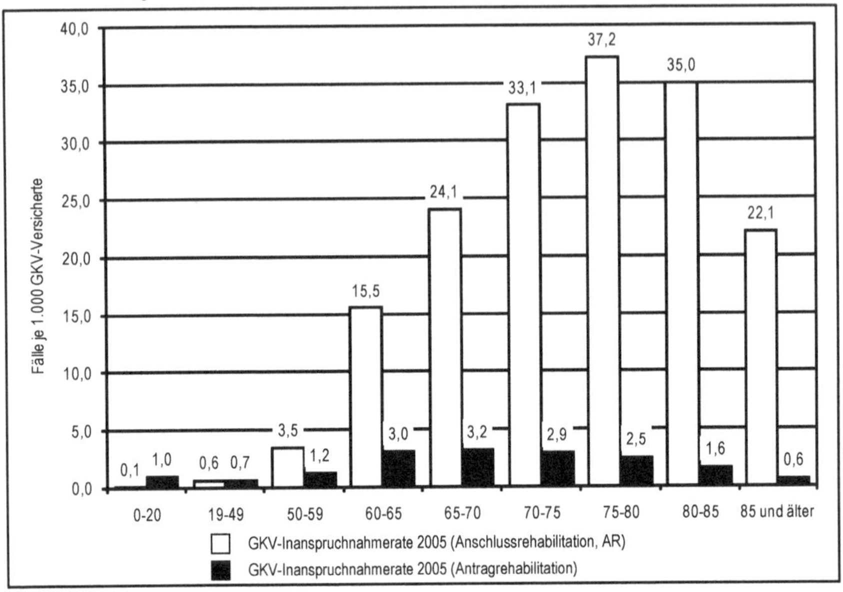

Quelle: Daten des AOK-Bundesverbands, BMG (2007²), eigene Darstellung

Zur Modellierung des demographischen Effekts auf die Entwicklung GKV-finanzierter stationärer Rehabilitationsfallzahlen wurden die Varianten 1-W1, 1-W2, 2-W1 und 2-W2 der 11. koordinierten Bevölkerungsvorausberechnung herangezogen und deren altersspezifische Bevölkerungszeitreihen mit den in Abbildung 88 dokumentierten Rehabilitationsinanspruchnahmeraten verknüpft. Zur Ermittlung des rein demographischen Effekts wurde folglich eine Simulationsrechnung vorgenommen, bei der die Inanspruchnahmeraten aus dem Jahr 2005 über die gesamte Zeitreihe konstant gehalten werden und nur zukünftige Veränderungen in der demographischen Zusammensetzung der deutschen Bevölkerung berücksichtigt sind.

Eine zusätzliche Annahme wurde im Fall von Mutter-Kind-Kuren getroffen. Mit Inkrafttreten des GKV-Wettbewerbsstärkungsgesetzes (GKV-WSG) am 1. April 2007 sind Mutter-Kind-Leistungen, wie bereits in Abschnitt 3.1 dokumentiert, von einer Ermessens- in eine Pflichtleistung umgewandelt worden. Die Antragsprüfung ist nunmehr auf Stichproben reduziert. Aus diesen Gründen gehen Referenten im Fachbereich Rehabilitation einzelner Krankenkassen von einem kurzfristigen Anstieg der Anzahl der Mutter-Kind-Maßnahmen von bis zu 15% aus. Mittelfristig dürfte sich die Anzahl Mutter-Kind-Kuren dann auf diesem höheren Niveau stabilisieren[10], längerfristig aufgrund des demographischen Wandels und der Abnahme der Anzahl Frauen im gebärfähigen Alter jedoch allmählich wieder reduzieren. Gemäß der Modellrechnung in Abbildung 92 erhöht sich die Anzahl entsprechender Maßnahmen zwischen 2006 und 2010 um diese geschätzten 15%. Es wird jedoch sehr schnell deutlich, dass diese An-

10 Telefonische Aussage von Herrn Hermann Laubsch, AOK Bayern, Juli 2007.

nahme keinen maßgeblichen Einfluss auf die Entwicklung der Gesamtfallzahl ausübt. Vielmehr wird der demographische Trend im Wesentlichen durch die Entwicklung im Bereich Anschlussrehabilitation (AR) vorgegeben. Deren Fälle (sowohl stationär als auch ambulant) werden gemäß Abbildung 90 von ca. 617.000 im Jahr 2006 auf eine Fallzahl zwischen 806.000 und 886.000 im Jahr 2050 ansteigen, in den Jahren 2039 und 2042 jedoch einen einmaligen Höhepunkt zwischen ca. 856.000 und 911.000 AR-Fällen erreichen. Dies entspricht einer zwischenzeitlichen Zunahme in der Größenordnung zwischen 39 und 48% gegenüber dem Jahr 2006. Danach wird sich der Bevölkerungsrückgang der Deutschen auch anhand der GKV-finanzierten Rehabilitation bemerkbar machen. In den Szenarien mit der höheren Lebenserwartung (Varianten 2-W1 und 2-W2), fällt der Anstieg entsprechend höher aus als in den beiden Varianten 1-W1 und 1-W2 mit der geringeren Lebenserwartung. Diese Unterteilung spiegelt sich auch in der Entwicklung der Gesamtfallzahlen wider.

Für die Darstellung der Entwicklung bei den GKV-finanzierten Mutter-Kind-Kuren sowie den Fällen der allgemeinen Antragsrehabilitation (Abbildungen 91 und 92) wurde bewusst dieselbe Skalierung gewählt wie für die Darstellung der AR-Maßnahmen. Durch den direkten Vergleich wird die Dominanz der AR-Maßnahmen in der GKV-finanzierten Rehabilitation besonders deutlich. Einzelne Annahmen sowohl in Bezug auf die Anzahl ambulanter Maßnahmen zur Antragsrehabilitation als auch die Auswirkungen des GKV-Wettbewerbsstärkungsgesetzes auf den Bereich Mutter-Kind-Kuren fallen in der Gesamtbetrachtung letztendlich kaum ins Gewicht. Zwischen Antragsrehabilitation und Mutter-Kind-Kuren einerseits und AR-Maßnahmen andererseits wird zudem noch ein weiterer Unterschied deutlich. In den beiden erstgenannten Rehabilitationsbereichen ergeben sich die meisten Fälle demnach nicht aus Variante 2 mit der höheren Lebenserwartung, sondern vielmehr aus Varianten 1-W2 und 2-W2 mit der höheren Nettozuwanderung. Leistungen zur Antragsrehabilitation sowie Mutter-Kind-Kuren erfolgen öfters in Bevölkerungsgruppen jüngeren bzw. mittleren Alters. Bei einer höheren Nettozuwanderung wird es in der Bundesrepublik Deutschland mehr Personen aus der mittleren Bevölkerungsgruppe geben, es werden somit auch mehr Maßnahmen der Antragsrehabilitation sowie Mutter-Kind-Kuren zu erwarten sein[11]. Im Bereich Anschlussrehabilitation (AR) wird hingegen deutlich, dass eine höhere Lebenserwartung auch eine höhere Anzahl an Rehabilitationsmaßnahmen zur Folge hätte. Dieser Effekt ist auch anhand der Zeitreihe der GKV-finanzierten Rehabilitationsfallzahlen insgesamt erkennbar.

Abbildungen 93 bis 96 dokumentieren die Hochrechnungen von Rehabilitationsausgaben der GKV zwischen 2006 und 2050. Unterstellt wird in den nachfolgenden Modellierungen durchgehend ein reales Nullwachstum der Ausgaben pro Behandlungsfall. Es wird mit anderen Worten von einem fortlaufend konstanten Preisniveau, indiziert auf das Jahr 2005, ausgegangen. Die Rehabilitationsausgaben der GKV dürften sich demnach parallel zu den Behandlungsfällen entwickeln. Es wird geschätzt, dass diese aufgrund der demographischen Entwicklung und ohne Berücksichtigung eines Preisanstiegs von € 2,3 Mrd. im Jahr 2006 auf einen Wert zwischen 2,8 und 3,0 Mrd. im Jahr 2050 ansteigen werden. Denkbar ist ein demographisch bedingter, zwischenzeitlicher Anstieg der GKV-Ausgaben für medizinische Rehabilitationsleistungen auf über € 3,1 Mrd. pro Jahr.

11 Anders als bei den AR-Maßnahmen sind Unterschiede zwischen den einzelnen Varianten in der Darstellung der Fallzahlen- und Ausgabenentwicklung bei der Antragsrehabilitation sowie den Mutter-Kind-Kuren angesichts der gewählten Skalierung in den nachfolgenden Abbildungen 91, 92, 95 und 96 nur schwer bzw. überhaupt nicht ohne Weiteres erkennbar.

Abb. 89: Hochrechnung GKV-finanzierter Rehabilitationsfallzahlen gesamt, 2006 bis 2050, demographischer Effekt

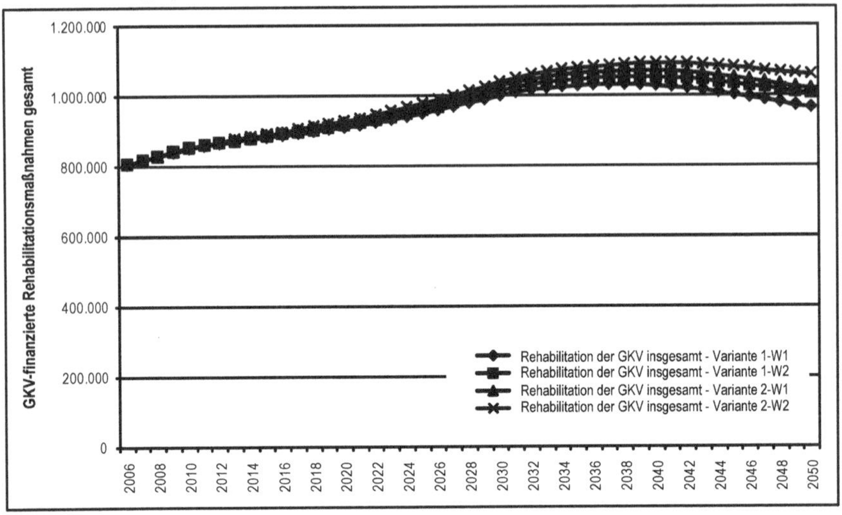

Quelle: Rehabilitationsfallzahlen des AOK-Bundesverbands für 2005, 11. koordinierte Bevölkerungsvorausberechnung des Statistischen Bundesamts, BMG (2007^2), eigene Berechnungen

Abb. 90: Hochrechnung GKV-finanzierter Maßnahmen zur Anschlussrehabilitation (AR), 2006 bis 2050, demographischer Effekt

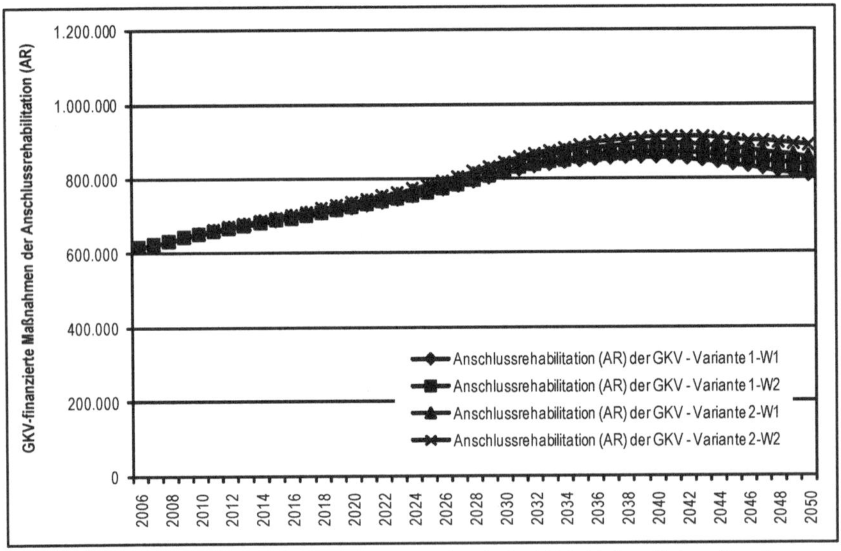

Quelle: Rehabilitationsfallzahlen des AOK-Bundesverbands für 2005, 11. koordinierte Bevölkerungsvorausberechnung des Statistischen Bundesamts, BMG (2007^2), eigene Berechnungen

Abb. 91: Hochrechnung GKV-finanzierter Maßnahmen zur Antragsrehabilitation, 2006 bis 2050, demographischer Effekt (Werte annähernd konstant)

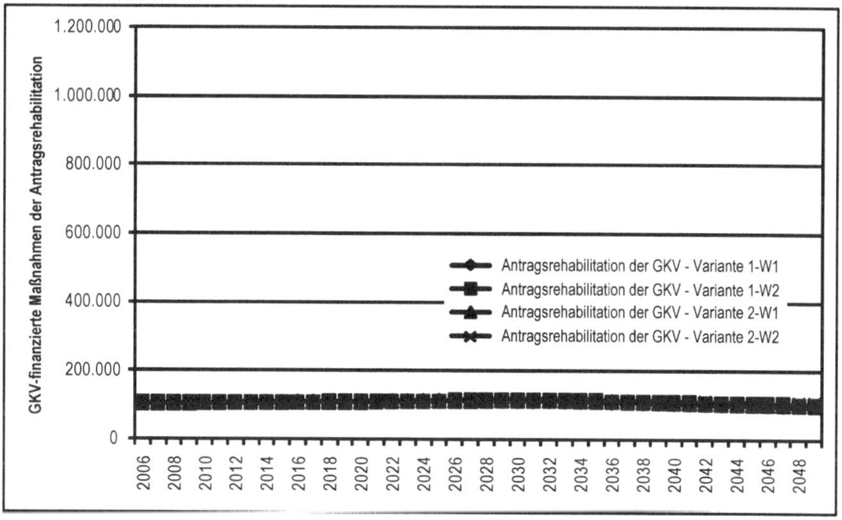

Quelle: Rehabilitationsfallzahlen des AOK-Bundesverbands für 2005, 11. koordinierte Bevölkerungsvorausberechnung des Statistischen Bundesamts, BMG (2007[2]), eigene Berechnungen

Abb. 92: Hochrechnung GKV-finanzierter Fallzahlen im Bereich Mutter-Kind-Kuren, 2006 bis 2050, demographischer Effekt (Werte annähernd konstant)

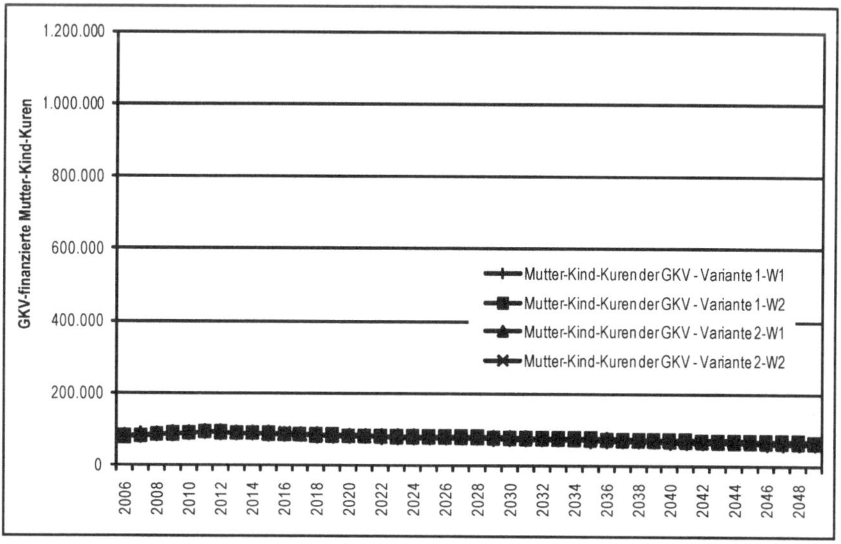

Quelle: Rehabilitationsfallzahlen des AOK-Bundesverbands für 2005, 11. koordinierte Bevölkerungsvorausberechnung des Statistischen Bundesamts, BMG (2007[2]), eigene Berechnungen

Abb. 93: Hochrechnung von Rehabilitationsausgaben der GKV gesamt, 2006 bis 2050, demographischer Effekt

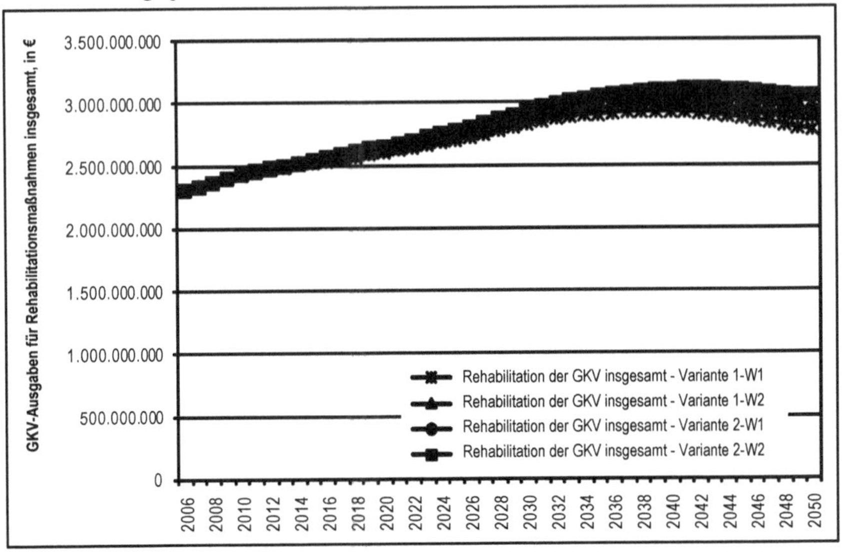

Quelle: Rehabilitationsausgaben des AOK-Bundesverbands für 2005, 11. koordinierte Bevölkerungsvorausberechnung des Statistischen Bundesamts, BMG (2007[2], 2007[4]), eigene Berechnungen

Abb. 94: Hochrechnung von GKV-Ausgaben für Maßnahmen zur Anschlussrehabilitation (AR), 2006 bis 2050, demographischer Effekt

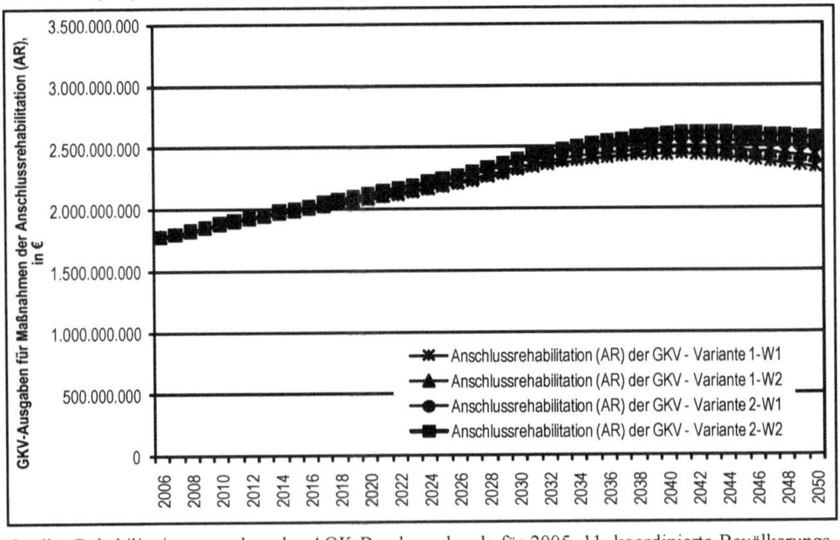

Quelle: Rehabilitationsausgaben des AOK-Bundesverbands für 2005, 11. koordinierte Bevölkerungsvorausberechnung des Statistischen Bundesamts, BMG (2007[2], 2007[4]), eigene Berechnungen

Abb. 95: Hochrechnung von GKV-Ausgaben für Maßnahmen der Antragsrehabilitation, 2006 bis 2050, demographischer Effekt (Ausgaben annähernd konstant)

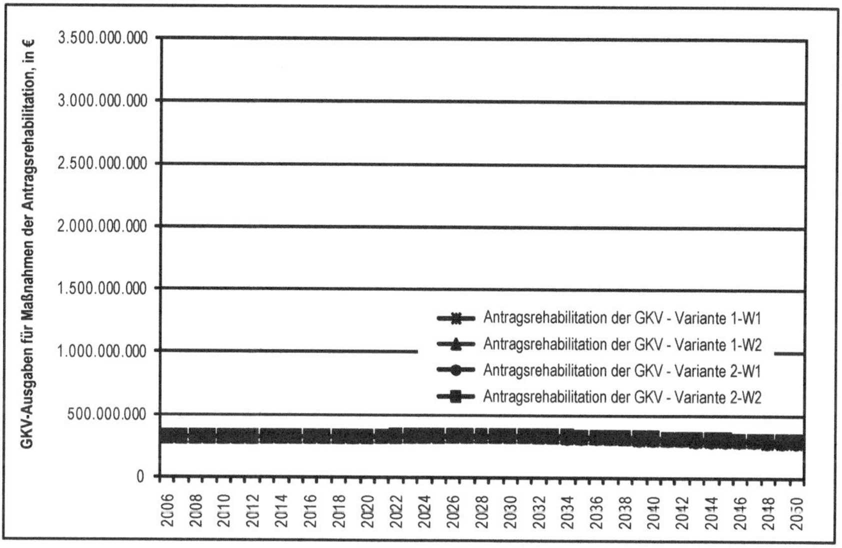

Quelle: Rehabilitationsausgaben des AOK-Bundesverbands für 2005, 11. koordinierte Bevölkerungsvorausberechnung des Statistischen Bundesamts, BMG (2007[2]), eigene Berechnungen

Abb. 96: Hochrechnung von GKV-Ausgaben für Mutter-Kind-Kuren, 2006 bis 2050, demographischer Effekt (Ausgaben annähernd konstant)

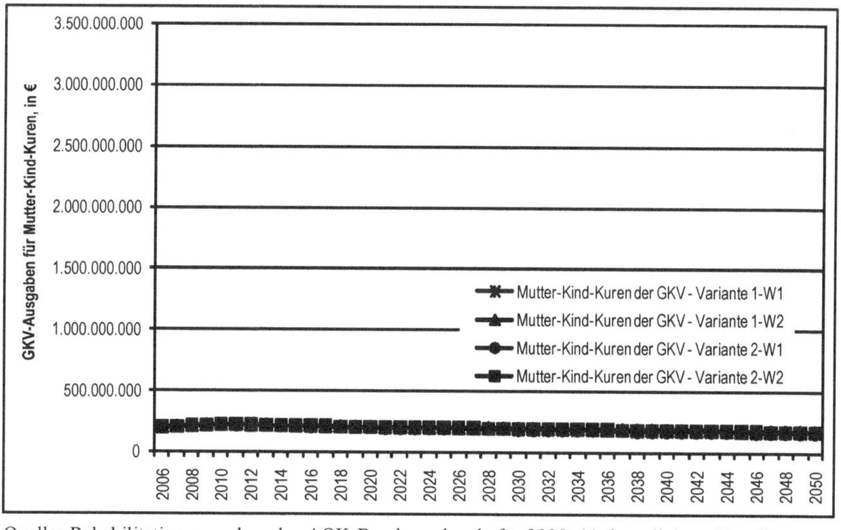

Quelle: Rehabilitationsausgaben des AOK-Bundesverbands für 2005, 11. koordinierte Bevölkerungsvorausberechnung des Statistischen Bundesamts, BMG (2007[2]), eigene Berechnungen

8.1.1.2 Hochrechnung medizinischer Rehabilitationsleistungen der gesetzlichen Krankenversicherung unter Berücksichtigung eines Residualeffekts

Im vorangegangenen Abschnitt 8.1.1.1 wurde der demographische Effekt auf die Entwicklung GKV-finanzierter medizinischer Rehabilitationsleistungen dokumentiert. Nachfolgend soll aufgezeigt werden, inwiefern sich ein zusätzlicher Residualeffekt auf die Entwicklung ambulanter und stationärer Rehabilitationsleistungen auswirken dürfte.

Bei der Berechnung eines Residualeffekts ist es letztendlich nicht möglich zu unterscheiden, inwieweit es sich hierbei um einen Morbiditätseffekt, Auswirkungen des medizinisch-technischen Fortschritts oder möglicherweise eine Kombination beider Effekte handelt. Aufgrund der Tatsache, dass die Bewilligung von Antragsverfahren durch die gesetzlichen Krankenkassen in den letzten Jahren stark rückläufig war, erscheint es plausibel anzunehmen, dass diese Zahlen auch in Zukunft nicht steigen werden. Gleichzeitig dürfte eine Erhöhung von Mutter-Kind-Maßnahmen zwar gesundheitspolitisch motiviert, jedoch ebenfalls nicht auf einen entsprechenden Residualeffekt zurückzuführen sein. Die Berechnung eines Residualeffekts konzentriert sich nachfolgend demnach lediglich auf den Bereich Anschlussrehabilitation (AR), da dies in der GKV-finanzierten Rehabilitation die einzige Behandlungsgruppe darstellt, die in den vergangenen Jahren zahlenmäßig aufgrund zunehmender Morbidität und Chronizität sowie durch den medizinisch-technischen Fortschritt gestiegen ist. Bei einer Hochrechnung GKV-, aber auch RV-finanzierter Rehabilitationsleistungen ist es in erster Linie entscheidend, dass der Fallzahlenanstieg der letzten Jahre plausibel in die Zukunft fortgeschrieben wird. Um den Residualeffekt zu quantifizieren, erscheint im Fall GKV-finanzierter AR-Maßnahmen folgende Vorgehensweise sinnvoll:

1. Bestimmung der jährlichen linearen Fallzahlensteigerung GKV-finanzierter AR-Maßnahmen zwischen 2000 und 2005[12] und Isolierung des demographischen Effekts;
2. Lineare Fortschreibung des verbleibenden Residualeffekts bis in das Jahr 2050;
3. Berechnung der jährlichen Wachstumsrate zwischen 2005 und 2050, welche dem Residualeffekt auf die GKV-finanzierten AR-Fallzahlen zugrunde liegt.

Von besonderer Bedeutung ist bei der nachfolgenden Hochrechnung zudem, dass auch die ambulante AR-Fallzahl in den vergangenen Jahren stark gestiegen ist. Zur Quantifizierung der allgemeinen Fallzahlensteigerung muss diese Erhöhung zwangsläufig ebenfalls mit berücksichtigt werden.

An dieser Stelle sei angemerkt, dass es sich bei den nachfolgenden Hochrechnungen lediglich um hypothetische Schätzungen der Rehabilitationsfallzahlen- und Ausgabenentwicklung handelt. Abschnitt 8.3 wird hingegen zeigen, dass eine solche Entwicklung mittel- bis langfristig unter gegenwärtigen Bedingungen nicht finanzierbar sein wird. Aus diesem Grund ist unter unveränderten Rahmenbedingungen mit einem Deckeneffekt und somit damit zu rechnen, dass Rehabilitationsleistungen künftig teilweise schlichtweg nicht mehr bereitgestellt werden können[13].

Die durchgeführten Berechnungen sind in *Anhang 9-1* dargestellt. Sie dokumentieren eine jährliche Steigerung GKV-finanzierter AR-Fälle, bedingt durch den Residualef-

12 Daten des AOK-Bundesverbands lagen sowohl für das Jahr 2005 als auch erstmalig für das Jahr 2000 vor.

13 Ein möglicher Lösungsansatz zur künftigen Finanzierung von Rehabilitationsleistungen wird im nachfolgenden Abschnitt 8.4 diskutiert.

fekt, in Höhe von +1,9% pro Jahr. Dieser Effekt quantifiziert die Entwicklung in den Fallzahlen der vorwiegend über 60-jährigen Patienten, die eine Anschlussrehabilitation (AR) in Anspruch nehmen.

Es sei jedoch darauf hingewiesen, dass Anschlussheilbehandlungen für einen Großteil onkologischer Patienten im Rentenalter in dieser Statistik noch nicht erfasst sind, da diese vorwiegend von der Rentenversicherung finanziert werden. Der Kreis der Anspruchsberechtigten auf eine onkologische Rehabilitation zulasten der gesetzlichen Rentenversicherung ist demnach im Rahmen des SGB VI weiter gefasst als für alle übrigen Indikationen. Wie in Abschnitt 2.1.1 bereits ausgewiesen, gehören hierzu gemäß § 31 Abs. 1 Nr. 3 SGB VI auch die Bezieher einer Rente sowie Angehörige von Versicherten und Rentenbeziehern. Zu letzteren sind sowohl nicht versicherte Ehegatten als auch Kinder hinzuzuzählen. Letztendlich umfasst der Kreis der Anspruchsberechtigten von RV-finanzierten Rehabilitationsleistungen im Fall onkologischer Erkrankungen demnach eine ältere Personengruppe, für die die gesetzlichen Krankenkassen in der Regel nicht zuständig sind. Aus dieser Konstellation ergeben sich vor allem zwei Besonderheiten der onkologischen Rehabilitation:

1. Nach der Rehabilitation von Erkrankungen des Stütz- und Bewegungsapparats konkurrieren die Rehabilitation von bösartigen Neubildungen und die Rehabilitation von psychischen Störungen um den zweiten Rang der für die Rentenversicherung bedeutendsten Indikationen[14].
2. Auch speziell für Maßnahmen zur onkologischen Rehabilitation ist das Phänomen der Ausgabenversteilerungen in den letzten Jahren zu beobachten gewesen (vgl. hierzu die allgemeine Diskussion im vorangegangenen Abschnitt 7.1). Zum einen wurde mehr als die Hälfte aller Leistungen für die Gruppe der älteren Nicht-Versicherten erbracht, zum anderen fiel die Zunahme der Inanspruchnahme von Rehabilitationsleistungen in dieser Gruppe in den vergangenen Jahren auch stärker aus als für die jüngere Gruppe der Erwerbstätigen.

In einer aktuellen Schätzung geht die gesetzliche Rentenversicherung bis 2010 von einem Gesamtanstieg der Rehabilitationsfälle über alle Indikationsgebiete von 8%, im speziellen Fall der onkologischen Rehabilitation hingegen von einem Anstieg um 25% im stationären und 58% im ambulanten Bereich aus[15]. Konkret wird der Anstieg onkologischer AHB-Maßnahmen zwischen 2006 und 2010 auf rund ein Drittel geschätzt. Als Gründe für den starken Anstieg der Rehabilitation von Krebserkrankungen lassen sich insbesondere drei Faktoren ausmachen[16]:

1. die zunehmende Alterung der Gesellschaft als bedeutsamer Bestimmungsfaktor für die steigende Inzidenz und Prävalenz von Krebserkrankungen,
2. vermehrt eingesetzte diagnostische Verfahren zur Krebsfrüherkennung,
3. die oft längeren Therapieverläufe der Patienten aufgrund moderner Therapiekonzepte.

---

14 Im Jahr 2005 betrugen die Zahlen respektive 240.932 für Krankheiten der Bewegungsorgane, 146.178 für Krebserkrankungen und 126.539 für psychische Störungen (vgl. Korsukéwitz (2007), S. 41, insbesondere Abbildung 1).

15 Der verhältnismäßig hohe Prozentsatz von 58% bezieht sich hierbei allerdings auf einen vergleichsweise geringen Ausgangswert ambulanter Rehabilitationsbehandlungsfälle in der Onkologie.

16 Siehe Korsukéwitz (2007), S. 40-42 für diese und die vorangegangenen Erläuterungen.

Als Ergebnis aus den soeben dokumentierten Aussagen und Statistiken lässt sich der Schluss ziehen, dass der Residualeffekt älterer Patienten im Bereich der Rehabilitation von Krebserkrankungen noch weiter zu quantifizieren sein wird. Nähere Berechnungen hierzu werden im nachfolgenden Abschnitt 8.1.2.2 durchgeführt. Aufgrund einer starken Zunahme onkologischer Fallzahlen über die letzten Jahre ist letztendlich zu erwarten, dass der Residualeffekt auf die Entwicklung älterer Rehabilitanden noch einmal höher ausfallen dürfte als die bislang ausgewiesenen +1,9% pro Jahr. Daher ist es wichtig, bei der Bestimmung des Residualeffekts auf die Fallzahlenentwicklung älterer Patienten nicht allein die GKV-finanzierten Rehabilitationspatienten zu berücksichtigen.

Legt man jedoch in einem ersten Schritt den Wert von +1,9% als Wachstumsrate GKV-finanzierter AR-Maßnahmen zugrunde, so ergeben sich die in den Abbildungen 98 und 100 skizzierten Entwicklungen GKV-finanzierter Fallzahlen und Ausgaben zur Anschlussrehabilitation (AR). Die Berechnungen erfolgen in Anlehnung an Variante 1-W1 der 11. koordinierten Bevölkerungsvorausberechnung, d.h. der Variante mit der geringeren Zunahme der Lebenserwartung und der geringeren Nettozuwanderungsrate. Zusätzlich ist in den beiden Abbildungen auch der in Abschnitt 8.1.1.1 bereits dokumentierte, reine demographische Effekt dargestellt. Unter Mitberücksichtigung des Residualeffekts fällt die Entwicklung von Fallzahlen sowie Ausgaben zur Anschlussrehabilitation (AR) letztendlich noch einmal um fast 100% höher, also doppelt so hoch aus als unter Berücksichtigung des rein demographischen Effekts.

In den Abbildungen 97 und 99 ist der Entwicklung der GKV-finanzierten Anschlussrehabilitation (AR) die Entwicklung GKV-finanzierter Rehabilitationsmaßnahmen insgesamt jeweils vorangestellt.

Für die klassische Antragsrehabilitation sowie Mutter-Kind-Kuren wurde anders als für AR-Maßnahmen kein Residualeffekt berechnet. Erstens spielt der medizinisch-technische Fortschritt in letzteren beiden Fällen keine Rolle, zweitens ist gemäß der Diskussion in Abschnitt 4.4 nicht zu erwarten, dass sich die Anzahl der Vorsorge- und Rehabilitationsmaßnahmen in diesen beiden Leistungsbereichen aufgrund steigender Chronizität und Morbidität weiter erhöhen wird.

Insgesamt ist auch hier auffallend, dass die Entwicklung der gesamten GKV-finanzierten Rehabilitationsausgaben bis 2050 fast ausschließlich durch die Entwicklung der Maßnahmen zur Anschlussrehabilitation bestimmt wird. Die Gesamtausgaben werden hierbei bis 2050 gemäß den vorgestellten Hochrechnungen von € 2,3 Mrd. im Jahr 2005 auf bis zu € 5,4 Mrd.[17] und somit um bis zu knapp 136% steigen. Grund hierfür ist ein Anstieg der GKV-finanzierten Rehabilitationsfallzahlen von ca. 791.000 im Jahr 2005 auf bis zu 1,85 Mio. Fälle im Jahr 2050. Einzelne Trends sind hierbei gegenläufig. Zwischen 2006 und 2050 stünden gemäß Variante 1-W1 einem Anstieg der Ausgaben zur Anschlussrehabilitation (AR) von +156% ein Rückgang der GKV-Ausgaben für Maßnahmen der Antragsrehabilitation von -14% sowie ein Rückgang von GKV-Ausgaben für Mutter-Kind-Kuren von -19% gegenüber[18].

17 Gemäß Variante 2-W2. In Abbildung 99, gemäß Variante 1-W1, sind es im Jahr 2050 nur ca. € 5,1 Mrd.

18 Ergebnisse gemäß Variante 1-W1 der 11. koordinierten Bevölkerungsvorausberechnung des Statistischen Bundesamts.

Abb. 97: Hochrechnung GKV-finanzierter Rehabilitationsmaßnahmen insgesamt, 2006 bis 2050, unter Mitberücksichtigung des Residualeffekts

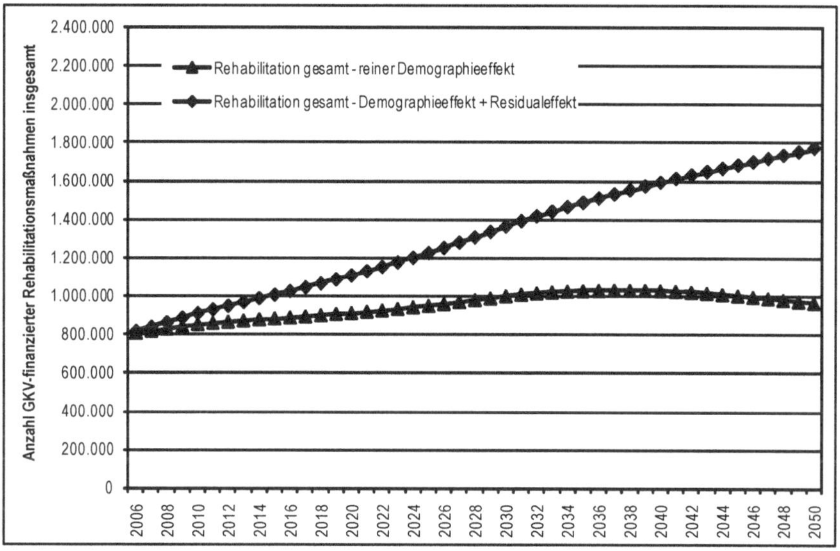

Quelle: Rehabilitationsausgaben des AOK-Bundesverbands für 2005, 11. koordinierte Bevölkerungsvorausberechnung des Statistischen Bundesamts (Variante 1-W1), BMG (2007[2]), eigene Berechnungen

Abb. 98: Hochrechnung GKV-finanzierter Maßnahmen der Anschlussrehabilitation (AR), 2006 bis 2050, unter Mitberücksichtigung des Residualeffekts

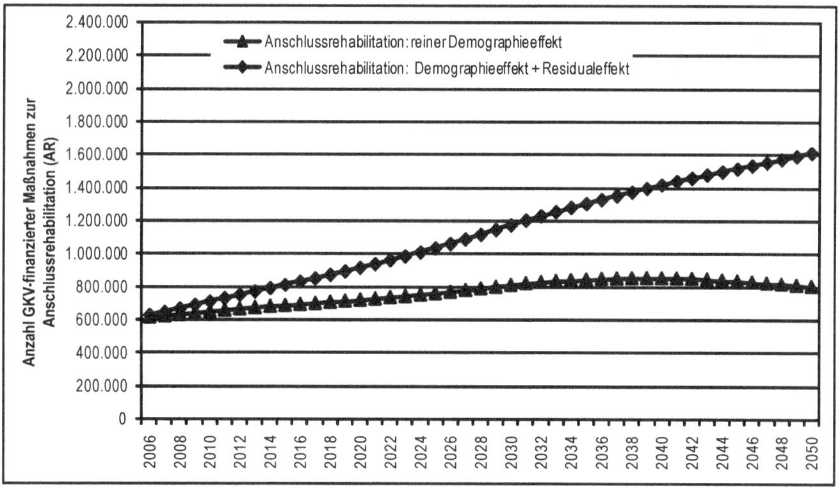

Quelle: Rehabilitationsausgaben des AOK-Bundesverbands für 2005, 11. koordinierte Bevölkerungsvorausberechnung des Statistischen Bundesamts (Variante 1-W1), BMG (2007[2]), eigene Berechnungen

Abb. 99: Hochrechnung der GKV-Ausgaben für Rehabilitationsmaßnahmen insgesamt, 2006 bis 2050, unter Mitberücksichtigung des Residualeffekts

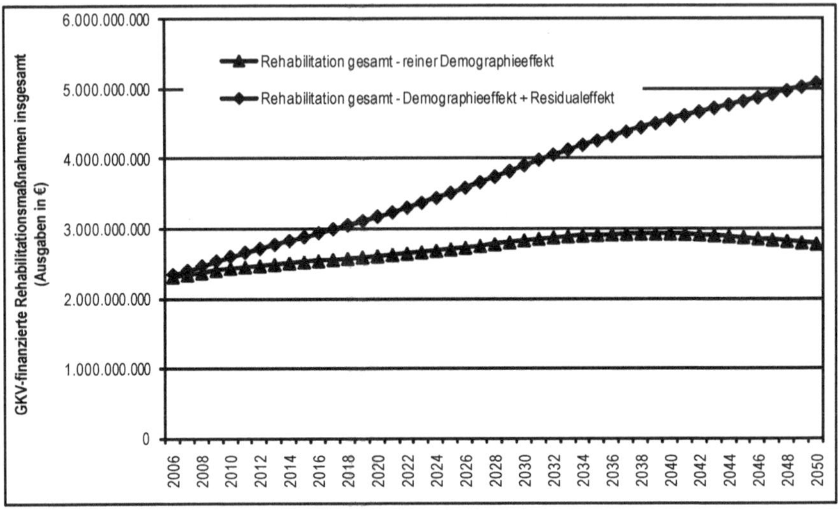

Quelle: Rehabilitationsausgaben des AOK-Bundesverbands für 2005, 11. koordinierte Bevölkerungsvorausberechnung des Statistischen Bundesamts (Variante 1-W1), BMG (2007², 2007⁴), eigene Berechnungen

Abb. 100: Hochrechnung der GKV-Ausgaben für Maßnahmen zur Anschlussrehabilitation (AR), 2006 bis 2050, unter Mitberücksichtigung des Residualeffekts

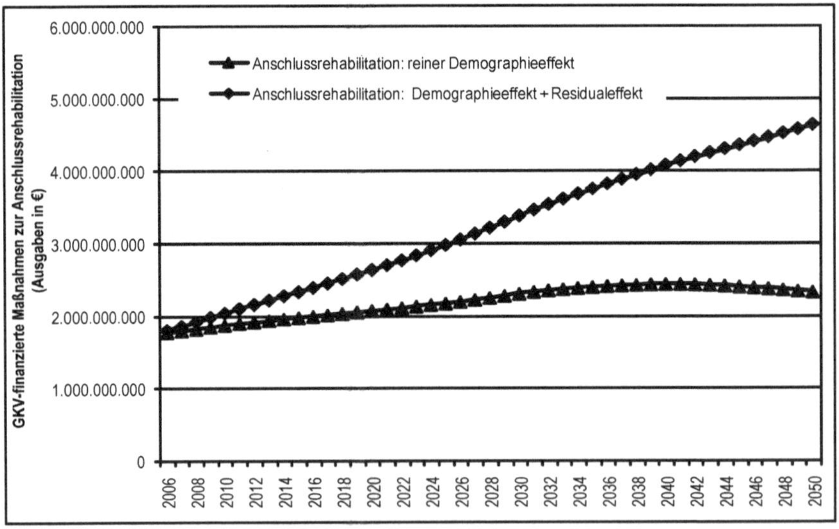

Quelle: Rehabilitationsausgaben des AOK-Bundesverbands für 2005, 11. koordinierte Bevölkerungsvorausberechnung des Statistischen Bundesamts (Variante 1-W1), BMG (2007², 2007⁴), eigene Berechnungen

Gemäß Tabelle 23 ergibt sich trotz des hohen Ausgangswerts im Jahr 2006 bis 2050 den Hochrechnungen zufolge noch einmal eine deutliche anteilige Verschiebung in Richtung mehr AR-Maßnahmen. Betrug der Anteil 2006 noch 77%, so werden es 2030 schätzungsweise 87% und 2050 sogar 92% aller GKV-finanzierten Fälle sein.

Tab. 23: Geschätzte Veränderung der prozentualen Verteilung GKV-finanzierter Rehabilitationsfallzahlen zwischen 2006 und 2050 (lineare Extrapolation)

	2006		2030		2050	
	Fallzahl	**Anteil (in %)**	**Fallzahl**	**Anteil (in %)**	**Fallzahl**	**Anteil (in %)**
Anschlussrehabilitation (AR)	628.717	77%	1.176.093	87%	1.612.371	92%
Antragsrehabilitation	105.057	13%	112.465	8%	96.980	6%
Mutter-Kind-Kuren	80.484	10%	62.387	5%	51.314	3%
Gesamt	**814.258**		**1.350.945**		**1.760.655**	

Quelle: Rehabilitationsausgaben des AOK-Bundesverbands für 2005, 11. koordinierte Bevölkerungsvorausberechnung des Statistischen Bundesamts (Variante 1-W1), BMG (2007[2], 2007[4]), eigene Berechnungen

Eine Möglichkeit, die Plausibilität der präsentierten Daten zu überprüfen, ist die Ermittlung künftiger GKV-Ausgaben für Rehabilitationsbehandlungsleistungen als Anteil an den prognostizierten GKV-Ausgaben insgesamt. In Tabelle 24 erfolgt hierzu eine Gegenüberstellung von Daten des Fritz Beske Instituts für Gesundheits-System-Forschung Kiel. 2005 wurden von der GKV ca. € 2,3 Mrd. für Rehabilitationsbehandlungsleistungen ausgegeben, während sich die GKV-Ausgaben insgesamt im Jahr 2005 laut Angaben des Fritz Beske Instituts auf € 135,5 Mrd. beliefen. Dies entspricht einem Anteil der medizinischen Rehabilitation von 1,7%. Das Fritz Beske Institut rechnet bis zum Jahr 2050 mit einem Anstieg der GKV-Ausgaben auf insgesamt € 211,8 Mrd. (so genannte realistische Entwicklung, gemäß Variante 1 der 10. koordinierten Bevölkerungsvorausberechnung des Statistischen Bundesamts). Modelliert wird in diesem Fall ein Residualeffekt (vom Fritz Beske Institut als medizinisch-technischer Fortschritt bezeichnet) in Höhe von +1% pro Jahr. Unter Berücksichtigung eines Residualeffekts würde sich der Anteil der Rehabilitationsbehandlungsleistungen an den gesamten GKV-Ausgaben letztendlich von 1,7% auf 2,4% erhöhen. Unter Berücksichtigung des rein demographischen Effekts wäre hingegen lediglich eine Erhöhung auf 2,1% zu erwarten.

Tab. 24: Plausibilitätsprüfung des prozentualen Anteils GKV-finanzierter Rehabilitationsausgaben an den gesamten GKV-Ausgaben, mit und ohne Residualeffekt (Angaben in € Mrd.)

	Demographische Entwicklung: Wachstumsrate der GKV-Ausgaben durch den medizinischen Fortschritt 0%		**Realistische Entwicklung: Wachstumsrate der GKV-Ausgaben durch den medizinischen Fortschritt 1%**	
	GKV-Ausgaben	**Ausgaben Rehabilitation**	**GKV-Ausgaben**	**Ausgaben Rehabilitation**
2005	€ 135,45	€ 2,3	€ 135,45	€ 2,3
%-Anteil 2005		1,7%		1,7%
2050	€ 132,67	€ 2,8	€ 211,78	€ 5,1
%-Anteil 2050		2,1%		2,4%

Quelle: Beske, Drabinski (2005), S. 14, Tabelle 1 (gemäß Variante 1 der 10. koordinierten Bevölkerungsvorausberechnung des Statistischen Bundesamts), eigene Berechnungen

Die leichte Verschiebung hin zu einer anteilig höheren GKV-Finanzierung von Rehabilitationsbehandlungsleistungen im Jahr 2050 lässt sich anhand der Tatsache erklären, dass diese überwiegend für ältere Personengruppen erfolgt und dass aufgrund von Ausgabenversteilerungen hier auch eine insgesamt höhere Steigerung zu erwarten sein dürfte. Zudem wird die demographische Entwicklung durch das Fritz Beske Institut aufgrund der Anwendung der 10. koordinierten Bevölkerungsvorausberechnung etwas unterschätzt.

Abschließend sei anhand eines Beispiels auf die Einschränkungen bei der hier vorgestellten Hochrechnung von Rehabilitationsfällen und Rehabilitationsausgaben hingewiesen. Da bei einer Hochrechnung von Rehabilitationsfallzahlen zwangsläufig nur vergangene Erfahrungswerte herangezogen werden können, werden mögliche Zukunftsentwicklungen in der Medizin hierbei nicht mit berücksichtigt. Beispielsweise wäre durchaus vorstellbar, dass Demenzerkrankungen im Laufe der nächsten vierzig Jahre gemäß der in Abschnitt 7.1 vorgestellten Medikalisierungsthese zumindest teilweise heilbar sein und somit auch Rehabilitationsbehandlungsleistungen für Demenzpatienten in Frage kommen könnten. Demenzerkrankungen stellen bereits heute mit knapp über 1 Million Personen innerhalb der deutschen Bevölkerung ein gravierendes medizinisches und gesundheitsökonomisches Problem dar. Bis 2050 wird zudem ein Anstieg auf bis zu 2,3 Millionen Personen erwartet[19].

Das Beispiel Demenz zeigt, mit welchen Unsicherheiten eine Hochrechnung von Rehabilitationsbehandlungsleistungen letztendlich behaftet ist. Insgesamt ist davon auszugehen, dass der in diesem Abschnitt geschätzte künftige Bedarf an Rehabilitationsbehandlungsleistungen tendenziell eher unterschätzt als überschätzt sein dürfte.

8.1.2 Hochrechnung medizinischer Rehabilitationsleistungen der gesetzlichen Rentenversicherung

In Abschnitt 8.1.1 wurde eine Hochrechnung medizinischer Rehabilitationsleistungen der gesetzlichen Krankenkassen durchgeführt. Der nachfolgende Abschnitt widmet sich nun dem derzeit größten Ausgabenträger medizinischer Rehabilitationsbehandlungsleistungen: der gesetzlichen Rentenversicherung, vertreten durch die Deutsche Rentenversicherung (DRV) Bund, vormals Verband Deutscher Rentenversicherungsträger (VDR).

Abbildung 101 gibt gemäß einer Statistik der Deutschen Rentenversicherung (DRV) Bund die Verteilung der RV-finanzierten, sowohl stationären als auch ambulanten Fälle im Jahr 2005 wieder. Bei etwas über 60% der Fälle handelte es sich 2005 um Fälle der stationären Antragsrehabilitation, an zweiter Stelle standen stationäre Anschlussheilbehandlungen (AHB) mit 26,5%. Ambulante Fälle machten 2005 einen Anteil von 8,5% aller Fälle aus (ambulante Antragsrehabilitation 6,7%, ambulante Anschlussheilbehandlungen 1,8%). Wie schon für Abschnitt 8.1 so gilt auch hier, dass das Verhältnis zwischen stationären und ambulanten Rehabilitationsfällen aus dem Jahr 2005 über den Beobachtungszeitraum im Rahmen dieses Abschnitts konstant gehalten und die Fälle in der nachfolgenden Hochrechnung zudem nicht getrennt voneinander dargestellt werden. Analog Abschnitt 8.1.1 wird jedoch zwischen Leistungen im Bereich der allgemeinen Antragsrehabilitation und Anschlussheilbehandlungen unterschieden.

19 Siehe BKK-Bundesverband (2007), S. 3.

Mit unter 5% stellten 2005 die stationären Kinderheilbehandlungen einen verhältnismäßig geringen Anteil dar. Deren Entwicklung wird nachfolgend zwar mit modelliert und in der Gesamtfallzahl mit eingerechnet, im Rahmen der Hochrechnung jedoch ebenfalls nicht getrennt ausgewiesen.

Bei Mischfällen (insgesamt 2.599 im Jahr 2005) handelt es sich um Fälle, die in einzelnen Phasen sowohl eine stationäre als auch eine ambulante Behandlung aufweisen[20]. Die Gesamtfallzahl (ohne Mischfälle) belief sich 2005 auf 801.465. Da detaillierte, altersspezifische Statistiken für die Gruppe der Mischfälle nicht verfügbar waren, wird diese Gruppe in den nachfolgenden Berechnungen vernachlässigt.

Interessant an der Gesamtzahl aller Fälle ist im Hinblick auf Abschnitt 8.1, dass diese im Jahr 2005 mit ca. 800.000 sowohl im Bereich der Rentenversicherung als auch bei den Krankenkassen annähernd gleich hoch ausfiel.

Abb. 101: Verteilung RV-finanzierter Fallzahlen zur medizinischen Rehabilitation 2005 (gesamt: 804.064 Fälle)

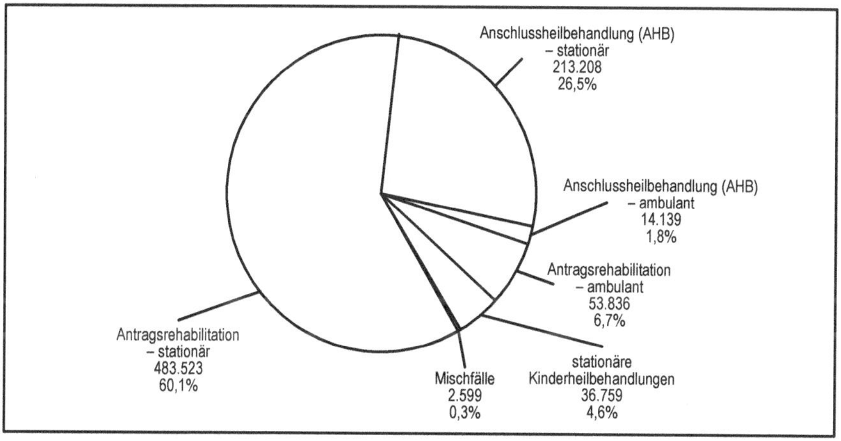

Quelle: Deutsche Rentenversicherung (2007), eigene Darstellung

Die vorangegangenen Analysen in den Abschnitten 7.2 und 8.1.1 lassen vermuten, dass die gesetzliche Rentenversicherung als Rehabilitationsträger gegenüber den gesetzlichen Krankenkassen zukünftig aus zweierlei Gründen an Bedeutung verlieren könnte:

1. Die demographische Entwicklung, welche die Bevölkerung im erwerbsfähigen Alter langfristig schrumpfen lassen wird.
2. Der aufgrund von Ausgabenversteilerungen gegenüber den gesetzlichen Krankenkassen geringer ausgeprägte Residualeffekt unter den jüngeren Rehabilitationspatienten.

20 Dies bedeutet im Umkehrschluss jedoch nicht, dass mit Hilfe der Mischfälle die Gesamtheit aller Fälle mit sequenziellem Behandlungsablauf erfasst wäre. In Wirklichkeit liegt dieser Anteil höher, lässt sich anhand der Statistik aber nicht genau quantifizieren (telefonische Aussage von Herrn Sigl, Deutsche Rentenversicherung Bund Würzburg, vom 21. Juni 2007).

Gleichzeitig wurde in Abschnitt 8.1.1.2 darauf hingewiesen, dass im Fall der Rentenversicherung die Fallzahlenentwicklung älterer onkologischer Patienten bei der Berechnung des Residualeffekts mit berücksichtigt werden muss.

Letztendlich bleibt das Ergebnis der Entwicklung von Rehabilitationsfallzahlen und -ausgaben der DRV Bund daher an dieser Stelle noch völlig offen. Sowohl den demographischen Effekt als auch den Residualeffekt gilt es daher auf den nachfolgenden Seiten zu modellieren und zu quantifizieren.

8.1.2.1 Hochrechnung medizinischer Rehabilitationsleistungen der gesetzlichen Rentenversicherung, demographischer Effekt

Wie bereits im vorangegangenen Abschnitt 8.1.1, beginnt die Analyse auch für die gesetzliche Rentenversicherung mit der Modellierung eines demographischen Effekts auf die Entwicklung der Rehabilitationsfallzahlen. Während Maßnahmen zur Antragsrehabilitation und Mutter-Kind-Kuren der gesetzlichen Krankenversicherung bis 2050 rückläufig sein dürften, ließ sich in Abschnitt 8.1.1.1 rein aufgrund des demographischen Effekts ein deutlicher Anstieg GKV-finanzierter Maßnahmen zur Anschlussrehabilitation (AR) dokumentieren. Die Gesamtentwicklung GKV-finanzierter Rehabilitationsmaßnahmen wird von der Entwicklung der AR-Maßnahmen somit maßgeblich beeinflusst.

Die Entwicklung medizinischer Rehabilitationsmaßnahmen der gesetzlichen Rentenversicherung dürfte hingegen etwas anders verlaufen, wie Abbildung 102 bereits andeutet. Die Abbildung dokumentiert die Inanspruchnahmeraten RV-finanzierter Maßnahmen zur Anschlussheilbehandlung (AHB) und zur Antragsrehabilitation, jeweils nach einzelnen Altersgruppen. In gewissen Punkten ist das Ergebnis spiegelbildlich zu der Darstellung der Inanspruchnahmeraten GKV-finanzierter Rehabilitationsleistungen in Abbildung 88 zu interpretieren (vgl. hierzu Abschnitt 8.1.1.1). Demnach wurden durch die gesetzliche Rentenversicherung 2005 deutlich häufiger Antragsverfahren bewilligt als Anschlussheilbehandlungen finanziert. Am häufigsten war dies sowohl bei den Anschlussheilbehandlungen als auch im Fall der Antragsrehabilitation in der Gruppe der 55- bis 60-Jährigen zu beobachten.

Die Inanspruchnahmeraten aus Abbildung 102 ergeben sich aus der Division der von der Deutschen Rentenversicherung Bund dokumentierten Rehabilitationsfallzahlen durch die Bevölkerungszahl in der jeweiligen Altersgruppe aus dem Jahr 2005. Wichtig ist hierbei anzumerken, dass alle onkologischen Rehabilitationspatienten zwischen 60 und 65 Jahren in der Statistik mit berücksichtigt wurden, dass diese jedoch zum Teil auch der Gruppe der Rentner hinzuzurechnen sind. Alle übrigen Rentner und deren Familienangehörige über 65 Jahre sind in der Rehabilitationsstatistik hingegen nicht mit enthalten. Letztendlich gibt Abbildung 102 somit Inanspruchnahmeraten von Patienten im erwerbsfähigen Alter wieder, berücksichtigt jedoch noch nicht diejenigen onkologischen Patientenfälle im Rentenalter, welche gemäß den Ausführungen in Abschnitt 8.1.1.2 ebenfalls von der gesetzlichen Rentenversicherung zu finanzieren sind.

Abb. 102: Fälle je 1.000 Einwohner im Jahr 2005, gemäß Daten der DRV Bund (ohne onkologische Rehabilitation von über 65–jährigen Patienten)

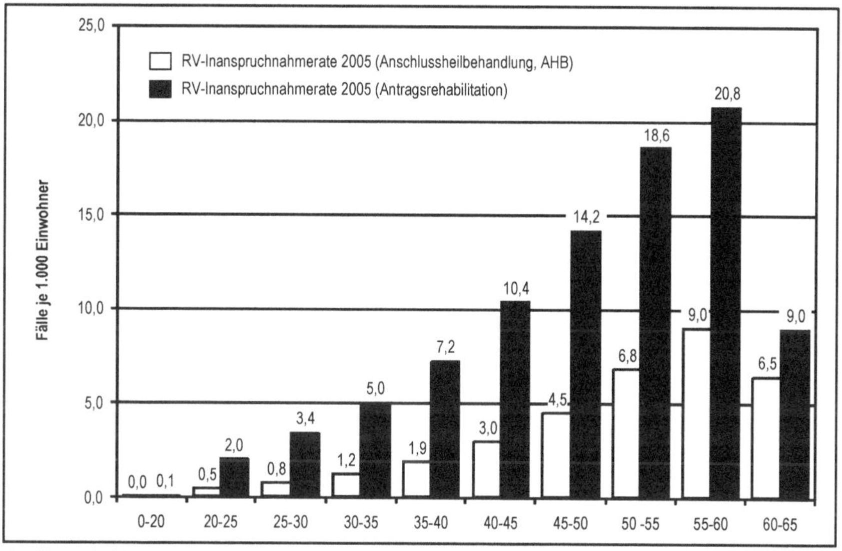

Quelle: Rehabilitationsfallzahlen 2005 gemäß Deutsche Rentenversicherung (2007), Bevölkerungszahlen von 2005 vom Statistischen Bundesamt, eigene Berechnungen

Berücksichtigt man onkologische Patienten im Rentenalter nicht, so könnte man mit Blick auf Abbildung 102 zu der Auffassung gelangen, dass die Anzahl RV-finanzierter Rehabilitationsbehandlungsfälle angesichts der demographischen Entwicklung der Erwerbstätigenbevölkerung mittelfristig (bis etwa 2030) zwar ansteigen, längerfristig jedoch wieder rückläufig sein dürfte[21]. Unter Mitberücksichtigung onkologischer Patienten im Rentenalter ist jedoch zu vermuten, dass dieser rückläufige Effekt angesichts steigender Fallzahlen in der Onkologie entweder abgeschwächt oder aber gänzlich aufgehoben, wenn nicht sogar umgekehrt werden könnte. Eine erste Antwort hierauf liefern die nachfolgenden Abbildungen 103 bis 105 in Form von Hochrechnungen des rein demographischen Effekts auf RV-finanzierte medizinische Rehabilitationsmaßnahmen insgesamt, Maßnahmen der Anschlussheilbehandlung (AHB) sowie Maßnahmen der Antragsrehabilitation. In den demographischen Hochrechnungen wurde die Entwicklung onkologischer und nicht-onkologischer Behandlungsfälle getrennt fortgeschrieben, zum Zweck der vereinfachten grafischen Darstellung jedoch letztendlich wieder zusammengeführt.

21 Vgl. hierzu die geschätzte Entwicklung von Personen im erwerbsfähigen Alter gemäß Abschnitt 7.2.5.1, Abbildung 85.

Abb. 103: Hochrechnung RV-finanzierter Rehabilitationsfallzahlen gesamt (ohne Mischfälle), 2006 bis 2050, demographischer Effekt

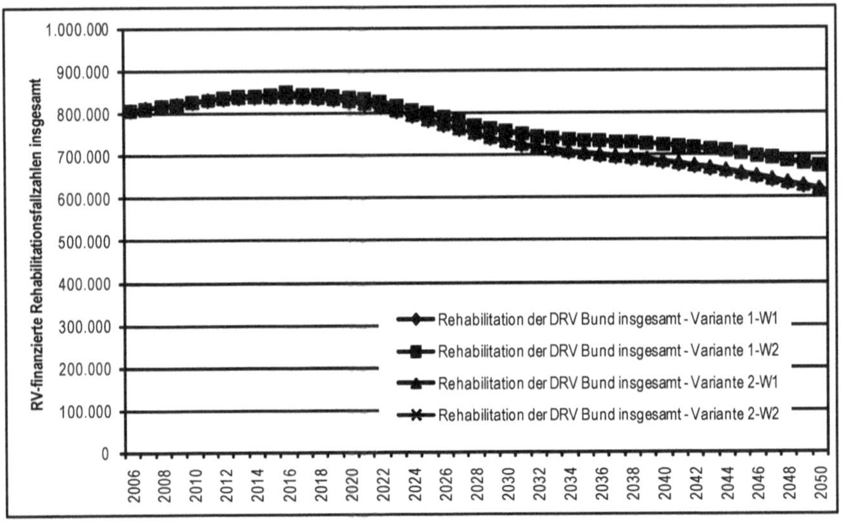

Quelle: Rehabilitationsfallzahlen 2005 gemäß Deutsche Rentenversicherung (2007), 11. koordinierte Bevölkerungsvorausberechnung des Statistischen Bundesamts, eigene Berechnungen

Abb. 104: Hochrechnung RV-finanzierter Maßnahmen zur Anschlussheilbehandlung (AHB), 2006 bis 2050, demographischer Effekt

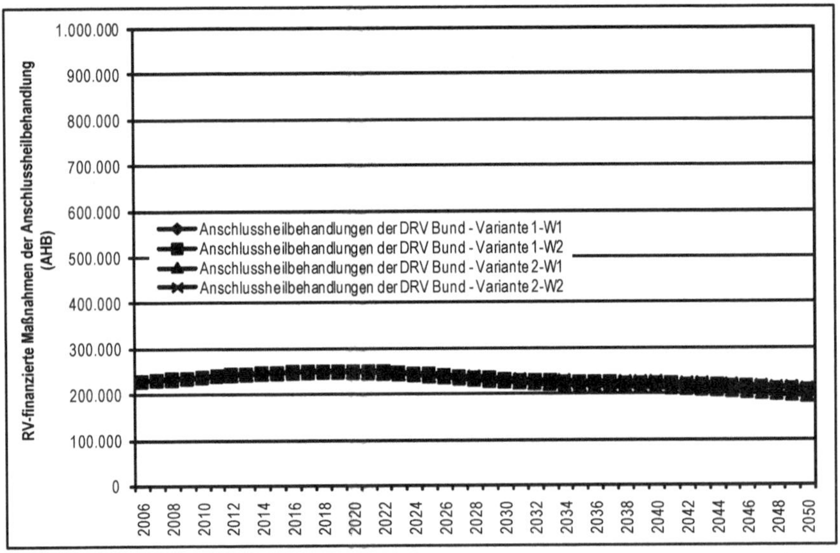

Quelle: Rehabilitationsfallzahlen 2005 gemäß Deutsche Rentenversicherung (2007), 11. koordinierte Bevölkerungsvorausberechnung des Statistischen Bundesamts, eigene Berechnungen

Abb. 105: Hochrechnung RV-finanzierter Fallzahlen zur Antragsrehabilitation, 2006 bis 2050, demographischer Effekt

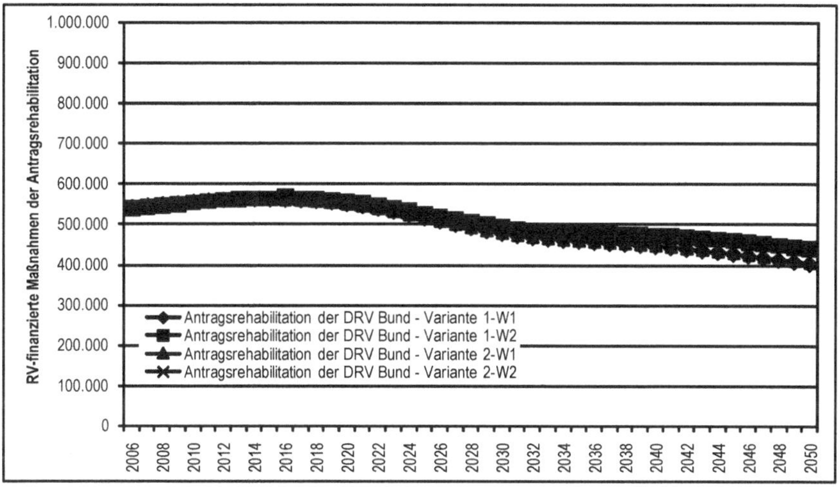

Quelle: Rehabilitationsfallzahlen 2005 gemäß Deutsche Rentenversicherung (2007), 11. koordinierte Bevölkerungsvorausberechnung des Statistischen Bundesamts, eigene Berechnungen

Folgende Fakten sind anhand von Abbildungen 103-105 auffällig:

1. Im Ausgangsjahr 2006 besteht die medizinische Rehabilitation der Rentenversicherungsträger (ohne Mischfälle) zu 67% aus Maßnahmen zur Antragsrehabilitation, zu ca. 28% aus Anschlussheilbehandlungen und zu knapp 5% aus stationären Kinderheilbehandlungen.
2. Je nach Variante der 11. koordinierten Bevölkerungsvorausberechnung wird der Höhepunkt medizinischer Rehabilitationsmaßnahmen
   - für Maßnahmen zur Anschlussheilbehandlung (AHB) zwischen 2018 und 2019
   - für die Antragsrehabilitation zwischen 2014 und 2016
   - und für die Rehabilitation insgesamt zwischen 2015 und 2017

   erreicht sein.
3. Die Zeitreihe der Anschussheilbehandlungen (AHB) weist gemäß den demographisch bedingten Schätzungen zwischen 2006 und 2050 einen annähernd konstanten Wert auf. Rein demographisch bedingt ist somit trotz der rückläufigen Erwerbstätigenbevölkerung auch längerfristig kein eindeutiger Rückgang der AHB-Fallzahlen zu erwarten. Insbesondere der starke Anstieg der onkologischen Fallzahlen im Rentenalter hat hier eine kompensatorische Wirkung, so dass die Anzahl der AHB-Fälle über den gesamten Beobachtungszeitraum bei Durchschnittswerten zwischen 226.000 und 233.000 Fällen in etwa konstant bleibt (vgl. Abbildung 104).
4. Im Bereich der RV-finanzierten Antragsrehabilitation dürfte hingegen der demographische Effekt einer zahlenmäßig rückläufigen, jüngeren Bevölkerung im erwerbsfähigen Alter überwiegen. Demnach dürfte die Anzahl der Patienten mit Antragsrehabilitation aus dem Jahr 2006 rein demographisch bedingt und je nach Szenario bereits 2023 bzw. 2024 wieder unterschritten sein. Aufgrund des demographischen Effekts und je nach Szenario wird die Anzahl an Maßnahmen zur Antragsrehabilitation im Jahr 2050 schätzungsweise zwischen 18 und 25% niedriger liegen als noch im Jahr

2006. Demographisch bedingt wird es in der Antragsrehabilitation im Jahr 2050 in etwa zwischen 97.000 und 134.000 Fälle weniger geben als im Ausgangsjahr 2006.

Zu unterscheiden ist bei den Varianten der 11. koordinierten Bevölkerungsvorausberechnung in erster Linie zwischen den Szenarien mit geringer (Varianten 1-W1 und 2-W1) bzw. erhöhter Nettozuwanderung (Varianten 1-W2 und 2-W2). Anders als die gesetzlichen Krankenkassen ist die gesetzliche Rentenversicherung vorwiegend für die Rehabilitation jüngerer Bevölkerungsgruppen im Erwerbstätigenalter verantwortlich. Gleichzeitig sind gemäß Abschnitt 7.2 von Nettozuwanderungen in erster Linie jüngere Personengruppen betroffen. Aus diesem Grund haben unterschiedliche Annahmen zur Nettozuwanderung auch einen weitaus stärkeren Einfluss auf die künftige Entwicklung RV-finanzierter Rehabilitationsfallzahlen als unterschiedliche Annahmen zur künftigen Entwicklung der durchschnittlichen Lebenserwartung. Höhere Nettozuwanderungsraten führen zu höheren jüngeren Bevölkerungszahlen und somit letztendlich zu höheren Rehabilitationsfallzahlen und höheren Rehabilitationsausgaben.

Gemäß Abbildungen 106 bis 108 wird die Analyse mit einer Hochrechnung der RV-Ausgaben für medizinische Rehabilitationsleistungen fortgesetzt.

Bedingt durch den rein demographischen Effekt dürften die Ausgaben für medizinische Rehabilitationsleistungen der gesetzlichen Rentenversicherung von 2005 bis 2016 bzw. 2017 maximal um rund € 100 Mio. von € 2,5 Mrd. auf bis zu € 2,6 Mrd. ansteigen. Nach 2016-17 dürften die Ausgaben dann allmählich zurückgehen. Im Jahr 2050 werden aufgrund des demographischen Effekts schätzungsweise nur noch zwischen € 1,88 Mrd. und € 2,04 Mrd. für medizinische Rehabilitationsleistungen durch die DRV Bund ausgegeben. Aufgrund des reinen demographischen Effekts ist die Antragsrehabilitation rückläufig, während die Ausgaben für Anschlussheilbehandlungen in etwa konstant bleiben.

Abb. 106: Hochrechnung von Ausgaben der DRV Bund für Rehabilitationsmaßnahmen insgesamt (ohne Mischfälle), 2006 bis 2050, demographischer Effekt

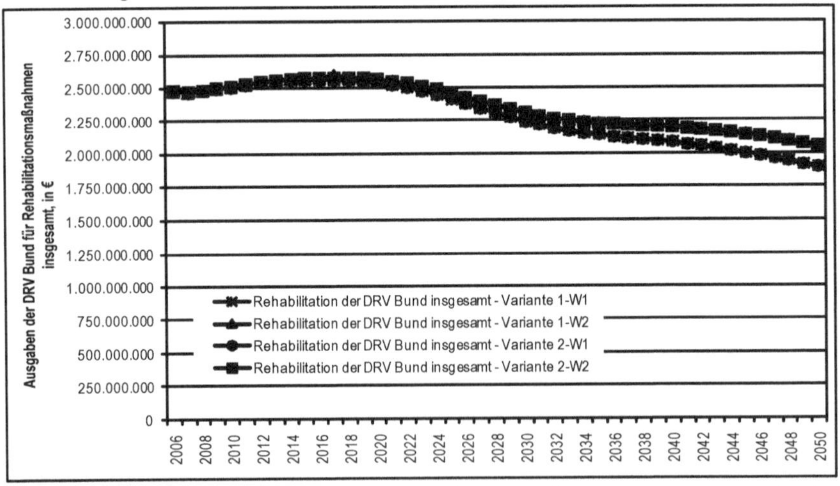

Quelle: Deutsche Rentenversicherung (2007), 11. koordinierte Bevölkerungsvorausberechnung des Statistischen Bundesamts, eigene Berechnungen

Abb. 107: Hochrechnung von Ausgaben der DRV Bund für Anschlussheilbehandlungen (AHB), 2006 bis 2050, demographischer Effekt

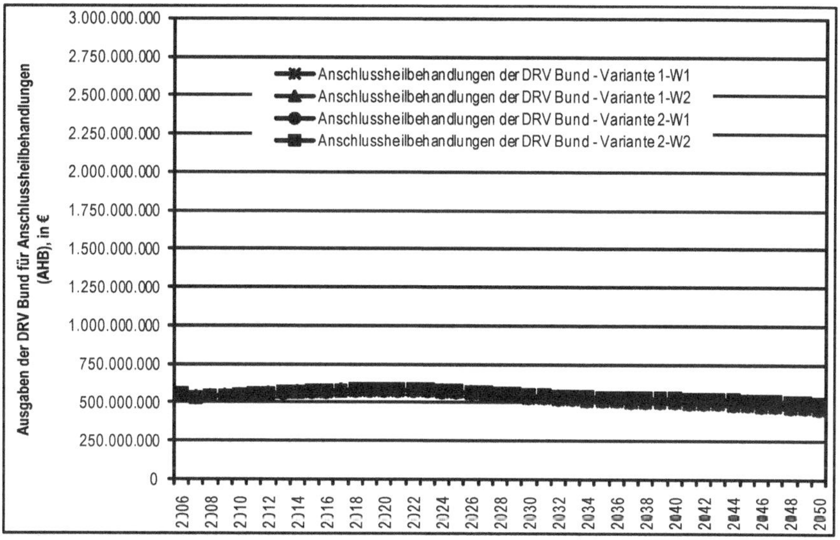

Quelle: Deutsche Rentenversicherung (2007), 11. koordinierte Bevölkerungsvorausberechnung des Statistischen Bundesamts, eigene Berechnungen

Abb. 108: Hochrechnung von Ausgaben der DRV Bund für Maßnahmen der Antragsrehabilitation, 2006 bis 2050, demographischer Effekt

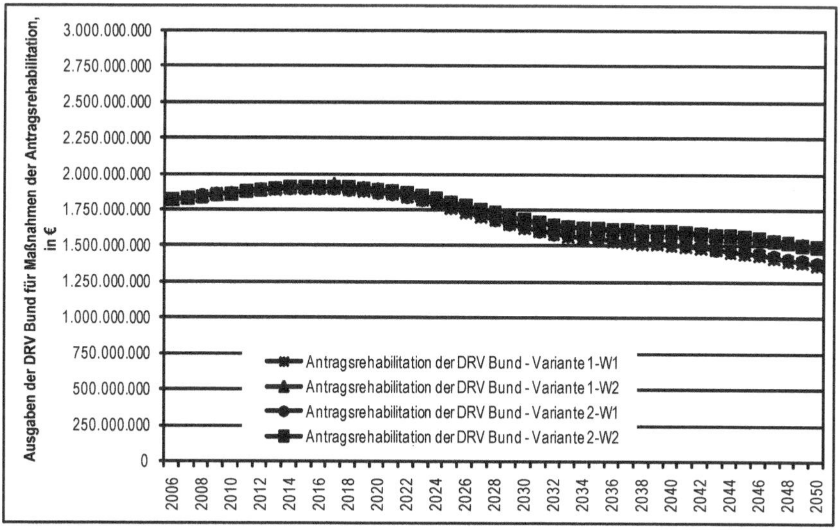

Quelle: Deutsche Rentenversicherung (2007), 11. koordinierte Bevölkerungsvorausberechnung des Statistischen Bundesamts, eigene Berechnungen

Abschließend ist es wichtig festzuhalten, dass die vorangegangenen Berechnungen einzig und allein den Effekt demographischer Veränderungen der Ausgaben der DRV Bund aufgezeigt haben. Änderungen in der Ausgabenpolitik der gesetzlichen Rentenversicherung sind hingegen schwierig zu quantifizieren und somit nicht mit berücksichtigt worden. Bisher wurden zudem weitere Effektgrößen außer Acht gelassen, die es in Abschnitt 8.1.2.2 nun zu modellieren gilt.

8.1.2.2 Hochrechnung medizinischer Rehabilitationsleistungen der gesetzlichen Rentenversicherung unter Berücksichtigung eines Residualeffekts

Gemäß den Erläuterungen in Abschnitt 7.1 handelt es sich um einen weit verbreiteten Ansatz, den Residualeffekt in Anlehnung an die Ergebnisse früherer empirischer Untersuchungen mit einer jährlichen 1%-Steigung der Gesundheitsausgaben zu quantifizieren[22]. Allgemein wird dieser zusätzliche Effekt als medizinisch-technischer Fortschritt bezeichnet. Kritisieren lässt sich in diesem Zusammenhang jedoch die „Neigung, alles das, was nicht direkt im Zusammenhang mit den gängigen Ausgabentreibern (...) steht, per se dem medizinisch-technischen Fortschritt zuzuschreiben“[23]. Im Fall der medizinischen Rehabilitation gilt es hierbei ebenfalls einen Morbiditätseffekt mit zu berücksichtigen, welcher sich auch innerhalb einzelner Altersgruppen bemerkbar macht. Steigende Inanspruchnahmeraten innerhalb einzelner Altersgruppen dürften demzufolge nicht allein auf den medizinisch-technischen Fortschritt, sondern auch – losgelöst vom demographischen Effekt – auf einen zusätzlichen Morbiditätseffekt zurückzuführen sein. Aus diesem Grund wurde im Rahmen des vorliegenden Abschnitts 8 bisher auch bewusst *nicht* vom Effekt des medizinisch-technischen Fortschritts, sondern von einem Residualeffekt gesprochen, welcher auch die Effekte zunehmender Alterskrankheiten, Chronizität und Multimorbidität mit beinhaltet[24].

Die Zusammenhänge zwischen medizinisch-technischem Fortschritt, demographischer Entwicklung, steigender Morbidität und Chronizität sowie ungesünderen Verhaltensweisen vieler Bürger der postmodernen Gesellschaft sind komplex und lassen sich nicht isoliert voneinander darstellen. Die zusammenfassende Darstellung eines Residualeffekts für die medizinische Rehabilitation erscheint demzufolge gerechtfertigt, doch stellt sich hierbei letztendlich die Frage nach dessen Quantifizierung. Schätzungen in Bezug auf Ausgabensteigerungen im Gesundheitswesen gehen insgesamt in der Regel von der bereits zitierten Erhöhung um einen Prozentpunkt pro Jahr aus. Dieser Steigerungsfaktor muss jedoch als Durchschnittswert gesehen werden, der sich als arithmetischer Mittelwert aus diversen Teilkomponenten zusammensetzt. So ist beispielsweise mit Blick auf medizinische Innovationen in den Sektoren Pharma und Medizintechnik von einem überdurchschnittlich hohen Innovationsgrad, in Arztpraxen hingegen von einem unterdurchschnitt-

---

22 Vgl. u.a. Breyer, Ulrich (2000), S. 11, Beske, Drabinski (2005), S. 25 f. sowie Fetzer, Raffelhüschen (2005), S. 264.

23 Vgl. Schmeinck (2006), S. 232. Neben dem demographischen Effekt weist Schmeinck auf die Einflussgrößen Einkommenswachstum, Ausweitung von Krankenversicherungsleistungen, angebotsinduzierte Nachfrage sowie Preisstruktureffekte hin. Gemäß den Erläuterungen in Abschnitt 7.1 spielt im Zusammenhang mit sozialversicherungsfinanzierten Rehabilitationsleistungen hiervon jedoch nur der demographische Effekt eine Rolle.

24 Siehe hierzu auch Buchner (2001), S. 125 f. Im Zusammenhang mit Alterskrankheiten, Chronizität und Multimorbidität werden hier einzelne Krankheitsbilder angesprochen, welche allesamt gerade auch für die medizinische Rehabilitation von zentraler Relevanz sind. Hierzu gehören Arthroseerkrankungen, periphere arterielle Verschlusskrankheiten sowie Diabetes mellitus Typ II.

lichen Innovationsgrad auszugehen. Zwischen diesen beiden Segmenten ist der Krankenhausbereich anzusiedeln, dessen Innovationskomponente in der Vergangenheit in einer mittleren Größenordnung von 1% per annum geschätzt wurde[25].

Unabhängig davon, inwieweit der zu quantifizierende Residualeffekt auf den medizinisch-technischen Fortschritt bzw. zunehmende Multimorbidität und Chronizität zurückzuführen ist, soll nachfolgend auch im Bereich Rehabilitation ein durchschnittlicher Residualeffekt berechnet werden. Erste Berechnungen für GKV-finanzierte AR-Maßnahmen in Abschnitt 8.1 haben bereits gezeigt, dass der Residualeffekt über den demographischen Effekt hinaus eine maßgebliche Einflussgröße darstellt. Als Teil des Residualeffekts spielt der medizinisch-technische Fortschritt im Bereich Anschlussheilbehandlungen eine entscheidende Rolle, da der Sektor direkt von Fortschrittseffekten der Hochleistungsmedizin im Krankenhausbereich profitiert. In der Antragsrehabilitation hingegen ist ein geringerer Effekt zu erwarten, da hier lediglich Multimorbidität und Chronizität zur Bestimmung des Residualeffekts von Bedeutung sind. Abbildung 109 dokumentiert die beiden Einflussgrößen Patientenalter und Rehabilitationstyp und deren Auswirkungen auf den Residualeffekt.

Abb. 109: Patientenalter, Rehabilitationstyp und deren Auswirkungen auf die Größe des Residualeffekts

		Rehabilitationstyp	
		Anschlussheilbehandlung (AHB) bzw. Anschlussrehabilitation (AR)	**Antragsrehabilitation***
Patientenalter	**über 60**	+++	++
	unter 60	++	+

* nur für die Rentenversicherung modelliert

+++: Residualeffekt hoher Größenordnung;
++: Residualeffekt mittlerer Größenordnung;
+: Residualeffekt geringer Größenordnung

Quelle: eigene Darstellung

Im Bereich der medizinischen Rehabilitation wirkt sich der Effekt einer Fallzahlensteigerung – in der Anschlussrehabilitation (AR) bzw. Anschlussheilbehandlung (AHB) beispielsweise als Folge einer Zunahme der Krankenhausfallzahlen – direkt auf die Rehabilitationsausgaben aus. Da im derzeitigen Rehabilitationsvergütungssystem keine Koppelung der Rehabilitationsausgaben an die Morbiditätsstruktur der Patienten vorgegeben ist, bleiben die Ausgaben pro Fall hierbei weitestgehend konstant, sofern keine Verschiebung vom stationären hin zum ambulanten Rehabilitationssektor stattfindet. Der Residualeffekt wirkt somit nicht etwa direkt kosten- und ausgabensteigernd, sondern hat vielmehr eine Leistungsausweitung zur Folge.

In Abschnitt 8.1.1.2 wurde bereits auf die Berechnungen in *Anhang 9-1* verwiesen, laut derer ein Residualeffekt für GKV-finanzierte AR-Maßmahmen in Höhe von +1,9% per annum ermittelt wurde. Zusätzlich wurde in Abschnitt 8.1.1 bereits dokumentiert, dass sich die Zahl GKV-finanzierter Mutter-Kind-Kuren sowie Maßnahmen der Antragsreha-

25 Siehe Neubauer, Lewis (2005^2, 2006^2), im Rahmen zweier Gutachten zur Prognose der Sachkostenentwicklung an den Krankenhäusern in Sachsen und Thüringen (im Jahr 2005) bzw. im Auftrag aller ostdeutschen Landeskrankenhausgesellschaften (im Jahr 2006).

bilitation in Zukunft nicht weiter erhöhen wird[26]. Abschnitt 8.1.1.1 hat im Gegenteil gezeigt, dass diese Fallzahlen aufgrund des Demographieeffekts mutmaßlich sogar rückläufig sein dürften. Ein zusätzlicher Residualeffekt ist hier hingegen nicht zu erwarten, da Entscheidungen hinsichtlich Antragsbewilligungen kassenpolitisch vorgegeben sind.

Zu den älteren Rehabilitationspatienten zählen neben älteren GKV-finanzierten Patienten auch RV-finanzierte Patienten der Onkologie. In Abschnitt 8.1.1.2 wurde diesbezüglich bereits die Besonderheit von § 31 SGB VI angesprochen, demzufolge die Finanzierung onkologischer Rehabilitationsmaßnahmen auch für Patienten im Rentenalter als Aufgabe der gesetzlichen Rentenversicherung geregelt ist. Für die Indikation Onkologie, und insbesondere für über 60-jährige Rehabilitationspatienten, werden in *Anhang 9-2* und *Anhang 9-3* daher noch einmal Berechnungen separater Residualeffekte jeweils für die Bereiche AHB Onkologie und Antragsrehabilitation Onkologie vorgenommen. Demzufolge wurden auch in diesem Fall die nachfolgenden drei Rechenschritte vollzogen:

1. Bestimmung der jährlichen onkologischen linearen Fallzahlensteigerung zwischen den Jahren 1998 und 2005 und Isolierung des demographischen Effekts
2. Lineare Fortschreibung des verbleibenden Residualeffekts bis in das Jahr 2050
3. Berechnung der jährlichen Wachstumsrate zwischen 2005 und 2050, welche dem Residualeffekt auf die onkologischen Fallzahlen zugrunde liegt.

Der Residualeffekt auf RV-finanzierte onkologische AHB-Maßnahmen bei über 60-jährigen Patienten (siehe *Anhang 9-2*) fällt mit +3,4% deutlich höher aus als bei den GKV-finanzierten AR-Maßnahmen für über 60-Jährige in einer Größenordnung von nur +2,0% (vgl. *Anhang 9-1*). Zudem wurde für die Antragsrehabilitation bei 60 Jahre und älteren Patienten in der Onkologie eine Wachstumsrate von +1,8% pro Jahr berechnet, also etwas mehr als die halbe Effektgröße gegenüber RV-finanzierten, onkologischen Anschlussheilbehandlungen (vgl. *Anhang 9-3*). Diese Resultate würden dafür sprechen, dass – zumindest in der RV-finanzierten Onkologie – Multimorbidität und Chronizität zu etwa 50% und der medizinisch-technische Fortschritt wiederum zu rund 50% für den Residualeffekt verantwortlich sind. Angesichts des speziellen Zuständigkeitsbereichs der DRV Bund ist es demnach keineswegs so, dass diese keine größeren Auswirkungen auf die Entwicklung ihrer Rehabilitationsfallzahlen zu erwarten hätte. Tatsächlich wäre es für die DRV Bund ein Trugschluss, bei einer längerfristigen Hochrechnung von Rehabilitationsausgaben ausschließlich den isolierten demographischen Effekt, nicht aber einen Residualeffekt in Betracht zu ziehen. Vielmehr ist anzunehmen, dass vor allem der Anteil onkologischer Patientenfälle in Zukunft weiter steigen wird.

Nachfolgend soll die gesamte Größe des Residualeffekts für über 60-jährige Patienten der gesamten Größe des Residualeffekts für unter 60-jährige Patienten gegenübergestellt werden. Der Trennwert von 60 Jahren ist arbiträr gewählt, dient jedoch einer auf den nachfolgenden Seiten durchgeführten Plausibilitätsprüfung mittels empirischer Daten. Oben stehend wurde die Größe des Residualeffekts für

- GKV-finanzierte AR-Patienten über 60 Jahre
- RV-finanzierte onkologische AHB-Patienten über 60 Jahre
- sowie RV-finanzierte onkologische Patienten der Antragsrehabilitation über 60 Jahre

ermittelt (siehe Erläuterungen in den *Anhängen 9-1 bis 9-3*). Wie eingangs erwähnt, wird für GKV-finanzierte Mutter-Kind-Kuren sowie die übrigen GKV-finanzierten Antrags-

---

26 Eine Ausnahme bildete die kurzfristige Erhöhung der Anzahl Mutter-Kind-Kuren, welche jedoch gesundheitspolitisch bedingt und nicht dem Residualeffekt zuzuordnen ist.

verfahren kein Residualeffekt unterstellt, da diese Fälle zukünftig allenfalls weiter rückläufig sein werden. Somit sind diese Fälle bei der nachfolgenden Ermittlung eines gesamten Residualeffekts für über 60-jährige Patienten auch nicht ausschlaggebend. Zu berücksichtigen sind hingegen neben den drei bereits aufgeführten Patientengruppen noch die

- RV-finanzierten AHBen für 60- bis 65-jährige Patienten außerhalb der Onkologie
- RV-finanzierten Maßnahmen zur Antragsrehabilitation für 60- bis 65-jährige Patienten außerhalb der Onkologie.

Die Berechnungen dieser beiden Residualeffekte finden sich in den *Anhängen 9-4* und *9-5*.

Tabelle 25 präsentiert neben den Residualeffektgrößen einzelne Gewichtungsfaktoren, gemäß dem Anteil der jeweiligen Patientenfallzahlen, welche letztendlich zur Berechnung des gesamten Residualeffekts bei über 60-jährigen Rehabilitationspatienten herangezogen werden.

Mit Hilfe der Ergebnisse in Tabelle 25 lässt sich nun als Residualeffekt ein arithmetischer Mittelwert für alle Patienten über 60 Jahre wie folgt berechnen:

0,801x[+2,0%] AR der GKV	+	**0,075x[+3,4%]** AHB Onkologie der RV	+	**0,027x[+2,5%]** AHB außer Onkologie der RV
+ 0,052x[+1,8%] Antragsrehabilitation Onkologie der RV	+	**0,045x[+1,9%]** Antragsrehabilitation außer Onkologie der RV	=	+2,1%

Tab. 25: Bestimmung von Gewichtungsfaktoren zur Errechnung eines Residualeffekts für die Gesamtsumme an *über* 60-jährigen Rehabilitationspatienten

	Fallzahl	**Anteil (in %)**	**Wachstumsrate per annum (in %)**
GKV-finanzierte AR-Fälle bei *über* 60-jährigen Patienten, 2005	547.678	80,1%	+2,0%
RV-finanzierte, onkologische AHB-Fälle bei *über* 60-jährigen Patienten, 2005	51.220	7,5%	+3,4%
RV-finanzierte AHB-Fälle bei *über* 60-jährigen Patienten, 2005 (außer Onkologie)	18.428	2,7%	+2,5%
RV-finanzierte, onkologische Antragsrehabilitation bei *über* 60-jährigen Patienten, 2005	35.202	5,2%	+ 1,8%
RV-finanzierte Antragsrehabilitation bei *über* 60-jährigen Patienten, 2005 (außer Onkologie)	30.963	4,5%	+1,9%
Rehabilitationsfälle bei über 60-jährigen Patienten insgesamt, 2005	683.491	100%	**+2,1%**

Quelle: Hochrechnung von AOK-Fallzahlen, Fallzahlen der DRV Bund, eigene Berechnungen

Das Ergebnis besagt, dass im arithmethischen Mittel für 60-jährige und ältere Patienten ein Residualeffekt in Höhe von *+2,1% pro Jahr* zusätzlich zum demographischen Effekt zu berücksichtigen ist.

Nachfolgend stellt sich die Frage, ob der Residualeffekt bei unter 60-jährigen Patienten geringer ausfällt und sich somit das Konzept der Ausgabenversteilerungen auch im Bereich der medizinischen Rehabilitation wiederfindet. Hierzu ermittelt Tabelle 26 einen Residualeffekt bei unter 60-jährigen Patienten auf analoge Weise wie Tabelle 25 für 60-jährige und ältere Patienten.

Tab. 26: Bestimmung von Gewichtungsfaktoren zur Errechnung eines Residualeffekts für die Gesamtsumme an *unter* 60-jährigen Rehabilitationspatienten

	Fallzahl	**Anteil (in %)**	**Wachstumsrate per annum (in %)**
GKV-finanzierte AR-Fälle bei *unter* 60-jährigen Patienten, 2005	56.910	8,3%	+0,9%
RV-finanzierte, onkologische AHB-Fälle bei *unter* 60-jährigen Patienten, 2005	23.784	3,5%	+2,6%
RV-finanzierte AHB-Fälle bei *unter* 60-jährigen Patienten, 2005 (außer Onkologie)	133.915	19,5%	+1,9%
RV-finanzierte, onkologische Antragsrehabilitation bei *unter* 60-jährigen Patienten, 2005	36.970	5,4%	-0,4%
RV-finanzierte Antragsrehabilitation bei *unter* 60-jährigen Patienten, 2005 (außer Onkologie)	434.224	63,3%	+1,3%
Rehabilitationsfälle bei unter 60-jährigen Patienten insgesamt, 2005	685.803	100%	**+1,3%**

Quelle: Hochrechnung von AOK-Fallzahlen, Fallzahlen der DRV Bund, eigene Berechnungen

Gemäß den Berechnungen in Tabelle 26 ergibt sich demnach ein Residualeffekt für unter 60-jährige Patienten in Höhe von *+1,3%* per annum.

Nachfolgend stellt sich die Frage, inwiefern diese Form der Ausgabenversteilerung (*+2,1%* versus *+1,3%* per annum) mit Ausgabenversteilerungen im Gesundheitswesen allgemein vergleichbar ist.

Hinweise zur Beantwortung dieser Fragestellung liefert ein Prognos-Gutachten aus dem Jahr 1995[27], in dem die Autoren die Veränderungen in den realen Pro-Kopf-Ausgaben einzelner Altersgruppen zwischen 1974 und 1992 modellieren. Tabelle 27 dokumentiert die Ergebnisse der Berechnungen für einzelne Altersgruppen und stellt diese den Bevölkerungszahlen sowie den Bevölkerungsanteilen aus dem Jahr 2005 gegenüber. Fasst man nun die realen Pro-Kopf-Ausgabenveränderungen für die unter 60-Jährigen sowie die realen Pro-Kopf-Ausgabenveränderungen für die über 60-Jährigen zusammen, so ergibt sich hieraus eine Relation in Höhe eines Faktors *1,97*. Mit anderen Worten sind die realen GKV-Ausgaben pro Kopf für über 60-Jährige zwischen 1974 und 1992 (unter Berücksichtigung der Bevölkerungsverteilung von 2005) um den Faktor 1,97 schneller gestiegen als für unter 60-Jährige.

Berücksichtigt man diesen Faktor im Hinblick auf eine Modellierung der Ausgabenversteilerung in der medizinischen Rehabilitation, so ergibt sich in letzterem Fall ein etwas geringerer Faktor der Ausgabenversteilerung von +2,1% / +1,3% = 1,61. In dieser Berechnung wird gemäß den gegenwärtigen Annahmen dieses Abschnitts davon ausgegangen, dass das Verhältnis zwischen stationären und ambulanten Rehabilitationsleistungen über den Zeitraum der Hochrechnung konstant bleibt und Fallzahlensteigerungen demnach mit Ausgabensteigerungen gleichzusetzen sind. Im Ergebnis findet sich in der medizinischen Rehabilitation gegenüber dem Gesundheitswesen insgesamt somit zwar

27 Siehe Eckerle, Schlesinger (1995) sowie Buchner (2002), S. 120.

eine etwas geringere, aber eine dennoch ebenfalls deutliche Form der Ausgabenversteilerung.

Tab. 27: Ausgabenversteilerungen und deren Quantifizierung gemäß Prognos (1995)

	reale Veränderungen in % pro Jahr, 1974-1992	**Bevölkerungszahl 2005**	**Bevölkerungsanteil 2005**
0 bis 19-jährig	0,8	16.485.661	20,0%
20- bis 59-jährig	2,7	45.412.236	55,1%
60- bis 69-jährig	3,8	10.044.423	12,2%
70- bis 79-jährig	4,8	6.814.855	8,3%
80 und älter	4,9	3.680.820	4,5%
Gesamt		**82.437.995**	**100%**

	reale Veränderungen in % pro Jahr, 1974-1992	**Faktor der Ausgabenversteilerung (60 Jahre und älter versus unter 60–Jährige)**
0 bis 59-jährig	2,2	**1,97**
60-jährig und älter	4,3	

Quelle: Eckerle, Schlesinger (1995), S. 124, Tabelle 5.4-1 sowie Buchner (2002), S. 119 f., eigene Berechnungen

Der Effekt der Ausgabenversteilerungen lässt sich grafisch noch auf eine andere Art und Weise aufzeigen. Hierzu wird die Matrix aus Abbildung 109 in Abbildung 110 ein weiteres Mal dargestellt, diesmal jedoch mit allen im Lauf dieses Abschnitts ermittelten Residualeffektgrößen.

Abb. 110: Empirische Bestätigung von Patientenalter, Rehabilitationstyp und deren Auswirkungen auf die Residualeffektgröße

		Rehabilitationstyp	
		Anschlussheilbehandlung (AHB) bzw. Anschlussrehabilitation (AR)	**Antragsrehabilitation***
Patientenalter	**über 60**	RV Onkologie: +3,4% GKV: +2,0% +++ RV andere: +2,5%	RV Onkologie: +1,8% ++ RV andere: +1,9%
	unter 60	RV: +2,0% ++ GKV: +0,9%	RV: +1,2% +

* nur für die Rentenversicherung modelliert

+++: Residualeffekt hoher Größenordnung;
++: Residualeffekt mittlerer Größenordnung;
+: Residualeffekt geringer Größenordnung

Quelle: eigene Darstellung und eigene Berechnungen

Das Phänomen der Ausgabenversteilerungen wird anhand eines Vergleichs der oberen und unteren Zeile in Abbildung 110 nochmals deutlich. Gleichzeitig ist angesichts eines Vergleichs der linken und rechten Spalte erkennbar, dass ein weitaus deutlicherer Anstieg von AR- bzw. AHB-Maßnahmen gegenüber Maßnahmen der Antragsrehabilitation zu erwarten ist. Grund hierfür ist, dass im ersteren Fall sowohl der medizinisch-technische Fortschritt als auch steigende Multimorbidität und Chronizität bei der Fallzahlenentwicklung eine Rolle spielen.

Abschließend soll die errechnete Residualeffektgröße im Bereich der medizinischen Rehabilitation kurz kommentiert werden. Eine Gewichtung mittels der Fallzahlen von über und unter 60-jährigen Patienten ermittelt einen gesamten Residualeffekt von GKV- und RV-finanzierten Rehabilitationspatienten in Höhe von +1,7% pro Jahr. Ein direkter Vergleich mit der empirisch erwiesenen Steigerung der gesamten Gesundheitsausgaben in Höhe von +1% per annum erscheint hier nicht gerechtfertigt, da es sich im ersteren Fall, d.h. bei den +1,7% um eine Fallzahlensteigerung und nicht um eine Ausgabensteigerung handelt. Letztendlich hat sich die Größe des Residualeffekts zudem aus den vergangenen Steigerungen sowohl stationärer als auch ambulanter Rehabilitationsfallzahlen errechnet. Durch die Ausweitung des ambulanten Rehabilitationsangebots vergangener Jahre sind die Ausgaben pro Rehabilitationsfall insgesamt gesunken, so dass die Rehabilitationsausgaben auch geringer gestiegen sind als die Rehabilitationsfallzahlen mit +1,7% pro Jahr.

Auch ist in den vorangegangenen Berechnungen die Restgruppe von Rehabilitationspatienten aller übrigen Rehabilitationsträger außerhalb der Zuständigkeit der gesetzlichen Krankenkassen sowie der Rentenversicherung bislang unberücksichtigt geblieben[28]. Da es sich hierbei überwiegend um Patienten unter 60 Jahren handeln dürfte, ist hier ein entsprechend geringerer Residualeffekt zu erwarten.

Abschließend hat eine Alternativrechnung des Residualeffekts selbst unter Nichtberücksichtigung aller ambulanten Rehabilitationsfälle eine jährliche Wachstumsrate der Rehabilitationsfallzahlen (und somit auch der Rehabilitationsausgaben) in Höhe von +1% ergeben. Dieses Ergebnis lässt erkennen, dass der Rehabilitationssektor seit den gesundheitspolitisch bedingten finanziellen Einschnitten des Jahres 1997 wieder ein überdurchschnittlich starkes Wachstumssegment darstellt.

Abbildungen 111 bis 116 dokumentieren die Hochrechnungen der Fallzahlen- und Ausgabenentwicklung für RV-finanzierte Rehabilitationsmaßnahmen insgesamt, RV-finanzierte Anschlussheilbehandlungen sowie RV-finanzierte Maßnahmen der Antragsrehabilitation, auf Basis der in diesem Abschnitt berechneten Residualeffekte.

28 Eine entsprechende Modellierung wird im nachfolgenden Abschnitt 8.1.3 vorgenommen.

Abb. 111: Hochrechnung RV-finanzierter Rehabilitationsfallzahlen insgesamt (ohne Mischfälle), 2006 bis 2050, unter Mitberücksichtigung des Residualeffekts

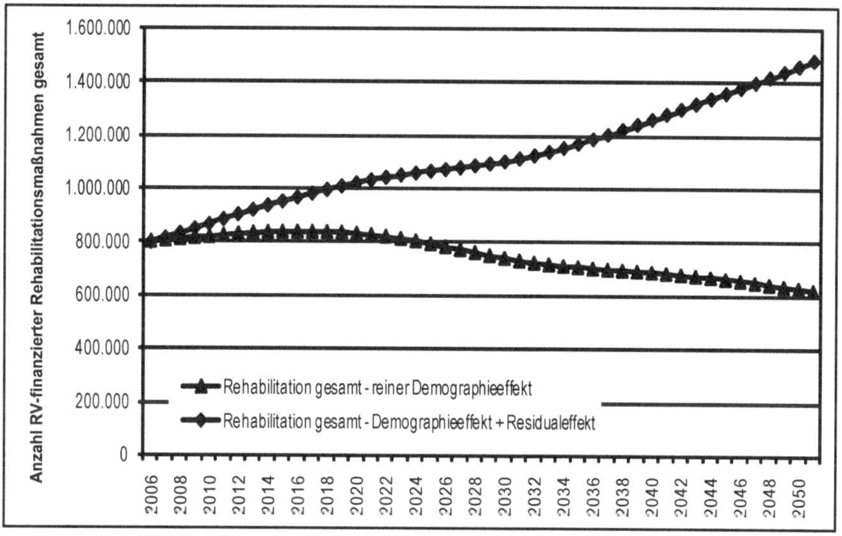

Quelle: Rehabilitationsfallzahlen der DRV Bund von 2005, 11. koordinierte Bevölkerungsvorausberechnung des Statistischen Bundesamts, eigene Berechnungen

Abb. 112: Hochrechnung RV-finanzierter Anschlussheilbehandlungen (AHB), 2006 bis 2050, unter Mitberücksichtigung des Residualeffekts

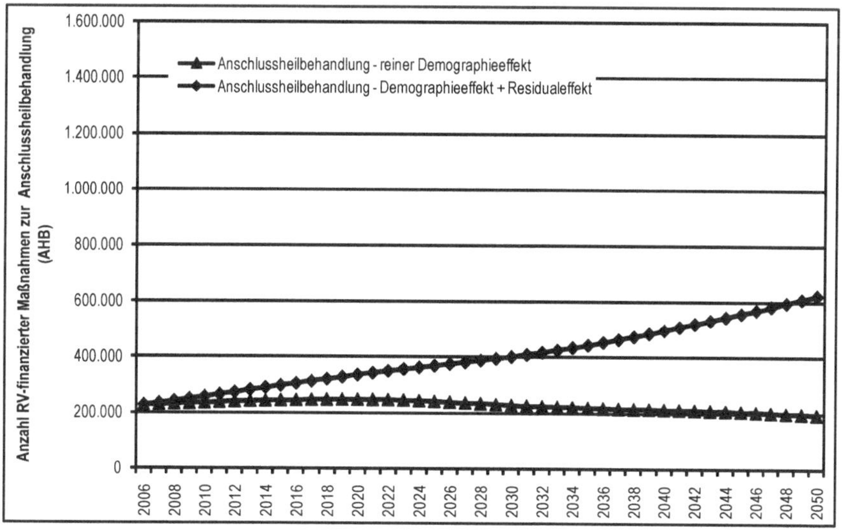

Quelle: Rehabilitationsfallzahlen der DRV Bund von 2005, 11. koordinierte Bevölkerungvorausberechnung des Statistischen Bundesamts, eigene Berechnungen

Abb. 113: Hochrechnung RV-finanzierter Maßnahmen der Antragsrehabilitation, 2006 bis 2050, unter Mitberücksichtigung des Residualeffekts

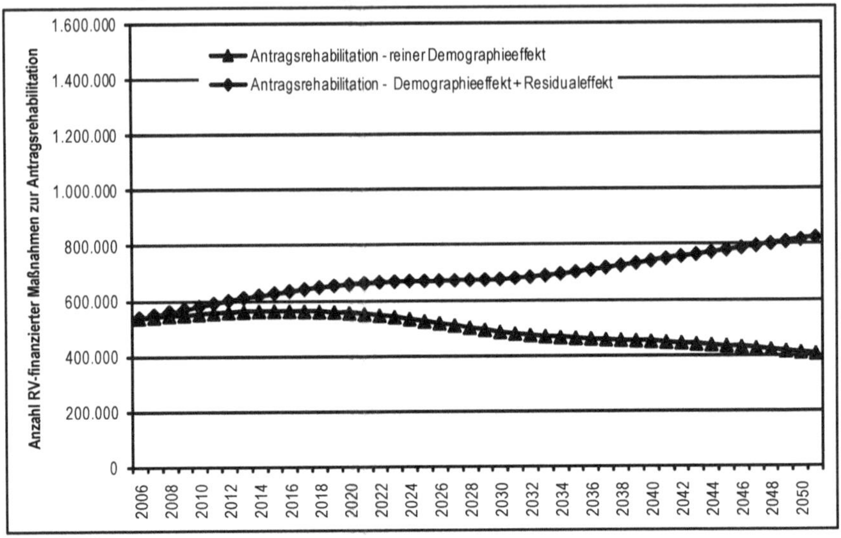

Quelle: Rehabilitationsfallzahlen der DRV Bund von 2005, 11. koordinierte Bevölkerungsvorausberechnung des Statistischen Bundesamts, eigene Berechnungen

Abb. 114: Hochrechnung von RV-Ausgaben zur Rehabilitation gesamt (ohne Mischfälle), 2006 bis 2050, unter Mitberücksichtigung des Residualeffekts

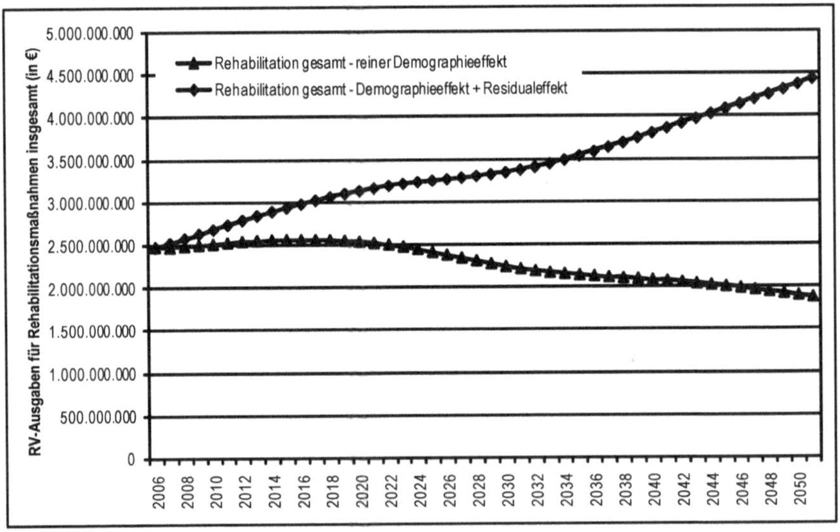

Quelle: Rehabilitationsfallzahlen und -ausgaben der DRV Bund von 2005, 11. koordinierte Bevölkerungsvorausberechnung des Statistischen Bundesamts, eigene Berechnungen

Abb. 115: Hochrechnung von RV-Ausgaben für Anschlussheilbehandlungen (AHB), 2006 bis 2050, unter Mitberücksichtigung des Residualeffekts

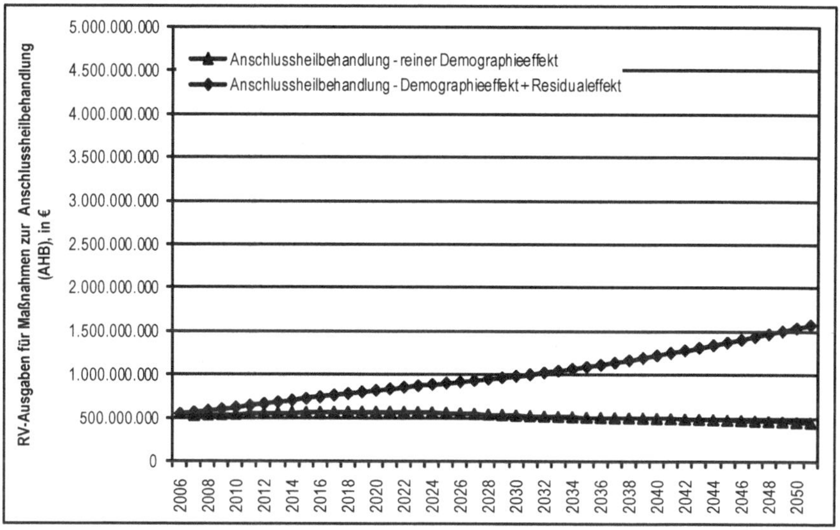

Quelle: Rehabilitationsfallzahlen und -ausgaben der DRV Bund von 2005, 11. koordinierte Bevölkerungsvorausberechnung des Statistischen Bundesamts, eigene Berechnungen

Abb. 116: Hochrechnung von RV-Ausgaben für Maßnahmen der Antragsrehabilitation, 2006 bis 2050, unter Mitberücksichtigung des Residualeffekts

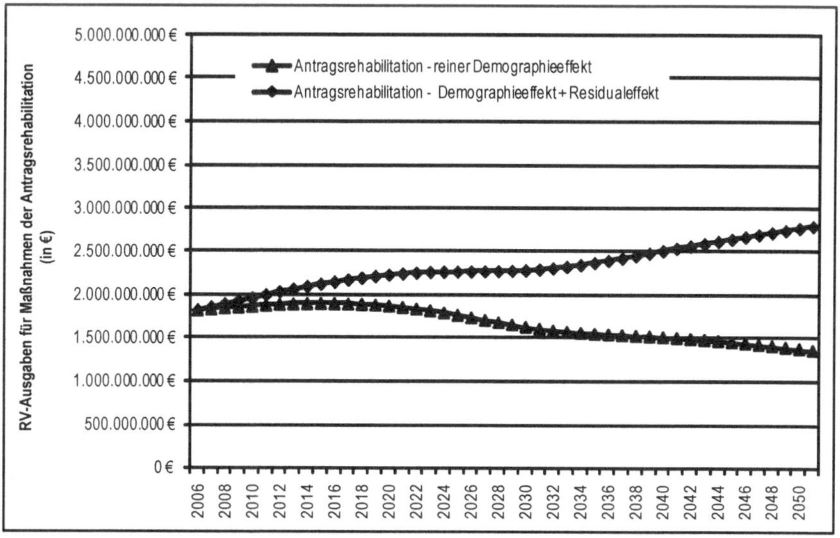

Quelle: Rehabilitationsfallzahlen und -ausgaben der DRV Bund von 2005, 11. koordinierte Bevölkerungsvorausberechnung des Statistischen Bundesamts, eigene Berechnungen

Die Ergebnisse der soeben gezeigten Abbildungen 111 bis 116 dokumentieren eine deutliche Fallzahlen- und Ausgabenerhöhung, auch für die Rentenversicherung. Tabelle 28 stellt die Fallzahlenentwicklung zwischen den Jahren 2005, 2030 und 2050 noch einmal als Statistik dar.

Auffallend ist hierbei vor allem eine deutliche anteilige Verschiebung hin zu mehr Anschlussheilbehandlungen (AHB), von 28% auf 37% im Jahr 2030 sowie 43% im Jahr 2050.

Tab. 28: Geschätzte Veränderung der prozentualen Verteilung RV-finanzierter Rehabilitationsfallzahlen zwischen 2005 und 2050

	2005		**2030**		**2050**	
	Fallzahl	**Anteil (in %)**	**Fallzahl**	**Anteil (in %)**	**Fallzahl**	**Anteil (in %)**
Antragsrehabilitation	537.359	67%	677.741	61%	823.659	55%
Anschlussheilbehandlung (AHB)	227.347	28%	409.219	37%	637.523	43%
stationäre Kinderheilbehandlungen	36.759	5%	28.359	3%	23.129	2%
Gesamt	**801.465**		**1.115.319**		**1.484.311**	

Quelle: Rehabilitationsfallzahlen der DRV Bund für 2005, 11. koordinierte Bevölkerungsvorausberechnung des Statistischen Bundesamts, eigene Berechnungen

Neben einer AHB-Fallzahlensteigerung von +180% wird auch für Maßnahmen der Antragsrehabilitation zwischen 2005 und 2050 mit einer Fallzahlensteigerung von immerhin +53% gerechnet. Grund hierfür ist, dass RV-finanzierte Maßnahmen zur Antragsrehabilitation zwischen den Jahren 1998 und 2005 sehr deutlich gestiegen sind, und zwar sowohl die stationären als auch – in noch weitaus stärkerem Maße – die ambulanten Fälle. So wurde *Anhängen 9-3* und *9-5* zufolge im Bereich Antragsrehabilitation zwischen 1998 und 2005 eine jährliche Fallzahlensteigerung von über 11.200 Fällen ermittelt. Abbildung 117 dokumentiert diesbezüglich die Entwicklung der Summe aus stationären und ambulanten Maßnahmen zur Antragsrehabilitation zwischen 1998 und 2005.

Ein Kritikpunkt an der durchgeführten Hochrechnung könnte lauten, dass mit dem Ausgangsjahr 1998 ein sehr geringer Ausgangswert für die Berechnung als Referenzwert gewählt wurde. Diesem Einwand lässt sich jedoch entgegenhalten, dass auch das Jahr 2005 nicht den höchsten Wert innerhalb der Zeitreihe darstellt. Vielmehr befand sich der Rehabilitationsmarkt im Jahr 2005 an einem ähnlichen Punkt in einer Art „Rehabilitationszyklus" wie bereits im Jahr 1998, ein bis zwei Jahre nach Einführung des Wachstums- und Beschäftigungsförderungsgesetzes (WFG) im September 1996[29]. Letztendlich ist somit kein Bias in der Wahl des Anfangs- sowie des Endpunkts des Beobachtungszeitraums erkennbar. Gleichzeitig lässt sich jedoch zweifellos ein langfristiger Trend hin zu mehr Leistungen der Antragsrehabilitation erkennen, so dass eine Modellierung von Effekten der demographischen Entwicklung sowie von Morbidität und Chronizität tatsächlich gerechtfertigt erscheint.

29 Vgl. hierzu Abschnitt 1.

Abb. 117: Entwicklung von Maßnahmen der Antragsrehabilitation insgesamt, 1998 bis 2005

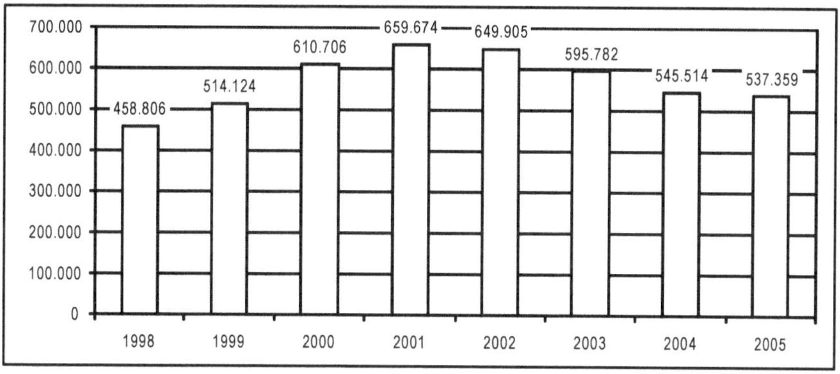

Quelle: Rehabilitationsfallzahlen der DRV Bund, 1998-2005, eigene Darstellung

Es soll an dieser Stelle noch einmal betont werden, dass es sich bei den Ergebnissen der vorgestellten Hochrechnungen, vor allem im Bereich der Antragsrehabilitation, um keinen definitiven Trend handelt. Vielmehr wurde in den vorangegangenen Abbildungen 111 bis 113 mögliche Bedarfsverläufe aufgezeigt. Inwieweit dieser steigende Bedarf gedeckt werden kann bzw. gedeckt werden wird, bleibt hierbei offen. Gemäß den Ergebnissen der Modellierung wird bis 2050 unter Mitberücksichtigung des Residualeffekts mit einer deutlichen Erhöhung der Rehabilitationsausgaben von rund € 2,5 Mrd. (2005) auf bis zu ca. € 4,4 Mrd. gerechnet, was einer knapp 80%igen Steigung entspricht.

Eine Möglichkeit, diesem Problem zumindest in Teilen zu begegnen, bestünde in einer zusätzlichen Ausweitung des (ambulant-)teilstationären Rehabilitationsangebots. Diese Modellierung wird in Abschnitt 8.2 vorgenommen.

8.1.3 Hochrechnung medizinischer Rehabilitationsleistungen für den gesamten Rehabilitationsmarkt

Abbildungen 118 und 119 fassen die Hochrechnungen stationärer und ambulanter Fallzahlen der Rentenversicherung und der gesetzlichen Krankenkassen noch einmal zusammen.

Gemäß Abbildung 118 wird sich die Fallzahl von RV-finanzierten und GKV-finanzierten Patienten von 2005 1,6 Millionen Fälle auf über 3,2 Millionen Fälle im Jahr 2050 mehr als verdoppeln. Auch in Bezug auf das gesamte Marktvolumen dieser beiden Rehabilitationsträger erfolgt in diesem Fall beinahe eine Verdopplung von € 4,7 Mrd. auf € 9 Mrd. Da diese Zahlen die Ergebnisse bei einer Ausweitung des (ambulant-)teilstationären Rehabilitationsangebots gemäß Abschnitt 8.2 bereits vorwegnehmen, ist eine Verdopplung der Fallzahlen nicht exakt mit einer Verdopplung des Marktvolumens gleichzusetzen, da durch anteilig mehr ambulante Fälle entsprechende Einsparungen pro Fall generiert werden können.

Während gesetzliche Krankenkassen und die Rentenversicherung 2005 ungefähr gleich viele Fälle aufwiesen, wird sich dieses Verhältnis mit 54:46 bis 2050 leicht, jedoch nicht allzu deutlich in Richtung der gesetzlichen Krankenkassen als dem dann wichtigsten Rehabilitationsträger verschieben.

Abb. 118: Stationäre und ambulante Fallzahlen der Rentenversicherung und gesetzlichen Krankenkassen 2005 sowie 2020 und 2050 (geschätzt)

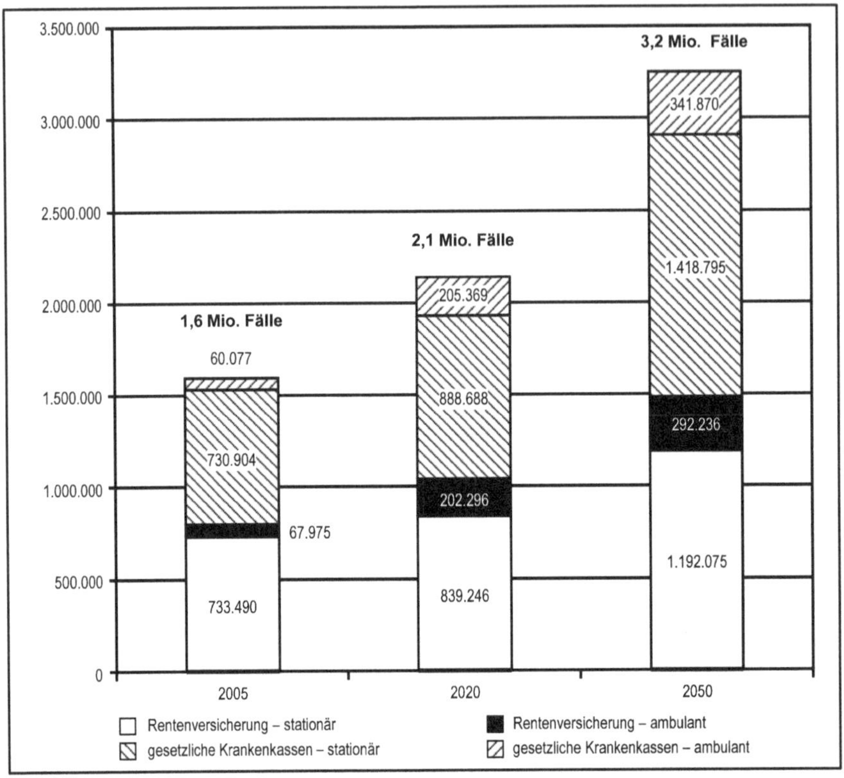

Quelle: Rehabilitationsfallzahlen der DRV Bund von 2005 und des AOK-Bundesverbands von 2005, 11. koordinierte Bevölkerungsvorausberechnung des Statistischen Bundesamts, eigene Berechnungen

Abb. 119: Stationäre und ambulante Fallzahlen der Rentenversicherung und gesetzlichen Krankenkassen 2005 sowie 2020 und 2050 (geschätzt) – Verteilung in %

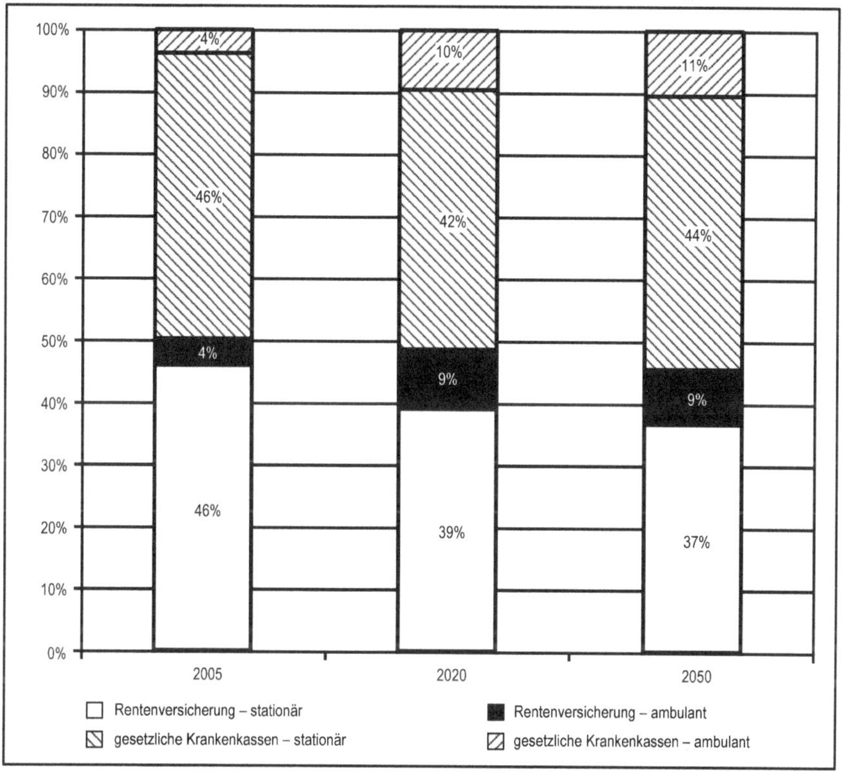

Quelle: Rehabilitationsfallzahlen der DRV Bund von 2005 und des AOK-Bundesverbands von 2005, 11. koordinierte Bevölkerungsvorausberechnung des Statistischen Bundesamts, eigene Berechnungen

In den vorangegangenen Analysen des Rehabilitationsmarkts sind andere Rehabilitationsträger außer den gesetzlichen Krankenkassen und der Rentenversicherung in den Berechnungen bisher unberücksichtigt geblieben. Da alle übrigen Rehabilitationsträger keine Fallzahlenstatistiken ausweisen, ist eine Modellierung entsprechender Fallzahlenentwicklungen nicht möglich gewesen. Immerhin stellten diese im Bereich stationärer Rehabilitationsbehandlungsleistungen 2005 knapp 350.000 Fälle, nämlich den Residualwert aus 1.813.990 und 1.464.394 stationären Rehabilitations- und Vorsorgefällen[30]. Wie sich diese Fallzahlen entwickeln werden, ist sehr schwer vorherzusagen. Unter der vereinfachten Annahme, dass diese konstant bleiben, lässt sich mittels der veränderten Rehabilitationsfallzahlen in Abbildung 118 gemäß nachfolgender Formel die Kapazitätsauslastung an deutschen Vorsorge- und Rehabilitationseinrichtungen berechnen[31].

30 Vgl. Statistisches Bundesamt (2005[1]).

31 Die hier vorgestellten stationären Rehabilitationsfallzahlen gelten bei einer Ausweitung des ambulanten Rehabilitationsangebots auf 20% im Jahr 2020.

➔ K = (VD x FZ) / (BZ x 365)

wobei K = Kapazitätsauslastung; BZ = Bettenzahl; VD = Verweildauer und FZ = Fallzahl.

Für das Jahr 2005 ergaben sich diesbezüglich folgende Werte:

- BZ = 174.479
- VD = 25,8 Tage
- FZ = 1.813.990

Dies ergab für 2005 eine Kapazitätsauslastung von[32]

(25,8 x 1.813.990) / (174.479 x 365) = 73,5%.

Unter der weiteren Annahme einer unveränderten Bettenzahl und einer unveränderten durchschnittlichen Verweildauer gegenüber dem Jahr 2005, würden sich beispielhaft für die Jahre 2020 und 2050 folgende Kapazitätsauslastungen ergeben:

Kapazitätsauslastung 2020:

(25,8 x *2.077.530*) / (174.479 x 365) = 84,2%

Kapazitätsauslastung 2050:

(25,8 x *2.960.466*) / (174.479 x 365) = 119,9%

Anders als am heutigen Rehabilitationsmarkt würden sich mittelfristig demnach Unterkapazitäten für stationäre Rehabilitations- und Vorsorgeleistungen einstellen, die sich bis 2050 auf bis zu 20% belaufen könnten. Nahezu Komplettauslastung (99,6%) könnte sich durch eine Ausweitung des Bettenangebots auf 210.000 Betten, d.h. durch ca. 35.500 zusätzliche Rehabilitationsbetten erzielen lassen. Wie in Abschnitt 4.1.3.1.3 bereits angesprochen, wäre hier als partielle Lösung eine Bedarfsplanung von Leistungen zur Frührehabilitation am Krankenhaus denkbar, welche einen Teil des hier ermittelten mittel- bis langfristigen Zusatzbedarfs an medizinischen Rehabilitationsleistungen abdecken könnte.

Wie in Abschnitt 4.1 zudem angesprochen, heißt ein Fallzahlenanstieg unter den Rehabilitationsbehandlungen jedoch nicht automatisch, dass alle heute existierenden Rehabilitations- und Vorsorgeeinrichtungen den künftigen Anforderungen am Rehabilitationsmarkt entsprechen und somit notwendigerweise überlebensfähig sein werden. Daher dürfte in den kommenden Jahren nach wie vor mit einer Bereinigung am Rehabilitationsmarkt zu rechnen sein. Diese Marktbereinigung wird jedoch, mittelfristig und angesichts des Mehrbedarfs an Rehabilitationsbehandlungsleistungen, mutmaßlich nicht aufrecht gehalten werden können.

8.2 Hochrechnung medizinischer Rehabilitationsleistungen unter Berücksichtigung einer Ausweitung des ambulanten Rehabilitationsangebots

Im vorangegangenen Abschnitt 8.1 wurden sowohl für die gesetzliche Krankenversicherung (GKV) als auch die Rentenversicherung (RV) Hochrechnungen von Rehabilitationsfallzahlen und Rehabilitationsausgaben bis in das Jahr 2050 vorgenommen. Bei der Hochrechnung wurde die bisherige Entwicklung aus der Summe stationärer und ambulanter Rehabilitationsfallzahlen berücksichtigt. Implizit wurde bislang zudem ein

32 Für die Fallzahlenberechnung gilt jeweils die Summe der stationären Fälle aus Abbildung 118, plus 349.596.

konstantes Verhältnis zwischen ambulanten und stationären Rehabilitationsfallzahlen unterstellt, indem die Rehabilitationsausgaben pro Fall auf dem Niveau von 2005 in Form eines gewichteten Durchschnitts der jeweiligen stationären und ambulanten Fälle konstant gehalten wurden. Hinweise zu den Berechnungen bzw. Schätzungen der Ausgaben pro Behandlungsfall finden sich in *Anhang 8* für die gesetzlichen Krankenkassen sowie in *Anhang 10* für die gesetzliche Rentenversicherung.

Der berechnete bzw. geschätzte Anteil der ambulanten Fälle an der Gesamtzahl, d.h. sowohl der stationären als auch der ambulanten Rehabilitationsfälle, ist für 2005 in Tabelle 29 wiedergegeben. Die Anteile ambulanter Rehabilitationsfallzahlen an den Fallzahlen insgesamt lagen 2005 sowohl bei den gesetzlichen Krankenkassen als auch im Fall der Rentenversicherung bei etwas unter 10%.

Tab. 29: Anteile (ambulant-)teilstationärer Rehabilitationsfälle der gesetzlichen Krankenkassen und der gesetzlichen Rentenversicherung im Jahr 2005

	gesetzliche Krankenversicherung (GKV)	**gesetzliche Rentenversicherung (GRV)**
Anschlussrehabilitation (AR) / Anschlussheilbehandlung (AHB)	8,7%*	6,6%
Maßnahmen der Antragsrehabilitation	9,5%*	11,1%

* geschätzte Werte

Quelle: Rehabilitationsfallzahlen des AOK-Bundesverbands und der DRV Bund für 2005, eigene Berechnungen

Da hinsichtlich einer Ausweitung des ambulanten Rehabilitationsangebots sowohl seitens der gesetzlichen Rentenversicherung als auch seitens der gesetzlichen Krankenkassen entsprechende Planungen existieren, soll das Modell der Hochrechnung an dieser Stelle erweitert werden.

Bereits teilstationär ausgerichtete Rehabilitationsleistungen bieten gegenüber stationären Rehabilitationsbehandlungen den Vorteil, bei vergleichbarer Qualität[33] in der Regel zwischen ca. 36 und 43% kostengünstiger zu sein[34] (vgl. hierzu die Ausführungen in Abschnitt 3 sowie die Berechnungen zu den stationären und ambulanten Ausgaben je Rehabilitationsfall in den *Anhängen 8* und *10*).

Gleichzeitig wurde in Abschnitt 3.3 gezeigt, dass das Kriterium der Wohnortnähe bei der Durchführung einer ambulanten Rehabilitationsbehandlung das Schlüsselkriterium darstellt. Hieraus ergeben sich jedoch automatisch gewisse Obergrenzen im Hinblick auf eine Ausweitung des ambulanten Rehabilitationsangebots. Ambulante Rehabilitationsangebote erscheinen demnach vor allem in Ballungsräumen geeignet, bei denen die Einwohner nur geringe Entfernungen zwischen Rehabilitationseinrichtung und eigenem Wohnort zurücklegen müssen. Eine Ausweitung des ambulanten Rehabilitationsangebots auf bis zu 20% im Jahr 2020 wurde auf telefonische Anfrage aus genau diesem Grund sowohl seitens des Vertreters einer großen Krankenkasse als auch von einem Angestellten der Deutschen Rentenversicherung Bund als realistisch bezeichnet[35]. In

33 Vgl. die Ausführungen in Abschnitt 3.3 für Beispiele eines qualitativen Vergleichs.

34 Mit anderen Worten liegt die Ausgabenhöhe (ambulant-)teilstationärer Behandlungen gegenüber den stationären Behandlungen zwischen 57% und 64%, für die Behandlung von psychischen Erkrankungen und Alkoholerkrankungen sogar darunter (vgl. Anhang 10).

35 Telefonische Aussagen von Herrn Dr. Haaf, Deutsche Rentenversicherung Bund, vom 7.7.2007 sowie Herrn Laubsch, Fachreferent Rehabilitation der AOK Bayern, vom 21.7.2007. Im Fall der

der nachfolgenden Modellerweiterung wird das ambulante Rehabilitationsangebot demnach kontinuierlich bis 2020 auf 20% ausgeweitet und für den darauf folgenden Beobachtungszeitraum, also bis 2050, auf diesem Wert konstant gehalten.

Abb. 120: Ausweitung des (ambulant-)teilstationären, GKV-finanzierten Rehabilitationsangebots auf 20% bis 2020 und Auswirkungen auf die Rehabilitationsausgaben der Krankenkassen

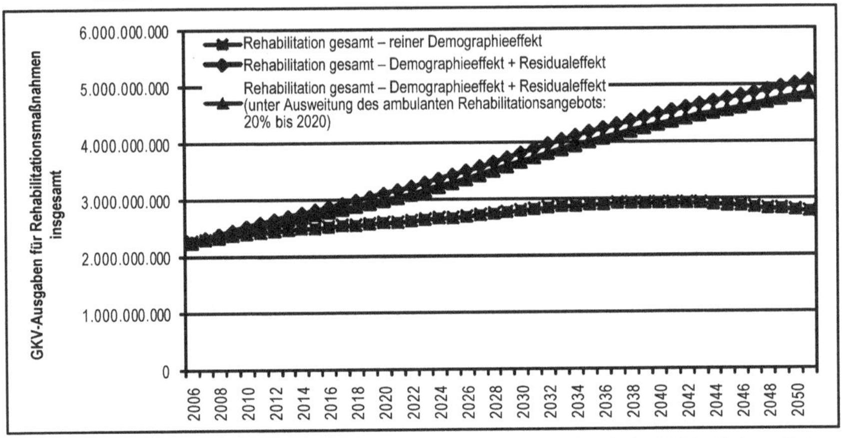

Quelle: Rehabilitationsfallzahlen und -ausgaben des AOK-Bundesverbands für 2005, 11. koordinierte Bevölkerungsvorausberechnung des Statistischen Bundesamts, eigene Berechnungen

Abb. 121: Ausweitung des (ambulant-)teilstationären, RV-finanzierten Rehabilitationsangebots auf 20% bis 2020 und Auswirkungen auf die Rehabilitationsausgaben der DRV Bund

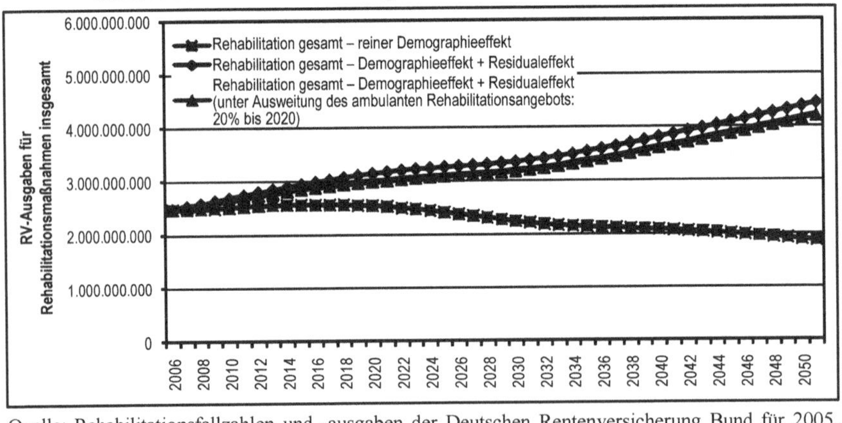

Quelle: Rehabilitationsfallzahlen und -ausgaben der Deutschen Rentenversicherung Bund für 2005, 11. koordinierte Bevölkerungsvorausberechnung des Statistischen Bundesamts, eigene Berechnungen

AOK Bayern wurde selbst dieser Wert von 20% bereits mit einem gewissen Fragezeichen versehen, mit anderen Worten also tendenziell bereits als sehr hoch gewertet.

Durch eine Ausweitung des ambulanten Rehabilitationsangebots lässt sich eine Reduktion des Ausgabenanstiegs erreichen. Gemäß den Ergebnissen in den Abbildungen 120 und 121 stellt eine Ausweitung des ambulanten Rehabilitationsangebots jedoch sowohl für die gesetzlichen Krankenkassen als auch für die gesetzliche Rentenversicherung lediglich eine Teillösung des Finanzierungsproblems dar.

Zum einen ist der geringfügige Effekt direkt anhand der beiden vorangegangenen Abbildungen erkennbar. Zwar ergeben sich, wie in Abbildung 122 beispielhaft für die Rentenversicherung dargestellt, deutliche nominelle Einsparungen von in diesem Fall € 7 Mrd. bis in das Jahr 2050; werden diese jedoch – beispielsweise mit einem Zinssatz von 3% – diskontiert, relativiert sich auch diese Aussage deutlich.

Abb. 122: Kumulative Einsparungen der Deutschen Rentenversicherung Bund ab 2005 durch Ausweitung des (ambulant-)teilstationären Rehabilitationsangebots auf 20% bis 2020

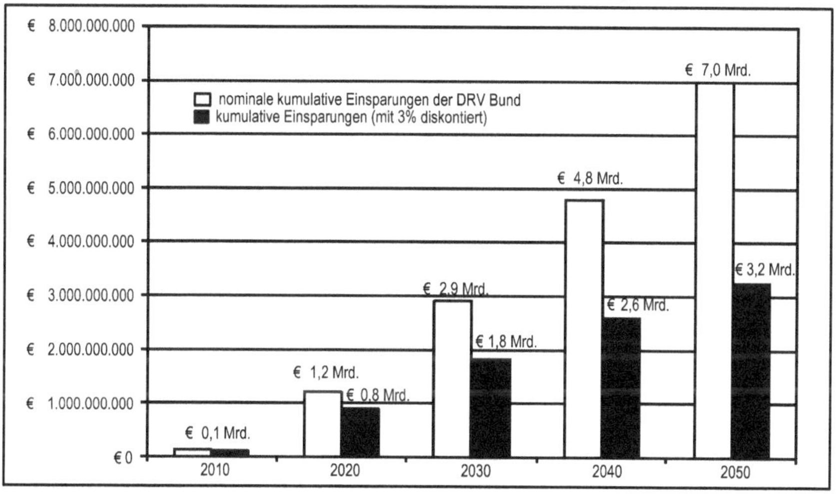

Quelle: Rehabilitationsfallzahlen und -ausgaben der Deutschen Rentenversicherung Bund für 2005, 11. koordinierte Bevölkerungsvorausberechnung des Statistischen Bundesamts, eigene Berechnungen

Abschließend sei darauf hingewiesen, dass sich durch eine Stärkung des ambulanten gegenüber dem teilstationären Rehabilitationsangebot etwas höhere Einsparungen erzielen lassen könnten. Nicht zuletzt angesichts des künftigen Mehrbedarfs an Rehabilitationsleistungen sollte dem in Abschnitt 3.3 diskutierten Thema daher künftig mehr Beachtung geschenkt werden.

8.3 Gegenüberstellung möglicher Einnahmen- und Ausgabenentwicklungen im Bereich der medizinischen Rehabilitation bis 2050

In Abschnitt 8 wurde bis zu diesem Punkt eine einseitige Ausgabenbetrachtung medizinischer Rehabilitationsleistungen durch Hochrechnung von Rehabilitationsfällen bis 2050 vorgenommen. Aus Sicht der Gesundheitspolitik drängt sich angesichts der dargestellten Hochrechnungen letztendlich die Frage nach der künftigen Finanzierung von Rehabilitationsleistungen auf. Hierzu muss jedoch in erster Linie auch die einnahmenseitige Entwicklung mitberücksichtigt werden. Mit anderen Worten gilt es zu modellieren, inwieweit sich künftig auch die zur Verfügung stehende Finanzierungsbasis für medizinische Rehabilitationsleistungen erhöhen wird.

An dieser Stelle ist es wichtig, sich die Methode der Finanzierung medizinischer Rehabilitationsleistungen durch die Sozialversicherungsträger zu vergegenwärtigen. Diese resultiert aus beitragspflichtigen Einnahmen aus den Sozialabgaben von Arbeitnehmern und Arbeitgebern. Aus diesen Sozialabgaben, mittels derer sowohl die gesetzliche Rentenversicherung als auch die gesetzlichen Krankenkassen und die gesetzliche Unfallversicherung finanziert werden, werden auch die Finanzmittel für medizinische Rehabilitationsleistungen bezogen. Inwiefern dies paritätisch oder aber zunehmend zulasten des Arbeitnehmers geschieht, ist für die nachfolgende Darstellung unerheblich.

Zur haushaltspolitischen Sicherung des Gesundheitssystems sowie der Renteneinkünfte sind seitens der gesetzlichen Krankenkassen bzw. der Rentenversicherung zweierlei Vorgehensweisen denkbar:

(1) ausgabenseitige Kürzung, d.h. Rationierung, von Gesundheitsleistungen bzw. Rentenansprüchen
(2) einnahmenseitige Anhebung der Beitragssätze zur Sozialversicherung (d.h. zur gesetzlichen Rentenversicherung sowie für die gesetzlichen Krankenkassen, in letzterem Fall ab 2009 über Zusatzbeiträge)

In ersterem Fall sind sowohl direkte als auch indirekte Rationierungen denkbar. Indirekte Rationierungen sind sowohl im heutigen Gesundheitssystem als auch im heutigen Rentensystem bereits allgegenwärtig. Beispielhaft genannt seien unter anderem die Finanzierung von Rentenleistungen über die zusätzlich erhobene Ökosteuer, eine faktische Rentenkürzung durch die künftige Erhöhung des Renteneintrittsalters auf 67 Jahre, nominale bzw. reale Nullrunden bei den Rentenerhöhungen sowie die implizite Rationierung von Gesundheitsleistungen durch striktere Budgetierung, beispielsweise im niedergelassenen Ärztebereich.

Wie im Rahmen dieser Arbeit bereits mehrfach dargestellt, wurden im Bereich der medizinischen Rehabilitation über die letzten Jahre sowohl direkte als auch indirekte Rationierungen vorgenommen, und zwar gilt dies sowohl im Bereich der gesetzlichen Rentenversicherung als auch bei den gesetzlichen Krankenkassen. Hierzu gehören

- die bereits in großen Teilen vollzogene Rationierung von Leistungen im Bereich Antragsrehabilitation,
- die faktische Kürzung von Rehabilitationsausgaben pro Fall durch Einführung von Rehabilitationsfallpauschalen.

Unter gleichzeitiger Berücksichtigung der sowohl demographisch als auch medizinisch-technisch bedingten Zunahme von Multimorbidität und Chronizität in der Bevölkerung, erscheint eine weitere Rationierung von Rehabilitationsleistungen hingegen kaum gerechtfertigt. Dies gilt insbesondere angesichts der beiden Aufgaben medizinischer Rehabilitationsleistungen, entweder den Renteneintritt oder aber den Eintritt von Pflegebedürftigkeit hinauszuzögern bzw. zu verhindern. Da die demographische Entwicklung über die kommenden Jahre zudem voll auf die Ausgabenentwicklung sowohl von Pflege- als auch Rentenleistungen durchschlagen wird, kommt der medizinischen Rehabilitation in puncto Prävention künftig noch eine weitaus stärkere Bedeutung zu, als dies heute ohnehin schon der Fall ist.

Angesichts von Budgetrestriktionen erscheint jedoch gleichzeitig die Annahme gerechtfertigt, dass gegenüber dem Basisjahr 2005 auch zukünftig keine steigenden Anteile aus den Krankenkassenbudgets, dem Budget der Rentenversicherung bzw. den Budgets aller übrigen Rehabilitationsträger ohne Weiteres für Rehabilitationsbehandlungsleistungen ausgegeben werden können. In diesem Fall ist die einnahmenseitige Steigerungsrate des jeweiligen Rehabilitationsbudgets maximal durch die zu erwartende künftige Steigung der Grundlohnsumme vorgegeben, da alle Einnahmen zur Sozialversicherung als prozentuale Anteile an der Grundlohnsumme festgelegt sind. Dieser Annahme könnte einerseits entgegengehalten werden, dass aufgrund des demographischen Entwicklungsprozesses zukünftig weniger Beitragszahler zur Verfügung stehen und sich die Einnahmen demnach vielmehr rückläufig entwickeln werden. Andererseits ist die vorangegangene Hypothese unter der Voraussetzung vertretbar, dass

- Ausgabenkürzungen an anderer Stelle des Rentensystems (durch faktische Rentenkürzungen),
- Ausgabenkürzungen innerhalb des Gesundheitssystems (durch anderweitige Kürzungen im GKV-Budget),
- anderweitige steuerliche Zuschüsse
- bzw. eine Erweiterung der Finanzierungsbasis, beispielsweise durch Einbeziehung der privaten Krankenversicherung (PKV),

eine solche Aufrechterhaltung der Rehabilitationsbudgets künftig ermöglichen werden. Eventuell handelt es sich bei der Einnahmenentwicklung in Abbildung 123 jedoch durchaus um eine optimistische Annahme und somit um eine Obergrenze in Bezug auf die einnahmenseitige Steigerungsrate.

Auf der Einnahmenseite wurde in einem ersten Schritt eine nominale Wachstumsrate der Grundlohnsumme auf Basis des „Index der tariflichen Stundenlöhne in der gewerblichen Wirtschaft und bei Gebietskörperschaften“ ermittelt. Hier ergab sich zwischen 1995 und 2007 eine Wachstumsrate von +2,3% pro Jahr. Da auf der Ausgabenseite die nominale Ausgabenentwicklung mit Index 2005 berücksichtigt wurde, muss nachfolgend auch auf der Einnahmenseite die jährliche Änderungsrate im Verbraucherpreisindex aus der Wachstumsrate von +2,3% pro Jahr herausgerechnet werden. Zwischen 2000 und 2006 ergab sich hier eine jährliche Änderungsrate von +1,6% und somit der Nettoeffekt einer nominalen Erhöhung der Einnahmenbasis um +0,7% pro Jahr.

Nachfolgende Abbildung 123 gibt deutlich zu erkennen, dass die geschätzten Rehabilitationsausgaben in weitaus höherem Maß ansteigen als die Einnahmen, welche sowohl bei den gesetzlichen Krankenkassen als auch bei der gesetzlichen Rentenversicherung für eben diese Maßnahmen zur Verfügung stehen.

Angesichts des in der Abbildung dargestellten, zunehmenden Finanzierungsdefizits stellt sich für die Zukunft die Frage nach einer möglichen Stärkung von Rolle und Bedeutung medizinischer Rehabilitationsleistungen auf der Einnahmenseite. Eine Möglichkeit wäre die Ausweitung des Kreises der Rehabilitationsträger um die soziale Pflegeversicherung, welche im nachfolgenden Abschnitt diskutiert wird.

Abb. 123: Darstellung des zukünftigen Finanzierungsdefizits in der medizinischen Rehabilitation (Krankenkassen und Rentenversicherung, 2006 bis 2050)

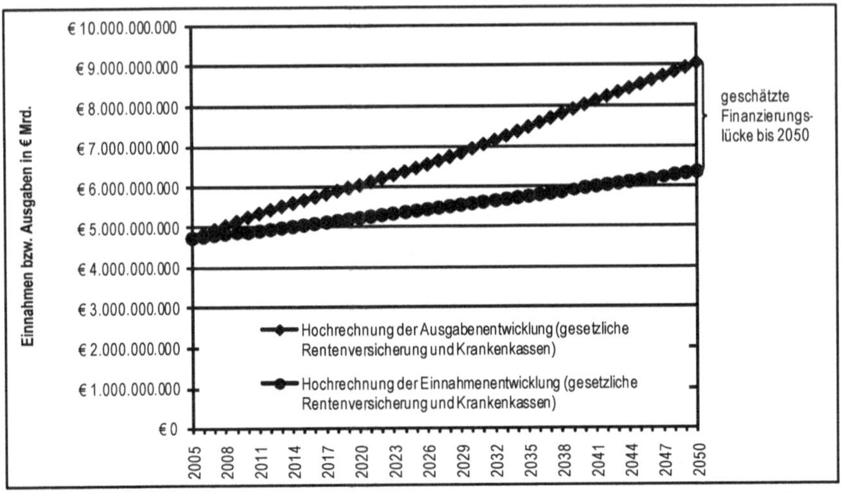

Quelle: Statistisches Bundesamt (2007[1]): Löhne und Gehälter. Index der tariflichen Monatsgehälter; Statistisches Bundesamt (2007[2]): Preise – Verbraucherpreisindizes für Deutschland „Monatsberichte 2007", eigene Berechnungen

8.4 Aufnahme der gesetzlichen Pflegeversicherung in den Kreis der Rehabilitationsträger

Eine mögliche Lösung des künftigen Finanzierungsproblems medizinischer Rehabilitationsleistungen wäre die Aufnahme der gesetzlichen Pflegeversicherung in den Kreis der Rehabilitationsträger, wie sie bereits in ersten Ansätzen in Abschnitt 4 diskutiert wurde. Wirksam wäre ein solcher Schritt allerdings nur unter der Maßgabe einer konsequenten Einbindung von Pflegedienstleistern in Projekte der integrierten Versorgung. Entscheidend wird es hierbei sein, einen ökonomischen Anreizmechanismus auf Mikroebene zu entwickeln, bei dem durch aktivierende Pflege generierte Einsparungen den beteiligten ambulanten und stationären Pflegeeinrichtungen direkt zugute kommen.

8.4.1 Künftige Herausforderungen an die gesetzliche Pflegeversicherung und die Bedeutung des Grundsatzes „Rehabilitation vor Pflege"

Dem Grundsatz „Rehabilitation vor Pflege" wird vor dem Hintergrund der allgemein bevorstehenden Herausforderungen im Pflegebereich künftig eine immense Bedeutung zukommen. Die Herausforderungen an den Pflegesektor sollen im Rahmen dieses Abschnitts aufgezeigt werden, um die Thematik in ihrer Tragweite zu erfassen.

Anders als im Bereich der gesetzlichen Krankenversicherung spielt die bevorstehende demographische Entwicklung bei der Entwicklung der Pflegeausgaben keine nachgeordnete, sondern vielmehr eine zentrale Rolle. Zum einen liegt dies am Grad der Altersabhängigkeit von Ausgaben der Pflegeversicherung, welcher weitaus stärker ausgeprägt ist als bei den GKV-Ausgaben[36]. Der demographische Effekt auf die Ausgaben in der Pflegeversicherung wird demnach insgesamt schätzungsweise in etwa doppelt so hoch ausfallen wie im Bereich der GKV. Gleichzeitig ist ein Element des „pflegerischen Fortschritts" aufgrund der hohen Arbeitsintensität und des geringen Rationalisierungspotentials im Pflegebereich gegenüber dem GKV-Bereich weitaus weniger deutlich erkennbar, so dass der rein demographische Effekt eine prozentual größere Rolle spielen dürfte[37]. Im Pflegebereich ist jedoch gleichzeitig eine erhöhte Nachfrage zu beobachten, wobei steigende Präferenzen bei wachsendem Wohlstand nur einen Teilaspekt darstellen. Vielmehr kommen auch noch weitere Einflussfaktoren aufgrund von signifikanten gesellschaftlichen Veränderungen zum Tragen, die den Pflegesektor künftig vor neue Herausforderungen stellen werden.

Von besonderer Bedeutung ist hierbei die Entwicklung des so genannten „informellen Pflegepotentials", mit einem derzeitigen Anteil von ca. 70%. Es handelt sich hierbei um ein soziales Unterstützungsnetzwerk aus nichtberuflichen Helfern – Ehepartner bzw. Lebenspartner, Kinder, Schwiegerkinder und hierbei insbesondere Frauen – die im Bereich der häuslichen Pflege bislang eine zentrale Rolle gespielt haben[38]. An dieser Stelle lassen sich gleich mehrere Gründe anführen, warum künftig mit einem erheblichen Rückgang des informellen Pflegepotentials zu rechnen sein wird. Diese Gründe sind nachfolgend aufgeführt und kurz erläutert[39].

1. Höherer Anteil allein lebender Menschen

Es ist damit zu rechnen, dass der Anteil der Ledigen, getrennt Lebenden und Geschiedenen unter den 60-Jährigen und Älteren in Zukunft deutlich steigen wird. In diesem Zusammenhang wird ein Rückgang des Anteils der Zusammenlebenden bei den 60-jährigen und Älteren bis 2050 von heute 60% auf dann 40% prognostiziert.

2. Verringerung der „Kindergeneration" zwischen 30 und 60 Jahren zur Versorgung der Pflegebedürftigen[40]

Ein künftiger Rückgang der „Kindergeneration", die für die Sicherstellung der Versorgung von Pflegebedürftigen notwendig wäre, ist anhand der in Abschnitt 7.2 vorgestellten 11. koordinierten Bevölkerungsvorausberechnung des Statistischen Bundesamts bereits heute vorgezeichnet.

---

36 Zum Beispiel waren im Jahr 1998 die durchschnittlichen GKV-Ausgaben für Rentner 88% höher als für erwerbstätige Mitglieder. Das Verhältnis der Durchschnittsausgaben zur Pflegeversicherung bei den über 60-Jährigen lag gegenüber den unter 60-Jährigen hingegen bei einem Verhältnis von 8,5:1 (vgl. Knappe, Rubard (2001), S. 98 f., insbesondere Abbildungen 1 und 2).

37 Vgl. Knappe, Rubard (2001), S. 105 und 116 f.

38 Von den zu Hause versorgten Pflegebedürftigen werden statistisch gesehen 90% von Familienangehörigen betreut, 70% dieser Pflegepersonen sind im erwerbsfähigen Alter (siehe Schulz, Leidl, König (2001), S. 73). Wiederum 65% dieser Pflegeleistungen erfolgten ohne jegliche externe berufliche Hilfe (vgl. hierzu Blinkert, Klie (2004), S. 320).

39 Siehe Blinkert, Klie (2004), S. 321 ff. sowie Schulz, Leidl, König (2001), S. 65.

40 Vgl. auch Scherl (2003), S. 98, der auf den zunehmenden Anteil von älteren Personen mit nur einem oder gar keinem Kind hinweist (vgl. hierzu auch Anmerkungen in Abschnitt 4.5).

3. Steigende Erwerbsquoten, vor allem innerhalb der weiblichen Bevölkerung

In erster Linie wird die Pflege der Eltern durch die Kinder und hier vor allem von den Töchtern übernommen. Diesbezüglich ist zu erwarten, dass sich die Erwerbsquote unter der weiblichen Bevölkerung, d.h. unter den 30- bis 65-jährigen Frauen, langfristig der Erwerbsquote in der männlichen Bevölkerung annähern wird. Aufgrund der Heraufsetzung des Renteneintrittsalters wird sich auch die Erwerbsquote unter den 50- bis 65-jährigen Männern erhöhen. Dass Erwerbstätigkeit mit einer Hauptpflegetätigkeit nicht vereinbar ist, wird anhand einer Statistik besonders deutlich, derzufolge eine Hauptpflegeperson im Durchschnitt rund 46 Stunden pro Woche beschäftigt ist. Eine Tätigkeit dieses Umfangs wird von 83% aller betroffenen, befragten Personen als stark oder sehr stark belastend empfunden[41].

Die nachfolgende Abbildung 124 zeigt gegenüber einem Index von 100 Punkten, wie sich sowohl die Anzahl der Pflegebedürftigen als auch das informelle Pflegepersonal bis zum Jahr 2050 verändern könnte[42]. Demzufolge wird anhand von Hochrechnungen davon ausgegangen, dass sich nicht nur das informelle Pflegepotential nachhaltig verringern, sondern dass sich auch die Zahl der Pflegebedürftigen um ca. 250% von rund 1,8 Millionen auf 4 Millionen im Jahr 2050 erhöhen wird[43].

Abb. 124: Geschätzte Entwicklung des informellen Pflegepotentials sowie der Anzahl Pflegebedürftiger bis 2050 (Indexwerte)

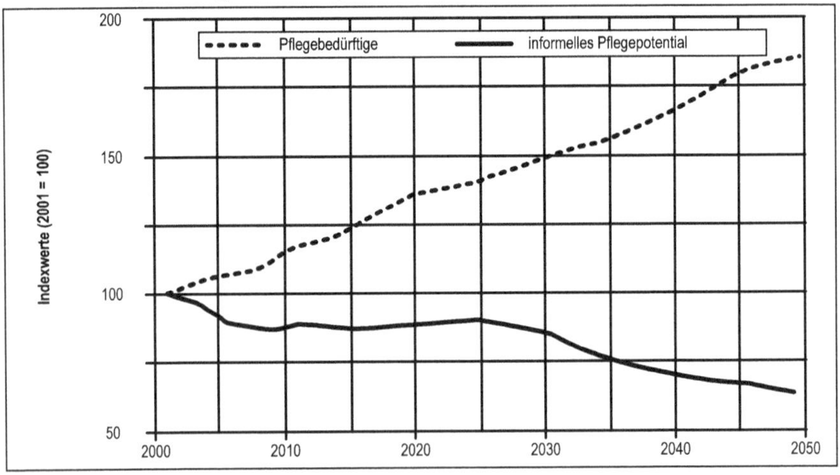

Quelle: nach Blinkert, Klie (2004), S. 321, Abbildung 1

Allein aufgrund der zunehmenden Anzahl Pflegebedürftiger müsste im Jahr 2050 gemäß DIW-Berechnungen jede sechste Frau im Alter zwischen 40 und 65 Jahren eine Pflegeperson betreuen, während es 1999 insgesamt nur 5,2% waren. Angesichts des

41 Siehe Schulz, Leidl, König (2001), S. 74.

42 Siehe Blinkert, Klie (2004), Abbildung 1 auf S. 321.

43 Vgl. Blinkert, Klie (2004), S. 321. Andere Hochrechnungen, z.B. durch das Deutsche Institut für Wirtschaftsforschung (DIW), gehen von einer noch deutlicheren Erhöhung auf bis zu 4,7 Millionen Pflegebedürftige aus (vgl. Schulz, Leidl, König (2001), S. 65 und 70 f.).

Rückgangs an informellem Pflegepersonal wird sich die Nachfrage nach professionellen Pflegekräften und teilstationärer Pflege demnach deutlich erhöhen[44]. Erschwerend kommt hinzu, dass sich der Anteil einzelner Pflegestufen von Pflegestufe I in Richtung Pflegestufe II verschieben, der Grad der durchschnittlichen Pflegebedürftigkeit mit anderen Worten also steigen wird. Parallel hierzu wird sich auch der Anteil stationär versorgter Pflegebedürftiger gegenüber dem ambulanten Anteil erhöhen[45].

Zusammenfassend ergeben sich somit erhebliche Mehrbelastungen für die deutsche Pflegeversicherung. Die Enquete-Kommission „Demographischer Wandel" beispielsweise geht davon aus, dass bis 2040 unter unveränderten Bedingungen eine Anhebung des Beitragssatzes zur Pflegeversicherung auf bis zu 4,6% erforderlich sein dürfte[46]. Zu berücksichtigen ist außerdem, dass aufgrund des erhöhten Pflegebedarfs die Sozialhilfe, und aufgrund der notwendigen Ausweitung von Pflegeheimplätzen auch die öffentlichen Haushalte zusätzlichen finanziellen Belastungen ausgesetzt sein werden[47].

Die soeben beschriebenen Zukunftsszenarien für den Pflegebereich müssen notwendigerweise vor dem Hintergrund der in diesem Abschnitt durchgeführten Hochrechnungen im Bereich der medizinischen Rehabilitation gesehen werden. Eine Möglichkeit, letztere auf eine breitere Finanzierungsbasis zu stellen, könnte demnach zweifellos darin bestehen, die Pflegeversicherung künftig als Träger von Rehabilitationsleistungen anzuerkennen und somit für die Erbringung von Rehabilitationsleistungen in die direkte Verantwortung zu nehmen. Einerseits werden Prävention und Rehabilitation zur Verzögerung von Pflegebedürftigkeit zum Teil noch mit Skepsis betrachtet[48]. Gleichzeitig sind in den letzten Jahren jedoch zunehmend Forderungen laut geworden, auch den Pflegesektor an den Aufgaben zur Bewältigung chronischer Krankheiten zu beteiligen. Begründet wird diese Forderung zum einen mit der Tatsache, dass chronisch Kranke in der Pflege inzwischen mehr als die Hälfte aller Patienten ausmachen. Gleichzeitig wird darauf hingewiesen, dass Pflegetätigkeiten, sei es nun im Krankenhaus, in der stationären Rehabilitation, im ambulanten Bereich oder der Langzeitversorgung, bereits heute einen integrativen Bestandteil bei der Versorgung chronisch kranker Patienten bilden[49].

Chronische Krankheiten wiederum führen eine ganze Reihe von gravierenden Konsequenzen mit sich, deren aktivierende Behandlung in Deutschland bisher zwar in der Rehabilitation, nicht jedoch im Pflegebereich selbstverständlich ist. Typische Charakteristika einer chronischen Erkrankung sind demzufolge eine grundsätzliche Unsicherheit im Umgang mit der Erkrankung als bedeutsame Bewältigungsherausforderung, zusätzliche Unsicherheit und Stress aufgrund möglicher unvorhersehbarer Ereignisse sowie Angst, Depression, emotionale Beeinträchtigungen und damit verbundene Handlungsunfähigkeit.

Die Pflege sollte somit, wie dies in der internationalen Diskussion bereits seit Längerem gefordert wird, eine Schlüsselfunktion im Rahmen multiprofessioneller Versorgungskonzepte einnehmen. Unterstützung bei der Bewältigung von Verunsicherungen, alltäglichen Herausforderungen und dem Management des Krankheits- und Therapiegesche-

---

44 Vgl. Schulz, Leidl, König (2001), S. 75 f.

45 Siehe Schulz, Leidl, König (2001), S. 72 f. und 77. Auch Blinkert und Klie (2004) gehen davon aus, dass sich die Heimquote bei den Pflegebedürftigen von heute ca. 30% bis 2050 auf rund 45% erhöhen könnte (vgl. Angaben auf S. 321).

46 Siehe Deutscher Bundestag (2002), S. 247.

47 Siehe Scherl (2003), S. 98.

48 Vgl. u.a. Blinkert, Klie (2004), S. 320, Fußnote 2.

49 Siehe Schaeffer (2006), S. 197.

hens sollte demzufolge auch durch den Pflegesektor geleistet werden, sofern ältere und von Pflegebedürftigkeit bedrohte Personen betroffen sind. Strategien der Patientenaktivierung wären demnach auch in der Pflege stärker in den Vordergrund zu stellen. Vor allem können auch edukative Elemente wie Wissensvermittlung, Beratung und Schulungen der Patienten zur Erreichung dieses Ziels beitragen. Aktuell wird im Pflegesektor hingegen eine zu passive Haltung (in Form einer Outsider Perspektive), nicht jedoch die Insider Perspektive und somit die Sichtweise des Erkrankten und seines subjektiven Erlebens der chronischen Krankheit eingenommen. Eine Realisierung geriatrischer Rehabilitationsleistungen in Form von Aktivierung und Mobilisation findet nur unzureichend statt. Passive Pflege hingegen führt zu einem erhöhten Rehabilitationsbedarf von Pflegebedürftigen und setzt eine Abwärtsspirale in Gang, die nur allzu oft in der Bettlägerigkeit des Patienten und einem letztendlich erhöhten Personalbedarf endet. Hier hat in letzter Zeit bereits ein Umdenken stattgefunden. Unter anderem setzen sich mittlerweile zwei vom BMBF geförderte Pflegeforschungsverbünde mit den Bewältigungsherausforderungen bei chronischer Erkrankung auseinander[50]. Auch in zwei geplanten Forschungsprojekten unter wissenschaftlicher Leitung von Prof. Pelka von der Universität der Bundeswehr München spielt die Aktivierende Integrative Rehabilitation (kurz: AIR) eine zentrale Rolle. Im Rahmen dieser Forschungsprojekte stehen mit den Konzepten

- PVG (*P*räventive *V*erhaltenstherapeutische *G*esundheitspädagogik) sowie
- DACK (*D*isease Management, *A*ktivierende *I*ntegrative *R*ehabilitation und *C*ase Management der Krankenkassen)

zwei Versorgungskonzepte im Vordergrund, die den individuellen Patienten zu eigenverantwortlichem Handeln befähigen und diesen gesundheitspädagogisch beim Umgang mit der eigenen Erkrankung unterstützen[51].

Im Rahmen der vorliegenden Arbeit soll keinesfalls der Eindruck vermittelt werden, die Anerkennung der Pflegeversicherung als Rehabilitationsträger könne die zukünftigen Herausforderungen an die Pflegeversicherung umfassend und auf wundersame Weise lösen. Gleichwohl erscheint es ebenso ungerechtfertigt, mögliche Zuständigkeiten der Pflegeversicherung im Bereich Rehabilitation von vornherein in Frage zu stellen. Denn betrachtet man die Rehabilitationszuständigkeit der Rentenversicherung mit deren Zielsetzung „Rehabilitation vor Rente", so stellt auch diese keineswegs eine Komplettlösung des Rentenproblems in Deutschland dar. Es ist in diesem Fall aufgrund eines positiven Kosten-Nutzen-Verhältnisses jedoch ein eindeutiger Anreiz vorhanden, Rehabilitationsleistungen zur Vermeidung bzw. Verzögerung eines frühzeitigen Renteneintritts zu erbringen[52].

---

50 Vgl. Schaeffer (2006), S. 197 f. sowie von Stackelberg (2005), S. 505.

51 Die Durchführung des Forschungsprojekts DACK ist in Zusammenarbeit mit der AOK geplant. Für das Forschungsprojekt PVG ist auf Basis einer Zusammenarbeit mit Österreich und Spanien durch EU-Gelder, über das Emmy-Noether-Programm durch die Deutsche Forschungsgemeinschaft DFG, durch die Gmünder Ersatzkasse sowie durch das BMBF finanzielle Unterstützung vorgesehen (Auskunft von Prof. Rainer Pelka am 2.9.2007).

52 Berechnungen der DRV Bund zufolge ist bereits die Verzögerung einer vorzeitigen Berentung wegen Erwerbsminderung um drei bis fünf Monate ausreichend, um mit einer medizinischen Rehabilitationsmaßnahme einen positiven wirtschaftlichen Nutzen zu garantieren (siehe Korsukéwitz (2007), S. 44, Abbildung 2).

8.4.2 „Rehabilitation vor Pflege" als möglicher zentraler Bestandteil von Verträgen zur integrierten Versorgung

Anhand der Beschreibung in Abschnitt 8.4.1 ist deutlich geworden, dass dem Grundsatz „Rehabilitation vor Pflege" künftig eine stärkere Bedeutung zukommen muss, und dass hierzu die gesetzliche Pflegeversicherung in die Verantwortung genommen werden sollte.

Da Strukturen zur Durchführung von Rehabilitationsleistungen unter Einbeziehung stationärer sowie ambulanter Pflegeeinrichtungen derzeit jedoch quasi nicht vorhanden sind, müsste hierfür kurzfristig notwendiges Investitionskapital bereitgestellt werden. Zudem wäre es notwendig, den ökonomischen Anreiz zur Durchführung von Rehabilitationsleistungen durch die gesetzliche Pflegeversicherung auch mittel- bis langfristig aufrechtzuerhalten. Dagegen würde eine bloße Entscheidung, die gesetzliche Pflegeversicherung in den Kreis der Rehabilitationsträger aufzunehmen, ohne entsprechende finanzielle Anreize an den Pflegesektor zweifellos ihr Ziel verfehlen.

Abb. 125: Integrierte Versorgungskonzepte zur Realisierung des Grundsatzes „Rehabilitation vor Pflege"

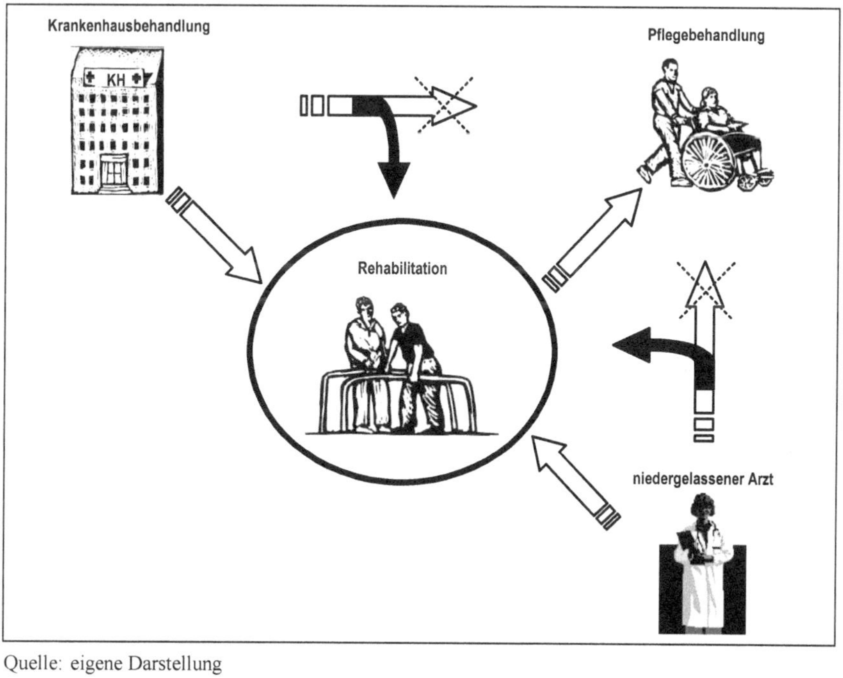

Quelle: eigene Darstellung

Zu Beginn stellt sich demnach die Frage nach Möglichkeiten der Startfinanzierung von Rehabilitationsleistungen durch die Pflegeversicherung. Die Einbehaltung eines Teils des derzeit verfügbaren Pflegebudgets zur Realisierung des Grundsatzes „Rehabilitation vor Pflege" wäre angesichts der Finanzknappheit der Pflegehaushalte in diesem Zusammenhang sicherlich nicht zu rechtfertigen. Gleichzeitig ist jedoch durchaus zu hinterfragen, ob bei einer bevorstehenden Erhöhung der Pflegesatzbeiträge tatsächlich *alle* zusätzlich generierten Finanzmittel in die passive Pflege investiert, oder ob nicht vielmehr auch ein erheblicher Anteil für die Förderung aktivierender Pflegemaßnahmen bereitgestellt werden sollte. Zur Realisierung des Grundsatzes „Rehabilitation vor Pflege" wäre eine Anschubfinanzierung demnach letztendlich ebenso notwendig wie seinerzeit für die integrierte Versorgung im Bereich GKV-finanzierter Gesundheitsleistungen. Gemäß der Darstellung in diesem Abschnitt sollte eine solche Anschubfinanzierung anders als im GKV-Bereich jedoch nicht von den Pflegeeinrichtungen selbst, sondern über erhöhte Pflegesätze von der Solidargemeinschaft getragen werden. Wichtige Veränderungsprozesse ließen sich im Anschluss durch eine Beteiligung von Pflegeeinrichtungen an möglichen finanziellen Einsparungen aufgrund einer realisierten Verhinderung bzw. Verzögerung des Eintritts von Pflegebedürftigkeit in Gang setzen. Gemäß Abbildung 125 wären hierfür integrierte Versorgungskonzepte notwendig, die ein engeres Zusammenwirken von Krankenhäusern, Rehabilitationskliniken und Pflegeeinrichtungen ermöglichen.

Ein vorrangiges Ziel dieser Arbeit ist es gewesen, die künftige Bedeutung von Rehabilitationsbehandlungsleistungen, aber auch deren bevorstehendes Finanzierungsproblem aufzuzeigen. Angesichts der vorgestellten Ergebnisse bleibt zu hoffen, dass dem Thema „Rehabilitation vor Pflege" unter Einbeziehung der gesetzlichen Pflegeversicherung in Zukunft mehr gesundheitspolitische Beachtung geschenkt wird.

Im nachfolgenden, abschließenden Abschnitt 9 sollen hierzu konkrete Handlungsempfehlungen ausgesprochen werden. Im Rahmen eines vorgestellten Fünf-Punkte-Programms für die medizinische Rehabilitation wird das Thema „Rehabilitation vor Pflege" auf den nachfolgenden Seiten als das wichtigste von fünf ausgewählten Handlungsfeldern identifiziert und näher diskutiert.

9. Ergebniszusammenfassung: Ein Fünf-Punkte-Programm für die medizinische Rehabilitation

Übergreifendes Ziel der vorliegenden Arbeit ist es gewesen, die wesentlichen Problemstellungen und Herausforderungen an die medizinische Rehabilitation bis Mitte des 21. Jahrhunderts aufzuzeigen. Einzelne Aspekte hierzu wurden in einem ersten Teil der Arbeit in den Abschnitten 1 bis 6 vorgestellt. Nach einer methodischen Einführung auf dem Gebiet der Ausgabenhochrechnung in Abschnitt 7.1 sowie einer Vorstellung der Ergebnisse der 11. koordinierten Bevölkerungsvorausberechnung des Statistischen Bundesamts in Abschnitt 7.2, folgte in Abschnitt 8 eine gesundheitsökonomische Hochrechung von Rehabilitationsfallzahlen und Rehabilitationsausgaben bis 2050. Erst die Ergebnisse aus Abschnitt 8 ermöglichen es letztendlich, die im ersten Teil dieser Arbeit vorgestellten Probleme und Herausforderungen an die medizinische Rehabilitation in ihrer Bedeutung und Tragweite zu erfassen sowie den Handlungsbedarf in einzelnen Teilbereichen zu formulieren.

Im vorliegenden Abschnitt sollen abschließend die fünf wichtigsten Handlungsfelder, für die aus Autorensicht in naher Zukunft der größte Handlungsbedarf besteht, in der Reihenfolge ihrer Bedeutung aufgegriffen werden. Zusammengefasst werden diese in einem nachfolgend vorgestellten Fünf-Punkte-Programm diskutiert, das die wesentlichen Aspekte dieser Arbeit abdeckt. Jedes der fünf Handlungsfelder ist abschließend mit konkreten Handlungsempfehlungen an die beteiligten Akteure im Bereich der medizinischen Rehabilitation versehen.

Da die Ergebnisse der Hochrechnungen aus Abschnitt 8 für die Reihenfolge des vorgestellten Fünf-Punkte-Programms entscheidend sind, erscheint es vorab notwendig, diese Ergebnisse noch einmal zusammenfassend darzustellen. Gemäß Abschnitt 8 ergibt sich für GKV- und RV-finanzierte Rehabilitationsbehandlungsleistungen laut Hochrechnungen

- eine deutliche Zunahme der Rehabilitationsfallzahlen von 1,6 Mio. im Jahr 2006 auf 3,2 Mio. im Jahr 2050
- eine deutliche Zunahme der realen Rehabilitationsausgaben von € 4,7 Mrd. im Jahr 2006 auf ca. € 9,0 Mrd. im Jahr 2050 unter der Annahme einer Ausweitung des ambulanten Rehabilitationsangebots auf 20% bis 2020.

Für den steigenden Trend der Rehabilitationsfallzahlen und Rehabilitationsausgaben sind die demographischen Veränderungen in Deutschland, primär jedoch ein Residualeffekt verantwortlich, welcher durch die Auswirkungen des medizinisch-technischen Fortschritts sowie durch steigende Morbidität und Chronizität gekennzeichnet ist. Residualeffekt und demographischer Effekt bedingen sich hierbei gegenseitig durch Ausgabenversteilerungen. Im Fall der medizinischen Rehabilitation entspricht dies einer Fallzahlenausweitung, insbesondere in höheren Altersgruppen. Gemessen anhand von Ausgaben pro Kopf der Bevölkerung sind Ausgabenversteilerungen in der medizinischen Rehabilitation demnach ebenso zu beobachten wie bei den Gesundheitsausgaben der GKV insgesamt. Deutliche Mehrausgaben sind hierbei jedoch nicht nur für die gesetzlichen Krankenkassen mit ihrer älteren Patientenklientel von meist über 60 Jahren zu erwarten. Aufgrund des Zuständigkeitsbereichs bei älteren onkologischen Patienten sollten auch bevorstehende Mehrausgaben durch die gesetzliche Rentenversicherung nicht unterschätzt werden.

Angesichts der Ergebnisse in Abschnitt 8 lässt sich das abschließende Fünf-Punkte-Programm für die medizinische Rehabilitation gemäß der nachfolgend aufgeführten Reihenfolge formulieren:

I. „Rehabilitation vor Pflege“: Anerkennung der gesetzlichen Pflegeversicherung als eigenen Rehabilitationsträger und Realisierung im Rahmen der Integrierten Versorgung
II. Entwicklung von Maßnahmen der fachübergreifenden Frührehabilitation
III. Stärkung der Rehabilitationsnachsorge
IV. Ausweitung des ambulanten Spektrums an medizinischen Rehabilitationsleistungen und Einbindung in Projekte der Integrierten Versorgung
V. Verbesserung des Leistungs- und Qualitätswettbewerbs in der medizinischen Rehabilitation durch Einsatz eines Patientenklassifikationssystems

I. „Rehabilitation vor Pflege“: Anerkennung der gesetzlichen Pflegeversicherung als Rehabilitationsträger und Realisierung im Rahmen der Integrierten Versorgung

Angesichts der bevorstehenden demographischen Veränderungen in Deutschland ist das Thema „Rehabilitation vor Pflege“ am deutlichsten ins Blickfeld dieser Arbeit geraten. Vorgestellt wurden:

- die empirisch nachgewiesene, unzureichende Erfüllung des Grundsatzes „Rehabilitation vor Pflege“ durch die gesetzlichen Krankenkassen, in Form restriktiver Antragsbewilligungen außerhalb der Anschlussrehabilitation (AR) (vgl. Abschnitt 4.4)
- zu erwartende Mehrausgaben, insbesondere im Bereich der GKV-finanzierten Anschlussrehabilitation (AR) sowie der RV-finanzierten Anschlussheilbehandlung (AHB) von über 60-jährigen Patienten, gemäß dem in Abschnitt 8 modellierten demographischen Effekt sowie dem aufgezeigten Residualeffekt.

Gemäß Abschnitt 8 hat sich in den letzten Jahren auch die gesetzliche Rentenversicherung zunehmend gezwungen gesehen, Maßnahmen der Antragsrehabilitation zugunsten der deutlich steigenden Zahl an Anschlussheilbehandlungen zu reduzieren. Insbesondere im Bereich Onkologie werden über die kommenden Jahre auch auf die gesetzliche Rentenversicherung deutliche Mehrbelastungen zukommen. Gemäß den Hochrechnungen in Abschnitt 8 werden die Ausgaben der Rehabilitationsträger künftig zudem weitaus deutlicher steigen als die zur Verfügung stehenden, ebenfalls geschätzten Einnahmen. Mit den vorhandenen finanziellen Mitteln sind demnach weder die gesetzlichen Krankenkassen noch die gesetzliche Rentenversicherung ausreichend auf ihre bevorstehenden Aufgaben vorbereitet. Besonders gravierend wirkt sich jedoch die Tatsache aus, dass weder für die gesetzlichen Krankenkassen insgesamt noch für die gesetzliche Rentenversicherung im Bereich onkologischer Patienten außerhalb der Erwerbstätigenbevölkerung letztlich ein gesundheitsökonomischer Anreiz zur ausreichenden Durchführung von Rehabilitationsmaßnahmen besteht. Von einem ethischen Standpunkt aus gilt es jedoch, Rationierungen bestmöglich zu vermeiden, welche gerade bei älteren Patienten ein Problem darstellen.

In den Hochrechnungen gemäß Abschnitt 8.1 ließen sich Mehrbelastungen im Rehabilitationssektor, die aus heutiger Sicht noch nicht vorhersehbar sind, zudem nicht modellieren. Als Beispiel wurde in Abschnitt 8 diesbezüglich die Möglichkeit einer künftigen, unvollständigen Heilung demenzkranker Patienten angeführt. Letztendlich ist somit denkbar, dass es sich bei dem dokumentierten Anstieg des Bedarfs an Rehabilitationsfallzahlen und Rehabilitationsausgaben tatsächlich um eine konservative Schätzung handeln könnte.

Angesichts eines zu erwartenden, künftigen Finanzierungsdefizits bestünde ein möglicher Lösungsansatz darin, den Kreis der Rehabilitationsträger um die gesetzliche Pflegeversicherung zu erweitern. Insbesondere im Rahmen von Beitragssatzerhöhungen zur Pflegeversicherung wären Überlegungen anzustellen, ob zusätzliche finanzielle Mittel ausschließlich der passiven Pflege zugeführt werden oder ob nicht vielmehr ein grundsätzliches Umdenken hin zu stärkerer Prävention sowie einer Rehabilitation vor Pflege durch die Pflegeversicherung stattfinden sollte. Trotz anfänglicher Mehrbelastungen ist zu erwarten, dass durch die Stärkung des Grundsatzes „Rehabilitation vor Pflege" der Anstieg der Pflegekosten eingedämmt werden dürfte. Somit wäre ein präventiver, gezielter und sinnvoller Einsatz zusätzlicher Finanzmittel durch die gesetzliche Pflegeversicherung gewährleistet.

Eine ideale Möglichkeit, die Frage nach dem Ausmaß an Einsparungen im Pflegebereich zu beantworten, bieten unter anderem Erweiterungen existierender Projekte im Rahmen der Integrierten Versorgung, da seit Einführung des GKV-Wettbewerbsstärkungsgesetzes vom 1. April 2007 auch eine Einbindung der Pflegeversicherung in die Integrierte Versorgung möglich ist. Durch Stärkung der Eigenverantwortung des Patienten könnten auf diese Weise Konzepte des Case Management mit Schwerpunkt im Bereich der aktivierenden integrativen Rehabilitation breitere Anwendung finden, welche im Zusammenhang mit „Rehabilitation vor Pflege" bisher lediglich in Einzelprojekten angedacht sind[1].

Sobald geklärt ist, ob, für welche Patientengruppen und inwieweit Einsparungen durch Rehabilitation vor Pflege erzielt werden können, sollte der Verantwortungsbereich der gesetzlichen Pflegeversicherung unter den Rehabilitationsträgern abschließend festgelegt werden. Es gilt hierbei, je nach Einsparungsmöglichkeit gegenüber den anderen Rehabilitationsträgern, ein möglichst einfaches Abgrenzungskriterium, z.B. in Form des Patientenalters, zu finden. In diesem Fall wären beispielsweise keine aufwendigen Begutachtungen zur Definition einer Pflegestufe notwendig. Vielmehr wären die Abgrenzungskriterien auf eine durchschnittliche finanzielle Optimierung des Pflegehaushalts auszurichten, unter gleichzeitiger Vermeidung komplexer und kostspieliger Prüfverfahren. Auf diese Weise wäre es möglich, das Auftreten zusätzlicher Schnittstellenprobleme im Gesundheitswesen weitestgehend zu verhindern.

Die Handlungsempfehlungen für Programmpunkt I lauten demnach wie folgt:

Handlungsempfehlungen (Programmpunkt I):

- I.1. Aufnahme der gesetzlichen Pflegeversicherung (GPV) in den Kreis der Rehabilitationsträger
- I.2. Erweiterung bestehender populationsgestützter IV-Projekte um den Aspekt „Rehabilitation vor Pflege"
- I.3. Zweckgebundene Anschubfinanzierung über eine Erhöhung der Beiträge zur gesetzlichen Pflegeversicherung
- I.4. Gesundheitsökonomischer Test des Kosten-Nutzen-Verhältnisses GPV-finanzierter Rehabilitationsbehandlungen im Rahmen populationsgestützter IV-Projekte
- I.5. Abschließende Festlegung des Zuständigkeitsbereichs der gesetzlichen Pflegeversicherung zur Finanzierung medizinischer Rehabilitationsleistungen; Festlegung eindeutiger und möglichst einfacher Abgrenzungskriterien (z.B. das Patientenalter)

1 Vgl. Hinweise zu den Forschungsvorhaben PVG und DACK im vorangegangenen Abschnitt 8.

II. Entwicklung von Maßnahmen der fachübergreifenden Frührehabilitation

Gemäß Abschnitt 4.1 ist die Ausweitung von Angeboten der Frührehabilitation an deutschen Krankenhäusern bisher nur verhalten erfolgt. Dies könnte sich mittelfristig angesichts des verstärkten Abbaus von Krankenhausbetten, demographischen Veränderungen in Deutschland und einem erhöhten Morbiditätsspektrum unter den Krankenhauspatienten jedoch ändern. Während sich Krankenhäuser und Rehabilitationseinrichtungen über die letzten Jahre tendenziell eher kritisch und als Konkurrenten gesehen haben, könnte eine fachübergreifende Frührehabilitation im Krankenhaus in naher Zukunft und angesichts des dokumentierten zusätzlichen Mehrbedarfs an Rehabilitationsleistungen durchaus ein realistisches Mittel der Wahl darstellen. Dies gilt vor allem angesichts der empirisch erwiesenen Tatsache, dass sich Rehabilitationsbehandlungsdauern durch effektive Maßnahmen der Frührehabilitation insgesamt verkürzen lassen können (vgl. hierzu die vorgestellten Ergebnisse in Abschnitt 4.1.2.2). Notwendige Voraussetzung für eine Weiterentwicklung fachübergreifender Maßnahmen der Frührehabilitation ist es, eine klare Schnittstellendefinition für den Austritt aus der Phase der Frührehabilitation zu finden. Abschließend ergeben sich auch für den hier genannten Programmpunkt vier konkrete Handlungsempfehlungen.

Handlungsempfehlungen (Programmpunkt II):

- II.1. Weiterführende wissenschaftliche Forschung mit dem Ziel einer einheitlichen Schnittstellendefinition des Austritts aus der Phase der Frührehabilitation
- II.2. Akkurate Bedarfsschätzung der benötigten Anzahl an Krankenhausbetten für eine fachübergreifende Frührehabilitation
- II.3. Systematische Angebotsplanung und Angebotsausweitung unter Nutzung von Synergien mit bereits bestehenden Angeboten der neurologischen und geriatrischen Frührehabilitation
- II.4. Optimierte Vernetzung mit bestehenden, weiterführenden Rehabilitationsangeboten zwecks Sicherstellung eines kontinuierlichen und reibungslos funktionierenden Behandlungsprozesses

III. Stärkung der Rehabilitationsnachsorge

Die medizinische Rehabilitation wird ihre Daseinsberechtigung nur dann beibehalten können, wenn ihre Effektivität auch über die limitierte Behandlungsdauer hinaus Bestand hat. Wie in Abschnitt 4.3 dargestellt, ist dies bisher größtenteils nur unzureichend der Fall gewesen. Die Stärkung der medizinischen Rehabilitation ist demzufolge auch gleichbedeutend mit einer Stärkung und Intensivierung der Rehabilitationsnachsorge, bei der das Follow-up der Patientenentwicklung sowie das individuelle Patientenfeedback eine zentrale Rolle spielen. Dies wiederum lässt sich anhand der nachfolgend aufgelisteten Punkte verwirklichen.

Handlungsempfehlungen (Programmpunkt III):

- III.1. Entwicklung eigenständiger Nachsorgekonzepte an stationären Rehabilitationseinrichtungen und ambulanten Rehabilitationszentren
- III.2. Verbesserte Vernetzung von Rehabilitationskliniken, Vertragsärzten, Selbsthilfegruppen sowie Berufsbildungswerken bzw. Pflegeeinrichtungen

III.3. Einbindung des Haus- bzw. Facharztes in die Rehabilitationsnachsorge, auch im Rahmen von Projekten zur Integrierten Versorgung
III.4. Stärkere Gewichtung von Aspekten der Rehabilitationsnachsorge im Rahmen der externen Qualitätssicherung

IV. Ausweitung des ambulanten Spektrums an medizinischen Rehabilitationsleistungen und Einbindung in Projekte der Integrierten Versorgung

Aus den Ergebnissen in Abschnitt 3.3 lässt sich zusammenfassend festhalten, dass ambulante Rehabilitationsleistungen derzeit prozentual noch stark unterrepräsentiert und zudem noch nicht ausreichend flexibel ausgerichtet bzw. eher als teilstationär zu bezeichnen sind. Gemäß den Berechnungen in Abschnitt 8.2 wird zudem deutlich, wie eine Ausweitung des ambulanten Rehabilitationsangebots dazu beitragen kann, künftige finanzielle Mehrbelastungen zu reduzieren, wenngleich dieser Effekt tendenziell überschätzt wird. Letztendlich ergeben sich in Bezug auf ambulante Rehabilitationsbehandlungsleistungen folgende Handlungsempfehlungen:

Handlungsempfehlungen (Programmpunkt IV):

IV.1. Konsequenter Ausbau eines qualitätsgestützten, ambulanten medizinischen Rehabilitationsangebots
IV.2. Weiterentwicklung und Ausweitung flexibler ambulanter Rehabilitationsangebote (z.B. Kombi-Rehabilitation, stufenweise Wiedereingliederung in das Berufsleben, sequenzielle Rehabilitation sowie Angebote des Case Management) und Abgrenzung gegenüber teilstationär
IV.3. Pro-aktive Einbindung flexibler Rehabilitationsangebote in IV-Projekte zur Stärkung des dortigen Stellenwerts von Rehabilitationsleistungen

V. Verbesserung des Leistungs- und Qualitätswettbewerbs in der medizinischen Rehabilitation durch Einsatz eines Patientenklassifikationssystems

Rehabilitationsträger besitzen gegenüber der in Deutschland existierenden Vielzahl an Rehabilitationseinrichtungen eine weitaus stärkere Verhandlungsposition. Dies hat eine gewisse Willkür in Preis- und Belegungsfragen zur Folge, da sowohl der Preis als auch die Belegung durch den Rehabilitationsträger weitestgehend selbst bestimmt werden können (vgl. hierzu die Ausführungen in den Abschnitten 6.1, 6.2.1 und 6.3). Aufgrund mangelnder Transparenz sind am Rehabilitationsmarkt auf diese Weise bisher weder ein gut funktionierender Leistungs- noch ein gut funktionierender Qualitätswettbewerb möglich gewesen, an dem sich auch die Vergütung hätte orientieren können. Externe Qualitätsvergleiche, welche über vergangene Jahre mit einem enormen personellen sowie finanziellen Aufwand betrieben wurden, leiden an einer mangelnden Akzeptanz seitens der Leistungserbringer, da erfolgreiche Qualitätsbemühungen bislang weder durch Zuschläge auf die Vergütung noch durch Belegungsvorteile von den Krankenkassen ausreichend honoriert wurden. Transparente Vergütungs- und Belegungsentscheidungen erfordern transparente Rahmenbedingungen, die wiederum durch Anwendung eines Patientenklassifikationssystems geschaffen werden könnten.

Im Rahmen von Abschnitt 6.5.6 konnte gezeigt werden, dass ein Patientenklassifikationssystem unter Berücksichtigung des Case Mix Index einer Rehabilitationseinrichtung im Bereich Orthopädie

- verbesserte Vergleiche der Struktur-, Prozess- und Ergebnisqualität ermöglicht,

- zusätzliche Informationen für die Belegungssteuerung liefert
- und letztendlich eine leistungsgerechte Rehabilitationsvergütung gewährleistet.

Gemäß Abschnitt 6.2.2 erfolgt derzeit die Weiterentwicklung eines Patientenklassifikationssystems auf Grundlage der RBG-Systematik[2] unter Beteiligung von Modellkliniken und führenden deutschen Krankenkassen. Ein Patientenklassifikationssystem sollte jedoch letztendlich nicht nur im Hinblick auf Vergütungsfragen, sondern vor allem auch in Verbindung mit externen Qualitätsvergleichen und somit auch in Verbindung mit dem externen Qualitätssicherungsprogramm QS-Reha® zum Einsatz kommen. Mittelfristig erscheint auch eine Anwendung durch die Rentenversicherung sinnvoll, zumal indikationsspezifische Fallgruppen dort bereits heute, beispielsweise im Rahmen des von den Rentenversicherungsträgern entwickelten Leitlinienprogramms, Anwendung finden.

Letztendlich ergibt sich für Programmpunkt V eine Liste der nachfolgend aufgeführten Handlungsempfehlungen.

Handlungsempfehlungen (Programmpunkt V):

V.1. Entwicklung eines Patientenklassifikationssystems, beginnend in der Orthopädie und Kardiologie, für GKV-finanzierte Patientenfälle auf Basis von Rehabilitationsbehandlungsgruppen (RBG)

V.2. Ausgabenneutrale Umstellung der derzeitigen Rehabilitationsvergütung auf eine leistungsdifferenzierende Vergütung gemäß RBG-Systematik

V.3. Ausweitung des RBG-Systems auf andere Indikationen (z.B. Onkologie, Gastroenterologie)

V.4. Wiederaufnahme von QS-Reha® unter Berücksichtigung der RBG-Klassifikation

V.5. Transparente Kommunikation von Vergütungs- und Belegungsentscheidungen, basierend auf Qualitätsvergleichen gemäß RBG-Systematik

V.6. Mittelfristige Adaptierung des RBG-Klassifikationssystems durch die Rentenversicherung

Die soeben vorgestellten Programmpunkte zielen insbesondere auf eine breitere Finanzierung der Rehabilitation vor Pflege, den Ausbau von Leistungen zur Frührehabilitation, den Ausbau ambulanter Versorgungsstrukturen sowie auf eine Stärkung der Rehabilitationsnachsorge. Im Hintergrund all dieser Überlegungen steht die Schaffung integrierter Versorgungsstrukturen, eine verstärkte Einbindung der medizinischen Rehabilitation in die Versorgung chronisch Kranker sowie die Stärkung der Eigenverantwortung des individuellen Patienten.

Auch der Präventionsgedanke lässt sich künftig nur durch Verbesserung individueller Rehabilitationsmöglichkeiten realisieren. Hierzu gehören gesundheitspädagogische Maßnahmen an Stelle der alleinigen Behandlung von Hochrisikopatienten ebenso wie eine allmähliche Diffusion von der Sekundär- und Tertiärprävention hin zu mehr primärpräventiven Gesundheitsleistungen.

---

2 RBG = Rehabilitationsbehandlungsgruppen.

Literaturverzeichnis

AOK-Bundesverband Bonn, BKK-Bundesverband Essen, IKK-Bundesverband Bergisch-Gladbach, Bundesverband der Landwirtschaftlichen Krankenkassen Kassel, Knappschaft Bochum, See-Krankenkasse Hamburg, Verband der Angestellten-Krankenkassen E.V. Siegburg, AEV – Arbeiter-Ersatzkassen-Verband E.V. Siegburg, Verband der privaten Krankenversicherung Köln (gemeinsam und einheitlich) sowie die Deutsche Krankenhaus-Gesellschaft Berlin (2006): Vereinbarung zum Fallpauschalensystem für Krankenhäuser für das Jahr 2007 (Fallpauschalenvereinbarung 2007 – FPV 2007) vom 19.9.2006; abrufbar unter: http://medinfoweb.de/apps/webeditor/files/Fallpauschalenvereinbarung_2007_(FPV2007)_060929.pdf (Stand: 25.9.2007)

Bachleitner HW (2001): KMA Gespräch. „Unplausibilitäten werden transparent". Klinik Management Aktuell 2001, 63, S. 54-56

Bak P, Bocker B, Müller W-D, Lohsträter A, Smolenski UC (2004): Zertifizierungs- und Akkreditierungssysteme als Instrument des Qualitätsmanagements in der Rehabilitation (Teil 2) – Charakterisierung der meist verbreiteten Systeme. Physikalische Medizin, Rehabilitationsmedizin, Kurortmedizin 2004, 14, S. 283-290

Bantle R (1996): Determinanten der Innovation und Diffusion des medizinisch-technischen Fortschritts; Schriften zur Gesundheitsökonomie, Band 15, P.C.O. Verlag Bayreuth

Baron P, Lindow B, Görke J (2004): Ausbau des internen Qualitätsmanagements in der Reha-Klinikgruppe der BfA. Die AngestelltenVersicherung (DAngVers) 2004, 51, S. 259-263

Barth J, Bengel J (2003): Raucherentwöhnung durch Nurses bei Patienten mit kardiovaskulären Erkrankungen. Praxis Klinische Verhaltensmedizin und Rehabilitation 2003, 61, S. 46-52

Bayerisches Staatsministerium für Arbeit und Sozialordnung, Familie und Frauen (2006): Seniorenpolitisches Konzept, Abschnitt C.2.2 Rehabilitation, S. 48-50; aufgerufen unter www.stmas.bayern.de/senioren/politik/senpol-konz.pdf (Stand: 26.12.2006)

Berghaus U, Follert P, Thalau J, Nellen B (2005): Qualitätsbericht Rehabilitation 2004. Eine Dokumentation der Spitzenverbände der gesetzlichen Krankenkassen. Meckenheim 2005, Warlich Druck Meckenheim GmbH

Bergler M (2000): Marketing: Wer ist der „Kunde" und wie erreichen wir ihn? Kommunikations- und Marketingberatung in einer Rehaklinik. Klinik Management Aktuell 2000, 53, S. 50-51

Bertel U, Kandler J, Simeth A, Stark W, Süßmeier H (1995): Outputbezogene ökonomische Wirkungen von Selbsthilfe-Initiativen anhand beispielhafter Bereiche. In: Engelhardt H D, Simeth A, Stark W (1995): Was Selbsthilfe leistet ... Ökonomische Wirkungen und sozialpolitische Bewertung, S. 85-104; Freiburg im Breisgau: Lambertus-Verlag, 1995

Berwick DM, Deparle N-A, Eddy DM, Ellwood PM, Enthoven AC, Halvorson GC, Kizer KW, Mcglynn EA, Reinhardt U, Reischauer RD, Roper WL, Rowe JW, Schaefer LD, Wennberg JE, Wilensky GR (2003): Paying for performance: Medicare should lead. Health Affairs 2003, 22, S. 8-10

Berwick DM, James B, Coye MJ (2003): Connections between quality measurement and improvement. Medical Care 2003, 41(Suppl. 1), S. I30-I38

Beske F, Drabinski T (2005): Finanzierungsdefizite in der Gesetzlichen Krankenversicherung. Prognose 2005-2050; Schriftenreihe / Fritz Beske Institut für Gesundheits-System-Forschung Kiel; Bd. 105; Kiel, Schmidt & Klaunig, 2005

Best S, Gerdes N (2005): Praxisrelevante Kooperationen und Vernetzungen in der Rehabilitation. In: Stein V, Greitemann B (Hrsg.): Rehabilitation in Orthopädie und Unfallchirurgie. Methoden, Therapiestrategien, Behandlungsempfehlungen, S. 293-304. Heidelberg: Springer Medizin Verlag, 2005

Binner HF (2005): Auf dem Weg zur Spitzenleistung. Managementleitfaden für die EFQM-Modellumsetzung, München: Hanser Verlag, 2005

Binz W (2006): Kombi-Reha – eine Ergänzung im System der Anschlussrehabilitation. Rehabilitation 2006, 45, S. 181-183

Birg H, Flöthmann E-J (2002): Langfristige Trends der demographischen Alterung in Deutschland. Zeitschrift für Gerontologie und Geriatrie 2002, 35, S. 387-399

Bitzer EM, Klosterhuis H, Dörning H, Rose S (2003): Entwicklung einer evidenzbasierten Leitlinie zur kardiologischen Rehabilitation – Phase 2: Vergleichende Analyse des Ist-Zustands der in der kardiologischen Rehabilitation erbrachten Leistungen auf der Basis der KTL-Statistik. Rehabilitation 2003, 42, S. 83-93

BKK-Bundesverband (2007): Jährlich fast 200.000 neue Demenzerkrankungen, in: BKK Faktenspiegel, März 2007, S. 3, aufgerufen unter: www.forum-praevention.de/forum-praevention_1234/images/Downloads/BKK-FS.pdf (Stand: 22.6.2007)

Blair SN, Cheng Y, Holder JS (2001): Is physical activity or physical fitness more important in defining health benefits? Medical Science in Sports & Exercise 2001, 33, S. S379-399

Blinkert B, Klie T (2004): Gesellschaftlicher Wandel und demografische Veränderungen als Herausforderungen für die Sicherstellung der Versorgung von pflegebedürftigen Menschen. Sozialer Fortschritt 2004, 53, 11-12, S. 319-325

BMG – Bundesministerium für Gesundheit (2007[1]), abrufbar unter: www.bmg.bund.de, Download gemäß den Links: 1) Statistiken, 2) Gesetzliche Krankenversicherung, 3) Kennzahlen und Faustformeln, 4) Kennzahlen und Faustformeln der GKV, S. 6 (Stand: 7.6.2007)

– (2007[2]), KM6-Statistik 2005, abrufbar unter: www.bmg.bund.de, Download gemäß den Links: 1) Statistiken, 2) Gesetzliche Krankenversicherung, 3) Kennzahlen und Faustformeln, 4) Mitglieder und Versicherte, 5) Statistik über Versicherte, gegliedert nach Status, Alter, Wohnort, Kassenart 2005 (Stand: 7.6.2007)

– (2007[3]), KJ1-Statistik 2005, abrufbar unter: www.bmg.bund.de, Download gemäß den Links: 1) Statistiken, 2) Gesetzliche Krankenversicherung, 3) Finanzergebnisse, 4) Endgültige Rechnungsergebnisse der GKV 2005 (Stand: 7.6.2007)

– (2007[4]), KV Statistiken, abrufbar unter: www.bmg.bund.de, Download gemäß den Links: 1) Statistiken, 2) Gesetzliche Krankenversicherung, 3) Finanzergebnisse (Stand: 7.6.2007)

Bödeker W, Friedel H, Röttger C, Schröer A (2002): Kosten arbeitsbedingter Erkrankungen in Deutschland. Schriftenreihe der Bundesanstalt für Arbeitsschutz und Arbeitsmedizin: Forschungsbericht, Fb 946. Wirtschaftsverlag NW Verlag für neue Wissenschaft GmbH; Dortmund/Berlin 2002

Bölsche F, Hasenbein U, Reißberg H, Lotz-Ramboldi W, Wallesch C-W (2002): Kurzfristige Ergebnisse ambulanter vs. stationärer Phase-D-Rehabilitation nach Schlaganfall. Rehabilitation 2002, 41, S. 175-182

Borchelt M, Steinhagen-Thiessen E (2001): Ambulante geriatrische Rehabilitation – Standortbestimmung und Perspektiven. Zeitschrift für Gerontologie und Geriatrie 2001, 34 (Suppl. 1), S. I/21-I/29

Borchert H, Collatz J (1994): Zu Belastungssituation und Bewältigungsstrategien von Frauen mit Kindern. Zeitschrift für Medizinische Psychologie 1994, 3, S. 109-118

Borgetto B (2002): Gesundheitsbezogene Selbsthilfe in Deutschland. Stand der Forschung. Schriftenreihe des Bundesministeriums für Gesundheit und Soziale Sicherung, Band 147. Baden-Baden: Nomos Verlagsgesellschaft, 2002

– (2003): Gemeinschaftliche Selbsthilfe im deutschen Gesundheitssystem. Stand der Forschung. In: Pfaff H, Schrappe M, Lauterbach KW, Engelmann U, Halber M (Hrsg.): Gesundheitsversorgung und Disease Management. Grundlagen und Anwendungen der Versorgungsforschung, S. 155-162. 1. Auflage, Bern Göttingen Toronto Seattle: Verlag Hans Huber, 2003

Bothe J, Dürr R, Hahn T, Margreiter V, Messemer J (2003): Strukturwandel im Reha-Markt: Die neuen Erfolgsfaktoren. McKinsey Health 2003; Nr. 1; S. 66-76, abrufbar unter http://www.mckinsey.de/_downloads/kompetenz/healthcare/Health1_03_Strukturwande_Rehamarkt.pdf (Stand: 12.12.2006)

Braithwaite J (2000): Interview: „Quicker and sicker"? Klinik Management Aktuell 2000, 51, S. 16

Braun M (2003): Das DRG-System und seine Auswirkungen insbesondere auf die Geriatrie. Zeitschrift für Gerontologie und Geriatrie 2003, 36, S. 177-180

Bretz M (2001): Zur Treffsicherheit von Bevölkerungsvorausberechnungen. Statistisches Bundesamt, Wirtschaft und Statistik 11/2001, S. 906-921

Breyer F, Ulrich V (2000): Gesundheitsausgaben, Alter und medizinischer Fortschritt – Eine Regressionsanalyse; in: Jahrbücher für Nationalökonomie und Statistik 2000, Band 220, S. 1-17

Brink M, Den Hetrog A (2006): Gemeinsame Marke etabliert. Patienten zufriedener, Qualität besser, Verweildauer kürzer. ku-Sonderheft Integrierte Versorgung 10/2006, S. 42

Brüggemann S, Korsukéwitz C (2004): Leitlinien in der Rehabilitation: Einschränkung der Therapiefreiheit oder Grundlage für bessere Ergebnisse? Rehabilitation 2004, 43, S. 304-311

Bublitz T (2004): Wo Reha draufsteht, muss auch Reha drin sein. Ein wichtiger Bereich der deutschen Gesundheitswirtschaft in der Krise. krankenhaus umschau 2004, 73, S. 850-852

Buchner F (2002): Versteilerung von Ausgabenprofilen in der gesetzlichen Krankenversicherung. Baden-Baden, 1. Auflage 2002, Nomos Verlagsgesellschaft

Bührlen B, Gerdes N, Jäckel WH (2005): Entwicklung und psychometrische Testung eines Patientenfragebogens für die medizinische Rehabilitation (IRES-3). Rehabilitation 2005, 44, S. 63-74

Bührlen B, Jäckel WH (1999): Modellprojekt der LVA Rheinland-Pfalz zur teilstationären Rehabilitation: erste Ergebnisse. Rehabilitation 1999; 38, S. S61-S67

– (2002): Teilstationäre, orthopädische Rehabilitation: Therapeutische Leistungen, Behandlungsergebnis und Kosten im Vergleich zur stationären Rehabilitation. Rehabilitation 2002, 41, S. 148-159

Bürger W (2004): Stufenweise Wiedereingliederung nach orthopädischer Rehabilitation – Teilnehmer, Durchführung, Wirksamkeit und Optimierungsbedarf. Rehabilitation 2004, 43, S. 152-161

Bürger W, Dietsche S, Morfeld M, Koch U (2002): Ambulante und stationäre orthopädische Rehabilitation – Ergebnisse einer Studie zum Vergleich der Behandlungsergebnisse und Kosten. Rehabilitation 2002, 41, S. 92-102

Bürger W, Koch U (1999[1]): Wie groß ist der Bedarf für ambulante Formen der Rehabilitation im Bereich Orthopädie? – Ergebnisse eines Mehrperspektivenansatzes. Rehabilitation 1999; 38 (Suppl. 1), S. S12-S23

– (1999[2]): Differentielle Indikation für ambulante und stationäre medizinische Rehabilitation – Ergebnisse einer Expertenbefragung. Rehabilitation 1999, 38 (Suppl. 1), S. S24-S36

Bürgy R, Reifferscheid A, Heidrich C, Kube W, Rapp B (2006): Frühzeitig – suffizient und abgestimmt. Integrierter Ansatz zur medizinisch-beruflichen Prävention, Akutversorgung und Rehabilitation. ku-Sonderheft Integrierte Versorgung 10/2006, S. 28-31

Bundesarbeitsgemeinschaft der klinisch-geriatrischen Einrichtungen e.V. (2003): InEK veröffentlicht Unterlagen zur geplanten Ersatzvornahme 2004 – OPS 8-550 im Entwurf des neuen DRG-Katalogs gruppierungsrelevant. Berlin, 17.9.2003. www.bag-geriatrie.de/Dokumente/Referentenentwurf_zur_Ersatzvornahme_2004.pdf (Stand: 26.12.2006)

– (2006): Geriatrie als Vorbild! Pressemitteilung vom 07.4.2006. www.bag-geriatrie.de/presse/20060407.pdf (Stand: 26.12.2006)

Bundesarbeitsgemeinschaft für Rehabilitation BAR (2004[1]): Rahmenempfehlungen zur ambulanten dermatologischen Rehabilitation vom 22. Januar 2004. Frankfurt/Main: BAR, 2005; abrufbar unter: www.bar-frankfurt.de/upload/Rahmen_derma_505.pdf (Stand: 15.12.2006)

– (2004[2]): Rahmenempfehlungen zur ambulanten onkologischen Rehabilitation vom 22. Januar 2004. Frankfurt/Main: BAR, 2005; abrufbar unter: www.bar-frankfurt.de/upload/Rahmen_onko_506.pdf (Stand: 15.12.2006)

– (2004[3]): Rahmenempfehlungen zur ambulanten Rehabilitation bei psychischen und psychosomatischen Erkrankungen vom 22. Januar 2004. Frankfurt/Main: BAR, 2004. abrufbar unter: www.bar-frankfurt.de/upload/Rahmen_psych_507.pdf (Stand: 15.12.2006)

– (2005[1]): Rahmenempfehlungen zur ambulanten kardiologischen Rehabilitation vom 8. September 2005. Frankfurt/Main: BAR, 2005; abrufbar unter: www.bar-frankfurt.de/upload/Rahmen-Kardio_1376.pdf (Stand: 15.12.2006)

– (2005[2]): Rahmenempfehlungen zur ambulanten Rehabilitation bei muskuloskeletalen Erkrankungen vom 8. September 2005. Frankfurt/Main: BAR, 2005; abrufbar unter: www.bar-frankfurt.de/upload/Rahmen-Muskulo_1377.pdf (Stand: 15.12.2006)

– (2005[3]): Rahmenempfehlungen zur ambulanten neurologischen Rehabilitation vom 8. September 2005. Frankfurt/Main: BAR, 2005; abrufbar unter: www.bar-frankfurt.de/upload/Rahmen-Neuro_1378.pdf (Stand: 15.12.2006)

Bundesgeschäftsstelle Qualitätssicherung BQS gGmbH (2006): Gemeldete Verträge zur integrierten Versorgung nach Vertragspartner-Kombination, abrufbar unter: www.bqs-register140d.de, Statistik der gemeldeten Verträge (Stand: 31.12.2006)

Bundesministerium des Inneren, Bundesamt für Migration und Flüchtlinge (2007): Migrationsbericht des Bundesamtes für Migration und Flüchtlinge im Auftrag der Bundesregierung. Migrationsbericht 2005; abrufbar unter: www.bamf.de, Stichwort „Migrationsbericht"

Bundesverband Deutscher Privatkrankenanstalten e.V. (2003): Stellungnahme des Bundesverbands Deutscher Privatkrankenanstalten e.V. zum Referentenentwurf für ein Zweites Gesetz zur Änderung der Vorschriften zum diagnoseorientierten Fallpauschalensystem für Krankenhäuser und zur Änderung anderer Gesetze – 2. Fallpauschalenänderungsgesetz (2. FPÄndG); abrufbar unter: www.bdpk.de/pdf/33.pdf? title=Stellungnahme_Referentenentwurf_2.FPAendG_25.06.04 (Stand: 15.12.2006)

– (2004[1]): Stellungnahme des Bundesverbands Deutscher Privatkrankenanstalten e.V. (BDPK) zu den Empfehlungen des Gemeinsamen Bundesausschusses von Anforderungen an die Ausgestaltung von Disease-Management-Programmen für Diabetes mellitus Typ 2, Berlin, 29.7.2004; aufgerufen unter: www.bdpk.de/ bdpk.php/cat/67/title/Disease-Management-Programme_ (DMP) (Stand: 11.1.2007)

– (2004[2]): Qualitätsmanagement in der medizinischen Rehabilitation. Start des IQMP Reha. Mitteilungen des Bundesverbands Privater Krankenanstalten. führen und wirtschaften im Krankenhaus 2004, 21, S. 185-192

– (2004[3]): Mit dem IQMP-Reha sind die Rehabilitationseinrichtungen gut gewappnet. Mitteilungen des Bundesverbands Privater Krankenanstalten. führen und wirtschaften im Krankenhaus 2004, 21, S. 509-510

– (2004[4]): Erste Klinik nach IQMP-Reha zertifiziert. Mitteilungen des Bundesverbands Privater Krankenanstalten. führen und wirtschaften im Krankenhaus 2004, 21, S. 628

– (2005[1]): Stellungnahme des Bundesverbands Deutscher Privatkrankenanstalten e.V. (BDPK) zu den Empfehlungen des Gemeinsamen Bundesausschusses zu den Anforderungen an die Ausgestaltung von strukturierten Behandlungsprogrammen für Patientinnen mit Brustkrebs, Berlin, 22.3.2005; aufgerufen unter: www.bdpk.de/bdpk.php/cat/67/title/Disease-Management-Programme_(DMP) (Stand: 11.1.2007)

– (2005[2]): Stellungnahme des Bundesverbands Deutscher Privatkrankenanstalten e.V. (BDPK) zum Referentenentwurf einer Zwölften Verordnung zur Änderung der Risikostrukturausgleichs-verordnung (12. RSA-ÄndV), Berlin, 15.06.2005; aufgerufen unter: www.bdpk.de/bdpk.php/cat/67/title/Disease-Management-Programme_ (DMP) (Stand: 11.1.2007)

– (2005[3]): Kooperation mit kompetenten Partnern. Mitteilungen des Bundesverbands Privater Krankenanstalten. führen und wirtschaften im Krankenhaus 2005, 22, S. 85

– (2005[4]): Erfolg ist planbar: „Exzellente Qualität in der Rehabilitation" in den Privaten Krankenanstalten Dr. Dr. med. Nebel. Mitteilungen des Bundesverbands Privater Krankenanstalten. führen und wirtschaften im Krankenhaus 2005, 22, S. 196

– (2005[5]): IQMP-Reha erfolgreich umgesetzt. RMK Rhein-Main Kliniken für exzellente Qualität in der Rehabilitation ausgezeichnet. Mitteilungen des Bundesverbands Privater Krankenanstalten. führen und wirtschaften im Krankenhaus 2005, 22, S. 304

– (2006): Durch Rehabilitation Pflege vermeiden; aufgerufen unter: www.bdpk.de/bdpk.php/cat/98/aid/219/title/Gesundheitsreform:_durch_Rehabilitation_Pflege_vermeiden (Stand: 23.12.2006)

Buß FJ, Freiherr Ritter von (1844): System der gesamten Altenpflege, Bd. 1-3, Steinkopff Verlag, Darmstadt Stuttgart

Bussche van den H, Dunkelberg S (2003): Wer sollte über Anträge zur medizinischen Rehabilitation entscheiden? Eine kritische Betrachtung der Vorschläge des Sachverständigenrats. Rehabilitation 2003, 42, S. 350-353

Buttler G (2003): Steigende Lebenserwartung – was verspricht die Demokratie? Zeitschrift für Gerontologie und Geriatrie 2003, 36, S. 90-94

Clade H (2003[1]): Umsatzeinbrüche bei der Rehabilitation. Deutsches Ärzteblatt 2003, 100 (48), S. B2652-B2653

– (2003[2]): Rehabilitation. Der Leistungsdruck wächst. Deutsches Ärzteblatt 2003, 100 (17), S. B922-B924

Collatz J, Borchert H, Brandt A, Titze I (1996): Effektivität, Bedarf und Inanspruchnahme von medizinischen und psychologischen Versorgungseinrichtungen für Frauen und Mütter mit Kindern; Band 126 Schriftenreihe des Bundesministeriums für Familie, Senioren, Frauen und Jugend. Stuttgart Berlin Köln: Kohlhammer, 1996

Courté-Wieneke S (2003): Externe Qualitätssicherung für Managed-Care-Organisationen – Erfahrungen aus den USA. Gesundheitsökonomie und Qualitätsmanagement 2003, 8, S. 52-59

Cutler DM (2001): Is Technological Change Worth It? In: Health Affairs 2001, Vol. 20, No. 5, S. 11-29

Danner H (2004): Stufenweise Wiedereingliederung mit begleitender Rehabilitation – Innovation und Flexibilisierung in der Rehabilitation. In: Deck R, Glaser-Möller N, Mittag O (Hrsg.): Rehabiltation und Nachsorge. Bedarf und Umsetzung, S. 93-104. Lage: Hans Jacobs, 2004

Daubenbüchel R (2005): Nach Startproblemen volle Fahrt für DMP. Gesundheitsökonomie & Qualitätsmanagement Supplement S1, 2005, S. S18-S22

Deck R, Heinrichs K, Koch H, Kohlmann T, Mittag O, Peschel U, Ratschko KH, Welk H, Zimmermann M (2000): „Schnittstellenprobleme“ in der medizinischen Rehabilitation: Die Entwicklung eines Kurzfragebogens zur Ermittlung des Informations- und Kommunikationsbedarfs bei Hausärzten. Gesundheitswesen 2000, 62, S. 431-436

Deck R, Raspe R (2004): Nachsorgeempfehlungen und ihre Umsetzung im Anschluss an die Rehabilitation. In: Deck R, Glaser-Möller N, Mittag O (Hrsg.): Rehabilitation und Nachsorge. Bedarf und Umsetzung, S. 55-69. Lage: Hans Jacobs, 2004

DEGEMED – Deutsche Gesellschaft für Medizinische Rehabilitation e.V. (2002): Internes Qualitätsmanagement: Zertifizierungsverfahren. Basischeckliste und indikationsspezifische Module. Berlin, DEGEMED, 2002

– (2003): Qualitätsmanagement und Zertifizierung nach DEGEMED. Berlin, DEGEMED, Mai 2003, 2. Auflage; aufgerufen unter: www.degemed.de/pdf/Zertifizierung_DEGEMED.pdf (Stand: 11.12.2006)

– (2006): Nach DEGEMED zertifizierte/rezertifizierte Kliniken; aufgerufen unter: www.degemed.de/pdf/Zertifizierte_Kliniken_03-2006.pdf. DEGEMED, 2006 (Stand: 6.12.2006)

Deutsche Gesellschaft für Muskelkranke e.V. DGM (2006): DGM-Information Medizinische Rehabilitation. Eine Information der Deutsche Gesellschaft für Muskelkranke e.V. DGM, Freiburg im Breisgau, Stand 8/06. www.dgm.org/files/medizinische_rehabilitation.pdf (Stand: 12.12.2006)

Deutscher Bundestag (1975): Bericht über die Lage der Psychiatrie in der Bundesrepublik Deutschland – Zur psychiatrischen und psychotherapeutischen/psychosomatischen Versorgung der Bevölkerung. Deutscher Bundestag – 7. Wahlperiode, Drucksache 7/4200; aufgerufen auf der Homepage der Deutschen Gesellschaft für Psychiatrie, Psychotherapie und Nervenheilkunde DGPPN unter www.dgppn.de/enquete/enquete.htm, Kapitel B.3, S. 253-284 (Stand: 5.11.2006)

– (2002): Schlussbericht der Enquête-Kommission „Demographischer Wandel – Herausforderungen unserer älter werdenden Gesellschaft an den Einzelnen und die Politik", Drucksache 14/8800, 28.3.2002, abrufbar unter: http://dip.bundestag.de/ btd/14/ 088/1408800.pdf (Stand: 4.9.2007)

Deutscher Heilbäderverband (2006): Ergebnispräsentation des Deutschen Bädertags 2006, Bonn/Damp, www.deutscher-heilbaederverband.de/DB_Bilder/aktuelles/pdf/97.pdf (Stand: 27.2.2007)

Deutsche Rentenversicherung (2006): Information zur Organisationsreform. Mehr Leistung. Mehr Service. Mehr Bürokratie; aufgerufen unter: http://kapow.deutsche-rentenversicherung-bund.de/themen/die_neue_struktur.htm (Stand: 12.12.2006)

– (2007): Statistik der Rentenversicherung, Band 159, Berlin 2007

Deutsche Rentenversicherung Bund (2006): Rahmenkonzeption Intensivierte Rehabilitationsnachsorge „IRENA" incl. „Curriculum Hannover", Stand: 17.10.2006; aufgerufen unter: www.deutsche-rentenversicherung-bund.de/nn_7130/DRVB/de/Inhalt/Zielgruppen/ Infos_f_C3_BCr_Rehaeinrichtungen/ dateianh_C3_A4nge/irena_nachsorge/irena_rahmenkonzeption_inkl_curriculum,property=publicationFile.pdf/irena_ rahmenkonzeption_inkl_curriculum (Stand: 20.12.2006)

Deutsches Institut für Medizinische Dokumentation und Information, DIMDI (2006): OPS Version 2007 – Onlinezugriff; abrufbar unter: www.dimdi.de/static/ de/klassi/prozeduren/ops301/opshtml2007/fr-ops.htm (Stand: 18.12.2006)

Deutsches Institut für Medizinische Dokumentation und Information, DIMDI, WHO-Kooperationszentrum für das System internationaler Klassifikationen (2005): ICF. Internationale Klassifikation der Funktionsfähigkeit, Behinderung & Gesundheit. Stand Oktober 2005, WHO Genf; abrufbar unter: www.dimdi.de/static/de/klassi/icf (Stand: 12.12.2006)

Dietsche S, Bürger W, Morfeld M, Koch U (2002): Struktur- und Prozessqualität im Vergleich verschiedener Versorgungsformen in der orthopädischen Rehabilitation. Rehabilitation 2002, 41, S. 103-111

Dinkel R-H (2002): Die langfristige Entwicklung der Sterblichkeit in Deutschland. Zeitschrift für Gerontologie und Geriatrie 2002, 35, S. 400-405

Donabedian A (1982): An exploration of structure, process and outcome as approaches to quality assessment. In Selbmann H-K, Überla KK (Hrsg.): Quality assessment of medical care. Gerlingen: Bleicher, 1982: S. 69-92

Dorbritz J, Lengerer A, Ruckdeschel K (2005): Einstellungen zu demographischen Trends und zu bevölkerungsrelevanten Politiken. Ergebnisse der Population Policy Acceptance Study in Deutschland. Sonderheft der Schriftenreihe des Bundesinstituts für Bevölkerungsforschung. Wiesbaden: BiB

Dorenburg U, Schliehe F (1996): Qualitätsmanagement in der medizinischen Rehabilitation. In: Delbrück H, Haupt E (Hrsg): Rehabilitationsmedizin. München u.a.: Urban & Schwarzenberg 1996, S. 129-133

Dresdner Bank (2005): Branchen-Report. August 2005. Vorsorge- und Rehabilitationseinrichtungen (85.11.3). Konsolidierungsprozess noch längst nicht abgeschlossen; aufgerufen unter: www.allianz.com/Az_Cnt/az/_any/cma/contents/1071000/saObj_1071465_vorsorge Reha.pdf (Stand: 30.6.2006)

Dunkelberg S, Lachmann A, Van den Bussche H, Müller K (2002): Was denken Hausärzte aus den neuen und alten Bundesländern über Rehabilitation? Gesundheitswesen 64, S. 369-374

Eble S (2006): „Wir übernehmen das Mengenrisiko". Industrie als Kooperationspartner in Gesundheitsnetzwerken. ku-Sonderheft Integrierte Versorgung 10/2006, S. 40-41

Eckerle K, Schlesinger M (1995): Prognos-Gutachten 1995. Perspektiven der gesetzlichen Rentenversicherung für Gesamtdeutschland vor dem Hintergrund veränderter politischer und ökonomischer Rahmenbedingungen. Basel, 1995.

Eckert H (2001): Qualitätsmanagement in Rehabilitationseinrichtungen in der Bundesrepublik Deutschland – Eine stratifizierte repräsentative Studie zum Stand der Umsetzung. Rehabilitation 2001, 40, S. 337-345

EFQM – European Foundation for Quality Management (2003): Excellence einführen; aufgerufen unter: www.deutsche-efqm.de/download/Excellence_einfuehren_ 2003 (5).pdf (Stand: 6.12.2006)

Egelkraut W (2004): Nachsorge in der Rehabilitation – „Begriffe und sozialrechtliche Aspekte". In: Deck R, Glaser-Möller N, Mittag O (Hrsg.): Rehabilitation und Nachsorge. Bedarf und Umsetzung, S. 29-38. Lage: Hans Jacobs, 2004

Egmond-Fröhlich A van, Bräuer W, Goldschmidt H, Hoff-Emden H, Oepen J, Zimmermann E (2006): Effekte eines strukturierten ambulanten Weiterbehandlungsprogrammes nach stationärer medizinischer Rehabilitation bei Kindern und Jugendlichen mit Adipositas – Multizentrische, randomisierte, kontrollierte Studie. Rehabilitation 2006, 45, S. 40-51

Egner U, Gerwinn H, Müller-Fahrnow W, Schliehe F (1998): Das Qualitätssicherungsprogramm der gesetzlichen Rentenversicherung für den Bereich der medizinischen Rehabilitation – Konzept, Stand, Umsetzung und Perspektiven. Rehabilitation 1998, 37 (Suppl. 1), S. S2-S7

Egner U, Gerwinn H, Schliehe F (2002): Das bundesweite Reha-Qualitätssicherungsprogramm der gesetzlichen Rentenversicherung. Erfahrungen aus einem mehrjährigen Umsetzungsprozess. Zeitschrift für Ärztliche Fortbildung und Qualitätssicherung 2002, 96, S. 4-9

Eiff W von, Klemann A, Freese D, Lewers D (2005): Problem Leistungsabgrenzung. Frührehabilitation zwischen Akutbehandlung und Reha. krankenhaus umschau 2005, 74, S. 820-824

Eiff W von, Klemann A, Henke V (2006): Leichte Bewegung in der Frühreha. Nutzen Akutkrankenhäuser die neuen Möglichkeiten? krankenhaus umschau 2006, 75, S. 880-884

Eiff W von, Klemann A, Middendorf C (2005): Kränker in die Reha? krankenhaus umschau 2005, 74, S. 438-441

EVARS (1998): Arbeitsvorlage zur Empfehlungsvereinbarung Sucht '99 (Gesamtvereinbarung). Fassung vom 2. November 1998 durch den Bundesverband der gesetzlichen

Krankenkassen, den Verband Deutscher Rentenversicherungsträger (VDR) und die Bundesarbeitsgemeinschaft der überörtlichen Träger der Sozialhilfe; abrufbar unter: www.suchthilfe.de/Daten&Fakten/aktuell/Arbeitsvorlage%20 Sucht99.pdf (Stand: 25.2.2007)

Eversmeyer M (2001): Das DRG-System stoppt in Australien nicht den Ausgabenanstieg. führen und wirtschaften im Krankenhaus 2001, 18, S. 230-232

Farin E (2005): Die Anwendung hierarchischer linearer Modelle für Einrichtungsvergleiche in der Qualitätssicherung und Rehabilitationsforschung. Rehabilitation 2005, 44, S. 157-164

Farin E, Brandmaier R, Eversmann B, Dehmlow A, Lutzmann T (1999): Die Zertifizierung von Rehabilitationskliniken nach dem Verfahren der DEGEMED. Zeitschrift für Ärztliche Fortbildung und Qualitätssicherung 1999, 95, S. 379-380

Farin E, Carl C, Jäckel WH, Rütten-Köppel E, Maier-Riehle B, Berghaus U (2004): Die Weiterentwicklung des Peer-Review-Verfahrens in der medizinischen Rehabilitation. Rehabilitation 2004, 43, S. 162-165

Farin E, Carl C, Lichtenberg S, Jäckel WH, Maier-Riehle B, Rütten-Köppel E (2003): Die Bewertung des Peer-Review-Verfahrens: Methodische Prüfung und Ergebnisse der Erhebungsrunde 2000/2001 in den somatischen Indikationsbereichen. Rehabilitation 2003, 42, S. 323-334

Farin E, Engel EM, Dimou A, Jäckel WH (2004): Die Erwartungen von Rehabilitations- und Vorsorgeeinrichtungen an externe Qualitätssicherungsmaßnahmen. Physikalische Medizin, Rehabilitationsmedizin, Kurortwissenschaft 2004, 14, S. 73-81

Farin E, Follert P, Gerdelmann W, Jäckel WH (2005): Qualitätssicherung in der medizinischen Rehabilitation durch die Gesetzliche Krankenversicherung: Hintergrund, Anforderungen und Ergebnisse. Prävention und Rehabilitaion 2005, 17(4), S. 125-143

Farin E, Gerdes N, Jäckel WH, Follert P, Klein K, Glattacker M (2003): „Qualitätsprofile“ von Rehakliniken als Modell der Qualitätsmessung in Einrichtungen des Gesundheitswesens. Gesundheitsökonomie & Qualitätsmanagement 2003, 8, S. 191-204

Farin E, Glattacker M, Follert P, Kuhl C, Klein K, Jäckel WH (2004): Einrichtungsvergleiche in der medizinischen Rehabilitation. Zeitschrift für Ärztliche Fortbildung und Qualitätssicherung 2004, 98, S. 655-662

Farin E, Jäckel WH (2001): Qualitätsmanagement in der medizinischen Rehabilitation. Psychomed, 13(3), S. 144-149

– (2005[1]): Aktuelle Entwicklungen der externen Qualitätssicherung in der Rehabilitation. arthritis + rheuma 2005, 25, S. 34-38

– (2005[2]): Qualitätssicherung in der medizinischen Rehabilitation. In: Stein V, Greitemann B (Hrsg.): Rehabilitation in Orthopädie und Unfallchirurgie. Methoden, Therapiestrategien, Behandlungsempfehlungen. Heidelberg: Springer Medizin Verlag, 2005, S. 305-313

Farin E, Jäckel WH, Gerdes N (2002): Nicht über Qualität sprechen, sondern sie auch belegen. Qualitätsprofile von Rehabilitationskliniken als Instrument des Benchmarkings. führen und wirtschaften im Krankenhaus 2002, 19, S. 69-72

Farin E, Jäckel WH, Töpfer A, Gang-Schröder R (2001): Die Verknüpfung externer und interner Qualitätssicherungsmaßnahmen in der stationären medizinischen Rehabilitation mit Hilfe der Balanced Scorecard. In: Verband Deutscher Rentenversicherungsträger (Hrsg.): 10. Rehabilitationswissenschaftliches Kolloquium –

Wissenstransfer zwischen Forschung und Praxis vom 12.-14. März 2001 in Halle/ Saale. DRV-Schriften 2001, 25, S. 45-47

Farin E, Meixner K, Follert P, Jäckel WH, Jacob A (2002): Mitarbeiterzufriedenheit in Rehabilitationskliniken: Entwicklung des MiZu-Reha-Fragebogens und Anwendung in der Qualitätssicherung. Rehabilitation 2002, 41, S. 258-267

Felder S (2006): Lebenserwartung, medizinischer Fortschritt und Gesundheitsausgaben: Theorie und Empirie; Perspektiven der Wirtschaftspolitik, 2/2006, S. 48-73

Felder S, Zweifel P (1996): Gesundheits- und sozialpolitische Implikationen des Alterungsprozesses, in: Zweifel, P, Felder S (Hrsg.): Eine ökonomische Analyse des Alterungsprozesses, S. 221-250; Bern, 1996: Verlag Paul Haupt

Feldmann M, Bischoff-Everding C (2004): Jetzt kommen die komplexeren Modelle. Population statt Indikation – Potenziale der Integrierten Versorgung erkannt. krankenhaus umschau 2004, 73, S. 996-997

Fetzer S, Raffelhüschen B (2005): Zur Wiederbelebung des Generationenvertrags in der gesetzlichen Krankenversicherung – Die Freiburger Agenda; in: Perspektiven der Wirtschaftspolitik, 2005, Bd. 2, Nr. 6, S. 255-274

Fischer A, Seidel EJ (2004): Herausforderungen des Fachgebiets Physikalische und Rehabilitative Medizin im Bereich der Prävention. Physikalische Medizin Rehabilitationsmedizin Kurortmedizin 2004, 14, S. 37-42

Fitzgerald JF, Fagan LF, Tierney WM, Dittus RS (1987): Changing patterns of hip fracture care before and after implementation of prospective payment systems. The Journal of the American Medical Association, 258(2), S. 218-221

Frowein RA, Dietz H, Rosenow DE, Vitzthum HE (2001): Neurochirurgie in Deutschland von 1932-1945. In: Deutsche Gesellschaft für Neurochirurgie: Neurochirurge in Deutschland. Berlin/Wien: Blackwell Wissenschafts-Verlag, 2001, S. 79-95

Fuchs H (2004): Medizinische Leistungen zur Rehabilitation und Integrierte Versorgung. Rehabilitation 2004, 43, S. 325-344

Fuhrmann R (2001): Übersicht über die Versorgungsstrukturen der klinischen und rehabilitativen Geriatrie und ihre Entwicklung in der Bundesrepublik Deutschland. Zeitschrift für Gerontologie und Geriatrie 2001, 34 (Suppl. 1), S. I/16-I/20

Fuhrmann R, Liebig O (1999): Frührehabilitation im Krankenhaus – Zeit für Strukturveränderungen. Rehabilitation 1999, 38, S. 65-71

Fuhrmann R, Uhlig T (1997): Entwicklung der Geriatrie in der Bundesrepublik Deutschland. Geriatrie Praxis 1997, 10, S. 16-24

Gadomski M (2000): Frührehabilitation im Krankenhaus. Physikalische Medizin Rehabilitationsmedizin Kurortmedizin 2000, 10, S. 127-132

Gadomski M, Holzner A (2002): Rehabilitationsmedizin. Gesetzlicher Rückenwind. Klinik Management Aktuell 2002, 70, S. 65-66

Ganten J-U, Raspe HH (2003): Leistungen der medizinischen Rehabilitation bei Diabetes mellitus vor dem Hintergrund evidenzbasierter Behandlungsleitlinien: Eine Evaluation auf der Basis von Routinedaten der BfA. Rehabilitation 2003, 42, S. 94-108

Gardain T-F (2005): Wir kommen zu komplexeren Systemen. Schon heute herrscht ein völlig neuer Wille zum Erfolg. ku-Sonderheft Integrierte Versorgung 9/2005, S. 2-4

– (2006): Der Teufel steckt im Detail. Integrierte Versorgung sollte für die Patienten verbindlicher werden. ku-Sonderheft Integrierte Versorgung 10/2006, S. 2-4

Garside P (2004): Are we suffering from change fatigue? Quality and Safety in Health Care 2004, 13, S. 89-90

G-BA (2006): Richtlinien des Gemeinamen Bundesausschusses über Leistungen zur medizinischen Rehabilitation (Rehabilitations-Richtlinien) vom 16. März 2004 veröffentlicht im Bundesanzeiger 2004; Nr. 63 (S. 6769), zuletzt geändert am 21. Februar 2006, veröffentlicht im Bundesanzeiger 2006 (S. 2219), in Kraft getreten am 30. März 2006; abrufbar unter: www.g-ba.de/downloads/36-232-23/RL-Reha-2006-02-21.pdf (Stand: 3.3.2007)

Gerdes N (2004): Empfehlungen zur Gestaltung der Nachsorge aus reha-wissenschatlicher Sicht. In: Deck R, Glaser-Möller N, Mittag O (Hrsg.): Rehabilitation und Nachsorge. Bedarf und Umsetzung, S. 29-54. Lage: Hans Jacobs, 2004

Gerdes N, Best S, Jäckel WH (2004): Akutbehandlung – Frührehabilitation – Anschlussrehabilitation. Vorschlag zu einem 3-Phasenmodell bei Implantation einer Endoprothese an Hüfte und Knie. Physikalische Medizin Rehabilitationsmedizin Kurortmedizin 2004, 14, S. 179-186

Gerdes N, Best S, Wolf M (2000): Kapitel 5: Ergebnisse III: Orthopädische Kliniken. In: Gerdes, Jäckel, Weidemann (2000): Protos-II. Evaluation der Einführung von Fallpauschalen in den kardiologischen und orthopädischen Rehabilitationskliniken der Wittgensteiner Kliniken Allianz, Steinkopff Verlag: Darmstadt, 2000, S. 25-35

Gerdes N, Halhuber C, Undeutsch K, Jost S, Hortebusch HH, Kammerlander CHR (2000): Ergebnisse II: Kardiologische Kliniken. In: Gerdes, Jäckel, Weidemann (2000): Protos-II. Evaluation der Einführung von Fallpauschalen in den kardiologischen und orthopädischen Rehabilitationskliniken der Wittgensteiner Kliniken Allianz, Steinkopff Verlag: Darmstadt, 2000, S. 13-19

Gerdes N, Weidemann H, Jäckel WH (2000): Die PROTOS-Studie. Ergebnisqualität stationärer Rehabilitation in 15 Kliniken der Wittgensteiner Kliniken Allianz. Darmstadt: Steinkopff-Verlag Darmstadt, 2000

Getzen, TE (1992): Population Aging and the Growth of Health Expenditures, in: Journal of Gerontology 47/3, S. S98-S104

GKV-WSG (2006[1]): Gesetzentwurf der Bundesregierung. Entwurf eines Gesetzes zur Stärkung des Wettbewerbs in der Gesetzlichen Krankenversicherung (GKV-Wettbewerbsstärkungsgesetz – GKV-WSG), S. 1-239; abrufbar unter: www.gesundheitspolitik.net/ index.php?csrc=www.gesundheitspolitik.net/ 06_recht/ gesetze/c_gesetze_index.html (Stand: 24.12.2006)

– (2006[2]): Entwurf eines Gesetzes zur Stärkung des Wettbewerbs in der Gesetzlichen Krankenversicherung (GKV-Wettbewerbsstärlkungsgesetz – GKV-WSG). Begründung. A. Algemeiner Teil, S. 240-262; abrufbar unter: www.gesundheitspolitik.net/ index.php?csrc=www.gesundheitspolitik.net/06_recht/gesetze/c_gesetze_index.html (Stand: 24.12.2006)

– (2006[3]): Entwurf eines Gesetzes zur Stärkung des Wettbewerbs in der Gesetzlichen Krankenversicherung (GKV-Wettbewerbsstärlkungsgesetz – GKV-WSG). Begründung. B. Besonderer Teil, S. 262-581; abrufbar unter: www.gesundheitspolitik. net/ index.php?csrc=www.gesundheitspolitik.net/06_recht/gesetze/c_gesetze_index.html (Stand: 24.12.2006)

– (2007): Deutscher Bundestag. 16. Wahlperiode. Beschlussempfehlung des Ausschusses für Gesundheit (14. Ausschuss); u.a. abrufbar unter: www.bdpk.de, Gesamtübersicht Aktuelles, 2.2.2007, Beschlussempfehlung GKV-WSG (Stand: 25.2.2007)

Glattacker M, Klein K, Farin E, Jäckel WH (2005): Strukturqualität stationärer neurologischer Rehabilitationskliniken – Ergebnisse aus dem QS-Reha®-Verfahren auf der Basis definierter Bewertungskriterien. Der Nervenarzt 2005, 76, S. 453-461

Glatzer U (2003): DAMP Holding AG. Die Abhängigkeit von der Rehabilitation verringern. Klinik Management Aktuell 2003, 87, S. 20-22

– (2004): Kopfgeburt. Klinik Management Aktuell 2004, 99, S. 106

– (2006[1]): Integrierte Versorgung. Der Durchbruch. Klinik Management Aktuell 2006, 117, S. 24-27

– (2006[2]): Integrierte Versorgung. Preiswürdig. Klinik Management Aktuell 2006, 117, S. 24-26

Goslich L (2003): DRG-Folgen. Ansturm auf die Pflege. Klinik Management Aktuell 2003, 81, S. 70-71

– (2004): Reha-Belegung. Dem Wettbewerbsrecht entzogen. Klinik Management Aktuell 2004, 96, S. 41-43

Gregg EW, Cauley JA, Seeley DG, Ensrud KE, Bauer DC (1998): Physical activity and osteoporotic fracture risk in older women. Study of Osteoporotic Fractures Research Group. Annals of Internal Medicine 1998, 129, S. 81-88

Grobecker C, Kreck-Roberg E, Sommer B (2007): Bevölkerungsentwicklung 2005; Wirtschaft und Statistik 01/2007; Wiesbaden, 2007: Statistisches Bundesamt, Wiesbaden

Grosch E (2004): Nachsorgebedarf aus der Sicht eines Rentenversicherungsträgers. In: Deck R, Glaser-Möller N, Mittag O (Hrsg.): Rehabilitation und Nachsorge. Bedarf und Umsetzung, S. 17-27. Lage: Hans Jacobs, 2004

Groß B, Ritter J (2003): 50 Jahre Rehabilitation der BfA – Die Rehabilitation im Wandel der Zeit. Die AngestelltenVersicherung (DAngVers) 2001, 50, S. 525-532

Grünheid E (2006): Die demographische Lage in Deutschland 2005; Zeitschrift für Bevölkerungswissenschaft, Jg. 31, 1/2006, S. 3-104

Gülich M, Engel E-M, Rose S, Klosterhuis H, Jäckel WH (2003): Leitlinienentwicklung in der Rehabilitation bei Rückenschmerzpatienten – Phase 2: Ergebnisse einer Analyse von KTL-Daten. Rehabilitation 2003, 42, S. 109-117

Güssow J (2007): Vergütung Integrierter Versorgungsstrukturen im Gesundheitswesen. Weiterentwicklung pasuchaler Vergütungsansätze zur Förderung prozessorientierter Strukturen unter besonderer Berücksichtigung der Krankenhausperspektive. Wiesbaden, 1. Auflage 2007: Deutscher Universitäts-Verlag

Gutenbrunner C (2002): Prävention, Physikalische Medizin und Implikation der Internationalen Klassifikation der Funktionen, Fähigkeitsstörungen und Gesundheit (ICF). Physikalische Medizin Rehabilitationsmedizin Kurortmedizin 2002, 12, S. 187-189

Haaf H-G (2002): Gesundheitsökonomische Analyse der Vergütung mit Fallpauschalen in der medizinischen Rehabilitation. Rehabilitation 2002, 41, S. 14-30

– (2003): Vergütung mit DRG-Fallpauschalen im Krankenhaus und die Konsequenzen für die medizinische Rehabilitation. Deutsche Rentenversicherung 2003, 58(10), S. 620-631

– (2005): Ergebnisse zur Wirksamkeit der Rehabilitation. Rehabilitation 2005, 44, S. 259-276

Haaf H-G, Badura B, Bürger W, Koch U, Schliehe F, Schott T (2002): Die wissenschaftliche Begleitung im Rahmen der Empfehlungsvereinbarung von Kranken- und Rentenversicherung zur ambulanten Rehabilitation: Zielsetzungen, Rahmenbedingungen und Untersuchungsansatz. Rehabilitation 2002, 41, S. 85-91

Haaf H-G, Volke E, Schliehe F (2004): Neue Vergütungs- und Versorgungsformen und ihre Auswirkungen auf die medizinische Rehabilitation. Rehabilitation 2004, 43, S. 312-324

Händeler E (2005): Kondratieffs Welt. Wohlstand nach der Industriegesellschaft. 1. Auflage, Moers 2005: Brendow & Sohn Verlag GmbH

Häussler B (2005): Disease-Management-Programm für Typ-II-Diabetiker: Erwartete Effekte für Deutschland. Gesundheitsökonomie & Qualitätsmanagement Supplement S1, 2005, S. S10-S13

Häussler B, Berger U (2004): Bedingungen für effektive Disease-Management-Programme. Analyse, Bewertung und Lösungsansätze für Qualität und Finanzierung. 1. Auflage, Baden-Baden: Nomos, 2003

Haisch J, Weitkunat R, Wildner M (1999): Wörterbuch Public Health. Gesundheitswissenschaften. Göttingen 1999, Verlag Hans Huber

Hall C (2005): Erfahrungen mit einem Disease-Management-Programm. Gesundheitsökonomie & Qualitätsmanagement Supplement S1, 2005, S. S23-S25

Hampel P, Desman C, Petermann F, Roos T, Siekmann K (2006): Multimodales Therapiekonzept für Kinder mit Aufmerksamkeits-/Hyperaktivitätsstörungen und deren Begleitperson in der stationären Rehabilitation. Rehabilitation 2006, 45, S. 52-59

Hansen D (2004): Telefonisch gestütztes Nichtrauchprogramm. Erste Einblicke in eine Evaluationsstudie. In: Deck R, Glaser-Möller N, Mittag O (Hrsg.): Rehabilitation und Nachsorge. Bedarf und Umsetzung, S. 105-117. Lage: Hans Jacobs, 2004

Heil T (2006): Managementgesellschaft als Generalunternehmer. Medizinische und ökonomische Verantwortung aus einer Hand. ku-Sonderheft Integrierte Versorgung 10/2006, S. 16-17

Heim S, Schaz U (1996): Berechnung und Beschwörung. Überbevölkerung. Kritik einer Debatte; Berlin, 1996: Verlag der Buchläden Schwarze Risse

Heine W (2003[1]): Gesundheitsreform 2003 – wo bleibt die Rehabilitation? Klinik Management Aktuell 2003, 81, S. 62-65

– (2003[2]): Folgt die Vergütung der Leistung? Vortrag EUROFORUM, „Rehabilitation 2003", am 11. Februar 2003, abrufbar unter: www.degemed.de/pdf/Vortrag_Verguet-Leistung.pdf (Stand: 25.1.2006)

Hempel H-J (2003): Ein Markt mit Zukunft. Umbruchphase mit Chancen für die Rehabilitation. krankenhaus umschau 2003, 72, S. 903-907

Henke K-D (2005): Kosten des Alter(n)s unter besonderer Berücksichtigung des Gesundheitswesens, in: Schumpelick, V und Vogel, B (Hrsg.): Alter als Last und Chance, S. 478-498; Freiburg, 2005: Herder Verlag

– (2006): Sprengt die Hochschulmedizin die Finanzierung der sozialen Sicherungssysteme? in: Rebscher H (Hrsg.): Gesundheitsökonomie und Gesundheitspolitik im Spannungsfeld zwischen Wissenschaft und Politikberatung. Festschrift für Günter

Neubauer, S. 209-221. Heidelberg, 2006: Economica, Verlagsgruppe Hüthig Jehle Rehm GmbH

Henke K-D, Neubauer G (2006): Analyse des Rehabilitationsmarkts in Berlin-Brandenburg. Berlin/München: Technische Universität (TU) Berlin und Institut für Gesundheitsökonomik (IfG) München, 2006; unveröffentlichtes Gutachten im Auftrag der Medical Park AG unter Mitarbeit von Anja Georgi und Philip Lewis, Mai 2006

Hibbeler B (2005): Geriatrie: für ein selbstbestimmtes Leben im Alter. Deutsches Ärzteblatt 102(24), S. 1722; aufgerufen unter: www.aerzteblatt.de/v4/archiv/artikel.asp?id=47300 (Stand: 26.12.2006)

– (2006): Medizinische Rehabilitation: Die Talsohle ist durchschritten. Deutsches Ärzteblatt vom 24.11.2006, Ausgabe 47, S. B-2758; aufgerufen unter: www.aerzteblatt.de/v4/archiv/ artikel.asp?src=heft&id=53604 (Stand: 20.12.2006)

Hildebrandt H (2004): Zwischen Light und Full Size. Integrierte Versorgung – Übersicht der Vertragsformen. krankenhaus umschau 2004, 73, S. 615-617

Hildebrandt H, Stüve M (2005): Der Fortschritt ist eine Schnecke. Integrierte Versorgung zwischen enttäuschten Erwartungen und Konsolidierung. ku-Sonderheft Integrierte Versorgung 9/2005, S. 6-9

Hoberg E (2004): Auffrischungskurse in der Kardiologie. In: Deck R, Glaser-Möller N, Mittag O (Hrsg.): Rehabilitation und Nachsorge. Bedarf und Umsetzung, S. 71-80. Lage: Hans Jacobs, 2004

Hoberg E, Stockinger J, Bestehorn K, Wegscheider K (2002): Verbesserung des Risikoprofils durch drei halbtägige Auffrischungskurse innerhalb des ersten Jahres nach kardiologischer Rehabilitation. Zeitschrift Kardiologie 2002, 91(Suppl.), S5: S. V/28

Hohmann J (1998): Gesundheits-, Sozial- und Rehabilitationssysteme in Europa. Göttingen: Verlag Hans Huber, 1998

Huchler U, Köhl C (2004): Prozessoptimierung in der Reha. Standardisierte Behandlungsabläufe auf EDV-gestützter Basis. krankenhaus umschau 2004, 73, S. 504-507

Hüppe A, Raspe R (2005): Zur Wirksamkeit von stationärer medizinischer Rehabilitation in Deutschland bei chronischen Rückenschmerzen: Aktualisierung und methodenkritische Diskussion einer Literaturübersicht. Rehabilitation 2005, 44, S. 24-33

Huesmann A (2003): Attraktiv für Rehakliniken. Differenzierung durch medizinische Kompetenz. ku-Special 11/2003, 22: Medical Wellness, S. 21-24

Hurrelmann K, Klotz T, Haisch J (2004): Einführung: Krankheitsprävention und Gesundheitsförderung. In: Hurrelmann, Klotz, Haisch (2004): Lehrbuch Prävention und Gesundheitsförderung, S. 11-20. Bern Göttingen Toronto Seattle: Verlag Hans Huber, 2004

Igl G, Wasem J (2001): Potentiale und Grenzen der Integration von Gesetzlicher Krankenversicherung (SGB V) und Sozialer Pflegeversicherung (SGB XI). In: Enquete-Kommission „Demografischer Wandel" Bundestag (Hrsg.): Herausforderungen unserer älter werdenden Gesellschaft an die einzelnen und die Politik. Studienprogramm. Band V. Heidelberg 2002, R.V. Deckers Verlag, Kapitel 3; aufgerufen unter: www.uni-essen.de/medman/Lehrstuhl/Download/Integration_GKV_GPflV.pdf (Stand: 25.12.2006)

Illing K (2003[1]): Neues Produkt und neue Märkte für Kliniken. Medical Wellness – der Weg in den 2. Gesundheitsmarkt. ku-Special 11/2003, 22: Medical Wellness, S. 2-5

– (2003[2]): Elf Schritte zum Erfolg. Erfolgreiche Medical Wellness-Angebote brauchen intensive Vorbereitung. ku-Special 11/2003, 22: Medical Wellness, S. 25-27
– (2003[3]): Marketing ist ein Muss. Kunden müssen professionell umworben werden. ku-Special 11/2003, 22: Medical Wellness, S. 31-33

Ilmarinen J, Tempel J (2003): Erhaltung, Förderung und Entwicklung der Arbeitsfähigkeit – Konzepte und Forschungsergebnisse aus Finnland. In: Badura B, Schellschmidt H, Vetter C (Hrsg.): Fehlzeitenreport 2002. Demographischer Wandel: Herausforderung an die betriebliche Personal- und Gesundheitspolitik. Berlin/Heidelberg/New York/Hongkong/London/Mailand/Paris/Tokio: Springer Verlag, 2003, S. 85-99

Institut für das Entgeltsystem im Krankenhaus gGmbH, InEK (2006[1]): Fallpauschalen-Katalog, G-DRG-Version 2007; aufgerufen unter: www.g-drg.de (Stand: 29.12.2006)
– (2006[2]): Abschlussbericht. Weiterentwicklung des G-DRG-Systems für das Jahr 2007. Klassifikation, Katalog und Bewertungsrelationen. Teil I: Projektbericht; Siegburg, den 15. Dezember 2006; aufgerufen unter: www.g-drg.de, Downloads, Abschlussbericht für das Jahr 2007 (Stand: 15.12.2006)
– (2006[3]): G-DRG German Diagnosis Related Groups Version 2007, Definitionshandbuch Kompaktversion Band 1 (DRGs A01A-I98Z), abrufbar unter: www.g-drg.de, Downloads vom 11.12.2006 (Stand: 5.2.2007)
– (2006[4]): Reportbrowser 2005/2007, abrufbar unter: www.g-drg.de, Downloads vom 15.12.2006 (Stand: 5.2.2007)

IQMG – Institut für Qualitätsmamagement im Gesundheitswesen GmbH (2007): www.iqmg.de (Stand: 5.2.2007)

Iseringhausen O, Schott T, Orde vom A (2002): Die Qualität der Organisation kardiologischer Rehabilitation – Ein Vergleich stationärer und ambulanter Versorgungsformen. Rehabilitation 2002, 41, S. 130-139

Jäckel WH, Farin E (2004): Qualitätssicherung in der Rehabilitation: Wo stehen wir heute? Rehabilitation 2004, 43, S. 271-283

Jäckel WH, Korsukéwitz C (2003): Leitlinien in der medizinischen Rehabilitation. Rehabilitation 2003, 42, S. 65-66

Jeschke H (2003): Nicht alle werden überleben. Rehabilitationskliniken müssen sich auf schwere Zeiten gefasst machen. krankenhaus umschau 2003, 72, S. 368-370

Jeschke D, Zeilberger K (2004): Altern und körperliche Aktivität. Deutsches Ärzteblatt 101(12), S. 789-798, www.aerzteblatt.de/v4/archiv/artikel.asp?id=41076 (Stand: 25.12.2006)

Kahn KL, Keeler EB, Sherwood MJ, Rogers WH, Draper D, Bentow SS, Reinisch EJ, Rubenstein LV, Kosecoff J, Brook RH (1990): Comparing Outcome Of Care Before and After Implementation of the DRG-Based Prospective Payment System. The Journal of the American Medical Association JAMA 1990, 264(15), S. 1984-1988

Karoff M (2003): KMA-Gespräch: Reha könnte eine Schlüsselposition übernehmen. Klinik Management Aktuell 2003, 87, S. 70

Kauss T, Kühnert S, Naegele G, Schmidt W, Schnabel E (1998): Vernetzung in der ambulanten geriatrischen Versorgung – die Schlüsselstellung des Hausarztes. In: Naegele G, Peter G (Hrsg.): Dortmunder Beiträge zur Sozial- und Gesellschaftspolitik, Band 16, Münster: Lit Verlag, 1998

Kawski S, Koch U (1999): Qualitätssicherung in der Psychosomatischen Rehabilitation. Psychotherapie, Psychosomatik, Medizinische Psychologie 1999, 49, S. 316-325

Kirchner H, Fiene M, Ollenschläger G (2003): Bewertung und Implementierung von Leitlinien. Rehabilitation 2003, 42, S. 74-82

Klein K, Farin E, Jäckel WH, Blatt O, Schliehe F (2004): Bewertungskriterien der Strukturqualität stationärer Einrichtungen. Rehabilitation 2004, 43, S. 100-108

Klein T (2002): Lebenserwartung in Deutschland. Zeitschrift für Gerontologie und Geriatrie 2002, 35, S. 385-386

Klein-Lange M, Schwartz FW, Sperling M (2003): Rehabilitation. In: Schwartz FW, Badura B, Busse R, Leidl R, Raspe H, Siegrist J, Walter U (2003): Public Health. Gesundheit und Gesundheitswesen, Kapitel 13.4, München, Jena 2003, Urban & Fischer, 2. Auflage, S. 293-296

Kleinfeld A, Barth T, Reiland M (2002): Externe Qualitätssicherung der medizinischen Rehabilitation im Bereich der gesetzlichen Krankenversicherung. Zeitschrift für ärztliche Fortbildung und Qualitätssicherung 2002, 96, S. 11-16

Kleinschmidt J (2003): Vorbild Kurkliniken. Orientierungshilfe für die Entwicklung von Wellnessangeboten. ku-Special 11/2003, 22: Medical Wellness, S. 6-7

Klingelhöfer HE, Lätzsch A (2002): Wirtschaftliche Aspekte der ambulanten Rehabilitation – Methodische Ansätze und Zwischenergebnisse aus einem Projekt zur Wirtschaftlichkeit ambulanter Rehabilitation in Mecklenburg-Vorpommern. Rehabilitation 2002, 41, S. 201-208

Klingelhöfer HE, Timm A (2005): Wirtschaftlichkeit ambulanter Rehabilitation – Abschließende Ergebnisse eines Projekts in Mecklenburg-Vorpommern. Rehabilitation 2005, 44, S. 1-13

Klosterhuis H, Grünbeck P (2004): Implementation von Reha-Leitlinien – eine notwendige Erweiterung der Reha-Qualitätssicherung. In: Verband Deutscher Rentenversicherungsträger (Hrsg.): 13. Rehabilitationswissenschaftliches Kolloquium – Selbstkompetenz – Weg und Ziel der Rehabilitation vom 8.-10. März 2004 in Düsseldorf. DRV-Schriften 2004, 52, S. 297-298

Knappe E (1995): Auswirkungen des demographischen Wandels auf den Gesundheitssektor; in: Oberender P (Hrsg.): Transplantationsmedizin. Ökonomische, ethische, rechtliche und medizinische Aspekte; Baden-Baden, 1. Auflage 1995, Nomos Verlagsgesellschaft

Knappe E, Rubart T (2001): Auswirkungen des demographischen Wandels. Gesetzliche Pflege- und Krankenversicherung im Vergleich; in: Schmähl W, Ulrich V (Hrsg.): Soziale Sicherungssysteme und demographische Herausforderung, S. 95 ff.; Tübingen, 2001, Mohr Siebeck

Knieps F (2005): Das Disease-Management in Deutschland: Standortbestimmung und Perspektiven. Gesundheitsökonomie & Qualitätsmanagement Supplement S1, 2005, S. S2-S6

Knorr G, Kraemer A (2006): Drei Jahre G-DRG-System – Zwischenbilanz und Ausblick. das Krankenhaus, 98, S. 275-279

Koch U (2002): Trendwende zur ambulanten Rehabilitation? Rehabilitation 2002, 41, S. 73-75

Koch U, Kluth W, Mehnert A (2002): Perspektiven für die ambulante Rehabilitation in Deutschland – Kurzbericht zu einem internationalen Symposium, Dezember 2001 in Hamburg. Rehabilitation 2002, 41, S. 81-84

Koch U, Morfeld M (2004): Weiterentwicklungsmöglichkeiten der ambulanten Rehabiltation in Deutschland. Rehabilitation 2004, 43, S. 284-295

Köchling A (2003): Leitfaden zur Selbstanalyse altersstruktureller Probleme in Unternehmen. In: Badura B, Schellschmidt H, Vetter C (Hrsg.): Fehlzeitenreport 2002. Demographischer Wandel: Herausforderung an die betriebliche Personal- und Gesundheitspolitik. Berlin/Heidelberg/New York/Hongkong/London/Mailand/Paris/Tokio: Springer Verlag, 2003, S. 235-246

Köhler F (2002): Auswirkungen des DRG-Systems auf Anschlussheil- und Rehabilitationsbehandlung in Sydney, New South Wales, Australien. Rehabilitation 2002, 41, S. 10-13

Köpke K-H (2005): Aufwerten, ausbauen und systematisieren – Eine Analyse von Situation, Reformbedarf und innovativen Projekten zur Nachsorge in der Rehabilitation der Rentenversicherung. Rehabilitation 2005, 44, S. 344-352

Kolb G (2001): „Die Zahl der geriatrieerfahrenen Ärzte wird zunehmen müssen." Klinik Management Aktuell 2001, 57 , S. 14-15

Korsukéwitz C (2007): Onkologische Rehabilitation. Sozialmedizinische und ökonomische Aspekte; in: Forum. Das offizielle Magazin der Deutschen Krebsgesellschaft e.V., 1/2007(22), S. 41-43

Korsukéwitz C, Rose S, Schliehe F (2003): Zur Bedeutung von Leitlinien für die Rehabilitation. Rehabilitation 2003, 42, S. 67-73

Kosecoff J, Kahn KL, Rogers WH, Reinisch EJ, Sherwood MJ, Rubenstein LV, Draper D, Roth CP, Chew C, Brook RH (1990): Prospective Payment System and Impairment at Discharge. The 'Quicker-and-Sicker' Story Revisited. Journal of the American Medical Association JAMA 1990, 264(15), S. 1980-1984

Krämer W (1996): Hippokrates und Sisyphus. Die moderne Medizin als Opfer ihres eigenen Erfolgs; in: Kirch W, Kliemt H (Hrsg.): Rationierung im Gesundheitswesen, Regensburg, 1996, S. Roderer Verlag

– (2005): Gesundheitspolitik zwischen Reformbedarf und Patientenwut – zur Politischen Ökonomie des Gesundheitswesens, in: Die BKK, 11/2005, S. 491-496

Krasemann EO (1974): Stufenweise Wiedereingliederung in Arbeit und Beruf nach längerer Krankheit. Das öffentliche Gesundheitswesen 1974, 36, S. 8-14

Krauth C, Hessel F, Klingelhöfer HE, Schweikert B, Hansmeier T, Wasem J (2005): Gesundheitsökonomische Evaluation von Rehabilitationsprogrammen im Förderschwerpunkt Rehabilitationswissenschaften. Rehabilitation 2005, 44, S. 297-306

Krukemeyer MG, Clausing P (2004): „Ungesteuerter Zusammenbruch". Interview zur Privatisierungswelle im Akutbereich und die Perspektive der Rehabilitation. krankenhaus umschau 2004, 73, S. 532-534

Küpper-Nybelen J, Ihle P, Deetjen W, Schubert I (2006): Empfehlung rehabilitativer Maßnahmen im Rahmen der Pflegebegutachtung und Umsetzung in der ambulanten Versorgung. Zeitschrift für Gerontologie und Geriatrie 2006, 39, S. 100-108

Kuge A (2003): Was ändert sich für die medizinische Rehabilitation? führen und wirtschaften im Krankenhaus 2003, 20, S. 277-280

Kuhn K (2003): Programme und Strategien zur Förderung älterer Arbeitnehmer in Europa. In: Badura B, Schellschmidt H, Vetter C (Hrsg.): Fehlzeitenreport 2002. Demographischer Wandel: Herausforderung an die betriebliche Personal- und Gesundheitspolitik. Berlin/Heidelberg/New York/Hongkong/London/Mailand/Paris/Tokio: Springer Verlag, 2003, S. 73-83

Kukla G (2002): Pflegeversicherung erhalten und weiterentwickeln – Vorschläge für die 15. Legislaturperiode des Bundestags. Die Krankenversicherung, 54, S. 336-341

Lachmann A, Van den Bussche H, Dunkelberg S, Ehrhardt M (1999): Der Bedarf an Rehamaßnahmen aus allgemeinärztlicher Sicht. Rehabilitation 1999, 38 (Suppl. 2), S. S148-S153

Laurin D, Verreault R, Lindsay J, MacPherson K, Rockwood K (2001): Physical activity and risk of cognitive impairment and dementia in elderly persons. Archive Neurologie 2001, 58, S. 498-504

Lawall C, Verbarg A (2005): Integrierte Versorgung aus Sicht der Deutschen Rentenversicherung Bund; abrufbar unter: www.deutsche-rentenversicherung-bund.de/nn_18626/DRVB/de/Inhalt/Zielgruppen/Infos_f_C3_BCr_Rehaeinrichtungen/ infos _rehakonzept/integrierte__vorsorge__pdf.html (Stand: 25.2.2007)

Leistner K (2001): Ist die ICIDH für die geriatrische Rehabilitation geeignet? Zeitschrift für Gerontologie und Geriatrie 2002, 34 (Suppl. 1), S. I/30-I/35

Leistner K, Bublitz T (2004): Geriatrische Rehabilitation in der Bundesrepublik Deutschland: Versorgungspolitische und strukturelle Aspekte aus Sicht der gesetzlichen Krankenversicherung (GKV). Rehabilitation 2004, 43, S. 296-303

Leistner K, Lürken L, Wagner A (2000): Pflegebedürftigkeit chronisch Kranker. Epidemiologische und nosologische Aspekte. In: Arnold M, Litsch M, Schwartz FW: Krankenhaus-Report 1999. Schwerpunkt: Versorgung chronisch Kranker. Stuttgart 2000, Schattauer: S. 119-131

Leistner K, Meier-Baumgartner H-P, Pientka L (2002): Hamburger Erklärung. Zeitschrift für Gerontologie und Geriatrie 2002, 35, S. 50-53

Leistner K, Stier-Jarmer M, Berleth B, Braun J, Koenig E, Liman W, Lüttje D, Meindl R, Pientka L, Weber G, Stucki G (2005): Frührehabilitation im Krankenhaus – Definition und Indikation. Ein Ergebnisbericht der Methodengruppe „Frührehabilitation im Krankenhaus". Physikalische Medizin, Rehabilitationsmedizin Kurortmedizin 2005, 15, S. 157-167

Lieber J (2003): Der Kuchen ist groß genug für alle … doch Badewanne und Trinkkur haben ausgedient. ku-Special 11/2003, 22: Medical Wellness, S. 8-9

Linden M, Lind A, Fuhrmann B, Irle H (2005): Wohnortnahe Rehabilitation. Rehabilitation 2005, 44, S. 82-89

Lotz-Ramboldi W, Buhk H, Busche W, Fischer J, Bloemeke U, Koch U (2002): Ambulante Rehabilitation alkoholabhängiger Patienten in der Tagesklinik: Erste Ergebnisse einer vergleichenden katamnestischen Untersuchung von tagesklinischer und stationärer Behandlung. Rehabilitation 2002, 41, S. 192-200

Lubitz JD, Beebe J, Baker C (1995): Longevity and and Medicare Expenses, in: New England Journal of Medicine, 332, S. 999-1003

Lubitz JD, Riley GF (1993): Trends in Medicare Payments in the Last Year of Life, in: New England Journal of Medicine, 328, S. 1093-1096

Lübke N (2001): Zuweisungssteuerung und Management in der Geriatrie und geriatrischen Rehabilitation unter besonderer Berücksichtigung von Fallpauschalen bzw. Diagnosis-related groups (DRGs). Zeitschrift für Gerontologie und Geriatrie 2001, 34 (Suppl. 1), S. I/63-I/69

– (2005): Erforderliche Kompetenzen der Geriatrie aus Sicht des Kompetenz-Centrums Geriatrie. Zeitschrift für Gerontologie und Geriatrie 2005, 38 (Suppl. 1), S. I/34-I/39

Lück G (2005): Der Gesundheit von Kindern, Jugendlichen und Müttern verpflichtet. Caritas-Haus Feldberg seit zehn Jahren unter neuer Trägerschaft – Neue Wege der Rehabilitation erfolgreich erprobt. news/caritas-mitteilungen/4-2005, S. 38-39; aufgerufen unter: www.dicvfreiburg.caritas.de/ 11881.html (Stand: 15.12.2006)

Lüders D (2004): Survival of the fittest. Dienstleistungsqualität als Wettbewerbsvorteil. krankenhaus umschau 2004, 73, S. 604-606

Lüngen M, Lauterbach KW (2001): Wachsen Akutversorgung und Rehabilitation enger zusammen? führen und wirtschaften im Krankenhaus 2001, 18, S. 588-589

– (2003[1]): Pauschalierte Vergütung in der medizinischen Rehabilitation. Rehabilitation 2003, 42, S. 136-142

– (2003[2]): Bedeutung der medizinischen Rehabilitation in Disease-Management-Programmen. Rehabilitation 2003, 42, S. 284-289

Lürken L (2001): Begutachtung von Pflegebedürftigkeit nach SGB XI. Weichenstellung für Interventionsprogramme der geriatrischen Rehabilitation. Zeitschrift für Gerontologie und Geriatrie 2001, 34(Suppl. I), S. I/49-I/56

Lüttje D (2005): Akademische Stellung der Geriatrie. Zeitschrift für Gerontologie und Geriatrie 2005, 38(Suppl. 1), S. I/52–I/55

Lutzmann T (2002): Schritte auf dem Weg zum Qualitätsmanagementsystem, in: Internes Qualitätsmanagement: Zertifizierungsverfahren. Basischeckliste und indikationsspezifische Module. Berlin, DEGEMED, 2002, Anhang, S. 47-50

Maier-Riehle B, Schliehe F (2002): Der Ausbau der ambulanten Rehabilitation. Rehabilitation 2002, 41, S. 76-80

Maintz G (2003): Leistungsfähigkeit älterer Arbeitnehmer – Abschied vom Defizitmodell. In: Badura B, Schellschmidt H, Vetter C (Hrsg.): Fehlzeitenreport 2002. Demographischer Wandel: Herausforderung an die betriebliche Personal- und Gesundheitspolitik. Berlin/Heidelberg/New York/Hongkong/London/Mailand/Paris/Tokio: Springer Verlag, 2003, S. 43-55

Mansky TH, Glier O, List SM (2004): Das DRG-System zeigt Wirkung. Helios-Analyse: Die Verweildauer sinkt, der Wettbewerb wird härter. Führen und Wirtschaften im Krankenhaus 2004, 21, S. 558-563

Martin S, Zimprich D, Oster P, Wahl HW, Minnemann E, Baethe M, Grün U, Martin P (2000): Erfolg und Erfolgsvariabilität stationärer Rehabilitation alter Menschen: Eine empirische Studie auf der Basis medizinisch-geriatrischer und psyshosozialer Indikatoren. Zeitschrift für Gerontologie und Geriatrie 2000, 33(1), S. 24-35

Mau W, Gülich M, Gutenbrunner C, Lampe B, Morfeld M, Schwarzkopf SR, Smolenski UC (2005): Lernziele im Querschnittsfach Rehabilitation, Physikalische Medizin und Naturheilverfahren nach der 9. Revision der Approbationsordnung für Ärzte – Gemeinsame Empfehlung der Deutschen Gesellschaft für Rehabilitationswissenschaften und der Deutschen Gesellschaft für Physikalische Medizin und Rehabilitation. Rehabilitation 2005, 43, S. 337-347

Mau W, Kusak G (2004): Umsetzung der neuen Approbationsordnung für Ärzte im Querschnittsbereich „Rehabilitation, Physikalische Medizin und Naturheilverfahren“ an den medizinischen Fakultäten in Deutschland. Rehabilitation 2004, 44, S. 129-133

Mau W, Merkesdal S, Busche T, Bauer J (2002): Prognose der sozialmedizinischen Entwicklung ein Jahr nach teilstationärer oder stationärer Rehabilitation wegen Dorsopathie. Rehabilitation 2002, 41, S. 160-166

Mayer-Berger W (2001): Frührehabilitation nach Herzoperation: Was kann die Rehabilitation? In: Rauch B, Held K (Hrsg.): Der schwerkranke und multimorbide Herzpatient. Darmstadt, 2001, Steinkopff-Verlag, S. 104-107

Medizinischer Dienst der Spitzenverbände der Krankenkassen e.V. (MDS) (2005): Begutachtungs-Richtlinie Vorsorge und Rehabilitation. Stand Oktober 2005. Abschnitt 4.6: Geriatrische Rehabilitation, S. 37-57; aufgerufen unter: www.mds-ev.org/download/RL_VorsorgeReha_2005.pdf (Stand: 26.12.2006)

Meier-Baumgartner H-P (2001): Geriatrie – Einbettung in die Versorgungslandschaft der Bundesrepublik Deutschland. Zeitschrift für Gerontologie und Geriatrie 2001, 34, S. I/1-I/9

Meier-Baumgartner H-P, Hain G, Oster P, Steinhagen-Thiessen E, Vogel W (1998): Empfehlungen für die klinisch-geriatrische Behandlung. Jena, 1998, Gustav Fischer Verlag; aufgerufen unter: www.bag-geriatrie.de/Dokumente/BroschuereEmpfehlungenFuerDieKGB.pdf (Stand: 26.12.2006)

Meier-Braun K-H (2007): Migration und Vereinte Nationen. Deutsche Gesellschaft für die Vereinten Nationen, abrufbar unter: www.dgvn.de/BaWue/migration.htm (Stand: 5.5.2007)

Meinck M, Freigang K, John B, Keitel C, Puls E, Robra BP (2002): Wohnortnahe geriatrische Rehabilitation – Zur Struktur- und Prozessqualität eines mobilen und eines ambulanten Rehabilitationsmodells. Zeitschrift für Gerontologie und Geriatrie 2002, 35, S. 463-473

– (2003): Wohnortnahe geriatrische Rehabilitation: Evaluation zweier Modelle anhand medizinischer Verlaufskriterien. Rehabilitation 2003, 42, S. 45-51

Merkesdal S, Bernitt K, Busche T, Bauer J, Mau W (2004): Gegenüberstellung der Krankheitskosten im Jahr vor und nach stationärer und teilstationärer orthopädisch-rheumatologischer Rehabilitation von Personen mit Dorsopathien. Rehabilitation 2004, 43, S. 83-89

Mittag O, China C (2004): Ansätze zum telefonischen Disease Management in der Kardiologie und erste Ergebnisse der „Lübecker Nachsorgestudie“. In: Deck R, Glaser-Möller N, Mittag O (Hrsg.): Rehabilitation und Nachsorge. Bedarf und Umsetzung, S. 119-136. Lage: Hans Jacobs, 2004

Möws V, Seidel J (2001): Mit dem DRG-System kommt der Markt ins Krankenhaus. führen und wirtschaften im Krankenhaus 2001, 18, S. 44-47

Montgomery FU (2004): Warum wir den medizinischen Fortschritt brauchen, Statement 1. SPECTARIS-Zukunftsforum, Berlin, S. 1-5, aufgerufen unter www.forum-deutsche-medizintechnik.de/statements/statements.htm (Stand: 5.5.2007)

Morar R, Keller C, Baumgärtner-Voderholzer R (2004): Die Chemie muss stimmen. Vom Krankenhaus zum Gesundheitszentrum – ein Weg zur Integrierten Versorgung. krankenhaus umschau 2004, 73, S. 24-28

Morfeld M, Bürger W, Dietsche S, Koch U (2002): Subjektive Bewertungen der Behandlungsangebote in stationärer und ambulanter Rehabilitation. Rehabilitation 2002, 41, S. 112-118

Morschhäuser M (2003): Gesund bis zur Rente? Ansatzpunkte einer alternsgerechten Arbeits- und Personalpolitik. In: Fehlzeitenreport 2002. Demographischer Wandel: Herausforderung an die betriebliche Personal- und Gesundheitspolitik. Berlin/Heidelberg/New York/Hongkong/London/Mailand/Paris/Tokio: Springer Verlag, 2003, S. 59-71

Mosebach K, Schwartz FW, Walter U (2004): Gesundheitspolitische Umsetzung von Prävention und Gesundheitsförderung. In: Hurrelmann, Klotz, Haisch (2004): Lehrbuch Prävention und Gesundheitsförderung, Kapitel 6.1. Bern Göttingen Toronto Seattle: Verlag Hans Huber, 2004, S. 341-353

Mühlnikel I (2004[1]): Die Butter vom Brot genommen. Klinik Management Aktuell 2004, 97, S. 24-25

– (2004[2]): Nachfrage sucht Angebot. In: Klinik Management Aktuell 2004, 99, S. 24-26

– (2004[3]): Integrierte Versorgung. Aller Anfang ist schwer. Klinik Management Aktuell 2004, 94, S. 26-27

– (2005[1]): Disease Management Programme. Auslaufmodell DMP. Klinik Management Aktuell 2005, 108, 12-15

– (2005[2]): Fehlende Spielanleitung. Klinik Management Aktuell 2005, 113, S. 22-24

Müller S (2002[1]): Rehabilitation. Opfer der Gesundheitsreform? Klinik Management Aktuell 2002, 73, S. 15-16

– (2002[2]): Medizinische Rehabilitation. „Ungenutzter Wissensfundus!". Klinik Management Aktuell 2002, 71, S. 30-32

Müller B, Schommer R, Kutschker A (2003): Reha-Einrichtungen als ‚Retter' der Akutkrankenhäuser? „Zuweisermarketing": Reha-Einrichtungen suchen Kliniken als langftistige Kunden und strategische Partner. führen und wirtschaften im Krankenhaus 2003, 20, S. 594-599

Müller-Fahrnow W, Greitemann B, Radoscheswki FM, Gerwinn H, Hansmeier T (2005): Berufliche Orientierung in der medizinischen Rehabilitation und Leistungen zur Teilhabe. Rehabilitation 2005, 44, S. 287-296

Müller-Fahrnow W, Spyra K (1991[1]): Inanspruchnahme von medizinischen Rehabilitationsleistungen in den neuen Bundesländern – BfA-Untersuchung zu den Nachfragestrukturen in der stationären Rehabilitation. DeutscheAngestelltenVersicherung DAngVers 1991, 11, S. 385-398

– (1991[2]): Prognose des aktuellen und mittelfristigen Reha-Bettenbedarfs in den neuen Bundesländern – BfA-Studie zur stationären Reha-Versorgung. Die AngestelltenVersicherung DAngVers 1991, 11, S. 399-415

Neubauer G (1997): Geriatrische Rehabilitation aus ökonomischer Sicht. Zeitschrift für Gerontologie und Geriatrie 1997, 30, S. 439-442

Neubauer G, Birkner B, Träger R (1995): Entwicklung und Erprobung einer fallbezogenen Leistungs- und Kostensteuerung im Bereich der medizinischen Rehabilitation. München: Institut für Gesundheitsökonomik (IfG), 1995; unveröffentlichtes Gutachten im Auftrag des Verbands Deutscher Rentenversicherungsträger

Neubauer G, Birkner B, Rehermann P, Schmid B, Schönlau C, Sonnenholzner-Roche A, Zwerenz K (1988): Regionale Sterblichkeitsunterschiede in Bayern. Eine empirische Untersuchung der sozioökonomischen und ökologischen Ursachen; Schriften zur Gesundheitsökonmie, Band 3, Bayreuth, 1988, Verlag P.C.O.

Neubauer G, Driessle I (2007): Entwicklung einer Konzeption für die Stadt Bad Buchau: Stärkung des Tourismus im ländlichen Raum unter Einbeziehung von Thermalbädern – Projekt „Poseidon" im Rahmen eines von der EU geförderten Leader-Programms; gemeinsames EU-Förderprojekt der Stadt Buchau und der Fakultät für Wirtschafts- und Organisationswissenschaften an der Universität der Bundeswehr München; abrufbar unter: http://publish.kommonline-gmbh.de/data/news/1191-1185892011.pdf (Stand: 10.9.2007)

Neubauer G, Egner U (2003): Auswirkungen von DRGs auf die medizinische Rehabilitation und mögliche Handlungsstrategien. Deutsche Angestelltenversicherung DAngVers 2003, 50(2), S. 92-98

Neubauer G, Kempe B, Mayer R, Nowy R, Ranneberg J (2002): Entwicklung der Grundlagen für eine fallbezogene Vergütung der Rehabilitationsleistungen – Abschlussbericht. Neubiberg: UniBW München, 2002

Neubauer G, Lewis P (2002): Auswirkungen von DRGs auf die medizinische Rehabilitation und mögliche Handlungsstrategien. München: Institut für Gesundheitsökonomik (IfG), 2002; unveröffentlichtes Gutachten im Auftrag der Bundesversicherungsanstalt für Angestellte (BfA)

– (2005[1]): Analyse der Auswirkungen des Rehabilitationsfallmanagements auf die Versorgungsqualität der AOK Bayern. München: Institut für Gesundheitsökonomik (IfG), 2005; unveröffentlichtes Gutachten im Auftrag der AOK Bayern

– (2005[2]): Prognose der künftigen Sachkostenentwicklung an den Krankenhäusern in Sachsen und Thüringen; Institut für Gesundheitsökonomik IfG, München 2005; unveröffentlichtes Gutachten im Auftrag der Krankenhausgesellschaften in Sachsen und Thüringen

– (2006[1]): Komplexpauschalen für die Akut- und Rehabilitationsbehandlung in der Herzchirurgie. Abschlussbericht für das Jahr 2005 zum Modellversuch zwischen der AOK Baden-Württemberg, des Herzzentrums Bad Krozingen und der Theresienklinik Bad Krozingen. München: Institut für Gesundheitsökonomik (IfG), 2006; unveröffentlichtes Gutachten

– (2006[2]): Prognose der künftigen Sachkostenentwicklung an ostdeutschen Krankenhäusern; Institut für Gesundheitsökonomik IfG, München, 2006; unveröffentlichtes Gutachten im Auftrag der Krankenhausgesellschaften in Brandenburg, Mecklenburg-Vorpommern, Sachsen, Sachsen-Anhalt und Thüringen

Neubauer G, Lewis P, Evers T (2006): Volkswirtschaftliche Bedeutung des Diabetes Mellitus Typ 2 und Möglichkeiten der Prävention durch Acarbose. Gesundheitsökonomie & Qualitätsmanagement 2006, 11(4), S. 238-244

Neubauer G, Nowy R (1998): Konzepte zur Kosten- und Nutzentransparenz in der Rehabilitation. führen und wirtschaften im Krankenhaus 1998, 15, S. 341-345

– (2000): Gesundheitsökonomische Evaluation. In: Gerdes, Jäckel, Weidemann (2000): Protos-II. Evaluation der Einführung von Fallpauschalen in den kardiologischen und orthopädischen Rehabilitationskliniken der Wittgensteiner Kliniken Allianz, Steinkopff Verlag: Darmstadt, 2000, S. 36-41

– (2002): Das DRG-System erfordert Fallpauschalen in der Rehabilitation. führen und wirtschaften im Krankenhaus 2002, 19, S. 179-181

Neubauer G, Pfister F (2007): Simulation der Umstellung auf eine leistungsorientierte, fallgruppenspezifische Vergütung in der Rehabilitation; Zwischenbericht zur Phase II des Modellprojekts Reha-Klassifikation; unveröffentlichtes Gutachten; Institut für Gesundheits-ökonomik München, 2007

Neubauer G, Ranneberg J (2005): Ergebnisorientierte Vergütung in der neurologischen Rehabilitation. Abschlussbericht November 2005. Neubiberg: UniBW München, 2005

Neubauer G, Richter KH, Lentes R, Reiland M, Ruder H (2006): Sequenzielle Rehabilitation – eine nachhaltige Behandlungskonzeption für chronische Erkrankungen. Die Ersatzkasse 2006, 12, S. 482-485

Neubauer G, Rothemund P, Lewis P (2006): Rehabilitation im Sog der DRG. Europäisches Reha-Klassifikationssystem gestartet. führen und wirtschaften im Krankenhaus, 23, S. 668-672

Neubauer G, Ruder H, Ujlaky R, Richter KH (2003): Nutzen und stationäre Folgekosten der sequenziellen Rehabilitation von Schulkindern mit ADHS – Eine gesundheitsökonomische Vergleichsanalyse. Die Ersatzkasse 2003, 7, S. 273-277

Neubauer G, Stiefelmeyer S, Lewis P (2004): Rehabilitationsbehandlungsgruppen und Rehabilitationsfallpauschalen in der Orthopädie, Band I und II. Abschlussbericht im Auftrag der Landesversicherungsanstalt (LVA) Niederbayern-Oberpfalz. München: Institut für Gesundheitsökonomik (IfG), 2004; unveröffentlichtes Gutachten

Neuderth S (2004): Externe Qualitätsmessung durch Peer-Review. Entwicklung und Evaluation eines Peer-Review-Verfahrens in den Kliniken der Berufsgenossenschaftlichen Stationären Weiterbehandlung der gesetzlichen Unfallversicherung Landau, 2004: Verlag Empirische Pädagogik

Nischan P, Klosterhuis H (2002): Ergebnisse der Patientenbefragung im Qualitätssicherungsprogramm der Rentenversicherung im Verlauf. In: Verband Deutscher Rentenversicherungsträger (Hrsg.): 11. Rehabilitationswissenschaftliches Kolloquium – Teilhabe durch Rehabilitation vom 4.-6. März 2002 in München. DRV-Schriften 2002, 33, S. 194-195

Nord D (2005): Empfehlungen aus der Praxis eines DMP-Dienstleisters. Gesundheitsökonomie & Qualitätsmanagement Supplement S1, 2005, S. S7-S9

Nowy R (2002): Ergebnisorientierte fallbasierte Vergütung – eine methodische und empirische Analyse der Vergütung von stationären Krankenversorgungsleistungen. Schriften zur Gesundheitsökonmie, Band 38. Bayreuth, 2002, Verlag P.C.O.

Orde A vom, Schott T, Iseringhausen O (2002): Behandlungsergebnisse der kardiologischen Rehabilitation und Kosten-Wirksamkeits-Relationen – Ein Vergleich stationärer und ambulanter Versorgungsformen. Rehabilitation 2002, 41, S. 119-129

Ordon C, Verbarg A, Winnefeld M (2005): Auswirkungen auf die AHB der BfA nach Einführung des DRG-Systems im Krankenhaus. Die AngestelltenVersicherung DAngVers 2005, 1, S. 30-38

Palmer AJ, Roze S, Valentine WJ, Spinas GA, Shaw JE, Zimmet PZ (2004): Intensive lifestyle changes or metformin in patients with impaired glucose tolerance: modeling the long-term health economic implications of the diabetes prevention program in Australia, France, Germany, Switzerland, and the United Kingdom. Clinical Therapeutics 2004, 26(2), S. 304-321

Paolucci S, Traballesi M, Emberti Gialloreti L, Pratesi L, Lubich S, Salvia A, Grasso MG, Morelli D, Pulcini M, Troisi E, Coiro P, Caltagirone C (1998): Post-stroke rehabilitation: an economic or medical priority? Current issues and prospects in light of new legislative regulations. Italian Journal of Neurological Sciences 1998, 19(1), S. 25-31

Pelka RB, Leuchtgens H, Albus T (1999): Zur Äquivalenz von stationärer und ambulanter Kneipp-Kur sowie deren Effizienz. Prospektive Beobachtungsstudie mit einem 12-Monats-Follow-up bei 363 Patienten; in: Physikalische Medizin, Rehabilitationsmedizin, Kurortmedizin 9, 1999, S. 6-13

Petermann F, Schmidt S, Krischke N, Seger W, Vogel H, Lampe L (1999): Der Befundbericht als Entscheidungshilfe für den Zugang zur stationären Rehabilitation. Rehabilitation 1999, 38, S. 1-6

Peters B (2003): Möglicher Start in der Bäderabteilung. Nicht immer sind große Investitionen für ein Wohlfühlambiente nötig. ku-Special 11/2003, 22: Medical Wellness, S. 36

PKV-Lexikon (2007): Informationen zur medizinischen Rehabilitation, aufgerufen unter: www.private-krankenversicherung-krankenkasse.de/pkv-lexikon.php (Stand: 25.2.2007)

Plate A, Meinck M (2005): Ambulante geriatrische Rehabilitation und ihr leistungsrechtliche Einordnung in die gesetzliche Krankenversicherung. Rehabilitation 2005, 44, S. 215-221

Plute G (2002): Vorrang der Rehabilitation vor Pflege? Eine Studie zur Rolle der medizinischen Rehabilitation in der Pflegeversicherung. Kassel 2002, Kassel University Press, http://cgi.uni-kassel.de/~dbupress/download.cgi?frei=978-2-933146-99-1 (Stand: 23.12.2006)

Projekt „Gute Arbeit" (2006): „Länger, schneller, härter" – Der Leistungsdruck in der Arbeitswelt hat erheblich zugenommen. Zeitschrift für Gesundheitsschutz und Arbeitsgestaltung 2006, 16(4), S. 16-20

Puska P, Vartiainen E, Tuomilehto J, Salomaa V, Nissinen A (1998): Changes in premature deaths in Finland: successful long-term prevention of cardiovascular diseases. Bulletin of the World Health Organisation 1998, 76(4), S. 419-425

Qvist P, Rasmussen L, Bonnevie B, Gjørup T (2004): Repeated measurements of generic indicators: a Danish national program to benchmark and improve quality of care. International Journal for Quality in Health Care 2004, 16, S. 141-148

Radermacher W (2006): Pressekonferenz „Bevölkerungsentwicklung in Deutschland bis 2050" am 7. November 2006 in Berlin. Statement von Vizepräsident Walter Rademacher; aufgerufen unter: www.destatis.de/presse/deutsch/pk/2006/ bev_2050b.htm (Stand: 13.5.2007)

Raetzell H-E (2004): Nachsorge in der Rehabilitation. Einführung in das Thema. In: Deck R, Glaser-Möller N, Mittag O (Hrsg.): Rehabilitation und Nachsorge. Bedarf und Umsetzung, S. 13-15. Lage: Hans Jacobs, 2004

Ranneberg J (2006): Ansätze zur Patientenklassifikation in der medizinischen Rehabilitation aus gesundheitsökonomischer Perspektive. Frankfurt am Main: Peter Lang GmbH, Europäischer Verlag der Wissenschaften, 2006

Ranneberg J, Neubauer G (2005[1]): Entwicklung von Rehabilitationsbehandlungsgruppen (RBG) für die Kardiologie und Orthopädie – Ergebnisse eines Forschungsprojekts. Rehabilitation 2005, 44, S. 34-43

– (2005[2]): Modeling Rehabilitation Treatment Groups; in: Jäckel WH, Bengel J, Herdt J: Research in Rehabilitation. Results from a Research Network in Southwest Germany, Schattauer Verlag Stuttgart; S. 112- 123

Rapp B (2005): DRGs in der Rehabilitation. Sinnvolles Abrechnungsinstrument oder administrative Zusatzbelastung? krankenhaus umschau 2005, 74, S. 812-815.

– (2006): Eine Frage der Zeit – die Reha-DRGs kommen. Aktuelle Konzepte für ein Rehabilitations-Klassifikationssystem im Überblick. das krankenhaus 2006, 98, S. 663-668

Reese D (2003): Geschäftsfelder neu entwickeln. Medizinische Fitness und Wellness als neues Programm im LBK Hamburg. ku-Special 11/2003, 22: Medical Wellness, S. 12-14

Rehfeld K-H (2004): Positionierung der Krankenhäuser im neuen Umfeld. Die Sicht der Rehabilitation. führen und wirtschaften im Krankenhaus 2004, 21, S. 227

Renzewitz S (2005): Wohin geht der Kurs in der Integrationsversorgung? Die DKG will Nachjustierungen der Rahmenbedingungen. ku-Sonderheft Integrierte Versorgung 9/2005, S. 10-12

Rochell B, Roeder N (2002): DRGs als Grundlage für die künftige Krankenhausfinanzierung – Stand der Umsetzung und Einfluss auf die Rehabilitation. Rehabilitation 2002, 41, S. 1-9

Roeder N, Fiori W, Bunzemeier H, Fürstenberg T, Hensen P, Loskamp N, Franz D, Glöcker S, Wenke A, Reinecke H, Irps S, Rochell B, Borchelt M (2004): G-DRG-System 2005: Was hat sich geändert? Spezifische Änderung in medizinischen Leistungsbereichen. das krankenhaus 2004, 96, S. 1022-1039

Röwekamp J (2006): Einer für alle, alle für einen? Markenstrategien für Unternehmen im Gesundheitswesen. ku-Sonderheft Integrierte Versorgung 10/2006, S. 26-27

Rogers WH, Draper D, Kahn KL, Keeler EB, Rubenstein LV, Kosecoff J, Brook RH (1990): Quality of Care Before and After Implementation of the DRG-Based Prospective Payment System. A Summary of Effects. The Journal of the American Medical Association JAMA 1990, 264(15), S. 1989-1994

Rolland S (2005): Vorsorge und Rehabilitation in Deutschland 2003. Statistisches Bundesamt Wirtschaft und Statistik 2005, 9, S. 971-982

Rothemund P (2002): Die Rehabilitation wird unverzichtbar bleiben. führen und wirtschaften im Krankenhaus 2002, 19(5), S. 596-598

– (2003^1): Die Rehabilitation wird an Bedeutung gewinnen. 5. Deutscher Reha-Kongress. führen und wirtschaften im Krankenhaus 2003, 20, S. 276

– (2003^2): Eine Konfrontation zwischen Akutkliniken und Rehabilitationseinrichtungen brächte keine Gewinner, sondern nur Verlierer. Die Kooperation zwischen Akut- und Rehakliniken ist das Modell der Zukunft. führen und wirtschaften im Krankenhaus 2003, 20, S. 600-601

Rubenstein LZ (1998): Wem nutzt das geriatrische Assessment? In: Steinhagen-Thiessen E (Hrsg.): Das geriatrische Assessment, S. 29-45, Stuttgart, 1998, Schattauer

Sabin G (2005): „Folgeschäden sind deutlich zurückgegangen". Interview des Redaktionsbüros Gesundheit mit Professor Dr. Georg Sabin, Leiter der Kardiologischen Abteilung am Elisabeth-Krankenhaus Essen; aufgerufen unter www.die-gesundheitsreform.de/ zukunft_entwickeln/ integrierte_versorgung/ beispiele/ 2005/ 05012 interview sabin.html (Stand: 10.1.2007)

Sacco RL, Gan R, Boden-Albala B, Lin IF, Kargman DE, Hauser WA, Shea S, Paik MC (1998): Leisure-time physical activity and ischemic stroke risk: the Northern Manhattan Stroke Study. Stroke 1998, 29, S. 380-387

Sagasser J, Bräuer G, Kenn K, Weber M (2006): Komplexes regionales Projekt. Pneumologisches Netzwerk Südbayern. ku-Sonderheft Integrierte Versorgung 10/2006, S. 35-37

Schaeffer D (2006): Bewältigung chronischer Erkrankung. Konsequenz für die Versorgungsgestaltung und die Pflege. Zeitschrift für Gerontologie und Geriatrie 2006, 39, S. 192-201

Schäfer W (2004): Positionierung der Krankenhäuser im neuen Umfeld. Die Sicht der Krankenhäuser. führen und wirtschaften im Krankenhaus 2004, 21, S. 224-226

Scherl H (2003): Langlebigkeit – die neue „Soziale Frage“ des 21. Jahrhunderts? Zeitschrift für Gerontologie und Geriatrie 2003, 36, S. 95-103

Schmeinck W (2006): Medizinisch-technischer Fortschritt – Fluch oder Segen? in: Rebscher H (Hrsg.): Gesundheitsökonomie und Gesundheitspolitik im Spannungsfeld zwischen Wissenschaft und Politikberatung. Festschrift für Günter Neubauer, S. 223-240. Heidelberg, 2006: Economica, Verlagsgruppe Hüthig Jehle Rehm GmbH

Schmidt D (2004): Telefonische Betreuung von Diabetikern. Erfahrungen und erste Ergebnisse. In: Deck R, Glaser-Möller N, Mittag O (Hrsg.): Rehabilitation und Nachsorge. Bedarf und Umsetzung, S. 137-153. Lage: Hans Jacobs, 2004

Schmidt U (2001): „Die DRG werden zu einem Wettbewerb um wirtschaftliche, qualitativ gute Lösungen beitragen“. führen und wirtschaften im Krankenhaus 2001, 18, S. 108-109

Schmitt N (2005): Neue Möglichkeiten werden genutzt. Positiver Zwischenbericht zur Halbzeit mit Wünschen für die Zukunft. ku-Sonderheft Integrierte Versorgung 9/2005, S. 14-18

– (2006): Integrierte Versorgung ist besser. Barmer evaluiert Vertrag in der Hüft- und Knieendoprothetik. ku-Sonderheft Integrierte Versorgung 10/2006, S. 32-34

Schnack D (2001): DRG-Erfahrungen. Pretest: Wollen Deutsche zu perfekt sein? Klinik Management Aktuell 2001, 66, S. 29

Schneider J (2005): Akut und Reha unter einem Dach und aus einer Hand? Ingolstädter Kooperationsmodell bündelt Kernkompetenzen regionaler Gesundheitsanbieter. führen und wirtschaften im Krankenhaus 2005, 22, S. 295-296

Schönle PW (1996): Rehabilitation bei Patienten mit Schädel-Hirn-Traumen. Nervenheilkunde 1996, 15, S. 220-224

– (1997): Frühe Phasen der Neurologischen Rehabilitation: Differenzielle Schweregradbeurteilung bei Patienten in der Phase B und C. Welter FL, Schönle PW (Hrsg.): Neurologische Rehabilitation, S. 330-333. Stuttgart Jena Lübeck Ulm, 1997: Gustav Fischer

– (2002): Ambulante und stationäre neurologische Rehabilitation – ein katamnestischer Vergleich. Rehabilitation 2002, 41, S. 183-188

Schönle PW, Kattein R, Brüggemann S, Klosterhuis H (2004): Aktueller Stand der rehabilitativen Versorgung von Patienten nach Schlaganfall. Rehabilitation 2004, 43, S. 187-198

Schönle PW, Ritter K, Diesener P, Ebert J, Hagel KH, Hauf D, Herb E, Hülser PJ, Lipinski C, Manzl G, Maurer P, Schmalohr D, Schneck M, Schumm F (2001): Frührehabilitation in Baden-Württemberg – Eine Untersuchung aller Frührehabilitationseinrichtungen Baden-Württembergs. Rehabilitation 2001, 40, S. 123-130

Schulte-Sasse H (2001): Kernbehandlungsprozesse. Gravierende Folgen der DRGs. Klinik Management Aktuell 2001, 65, S. 78

Schulz E, Leidl R, König H-H (2001): Starker Anstieg der Pflegebedürftigkeit zu erwarten: Vorausschätzungen bis 2020 mit Ausblick auf 2050. DIW Wochenbericht 5/2001, S. 65-77

Schulz-Nieswandt F (2000): Die Zukunft der medizinischen Rehabilitation gemäß SGB V und SGB XI im Kontext des Wandels des bundesdeutschen medizinischen Versorgungssystems. Zeitschrift für Gerontologie und Geriatrie 2000, 33 (Suppl. 1), S. I/50-I/56

Schupp W (2005): Externe Qualitätssicherungsprogramme der gesetzlichen Sozialversicherungen für die medizinische Rehabilitation – Vorgehensweise und erste Ergebnisse. Arbeitsmedizin, Sozialmedizin, Umweltmedizin 2005, 40, S. 542-556

Schwartz FW (2002): Beitrag der Medizinischen Rehabilitation zur Behandlung chronischer Krankheiten. Vortrag bei der Deutschen Gesellschaft für Verhaltenstherapie e.V., abrufbar unter www.dgvt.de/Beitrag_der_Medizinischen_Reha.462.0.html (Stand: 1.3.2007)

Schwing C (2001): Die Geriatrisierung des Krankenhauses. Die Republik ergraut, multimorbide Patienten nehmen zu. Klinikmanagement Aktuell 2001, 57, S. 8-12

– (2002[1]): Altersgesundheit. Keiner entkommt der Morbiditätsfalle. Klinik Management Aktuell 2002, 75, S. 78-80

– (2002[2]): Der geriatrische Patient. „Mit jedem Dezennium eine somatische Krankheit mehr". Klinik Management Aktuell 2002, 75, S. 82-84

– (2002[3]): Modellvorhaben Geriatrie „Supergut angelaufen". Klinik Management Aktuell 2002, 75 , S. 86-87

– (2002[4]): AOK-Projekt „Gesundes Altern". Klinik Management Aktuell 2002, 75, S. 87

– (2002[5]): Mega-Markt Gesundheit. Design Yourself. Klinik Management Aktuell 2002, 73, S. 60-61

– (2003[1]): Terminlogisches Wirrwarr. Klinik Management Aktuell 2003, 81, S. 67

– (2003[2]): Neurozentrum Bad Zwesten. „Wir stehen unter Legitimationsdruck". Klinik Management Aktuell 2003, 88, S. 58-60

– (2003[3]): Verlegung. Akutisierung der Rehabilitationsmedizin? Klinik Management Aktuell 2003, 81, S. 62-64

– (2003[4]): Poststationäre Versorgung. „Genesungsfreundlicheres Umfeld". Klinik Management Aktuell 2003, 83, S. 80-84

– (2003[5]): Trends. Auf „blutige" Klientel einstellen. Klinik Management Aktuell 2003, 84, S. 65-67

– (2003[6]): Fallpauschalen für die Reha? Atypische Schrittfolge. Klinik Management Aktuell 2003, 85, S. 10-11

– (2003[7]): Komplexpauschalen. Modell mit eingeschränktem Wert. Klinik Management Aktuell 2003, 85, S. 8-16

– (2003[8]): Mediator zwischen Akut und Reha. Ambulante Rehabilitation im Berliner Klinikunternehmen Vivantes. krankenhaus umschau 2003, 72, S. 1083-1085

– (2004[1]): Patientenströme umgeleitet. Vertrag zur integrierten Versorgung für Hüft- und Kniegelenke. krankenhaus umschau 2004, 73, S. 331-332

– (2004[2]): Erfrischende Legitimationskrise. Management chronisch Kranker, Aufgabe der Reha? krankenhaus umschau 2004, 73, S. 118-122

– (2005[1]): Reha hört die Signale. Unerwartete Wertschätzung: Vom ökonomischen Druck der Akutkliniken profitiert die Reha. ku-Sonderheft Integrierte Versorgung 2005, S. 46-48

– (2005[2]): „Möglich, dass sich die Lebenserwartung wieder verkürzt"; in: krankenhaus umschau 2005, 74, S. 300-301

– (2005[3]): Schluss mit der „Schrotschuss-Verlegung". Krankenhäuser richten ihr Verhältnis zur Rehabilitationsmedizin neu aus. krankenhaus umschau 2005, 74, S. 816-818

Seiter H (2003): „Oligopolartige Stärkung von Klinikgruppen". Klinik Management Aktuell 2003, 84, S. 68

– (2005): Qualität als Faktor der Leistungsbewertung. DEGEMED News 2005, 13, S. 4-5

SGB Sozialgesetzbuch (2006): Bücher I-XII. 33. Auflage, Nördlingen: Druckerei C.H. Beck, 2006

Siebig J, Heineck M (2006): Integrierte Versorgung: Aus Alt mach Neu. das Krankenhaus, 98, S. 187-190

Sönnichsen H (2003): Eine positive Umgebung schaffen. Die räumliche Gestaltung muss das Wohlbefinden fördern. ku-Special 11/2003, 22: Medical Wellness, S. 34-35

Sommer B (2002): Entwicklung der Sterblichkeit im früheren Bundesgebiet und den neuen Ländern seit 1991. Zeitschrift für Gerontologie und Geriatrie 2002, 35, S. 406-411

Spitzenverbände der Krankenkassen (2004): Rahmenempfehlungen zur ambulanten geriatrischen Rehabilitation vom 1.1.2004. Frankfurt/Main: BAR, 2004; aufgerufen unter www.aok-gesundheitspartner.de/inc_ges/download/ dl.php/bundesverband/ reha/ imperia/md/content/gesundheitspartner/bund/reha/empfehlungenvereinbarungen/ re_amb _geriat_01_01_2004.pdf (Stand: 26.12.2006)

– (2006[1]): Das Qualitätssicherungsprogramm der Gesetzlichen Krankenkassen in der Medizinischen Rehabilitation (QS-Reha®-Verfahren). Kurz-Information für Kliniken mit somatischen Indikationsbereichen Muskuloskeletale Erkrankungen, Kardiologie, Neurologie, Gastroenterologie/Stoffwechselerkrankungen, Onkologie, Dermatologie, Pneumologie; aufgerufen unter: www.qs-reha.de/downloads/qs_reha_info_broschuere_ somatisch.pdf (Stand: 6.12.2006)

– (2006[2]): Das Qualitätssicherungsprogramm der Gesetzlichen Krankenkassen in der Medizinischen Rehabilitation (QS-Reha®-Verfahren). Kurz-Information für Kliniken. Indikationsbereich Psychische/psychosomatische Erkrankungen; aufgerufen unter: www.qs-reha.de/downloads/qs_reha_info_broschuere_psycho.pdf (Stand: 6.12.2006)

Spyra K, Müller-Fahrnow (1998): Rehabiltanden-Management-Kategorien (RMKs) – Ein neuer Ansatz zur Fallgruppenbildung in der medizinischen Rehabilitation. Rehabilitation 1998, 40 (Suppl. 1), S. 47-56

Stähler TP (2001): Empfehlungsvereinbarung Sucht – ihre Überarbeitung und Praxisrelevanz, vgl. www.suchthilfe.de/vortraege_mtt01/staehler.PDF (Stand: 15.12.2006)

Stackelberg, J-M von (2005): Finanzierung von Gesundheit und Pflege, in: Schumpelick, V und Vogel, B (Hrsg.): Alter als Last und Chance, S. 499-505; Freiburg, 2005: Herder Verlag

Stapel M, Ziehlke M, Hoff-Emden H (2005): Qualitätsbeurteilungen stationärer medizinischer Rehabilitationsmaßnahmen durch Kinder und Jugendliche. Praxis klinische Verhaltensmedizin und Rehabilitation 2005, 68, S. 24-29

Statistische Ämter des Bundes und der Länder (2005): Verzeichnis der Krankenhäuser und Vorsorge- oder Rehabilitationseinrichtungen in Deutschland. Stand: 31.12.2003. Statistisches Bundesamt Wiesbaden, 2005

Statistisches Bundesamt (2000): Fachserie 12, Reihe 6.1.1, Gesundheitswesen. Grunddaten der Krankenhäuser; Statistik-Shop des Statistischen Bundesamts; aufgerufen unter www.destatis.de (Stand: 28.2.2007)

– (2005[1]): Fachserie 12, Reihe 6.1.2, Gesundheitswesen. Grunddaten der Vorsorge- oder Rehabilitationseinrichtungen; Statistik-Shop des Statistischen Bundesamts; aufgerufen unter www.destatis.de (Stand: 28.2.2007)
– (2005[2]): Fachserie 12, Reihe 6.1.1, Gesundheitswesen. Grunddaten der Krankenhäuser; Statistik-Shop des Statistischen Bundesamts; aufgerufen unter www.destatis.de (Stand: 28.2.2007)
– (2006[1]): Gesundheit. Ausgaben, Krankheitskosten und Personal 2004; aufgerufen von der Webseite der Gesundheitsberichterstattung des Bundes (www.gbe-bund.de, Stand: 1.3.2007)
– (2006[2]): 11. koordinierte Bevölkerungsvorausberechnung – Annahmen und Ergebnisse; Wiesbaden 2006, aufgerufen unter: www.destatis.de/presse/deutsch/pk/2006/bev_2050b.htm (Stand: 13.5.2007)
– (2007[1]): Löhne und Gehälter. Index der tariflichen Stundenlöhne und Monatsgehälter; Wiesbaden 2007
– (2007[2]): Preise – Verbraucherpreisindizes für Deutschland Monatsberichte 2007; Fachserie 17, Reihe 7, eigene Berechnungen

Stein V (2005): Gesetzliche Bestimmungen und sozialmedizinische Grundlagen der medizinischen Rehabilitation. In: Stein V, Greitemann B (Hrsg.): Rehabilitation in Orthopädie und Unfallchirurgie. Methoden, Therapiestrategien, Behandlungsempfehlungen. Heidelberg: Springer Medizin Verlag, 2005, S. 330-342

Stein V, Greitemann B (2005): Entwicklung und Grundsätze der Rehabilitation. In: Stein V, Greitemann B (Hrsg.): Rehabilitation in Orthopädie und Unfallchirurgie. Methoden, Therapiestrategien, Behandlungsempfehlungen. Heidelberg: Springer Medizin Verlag, 2005, S. 4-7

Steinhagen-Thiessen E, Hamel G, Lüttje D, Oster P, Plate A, Vogel W (2003): Geriatrie – quo vadis? Zur Struktur geriatrischer Versorgung. Zeitschrift für Gerontologie und Geriatrie 2003, 36, S. 366-377

Stewens C (2005): Möglichkeiten der geriatrischen Reha werden nicht ausgeschöpft – Pflegeversicherung sollte für geriatrische Reha aufkommen. Pressemitteilung vom September 2005 anlässlich des Zweiten Deutschen Reha-Tages. www.stmas.bayern.de/cgi-bin/pm.pl?PM=0509-497.htm (Stand: 27.12.2006)

Stier-Jarmer M, Koenig E, Stucki G (2002): Strukturen der neurologischen Frührehabilitation (Phase B) in Deutschland. Physikalische Medizin Rehabilitationsmedizin Kurortmedizin 2002, 12, S. 260-271

Stier-Jarmer M, Pientka L, Stucki G (2002): Frührehabilitation in der Geriatrie. Physikalische Medizin Rehabilitationsmedizin Kurortmedizin 2002, 12, S. 190-202

Stier-Jarmer M, Stucki G (2002): Frührehabilitation im Akutkrankenhaus – Gesetzliche Grundlagen. Physikalische Medizin Rehabilitationsmedizin Kurortmedizin 2002, 12, S. 129-133

Storcks H (2006): Gemeinsam klar im Markt positionieren. Markeneinführung in Versorgungsnetzwerken. ku-Sonderheft Integrierte Versorgung 10/2006, S. 22-25

Stucki G, Stier-Jarmer M, Berleth B, Gadomski M (2002): Indikationsübergreifende Frührehabilitation. Physikalische Medizin Rehabilitationsmedizin Kurortmedizin 2002, 12, S. 146-156

Stucki G, Stier-Jarmer M, Gadomski M, Berleth B, Smolenski U (2002): Konzept zur indikationsübergreifenden Frührehabilitation im Krankenhaus. Physikalische Medizin Rehabilitationsmedizin Kurortmedizin 2002, 12, S. 134-145

Stüve H, Hildebrandt H, Bischoff-Everding C (2006): Überlebenschancen für kleine Krankenhäuser auf dem Land. Ihre heutige Struktur ist aber die schlechteste Option. ku-Sonderheft Integrierte Versorgung 10/2006, S. 12-15

Sutton JP, DeJong G, Wilkerson D (1996): Function-based Payment Model for Inpatient Medical Rehabilitation: An Evaluation. Archives of Physical and Medical Rehabilitation 1996; 77(7), S. 693-701

SVR – Sachverständigenrat für die konzertierte Aktion im Gesundheitswesen (1997): Gesundheitswesen in Deutschland – Kostenfaktor und Zukunftsbranche, Band II: Fortschritts- und Wachstumsmärkte, Finanzierung und Vergütung; Baden-Baden, 1998: Nomos-Verlag

– (2002): Gutachten 2000/2001. Bedarfsgerechtigkeit und Wirtschaftlichkeit. Band I: Zielbildung, Prävention, Nutzerorientierung und Partizipation. 1. Auflage, Baden-Baden: Nomos Verlag, 2002

– (2003): Finanzierung, Nutzerorientierung und Qualität. Band II: Qualität und Versorgungsstrukturen. 1. Auflage, Baden-Baden: Nomos, 2003

SVR – Sachverständigenrat zur Begutachtung der Entwicklung im Gesundheitswesen (2006[1]): Koordination und Qualität im Gesundheitswesen. Band I: Kooperative Koordination und Wettbewerb, Sozioökonomischer Status und Gesundheit, Strategien der Primärprävention. 1. Auflage, Stuttgart: W. Kohlhammer GmbH, 2006

– (2006[2]): Koordination und Qualität im Gesundheitswesen. Band II: Schnittstellen zwischen Kranken- und Pflegeversicherung, Hilfsmitel und Heilmittel in der GKV, Einflussfaktoren auf die Verordnung von Arzneimitteln. 1. Auflage, Stuttgart: W. Kohlhammer GmbH, 2006

Swertz P, Möller J (1999): EFQM-System auf Erfolgskurs. Dynamische Weiterentwicklung des europäischen Qualitätsmodells. krankenhaus umschau 1999, 68, S. 398-401

Thalau J (2005): Vergleichende Qualitätsmessung in der medizinischen Rehabilitation. Das QS-Reha-Verfahren der GKV; In: Klauber J, Robra B-P, Schellschmidt H: Krankenhaus-Report 2004, Schwerpunkt: Qualitätstransparenz. Stuttgart 2005: Schattauer GmbH, S. 235-250

The Diabetes Prevention Program Research Group (2002): Reduction in the incidence of type 2 diabetes with lifestyle intervention or metformin. The New England Journal of Medicine 2002, 346(6), S. 393-403

– (2003): Within-trial cost-effectiveness of lifestyle intervention or metformin for the primary prevention of type 2 diabetes. Diabetes Care 2003, 26, S. 2518-2523

Thier U (2001): Keine Bedarfszulassung mehr für die Erbringung teilstationärer Rehablitation. führen und wirtschaften im Krankenhaus 2001, 18, S. 384-386

– (2002): BSG-Urteil B 3 KR 63/01 R vom 23. Juli 2002; abrufbar unter: www.rathier.de/aktuelle-rechtsprechung2002.html (Stand: 10.11.2006)

Uhlig T (2001): Entwicklung der Geriatrie in der Bundesrepublik Deutschland. Zeitschrift für Gerontologie und Geriatrie 2001, 34 (Suppl. 1), S. I/70-I/78

Ulrich V (2006): Ökonomische Aspekte des technischen Fortschritts in der Medizin; in: Rebscher H (Hrsg.): Gesundheitsökonomie und Gesundheitspolitik im Spannungsfeld zwischen Wissenschaft und Politikberatung. Festschrift für Günter Neubauer, S. 191-207. Heidelberg, 2006: Economica, Verlagsgruppe Hüthig Jehle Rehm GmbH

United Nations Secretariat – Population Division of the Department of Economic Affairs (2005[1]): World Population Prospects: The 2004 Revision, Volume I: Comprehensive Tables. United Nations World Population Estimates and Projections, New York 2005, United Nations

– (2005[2]): World Population Prospects: The 2004 Revision, Volume II: Sex and Age Distibution of the World Population, New York 2005, United Nations

Verband Deutscher Rentenversicherungsträger (2000): Das Qualitätssicherungsprogramm der gesetzlichen Rentenversicherung in der medizinischen Rehabilitation. Instrumente und Verfahren. DRV-Schriften 2000, Band 18. Franfurt Main, 2000: VDR

– (2003): Das Qualitätsscherungsprogramm der gesetzlichen Rentenversicherung in der medizinischen Rehabilitation. Checkliste und Manual der qualitätsrelevanten Prozessmerkmale für das Peer-Review-Verfahren der somatischen Indikationen. 4. überarbeitete Auflage. April 2003. DRV-Schriften, Band 41. Frankfurt Main, 2003: VDR

Vetter C (2003): Einfluss der Altersstruktur auf die krankheitsbedingten Fehlzeiten. In: Badura B, Schellschmidt H, Vetter C (Hrsg.): Fehlzeitenreport 2002. Demographischer Wandel: Herausforderung an die betriebliche Personal- und Gesundheitspolitik. Berlin/ Heidelberg/ New York/ Hongkong/ London/ Mailand/ Paris/ Tokio: Springer Verlag, 2003, S. 249-263

Vömel U (2004): Das SGB IX – eine Zwischenbilanz. Rehabilitation 2004, 43, S. 42-49

Vogel H, Neuderth S, Gerlich C, Weber-Falkensammer W, Mehrhoff F (2002): Entwicklung des Qualitätssicherungsprogramms in der Rehabilitation der Unfallversicherung. Kurzfassung. In: Verband Deutscher Rentenversicherungsträger (Hrsg.): 11. Rehabilitationswissenschaftliches Kolloquium – Teilhabe durch Rehabilitation vom 4.-6. März 2002 in München. DRV-Schriften 2002, 33, S. 545-546

Vogel H, Petermann F, Schillegger P, Schmidt S, Seger W (1997): Einstellungen niedergelassener Ärzte zur medizinischen Rehabilitation: Eine empirische Untersuchung zur Problematik des Zugangs zur Rehabilitation. Rehabilitation 1997, 36, S. 96-105

Volk A (2006): Zweigeteilt: Markt zwischen Frust und Innovation. Rehabilitation mit AHB-Boom und Insolvenzrisiko. krankenhaus umschau 2006, 75, S. 870-871

Wagner K, Ackerschott S, Lenz I (2006): Potenziale ausgeschöpft? Ergebnisse einer Evaluationsstudie zur Integrierten Versorgung. ku-Sonderheft Integrierte Versorgung 10/2006, S. 6-9

Walkenhorst K, Köppel D, Verheyen F, Straub C (2005): Disease-Management-Programme – eine kritische Bestandsaufnahme. Gesundheitsökonomie & Qualitätsmanagement Supplement S1, 2005, S. S14-S17

Walter U, Schwartz FW (2003): Prävention. In: Schwartz FW, Badura B, Busse R, Leidl R, Raspe H, Siegrist J, Walter U (2003): Public Health. Gesundheit und Gesundheitswesen, Kapitel 10.2, München, Jena 2003, Urban & Fischer, 2. Auflage, S. 189-214

Walther U, Hoopmann H, Krauth C, Reichle C, Schwartz FW (2002): Unspezifische Rückenbeschwerden: Medizinische und ökonomische Bewertung eines ambulanten Präventionsansatzes. Deutsches Ärzteblatt 2002, 99, S. 1808-1812

Walzik E (2006): Die alternde Gesellschaft – Gestaltbarkeit der demographischen Entwicklung und ihre Auswirkung auf das Gesundheitswesen; in: Rebscher H (Hrsg.): Gesundheitsökonomie und Gesundheitspolitik im Spannungsfeld zwischen Wissenschaft und Politikberatung. Festschrift für Günter Neubauer, S. 241-260. Heidelberg, 2006: Economica, Verlagsgruppe Hüthig Jehle Rehm GmbH

Wandschneider U, Schmidt H-U (2005): Kompetenzzentrum für Schlaganfallpatienten. Kooperation Reha-Zentrum Bad-Orb, MediClin und der Klinikum Offenbach GmbH. ku-Sonderheft Integrierte Versorgung 2005, S. 52-53

Wandschneider U, Schmidt H-U, Müller B, Schote D, Geilfuß M (2005): Kooperationsmodell „Integrierte Rehabilitation". Kompetenzzentrum für Schlaganfallpatienten am Klinikum Offenbach und Reha-Zentrum Bad Orb. führen und wirtschaften im Krankenhaus 2005, 22, S. 41-43

Wiesinger O (2003): „One-Shop-Stopping". Schulmedizinische und ergänzende Angebote aus einer Hand. ku-Special 11/2003, 22: Medical Wellness, S. 18-20

Wild K von (2001): Neurochirurgie und Neurorehabilitation – ein Betrag zur Geschichte der neurochirurgischen Rehabilitation. In: Deutsche Gesellschaft für Neurochirurgie: Neurochirurge in Deutschland. Berlin/Wien: Blackwell Wissenschafts-Verlag, 2001, S. 424-428

Wilke M (2004): Budgetneutrale DRG-Einführung 2004. Erfahrungen aus 2003 und Konsequenzen für 2004. führen und wirtschaften im Krankenhaus 2004, 21, S. 26-28

Wirtz M, Farin E, Bengel J, Jäckel KH, Hämmerer D, Gerdes N (2005): Patientenfragebogen – Entwicklung der Kurzform eines Assessmentinstrumentes in der Rehabilitation mittels der Mixed-Rasch-Analyse. Diagnostica 2005, 51, S. 75-87

Wolf N, Matthesius G (1998): Empfehlung von rehabilitativen Maßnahmen bei älteren pflegebedürftigen Menschen durch den Medizinischen Dienst der Krankenversicherung in Berlin und Brandenburg. Das Gesundheitswesen 1998, 69, S. 65-74

Wolf N, Törne I von, Weber-Falkensammer H (1999): Evaluation der ambulanten orthopädisch-traumatologischen Rehabilitation der Ersatzkassen. Ein Vergleich mit der stationären Rehabilitation. Rehabilitation 1999, 38 (Suppl. 1), S. S44- S51

Ziegenbein R, Hennes H-J, Engeln M (2006): Die Schnittstellen gestalten. Entlassungsmanagement als Schlüsselfaktor der Integrationsversorgung. ku-Sonderheft Integrierte Versorgung 10/2006, S. 47-48

Zweifel P (1990): Bevölkerung und Gesundheitswesen: Ein Sisyphus-Syndrom? In: Felderer B (Hrsg.): Bevölkerung und Wirtschaft, Duncker & Humblot, Berlin, S. 373-386

Zweifel P, Felder S, Meier M (1996): Demographische Alterung und Gesundheitskosten: Eine Fehlinterpretation; in: Oberender P. (Hrsg.): Alter und Gesundheit, Gesundheitsökonomische Beiträge, Bd. 26, Baden-Baden, S. 29-46

– (1999): Ageing of the population and health care expenditure: a red herring? in: Health Economics 1999, 6, S. 485-49

Anhang 1: Frührehabilitative DRGs im Fallpauschalenkatalog G-DRG-Version 2007

Nachfolgend sind die Frühreha-DRGs des Fallpauschalenkatalogs 2007 wiedergegeben.

Tab. A1: DRGs nach Hauptabteilungen mit Frührehabilitation bzw. geriatrischer frührehabilitativer Komplexbehandlung (G-DRG-Version 2007)

B42A	**Frührehabilitation** bei Krankheiten und Störungen des Nervensystems bis 27 Tage, ohne Beatmung > 95 Stunden, mit neurologischer Komplexbehandlung des akuten Schlaganfalls
B42B	**Frührehabilitation** bei Krankheiten und Störungen des Nervensystems bis 27 Tage, ohne Beatmung > 95 Stunden, ohne neurologische Komplexbehandlung des akuten Schlaganfalls
B44A	**Geriatrische frührehabilitative Komplexbehandlung** bei Krankheiten und Störungen des Nervensystems mit schwerer motorischer Funktionseinschränkung, mit neurologischer Komplexbehandlung des akuten Schlaganfalls
B44B	**Geriatrische frührehabilitative Komplexbehandlung** bei Krankheiten und Störungen des Nervensystems mit schwerer motorischer Funktionseinschränkung, ohne neurologische Komplexbehandlung des akuten Schlaganfalls
B44C	**Geriatrische frührehabilitative Komplexbehandlung** bei Krankheiten und Störungen des Nervensystems ohne schwere motorische Funktionseinschränkung, mit neurologischer Komplexbehandlung des akuten Schlaganfalls
B44D	**Geriatrische frührehabilitative Komplexbehandlung** bei Krankheiten und Störungen des Nervensystems ohne schwere motorische Funktionseinschränkung, ohne neurologische Komplexbehandlung des akuten Schlaganfalls
B48Z	**Frührehabilitation** bei Multipler Sklerose und zerebraler Ataxie
E42Z	**Geriatrische frührehabilitative Komplexbehandlung** bei Krankheiten und Störungen der Atmungsorgane
F48Z	**Geriatrische frührehabilitative Komplexbehandlung** bei Krankheiten und Störungen des Kreislaufsystems
G14Z	**Geriatrische frührehabilitative Komplexbehandlung** mit bestimmter OR-Prozedur bei Krankheiten und Störungen der Verdauungsorgane
G52Z	**Geriatrische frührehabilitative Komplexbehandlung** bei Krankheiten und Störungen der Verdauungsorgane
I34Z	**Geriatrische frührehabilitative Komplexbehandlung** mit bestimmter OR-Prozedur bei Krankheiten und Störungen an Muskel-Skelett-System und Bindegewebe
I41Z	**Geriatrische frührehabilitative Komplexbehandlung** bei Krankheiten und Störungen an Muskel-Skelett-System und Bindegewebe
K44Z	**Geriatrische frührehabilitative Komplexbehandlung** bei endokrinen, Ernährungs- und Stoffwechselkrankheiten
U40Z	**Geriatrische frührehabilitative Komplexbehandlung** bei psychischen Krankheiten und Störungen

Quelle: Institut für das Entgeltsystem im Krankenhaus gGmbH, InEK (2006[1]), aufgerufen unter www.g-drg.de (Downloads), DRGs nach Hauptabteilungen

Tab. A2: Nicht mit dem Fallpauschalen-Katalog vergütete vollstationäre Leistungen (G-DRG-Version 2007)

A43Z	**Frührehabilitation** bei Wachkoma und Locked-In-Syndrom
B11Z	**Frührehabilitation** mit Kraniotomie, großer Wirbelsäulen-Operation, bestimmter OR-Prozedur oder aufwendiger Operation am Nervensystem mit Beatmung > 95 Stunden
B43Z	**Frührehabilitation** bei Krankheiten und Störungen des Nervensystems, mehr als 27 Tage oder Beatmung > 95 Stunden
E41Z	**Frührehabilitation** bei Krankheiten und Störungen der Atmungsorgane
F29Z	**Frührehabilitation** bei Krankheiten und Störungen des Kreislaufsystems, mit bestimmter OR-Prozedur, außer kardiothorakale Eingriffe
F45Z	**Frührehabilitation** bei Krankheiten und Störungen des Kreislaufsystems
G51Z	**Frührehabilitation** bei Krankheiten und Störungen der Verdauungsorgane
I40Z	**Frührehabilitation** bei Krankheiten und Störungen an Muskel-Skelett-System und Bindegewebe
I96Z	**Frührehabilitation** mit bestimmter OR-Prozedur bei Krankheiten und Störungen an Muskel-Skelett-System und Bindegewebe, mehr als 20 Tage
K01A	Verschiedene Eingriffe bei Diabetes mellitus mit Komplikation, mit **Frührehabilitation** oder **geriatrischer frührehabilitativer Komplexbehandlung**
K43Z	**Frührehabilitation** bei endokrinen, Ernährungs- und Stoffwechselkrankheiten
W01A	Polytrauma mit Beatmung oder Kraniotomie, mit **Frührehabilitation**
W05Z	**Frührehabilitation** bei Polytrauma mit OR-Prozedur
W40Z	**Frührehabilitation** bei Polytrauma

Quelle: Institut für das Entgeltsystem im Krankenhaus gGmbH, InEK (2006[1]), aufgerufen unter www.g-drg.de (Downloads), Anlage 3a: „Nicht mit dem Fallpauschalen-Katalog vergütete vollstationäre Leistungen"

Gemäß oben stehenden, tabellarischen Angaben gab es im Fallpauschalenkatalog 2007 eine Gesamtzahl von 29 DRGs zur Vergütung entweder von Leistungen der Frührehabilitation (insgesamt sechzehn DRGs), der frührehabilitativen geriatrischen Komplexbehandlung (insgesamt zwölf DRGs) oder einer Kombination aus beiden (eine DRG) (siehe Tabellen A1 und A2).

Die soeben genannten DRGs lassen sich in zwei Gruppen unterteilen. Unter den DRGs nach Hauptabteilungen existieren insgesamt fünfzehn frührehabilitative DRGs, mit drei Ausnahmen handelt es sich hierbei um DRGs zur Abbildung geriatrischer frührehabilitativer Komplexbehandlungen (vgl. Tabelle A1).

Für die übrigen vierzehn frührehabilitativen DRGs in Tabelle A2 sind krankenhausindividuelle Entgelte zwischen Krankenhaus und Krankenkasse zu vereinbaren. Nur in einem Fall handelt es sich um eine DRG, die alternativ entweder der geriatrischen frührehabilitativen Komplexbehandlung oder aber der Frührehabilitation zugeordnet werden kann.

Voraussetzung für eine Kodierung in eine der tabellarisch aufgeführten DRGs ist die Zuordnung eines Prozedurenschlüssels *8-55: Frührehabilitative Komplexbehandlung.*

Zwischen den Jahren 2004 und 2005 hat sich in Bezug auf die neurologisch-neurochirurgische Frührehabilitation mit der Unterscheidung zwischen den OPS-Kodierungen *8-552 – Neurologisch-neurochirurgische Frührehabilitation* und *8-559 – Andere Frührehabilitation* eine bedeutende Weiterentwicklung des DRG-Systems vollzogen, welche eine zunehmend schärfere Analyse der neurologisch-neurochirurgischen Frührehabilitation in MDC 01 ermöglicht[1]. Mit zunehmender Weiterentwicklung des Fallpauschalenkatalogs hat auch die Anzahl der Änderungsvorschläge abgenommen, so dass in den Jahren 2006 und 2007 bereits von einer gut ausdiffe-

1 Vgl. Leistner, Stier-Jarmer, Berleth, Braun, Koenig, Liman, Lüttje, Meindl, Pientka, Weber, Stucki (2005), S.159.

renzierten Vergütung von Leistungen der Frührehabilitation innerhalb des DRG-Fallpauschalenkatalogs gesprochen werden konnte[2].

Mit Stand 2007 wird gemäß Tabelle A3 zwischen den drei Prozedurenschlüsseln

- 8-550 – Geriatrische frührehabilitative Komplexbehandlung
- 8-552 – Neurologisch-neurochirurgische Frührehabilitation
- 8-559 – Fachübergreifende und andere Frührehabilitation

unterschieden.

Je nach Anzahl Behandlungstagen sind diese jeweils in weitere Gruppen unterteilt. Auf die notwendigen Voraussetzungen für die Kodierung von OPS 8-550 wird in Abschnitt 4.5 näher eingegangen.

Tab. A3: Differenzierung einzelner Prozedurenschlüssel im Bereich Frührehabilitation nach Behandlungstagen

		Anzahl Behandlungstage						
Form der Frührehabilitation	**OPS**	**7-13**	**14-20**	**21-27**	**28-34**	**35-41**	**42-55**	**> 56**
Geriatrische frührehabilitative Komplexbehandlung	**8-550**	x	x	x*				
Neurologisch-neurochirurgische Frührehabilitation	**8-552**	x	x	x	x		x	x
Fachübergreifende und andere Frührehabilitation	**8-559**	x	x	x	x	x	x**	

* über 21 Tage; ** über 42 Tage

Quelle: DIMDI (2006), aufgerufen unter: www.dimdi.de/static/de/klassi/prozeduren/ops301/opshtml2007/fr-ops.htm

Anhang 2: Frührehabilitation in der Neurologie

Neurologische Phase-B-Behandlungen sind für Patienten mit schwersten Hirnfunktionsstörungen vorgesehen, welche völlig oder fast überwiegend pflegebedürftig, bewusstlos bzw. schwer bewusstseinsgestört sind und eine stark eingeschränkte Kooperationsbereitschaft besitzen. Obwohl ein Patient als notwendige Bedingung für den Eintritt in die Phase B nicht mehr intensivbehandlungspflichtig sein darf, muss dennoch jederzeit mit Komplikationen und Notfällen gerechnet werden. Eine vorangegangene Schulung des Behandlungsteams ist somit ebenso minimale Voraussetzung für die Versorgung eines Phase-B-Patienten wie die Möglichkeit einer schnellen Rückverlegung. Auch die regionale Nähe zu einer Intensivabteilung ist für eine Phase-B-Klinik demnach unabdingbare Voraussetzung[3]. Gemäß oben genannter Beschreibung verwundert es nicht, dass die Verweildauern einer Phase-B-Behandlung statistisch gesehen eine sehr hohe Varianz aufweisen. Die durchschnittliche Länge der Behandlung von Schädel-Hirn-Traumata variiert einer Studie zufolge beispielsweise sehr stark von unter 3 Monaten bis zu über einem Jahr[4].

---

2 Siehe Institut für das Entgeltsystem im Krankenhaus gGmbH, InEK (2006[2]) mit genaueren Angaben zu den Veränderungen zwischen 2006 und 2007, sowohl im Bereich Frührehabilitation (S. 57 f.) als auch im Bereich geriatrischer frührehabilitativer Komplexbehandlungen (S. 60 f.).

3 Beispielsweise beträgt der Anteil der Patienten mit multiplen Aufenthalten an der Neurologischen Klinik Bad Aibling ca. 20% (siehe Stier-Jarmer, Koenig, Stucki (2002), S. 263 und 265). Vgl. Schönle (1997), S. 332, für eine detaillierte Beschreibung der Neurologie Phase B.

4 Vgl. Schönle (1996), S. 223.

Abbildung A1 liefert eine Übersicht über die deutsche Bettenstruktur für die Frührehabilitation neurologischer Patienten[5]. Bei der Erhebung aus den Jahren 2001 und 2002 wurde neben den zuständigen Landesministerien mit dem Verein Kuratorium ZNS für Unfallverletzte mit Schäden des zentralen Nervensystems e.V. noch eine zweite Quelle herangezogen. Letztere bietet eine Auskunfts- und Vermittlungsstelle für Rehabilitationsplätze an und ermittelt in unregelmäßigen Zeitabständen den aktuellen Stand der Versorgungsstrukturen von Phase-B-Betten. Gemäß Abbildung A1 existiert vor allem in Bezug auf die Vorhaltung von Phase-B-Betten an Rehabilitationseinrichtungen eine uneinheitliche Datenlage zwischen den beiden angegebenen Quellen[6]. Folgende Ergebnisse lassen sich jedoch festhalten:

(1) Allgemeine Krankenhäuser weisen gegenüber Fach- und Rehabilitationskliniken einen vergleichsweise geringen Anteil an neurologischen Phase-B-Betten von ca. 20% auf.

(2) Aufgrund einer 1982 begonnenen gesundheitspolitischen Offensive zur Versorgung von Schlaganfallpatienten und Schädelhirnverletzten ist die Versorgung in Bayern mit deutschlandweit jedem dritten bzw. vierten Bett besonders stark ausgeprägt. Während in manchen ländlicheren Regionen eventuelle Engpässe bestehen dürften, ist der deutschlandweite Bestand von Phase-B-Betten als bedarfsdeckend anzusehen[7].

(3) Die Zuordnung der neurologischen Phase B variiert sehr stark zwischen einzelnen Bundesländern. Während die Phase B beispielsweise in Bremen und Hamburg zu 100% an allgemeinen Krankenhäusern erbracht wird, findet die Versorgung in Sachsen und Thüringen vollständig an Rehabilitationskliniken statt.

Der Bettenbestand in der neurologischen Phase B wurde 2001 bzw. 2002 auf ca. 2.100 bis 2.450 Betten geschätzt.

Abb. A1: Anzahl von Betten und Einrichtungen in der Neurologie, Phase B

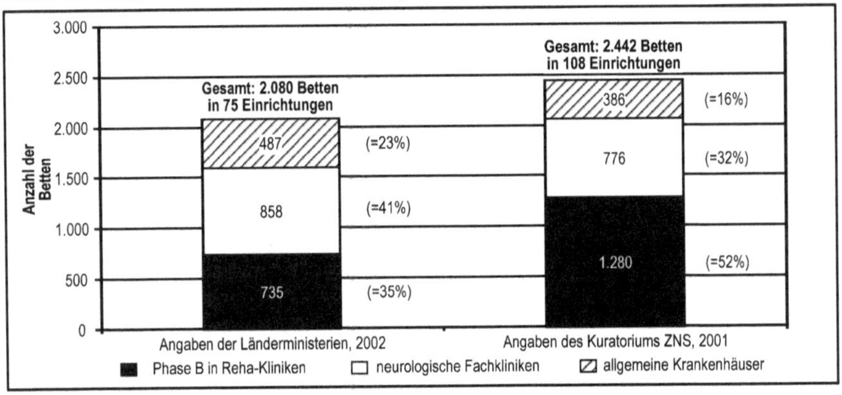

Quelle: Stier-Jarmer, Koenig, Stucki (2002), S. 268, Tabellen 6 und 7, eigene Darstellung

5 Aufgrund der Zugehörigkeit zur Frührehabilitation werden die nachfolgenden Zahlen bewusst im Rahmen dieses Anhangs und somit getrennt von der Präsentation des allgemeinen Rehabilitationsbettenangebots in Abschnitt 4.2 dargestellt.

6 Während es sich bei den Informationen der zuständigen Landesministerien um aktuellere Datenbestände handelt, haben diese keinen Überblick über die Versorgungsverträge der Krankenkassen mit Rehabilitationseinrichtungen, weswegen die Bedeutung von Rehabilitationseinrichtungen tendenziell gegenüber dem Kuratorium ZNS unterschätzt worden sein dürfte (siehe Stier-Jarmer, Koenig, Stucki (2002), S. 266-270, auch für die nachfolgenden Anmerkungen).

7 Vgl. Stier-Jarmer, Koenig, Stucki (2002), S. 261 f. und S. 270.

Die nachfolgende Abbildung dokumentiert die Phasen A bis F in der Neurologie, wie sie zu Beginn der 90er Jahre vom Verband Deutscher Rentenversicherungsträger (VDR) definiert wurden[8]. Hierbei wird nicht jede Phase von jedem Patienten jeweils einmal durchlaufen – vielmehr ist das Überspringen einzelner Phasen sowie das mehrmalige Durchlaufen einer Phase ein häufig zu beobachtendes Phänomen[9].

Gemäß Abbildung A2 ist nicht der Behandlungszeitpunkt, sondern die Schwere der Erkrankung ausschlaggebend für die Phasenzuordnung. Die Abbildung gibt die in Bayern mit den Kostenträgern geltenden Vereinbarungen gemäß Barthel-Index wieder. In anderen Bundesländern wird hingegen der Frühreha-Barthel-Index verwendet[10].

Aus der Phase B wird ein Patient bei entsprechender Rehabilitationsfähigkeit meist in die Phase C weiterverlegt. Bleibt der Zustand des Phase-B-Patienten hingegen über längere Zeit unverändert, ist eine Verlegung in die Phase F zur zustandserhaltenden aktivierenden Langzeitpflege indiziert. Es besteht jedoch auch hier nach wie vor die Möglichkeit, zu einem späteren Zeitpunkt in die Phase B zurückzukehren[11].

Abb. A2: Phasen A bis F der neurologischen Behandlung

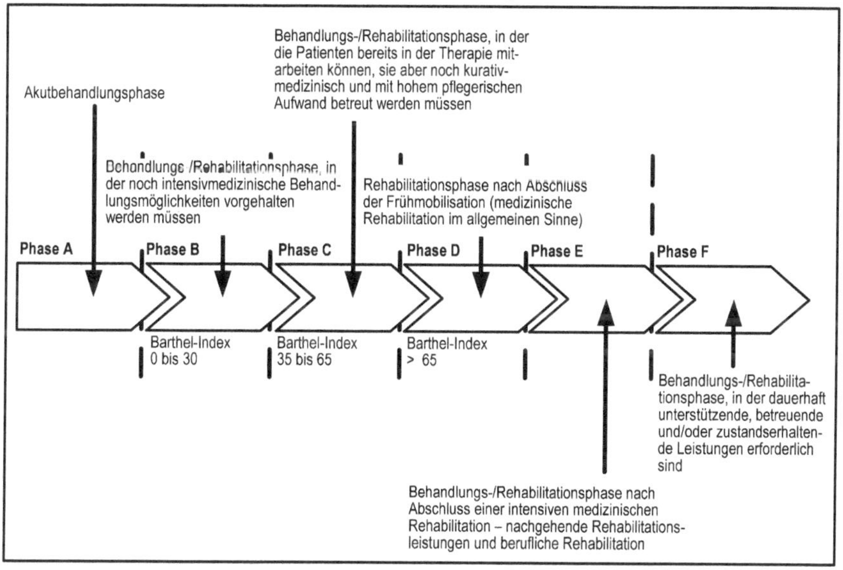

Quelle: Stier-Jarmer, Koenig, Stucki (2002), S. 262 f., insbesondere Tabelle 1

8 Das Phasenmodell verliert lediglich bei der neurologischen Frührehabilitation von Kindern und Jugendlichen seine Gültigkeit (vgl. Stier-Jarmer, Koenig, Stucki (2002), S. 262, Tabelle 1 und S. 266).

9 Während die Phase B vor allem für Patienten mit Schädel-Hirn-Traumata oder hypoxischen Hirnschädigungen von Bedeutung ist, ist die Phase C häufig bei Schlaganfallpatienten indiziert (vgl. Stier-Jarmer, Koenig, Stucki (2002), S. 262 f.).

10 Vgl. Stier-Jarmer, Koenig, Stucki (2002), S. 262 f. sowie Schönle (1997), S. 333.

11 Vgl. Stier-Jarmer, Koenig, Stucki (2002), S. 264. Schönle (1997), S. 331, dokumentiert in einem Phasendiagramm (Abbildung 21.1) die möglichen Phasenübergänge eines neurologischen Patienten.

Anhang 3: Telefoninterview mit Herrn Dr. Lüttje, Vorstandsvorsitzender der Bundesarbeitsgemeinschaft Klinisch-Geriatrischer Einrichtungen, vom 7. Juli 2006

1. *Wird die geriatrische Behandlung im DRG-System mittlerweile sachgerecht vergütet?*

Dr. Lüttje: Für die geriatrische Frührehabilitation ist dies sicherlich zum Großteil der Fall. Elemente der Frührehabilitation werden über den OPS-Schlüssel 8-550 weitestgehend adäquat abgebildet, wenngleich sehr alte multimorbide Patienten im derzeitigen Vergütungssystem noch nicht sachgerecht vergütet sind.

Als allgemein inadäquat ist hingegen die Situation in der reinen Akutgeriatrie zu bezeichnen, d.h. für Patienten, bei denen eine Frührehabilitation letztendlich überhaupt nicht erforderlich ist. Dies gilt beispielsweise für diejenigen Fälle, wo eine Medikamentenumstellung für die Verbesserung des Gesundheitszustands des Patienten ausreicht. In diesem Fall ist zwar nach wie vor ein komplexes diagnostisches Assessment, nicht jedoch eine anschließende Frührehabilitation erforderlich. OPS-Code 8-550 kommt somit nicht zur Anwendung, was in einer nicht sachgerechten Vergütung des akuten Behandlungsfalls resultiert.

2. *Wie ist die Konkurrenzsituation zwischen geriatrischen und fachspezifischen Krankenhausabteilungen zu beurteilen?*

Dr. Lüttje: Die Vergütungssituation stellt mit der Weiterentwicklung des DRG-Systems für die Geriatrie sicherlich ein geringeres Problem dar als noch vor wenigen Jahren. Geriatrische Patienten werden heutzutage jedoch mehr denn je auf Betten der Inneren Medizin verwiesen, da es sich aufgrund des Abbaus von Überkapazitäten im Krankenhausbereich oftmals um ambulantes Behandlungspotential mit direkter Gefährdung von Bettenkapazitäten handelt. Dies gilt in erster Linie für die Bereiche Gastroenterologie, Endokrinologie sowie für die Rheumatologie, mit Einschränkungen auch für die Angiologie.

3. *Wie hat sich die Situation in der ambulanten geriatrischen Rehabilitation (AGR) seit dem Jahr 2000 geändert?*

Dr. Lüttje: Die Anzahl der AGR-Einrichtungen in Bayern hat sich über die letzten Jahre zwar ausgeweitet, allerdings ist dies in erster Linie auf kassenpolitische Vorgaben in Bayern zurückzuführen, tagesklinische Geriatriekonzepte in ambulante Angebote umzuwandeln. Es erfolgt somit keine notwendige inhaltliche Abgrenzung beider Versorgungskonzepte.

In der Gesamtsumme ist die Anzahl tagesklinischer und ambulanter geriatrischer Versorgungsangebote seit dem Jahr 2000 somit nahezu unverändert geblieben. Mit Ausnahme der Umwandlung von tagesklinischen in ambulante Einrichtungen innerhalb des Freistaats Bayern hat es keine nennenswerte Ausweitung des Angebots an AGR-Einrichtungen in Deutschland gegeben.

4. *Was sind die wesentlichen Unterschiede zwischen einer tagesklinischen und einer ambulanten geriatrischen Rehabilitation?*

Dr. Lüttje: Der tagesklinische Patient ist als Krankenhauspatient zu sehen, ihm steht die komplette Diagnostik des Akutkrankenhauses zur Verfügung. Der tagesklinische Patient benötigt im Gegensatz zum ambulanten Patienten im therapeutischen Bereich zudem größere Ruhepausen. Was mit einem ambulanten geriatrischen Patienten über einen Zeitraum von vier Stunden möglich ist, erfordert im tagesklinischen Bereich sechs bis sieben Stunden.

5. Wie beurteilen Sie das Angebot an mobilen Rehabilitationsleistungen?

Dr. Lüttje: Mobile Rehabilitationsleistungen sind in Ihrer Definition mit Skepsis zu betrachten, da es sich hierbei um eng beschriebene Behandlungsziele handelt. Mobile Behandlungen haben unter den klinischen Leistungserbringern keine automatische Akzeptanz als Rehabilitationsleistungen, da es sich hierbei in der Regel um Einzeltherapien und nicht um charakteristische interdisziplinäre Behandlungsansätze handelt. Diese sollten somit nicht aus einem ohnehin begrenzten Rehabilitationsbudget finanziert werden.

6. Wie beurteilen Sie die neue (Muster-)Weiterbildungsverordnung im Bezug auf die Weiterbildung zum Geriater?

Dr. Lüttje: Seit 1992 existierte bisher die Möglichkeit zur Weiterbildung „Klinische Geriatrie". Mindestvoraussetzung hierfür war die vorherige Ausbildung zum Allgemeininternisten. Der Ausbildungszeitraum wurde seitdem leider von zwei Jahre auf 18 Monate verkürzt, als Mindestvoraussetzung gilt mittlerweile eine vorherige Ausbildung zum Facharzt mit Schwerpunkt Innere Medizin (d.h. zum Kardiologen, Endokrinologen oder Gastroenterologen) bzw. Neurologie. Die Weiterbildung im Bereich Geriatrie wurde somit nicht erleichtert, sondern stattdessen noch zusätzlich erschwert und fachlich unzulässig verkürzt.

7. Wie sind die föderalen Unterschiede im Bereich Geriatrie zu beurteilen?

Dr. Lüttje: In Bezug auf die soeben genannte ärztliche Weiterbildung sind die Verordnungen durch die Kammerbezirke nicht einheitlich geregelt. Ein wesentliches Problem besteht jedoch vor allem in den historisch gewachsenen, unterschiedlichen Bestimmungen einzelner Bundesländer in den Bereichen Akutgeriatrie und geriatrische Rehabilitation. Dies kann vor allem zu Schnittstellenproblemen in grenznahen Gebieten führen, beispielsweise wenn für einen Patienten in Würzburg ein Rehabilitationsantrag gestellt, die Behandlung aber letztendlich in Hessen durchgeführt wird.

Herr Dr. Lüttje, vielen Dank für das Gespräch.

Anhang 4: Telefoninterview mit Herrn Bublitz, Geschäftsführer des Bundesverbands Deutscher Privatkliniken e.V., vom 9. November 2006

1. Herr Bublitz, wie bewerten Sie die Rolle der Rehabilitation im Rahmen von Disease-Management-Programmen?

Bublitz: Die Rehabilitation hat im Rahmen von Disease-Management-Programmen einen lediglich nachgeordneten Stellenwert. Inhalte der DMP sind sehr akutzentriert und stützen sich zu einem Großteil auf pharmakologische Leitlinien. Mit der Versorgungsrealität, vor allem unter Einbeziehung notwendiger Rehabilitationsleistungen, haben DMP wenig zu tun.

2. Geben die IV-Verträge der neueren Generation hier Grund zu stärkerem Optimismus?

Bublitz: Diese Frage lässt sich definitiv bejahen. Vor allem populationsgestützte Modelle werfen Fragen nach einer verbesserten sektorenübergreifenden Organisations- und Informationsstruktur auf. Hier werden den Leistungserbringern finanzielle Anreize gesetzt, Lösungsansätze zur Überwindung sektoraler Barrieren zu entwickeln – und dies zum Wohle des Patienten.

3. *Birgt dies nicht einen Konflikt zwischen IV-Modellen und Disease-Management-Programmen?*

Bublitz: Zweifellos erscheinen indikationsbezogene bzw. populationsgestützte IV-Modelle vor allem auch für die Behandlung chronischer Erkrankungen attraktiv, welche bereits durch existierende DMP abgedeckt werden. Diese Behandlungsprogramme werden mittelfristig jedoch kaum nebeneinander Bestand haben können. Es dürfte sich vielmehr diejenige Modellform durchsetzen, die insgesamt betrachtet zu einer effizienteren Versorgungsform führen wird. Hier können die neueren IV-Modelle einen wesentlich stärkeren Beitrag leisten als DMP. Dies wird sich anhand neuer Versorgungsformen über die nächsten Jahre zweifellos bestätigen.

4. *Welche Chancen ergeben sich im Rahmen neuerer IV-Modelle speziell für die medizinische Rehabilitation?*

Bublitz: Mit zunehmender Handlungsautonomie der Leistungserbringer können je nach IV-Modell unterschiedliche Versorgungsschwerpunkte gewählt werden. Die spezifische Rolle stationärer Rehabilitationskliniken und ambulanter Rehabilitationszentren ist letztlich im Wesentlichen von diesen Versorgungsschwerpunkten abhängig. Hier ergeben sich große Chancen für die Rehabilitation, ich denke da z.B. an IV-Modelle zur Behandlung rheumatischer Erkrankungen, bzw. Herz- oder Stoffwechselkrankheiten.

5. *Erfordern solche Modelle nicht eine weitaus engere Kooperation zwischen dem niedergelassenen Arzt und der Rehabilitationsklinik?*

Bublitz: Auf diesem Gebiet hat bereits ein Umdenken stattgefunden. Ganz wesentlich hierfür ist das Gesetz zur Änderung des Vertragsarztrechts (Vertragsarztrechtsänderungsgesetz, VÄndG), welches am 27. Oktober 2006 vom Deutschen Bundestag in 2. und 3. Lesung beschlossen wurde. Gemäß einer Ergänzung zu § 20 Abs. 2 wird die Zulassungsbarriere für Vertragsärzte an Vorsorge- und Rehabilitationseinrichtungen mit Versorgungsvertrag gemäß § 111 SGB V aufgehoben. Die Möglichkeit einer nebenärztlichen Tätigkeit auf dem Gebiet der Rehabilitation ist als ein entscheidender Schritt hin zu einer verbesserten Verzahnung zwischen dem ärztlichen Bereich und dem Rehabilitationssektor zu werten.

Entsprechende Gesetzesänderungen ermöglichen es zunehmend, Versorgungsprozesse stärker ablauforientiert stattfinden zu lassen.

Herr Bublitz, vielen Dank für das Gespräch.

Anhang 5: Disease-Management-Programme nach US-Vorbild

Im nachfolgenden Anhang folgt eine Beschreibung von Disease-Management-Programmen (DMP) aus den USA. DMP in den Vereinigten Staaten fokussieren stärker auf eine individuelle Patientenzentrierung. Hierbei werden Schwerpunkte gesetzt, die in Deutschland dem Funktionsbereich der medizinischen Rehabilitation zuzordnen sind. Aus diesem Grund liefert die nachfolgende Darstellung wichtige Zusatzinformationen für eine mögliche stärkere Einbindung von Rehabilitationsbehandlungsleistungen in strukturierte Behandlungsprogramme für chronisch kranke Patienten.

Entsprechende strukturierte Behandlungsprogramme werden in den USA von professionellen Disease-Management-Unternehmen, nicht jedoch von niedergelassenen Ärzten durchgeführt. Ein Beispiel hierfür sind die Patientenunterstützungsdienste von Health Dialog, einer privaten US-amerikanischen Gesellschaft. Health Dialog bietet integrierte Dienstleistungen für Patienten mit chronischen Krankheiten wie koronarer Herzkrankheit (KHK), Herzinsuffizienz, Diabetes,

Asthma, chronisch-obstruktive Lungenerkrankungen oder Rückenschmerzen an. Das Programm wird von so genannten Health Coaches durchgeführt, die sich nicht aus dem Arztsektor, sondern aus medizinischen Assistenzberufen wie Krankenschwestern, DiätassistentInnen oder AtemtherapeutInnen mit spezieller Ausbildung rekrutieren. Ein wesentliches Ziel des Collaborative Care Programs von Health Dialog ist es, durch verstärkte Information und Motivation den Patienten aktiv in behandlungsrelevante Entscheidungsprozesse einzubinden. Informationsquellen wie Datenbanken, Videoprogramme und Webmodule unterstützen den Patienten dabei, die betreffende chronische Krankheit in ihrer Bedeutung kennenzulernen. Der Patient wird darüber unterrichtet, auf welche Faktoren er selbst Einfluss nehmen kann und dahingehend motiviert, diese kontrollierbaren Faktoren in den Griff zu bekommen. Auch die Einbeziehung des sozialen Umfelds spielt eine zentrale Rolle. Durch den Health Coach wird eine persönliche Beziehung zu dem Patienten aufgebaut, wobei das krankheitsbezogene Risiko, die individuellen medizinischen Bedürfnisse des Patienten sowie Lernfähigkeit und Verhaltensänderungen im Vordergrund stehen. Der Patient wird mit anderen Worten dazu befähigt, sein Krankheitsmanagement selbst in die Hand zu nehmen. Ein weiterer, wesentlicher Schwerpunkt des Behandlungsprogramms besteht in der Identifikation geeigneter Patientengruppen. Hierbei werden eine Beurteilung des Potentials innerhalb einer Population vorgenommen, prädiktive Modelle entwickelt und geeignete Patienten gezielt für eine Programmbeteiligung angesprochen.

Im Collaborative Care Program von Health Dialog übernimmt nicht der Arzt die Rolle des Case Managers. Gleichzeitig hat das Behandlungsprogramm jedoch wesentlich dazu beigetragen, das Patientenverhältnis zum Arzt zu verbessern. Aufgrund der Tatsache, dass der Patient besser über seine Krankheit informiert ist, hat dieser eine realistischere Einschätzung über das therapeutisch Erreichbare sowie die individuelle Rehabilitationsprognose. Sprechstunden mit dem zuständigen Arzt lassen sich auf diese Weise effektiver nutzen. Letztendlich ließen sich durch das Collaborative Care Program von Health Dialog statistisch signifikante Veränderungen einzelner medizinischer Parameter (z.B. Blutfettwerte), eine Reduktion der Anzahl an Krankenhausbehandlungen unter chronisch kranken Patienten um 24% sowie eine um 20-40% seltenere Nutzung chirurgischer Operationen nachweisen. Zielvorgaben ließen sich somit bei gleichzeitig geringeren Kosten und höherer Patientenzufriedenheit leichter erreichen[12].

Auch in Deutschland existieren bereits seit mehreren Jahren ähnliche DMP-Dienstleister wie z.B. die Firma Innovacare GmbH in Oberhaching bei München[13]. Im Gegensatz zu herkömmlichen strukturierten Behandlungsprogrammen der Bundesrepublik Deutschland obliegt das Case Management des DMP-Dienstleistungsunternehmens diplomierten Krankenschwestern mit mindestens fünf Jahren Berufserfahrung und entsprechenden Zusatzqualifikationen, z.B. zur Diabetes-Schwester. Primäres Ziel ist die Vermittlung von Wissen über die chronische Krankheit sowie die Motivation hin zu einer positiven Verhaltensänderung des Patienten. Diese besteht in wesentlichen Teilen auch darin, Empfehlungen des Arztes zur Einnahme bestimmter Medikamente zu befolgen. Letztendlich steht die Stärkung der Patientenautonomie im Vordergrund, indem der Fokus auf Patientenschulungen, nicht jedoch auf Ärzteschulungen gelegt wird. Zur Verhaltensbeeinflussung des Patienten kommen sowohl Informations- und Schulungsprogramme als auch IT-gestützte Reminder-Systeme zum Einsatz. Nach einer Risikostratifizierung und Anamnese wird für jeden Patienten ein Schulungs- und Beratungsplan erstellt, welcher jeweils der individuellen Notwendigkeit des Einzelfalls Rechnung trägt.

Ein wesentliches Element von Behandlungsprogrammen der Innovacare GmbH liegt in der Überprüfung der Medikamenten-Compliance gemäß Anordnung des zuständigen Arztes. Dennoch ist die Teilnahme eines chronisch kranken Patienten vollkommen unabhängig von der Tatsache, ob dieser Arzt an dem Behandlungsprogramm beteiligt ist oder nicht. Ob der Arzt kontinuierlich über die Behandlungsfortschritte unterrichtet werden soll, bleibt letztlich vollkommen der Entscheidung des zu behandelnden Patienten überlassen.

---

12 Siehe Hall (2005), S. S23-S25.

13 Vgl. Nord (2005), S. S8 f., für die nachfolgenden Ausführungen.

Anhang 6: Telefoninterview mit Frau Lüke, Fachbereich Integrierte Versorgung der AOK Hessen, vom 29. September 2006

1. Frau Lüke, Ziel der Integrierten Versorgung ist die Erschließung von Wirtschaftlichkeitsreserven durch eine Optimierung sektorenübergreifender Behandlungsprozesse. Haben Komplexpauschalen hier ihren Zweck erfüllt?

Lüke: Zu Beginn ist hierzu zu sagen, dass Komplexpauschalen bzw. Pauschalvergütungen mit einer Qualitätssicherung gegenüber einer sektoralen Einzelleistungsvergütung definitiv das Mittel der Wahl darstellen. Gesetzliche Budgetmechanismen haben die Vereinbarung einer leistungsgerechten Vergütung in der Praxis jedoch verhindert bzw. erschwert.

Sowohl auf Kassen- als auch auf Leistungserbringerseite existiert derzeit noch wenig Know-how in Bezug auf optimale sektorenübergreifende Behandlungsprozesse und somit auch noch wenig Know-how hinsichtlich der Kalkulation von gerecht aufgeteilten und optimalen Pauschalvergütungen.

Ein Problem bei bisher vereinbarten Komplexpauschalen, meist über operative Leistungen, besteht in der Tatsache, dass diese Prozesse in der Regel bereits hoch standardisiert ablaufen und somit kein hohes Potential an Wirtschaftlichkeitsreserven beinhalten.

Hier hat sich in den letzten Jahren die Erkenntnis durchgesetzt, dass in den Projekten der Integrierten Versorgung zunächst Prozessoptimierungen mit Hilfe der Anschubfinanzierung angestoßen werden müssen, um Erkenntnisse über den optimalen Behandlungsablauf zu gewinnen. Optimalerweise wird auf Basis dieser Kenntnis auch eine Pauschalvergütung kalkuliert. Anders als im Krankenhausbereich ist im ambulanten Sektor eine Vergütung von Leistungen innerhalb des Budgets über die Anschubfinanzierung gesetzlich zulässig, so dass in der letzten Zeit die Integrierte Versorgung in diesem Sektor an Bedeutung gewonnen hat. In diesem Sektor werden zudem die meisten Leistungen veranlasst, die zum Abbau einer Fehl-, Über- oder Unterversorgung führen können und somit auch das größte Wirtschaftlichkeitspotential beinhalten.

Gleichzeitig sind solche IV-Projekte viel komplexer in der Leistungsbeschreibung und Kalkulation. Aufgrund der Gesundheitsreform und des steigenden Know-hows der Krankenkassen in Sachen Integrierte Versorgung wird es sich jedoch in diese Richtung entwickeln und zwar: versorgungsrelevante Volkskrankheiten oder die Behandlung eines Großteils des Krankheitsgeschehens der Versicherten im Rahmen der Integrierten Versorgung.

2. Wie könnte eine Prozessoptimierung im Rahmen neuerer IV-Modelle aussehen?

Lüke: Derzeit sind vor allem populationsbezogene Ansätze im Gespräch, bei denen die Lotsenrolle des Hausarztes in den Vordergrund gestellt wird. Den Ärzten wird hierbei die Verantwortung für ein virtuelles Budget im Hinblick auf die Veranlassung einzelner Leistungen wie Arzneimittel, Heil- und Hilfsmittel, Krankenhausbehandlungen oder Rehabilitations- und Vorsorgeleistungen übertragen. Hier sind wir gerade dabei, Soll-Prozesse in Form von Leitlinien, d.h. optimalen Behandlungspfaden, zu definieren. Bei Einsparungen gegenüber dem virtuellen Budget können die Ärzte über Bonusregelungen am finanziellen Erfolg beteiligt werden. Dies ist auch im Sinne der Eckpunkte zur Gesundheitsreform, welche eine stärkere Fokussierung auf die Versorgung eines Großteils des Krankheitsgeschehens der Patienten in einer Region vorsieht.

Frau Lüke, vielen Dank für das Gespräch

Anhang 7: Hierarchische Lineare Modelle (HLM)

Hierarchische Lineare Modelle zur Messung der Ergebnisqualität und Patientenzufriedenheit in der medizinischen Rehabilitation berücksichtigen neben individuellen Patientencharakteristika auf einer zweiten Regressionsebene auch klinikspezifische Merkmale. Bei einem einfachen linearen Regressionsmodell blieben mögliche intrinsische Charakteristika der behandelnden Rehabilitationseinrichtung unberücksichtigt. Konkret blieben in diesem Fall zwei entscheidende Effekte ausgeklammert[14]:

(1) mögliche Unterschiede in Regressionskoeffizienten zwischen einzelnen Einrichtungen,
(2) mögliche Unterschiede in den Patientencharakteristika zwischen den Einrichtungen.

Ein Beispiel für Punkt (1) wäre das Vorhandensein eines interdisziplinären Teams in Klinik A gegenüber Klinik B. Der Rehabilitations-Outcome eines Patienten mit einem gewissen psychosozialen Status bzw. einer damit verbundenen Reha-Motivation könnte in diesem Fall in Klinik A besser ausfallen als in Klinik B.

In Bezug auf Punkt (2) wurde im Haupttext bereits darauf hingewiesen, dass auch der durchschnittliche Patientenschweregrad einer Einrichtung auf den Behandlungserfolg eines einzelnen Patienten Einfluss nehmen kann. Kliniken mit einem höheren Schweregrad schneiden in einem Gesamtvergleich über alle Kiniken bezüglich der Ergebnisqualität demnach besser ab als wenn sie unter Kliniken mit ähnlichem Schweregrad verglichen würden.

Die in den Punkten (1) und (2) angeführten methodischen Schwierigkeiten können durch Anwendung so genannter Hierarchischer Linearer Modelle (HLM) umgangen werden. Hierbei wird eine Multi-Ebenenstruktur der zu analysierenden Daten erstellt, bei der in Ebene 1 einzelne Patientenmerkmale und in Ebene 2 einzelne Klinikmerkmale abgebildet sind. Es werden somit zwei getrennte lineare Modelle entwickelt und miteinander verknüpft[15]. Tabelle A4 zeigt einzelne Parameter, die in diesem Zusammenhang verwendet werden.

Tab. A4: Einzelne angewandte Parameter innerhalb eines hierarchischen, linearen Regressionsmodells zur Messung der Ergebnisqualität

Ebene 1 (unabhängige Variablen auf Patientenebene)	**Ebene 2 (unabhängige Variablen auf Klinikebene)**	**Outcome-Parameter (abhängige Variablen)**
Alter	mittleres Alter	somatischer Status am Ende der Rehabilitation
Geschlecht	Männer-/Frauenanteil	funktionaler Status am Ende der Rehabilitation
somatischer Status bei Reha-Beginn	mittlere somatische Belastung der Klinikpatienten	psychosozialer Status am Ende der Rehabilitation
funktionaler Status bei Reha-Beginn	mittlere funktionale Belastung der Klinikpatienten	
psychosozialer Status bei Reha-Beginn	mittlere psychosoziale Belastung der Klinikpatienten	
Komorbidität		
Reha-Motivation		

Quelle: Farin, Glattacker, Follert, Kuhl, Klein, Jäckel (2004), S. 658, eigene Darstellung

14 Siehe Farin (2005), S. 158 f. sowie Farin, Glattacker, Follert, Kuhl, Klein, Jäckel (2004), S. 657 f. für die nachfolgenden Ausführungen.

15 Somit handelt es sich bei dem einfachen linearen Regressionsmodell um einen Spezialfall des hierarchischen linearen Regressionsmodells (vgl. Farin (2005), S. 157-160 sowie Farin, Glattacker, Follert, Kuhl, Klein, Jäckel (2004), S. 658).

Die linearen Zusammenhänge zwischen den einzelnen Variablen setzen sich aus den folgenden Gleichungen zusammen[16]:

(1) $Ft1_{ij} = ß_{0j} + ß_{1j} \times Alter_{ij} + ß_{2j} \times Sex_{ij} + ß_{3j} \times St0_{ij} + ß_{4j} \times Ft0_{ij} + ß_{5j} \times Pt0_{ij} + ß_{6j} \times Komo_{ij} + ß_{7j} \times Motiv_{ij} + r_{ij}$

(2) $ß_{qj} = \gamma_{q0} + \gamma_{q1} \times AlterM_j + \gamma_{q2} \times SEXM_j + \gamma_{q3} \times SM_j + \gamma_{q4} \times FM_j + \gamma_{q5} \times PM_j + u_{qj}$

wobei i = Laufvariable der Personen; j = Laufvariable der Einrichtung

r_{ij} und u_{qj} dokumentieren den Fehlerterm der beiden Gleichungen.

$ß_{qj}$ beschreibt die einzelnen Regressionskoeffizienten, Gleichung (2) steht somit stellvertretend für acht Gleichungen mit q = 0,1,2,3,4,5,6 bzw. 7.

Gleichung (1) besagt, dass der funktionale Entlassungsstatus eines Patienten i an Klinik j (Ft1 zum Zeitpunkt t1) zum einen durch Patientenmerkmale wie dessen Alter, Geschlecht, dem somatischen, psychosozialen und funktionalen Eingangsstatus zum Zeitpunkt t_0 sowie der Komorbidität und Reha-Motivation bestimmt wird.

Gleichzeitig dokumentiert Gleichung (2), welche Auswirkungen einzelne Klinikmerkmale wie das mittlere Patientenalter der Klinik j, die Geschlechterzusammensetzung sowie der mittlere somatische, funktionale und psychosoziale Eingangsstatus der Klinikpatienten auf den funktionalen Entlassungsstatus des individuellen Patienten haben.

Anhang 8: Schätzung der Fallzahlenentwicklung im Bereich der GKV-finanzierten, ambulanten Anschlussrehabilitation (AR)

In Abschnitt 8.2 wird eine Modellierung der Ausweitung des ambulanten Rehabilitationsangebots und deren Auswirkung auf die Entwicklung der gesamten Rehabilitationsausgaben vorgenommen. Wie im Haupttext des Abschnitts 8.1.1 bereits angedeutet, ist es hierfür entscheidend

1. die Wachstumsrate ambulanter Rehabilitationsfälle über die vergangenen Jahre
2. sowie die absolute Zahl aller Rehabilitationsfälle im Jahr 2006

möglichst präzise zu bestimmen. Für GKV-finanzierte Rehabilitationsleistungen sind hierfür primär Schätzungen in Bezug auf AR-Maßnahmen entscheidend. Diese sollen nachfolgend näher diskutiert werden.

Konkret wurden seitens einer Krankenkasse in diesem Zusammenhang folgende Prozentangaben, jeweils für das Jahr 2006, bereitgestellt:

a) prozentualer Anteil der ambulanten AR-*Fälle* an der Gesamtzahl aller AR-Maßnahmen (d.h. ambulant + stationär),
b) prozentualer Anteil der ambulanten *Ausgaben* für AR-Maßnahmen an den Gesamtausgaben für alle AR-Maßnahmen (d.h. ambulant + stationär),
c) prozentuales *Ausgabenverhältnis pro Fall* zwischen stationären und ambulanten AR-Maßnahmen.

Mit Hilfe oben genannter Angaben sowie unter Verwendung weiterer Angaben einer Ortskrankenkasse, erfolgte letztendlich eine Hochrechnung auf die gesamtdeutsche Situation. Für Maßnahmen der Anschlussrehabilitation (AR) ergab sich am Gesamtmarkt für 2005 letztendlich ein geschätzter durchschnittlicher Anteil von insgesamt 8,7% ambulanter GKV-finanzierter Fälle an allen GKV-finanzierten Fällen (d.h. ambulant + stationär).

16 Vgl. Farin (2005), S. 159-160 und 162.

Bezogen auf die bereits ausgewiesene stationäre AR-Fallzahl aus dem Jahr 2005 von insgesamt 542.766 Fällen, ergibt dies eine ambulante Rehabilitationsfallzahl von ca. 52.000 für das Jahr 2005.

Die Höhe ambulanter AR-Fallzahlen in einer Größenordnung von 52.000 für das Jahr 2005 ließ sich anhand einer geschätzten Zeitreihenentwicklung ambulanter AR-Fälle zwischen 2002 und 2006 noch einmal in etwa bestätigen. Für die Schätzung der Entwicklung GKV-finanzierter, ambulanter AR-Fallzahlen wurden folgende Daten verwendet:

- eine Zeitreihe 2002-2006, mit Ausgaben für ambulante Rehabilitationsleistungen des Bundesministeriums für Gesundheit,
- das Verhältnis von Ausgaben pro AR-Fall (ambulant) zu Ausgaben pro AR-Fall (stationär), gemäß der unter Punkt c) beschriebenen Krankenkassenangabe
- sowie durchschnittliche Ausgaben je stationären AR-Fall gemäß Angaben des AOK-Bundesverbands, welche vereinfacht auf die gesamte Krankenkassenlandschaft übertragen wurden.

Mittels oben genannter Daten wurde folgende Formel herangezogen:
(Ausgaben pro AR-Fall (ambulant) / Ausgaben pro AR-Fall (stationär)) x Ausgaben pro AR-Fall (stationär) = ambulante AR-Ausgaben / Anzahl ambulanter AR-Fälle

➔ Anzahl ambulanter AR-Fälle = ambulante AR-Ausgaben / (x % x Ausgaben pro AR-Fall (stationär))[17]

Im Ergebnis ergab sich gemäß Tabelle A5 eine Zeitreihenschätzung für die Entwicklung GKV-finanzierter ambulanter AR-Maßnahmen zwischen 2002 und 2006. Das Ergebnis für 2005 liegt mit rund 50.000 Fällen in einer ähnlichen Größenordnung wie die bereits ausgewiesene Anzahl von 52.000 ambulanten AR-Maßnahmen[18].

Gleichzeitig ließ sich letztgenannter Wert auch anhand der anonymen Krankenkassenangaben in Bezug auf dessen tatsächliche Anzahl an ambulanten AR-Maßnahmen sowie dessen ungefähren Marktanteil bestätigen. Auch die in Tabelle A5 ausgewiesene Zeitreihe wurde als entsprechend realistisch eingeschätzt.

Tab. A5: Geschätzte Anzahl GKV-finanzierter, ambulanter AR-Fälle

	2002	2003	2004	2005	2006
geschätzte Anzahl GKV-finanzierter, ambulanter AR-Fälle	38.581	39.688	44.039	50.077	56.268

Quelle: Ausgaben pro Fall gemäß Angaben des AOK-Bundesverbands, ambulante GKV-finanzierte Rehabilitationsausgaben gemäß BMGS, Angaben einer anonymen Krankenkasse, eigene Berechnungen

17 x entspricht hierbei einem bestimmten Prozentwert, der gemäß anonymisierten Krankenkassenangaben hier nicht näher bezeichnet wird.

18 Die genaue Anzahl ambulanter AR-Maßnahmen ließ sich demnach nicht exakt ermitteln. Eine Sensitivitätsanalyse zeigt jedoch, dass eine Abweichung von 52.000 – 50.000 = 2.000 ambulanten AR-Maßnahmen nur einen marginalen Einfluss auf die nachfolgende Hochrechnung ausübt. Aufgrund der hohen Anzahl GKV-finanzierter *stationärer* Rehabilitationsmaßnahmen liegt die Abweichung bei der Schätzung des ambulanten Anteils an den Rehabilitationsmaßnahmen 2005 demzufolge lediglich bei 0,3%, nämlich 2.000 / (50.077 + 542.766).

Anhang 9: Quantifizierung des Residualeffekts zur Hochrechnung medizinischer Rehabilitationsbehandlungsleistungen

Nachfolgend wird dokumentiert, wie der Residualeffekt im Rahmen der Hochrechnung medizinischer Rehabilitationsbehandlungsleistungen quantifiziert wurde. Die Analyse konzentriert sich hierbei auf

- GKV-finanzierte Maßnahmen zur Anschlussrehabilitation (AR) in *Anhang 9-1*,
- RV-finanzierte Maßnahmen für onkologische Anschlussheilbehandlungen (AHB) in *Anhang 9-2*,
- RV-finanzierte Maßnahmen der onkologischen Antragsrehabilitation in *Anhang 9-3*,
- RV-finanzierte Maßnahmen für Anschlussheilbehandlungen (AHB) außer Onkologie in *Anhang 9-4*,
- RV-finanzierte Maßnahmen der Antragsrehabilitation außer Onkologie in *Anhang 9-5*.

In allen fünf Fällen wird jeweils zwischen unter 60-jährigen und über 60-jährigen Patienten unterschieden. Zudem wurde gemäß den Angaben im Haupttext folgende Vorgehensweise gewählt:

a) Bestimmung der jährlichen Fallzahlensteigerung und Isolierung des demographischen Effekts (zwischen den Jahren 2000 und 2005 gemäß Angaben der AOK für die GKV[19] bzw. zwischen 1998 und 2005 gemäß Angaben der DRV Bund),
b) Fortschreibung des verbleibenden Residualeffekts bis in das Jahr 2050,
c) Berechnung der jährlichen Wachstumsrate zwischen 2005 und 2050, die dem Residualeffekt auf die jeweilige Fallzahlenreihe zugrunde liegt.

Anhang 9-1: Quantifizierung des Residualeffekts auf die Entwicklung GKV-finanzierter Maßnahmen zur Anschlussrehabilitation (AR)

Zu Beginn von *Anhang 9* wird die Höhe des Residualeffekts bei GKV-finanzierten Maßnahmen zur Anschlussrehabilitation (AR) ermittelt. Die Berechnungen basieren im stationären Bereich auf Hochrechnungen von AOK-Fallzahlen zur Anschlussrehabilitation (AR) und im ambulanten Bereich auf den in *Anhang 8* vorgestellten Schätzungen in Bezug auf ambulante, GKV-finanzierte AR-Fallzahlen. Die Hochrechnungen sind in Tabelle A6 zusammenfassend dargestellt.

Beispielhaft sollen die Rechenschritte anhand der GKV-finanzierten AR-Patienten über 60 Jahre dargestellt werden. Der durchschnittliche Zuwachs der stationären AR-Fälle pro Jahr zwischen den Jahren 2000 und 2005 (*Zeilen 1a* bis *1c*) wird demnach ebenso berechnet wie der durchschnittliche Zuwachs der ambulanten AR-Fälle pro Jahr zwischen 2002 und 2005 (siehe *Zeilen 2a* bis *2c*) sowie der Summe „stationär+ambulant“ (in den *Zeilen 3a* bis *3c*).

In *Zeile 4a* wird der demographische Effekt auf die Entwicklung stationärer AR-Fälle ermittelt, die demographische jährliche Wachstumsrate wird schließlich auch für die Schätzung des demographischen Effekts auf die ambulanten AR-Fälle (vgl. *Zeile 4b*) sowie den demographischen Effekt auf alle AR-Fälle in *Zeile 4c* angewandt.

---

19 Im Fall ambulanter AR-Fallzahlen handelt es sich um Schätzungen gemäß den Angaben in Anhang 8, basierend auf einer Zeitreihe zwischen 2002 und 2006.

Der reine demographische Fallzahleneffekt (*Zeilen 5a* bis *5c*) ergibt sich durch die Subtraktion der jeweils in Zeile 4 ermittelten AR-Fallzahl und den Ausgangswert aus dem Jahr 2000 bzw. 2002. Subtrahiert man diese Differenz zudem von der letztendlichen AR-Fallzahl im Jahr 2005, so resultiert hieraus die hypothetische AR-Fallzahl, welche bis 2005 rein auf den Residualeffekt zurückzuführen wäre (siehe *Zeilen 6a* bis *6c*).

In den *Zeilen 7a* und *7b* wird in einem weiteren Schritt der jährliche, durch den Residualeffekt bedingte Anstieg der stationären bzw. ambulanten AR-Fallzahlen zwischen 2000 bzw. 2002 und 2005 ermittelt und in *Zeile 7c* zusammengefasst.

In *Zeile 8* erfolgt schließlich eine lineare Fortschreibung des reinen Residualeffekts bis in das Jahr 2050. Der Endwert für 2050 ermöglicht gegenüber dem Ausgangswert aus dem Jahr 2005 die Berechnung einer jährlichen Wachstumsrate in Höhe von *+2,0%*.

Der Residualeffekt für GKV-finanzierte AR-Patienten über 60 Jahre errechnet sich hierbei gemäß folgender Formel:

$1.328.179 = 547.678 \text{ x } (1+ y)^{45}$

➔ $y = (1.328.179 / 547.678)^{1/45}-1$

➔ $y = + 2,0\%$

Tab. A6: Lineare Fortschreibung GKV-finanzierter Maßnahmen zur Anschlussrehabilitation (AR)

Zeile		Fallzahl unter 60	Fallzahl 60 +	Fallzahl gesamt
1a	GKV-finanzierte, stationäre AR-Fälle, 2000	46.991	399.073	446.064
1b	GKV-finanzierte, stationäre AR-Fälle, 2005	52.196	502.315	554.511
1c	zusätzliche GKV-finanzierte, stationäre AR-Fälle pro Jahr (2000-2005)	+1.041	+20.648	+ 21.689
2a	GKV-finanzierte, ambulante AR-Fälle, 2002	4.064	34.517	38.581
2b	GKV-finanzierte, ambulante AR-Fälle, 2005	4.714	45.363	50.077
2c	zusätzliche GKV-finanzierte, ambulante AR-Fälle pro Jahr (2002-2005)	+216	+3.616	+ 3.832
3a	GKV-finanzierte, stationäre und ambulante AR-Fälle (stationär: 2000 und ambulant: 2002)	51.055	433.590	484.645
3b	GKV-finanzierte, stationäre und ambulante AR-Fälle, 2005	56.910	547.678	604.588
3c	zusätzliche GKV-finanzierte, stationäre und ambulante AR-Fälle pro Jahr (2000-2005 bzw. 2002-2005)	+1.257	+24.264	+25.521
4a	GKV-finanzierte AR-Fälle 2005, durch demographischen Effekt, stationär	49.867	430.955	480.823
4b	GKV-finanzierte AR-Fälle 2005, durch demographischen Effekt, ambulant (auf Basis von stationär geschätzt)	4.212	36.146	40.358
4c	GKV-finanzierte AR-Fälle 2005, durch demographischen Effekt, stationär und ambulant	54.079	467.101	521.180
5a	reiner Demographieffekt, stationär, 2000-2005	+2.876	+31.882	+34.759
5b	reiner Demographieffekt, ambulant, 2002-2005	+147	+1.629	+1.777
5c	reiner Demographieffekt, stationär und ambulant, 2000/2002-2005	+3.024	+33.511	+36.535
6a	GKV-finanzierte, stationäre AR-Fälle 2005, reiner Residualeffekt	49.320	470.433	519.752
6b	GKV-finanzierte, ambulante AR-Fälle 2005, reiner Residualeffekt	4.566	43.734	48.300
6c	GKV-finanzierte, stationäre und ambulante AR-Fälle 2005, reiner Residualeffekt	53.886	514.167	568.053
7a	zusätzliche GKV-finanzierte, stationäre AR-Fälle pro Jahr, 2000-2005, reiner Residualeffekt	+466	+14.272	+14.738
7b	zusätzliche GKV-finanzierte, ambulante AR-Fälle pro Jahr, 2002-2005, reiner Residualeffekt	+167	+3.073	+3.240
7c	zusätzliche GKV-finanzierte, stationäre und ambulante AR-Fälle pro Jahr, 2000/2002-2005, reiner Residualeffekt	+633	+17.344	+17.977
8	GKV-finanzierte stationäre und ambulante AR-Fälle 2050, durch reinen Residualeffekt	85.395	1.328.179	1.413.572
9	Wachstumsrate (Residualeffekt)	+0,9%	+2,0%	+1,9%

Anhang 9-2: Quantifizierung des Residualeffekts auf die Entwicklung RV-finanzierter, onkologischer Anschlussheilbehandlungen

In Tabelle A7 wird nachfolgend – analog zu Anhang 9-1 – eine Hochrechnung RV-finanzierter onkologischer Maßnahmen zur Anschussheilbehandlung vorgenommen. Diese ergaben sich aus den folgenden ICD-9 Kodierungen für 1998 bzw. ICD-10 Kodierungen für 2005:

- ICD-9 (für 1998): 140-165, 170-175, 179-208, 210-229, 230-234, 235-239
- ICD-10 (für 2005): C00 – D48

Tab. A7: Lineare Fortschreibung RV-finanzierter Maßnahmen zur onkologischen Anschlussheilbehandlung (AHB)

Zeile		**Fallzahl unter 60**	**Fallzahl 60+**	**Fallzahl gesamt**
1a	RV-finanzierte, stationäre onkologische AHB-Fälle, 1998	15.239	21.406	36.645
1b	RV-finanzierte, stationäre onkologische AHB-Fälle, 2005	23.530	51.073	74.603
1c	zusätzliche RV-finanzierte, stationäre onkologische AHB-Fälle pro Jahr (1998-2005)	+1.184	+4.238	+ 5.422
2a	RV-finanzierte, ambulante onkologische AHB-Fälle, 1998	2	0	2
2b	RV-finanzierte, ambulante onkologische AHB-Fälle, 2005	254	147	401
2c	zusätzliche RV-finanzierte, ambulante onkologische AHB-Fälle pro Jahr (1998-2005)	+36	+21	+ 57
3a	RV-finanzierte, stationäre und ambulante onkologische AHB-Fälle, 1998	15.241	21.406	36.647
3b	RV-finanzierte, stationäre und ambulante onkologische AHB-Fälle, 2005	23.784	51.220	75.004
3c	zusätzliche RV-finanzierte, stationäre und ambulante onkologische AHB-Fälle pro Jahr (1998-2005)	+1.220	+4.259	+5.480
4	Onkologische AHB-Fälle 2005, durch demographischen Effekt	15.493	23.806	39.298
5	Reiner Demographieeffekt, 1998-2005	+252	+2.400	+2.651
6	RV-finanzierte, stationäre und ambulante onkologische AHB-Fälle 2005, reiner Residualeffekt	23.532	48.820	72.353
7	zusätzliche RV-finanzierte, stationäre und ambulante onkologische AHB-Fälle pro Jahr, 1998-2005, reiner Residualeffekt	+1.184	+3.916	+5.101
8	RV-finanzierte, stationäre und ambulante onkologische AHB-Fälle 2050, durch reinen Residualeffekt	77.086	227.454	304.540
9	Wachstumsrate (Residualeffekt)	+2,6%	+3,4%	+3,2%

Die Rechenschritte werden anhand des Beispiels der RV-finanzierten, über 60-jährigen, onkologischen AHB-Patienten aufgezeigt. Demnach werden sowohl aus den stationären als auch den ambulanten Fallzahlen der Jahre 1998 (*Zeilen 1a* und *2a*) und 2005 (*Zeilen 1b* und *2b*) die zusätzlichen Fälle pro Jahr, d.h. geteilt durch den Faktor 7 (= sieben Jahre) ermittelt (siehe *Zeilen 3a* bis *3b*). Zwischen 1998 und 2005 lag das lineare Wachstum über 60-jähriger RV-finanzierter onkologischer AHB-Fallzahlen demnach im arithmetischen Mittel bei +4.259 Fällen (vgl. *Zeile 3c*).

Der rein demographische Effekt ergibt für 2005 insgesamt 23.806 AHB-Fälle (siehe *Zeile 4*). Gegenüber 1998 (*Zeile 3a*) sind dies 2.400 onkologische AHB-Fälle mehr (vgl. *Zeile 5*). Die Subtraktion dieser Zahl von der tatsächlichen AHB-Fallzahl im Jahr 2005 ergibt die hypothetische AHB-Fallzahl des Jahres 2005 aufgrund des reinen Residualeffekts (siehe *Zeile 6*). Hieraus lässt sich in *Zeile 7* nun die AHB-Fallzahlensteigerung pro Jahr errechnen, welche durch den reinen Residualeffekt verursacht wurde. Dies ermöglicht eine Hochrechnung der AHB-Fallzahl bis 2050 rein aufgrund des Residualeffekts (*Zeile 8*) sowie die Kalkulation einer dazugehörigen Wachstumsrate (*Zeile 9*). Diese beträgt für RV-finanzierte, onkologische AHB-Fälle über 60 Jahre letztendlich *+3,4%* und errechnet sich gemäß der folgenden Formel:

$227.454 = 51.220 \times (1+y)^{45}$

➔ $y = (227.454 / 51.220)^{1/45} - 1$

➔ $y = +3,4\%$

Anhang 9-3: Quantifizierung des Residualeffekts auf die Entwicklung RV-finanzierter, onkologischer Maßnahmen der Antragsrehabilitation

Analog Anhang 9-2 wird in der nachfolgenden Tabelle A8 eine Hochrechnung RV-finanzierter onkologischer Maßnahmen der Antragsrehabilitation durchgeführt.

Tab. A8: Lineare Fortschreibung RV-finanzierter Maßnahmen zur onkologischen Antragsrehabilitation

Zeile		Fallzahl unter 60	Fallzahl 60+	Fallzahl gesamt
1a	RV-finanzierte, stationäre onkologische Fälle der Antragsrehabilitation, 1998	36.819	26.140	62.959
1b	RV-finanzierte, stationäre onkologische Fälle der Antragsrehabilitation, 2005	36.536	35.039	71.575
1c	zusätzliche RV-finanzierte, stationäre onkologische Fälle der Antragsrehabilitation pro Jahr (1998-2005)	-40	+1.272	+ 1.231
2a	RV-finanzierte, ambulante onkologische Fälle der Antragsrehabilitation, 1998	44	5	49
2b	RV-finanzierte, ambulante onkologische Fälle der Antragsrehabilitation, 2005	434	163	597
2c	zusätzliche RV-finanzierte, ambulante onkologische Fälle der Antragsrehabilitation pro Jahr (1998-2005)	+56	+23	+ 78
3a	RV-finanzierte, stationäre und ambulante onkologische Fälle der Antragsrehabilitation, 1998	36.863	26.145	36.008
3b	RV-finanzierte, stationäre und ambulante onkologische Fälle der Antragsrehabilitation, 2005	36.970	35.202	72.172
3c	zusätzliche RV-finanzierte, stationäre und ambulante onkologische Fälle der Antragsrehabilitation pro Jahr (1998-2005)	+15	+1.294	+1.309
4	Onkologische Fälle der Antragsrehabilitation 2005, durch demographischen Effekt	37.895	28.618	66.513
5	Reiner Demographieeffekt, 1998-2005	+1.032	+2.473	+3.505
6	RV-finanzierte, stationäre und ambulante onkologische Fälle der Antragsrehabilitation 2005, reiner Residualeffekt	35.938	32.729	68.667
7	zusätzliche RV-finanzierte, stationäre und ambulante onkologische Fälle der Antragsrehabilitation pro Jahr, 1998-2005, reiner Residualeffekt	-132	+941	+808
8	RV-finanzierte, stationäre und ambulante onkologische Fälle der Antragsrehabilitation 2050, durch reinen Residualeffekt	31.022	77.526	108.549
9	Wachstumsrate (Residualeffekt)	-0,4%	+1,8%	+0,9%

Wieder werden die Rechenschritte anhand des Beispiels der RV-finanzierten, über 60-jährigen onkologischen Patienten mit Maßnahmen zur Antragsrehabilitation dokumentiert. Demnach werden sowohl aus den stationären als auch den ambulanten Fallzahlen der Jahre 1998 (*Zeilen 1a* und *2a*) und 2005 (*Zeilen 1b* und *2b*) die zusätzlichen Fälle pro Jahr, d.h. geteilt durch den Faktor 7 (= sieben Jahre) ermittelt (siehe *Zeilen 3a* bis *3b*). Zwischen 1998 und

2005 lag das lineare Wachstum über 60-jähriger RV-finanzierter, onkologischer Fälle der Antragsrehabilitation im arithmetischen Mittel bei +1.294 Fällen (vgl. *Zeile 3c*).

Der reine demographische Effekt ergibt für 2005 insgesamt 28.618 Maßnahmen der Antragsrehabilitation (siehe *Zeile 4*). Gegenüber 1998 (*Zeile 3a*) sind dies 2.473 onkologische Antragsmaßnahmen mehr (vgl. *Zeile 5*). Die Subtraktion dieser Zahl von der tatsächlichen Anzahl der Antragsmaßnahmen im Jahr 2005 ergibt eine hypothetische Anzahl von Maßnahmen zur Antragsrehabilitation aufgrund des reinen Residualeffekts in Höhe von 32.729 (siehe *Zeile 6*). Hieraus lässt sich in *Zeile 7* nun die Fallzahlensteigerung von Maßnahmen zur Antragsrehabilitation pro Jahr errechnen, welche durch den reinen Residualeffekt verursacht wurde. Dies ermöglicht eine Hochrechnung der Anzahl an Maßnahmen zur Antragsrehabilitation bis 2050 rein aufgrund des Residualeffekts (*Zeile 8*) sowie die Kalkulation einer dazugehörigen Wachstumsrate (*Zeile 9*). Diese beträgt für RV-finanzierte, onkologische Fälle der Antragsrehabilitation über 60 Jahre letztendlich *+1,8%* und errechnet sich gemäß der folgenden Formel:

$$77.526 = 35.202 \text{ x } (1+y)^{45}$$

$$\rightarrow \quad y = (77.526 / 35.202)^{1/45}-1$$

$$\rightarrow \quad y = +1{,}8\%$$

Der Residualeffekt auf RV-finanzierte, onkologische Maßnahmen zur Antragsrehabilitation bei über 60-Jährigen beträgt somit **+1,8%** pro Jahr.

Anhang 9-4: Quantifizierung des Residualeffekts auf die Entwicklung RV-finanzierter AHB-Fallzahlen (außer Onkologie)

Der nachfolgende Teil des Anhangs modelliert den Residualeffekt für alle RV-finanzierten AHB-Maßnahmen außerhalb des Bereichs Onkologie.

Tab. A9: Lineare Fortschreibung RV-finanzierter AHB-Fallzahlen (außer Onkologie)

Zeile		Fallzahl unter 60	Fallzahl 60+	Fallzahl gesamt
1a	RV-finanzierte, stationäre AHB-Fälle, 1998 (außer Onkologie)	103.924	11.289	115.213
1b	RV-finanzierte, stationäre AHB-Fälle, 2005 (außer Onkologie)	121.275	17.330	138.605
1c	zusätzliche RV-finanzierte, stationäre AHB-Fälle pro Jahr (1998-2005, außer Onkologie)	+2.479	+863	+ 3.342
2a	RV-finanzierte, ambulante AHB-Fälle, 1998 (außer Onkologie)	41	1	42
2b	RV-finanzierte, ambulante AHB-Fälle, 2005 (außer Onkologie)	12.640	1.098	13.738
2c	zusätzliche RV-finanzierte, ambulante AHB-Fälle pro Jahr (1998-2005, außer Onkologie)	+1.800	+157	+ 1.957
3a	RV-finanzierte, stationäre und ambulante AHB-Fälle, 1998 (außer Onkologie)	103.965	11.290	115.255
3b	RV-finanzierte, stationäre und ambulante AHB-Fälle, 2005 (außer Onkologie)	133.915	18.428	152.343
3c	zusätzliche RV-finanzierte, stationäre und ambulante AHB-Fälle pro Jahr (1998-2005, außer Onkologie)	+4.279	+1.020	+5.298
4	AHB-Fälle 2005, durch demographischen Effekt (außer Onkologie)	106.049	12.768	118.817
5	Reiner Demographieeffekt, 1998-2005 (außer Onkologie)	+2.084	+1.478	+3.562
6	RV-finanzierte, stationäre und ambulante AHB-Fälle 2005, reiner Residualeffekt (außer Onkologie)	131.831	16.950	148.781
7	zusätzliche RV-finanzierte, stationäre und ambulante AHB-Fälle pro Jahr, 1998-2005, reiner Residualeffekt (außer Onkologie)	+3.981	+809	+4.789
8	RV-finanzierte, stationäre und ambulante AHB-Fälle 2050, durch reinen Residualeffekt (außer Onkologie)	313.052	54.814	367.867
9	Wachstumsrate (Residualeffekt)	+1,9%	+2,5%	+2,0%

Ein weiteres Mal lassen sich die Rechenschritte in diesem Fall anhand des Beispiels RV-finanzierter, über 60-jähriger AHB-Patienten außerhalb des Indikationsgebiets Onkologie erläutern.

Auch hier lauten die Schritte wie folgt:

1. Aufgrund der stationären und ambulanten Fallzahlen der Jahre 1998 (*Zeilen 1a* und *2a*) und 2005 (*Zeilen 1b* und *2b*) ergeben sich die zusätzlichen Fälle pro Jahr mittels Division durch den Faktor 7 (= sieben Jahre) (vgl. *Zeilen 3a* bis *3b*). Zwischen 1998 und 2005 lag

das lineare Wachstum über 60-jähriger RV-finanzierter AHB-Fälle (außerhalb der Onkologie) im arithmetischen Mittel bei +1.020 Fällen (vgl. *Zeile 3c*).

2. Der reine demographische Effekt ergibt für 2005 insgesamt 12.768 AHB-Fälle (außerhalb der Onkologie, bei den über 60-jährigen Patienten, siehe *Zeile 4*). Gegenüber 1998 (*Zeile 3a*) sind dies 1.478 AHB-Fälle mehr (vgl. *Zeile 5*).
3. Die Subtraktion dieser Zahl von der tatsächlichen AHB-Fallzahl im Jahr 2005 (gemäß *Zeile 3b*) ergibt die hypothetische AHB-Fallzahl des Jahres 2005 aufgrund des reinen Residualeffekts in Höhe von 16.950 (siehe *Zeile 6*).
4. Hieraus lässt sich in *Zeile 7* nun die AHB-Fallzahlensteigerung pro Jahr errechnen, welche durch den reinen Residualeffekt verursacht wurde (+ 809 AHB-Fälle).
5. Dies ermöglicht eine Hochrechnung der AHB-Fallzahl bis 2050 rein aufgrund des Residualeffekts (*Zeile 8*) sowie die Kalkulation einer dazugehörigen Wachstumsrate (*Zeile 9*).

Die Wachstumsrate RV-finanzierter AHB-Fälle über 60 Jahre und außerhalb der Onkologie beträgt letztendlich **+2,5%** und errechnet sich gemäß der folgenden Formel:

$54.814 = 18.428 \text{ x } (1+ y)^{45}$

➔ $y = (54.814/ 18.428)^{1/45}-1$

➔ $y = + 2,5\%$

Anhang 9-5: Quantifizierung des Residualeffekts auf die Entwicklung RV-finanzierter Maßnahmen der Antragsrehabilitation (außer Onkologie)

Abschließend wird in *Anhang 9* auch der Residualeffekt für alle RV-finanzierten Maßnahmen der Antragsrehabilitation außerhalb des Bereichs Onkologie modelliert.

Tab. A10: Lineare Fortschreibung RV-finanzierter Maßnahmen der Antragsrehabilitation (außer Onkologie)

Zeile		Fallzahl unter 60	Fallzahl 60+	Fallzahl gesamt
1a	RV-finanzierte, stationäre Maßnahmen der Antragsrehabilitation, 1998 (außer Onkologie)	367.953	21.080	389.033
1b	RV-finanzierte, stationäre Maßnahmen der Antragsrehabilitation, 2005 (außer Onkologie)	383.405	28.453	411.948
1c	zusätzliche RV-finanzierte, stationäre Maßnahmen der Antragsrehabilitation pro Jahr (1998-2005, außer Onkologie)	+2.207	+1.066	+ 3.274
2a	RV-finanzierte, ambulante Maßnahmen der Antragsrehabilitation, 1998 (außer Onkologie)	6.695	78	6.773
2b	RV-finanzierte, ambulante Maßnahmen der Antragsrehabilitation, 2005 (außer Onkologie)	50.819	2.420	53.239
2c	zusätzliche RV-finanzierte, ambulante Maßnahmen der Antragsrehabilitation pro Jahr (1998-2005, außer Onkologie)	+6.303	+335	+ 6.638
3a	RV-finanzierte, stationäre und ambulante Maßnahmen der Antragsrehabilitation, 1998 (außer Onkologie)	374.648	21.158	395.806
3b	RV-finanzierte, stationäre und ambulante Maßnahmen der Antragsrehabilitation, 2005 (außer Onkologie)	434.224	30.963	465.187
3c	zusätzliche RV-finanzierte, stationäre und ambulante Maßnahmen der Antragsrehabilitation pro Jahr (1998-2005, außer Onkologie)	+8.511	+1.401	+9.912
4	Maßnahmen der Antragsrehabilitation 2005, durch demographischen Effekt (außer Onkologie)	382.735	24.295	407.029
5	Reiner Demographieeffekt, 1998-2005 (außer Onkologie)	+8.087	+3.137	+11.223
6	RV-finanzierte, stationäre und ambulante Maßnahmen der Antragsrehabilitation 2005, reiner Residualeffekt (außer Onkologie)	426.137	27.826	453.946
7	Zusätzliche RV-finanzierte, stationäre und ambulante Maßnahmen der Antragsrehabilitation pro Jahr, 1998-2005, reiner Residualeffekt (außer Onkologie)	+7.356	+953	+8.308
8	RV-finanzierte, stationäre und ambulante Maßnahmen der Antragsrehabilitation 2050, durch reinen Residualeffekt (außer Onkologie)	765.228	73.830	839.057
9	Wachstumsrate (Residualeffekt)	+1,3%	+1,9%	+1,3%

Die Rechenschritte zur Bestimmung des Residualeffekts lassen sich anhand des Beispiels RV-finanzierter Maßnahmen der Antragsrehabilitation bei über 60-jährigen Patienten außerhalb des Indikationsgebiets Onkologie gemäß den nachfolgenden Schritten darstellen:

1. Die stationären und ambulanten Fallzahlen der Jahre 1998 (*Zeilen 1a* und *2a*) und 2005 (*Zeilen 1b* und *2b*) ergeben die zusätzlichen Fälle pro Jahr mittels Division durch den Faktor 7 (= sieben Jahre) (vgl. *Zeilen 3a* bis *3b*). Zwischen 1998 und 2005 lag das lineare Wachstum über 60-jähriger RV-finanzierter Patientenfälle der Antragsrehabilitation (außerhalb der Onkologie) im arithmetischen Mittel bei +1.401 Fällen (vgl. *Zeile 3c*).
2. Der reine demographische Effekt ergibt für 2005 insgesamt 24.295 Fälle der Antragsrehabilitation (außerhalb der Onkologie, bei den über 60-jährigen Patienten, siehe *Zeile 4*). Gegenüber 1998 (*Zeile 3a*) sind dies 3.137 Antragsmaßnahmen mehr (vgl. *Zeile 5*).
3. Die Subtraktion dieser Zahl von der tatsächlichen Anzahl von Maßnahmen zur Antragsrehabilitation im Jahr 2005 (gemäß *Zeile 3b*) ergibt die hypothetische Anzahl von 27.826 im Jahr 2005, bedingt durch den reinen Residualeffekt (siehe *Zeile 6*).
4. Hieraus lässt sich in *Zeile 7* nun die Fallzahlensteigerung pro Jahr unter den Maßnahmen zur Antragsrehabilitation (außerhalb der Onkologie) errechnen, welche durch den reinen Residualeffekt verursacht wurde (+ 953 Fälle).
5. Dies ermöglicht eine Hochrechnung der Anzahl an Maßnahmen der Antragsrehabilitation (über 60-jährige Patienten, außerhalb der Onkologie) bis 2050, rein aufgrund des Residualeffekts (*Zeile 8*) sowie die Kalkulation einer dazugehörigen Wachstumsrate (*Zeile 9*).

Die Wachstumsrate RV-finanzierter Antragsmaßnahmen über 60 Jahre und außerhalb der Onkologie beträgt letztendlich *+1,9%* und errechnet sich gemäß der folgenden Formel:

$$73.830 = 30.963 \times (1+y)^{45}$$

$$\rightarrow \quad y = (73.830 / 30.963)^{1/45} - 1$$

$$\rightarrow \quad y = +1{,}9\%$$

Anhang 10: Berechnung von Rehabilitationsausgaben pro Fall für ambulante und stationäre Rehabilitationsleistungen der Deutschen Rentenversicherung (DRV) Bund[20]

Die Deutsche Rentenversicherung Bund weist getrennte Statistiken zu Ausgaben für stationäre und ambulante Rehabilitationsbehandlungsleistungen aus, unterscheidet hierbei jedoch nicht zwischen Antragsrehabilitation und Anschlussheilbehandlungen.

Sowohl Statistiken zu den medizinischen Rehabilitationsausgaben als auch zu medizinischen Rehabilitationsfallzahlen lassen sich aus Band 159: „Rehabilitation 2005" der Deutschen Rentenversicherung entnehmen. Wichtig ist anzumerken, dass nicht alle Fallzahlen eins zu eins mit den Fallzahlendaten übereinstimmten, die dem Autor in Form einer Sonderauswertung zugestellt und für die Hochrechnung von Rehabilitationsfallzahlen verwendet wurden (vgl. hierzu u.a. die Berechnungen in *Anhang 9*). Zur Ermittlung der Ausgaben pro Fall wurden die Fallzahlenstatistiken aus Band 159 jedoch gewählt, um dieselbe Literaturquelle wie für die Rehabilitationsausgaben aufweisen und eine möglichst einfache Darstellung wählen zu können.

Rehabilitationsausgaben der DRV Bund für das Jahr 2005 sind in Tabelle A11 dargestellt.

Tab. A11: Ausgaben für medizinische Rehabilitationsleistungen der Deutschen Rentenversicherung Bund, 2005

	stationär	**ambulant**	**gesamt**
Rehabilitationsleistungen (ohne Abhängigkeits- und psychische Erkrankungen)	€ 1.446.423.741	€ 85.881.823	€ 1.532.305.564
Rehabilitationsleistungen (Abhängigkeitserkrankungen)	€ 390.637.741	€ 30.009.112	€ 420.646.854
Rehabilitationsleistungen (psychische Erkrankungen)	€ 414.746.498	€ 5.675.308	€ 420.421.806
Rehabilitationsleistungen, gesamt	€ 2.251.807.981	€ 121.566.243	€ 2.373.374.224

Quelle: Deutsche Rentenversicherung (2007), S. 22, Tabelle 6.00 A, S. 13-16

20 Da die DRV Bund auf Anfrage keine Rehabilitationsausgaben pro Fall zur Verfügung stellen konnte, ist nachfolgend eine eigene Schätzung notwendig.

Anhang 10-1: Schätzung stationärer Ausgaben je Behandlungsfall der DRV Bund

Tabelle A12 dokumentiert zu Beginn alle stationären medizinischen Rehabilitationsfallzahlen aus dem Jahr 2005.

Tab. A12: Stationäre medizinische Rehabilitationsfallzahlen der DRV Bund im Jahr 2005

	Rehabilitation gesamt	Anschlussheil-behandlung (AHB)	Antragsrehabilitation
Entwöhnungsbehandlungen	38.710	–	38.710
psychische Erkrankungen	82.662	–	82.662
onkologische Erkrankungen	146.983	76.501	70.482
andere Indikationen	428.014	139.707	288.307
gesamt	696.369	216.208	480.161

Quelle: Deutsche Rentenversicherung (2007), Tabelle 1.00 M, S.22 und Tabelle 51.00 M, S. 135

Die Ausgaben je stationären Rehabilitationsfall insgesamt beliefen sich im Jahr 2005 auf € 2.251.807.981 / 696.369 = *€ 3.234*.

Für die stationäre Antragsrehabilitation im Bereich psychische Erkrankungen und Alkoholerkrankungen ergeben sich folgende Ausgaben pro Behandlungsfall, gemäß jeweiligen Angaben in den Tabellen A11 und A12:

€ 805.384.239 / 121.372 = *€ 6.636*.

Alle übrigen stationären Rehabilitationsausgaben (außer psychische Erkrankungen und Alkoholerkrankungen) beliefen sich gemäß den Angaben in Tabelle A11 auf € 1.446.423.741. Die stationäre Fallzahlenverteilung zwischen AHB und Antragsrehabilitation (außer psychische und Alkoholerkrankungen) war

- 216.208 / (216.208 + 358.789) = 216.208 / 574.997 = 37,6% für die AHB,
- 358.789 / (216.208 + 358.789) = 358.789 / 574.997 = 62,4% für die Antragsrehabilitation.

Nachfolgend wird vereinfachend die Annahme getroffen, dass sich die stationären Rehabilitationsausgaben in etwa gemäß den stationären Fallzahlen auf die Bereiche AHB und Antragsrehabilitation verteilen. Dies ergibt

- € 1.446.423.741 x 37,6% = € 543.878.288 (stationäre AHB),
- € 1.446.423.741 x 62,4% = € 902.545.453 (stationäre Antragsrehabilitation).

Als Ergebnis ergeben sich folgende Werte für die Ausgaben je stationären Behandlungsfall (außer psychische Erkrankungen und Alkoholerkrankungen):

- Ausgaben je stationären AHB-Fall: = € 543.878.288 / 216.208 = *€ 2.516*,
- Ausgaben je stationären Fall der Antragsrehabilitation: € 902.545.453 / 358.789 = *€ 2.516*.

Dieser Wert gilt nachfolgend als Ausgabenhöhe je onkologischen Behandlungsfall.

Abschließend werden alle Ausgaben je stationären Rehabilitationsbehandlungsfall außerhalb der Onkologie geschätzt. Im Bereich nicht-onkologische AHB können diese mit den Ausgaben je onkologischen AHB-Fall gleichgesetzt werden.

Demgegenüber sind in der Antragsrehabilitation auch die teureren Rehabilitationsbehandlungen psychischer Erkrankungen und Alkoholerkrankungen in der Kalkulation mit zu berücksichtigen. Die Ausgaben je stationären Fall der Antragsrehabilitation sind demnach ein gewichteter Durchschnitt aus:

- Behandlungen psychischer Erkrankungen und Alkoholerkrankungen und
- Behandlungen anderer Indikationen (außer Onkologie).

Hier ist folgende Formel anzuwenden:

121.372 / (121.372 + 288.307) x *€ 6.636* + 288.307 / (121.372 + 288.307) x *€ 2.516* = 29,6% x *€ 6.636* + 70,4% x *€ 2.516* = *€ 3.736*

Anhang 10-2: Schätzung ambulanter Ausgaben je Behandlungsfall der DRV Bund

Folgende ambulante Rehabilitationsfallzahlen wurden gemäß Tabelle A13 für das Jahr 2005 dokumentiert:

Tab. A13: Ambulante medizinische Rehabilitationsfälle der DRV Bund im Jahr 2005

	Rehabilitation gesamt	**Anschlussheil-behandlung (AHB)**	**Antragsrehabilitation**
Entwöhnungsbehandlungen	12.125	-	12.125
psychische Erkrankungen	1.216	-	1.216
onkologische Erkrankungen	930	250	680
andere Indikationen	52.380	13.808	38.572
gesamt	66.651	14.058	52.593

Quelle: Deutsche Rentenversicherung (2007), Tabelle 1.00 M, S.22 und Tabelle 51.00 M, S. 135

Die Ausgaben je ambulanten Rehabilitationsfall insgesamt beliefen sich im Jahr 2005 auf insgesamt

€ 121.566.243 / 66.651 = *€ 1.824*.

Für die ambulante Antragsrehabilitation im Bereich psychische und Alkoholerkrankungen ergeben sich folgende Ausgaben pro Behandlungsfall:

€ 35.684.420 / 13.341 = *€ 2.675*.

Alle übrigen Rehabilitationsausgaben (außer psychische Erkrankungen und Alkoholerkrankungen) beliefen sich gemäß den Angaben in Tabelle A11 auf € 85.881.823. Die Fallzahlenverteilung zwischen AHB und Antragsrehabilitation war

- 14.058 / (14.058 + 39.252) = 14.058 / 53.310 = 26,4% für die AHB
- 39.252 / (14.058 + 39.252) = 39.252 / 53.310 = 73,6% für die Antragsrehabilitation

Analog zu den stationären Fällen wird auch hier die vereinfachte Annahme getroffen, dass sich die Rehabilitationsausgaben (mit Ausnahme psychischer Erkrankungen und Alkoholerkrankungen) etwa gemäß den Fallzahlen auf die Bereiche AHB und Antragsrehabilitation verteilen. Dies ergibt

- € 85.881.823 x 26,4% = € 22.647.283 (ambulante AHB)
- € 85.881.823 x 73,6% = € 63.234.540 (ambulante Antragsrehabilitation)

Als Resultat ergeben sich folgende Werte für die Ausgaben je ambulanten Behandlungsfall (außer psychische Erkrankungen und Alkoholerkrankungen):

- Ausgaben je ambulanten AHB-Fall: € 22.647.283 / 14.058 = *€ 1.611*
- Ausgaben je ambulanten Fall der Antragsrehabilitation: € 63.234.540 / 39.252 = *€ 1.611*

Wiederum wird dieser Wert mit den Ausgaben je onkologischen Behandlungsfall gleichgesetzt.

Abschließend werden auch hier alle Ausgaben je ambulanten Rehabilitationsbehandlungsfall außerhalb der Onkologie geschätzt. Im Bereich nicht-onkologische AHB können diese Fallausgaben wie schon im stationären Bereich mit den Ausgaben je onkologischen AHB-Fall gleichgesetzt werden.

Demgegenüber sind in der Antragsrehabilitation auch die teureren Behandlungen psychischer Erkrankungen und Alkoholerkrankungen in der Kalkulation mit zu berücksichtigen. Die Ausgaben je ambulanten Fall der Antragsrehabilitation sind auch hier ein gewichteter Durchschnitt aus:

- Behandlungen psychischer Erkrankungen und Alkoholerkrankungen,
- Behandlungen anderer Indikationen (außer Onkologie).

Hier ist folgende Formel anzuwenden:

13.341 / (13.341 + 38.572) x *€ 2.675* + 38.572 / (13.341 + 38.572) x *€ 1.611* =

25,7% x *€ 2.675* + 74,3% x *€ 1.611* = *€ 1.884*

Anhang 10-3: Zusammenfassung der geschätzten Ausgaben je Behandlungsfall der DRV Bund

Nachfolgend sind die einzelnen Ausgaben je Rehabilitationsbehandlungsfall der DRV Bund (sowohl stationär als auch ambulant) für das Jahr 2005 noch einmal zusammengefasst.

Tab. A14: Geschätzte Ausgaben je Behandlungsfall der DRV Bund (Gesamtübersicht)

	Ausgaben je Behandlungsfall (stationär)	**Ausgaben je Behandlungsfall (ambulant)**
Rehabilitation insgesamt	€ 3.234	€ 1.824
Antragsrehabilitation (gesamt)	€ 3.557	€ 1.881
Antragsrehabilitation (psychische Erkrankungen und Alkoholerkrankungen)	€ 6.636	€ 2.675
Antragsrehabilitation (Onkologie)	€ 2.516	€ 1.611
Antragsrehabilitation (außer Onkologie, inkl. psychische Erkrankungen und Alkoholerkrankungen)	€ 3.736	€ 1.884
Anschlussheilbehandlung (gesamt)	€ 2.516	€ 1.611
Anschlussheilbehandlung (Onkologie)	€ 2.516	€ 1.611
Anschlussheilbehandlung (außer Onkologie)	€ 2.516	€ 1.611

Quelle: eigene Schätzungen

Kolibri 360 GmbH
Ferdinand-Jühlke-Straße 7
99095 Erfurt, Deutschland
produktsicherheit@kolibri360.de